3개의 질문으로
주식시장을 이기다

The Only Three Questions That Count by Kenneth L. Fisher.
Copyright © 2007 by Kenneth L. Fisher.
All Rights Reserved. This translation published under license
with the original publisher John Wiley & Sons, Inc.
Korean translation copyright © 2024 by HANALL M&C
Korean translation rights arranged with John Wiley & Sons, Inc.,
New York, through Danny Hong Agency, Seoul.

이 책의 한국어판 저작권은 대니홍 에이전시를 통한 저작권자와의 독점 계약으로
(주)한올엠앤씨에 있습니다. 저작권법에 의해 한국 내에서 보호를 받는 저작물이므로
무단 전재와 복제를 금합니다.

KEN FISHER

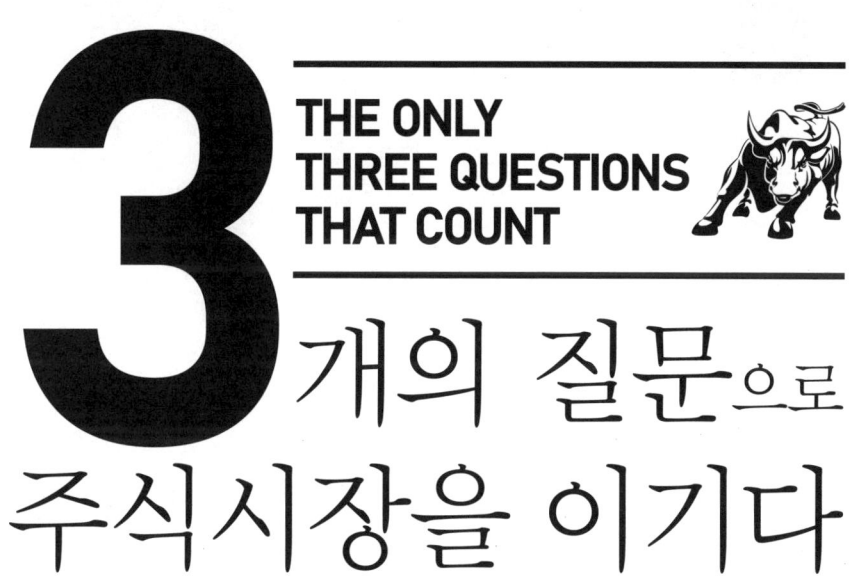

3개의 질문으로 주식시장을 이기다

켄 피셔·제니퍼 추·라라 호프만스 지음 | 우승택·김진호 옮김

비즈니스맵

한국어판
서문

내 책을 구입해준 분들께 감사를 드린다. 또 과학적이고 진보된 투자의 길에 들어온 것을 환영한다. 이 책은 여러분이 시장을 이길 수 있게 도와주는 마술 같은 공식을 다룬 책은 아니다. 그런 일은 비현실적이다. 이 책은 그 대신 시장을 이길 수 있는 유일한 방법인 다른 사람이 모르는 것을 알아내는 데 있어 3가지 질문을 통한 과학적인 방법을 여러분에게 가르쳐준다. 그보다 더 좋은 것은 여러분이 성공적인 투자생활을 위해 어떻게 진화해나가고, 다른 사람이 모르는 것을 지속적으로 알아낼 수 있을지 가르쳐준다는 것이다.

그 '질문'들은 어떤 것인가? 첫 번째 질문은 "잘못된 걸 믿고 있지 않은가?"이다. 이 질문은 사람들이 반복적으로 흔하게 저지르지만, 값비싼 대가를 치러야 하는 투자의 실수를 하지 않게 해준다. 두 번째 질문은 "다른 사람이 간과하지 못한 것 중 당신이 간파할 수 있는 것은?"이다. 이는 다른 사람이 보지 못하는 수익 패턴을 여러분이 볼 수 있도록 해준다. 마지막 세 번째 질문은 "지금 내 두뇌가 도대체 무슨 짓을 하고 있지?"다. 이 질문은 여러분의 두뇌가 실수를 저지르려 할 때 그것을 막아준다.

이 책은 현재 시점에서 한국 투자자들에게 특히 유용하다. 이익수익률과 채권수익률 스프레드가 특히 매력적인 상황이기 때문이다. 이 문제와 관련해 두 번째 질문을 어떻게 사용할 수 있을지 자세한 방법은 2장과 7장에서 배우게 되겠지만, 이는 주식 공급이 축소되는 좋은 환경을 의미한다. 그리고 다른 조건이 동일하다면, 공급이 감소할 때 가격은 올라간다. 즉, 강한 상승장이 예측되는 것이다.

이 책은 또한 널리 받아들여지고 있지만 유해한 시장의 미신들을 밝혀내기 위해 첫 번째 질문을 어떻게 사용할지 가르쳐주고 있다. 예를 들어, 많은 한국 투자자들이 해외 직접투자가 나쁜 것이며, 국내 경제를 위협한다고 믿고 있다. 실제로 많은 사람들이 해외투자가 GDP의 7% 수준으로 줄어든 데 환호하고 있다. 첫 번째 질문은 이 문제를 정확히 보게 해준다. 때로 사람들이 어떤 사실을 광범위하고 확고하게 믿고 있지만 그 정반대가 참인 경우가 있다. 그리고 어떤 국가에도 해외투자는 긍정적이며 경제적 내셔널리즘은 부정적이라는 것이 바로 진실이다. 이 문제와 관련해서는 6장을 참조하라.

역시 마찬가지로, 한국인들은 북한의 군사화로 인해 자신들의 안위뿐만 아니라 미래 경제성장까지 충격을 받지 않을까 두려워하고 있다. 하지만 북한이 대부분의 사람들이 예상하는 문젯거리가 되지는 않을 것이다. 우선 한국의 우방들이 그런 일이 일어나지 않도록 할 것이고, 두 번째로 그런 공포는 이미 너무나 잘 알려져 있기 때문이다. 이 문제는 평생 동안 제기되었던 것 아닌가? 잘 알려진 사실은 시장을 움직일 수 없다. 오직 의외성과 저평가된 펀더멘털만이 시장을 움직일 수 있다. 그런 공포심이 주는 충격은 이미 끝나 있는 것이다. 이는 시장에서 정상적인 현상이다. 이 책에서 나는 이런 사실을 "이미 가격에 반영되었다"라고 표현했다. 모든 사람들이 이미 그 사실을 두려워했기 때문에 여러분은 그럴 필요가 없다. 비용을 지불할 필요조차 없는 서비스인 셈이다. 사람들이 그냥 걱정하게 놔두고 나면, 여러분은 대부분의 사람들이 놓치고 있지만 실제로 시장을 움직이고 있는 것에 초점을 맞출 수 있게 된다.

또한 이 글을 쓰고 있는 2008년, 모든 사람들은 미국의 서브프라임 사태를 두려워하고 있는데, 이는 1998년 아시아 외환 사태 때와 아주 유사하다. 1998년에 글로벌 주식시장은 조정을 보였지만 결국 크게 상승해서 끝났다. 아시아 외환 사태는 전 세계를 침몰시킬 만큼 큰 규모가 아니었으며, 미국의 서브프라임 사태 또한 마찬가지다. 이 문제를 정확히 보려면 세 번째 질문을 사용해야 한다. 투자자들은 큰 숫자에 속기 쉽다. 그들은 미국 금융기관이 1,690억 달러의 자산을 상각했다는(이 글을 쓰는 현재) 얘기를 들으면 엄청난 규모라고 생각할 것이다. 하지만 비교 척도를 제대로 사용해 정확히 본다면, 그 수치는 미국 총 금융자산의 0.7%에 불과하다. 글로벌한 시각에서 본다면 규모는 더욱 작아진다. 전 세계 GDP 규모 대비 서브프라임 부실 자산의 규모는 아주 미미하다. 글로벌한 척도에서 보면, 더 이상 공포스럽지 않다. 비록 금융주들의 이익에 손상은 주겠지만, 오랜 기간 주식을 망가뜨릴 것 같지는 않다. 그러기엔 규모가 너무 작다. 또한 자산 상각은 실제 영업손실이 아니라는 데 주목해야 한다. 단지 회계적인 변화일 뿐이다. 이 문제를 제대로 보는 사람은 거의 없다. 따라서 여러분이 제대로 간파했다면 막강한 힘을 갖게 된다는 뜻이다.

3가지 질문은 이런 문제와 함께 투자와 관련된 다른 문제들을 정확히 보도록 도와줌으로써 대중들이 비싼 대가를 치르지 않도록 해준다. 또한 이 질문들은, 사람들은 무시하고 있지만 이익을 챙길 수 있는 수익 패턴을 보게 한다. 마지막으로, 3가지 질문은 여러분의 두뇌가 여러분을 바보로 만들지 않도록 해준다. 두뇌는 매일 매일의 생존을 위해서 디자인된 것이지만, 주식시장처럼 뭔가 직관에 어긋나 보이는 것을 대할 땐 주기적으로 실수하게 만든다.

투자는 평생에 걸친 여행이지면, 3가지 질문은 다른 사람이 알지 못하는 것을 알기 위해 반복해서 사용할 수 있는 방법이다. 이 책을 즐겁게 읽고 멋진 여행을 하길 바란다.

켄 피셔

역자 서문

켄 피셔는 투자자라기보다는 사상가이고 철학자라는 생각이 들었습니다. 그는 시장을 이겨왔고, 이기고 있고, 앞으로도 이길 것입니다. 그는 시장이 위대한 능멸자(The Great Humiliator)라는 것을 알고 있습니다. 다른 사람들이 신께 '시험에 들지 말게 하여 주시고······' 라고 기도하고 있을 때 그는 시험에 기꺼이 응하는 대신 출제자의 의도와 시험 문제를 정확히 읽는 수행을 한 사람입니다. 그의 방법은 간단합니다. 시장에 지는 것은 정당한 것이고 이기는 것은 우연이라는 것을 너무나 깊이 인지한 것입니다.

그는 위대한 능멸자의 시험에 들기 전 스스로에게 항상 3가지 질문을 한다고 했습니다.

1. 잘못된 걸 믿고 있지 않은가?

사실 우리는 사실이 아님에도 불구하고 예전에 책에서 배운 대로, 신문에 써 있는 대로, 방송에 나온 대로 믿어버리는 경향이 있습니다. 만약 그렇다면 학교 다니던 시절 공부를 잘했거나 인터넷, 정보 회의를 열심히 하는 사람들이 시장에서 승리할 것입니다. 켄 피셔는 그것들이 사실일지는 몰라도 진실이 아니라는 것을 포착한 사람입니다.

2. 다른 사람이 간파하지 못한 것 중 당신이 간파할 수 있는 것은?

시장은 상대가 있는 게임의 장입니다. 내가 어떤 것이 좋아 보여서 살 때는 누군가는 그것을 나쁘게 보아서 팔고 있는 것입니다. 반대로 내가 팔 때는 누군가는 그것이 좋아 보이기 때문에 사는 것입니다. 누가 옳은 견해를 가지고 있는지는 곧 드러납니다. 켄 피셔는 투자는 과학이고 과학은 수학이고 수학은 숫자로 표현되지만, 그 숫자를 이해하는 것은 예술이라고 믿는 사람입니다. 그래서 다른 안목에서 과학을 바라보는 안목이 있어야 됨을 주장합니다. 그것이 시장을 이기는 두 번째 요인입니다.

3. 지금 내 두뇌가 도대체 무슨 짓을 하고 있지?

켄 피셔는 자신을 믿지 않습니다. 자신이 생각하는 대로 살면 위대한 능멸자의 놀음거리가 될 것이고, 위대한 능멸자는 그에게서 돈을 앗아간 다음 절망감 혹은 지혜를 준다는 사실을 알기 때문입니다. 그래서 자신의 견해를 버리고 시장의 견해에 순응합니다. 그것이 그가 시장을 이기는 세 번째 방법입니다.

이 책을 공부하고 번역하고 물어보고 한 많은 분들에게 감사드립니다. 케세이 시절의 전학행 선배님, 뉴욕주립대에 재학 중인 사랑하는 조카 강정우, 미국에서 우스터폴리테크닉대학(WPI)을 다니다가 지금은 국방의무에 충실하고 있는 진호, 성균관대학교에서 공부하는 효준이, 학원에서 영어를 가르치는 신영이, 그리고 미국에서 한국으로 대학을 옮긴 경환이 등 모든 이들에게 고마움을 전합니다. 특히 이 책을 다 만들었다고 해도 과언이 아닌 삼성증권 홍보팀 과장 김진호! 그대의 열정과 헌신이 없었으면 이 책이 한국에 나오지 못했을 것이기에 다시 한 번 진심으로 고마움을 전합니다.

끝으로, 2009년 2월 자본시장통합법 시행을 앞두고 전 세계 금융시장 강자들과 경쟁해야 할 우리 한국의 금융인과 투자자들에게 이 책이 새로운 안목을 여는 계기가 되기를 기원합니다.

우승택

추천사

켄 피셔(Ken Fischer)는 단순한 교훈에 바탕을 두고 조용히 그의 제국을 건설했다. 가능한 최소한의 위험으로 최대한 많은 돈을 지속적으로 벌라는 교훈이다. 그것은 고객이 중요하게 생각하는 것이며 결국 우리 모두가 원하는 것이기도 하다. 누구도 켄보다 잘 해내지 못한다. 이건 절대 과장이 아니다. 그는 정말로 최고다. 이런 얘기를 하면 내 고객이 날 죽이려 할지도 모른다. 켄과 나는 경쟁자인데 도대체 내가 그를 칭찬하는 이유가 뭘까? 나는 어떤 타입의 자본가인가? 우선 켄과 나는 좋은 친구 사이다. 물론 당신에겐 중요치 않은 일이다. 중요한 건 켄이 돈을 벌게 해준다는 간단한 사실이다. 당신이 더 훌륭한 투자자가 되기 위해 올해 할 수 있는 최고의 일이 바로 이 책을 읽는 일이라고 나는 믿는다. 정말 솔직히 말하자면, 나는 지금 많은 제약을 받으며 자선신탁을 운용 중이지만 만약 누군가에게 내 돈을 맡길 수 있다면 두 번 생각할 것 없이 켄에게 부탁할 것이다. 이런 얘길 하는 건 내가 병적으로 정직하기 때문이기도 하지만 여러분이 돈을 벌게 해주기 위해서다. 켄이 그걸 도와줄 것이다.

이 책을 펼치자마자 자리에서 독파하고 난 뒤, 나는 켄이 막 투자의 세계를 통째로 뒤집어 놓았다는 것을 깨달았다. 그는 대부분의 프로 투자자들이 그들 스스로를 망치고 있는 모든 미신적이고 쓸모없으며 바보 같은 믿음을 없애버렸다. 그런 믿음을 단언적으로 반박했을 뿐만 아니라 실제로 틀렸다는 것을 증명해냈다. 또한 이 책에서 당신이 직접 그러한 작업을 해볼 수 있도록 가르치고 있기 때문에 그 이상의 것을 해냈다고 할 수 있다.

사실이 아니라고 굳게 믿고 있던 (내가 이런 말을 하다니!) 몇 가지 사항들을 그가 분명하게 증명해 보였을 때 내 기분이 조금 언짢게 된 것은 인정한다. 하지만 바로 그것이 켄이 말하고자 하는 요점이고 그의 목표이자 직업이다. 또한 당신을 더 훌륭한 투자자로 만드는 방법이기도 하다.

얘기를 시작하기 전에, 켄과 나는 돈을 운영하는 데 있어 정반대의 시각을 갖고 있다는 점을 말해두고 싶다. 나는 종목선택에 중점을 두고 있고 꽤 잘하는 편이다. 켄은 이런 방법을 어리석은 자의 게임이라고 말한다. 나는 즉시 몇 개의 숫자들을 켄의 방법대로 적용한 뒤 그가 틀릴 수도 있다는 것을 보여주고 싶지만 시간이 좀 걸릴 것 같다. 나는 비교주의자는 아니다. 특히 돈 문제라면 더욱 그렇다. 하지만 문제를 해결하는 데 1가지 방법만 있는 것이 아니라는 걸 잘 안다. 또한 켄의 방법이 정말 잘 들어맞는다는 걸 알고 있다.

투자에 대한 그와 나의 접근론이 다름에도 불구하고, 이 책은 내가 지난 수십 년간 주식시장과 동고동락하며 읽어온 책 중 투자에 대한 가장 정밀하고, 지적이며, 포괄적이고, 유용한 책이다.

당신이 주식을 보유 중이거나 주식투자를 시작하려 한다면, 또는 프로이거나 아마추어라면 이 책은 당신을 위한 책이다. 켄이 적절히 지적했듯이, 대부분의 프로, 적어도 뮤추얼펀드의 펀드매니저조차도 그들의 분야에서 만족스러운 성과를 내지 못하고 있기 때문에 당신이 프로인지 아마추어인지 논하는 것은 쓸데없는 일이다. 핵심은 모두가 돈을 벌고 싶어 한다는 것이다. 모든 사람은 시장수익률 또는 그들 나름대로 선호하는 지수를 초과한 수익률을 기대한다. 모든 사람이 이것을 원하지만 어떻게 하는지는 모를 것이라는 데 나는 확신을 가지고 있다.

어쩌면 당신은 이 문제를 해결했다고 생각할지 모른다. 아마도 지난 몇 년간 운이 좋았기 때문일 것이다. 솔직히 말하자면 당신은 도움이 필요한 상태다. 개인들이 투자에 있어 매일같이 저지르는 실수는 너무나 많다. 돈이 당신을 위해 '일하게' 하고 싶다면 당신을 위해 이 책을 읽어야만 한다. 나도 지난 25년간 주식시장에 있었지만 이 책을 읽으면서 1가지 또는 10가지 정도의 투자법칙을 배우게 됐다. 내가 가장 뻔뻔하게 자기홍보에 나서고 있는 방송인일지 모르겠지만, 권하건대 앞으로 몇 시간 동안은 내 말은 듣지 말고 켄의 말을 경청하라. 만약 당신이 원래 날 싫어했다면 켄 피셔에게 좋은 투자전략이 있다는 얘기를 할 필요도 없을 것이다. 그리고 몇몇 논점에서 우리의 의견이 다르긴 했지만, 나는 여전히 그를 위대한 투자가라고 생각한다.

이 책(이 책은 켄의 책이며, 나는 어떤 중요한 얘기도 하지 않을 것이다)의 근본적인 전제조건에 있어서 나는 켄의 의견에 동의한다. 훌륭한 투자자로 남아 있고 싶다면 혁신하는 방법을 알 필요가 있다. 당신이 어떤 주식이나 섹터 또는 어떤 나라 전체에 투자하고 있다면 맞을 수도 있고 틀릴 수도 있다. 맞았다면 돈을 벌 것이고 틀렸다면…… 자, 무슨 얘기인지 알았을 것이다. 시장엔 언제나 승자와 패자가 있게 마련이다. 당신이 승자가 되기 위해선 누군가 거의 항상 패자가 되어야 한다. 켄은 처음부터 어떻게 '맞게' 투자할 수 있는지 설명하려고 하지 않는다. 잘 달리기 위해서는 우선 잘 걷는 법부터 배워야 하는 법이다. 이 책은 매우 직관적으로 보이는 시스템과 접근방법, 투자방법을 당신에게 가르쳐주지만 실제 투자에서 이와 같은 방식으로 접근하는 사람은 거의 없다. 켄이 설명하는 것은 시장을 이해하는 방식에 관한 것으로, 일단 완벽히 습득하기만 하면 엄청나게 뛰어난 투자가가 될 수 있게 만들어줄 것이다. 켄은 당신이 승리하기 위해 올바르게 투자해야 한다는 것을 알고 있고, 어떻게 하면 '올바르게' 투자할 수 있는지 잘 알고 있다. 이미 나는 그의 투자성과와 그의 칼럼을 통해 이런 사실을 잘 알고 있다. 이제 켄이 당신에게 과학적인 투자 방법과 이를 통해 당신이 부자가(마음의 부자는 아닐지라도 적어도 돈에 있어서는) 되는 방법을 가르쳐줄 것이다.

켄의 조언을 투자에 활용하기 위해 천재가 될 필요는 없다. 심지어 영리할 필요도 없다. 어떤 분야에 대한 더 많은 지식이 필요하지도 않고 단지 이 책을 잘 활용하기 위한 방법만 알면 된다. 켄은 소위 그가 말하는 '오직 3가지 중요한 질문'을 활용하기 위해 당신이 알아야 할 모든 것을 설명하고 있다. 이 3가지에 대해 그는 너무나 잘 알고 있고 이것을 책으로 써낸 것은 정말 잘한 일이다. 어떻게 보면 이 책은 투자자들을 평등하게 만드는 데 훌륭한 역할을 한다. 아무것도 모르거나 정말 중요한 것을 알고 있다고 착각하는 프로 투자자에게는 어려운 숙제를 남기고, 아마추어는 프로의 경지에 오르도록 만드는 것이다. 내 말을 믿어라, 나도 그런 사람 중에 하나였으니.

이런 속담이 있다. "신은 인간을 창조했다. 하지만 샘 콜트(콜트 총 발명가-옮긴이)가 그들 모두를 평등하게 만들었다." 누가 현대의 투자자들을 창조해냈는지 모르겠지만, 켄이 그들을 평등하게 만들 것이란 건 안다. 어쩌면 완벽히 평등하지 않을 수 있다. 어떤 사람은 다른 사람들보다 더욱 '평등'해질 것이며, 바로 이것이 지난 몇 년간 그가 축적해온 지혜에 귀 기울임으로써 당신이 깨닫게 되는 켄의 생각이다. 객관성을 갖고 얘기해보라고 하고 싶을 것이다. 당신이 무엇을 하는지 알고 있지 않는 한, 다른 사람이 모르는 무엇인가를 알고 있지 않는 한 당신은 〈포브스〉 400대 부자에서 현재 켄이 위치해 있는 297위에 오르지 못한다.

투자에 대한 책을 쓸 때, 항상 그 심연을 응시하게 마련이다. 아무리 돈이 유혹적이라고 할지라도 이 주제에 대한 책을 끝까지 읽어내는 건 어려운 일이다. 너무나 따분해서 잠이 필요한 사람에게는 수면제보다 좋을 정도다. 투자에 대한 책들이 단순히 잘못되었다는 사실은 잊어버려라. 심지어 잘 쓴 책들도 너무 지루해 계속 읽기가 어렵다. 켄은 이런 사실을 잘 알고 있다. 나보다 엄청나게 오래전부터 책을 써왔고 그 책들이 말해준다. 어떤 사람에게 무언가를 가르치려 한다면 우선 주목을 끌어야 한다. (나는 때때로 주목을 끌기 위해 너무 과한 행동을 하기도 하지만, 극단주의자인 나로서는 어쩔 수 없다.)

만약 당신이 투자에 전혀 관심이 없거나 수중에 땡전 한 푼 없다 하더라도, 또는 너무나 돈이 많아 돈 문제에 신경 쓸 일이 없다 하더라도 아마 이 책을 읽어보고 싶을 것이다. 너무나 매력 있고, 재미있으며 심지어 웃기기까지 하기 때문이다. 일단 시작하면 읽을 수밖에 없다. 확실히 이 책은 심도 있고, 많은 차트와 그래프, 숨 막힐 정도로 많은 논문이 인용되고 있으며, 바로 이 점이 중요하다. 아직까지 투자가 과학으로 발전하진 못했지만 켄은 우리가 과학적인 투자를 할 수 있도록 노력한다. 그래프나 논문에 겁먹을 필요는 없다. 켄이 이런 모든 정보들을 어떻게 필터링하는지 잘 알고 있기 때문이다. 즉, 위압적이고 불가능해 보이는 것들을 매우 단순하고 따라 하기 쉽게 바꾸는 데 있어 켄은 탁월하다.

《3개의 질문으로 주식시장을 이기다》는 위대한 책이다. 비록 펀드매니저들이 기존 시스템에 너무나 익숙하기 때문에 실제로 그런 일이 일어나기 어렵겠지만, 이 책은 투자의 형태를 완전히 바꾸어놓을 수 있는 종류의 책이다. 하지만 이 책은 유망종목 발굴이나 데이트레이딩에 관련된 책은 아니다. 또 일반적으로 '섹시'한 투자법으로 분류할 수도 없는 책이다. 머니매니저로서 내 경험이나 지난 몇 년간 각종 미디어에서 쏟아진 투자법들에서 배운 게 있다면 바로 '섹시'한 투자법들이 실제로 잘 들어맞지 않는다는 것이다. 정말 제대로 된 투자법을 배우고 싶은가? 그렇다면 켄을 믿고 몇 가지 산수와 기본적인 통계를 실행해보라. 무엇이 정말 제대로 된 투자법인지 알게 될 것이다.

당신은 켄의 칼럼을 읽어보았거나, 그의 경력을 살펴보았거나, 300억 달러가 넘는 그의 엄청난 운용규모를 살펴보았을지도 모른다. 하지만 켄은 종종 그것들이 내 석기시대 수준의 머리로도 재간을 부릴 수 있는 수준이라고 말하곤 했다. 켄은 지속적으로 시장초과수익을 낼 수 있는 확실한 방법을 알고 있다. 더 이상 물어볼 것이 뭐가 있겠는가? 이 책을 읽고 있다면 돈을 벌고 있는 것과 같다. 멋지고 성공적인 데이트레이더가 되고 싶을지도 모르겠지만 그런 생각은 잘못된 것이다. 당신이 원하는 것은 인덱스펀드나 예금, 채권 등에서 벌 수 있는 것보다 좀더 많은 돈이다.

간혹 혼자만 돈을 잃고서도 덤덤해하는 투자자 타입이 있다. 나는 이런 사람들을 '주식 취미가'라고 부른다. 당신이 이런 부류라면 투자에서 많은 돈을 잃어도 아무 상관이 없을 것이다. 또한 주가지수가 폭락해서 정신을 읽을 지경이 되어도 상관하지 않을 것이다. 당신이 스스로의 행동에 대해 뭐라고 생각하건 간에, 주식을 사고팔 때마다 (투자가 아닌) 연습을 하고 있는 셈이다. 주식에서 돈을 잃어도 뭐 어떤가? 취미인데! 모형 비행기나 풋볼 티켓을 위해 돈을 쓰는 것과 다를 바 없다.

당신이 단지 재미를 위해 투자하는 취미 투자자일지라도, 여전히 이 책을 통해 건질 수 있는 것들이 있다. 하지만 내 희망은 이 책이 당신을 취미가에서 성공적인 자본가로 단박에 바꿔놓는 것이다. 이 책은 그저 재미를 위한 것이 아니라 돈을 벌기 위한 것이다. 나를 믿어라. 장기적으로 봤을 때 찰흙놀이보다는 부자가 되는 편이 훨씬 '재미' 있다. 하지만 단기적인 시각에서 그렇지 않다고 느낄 수 있기 때문에 켄같이 유머러스하게 우리의 잘못된 점을 지적해주고 실제로 돈을 벌기 위해 무엇을 해야 하는지 말해주는 사람이 필요한 것이다.

아무래도 여러분의 시간을 너무 많이 뺏은 것 같다. 투자에 대한 오랜 믿음을 깨버리는 것이 두렵지 않다면, 무언가 받아들일 수 있는 용기가 있다면, 또한 최소한의 위험을 부담하고(내가 생각하는 최고의 돈 버는 법이다) 정말로 많은 돈을 벌고 싶다면 이 책을 계속 읽어라. 켄은 모든 투자자를 위해 무언가 준비했다. 그의 말을 반만, 아니 3분의 1만 믿더라도 분명 당신은 더 좋은 투자자가 될 것이다. 그의 모든 조언을 믿고 따른다면 시장수익률 이상을 거둘 것이고, 설사 그중에 몇 가지만 들어도 훨씬 좋아질 것이다.

이 모든 것은 단지 몇 시간 만에 그동안 고수하던 모든 투자전략과 미신들을 켄 피셔에게 반박 당한 사람이 얘기하는 것이다. 나를 보고 느껴라. '중요한 오직 3가지 질문'은 정말로 중요한 오직 3가지 질문이 맞다.

제임스 크레이머
칼럼니스트(The Street.com, New York magazine)
사회자(CNBC Mad Money, CBS Real Money Radio)

감사의 글

이 책은 원래 출판 에이전트인 제프 헤르만(Jeff Herman)과 나 사이에서 탄생한 것이다. 오랜 기간 책을 내지 않았기 때문에 제프는 내가 책을 집필하기를 열망했다. 나는 책에 대한 아이디어는 있었지만 이 정도 분량의 작업을 완성하기 위한 열정과 시간이 부족한 상태였다. 지난 3권의 책을 집필하면서 만만치 않은 작업이라는 걸 알았기 때문이다. 제프는 자기가 이 책의 판매에 나설 것이고, 출판사들도 좋아할 것이며, 작업을 도와줄 사람도 있을 것이라며 계속 나를 설득했다. 제프는 내게 동기부여를 많이 해주었다. 많은 사람들이 제프가 현재 미국 최고의 출판 에이전트라고 말하고 있으며 나 역시 동의한다. 만약 독자 중에 책을 내고 싶은 분이 있다면 그의 책을 읽어볼 것을 추천한다.《완벽한 출판 제안서 작성하기: 잘 팔리는 책 10권과 그 이유(Write the Perfect Book Proposal: 10 That Sold and Why)》와《출판업자, 편집자, 저작권 에이전트를 위한 제프 헤르만의 가이드(Jeff Herman's Guide to Book Publishers, Editors, & Literary Agent)》(2007).

그리고 나서 나는 라라 호프만스(Lara Hoffmans)와 제니퍼 추(Jennifer Chou)를 고용했다. 라라는 내 회사의 고객 서비스 그룹에서 100명이 넘는 고객에게 투자상담을 해왔으며, 이전에 이 분야에서 일한 경험이 있었다. 또한 그 전에는 글 쓰는 일에 경력이 있었다. 제니퍼의 경우는 나와 앤드류 튜펠(Andrew Teufel)을 위해 자본시장 조사를 담당하며 우리 회사의 리서치 그룹에서 7년간 일하고 있었다. 제니퍼는 데이터와 차트, 사실 확인 등을 맡고 라라는 책의 초안을 잡는 일을 맡기로 했다. 회의를 통해 어떤 주제를 다룰지 결정하고 요점별, 항목별로 아웃라인을 만들어냈다. 제니퍼가 데이터를 만들어내면 그것을 바탕으로 라라가 대충 초안으로 만드는 식이었다. 그리고 나는 편집과 수정 작업을 시작했다. 편집 뒤 라라가 정리하고, 우리는 다시 한 번 검토했다.

하지만 데이터 작업이 너무 힘들었다. 이 책에는 엄청난 분량의 데이터와 그 배후를 포착하는 통계가 포함되어 있다. 그리고 120개에 달하는 그래프 또는 차트가 사용되었으며, 이를 위해 내 회사의 리서치 부서가 엄청난 노력을 했다. 그룹 부회장으로 리서치를 담당하고 있는 질 히치코크(Jill Hitchcock)는 오랜 경험이 있던 엘리자베스 애너던(Elizabeth Anathan)에게 제니퍼의 데이터 작업을 도와줄 직원을 알아보라고 지시했다. 결과적으로, 마침내 이 책에 들어간 분량보다 훨씬 많은 데이터와 팩트들을 확인했고, 자드 브레너(Jared Brenner), 마크 크리스티(Mark Christy), 제이슨 도리어(Jason Dorrier), 존 허처(John Hertzer), 그레그 미라몬테스(Greg Miramontes), 데이빗 와트(David Watts), 로스 자린파(Rose Zarrinpar) 등이 많은 노력을 기울였다. 이들 모두의 노고에 진심으로 감사를 드린다. 이들이 아니었다면 내 글을 설명해줄 엄청난 양의 자료들을 한데 묶는 작업이 불가능했을 것이다. 실제로 이들은 크로스체크한 것을 다시 크로스체크하는 프로세스를 만들어냈으며, 이를 통해 헤매는 일을 거의 없앨 수 있었다. 특히 이러한 것들을 관리해준 엘리자베스와 데이빗 와트에게 고마움을 표현하고 싶다. 데이빗은 그래프와 차트 작업을 하면서 작업 막바지에 나와 가까워졌는데, 늘어가는 나의 불안과 초초함을 참아내며 많은 일을 함께 했다.

   데이터에 있어서는, 다음의 데이터 제공자들에게 감사하지 않을 수 없다. 브라이언 테일러(Bryan Taylor), 글로벌 파이낸셜 데이터(Global Financial Data), 톰슨 파이낸셜 데이터스트림(Thomson Financial Datastream), 스탠다드 앤 푸어스(Standard & Poor's), 블룸버그(Bloomberg), 이봇슨 애널리스트(Ibbotson Analyst)가 그들이다. 투자업계에 대한 이 회사들의 공헌이 없었더라면, 이 책은 물론 지난 몇 년간 투자업계를 선도한 연구와 조사활동을 수행할 수 없었을 것이다. 시장 데이터의 질과 영역은 매년 향상되고 있으며 우리의 작업을 확장하고 새로운 자본시장 기술의 창안이 지속될 수 있도록 해주고 있다. 〈포브스〉에도 감사를 드린다. 2006년 〈포브스〉에 실렸던 나의 칼럼 중 4개를 이 책에 사용할 수 있도록 허가해주었다. 내가 칼럼의 저자이긴 하지만 〈포브스〉에 소유권이 있기 때문이다.

   책이 윤곽을 드러내기 시작하고 첫 번째 편집을 마쳤을 때, 나는 다양한 사람들에게 파트별로 나누어 주고 코멘트를 부탁했다. 마이어 슈태트만(Meir Statman)은 산타 클라라 대학(Santa Clara University) 재무학과 교수로, 지난 22년간 나와 친구로 지내면서 오랜 기간 행동재무학(Behavioral Finance)과 관련한 많은 연구를 함께 했으며 몇 편의 학술 보고서도 함께 출간했다. 그와 나는 매우 다르다. 마이어 교수는 대학에 있지만 나는 업계에 종사하는 사람이다. 의견이 일치될 때와 불일치될 때 모두 자주 있었지만, 결과적으로 그것은 우리의 작업을 의미 있게 만들었다. 하지만 이번에 우리는 함께 작업하지 않았다. 마이어는 이 책이 자신의 기호와 맞지 않는다는 점을 분명히 했다. 너무 날카롭고 단정적이며 많은 부분에서 자신과 의견이 다르다는 것이었다. 하지만 이 책은 마이어가 아닌 내가 쓴 책이며 상이한 견해가 많음에도 불구하고 그와 나는 여전히 좋은 친구다. 또한 나의 몇몇 단정적 견해에 동의하지 않는 그의 비평을 다양한 방식으로 채택함으로써 이 책이 더욱 좋아질 수 있었다.

나는 항상 제프 실크(Jeff Silk)와 앤드류 류펠(Andrew Refuel)과 교류할 수 있었던 것에 대해 감사하고 있다. 제프는 피셔 인베스트먼트(Fisher Investments)의 부회장으로 1983년 이후 함께 일해오고 있으며 앤드류와 함께 셋이서 모든 회사의 투자 포트폴리오를 관리하고 있다. 3명의 공동대표 중 1명인 앤드류는 지난 10년간 근무해오고 있으며, 850명이 넘는 직원들의 보고서를 부사장을 통해 보고 받고 있다. 그는 가장 명석한 젊은이며 그와 함께 일하는 것은 큰 즐거움이었다. 제프와 앤드류의 조언은 큰 도움이 되었으며, 특히 제프의 의견은 5장의 내용을 변경하는 중요한 이유가 되었다. 내 회사에서 기관투자가 그룹을 맡고 있는 저스틴 아버클(Justin Arbuckle)은 적절한 비평을 통해 다양한 부분에서 나의 논조를 수정할 수 있게 해주었다.

그로버 위커샘(Grover Wickersham)은 초안을 교정하는 데 많은 노력을 해주었다. 비행기에서, 퇴근 후 집에서, 런던에서, 캐나다에서, 장소를 불문하고 커다란 주제부터 광고 문구에 이르기까지 초안을 교정해주었다. 그로버는 SEC(미증권감독위원회) LA지부장을 지낸 적이 있는 증권전문 변호사다. 그는 업계 실무 전문가로 활동하며 다수의 증권 관련 문서 교정작업을 해오고 있다. 그는 이번 작업이 기존 작업과 비교해 훨씬 재미있었다고 말했다. 그에게 많은 신세를 졌다. 그는 투자자문회사를 운영하고 있으며 퓨리시마 펀드(Purisima Funds)의 회장이기도 하다.

훌륭한 서문을 써준 내 친구 짐 크레이머(Jim Cramer)에게도 확실히 큰 신세를 졌다. 보통 사람들보다 훨씬 정열이 넘친다는 점만 제외하면, 짐은 오직 신만의 타이밍(즉, 언제 주식을 사고 팔아야 할지-옮긴이)을 알고 있는 '사람'이다. 이외에도 피어슨 클레어(Pierson Clair)와 토마스 그뤼너(Thomas Grüner)의 격려도 큰 도움이 되었다. 독일에서 자산관리회사를 운용하고 있는 토마스는 나의 책을 독일어로 펴내자는 제안을 했고, 현재 출간되어 좋은 반응을 얻고 있다.

최종적으로 원고를 넘기기 전까지 각 장당 총 5번의 교정작업을 마쳤으며, 그중 3개의 장에 대해서는 다시 한 번씩 교정작업을 더 했다. 데이터를 바탕으로 초안을 작성하고 책의 구성을 마치는 데 라라와 제니퍼에게 정말 큰 신세를 지긴 했지만, 만약 책 내용 중 실수나 부적절한 내용이 있다면 결국 내 책임이라고 말하고 싶다.

이러한 편집과정에 들인 시간들은 지난 36년간 도움을 준 나의 아내에게서 나온 것이다. 그녀의 인내심과 헌신, 그리고 변함없는 사랑에 커다란 고마움을 느낀다. 마지막으로 내 아버지 필립 피셔(Philip A. Fisher)의 영향이 없었더라면 결코 내가 젊은 시절 자본시장으로 진로를 정하지 않았으리라는 것을 인정하고 싶다. 아버지는 21세인 1928년부터 96세로 돌아가신 2004년까지 주식시장과 사랑에 빠져 있었다. 생전에 이 책을 보셨더라면 하는 아쉬움과 함께 이 책을 나의 아버지에게 바친다.

차례

한국어판 서문 • 4
역자 서문 • 7
추천사 • 10
감사의 글 • 17
머리말 • 26

|1장| 첫 번째 질문 잘못된 걸 믿고 있지 않은가?

사실과 미신을 구분하는 법 • 51
첫 번째 질문 사용하기 • 56 | 여러분도 믿고 있는 흔한 미신들 • 59 | 여러분이 옳았는지 틀렸는지(또는 정말 정말 틀렸는지) 증명해보자 • 62

사실무근의 상관관계 • 63
높은 P/E가 아무것도 설명해주지 못하는 이유 • 64 | 장기적 예측은 불가능하다 • 66 | P/E의 진실에 접근하기 • 74

항상 다른 시각으로 보라 • 79
우리 할아버지들은 어떻게 생각했을까? • 80 | 세 번째 질문 맛보기 • 82 | 할 수 있다면, 위아래를 뒤집고 앞뒤를 바꿔라 • 83

여러분이 정말 정말 틀렸을 때 • 90
신성함 중의 신성함－국가재정적자에 대한 미신 • 90 | 정치라는 흡혈귀들을 없애버리자 • 94 | 다른 적자들은 어떨까? • 96 | 모든 것은 상대적으로 상대적이다 • 97 | 알고 있는 모든 것에 질문을 던져라 • 99

|2장| 두 번째 질문 다른 사람이 간파하지 못한 것 중 당신이 간파할 수 있는 것은?

남이 간파할 수 없는 걸 간파해내기 • 105
의구심은 놀라운 발견을 낳는다 • 106

숲에서 들리는 돌멩이 소리는 무시하라 • 108

뉴스와 유행 투자법 제대로 보기 • 109
프로 투자자들－프로 할인자들 • 119 | 친구는 친구를 역투자자로 만들지 않는다 • 121 | 패턴은 어느 곳에나 존재한다 • 122

수익률 곡선에 대한 충격적 진실 • 123
금리 소동 • 126 | 글로벌하게 생각하라 • 133 | 역수익률, 모조 역수익률 • 140

수익률이 여러분에게 말하고 있는 것 • 143
뒤집은 걸 다시 뒤집어 보자 • 152 | 다시 뒤집어 보라 • 154

대통령 임기 순환 원칙 • 156
아무도 진짜 사기꾼이 무엇을 할지 예측할 수 없다 • 160 | 경향성을 뒤집어 생각하기 • 166 | 실험하고 또 실험하라 • 166

THE ONLY THREE QUESTIONS THAT COUNT

|3장| 세 번째 질문 지금 내 두뇌가 도대체 무슨 짓을 하고 있지?

당신의 잘못이 아니다-진화를 탓하라 • 171
행동재무학 • 175 | 위대한 능멸자 • 179

석기시대 코드 깨기-긍지와 후회 • 181
이것 보라구! 거대한 야수를 내가 죽였어! 대단한 솜씨라구! • 182 | 창던지기-지나친 자신감 • 186 | 봤지! 내가 말한 대로잖아-확증편향 • 195 | 흔적 따라가기-패턴 인식과 재연 • 202 | 사후판단 편향과 정리선호 현상 • 204

위대한 능멸자가 좋아하는 트릭들 • 206

동굴 속에서 머리를 끄집어내라 • 210
또 한 번의 뒤집어 생각하기-후회는 쌓고 긍지는 피하라 • 210 | 천재? 아니면 운? 그리고 망각증? • 220 | 전체 vs 부분의 합 • 222 | 토끼냐, 코끼리냐?-항상 상대적 규모를 고려하라! • 223

|4장| 자본시장 기법들

자본시장 기법을 실제로 사용하기 • 229
역사는 일종의 실험실이다 • 230

지속되는 동안은 좋다 • 234
이익 없는 곳에서 이익 찾기 • 236 | 주식시장이 망치는 아니지만 머리를 때릴 순 있다 • 241

예측은 정확하게 하되, 프로 흉내는 내지 말 것 • 244
더 잘못되게, 더 심각하게, 더 길게 • 247 | 여러분에게 이런 이야기를 하는 이유 • 258

글로벌 벤치마킹을 통한 훌륭한 삶 • 262
여러분의 긴 여정에 있어 벤치마크는 로드맵이 된다 • 264 | 아무 인덱스나 골라라(하지만 높은 변동성이 높은 수익을 올린다고 믿지 마라) • 266 | 위험 vs 수익? • 268 | 글로벌한 생각은 곧 좋은 생각과 같다 • 274 | 다우 얘기는 하지 마라 • 279 | 2개의 주식으로 만든 인덱스 • 282 | 수익을 극대화하지 마라 • 285 | 가장 큰 위험 • 287 | 여러분도 시장을 이길 수 있다 • 291 | 이머징 마켓과 GDP에 관한 미신 • 294

5장 | 거기에 거기라고 할 것조차 없을 때!

존스 홉킨스, 나의 할아버지, 인생수업, 그리고 거트루드에게 배우기 • 301
거트루드 스타인의 삶으로 본 6가지 투자 교훈 • 305 | 오클랜드 얘기는 접고 조류독감에 대해 생각해보자 • 307

석유 VS 주식 • 311
우린 단지 모를 뿐 • 313 | 나 말고 주식시장을 믿어라 – 주가와 유가는 관련이 없다 • 319 | 1%의 설명 • 322 | 그것이 확증편향 오류라고 확신할 수 있다 • 325 | 가솔린펌프 퀴즈 • 327 | 프랑스인이 잘할 수 있는 것이라면, 미국인은 더 잘할 수 있다 • 329

위칭 이펙트가 없으면 1월 효과가 산타클로스 랠리를 망쳐놓을 것이다. 그러니 5월에 팔라 • 330
이제 숙제를 할 시간이다 • 338

6장 | 아니오, 정반댑니다

여러분이 정말로 정말로 틀렸을 때 • 343
부채가 좋은 경우! • 344 | 핵심질문 – 어떤 사회가 가지는 적절한 부채의 수준은? • 348 | 서프라이즈! • 351 | 즐거운 시간 • 352

승수 효과와 아이팟을 쓰는 마약중독자 • 356
다시 다우지수 얘기다! 어이쿠! • 361 | 누군가 이 빚을 갚아야 할까? 아니다 • 364 | 저축률 감소와 인간성의 퇴보 • 365 | 너무나 이상하고 괴상한 4가지 사실 • 368

무역적자를 맞바꿔보자 • 371
"어느 나라가 되고 싶어?" • 378 | 상업주의자는 공산당원만큼 나쁘다 • 381

새로운 금본위제도 • 382
황금빛 헤지 • 388 | 금, 인플레이션, 그리고 206년 만기 장기채권 • 390 | 무엇이 그것이고, 무엇이 그것이 아닌가? • 392

7장 | 충격적 진실

수요와 공급, 그게 전부다 • 401
현금, 주식 또는 혼합형? • 402 | 주가 변동의 진짜 원인 • 405 | 주식 수요의 3가지 동인(動因) • 413 | 비관의 장벽 • 415 | 공급의 원리 • 417

M&A 열풍 • 423
항상 우월한 주식은 없다 • 426

약달러, 강달러 – 무엇이 중요할까? • 429
5가지 미신, 그리고 수요와 공급의 증가 • 431 | 수요와 공급이 통화 가격을 결정한다 • 440 | 통화 수요를 유발하는 진짜 요인 • 444 | 잘못된 사실에 대한 두려움은 강세장을 뜻한다 • 448

THE ONLY THREE QUESTIONS THAT COUNT

|8장| 위대한 능멸자와 석기시대 두뇌

예측 가능한 시장 • 453
중요한 것은 양이 아닌 방향 • 456 | 아래를 보라! • 458

거품의 해부 • 466
진짜 버블은 항상 새로운 패러다임이었다 • 469 | 동정매도 • 479

몇 가지 기본 규칙 • 480
강세장이 약세장의 옷을 입었을 때 • 487 | 약세장이 강세장의 옷을 입었을 때 • 488

약세장을 발생시키는 요인은 무엇인가? • 495
오사마 빈 라덴, 카트리나, 포그혼 레그혼(닭 만화 캐릭터), 그들이 바에 들어온다 • 496

|9장| 모두 한데 모으기

자신의 전략을 고수하고 그것에 맡겨라 • 507
성장이냐 수입이냐, 아니면 그 둘 다인가? • 519 | 지키기 어려운 최고의 부자! • 524

4가지 중요한 규칙 • 525
첫 번째 규칙-적절한 벤치마크를 선택하라 • 526 | 두 번째 규칙-벤치마크의 구성요소를 분석하고, 예상 위험과 수익률을 배정하라 • 537 | 세 번째 규칙-기대수익률 대비 적절한 리스크를 위해 상관관계가 없거나 역상관관계의 주식을 혼합한다 • 543 | 네 번째 규칙-항상 틀릴 수 있다는 것을 명심하라. 그러니 앞의 3가지 규칙에서 너무 벗어나지 마라 • 546

드디어 공개! 무조건 이기는 주식 고르기 • 552
종목선택은 이미 설명했다! • 555

언제 주식을 팔아야 하는가? • 565
상원위원, 강아지 죽이기, 그리고 또 다른 이익감소 요인들 • 567

|결론| 작별할 시간

변형주의 • 575

주 • 583

머리말

나는 누구인가?

여러분은 궁금할 것이다. 도대체 내가 어떤 사람이기에 뭐가 중요하고 뭐가 덜 중요하다고 당신에게 얘기하려 하는지, 정말 중요한 질문은 오직 3가지뿐이며 내가 그걸 진짜 알고 있는지, 귀찮게 이 책을 읽어야 하는지, 내 말에 꼭 귀 기울여야 하는지.

자, 우선 나는 30년이 넘는 세월을 투자산업에 종사해오면서 많은 부작용들을 보아왔다. 사실 투자산업을 그렇게 좋아하는 건 아니다. 나는 이 업계에서 자랐다고 할 수 있다. 아버지가 1932년부터 투자산업에 종사했기 때문이다. 아버지는 자수성가해서 꽤 이름을 날렸고, 나는 많은 것을 배우며 성장해왔다. 현재 나는 300억 달러가 넘는 규모의 자금을 운용하는 회사의 창업자이며 CEO다. 또한 다양한 투자 스타일을 통해 오랜 기간 시장을 초과하는 수익을 기록하고 있다. 우리 펀드는 미국, 영국, 캐나다의 1만 6,000명이 넘는 고액 개인자산가와 주요 기업, 공적 연기금, 기금 및 재단 등 주요 기관투자자들을 위해 운용된다.

나는 지난 22년간 〈포브스〉에 '포트폴리오 전략'이라는 칼럼을 쓰고 있는

데, 89년의 역사를 가진 〈포브스〉에서 5번째로 긴 기록이다. 또한 영국에서 발간되는 〈블룸버그 머니(Bloomberg money)〉에도 7년간 칼럼을 기고한 적이 있으며, 그전에는 3권의 책을 썼고 각종 학술잡지 및 전문 저널에도 많은 글을 기고해왔다. 또한 오늘날 표준적인 재무 교과과정의 하나가 된 주가매출액비율(PSR: Price-to-Sales Ratio)을 10년 전 처음으로 만든 사람이기도 하다. 잘난 체하려는 건 아니지만 〈포브스〉에서 선정하는 미국 400대 부자에 자력으로 이름을 올리기도 했다. 난 많은 것을 해냈다.

이제 나는 내 오랜 경력을 통해 얻은 교훈은 투자에 있어 중요한 것이 오직 3가지 질문뿐이라는 사실을 말하고자 한다. 이 교훈을 당신과 함께 공유하고, 투자결정의 기본 원칙으로 계속 사용할 수 있는 사고방법에 대해 토론할 것이다. 그게 이 책이 다루는 내용이다.

좋다. 정확히 말하자면 정말 중요한 질문은 사실 단 1개다. 적어도 오직 1개의 질문은 중요하다. 하지만 그 1개의 질문을 당신이 투자결정 시에 쉽게 사용할 수 있는 방식으로 표현하기가 너무 어렵다. 만약 이 질문을 3개의 하위부문으로 나누어보면 설명하기가 쉬워진다. 그래서 이 책의 제목이 '3개의 질문'이 된 것이다.

그렇다면, 그 중요한 오직 1개의 질문은 무엇일까? 이론적으로는 아주 명료하다. 누군가가 모르는 것을 어떤 방법을 통해서 당신이 알고 있다고 믿는다면 그것에 기초해서 투자결정을 하는 것이 합리적이라는 것이다. 실제로는 불공평한 일이겠지만 그렇다고 불법이거나, 비윤리적이거나, 비도덕적인 행위는 아니다. 문제는 다른 사람들은 모르고 오직 당신만 아는 그것이 바로 무엇이냐 하는 것이다.

대부분의 사람들은 타인들이 모르는 것을 알지 못한다. 단지 타인들이 모르는 것을 알고 있다고 추측하는 것일 뿐이다. 왜 그런지는 앞으로 살펴볼 것이다. 하지만 (투자에서 성공하려면) 타인들이 모르는 무언가를 알고 있어야 한다는 사실은 전혀 새로울 것이 없다. 대학에서 투자론을 배운 모든 사람들이 이 얘기를 듣기 때문이다. 하지만 대부분의 경우 이런 자명한 이치를 잊고 만다.

"타인들이 모르는 무언가를 알고 있는가?"라는 질문에 답하지 않은 채로, 다른 시장참여자보다 좋은 성과를 기대하는 것은 허황된 일이다. 다른 식으로 말한다면, 시장은 현재 알려진 모든 정보를 매우 '효율적'으로 현 시세에 반영한다는 것이다. 이런 주장은 새로운 것이 아니다. 금융이론의 기반을 이루고 있으며, 지난 몇 십 년간 반복적으로 증명되어 온 사실이다. 만약 타인들도 알고 있는 정보에 기초해 투자결정을 내린다면, 결국 그런 투자판단 없이도 거둘 수 있는 시장수익률 이상의 수익을 낼 수 없을 것이다. 이해가 되는가? 시장이 언제 상승하고 어떤 업종이 주도할 것인지, 또는 어떤 주식을 사야 할지 결정할 때, 신문기사나 동료들과의 수다를 바탕으로 추측한다면(당신이 얼마나 똑똑한지 또는 노련한지와는 상관이 없다) 가끔은 예상이 적중하거나 운이 좋을 수도 있지만, 그보다 훨씬 빈번하게 예상이 빗나가거나 불운에 빠질 것이다. 또한 그런 투자결정을 내리지 않았을 때보다 전반적으로 나쁜 수익을 거둘 것이다.

분명히 이런 식의 얘기를 싫어할 것이다. 하지만 앞서도 얘기했듯이, 이런 자명한 이치를 오직 1개의 질문을 통해 당신이 유용하게 사용할 수 있도록 표현하는 방법을 나는 모르겠다. 내가 할 수 있는 것은 타인들이 모르는 것을 당신이 알 수 있는 방법을 보여주는 것이다.

이 방법을 알려주기 전에, 타인들이 알지 못하는 무언가를 당신도 알지 못하는 것이 얼마나 의미 없는 일인지 조금 더 보여주고자 한다. 약속하건대 아주 재미있을 것이다.

완벽한 진리에 한 표를!

  금융시장은 널리 알려진 정보의 가치를 '할인' 해 반영한다. 다른 말로 하면, 우리가 일반적으로 접했던 정보가 무엇이었든 간에 그 정보의 가치가 이미 현재 가격에 반영되어 있다는 것이다. 사람들은 그런 정보를 알게 되는 즉시 할 수 있는 한 최대로 투자하려고 한다. 그 정보가 넓게 퍼지는 것만큼이나 빨리 투자에 나선다. 이제 이런 현상을 정치적인 선거에 비교해보자. 선거에는 알려진 정보에 대한 '할인' 현상이 없다.

  여론조사 전문가들은 최소 오차범위 내에서 즉시 미국 대선 결과를 예상하기 위해 1,000명 정도의 선거인단 표본을 추출하는 데 매우 능숙하다는 걸 잘 알 것이다. 이 기술은 아주 안정적이고 검증된 것이며, 여러분도 익숙할 것이다. 선거 전날 밤 전문적인 조사가 실시되면 우리는 3~5%포인트 오차 내에서 선거 결과가 어떻게 될지 알 수 있다. 이런 기술은 전체 투표인단의 특징을 대표할 수 있는 투표참여자를 추출하는 데 기반을 두고 있다.

  만약 누군가 세상의 모든 투자자를 대상으로 이와 유사한 표본을 추출할 수 있다고 상상해보자. 시장의 방향성을 제대로 예상한 온갖 타입의 투자자들이 다 포함될 것이다. 기관투자자와 개인투자자, 성장성 추종자와 가치주 맹신자, 소형주 또는 대형주 선호자, 외국인투자자와 국내투자자, 장기투자자와 단기투자자 등 상상 가능한 모든 타입이 포함된다. 자, 이제 이렇게 추출한 표본을 통해 추정된 결과, 다음 달에 시장이 상승할 것이라는 컨센서스(시장에 대한 공통된 의견—옮긴이)가 이루어졌다고 생각해보자. 정말 그런 일이 일어날까? 그렇지 않다. 모든 사람들이 다음 달에 시장이 상승할 것이라는 데 동의한다면 살 수 있는 사람은 그전에 모두 주식을 살 것이기 때문이다. 시장은 다음 달이 되기 전에 상승할 것이고 오직 바보만이 다음 달까지 기다릴 것이다. 따라서 정작 다음 달에는 시장 상승을 이끌 추가적인 매수세가 유입되지 않는다는 것이다. 지나치게 단순한 감은 있지만, 우리가 알고 있는 어떤 것을 주가와 연결시키기 전에 이미 그것은 시장에 반영되어 있으며, 따라서 실제로 그런 일이 일어나지 않는다는 사실을 설명하는 데는 유용한 사례다. 투자자들은 대개 욕심스럽게 정보를 수집하기 때문에 한 번 접촉했던 정보라면 이미 그 정보가 반영된 가격에 투자하는 셈이 된다.

이런 현상이 시장을 움직이는 게 놀랍지 않은가. 시장의 움직임이 그 이전에 거의 추측되지 않고 일어난다는 사실 말이다. 새로운 뉴스가 나와도 사람들이 이미 예상하고 있던 것이라면 시장의 움직임에 크게 영향을 미치지 못한다. 이미 예상에 맞춰 할 수 있는 한 최대로 투자했기 때문이다.

다르게 얘기한다면, 아무리 영리하고 현명해도, 다른 투자자보다 능숙하다고 해도 그것으로는 충분하지 않다는 것이 투자이론의 현실이라는 것이다. 아무리 현명하다고 스스로 생각해도 일반적으로 접할 수 있는 뉴스나 정보에 기반해서 타인보다 높은 수익을 기록할 수 있다고 생각하면 당신은 바보다. 앞으로 이 책을 통해 이런 사례를 많이 보여주겠지만, 역시 시장을 이기는 유일한 방법은 타인들이 모르는 무언가를 아는 것이다. 이 책은 그 방법을 가르쳐줄 것이다. 우선은 '3가지 질문'을 이해하기 위한 전체적인 구조를 설명하고 하나씩 소개하고자 한다. 초반 3개의 장은 각각의 질문에 대해서 자세히 알아볼 것이고, 나머지 장에서는 이 질문들을 여러분이 어떻게 사용할 것인지 좀더 깊이 살펴볼 것이다. 지금까지 3권의 책을 집필해본 경험상 이런 방식이 효과적이고 유용할 것 같다. 일단 '3가지 질문'을 마스터하고 나면 시장을 이길 수 있는 전략을 갖게 될 것이고, 이는 아주 의미 있는 일이 될 것이다.

남들이 모르는 곳에 투자하기

잠시 돌아가서, 정말 중요한 질문은 단 1가지이며, 이를 3개로 분류할 수 있다는 기본 전제를 여러분이 논의 진행을 위해 받아들였다고 가정해보자.

단순히 그 질문을 읽는 것만으로 부자가 될 수 없다는 것은 알 것이다. 그 질문이 정말로 의미하는 바가 무엇이며 어떻게 사용하는지를 알아야 한다. 그리고 실제로 그 질문들을 능숙하게 반복해서 적용할 수 있어야 한다. '3가지 질문'은 어떤 기교 혹은 단순한 '부자 되기 3단계' 목록으로 구성된 것이 아니다. 또한 시장초과수익을 올리기 위한 '간편 투자법'도 아니다. 그런 것들이 정말 있다면 나는 이 책을 쓰지도 않았을 것이고, 여러분도 이 책을 읽을 필요가 없을 것이다. 대신, 그 방법을 내 〈포브스〉 칼럼 한 편에서 공개했을 것이고, 여러분이 알아야 할 모든 것은 거기서 얻을 수 있었을 것이다. 물론 그 방법을 즉시 적용해서 어마어마한 부자가 될 수 있었을 것이다. 자, 시장초과수익을 올리기 위한 '간편 투자법' 따위는 없다. 그보다는 '남들이 모르는 곳에 투자하는 것'이 시장을 이기는 법이다.

'3가지 질문'을 어떻게 사용하는지 배우고 나면 평생 시장을 이길 수 있는 기반을 갖게 될 것이며, 여러분의 동료 투자자들보다 우위를 점하게 될 것이다.

그럼 여러분의 동료 투자자에 대해 한번 생각해보자.

바보와 전문가 : 이런, 또 반복하고 있잖아!

몇몇 친구들이 바보 같다는 것을 알 것이다. 따라서 그들과 경쟁하는 데 두려움을 느끼진 않을 것이다. 하지만 상대가 전문적인 훈련을 받고, 엄청나게 똑똑하며, 많은 경험을 가진 프로라면 어떻게 경쟁할 것인가? 희소식은, 내가 보기에 아마추어건 프로건 대부분의 투자자들은 스스로 바보처럼 행동한다는 것이다. 어떻게 그럴 수 있을까? 그들 중 많은 사람들이 다른 사람이 모르는 것에 투자해야 한다는 사실을 학습하고도 잊어버리거나 무시해버리기 때문이다. 투자라는 것이 목수나 의사의 일처럼 일종의 기술이라고 잘못 가정하는 것이 전형적인 투자자들의 생각이다. 그들은 투자를 과학적인 의문의 과정으로 다루지 않고 있다. 그들이 접근하는 방식에 대해 생각해보자.

우선 아마추어의 경우, 흔히 선호하는 정보처를 갖고 있다. 케이블뉴스, 인쇄매체, 인터넷 웹사이트, 사설 정보지 등이다. 또한 주가 패턴을 추적하는 소프트웨어를 갖고 있을 것이며, 급락 시 매수하고, 악재에 매수하라는 모멘텀 투자같이 그들이 고수하는 특정한 규칙들이 있게 마련이다. 그런 사람들은 매수나 매도를 위한 특정 신호나 단서들을 찾아 헤맨다. S&P500과 나스닥(Nasdaq)지수가 동시에 어떤 수준에 도달하기까지 기다렸다가 매수 또는 매도하거나 허둥댈 것이다. 또한 90일 이동평균선을 뚫어지게 관찰하고 VIX(S&P500 변동성지수—옮긴이)나 다른 시장지수들을 모니터링 할 것이다 (VIX의 경우 통계적으로 쓸모없는 예측신호라는 것이 증명 가능하지만, 많은 사람들이 매일같이 이 지수를 사용하고 있다. 쓰레기 같은 미신 때문에 버는 것보다 더 잃고 있는 셈이다). 이 사람들은 투자를 충분한 성실함과 노력을 통해서 배울 수 있는 기술 같은 것이라고 믿고 있다. 그렇다면 최고의 기술을 습득한 사람은 좀더 훌륭한 투자자가 될 것이다.

투자자들은 자신을 특정한 투자자 유형으로 분류하고 그에 따른 기술을 연마한다. 가치투자자 지망생과 성장투자자 지망생은 약간 다른 투자법을 익힐 것이다. 소형주 선호자와 대형주 선호자 또한 마찬가지다. 또 해외투자와 국내투자도 차이가 있을 것이다. 이런 방식은 목수 일과 비슷한 맥락을 지닌다. 천부적으로 뛰어난 사람이 있긴 하지만, 누구나 기본적인 목공법은 배울 수 있다. 충분히 똑똑하기만 하다면 의사의 경우도 마찬가지다. 스포츠의 경우도 이와 같다. 회계업, 치공업, 법률업, 기술업 등은 모두 시간적 · 물리적 · 정신적 능력에 차이가 있긴 하지만 모두 배울 수 있는 기술이라는 공통점이 있다.

　이미 적절한 훈련과 수습기간(기술 습득에 필수적)을 거쳐 기술집약적인 역할들을 수행하고 있는 수많은 사람들이 있기 때문에 기술이라는 것은 누구나 배울 수 있다는 것을 우리는 잘 알고 있다. 적절한 방법으로 감사를 수행하기 위해 회계를 학습하는 것은 완벽한 기술자 정신의 사례다. 하지만 아마추어와 프로를 불문하고 시장을 이기는 친구들은 거의 없다. 정말 너무 적다! 이미 수많은 시간 동안 수만 번 들어본 내용이겠지만 정말 사실이다. 극소수의 프로들만이 장기적으로 시장초과수익을 거둔다. 따라서 단지 '기술'을 배우는 것만으로는 충분치 않다는 것이 명확해진다.

　이론적으로도 기술은 도움이 되지 못한다. 당신이 다른 사람이 모르는 무언가를 알고 있다고 가정하고 있기 때문이다. 이런 사실은 아마추어들이 시장을 이기지 못하는 변명거리가 될 수 있다. 하지만 프로들은 어떤가? 최소한 그들은 합법적으로 고객에게 조언하기 위해 통과해야 하는 자격기준이 있다. 모든 주식 브로커들은 시리즈 7 자격 취득을 위해 시험을 통과해야 한다. 투자 자문업자 또한 SEC(미증권감독위원회)가 주관하는 다양한 테스트를 통과해야 한다. 이 업종에 종사하는 몇몇 사람들은 공인재무분석가(CFA)나 공인재무설계사(CFP), 공인투자관리분석사(CIMA)가 되기 위해 끈기 있게 노력한다. 그러나 이 먹물 꽤나 든 친구들 중 아마추어들에 비해 월등히 그리고 번번하게 시장초과수익을 올리는 사람은 없다.

　투자금융 부문에 있는 학부생이나 박사과정생들은 수년에 걸쳐 시장을 연구한다. 기업의 재무제표 분석법을 배우고, 샤프지수나 R-squared, 자본자산가격결정모형(CAPM) 등 널리 알려진 분석 툴을 사용해 위험의 측정법을 배운다. 몇몇은 시장의 역사를 연구하며 과거 수급환경, 경제상황, 정치상황 등의 변화에 시장이 어떻게 반응했는지 공부한다. 이런 모든 과정을 거치고도, 여전히 그들은 박사학위가 없는 사람들보다 월등하게 시장을 이기지 못한다.

　현명하게도 몇 년간의 학습 후에 프로가 되고 싶어 하는 젊은이들은 저명한 투자자 밑으로 들어가 견습생으로 일하기도 한다. 일반적으로 그들은 스승의 슬하에서 옛날 대장장이들이 했던 방식대로 기술을 익혀나간다. 몇몇은 일반적인 대장장이가 되고 몇몇은 검이나 창 같은 무기만을 만드는 전문가가 되며, 갑옷이나 농기구류를 만드는 사람들도 있다. 여러분은 그들이 충성스럽게 익힌 기술 양식의 사도가 되어 각각의 투자스타일에 이름을 붙인다.

　학위와 자격증을 갖추고 견습생활을 끝낸 프로들은 세상으로 나오게 되고, 소위 지혜라고 하는 조언들을 쏟아내지만 모두들 시장수익률보다 훨씬 뒤처진 수익을 기록한다. 이들 중 일부는 언론 스타가 되어 흥미 있는 방법으로 일일 시장동향을 요약해 인터넷이나 케이블 뉴스에 띄운다. 이들의 세계에서는 시장이 '단순히' 하락하는 경우는 없다. 항상 완전히 통제를 잃고 폭락하거나 폭발적으로 상승한다! 이 언론 스타들은 항상 시장을 공포적이고 스릴 넘치는 것으로 묘사한다. 마치 백악관의 스캔들이나 할리우드 대형스타의 이혼 소문처럼 시청자들의 눈을 사로잡는 것이다. 주의 깊게 들어본다면 그들이 말하는 것은 단지 스포츠의 포스트시즌을 분석하는 것과 다름없다는 걸 알게 될 것이다. 실제로 목숨을 걸고 시장예측을 하는 전문가는 거의 없다. 실제로 예측을 한다 하더라도 장기예측은 못 하며, 얼마 못 가 시장에서 퇴출되고 말 것이다. 이런 현상의 이면에는 추악한 비밀이 있다. 만약 장기간에 걸쳐 시장을 예측할 수 있다면 이들은 언론 전문가 대신 실제 머니매니저의 세계로 뛰어들 것이다. 무한히 많은 자금을 바탕으로 수익을 낼 수 있기 때문이다. 실제로 2005년 〈포브스〉 400대 부자 중 39명이 머니매니징 업계에 종사하는 사람들이다. 400대 부자 중 거의 10%에 육박하는 수치다.[1] 언론계 인사는 어떤가? 오직 오프라 윈프리만이 그 명단에 들어 있다. 소위 언론계 금융 스타는 단 1명도 없다(사실 〈포브스〉에 칼럼을 쓰고 있기 때문에 내가 가장 비슷한 예가 될 수 있겠지만, 나는 그런 사람이 아니다. 나는 머니매니저이지 확실히 유명 인사는 아니다).

돈이 있는 곳을 찾는다면 확실히 자산운용업계에 있을 것이다. TV나 신문에 나오는 유명인사, 주식 브로커를 포함해 투자세계의 다른 어떤 부분에도 없다. 금융 분야에서 가장 성공한 언론계 인사는 내 친구이며 이 책의 추천사를 써준 짐 크레이머다. 짐은 극히 예외적인 경우다. 그는 원래 성공한 전직 머니매니저로, 더 스트리트 닷컴(The Street.com)을 시작하기 위해 은퇴했으며 그가 진행하는 매드머니(Mad Money) 쇼로 텔레비전에서 큰 성공을 거두었다. 그 자신을 포함해서 누구도 짐이 그렇게 성공할 것이라 예측하지 못했다. 최소한 그가 주장하는 바로는 그렇다. 짐의 경우 머니매니저에서 언론계로 직업을 바꾼 이유는 오직 그가 그런 라이프스타일을 좋아했기 때문이다. 하지만 대다수의 사람들이 짐처럼 될 수는 없을 것이다. 만약 짐이 조각가나 화가가 되고자 했다면 그 분야에서도 뛰어났을 것이라고 나는 확신할 수 있다. 만약 여러분이 짐에게 이 세상의 돈을 누가 굴리고 있는지 물어본다면 그 역시 언론이 아니라 자산운용업계라고 말해줄 것이다.

이런 이유로 대부분의 투자 전문가들은 언론 스타가 되기를 열망하지 않는다. 그들이 열망하는 것은 자산운용업계다. 그들은 내가 10여 년 전 그랬던 것처럼 개인투자자들에게 자문을 해주는 쉬운 일부터 입문한다. 여러분들의 주식 브로커나 재무설계사, 보험 및 연금 판매원들이 바로 그런 사람들이다. 어떤 이들은 시장 전망 및 대응 전략을 알려주긴 하지만, 유명 회사에서 근무하는 사람들이라면 일반적으로 회사의 시장 전망을 그대로 따르게 마련이다. 이런 영업방식은 대형사들이 수많은 종업원들을 잘 통제할 수 있는 유용한 방법이다. 이렇게 큰 회사들은 일류 중에 일류 학교를 나오고 극도로 강도 높은 훈련을 받은 잘생기고 목소리 좋은 친구들을 몇 명 고용한다. 이들이 바로 수석 이코노미스트, 수석 스트래지스트로 불리며 시장 전망을 담당하는 사람들이다. 이들이 큰 그림을 그리고 나면, 산업별 애널리스트들은 각자 부문에서 쌓은 훈련과 경험을 통해 담당 산업을 분석하게 된다. 유명한 회사의 고객이라면, 개인이건 기관투자자건, 담당 브로커의 학력과 경력뿐 아니라 스스로 대단하다고 뽐내는 학식 높은 거물급 인사들의 서비스까지 받는 셈이다.

그렇다면 도대체 왜 그렇게 많은 지식과 전문성, 투자시장에서 얻은 영광의 상처까지 가졌으면서도 대다수의 프로 투자자들이 시장을 이기기보다는 뒤처지는 것일까? 이것은 실제로 오랜 기간 반복에 반복을 거쳐 증명된 사실이다. 시장을 이기는 투자자는 극히 일부다. 시장을 어떻게 정의하느냐에 따라 차이가 있기는 하겠지만 10~30% 정도에 불과하다. 왜 그럴까? 왜 이런 척척박사와 전문 예측가들이 아마추어들보다 높은 성공률을 보이지 못하는 것일까? 왜 어느 정도 높은 확률로 적중하는 예측보다는 틀린 예측이 항상 많은 것일까? (사실, 예측에 적중한 사람도 자주 틀린다. 여러 번 예측해서 자주 틀리는 것보다는 잘못된 예측을 한 번 하고 계속 그 포지션에 있는 게 차라리 낫다.) 심지어 월스트리트의 투자 대가들조차도 그들 경력의 절반 정도의 기간 동안은 거의 시장을 이기지 못한다.

이 사람들은 똑똑한 사람들이다. 그들 중 대부분이 아주 똑똑하다. 나보다 똑똑하다고 확신할 수 있다. 아마 여러분도 매우 똑똑할 것이다. 안 그런가? 나보다 더 똑똑할 수도 있다. 하지만 그 점이 여러분이 나보다 투자를 더 잘할 수 있느냐 하는 것에는 아무런 차이도 미치지 못한다. 똑똑한 것, 열심히 연습하는 것 모두 좋은 것들이다(그 자체로는 잘못된 것이 없다). 박사학위도 좋은 것이다. 하지만 이 모든 것들로는 충분치 않을 뿐만 아니라 필요하지도 않다. 여러분은 남들이 모르는 무언가를 알아야만 하며, 그 특별한 무언가를 통해 시장을 이길 수 있고 여러분보다 똑똑한 사람들보다 투자를 잘할 수 있는 것이다.

그럼, 여러분은 어떤가? 아마도 〈포브스〉같이 수준 높은 책들을 구독하고 있을 것이다(아니면 하느님도 읽지 말라고 한 〈포춘〉이나 〈비즈니스위크〉 같은 끔찍한 2류 잡지를 구독할지도 모른다—진심으로 말하건대 그냥 웃어보자고 한 얘기다. 유머감각 없이 시장과 동고동락하다 보면 쉽게 늙게 마련이다). 어떤 책이 되었건 금융 분야에서 수많은 책들을 읽었을 것이다. 또 24시간 방송하는 금융뉴스채널을 시청하며, 빠른 거래와 다양한 정보 수집을 위한 초고속 인터넷 또한 갖추고 있을 것이다. 펀드평가 전문회사인 모닝스타(Morningstar)의 정보를 검색하고 SEC에서 분기별로 발간하는 리포트를 쉽게 다운 받아 관심 종목에 대한 정보를 얻을 수 있다. 어쩌면 기술적 분석을 위한 소프트웨어 구입에 돈을 낭비했을지도 모른다. 도대체 왜 그렇게 많은 정보와 막강한 도구들을 갖고도 시장을 이길 수 없을까? 이런 정보와 도구들은 여러분의 할아버지 대에는 꿈도 꾸지 못했던 것이다!

기술자 양반, 투자는 기술이 아니야

그 해답은 투자기술 연마가 아닌 다른 사람이 모르는 것을 아는 것에 있다. 정작 투자자들은 이런 시도를 하지 않는다. 모두들 기술 연마에 너무나 정신이 팔려 있기 때문이다. 마치 기술자처럼 기술을 배우고, 각종 투자정보지를 탐독하고, 다른 기술자처럼 행동하면 어떻게든 시장을 이길 수 있을 것이라 생각하는 것 같다.

학문적인 접근법도 마찬가지다. 최고로 박식한 박사들은 자유시장이 최소한 효율적이란 사실을 알고 있다(효율성의 정도에는 각각 견해가 다르지만). 시리즈 6, 7, 65 통과나 CFA나 CIMA 자격증도 역시 시장을 이길 수 있는 충분조건이 아니다. 이런 자격증은 이미 언론을 통해 수많은 친구들과 따라쟁이들이 알고 있는 정보 외에 어떤 정보도 제공해주지 않는다. 더 많은 투자전문지를 구독해도, 언론 전문가들이 거드름을 피며 머리를 쥐어짜내도 역시 시장을 이기지는 못한다. 그런 것들은 이미 알려져 있어 가격에 반영된 사실만을 얘기할 뿐이다. 설사 모든 사람이 모르는 정보를 언론을 통해 얘기했다고 해도 그 즉시 모든 사람들이 알게 될 것이고 즉시 가격에 반영될 것이다. 자, 그러므로 모두 쓸모없는 것들이다! (이런 일의 예외를 측정하는 방법을 추후에 설명할 것이다.)

여러분은 기술적 분석법을 공부할 수 있고, 가격 패턴을 잡아내주는 프로그램을 구입할 수도 있다. 하지만 역시 시장을 이기지 못한다! 강한 상승 모멘텀의 주식을 엄선해놓은 〈인베스터스 비즈니스 데일리(Investor's Business Daily's)〉를 구입할 수도 있다. 역시 시장을 이기지 못한다! 가치투자를 공부해서 P/E가 어떤 수준에 도달했을 때만 매매하기로 맹세할 수도 있다. 역시 시장을 이기지 못한다! 투자의 대가에게 일임할 수도 있을 것이다. 하지만 투자를 기술로만 생각한다면 장기적으로 시장대비 초과수익을 거둘 수 없을 것이다. 사실 완전히 틀린 것은 아니다. 충분히 많은 사람들이 이러한 방식으로 투자한다면 극히 일부는 순전히 운이 좋아서 시장초과수익을 올리는 사람도 있게 된다. 충분히 많은 사람이 동전 튕기기를 하다 보면 50번 연속 앞면만 나오는 사람도 있겠지만, 순전히 운에 의한 것과 마찬가지다. 당신이 행운의 주인공일 가능성이 얼마나 될까? 운에 의지하는 것은 투자의 기본이 될 수도 없고, 시장을 이길 수 있는 방법도 아니다. 다만 운에 걸어볼 수 있을 뿐이다.

투자가 기술이라면 어떤 기술(아니면 몇 가지 기술을 조합한 것일지라도)은 시장을 이길 수 있다는 것이 실증됐을 것이다. 누군가 어딘가에서 지속적으로 시장을 이길 수 있는 알맞은 기술을 알아냈을 것이다. 아무리 복잡한 공식이라 할지라도 말이다.

어떤 이들은 워렌 버핏을 역사상 가장 위대한 머니매니저라고 말한다. 하지만 나는 그를 머니매니저라고 조금도 생각하지 않는데, 이는 대부분의 사람들이 간과하고 있는 사실이다. 그는 단지 약간의 주식을 보유한 매우 성공적인 보험회사의 CEO일 뿐이며, 그가 원할 때 그 회사를 사적으로 소유하는(여러분 대부분이 할 수 없고, 대다수의 머니매니저가 할 수도 없고, 해서도 안 되는 일이다) 인물이다. 그가 비록 위대한 인물이고 큰 성공을 거두기는 했지만, 그를 포트폴리오매니저라고 생각하지는 않는다. 게다가 지난 35년간 포트폴리오매니저 또는 머니매니저로서 그가 올린 성과가 정확하게 측정된 적이 없다. 많은 사람들이 자주 머니매니저로 칭하긴 하지만, 그에겐 피터 린치(Peter Lynch)나 빌 밀러(Bill Miller), 빌 그로스(Bill Gross) 같은 느낌이 없다. 이 세 사람은 정말로 성공한 머니매니저계의 거성 같은 사람들이며 이외에도 진짜 머니매니저들은 수없이 많다(앞서 언급했듯이, 대부분의 머니매니저들은 장기적으로 시장수익률을 따라가지 못한다).

투자자가 반드시 머니매니저를 뜻하는 것은 아니다. 아파트를 구입하는 것도 투자다. 장기적으로 보면, 다른 모든 것에 상관없이 버핏의 명성과 평판은 버크셔 해서웨이(Berkshire Hathaway) 주식과 이 회사가 하는 일에 의지하고 있다(평이하고 단순한 사실이다). 버크셔가 어떤 회사를 인수했을 때, 이 투자로 인한 수익을 계산할 수 없다는 데 주목하자. 인수 시점 이후에는 버크셔로 흡수되어 버리기 때문이다. 따라서 그 투자에 대해 개별적으로 좋았다거나 나빴다고 말할 수 없다. 여러분이 확인할 수 있는 건 오직 보험부문의 실적에 따라 크게 영향을 받는 버크셔의 주가 움직임뿐이다. 10여 년간 버크셔는 엄청나게 좋은 주식이었으며 마이크로소프트나 AIG(또는 다른 좋은 주식들이 그랬듯이)처럼 많은 친구들에게 큰 이익을 안겨주었다. 그 결과 많은 투자자들이 버크셔 주식을 개별 종목이 아닌 투자 포트폴리오로 혼동하게 되었다. 하지만 버크셔는 단지 개별 종목일 뿐이다.

버크셔 주식과 버핏에 대해서는 실제로 종교적인 믿음이 존재하는 것 같다. 하지만 여전히 버크셔는 단지 개별 종목에 불과하며, 최근 주가 상황은 그리 좋지 못하다. 지난 10년간 이 종목의 수익률은 S&P500[2] 구성 종목 중 51위 정도에 해당하는 수익률밖에 올리지 못했다(실제로 버크셔는 유동성 기준이 미치지 못하기 때문에 S&P500 종목에 포함되지는 않는다). 예를 들어, 2005년의 경우에는 S&P500 지수는 4.9%[3] 상승했지만 버크셔는 정확히 0.8%[4] 상승했다. 기본적으로 변화가 없다고 볼 수 있다. 2003년과 2004년에도 S&P500 수익률에 뒤처졌지만 아무도 주목하지 않는 것 같다. 지난 수십 년간 눈부시긴 했지만, 이제 버크셔는 과거의 찬란한 월계관에 크게 의존하고 있으며 어떻게든 평범한 주식으로 보이는 걸 피하고 있다. 아마도 이 주식과 워렌 버핏에 대한 그런 종교적 믿음이 있기 때문인 것 같다.

이것이 내가 말하고자 하는 바이다. 이 모든 것에 대해 내가 틀린 것이라고 가정해보자. 워렌 버핏이 보험회사의 CEO가 아니라 빌 밀러나 빌 그로스처럼 포트폴리오매니저라고 가정하는 것이다. 그리고 그가 역사상 가장 위대한 머니매니저라고 생각해보자. 지난 세월 동안 버핏은 투자에 대해 많은 말들을 해왔다. 자산배분, 종목선정 등 많은 머니매니저들이 일상적으로 얘기하는 것들이다. 또한 그의 일거수일투족을 배우려는 수많은 제자들을 거느리고 있었으며, 30년 넘게 유명 인사였다. 하지만 그 제자들 중 극히 일부만이 장기적으로 시장을 이길 수 있을 뿐이었다. 만약 버핏이 해온 것들이 확실한 기술이라면 그의 제자들에게 그 방법을 가르칠 수 있을 것이다. 하지만 최고의 투자자치고(또는 그들 중 큰 부분을 차지하는 사람들조차도) 워렌 버핏의 추종자는 찾아볼 수 없다. 이러한 사실은 많은 사람들이 역사상 가장 위대한 투자자라고 생각했던 인물이 그의 투자방법을 일관성을 갖고 반복해서 재현할 수 있는 방식으로 전수해줄 수 없었다는 것을 말한다. 물론 어떤 이들은 "나는 완벽히 전수 받았고 잘 해낼 수 있다"라고 외칠 것이다. 하지만 실제 수익률로 검증해보면 이런 사람은 어디서도 찾아볼 수가 없다.

만약 워렌 버핏의 투자기법이 장기간에 걸친 기술이 발휘된 것이라면, 이것저것 따질 것 없이 그의 추종자들이 매우 오랜 기간 시장을 이겼다는 확실한 공감대가 있을 것이다. 하지만 그러한 증거는 어디에도 없다. 버핏의 접근방식은 종종 가치투자로 분류된다. 하지만 장기적으로 보면 가치투자자, 성장투자자 사이에는 차이점이 없다. 지난 수십 년간 각각의 투자법에 대한 선호가 순환하면서 한때 가치투자였던 것이 어느 날 성장투자가 되어 있고, 또 그 반대의 경우도 있기 때문이다. 양쪽 투자자 모두 자기네 투자 스타일이 훨씬 우수하다고 주장하고 있지만, 이들 중 어떤 투자 스타일도 시장을 이기는 최고수 투자자의 대열에서 우위를 차지한 적이 없다. 가치투자자들 내에서도 상대적으로 다른 사람들보다 수익률이 좋았던 사람들을 통해 근본적으로 우월한 수익률을 낸다고 인정된 확실한 접근법은 없다.

만약 투자가 기술이라면 이렇게 많은 세월이 지났음에도 불구하고 재야 고수, 언론 스타 등이 그토록 많은 투자서들을 통해 제대로 된 투자법을 두고 대립하는 일은 없을 것이다. 기껏 해야 몇몇 투자법만이 남아서 안정적이고 반복적으로 수익을 올리고 있을 것이다. 또한 투자를 목공술이나 석공술, 의술처럼 배울 수 있고, 다른 사람이 당신을 가르치는 것이 가능할 것이다. 다른 사람에게 기술을 정확히 전수하는 것도 가능하고 실패하는 일도 별로 없을 것이다. 그리고 당신은 이 책을 사지도 않았을 것이다. 내가 하는 얘기라고는 전부 케케묵은 얘기밖에 없을 것이기 때문이다.

과학의 라틴어 어원―과학자처럼 생각하기

내가 어렸을 적에는 과학자가 되려면 라틴어나 그리스어를 배워야 했다. 나는 전반적으로 훌륭한 학생이었고 라틴어 과목도 들었다. 물론 과학자가 되기 위해서가 아니라(지금도 아니지만) 다른 선택과목이었던 스페인어나 불어 과목에 특별한 이점을 느끼지 못했기 때문이었다. 주변에 라틴어를 하는 사람이 없어진 이후로 말하는 법은 즉시 거의 잊게 되었고, 단지 라틴어와 관련된 인생 교훈들 몇 가지만 남게 되었다. 시저가 다른 장군들과는 달리 부대의 맨 앞에서 진두지휘함으로써 명성을 얻게 된 것 같은 교훈 말이다. 아마도 이 사례는 리더십에 관한 가장 중요한 교훈일 듯하다.

또 1가지 기억하는 것은 '사이언스(Science)'라는 단어가 '알다' '이해하다' '방법을 알다'를 뜻하는 라틴어 'scio'에서 파생되었다는 사실이다. 어떤 과학자도 과학을 '기술'이라고 설명하지는 않을 것이다. 그보다는 '아는 것'을 목표로 하는 영원한 질문의 과정이라고 설명할 것이다. 과학자들은 어느 날 아침 갑자기 지구의 모든 사물에 작용하는 힘을 설명하는 공식을 만들기로 결정하지는 않는다. 대신 뉴턴은 "도대체 뭐가 저걸 떨어지게 만드는 거지?"와 같은 단순한 질문을 했다. 갈릴레오의 경우에는 결국 아리스토텔레스의 천동설에 동의해서 교회에서 제명 당하지 않고 명성도 얻었다. 그가 한 질문은 "모두들 말하는 것처럼 별이 움직이는 게 아니라면 어떨까? 바보 같은 생각일까?"였다. 아마도 우리들 대부분은 역사상 가장 훌륭했던 과학자들을 그 당시 직접 마주쳤다면 바보라고 생각했을 것이다. 오늘날 아메리카 삼나무 연구의 권위자인 내 친구 스티븐 시레트(Stephen Silett)는 다년생 삼나무 및 나무에 대한 과학자들의 일반적인 생각을 바꿔놓았다. 그는 높이가 106미터나 되는 나무 꼭대기에 화살을 쏘아 올려 낚싯줄을 이용해 서로 묶은 뒤, 허리에 줄을 묶고 기어서 꼭대기까지 올라갔다. 그곳에서 그는 아무도 존재를 몰랐던 다양한 생명체와 구조물들을 발견했다. 지상에서 106미터나 떨어진 그런 밧줄에 대롱대롱 매달려 있는 것은 미친 짓이다. 하지만 그는 나무를 자른 뒤에는 볼 수 없는 어떤 것들이 나무 위에 실재한다면 나무에 대해 뭔가 새로운 것을 알 수 있게 되지 않을까 하는 의문을 품었고, 그런 과정 속에서 이전에는 아무도 몰랐던 것을 발견하게 된 것이다. 왜 이 얘기를 하는지 알겠는가?

투자에 대해 알아야 할 것이 아직 존재하지도 않으며, 과학적 의문과 발견 과정에 있기 때문이다. 그것은 책에 있지도 않고 어떤 제한도 없다. 단지 우리가 아직 모르고 있을 뿐이다. 50년 전에 비하면 자본시장이 어떻게 움직이는지 훨씬 잘 알게 되었지만, 향후 10년, 30년, 50년 후에 알게 될 것에 비하면 미미하다. 언론 스타나 전문가들이 여러분에게 심어준 믿음과는 반대로, 자본시장에 대한 연구는 예술이자 과학이다. 이론과 공식들이 끊임없이 진화하고 추가되며 수정된다. 우리는 의문과 발견 과정의 끝이 아닌 시작에 있다. 투자라는 개념은 초창기부터 과학적 측면이 강했다.

과학적 의문은 자본시장의 움직임을 이전에 상상할 수 있었던 어떤 방법보다 훌륭하게 지속적으로 배울 수 있는 기회를 제공한다. 게다가 지금은 아무도 모르지만 수십 년 후에는 상식이 될 지식들을 누구나 바로 배울 수 있게 해준다. 자본시장의 움직임에 대한 새로운 지식을 구축하는 것은 여러분의 의사와 관계없이 우리 모두의 일이다. 시장의 움직임을 알건 모르건 여러분은 시장의 한 부분이다. 시장을 영리하게 이해함으로써 여러분은 다른 사람이 모르는 것(재무학 교수도 아직 모르는 것)을 알 수 있게 된다. 이를 위해 재무학 교수가 될 필요도 없고 어떤 종류의 재무적 지식도 필요하지 않다. 다른 사람들이 모르는 것을 알아내기 위해서는 단지 과학자처럼 생각하기만 하면 된다. 참신하게 생각하기, 호기심 갖기, 열린 마음 되기가 바로 그것이다.

  과학자처럼 생각하면 투자를 어떤 규칙이 아닌 개방적이고 탐구적인 마음으로 대하게 된다. 훌륭한 과학자가 되려면 질문하는 법을 배워야 한다. 질문을 통해 가설을 발전시키고 정말 효과가 있는지 실험해볼 수 있다. 만약 이런 과학적 질문의 과정 중에 좋은 답을 찾지 못했다면 일부러 오류를 저지르는 것보다는 그냥 가만히 있는 편이 낫다. 하지만 단순히 질문을 하는 것 자체만으로는 시장을 이길 수 없다. 그 질문은 올바른 투자를 할 수 있도록 이끌어주는, 제대로 된 질문이어야 한다.

  자, 그렇다면 도대체 제대로 된 질문이란 무엇일까?

중요한 오직 3가지 질문

  제일 먼저 우리에게 필요한 질문은 "우리가 잘못 본 게 어디부터인가?"라는 것이다. 그 다음은 "우리가 전혀 보지 못했던 곳은 어디인가?"라는 질문이며, 세 번째는 "우리의 눈이 도구로서 전혀 적합하지 않다고 할 때 현실을 지각할 도구가 과연 무엇일까?"라는 질문이다.

  첫 번째 질문을 실행하기 위해 우리는 실제로 틀렸지만 맞다고 믿고 있는 것들을 밝혀내야 한다. 간단히 말해, "잘못된 걸 믿고 있지 않은가?"라는 질문이다. 여러분이 믿고 있는 사실은 아마도 대부분의 사람들도 믿고 있다는 사실에 주목하자. 다음 장에서 이런 질문들을 자세히 밝혀낼 것이다. 여러분이나 내가 어떤 것이 사실이라고 믿으면 대부분의 사람들도 그럴 것이다. 그리고 많은 사람들이 그렇게 믿는다면 그들이 어떻게 투자할지 예측할 수 있으며, 이들과 반대로 투자하는 법을 배울 수 있게 된다. 시장은 이들의 잘못된 믿음을 할인해서 반영할 것이기 때문이다. 당신이 X가 Y를 발생시키는 요인이라고 믿는다고 가정해보자. 아마도 대부분의 사람들도 그렇게 믿을 것이고, 그걸 확증할 수 있다. 그렇다면 이제 당신은 X가 발생했을 때 뒤이어 Y가 일어나는 데 사람들이 베팅할 것이란 걸 알 수 있다. 하지만 실제로 X가 전혀 Y의 원인이 아니라는 사실을 증명할 수 있다고 가정한다면, 이제 당신은 다른 사람과 반대로 Y가 일어나지 않을 것이라는 데 베팅할 수 있게 된다. 다른 사람이 모르는 무언가를 알았기 때문에 대중과 반대로 베팅해 성공할 수 있었던 것이다. 어떻게 이렇게 할 수 있는지 차차 보여주겠다.

이제 두 번째 질문인 "다른 사람이 간파하지 못한 것 중 당신이 간파할 수 있는 것은?"이라는 질문을 살펴보자. 이 작업을 위해서는 대부분의 사람들이 너무나 당연하게 생각하고 지나치는 것들을 심사숙고할 수 있게 하는 질문과정이 필요하다. 소위 out-of-the-box(기존 틀에 얽매이지 않는 파격적인) 사고법이라고 하는 것이다. 이런 사고법 덕분에 에디슨이나 아인슈타인은 매우 성공했지만 괴짜로 여겨지기도 했다. 그들은 상상할 수도 없는 걸 생각해내는 방법을 알고 있었다. 얼마나 상상이 안 가는 일인지 상상해보라! 거의 이단이라고 할 수 있을 정도이다. 하지만 이런 사고법은 대다수 사람들이 생각하는 것보다 놀랍도록 쉬울 뿐만 아니라 연습을 통해 배울 수도 있는 기술이다. 만약 Z라는 요인이 Q를 유발한다는 사실을 아무도 모르고 있는데 우리가 Z가 Q를 유발하는 요인이란 걸 증명할 수 있다면, Z라는 상황이 발생할 때 Q가 일어나는 데 안심하고 베팅할 수 있다는 걸 여러분은 직관적으로 알 수 있을 것이다. 다른 사람이 모르는 것을 우리는 알고 있기 때문이다. 2장에서 이 방법에 대해 설명하겠다.

마지막으로, 세 번째 질문인 "지금 내 두뇌가 도대체 무슨 짓을 하고 있지?"에 대해 논해보자. 이 말은 달리 표현하면 "대체로 시장을 잘 파악하지 못했던 나의 뇌를 어떻게 하면 생각하지 않도록 만들 수 있을까?"와 같다.

이것은 행동주의 심리학의 영역이라고 할 수 있다. 여러분이 뭔가를 학습했을 때 다른 누구도 여러분의 뇌가 이해한 방식과 똑같이 학습할 수 없다. 시장과 관련해 잘 들어맞았던 것, 잘 들어맞지 않았던 것, 시장에 가장 나쁘게 대처했을 때처럼 뇌가 작동되지 않도록 여러분 스스로 재프로그램 하는 방법 모두 마찬가지다. 자신의 두뇌가 작동하는 방식을 이해하기 위해 시간을 할애하는 투자자는 거의 없다. 대부분 기술에 초점을 맞추고 내적 결핍에는 신경 쓰지 않는다(기술자들은 그것에 대해 전혀 생각하지 않는다는 점에 주목하자). 여러분이 투자할 때 두뇌가 언제 어떤 식으로 여러분에게 해를 끼치는지 배우는 것이 가능하다. 우리의 뇌는 다른 이들과 비슷한 부분이 있는가 하면 각각 독특한 부분도 있기 때문에 여러분은 뭔가 독특한 부분을 발견하게 될 것이다. 3장에서는 이 주제에 대해 아주 쉽게 '따라 할 수 있는' 수준에서 살펴볼 것이다.

그 다음부터 이 책의 나머지 부분은 단순히 '3가지 질문'들을 다양하게 사용하는 사례를 보여주는 내용이다. '3가지 질문'을 전반적인 시장 파악, 시장의 각각 다른 섹터, 심지어는 개별 종목에까지 어떻게 적용할 것인지 살펴볼 것이다. 또한 이자율과 환율에도 적용시켜 볼 것이다. 지난 세월 동안 이 '3가지 질문'을 이용해 내가 알아낸 많은 사실들 또한 살펴볼 것이다. 그리고 내가 아직 알아내지 못한 영역에 대해서도 논의를 하게 될 것이다. 아직 발견되지 않은 많은 사실들이 있고, 여러분이 몇 년 후에 이런 것들을 발견하게 되는 인물이 될 수도 있기 때문이다. 하지만 모든 것을 다 밝혀낼 수는 없을 것이고, 그럴 필요도 없다.

나는 여러분이 이전에 들어보지 못했거나 말도 안 되는 미친 소리처럼 들리는 사실들을 많이 말할 것이다. 이것들은 '3가지 질문'을 통해 내가 알아낸 사실들이며, 나는 각각의 경우를 실증해 보일 것이다. 여러분은 여전히 내 의견에 동의하지 않을 수 있다. 괜찮다. 하지만 여러분이 '3가지 질문'의 사용법을 알게 된다면 현재 우리가 모르고 있는 것들에 대해서도 새로운 것을 발견할 수 있는 무한한 기회를 얻게 될 것이다. 모든 것을 알 필요는 없다. 그저 다른 사람이 모르는 것만 알면 된다. 스스로 '3가지 질문'을 활용할 줄 알게 된다면, 여러분의 남은 생애 동안 다른 사람이 모르는 무언가를 알게 되는 강력한 힘을 갖게 되는 것이다. 자, 그럼 시작해보자.

켄 피셔

1장

첫 번째 질문

잘못된 걸
믿고 있지 않은가?

오래전 인류가 지구가 평평하다고 믿었던 것과 다를 바 없다.
잘못된 미신 때문에 피해를 입었다고 자책할 필요는 없다. 매우 많은 사람들이 지금까지 그래오고 있다.
일단 이 사실을 알고 받아들인다면, 여러분은 이제 다른 사람을 상대로 게임에 나설 수 있게 된다.

THE ONLY
THREE
QUESTIONS
THAT
COUNT

사실과 미신을 구분하는 법

만약 여러분이 뭔가 틀렸다는 것을 알게 된다면, 처음에는 그 사실을 받아들이려 하지 않을 것이다. 하지만 오랜 기간 받아들여 온 미신에 소위 투자기법이란 것까지 가세해 마비되어 버린 이 투자업계에서는 모든 사람들이 잘못된 사실을 믿고 있다. 오래전 인류가 지구가 평평하다고 믿었던 것과 다를 바 없다. 잘못된 미신 때문에 피해를 입었다고 자책할 필요는 없다. 매우 많은 사람들이 지금까지 그래오고 있다. 일단 이 사실을 알고 받아들인다면 여러분은 이제 다른 사람을 상대로 게임에 나설 수 있게 된다.

사실과 미신을 구분해내는 일이 대수롭지 않은 일이라면 잘못된 진실들이 그렇게 많지 않았을 것이다. 하지만 구분이 간단하지는 않다 해도 불가능한 것도 아니다. 어려운 점은 이 작업이 과거의 모든 믿음에 대해 회의적인 접근을 필요로 한다는 사실이다. 아마 대부분의 사람들이 좋아하지 않는 일일 것이다. 사실 거의 모든 사람들은 자신의 믿음에 대해 스스로 의문을 제기하는 것보다는 자기 자신이나 다른 사람들에게 그 믿음이 옳다고 확신시켜 주는 걸 좋아하게 마련이다. 따라서 여러분은 본인이 알고 있다고 생각하는 어떤 결론에 대해서도 신뢰할 수 없다.

잘못된 미신에 대해 생각해보기 위해, 먼저 왜 그렇게 많은 사람들이 잘못된 사실을 믿고 있는지, 또 왜 잘못된 사실들이 마치 진실인 것처럼 수십 년간 전해 내려오고 있는지 의문을 제기해봐야 한다. 결국 1가지로 요약할 수 있는데, 사람들은 특히 직관적으로 맞는 것처럼 보이는 것에 대해서는 거의 검증을 해보려 들지 않는다는 것이다. 주변 사람들도 맞장구를 치는 경우는 그런 경향이 더욱 심하다. 우리 사회는 다른 사람의 견해에 대해선 자주 도전하도록 만든다. 마치 "나도 @&%$#(공화당 또는 민주당 중 골라서 넣어보라)들의 주장이 사기라는 걸 안다고!"라는 말처럼 말이다. 하지만 우리 자신에게 도전하거나 아인슈타인, 에디슨, 뉴턴이 그랬던 것처럼 우주의 기본 성질에 대해 질문을 하는 법은 훈련 받지 못했다. 우리는 본능적으로 선조들이나 똑똑한 사람들이 건네준 지혜를 받아들인다. 어떤 사실들은 우리가 딴지를 걸기엔 너무나 위대하다고 믿기 때문에 아무런 검증과정 없이 받아들이게 되는 것이다. 생활 속에서는 이런 태도가 옳은 경우가 많다. '그들'이 알아내지 못한 걸 어떻게 내가 알아낸단 말인가?

의술이 좋은 예다. 우리는 의사에게 가서 증상을 설명하고, 예후를 듣고 처방전을 받는 과정을 자연스럽게 체득하고 있다. 이런 식으로 체득한 건 일반적으로 좋은 것이라 할 수 있다. 의술은 과학과 기술이 조화롭게 작용하는 것이기 때문이다. 사실 의사들 사이에서도 많은 미신이 있기 때문에 '완벽한' 조화라고 할 수는 없지만, 일반적으로 시간이 지남에 따라 과학이 기술을 수정하고 향상시켜 가고 있다는 점에서 조화롭다고 할 수 있다. 우리 생활 속에서는 이런 좋은 체득과정의 사례들이 많기 때문에 이런 과정이 통하지 않는 자본시장 같은 부문이 있다는 사실을 알지 못한다.

여러분의 동료 투자자들과 나누고 싶은 많은 믿음들이 있을 것이다. 이런 믿음들은 수십 년에 걸친 많은 문헌을 통해 견고해졌고, 투자를 시작하는 사람들이 맨 처음 배우게 되었으며, 유명한 투자의 대가들도 맞는 것으로 인정해왔다. 이런 믿음에 도전하는 당신은 과연 누구인가? 바로 '옳은' 사람이다! 예를 들어, 주가수익비율(P/E)이 높은 시장은 P/E가 낮은 시장보다 위험하다는 관념에 대해 생각해보자. (여러분 중에는 투자의 세계에 막 입문해 P/E라는 개념에 익숙지 않은 사람도 있을 것이다. P/E는 개별 주가를 주당순이익(EPS)으로 나눈 것이다. 주식 가치 측정의 가장 기본적이고 유명한 공식일 것이다. 같은 공식을 적용해 특정 주식군이나 시장 전체의 P/E도 구할 수 있다.)

투자자들은 주식시장의 P/E가 높으면 P/E가 낮을 때보다 위험이 증가하고 상승여력도 작을 것이라고 확고하게 믿는다. 언뜻 생각하면 합리적으로 보인다. P/E가 높다는 것은 주가(또는 시장 전체의 경우에도)가 수익에 비해 상대적으로 높다는(또는 높아지고 있다는) 것을 의미하기 때문이다. 여기서 다소 극단적으로 나가면, 높은 P/E는 주가가 대단히 고평가되어 있고 하락하기 시작하는 것처럼 보인다. 너무나 많은 사람이 이렇게 믿고 있다. 꽤 논리적으로 보이는데다가 오랫동안 투자자들이 신봉하는 교리처럼 되어버렸기 때문에, 만약 여러분의 친구들에게 이런 믿음이 틀렸다고 얘기했다가는 즉각 엄청난 반대와 비웃음에 직면하고 도덕적인 결함이 있는 사람으로까지 취급 당할 것이다.

하지만 난 이미 10년도 전에 P/E가 어떤 수준이든 간에 그 자체로는 시장의 위험 정도나 수익률에 대해 아무것도 설명할 수 없다는 것을 통계적으로 증명했다. 통계는 제쳐두고라도, 여러분이 이론을 깊게 파고들어 가다 보면 (이 작업을 같이 해볼 것이다), P/E가 시장 위험이나 수익률 예측에 아무런 도움도 되지 않는다는 사실을 결국 알게 된다. 하지만 투자경험이 많고 더 많은 것을 알고 있을, 압도적으로 많은 사람들에게 이 이야기를 한다면, 아마도 그들은 당신을 미쳤다고(정말 똘아이로) 생각할 것이다. 하지만 P/E가 미래 수익에 대해 아무것도 말해주지 않는다는 진실을 받아들이고 나면 멋진 일이 일어난다. 사람들이 시장 P/E가 너무 높아서 안절부절못하고 흥분하고 있을 때, 우리는 시장이 하락하지 않을 것이라는 데 베팅할 수 있다. 물론 다른 요인이 함께 작용해서 시장 폭락을 일으킬 수 있기 때문에(어떻게 이런 일을 예측할 수 있는지 나중에 밝혀보기로 하자) 항상 성공할 수는 없겠지만, 실패하는 경우보다 성공할 확률이 훨씬 높다. 같은 방식으로, 시장의 P/E가 낮을 때는 사람들이 시장을 낙관적으로 보는 것을 알기 때문에 우리는 그 반대로 투자할 수 있는 것이다. 핵심은 미신 대신에 진실을 믿는 것이다. 이것이 과학적인 접근법의 기초가 된다.

P/E 사례처럼 잘못된 많은 미신들이 똑똑한 사람들 사이에서 넓게 받아들여지고, 모든 유형의 미디어를 통해 투자자들에게 전해진다. 이런 미신들은 누구든 간에 의심을 품을 수 없게 만든다. 마치 가톨릭신도가 삼위일체를 믿고 환경론자들이 지구 온난화를 믿는 것처럼 우리는 그 미신들을 너무나 확신해서 더 이상의 증명도 필요로 하지 않는다. 신성하고 성스럽지 않은가. 아무도 이런 믿음에 대해 의문이 없다. 아무도 상반되는 분석을 내놓지 않는다. 만약 여러분이 그랬다가는 곧바로 이단자가 된다. 아무도 반대되는 의견을 내놓지 않기 때문에 우리 사회는 이 증거 없이 주장되는 투자법칙을 통계적으로 유의한 데이터를 통해 증명할 필요를 느끼지 못하게 된다. 그리고 미신은 지속된다.

어떻게 이런 일이 일어날 수 있을까? 2005년 현재 절반이 넘는 미국인이 어떤 형태로든 투자계좌를 가지고 있는 상황에서[5], 거의 누구도 일반적으로 받아들여지고 있는 투자원칙을 뒷받침할 구체적인 증거를 요구하지 않는다니 말이다. 왜 투자결정을 할 때 자동차 기술자가 정밀하게 조사하듯이 하지 않는 걸까? 금융업자들의 의견에 대해서는 최소한 우리가 볼보(Volvo) 딜러들에게 품는 의심보다는 많은 의심을 품어봐야 한다(볼보가 세계 최고의 안전성을 주장하지만 단지 마케팅 기법이라는 비판이 있다-옮긴이). 그동안 여러분이 투자에서 거둔 단지 운에 의한 성공(아니면 실패)을 변화시키고 싶다면, 의심하라! 냉소주의자가 되라! 임금님이 벌거벗었다고 말할 수 있는 사람이 되라! 주변을 살펴 여러분과 여러분의 동료들이 진리라고 믿고 있는 것들을 다시 평가해보라. 하지만 가장 중요한 것은 여러분 자신에 대한 의심을 갖는 것이다.

오래전 나는 책을 읽거나 미디어에서 정보를 들을 때면 틀렸다고 생각한 것들을 적어놓았다가 스스로 증명해보곤 했다(사람들은 자신이 옳다는 걸 증명하는 데 희열을 느낀다). 자료를 모으고 통계적 분석을 해서 그들이 틀렸고 내가 맞았다는 걸 증명하였고 자기 만족감에 빠져들기도 했다(사람들이 자기만족을 위해 자신이 옳다는 걸 얼마나 자주 증명하는지 알면 놀랄 것이다—고소인, 판사, 배심원, 집행인 모두 그런 경우다). 하지만 나중에 내가 뭔가 잘못하고 있다는 걸 깨달았다. 그 당시 정말로 내가 했어야 하는 일은 내가 진리라고 믿고 있던 주장들을 미디어에서 찾아보고, 그 주장들이 실제로 틀리지 않았는지 확인해보는 일이었어야 했다. 왜일까?

내가 어떤 주장을 사실이라고 믿었을 때, 압도적으로 많은 숫자는 아니더라도 나처럼 생각하는 투자자들이 꽤 있었을 것이다. 어쩌면 모두 그렇게 생각했을 수도 있다. 그리고 우리 모두가 잘못 생각한 것이라면 진정한 위력은 여기서 나온다. 내가 틀렸다는 걸 증명할 수 있고, 거의 모든 사람들 또한 틀렸다는 것을 증명할 수 있다면 매우 유용한 정보를 얻게 되는 셈이다. 즉, 모든 사람이 아는 것과 반대로 투자할 수 있는 것이다. 바로 이것이 다른 사람이 모르는 것을 알 수 있는 방법 중 하나다.

내가 X라는 요인이 Y라는 결과를 낳는다는 사실을 믿는다고 해보자. 내가 믿기 때문에 다른 친구들도 대부분 그렇게 믿고 있을 거라 생각할 수 있다. 만약 내가 틀린 것이라면, 역시 다른 사람들도 다 틀리게 된다. 만약 X가 발생한다면, 사람들은 Y가 일어나는 데 베팅할 것이다. 만약 내가 X가 Y의 원인이 아니라는 것을 배웠다고 하자. 그러면 뭔가 다른 요인이 존재할 것이다. 이 말은 X가 발생했을 때 어쩌다 Y가 일어나기는 하겠지만, X의 존재와는 상관없이 임의적으로 일어난다는 것이다. X가 발생했을 때 사람들은 여전히 Y가 일어나는 데 베팅하겠지만, 이제 나는 Y가 일어나지 않는다는 데 베팅할 수 있고 틀리는 경우보다 맞는 경우가 훨씬 많을 것이다. (진짜 Y의 원인을 찾을 수 있다면 정말 큰 발전일 것이다. 2장에서 다룰 두 번째 질문에서 이 내용을 살펴본다.)

P/E에 대한 우리의 믿음은 이런 내용에 대한 완벽한 사례다. 시장 P/E가 올라간다고 하면, 보통 투자자들은 위험의 증가와 향후 수익률 감소를 확신하고 이에 맞춰 투자를 하게 된다. 가끔은 정말 그렇게 될 때도 있지만, 그보다는 주식시장이 호조를 이어가는 경우가 더 많을 것이다. P/E 그 자체는 시장 리스크나 방향성에 대해 아무것도 말해주지 않기 때문이다. 이 주장이 2000년처럼 들어맞지 않는 때도 있다. 하지만 1996년, 1997년, 1998년, 1999년 그리고 2003년에는 내 말이 맞았다.

지금 당장은 여러분들이 P/E에 대한 진실을 믿지 않을 것이라 생각한다. 일단 지금은 여러분이 P/E에 대한 오래된 미신을 믿는 것은 물론, 그런 미신에 도전해보려는 관심도 필요 없다(나중에 자세히 검증해볼 것이다). 일단 지금은 여러분이 믿고 있는 미신들이 실제로는 가짜라는 걸 알게 되면 남들과 반대로 투자할 수 있게 되고, 실패할 때보다 성공할 때가 훨씬 많을 것이란 사실을 뼛속 깊이 새겨두길 바란다.

첫 번째 질문 사용하기

성공적인 투자를 생각할 때 좋은 방법은, 1/3은 실수하더라도 2/3는 성공하는 전략이다. 히포크라테스는 "첫째로, 피해를 끼치지 마라"라는 명제로 유명한데, 이는 투자에서 있어서도 훌륭한 원칙이다.

이 원칙을 실천하기 위해서는, 우선 여러분이 믿고 있는 것들이 무엇인지 생각해보고 그것들이 정확한지, 실제로 정확히 들어맞는지 스스로 자문해봐야 한다. 미친 사람처럼, 알고 있는 모든 것에 대해 의문을 가져라. 대부분의 사람들은 이런 일을 싫어하기 때문에 여러분이 그들보다 우위에 있을 수 있는 진짜 기회가 주어지는 셈이다. 이 장의 제목에서도 말했듯이, 첫 번째 질문은 "잘못된 걸 믿고 있지 않은가?"이다. 원한다면 '잘못된'을 '나쁜'으로 바꿔도 된다.

'첫 번째 질문'은 자기 자신에게 정직해야만 도움이 될 수 있다. 많은 사람들, 특히 투자하는 사람들은 자신들이 틀린 적이 있다는 사실을 받아들이지 못한다. 스스로 잘하고 있다고 주장하고, 스스로 속이려 할 것이다. 하지만 현실은 그렇지 못하다. 그들은 절대로 믿을 만한 독립적인 분석을 통해 자기 자신을 검증하지 않으려 한다. 여러분들은 자신은 물론 정보를 의지하고 있는 전문가, 전문투자자들 모두 기본적인 믿음에서 잘못되어 있을 수 있다는 점을 받아들여야 한다. 나 역시 마찬가지다!

자본시장에 대해 스스로 이런 질문들을 던져본 적이 있는가? 믿고 있던 것들이 실제로 틀린 것일 수도 있다는 질문을 스스로 던져보기 위해서는 자기성찰이 필요하다. 인간은 원래가 지나친 확신감에 빠져들도록 만들어져 있다. 이런 경향이 최근에 생긴 것이라고 볼 수는 없다. 행동주의자들은 우리의 석기시대 선조들이 매일 나무막대에 돌을 단 보잘것없는 무기로 거대한 야수를 사냥하기 위해서는 과도한 확신감을 가져야 했을 것이라고 설명한다. 만약 그들이 진지한 자기성찰 끝에 돌멩이가 달린 나뭇가지로 버팔로를 잡겠다는 생각이 완전히 미친 짓이라는 이성적인 결론을 내렸다면, 그들과 가족들, 그들의 부족들은 굶어 죽었을 것이다. 사실 과도한 확신감(이성적으로는 아니지만, 그냥 어떤 일을 성공적으로 해낼 수 있다는 믿음)은 대부분의 분야에서 성공을 거두기 위한 기본 요소이며, 한 종(種)으로서 인간의 성공적 진화에 필수적인 요소이기도 하다. 하지만 자본시장에 있어서라면 이런 확신감은 여러분에게 어마어마한 상처를 입힐 수도 있다. 이와 관련해서는 3장에서 살펴볼 것이다.

이처럼 투자자들은 일반적으로 수용된 지식들에 대해 의문을 갖는 걸 질색한다. 그리고 이런 식으로 투자를 시작한다면, 곧 시장이 존재하는 이유는 오직 우리를 능멸하기 위해서라는 사실을 깨닫게 된다. 시장은 가능한 오랜 기간 동안 가능한 많은 돈에 대해 가능한 많은 굴욕감을 우리에게 준다. 나는 시장을 '위대한 능멸자(The Great Humiliator: TGH)'라고 부른다. 나는 너무 많은 굴욕을 당하지 않으면서 TGH와 상호작용하는 것이 나의 목표라는 사실을 받아들이게 되었다. TGH는 만인에게 공평하다. 당신이 부자건 가난뱅이건, 흑인이건 백인이건, 키가 크건 뚱뚱하건, 남자건 여자건, 장애인이건 운동선수이건 상관하지 않는다. 시장은 모두에게 굴욕을 주고 싶어 한다. 여러분과 나도 물론이다. 솔직히 말해, 여러분보다는 나에게 더 굴욕감을 주고 싶어 할 것이다. 시장이 여러분을 놀려 먹는 게 재미있다고 한다면 나의 경우는 훨씬 더 재미있기 때문이다. 〈포브스〉와 〈블룸버그 머니〉 독자들이 나의 실패를 보고 비웃을 것이고, 300억 달러가 넘는 규모의 펀드 고객들이 내가 실패한 걸 보고 호들갑을 떨 것이다. 워렌 버핏 같은 경우엔 TGH가 얼마나 창피를 주고 싶어 할지 상상해보라. 여러분이 거물일수록 TGH는 당신에게 굴욕감을 주고 싶어 한다. 하지만 현실에서 TGH는 모든 사람에게 굴욕감을 주고 싶어 하고 실제로도 그렇게 하고 있다. TGH의 식욕을 채울 수는 없다!

　여러분이 개인적으로 TGH에게 최고의 기쁨을 선사하려면 어떻게 하면 될까? 바로 모든 사람이 아는 정보를 바탕으로 가진 돈을 몽땅 베팅하면 된다. 그렇다면 TGH의 기쁨을 망치려면 어떻게 해야 할까? 다른 사람들은 모르고 당신만 안다고 생각하는 것에만 베팅하면 된다.

　내가 했어야 했던 방법(미디어에서 여러분의 믿음을 강력히 뒷받침하고 있는 것들을 찾아내는 작업)을 이용해 '첫 번째 질문'을 연습하라. 그런 것들의 목록을 만들어보면 개별 주식에 대한 것, 시장 전체에 대한 것, 환율에 대한 것 등등일 것이다. 어떤 주식을 보유하고 있건 아니건 간에 주식을 관찰하면서 자문해보라. "무엇이 이 주식을 매수하거나 매도하게 만들까?" "어떤 정보를 통해서 변화가 일어나는가?" 여러분의 의사결정에 영향을 주는 모든 것들의 리스트를 만들어라.

그리고 여러분이 구체적인 데이터나 어떤 정보의 뒷받침 없이 내린 의사결정들을 기록해보라. 이런 기록의 어딘가에는 맞는 것이건 틀린 것이건 여러분의 믿음이 반영되어 있다. 다른 사람들도 알고 있는 어떤 정보를 바탕으로 단순히 의사결정을 내릴 때는 특별히 조심해야 한다. 흔한 교리문답식 투자정보에 근거해서 내린 결론에는 밑줄을 치고, 별표를 쳐라. 그리고 자문해보라. 스스로 이러한 믿음을 뒷받침할 어떤 증거를 댈 수 있나? 그런 증거가 있나? 대부분의 투자자들은 그런 증거가 불충분하다.

여러분도 믿고 있는 흔한 미신들

예를 들어, 여러분이 P/E가 높은 주식을 보유하고 있다고 해보자. P/E가 높으면 주가가 고평가되었다고 믿기 때문에 그 주식을 처분하고 P/E가 낮은 주식을 매입하려고 할 것이다. 이는 여러분이 그동안 수없이 해왔던 합리적인 의사결정이고, 다른 사람들도 합리적이라는 데 동의할 것이다.

하지만 정말로 높은 P/E가 주식이나 시장에 나쁜 신호일까? 직접 데이터를 확인해본 적이 있는가? 이런 의문을 가져본 적이 있다면, 과연 그 답을 어디서 찾았는가? 수치를 조사했는가, 아니면 그저 전통적인 지혜이기 때문에 쉽게 안심하지는 않았는가? 소위 투자의 대가가 그렇게 믿어도 된다고 보증했나?

다른 사례를 보자. 상승장에서 수익이 좋고 하락장에서 수익이 나쁜 전형적인 공격형 주식을 보유하고 있다고 해보자. 여러분은 미국 정부가 적자재정을 지속적으로 확대하고 있다는 걸 알고 있다. 그냥 적자도 아니고 역사상 가장 높은 수준의 적자재정이어서 '이대로 지속할 수 없는' 정도다. 여러분은 점검되지 않은 재정적자는 '경제에 나쁘다'고 알고 있고, 차례대로 '주식시장에도 나쁘다'고 결론 내린다. 재정적자로 인한 부채들은 미래 세대가 갚아야 할 터이고, 시장은 이를 조만간 반영할 것이다. 맞는가? 적자로 인한 부담은 장기간에 걸쳐 영향을 줄 것이고, 성장률과 수익률을 하락시킨다. 적자의 규모는 마침내 약세장(bear maket)의 어렴풋한 등장을 알 수 있을 정도로 커지게 된다. 이런 환경에서는 여러분이 보유한 공격적 주식은 수익률이 안 좋을 것이기 때문에 매도하게 될 것이다.

하지만 여러분은 재정적자가 최고점에 달하면 주식시장이 맥을 못 출 것이라는 걸 어떻게 알고 있는가? 정말 사실일까? 대부분의 사람들이 이런 질문을 해보거나 과거의 사례를 점검해보지 않으려 한다. 만약 그렇게 했다면 주식에 대해 공포심을 갖기보다는 낙관적이 됐을 것이다. 역사적으로 보면, 미국뿐만 아니라 전 세계적으로 대규모의 재정적자가 있은 후에 실제로 시장은 평균 이상의 수익률을 거두었다. 적자를 두려워할 이유가 없다. 약세장은 대규모의 재정흑자가 발생한 직후 일어났다. 1999년과 2000년 클린턴 정부의 사례처럼 말이다.

직관적으로는 이해가 안 갈 것이다. 적자는 나쁜 것이고 흑자는 좋은 것이다. 그렇지 않은가? 어쨌든 '적자(deficit)'란 단어는 '불완전한(deficient)'이라는 단어와 라틴어 어원이 같기 때문에 나쁜 것이어야만 한다. 대부분의 사람들이 이런 종류의 주제에 대해서 그들의 믿음에 도전해보려 하지 않는다. 대규모 재정적자가 나쁘다는 인식은 지배적이다. 전문가부터 비전문가까지, 정치적 성향이 극에서 극인 두 사람 사이에서까지 이렇게 똑같이 광범위하게 받아들여지는 믿음은 거의 없다. 정치적 경쟁에서 저소득층을 여러분의 편으로 만들기 위한 좋은 방법은 재정적자 감소를 공약하는 것이다. 대중들에게 너무나 인기 있는 것이다.

여기에 여러분들을 포함해 대부분의 사람들이 일반적으로 갖고 있는 믿음들을 나열해봤다. 이미 2가지는 확인했다.

(1) P/E가 높은 시장은 P/E가 낮은 시장보다 위험이 크다.
(2) 정부의 대규모 재정적자는 나쁜 것이다.

몇 개 더 생각해보자.

(3) 미국달러가 약세면 주식시장에 안 좋다.
(4) 이자율 상승은 주식시장에 안 좋다. 이자율 하락은 좋다.
(5) 세금 인하는 (정부)부채를 증가시키므로 주식시장에 안 좋다.
(6) 고유가는 주식시장과 경제에 악영향을 준다.
(7) 경제가 좋으면 주식시장도 좋다.
(8) 고성장 국가의 주식시장이 저성장 국가의 주식시장보다 좋다.
(9) 대형주보다 소형주가 좋다.
(10) 성장률이 높은 회사의 주식이 그렇지 않은 회사의 주식보다 좋다.
(11) 상대적으로 싼 주식이 더 좋다.
(12) 경상수지와 무역수지 적자는 주식시장에 좋지 않다.
(13) 미국은 너무 많은 부채를 보유하려고 한다.

여러분에게 익숙한 것들이다. 이 정도는 훨씬 큰 리스트의 일부분에 불과하다. 대부분의 사람들이 믿고 있지만 완전히 또는 부분적으로 틀린 얘기들이다. 예를 들어, 미국이 너무 많은 부채를 지려 한다는 생각은 거꾸로 된 것이다. 미국은 더 많은 부채가 필요하다. 이런 얘기를 들으면 비명을 지르며 거부하거나 미쳐버리고 싶을 것이다. 여러분의 믿음체계에 도전하고 있기 때문이다. 이런 발언들에 부정적인 생각이 미칠 것 같다면, 정말로 이 책을 끝까지 읽을 필요가 있다. 누군가 여러분의 믿음이 틀렸다는 얘기를 했을 때 가장 일반적인 반응은 부정이다. 여기서 더 나가면 미쳐버리게 되는 것이다. 화가 난다는 것은 아주 좋은 경고신호다. 분노라는 것은 언제나 두려움과 관련이 있기 때문이다. 분노에 찬 사람들은 자신이 두려워하고 있다는 사실을 잘 모르지만, 분노는 언제나 두려움이 반영된 것이다. 부정적이거나 화가 나 있는 자신을 발견했다면, 가장 먼저 해야 할 일은 어떻게 그리고 왜 그런 믿음이 옳다고 결론 내리게 되었는지 자문해보는 것이다. 미신은 아니었을까? 기본적인 오류는 아니었을까? 내가 옳았을까, 아니면 틀렸을까? 때때로 위의 목록에 있는 내용을 포함한 미신들은 주위 여건에 따라 부분적으로 맞고 부분적으로 틀릴 수 있다(이 모든 것들을 차후에 살펴볼 것이다). 하지만 가장 명백한 의문은 여러분들이 왜 이러한 것들을 믿으려 하는가이다.

내 생각엔 여러분이 미신을 믿게 되는 이유는 크게 2가지인 것 같다. 첫 번째는 그것들이 상식으로 보이기 때문이다. 여러분은 그런 상식에 도전하는 타입이 아니다. 두 번째는 여러분 주위의 사람들이 이런 미신들이 맞다는 데 동의하는 경향이 있기 때문이다. 역시 여러분은 널리 받아들여지는 견해에 도전하려 하지 않는다.

여러분이 옳았는지 틀렸는지(또는 정말 정말 틀렸는지) 증명해보자

여러분이 첫 번째 질문을 이용해서 투자의 미신을 파악할 때는 기본적으로 3가지 종류의 결과가 있을 것이다. 옳았거나(이런 일은 기대보다 훨씬 적게 일어날 것이다), 틀렸거나, 정말 정말 틀렸거나이다. 결과가 어떻든 큰 상관은 없다. 어쨌든 여러분을 나중에 더 좋은 투자자로 만들어줄 것이기 때문이다.

여러분이 틀렸을 경우를 좀더 자세히 살펴보자. 여러분과 동료 투자자들(아마추어와 전문투자자들)은 실제로는 전혀 상관관계가 없음에도 불구하고, 어떤 Y라는 결과의 원인이 X라는 사실을 쉽게 믿는 경향이 있다. 이쯤에서 여러분의 반응은 이런 사실을 받아들이거나, 아니면 책을 덮어버리거나 둘 중 하나일 것이다. 우리가 파헤쳐 보려는 사례는 앞서 말한 높은 P/E가 위험을 증가시키며 결과적으로 평균 이하의 수익을 올리게 한다는 것이다. 앞서 언급했듯이, 높은 P/E는 낮은 수익률을 직접적으로 예측해주지 못한다. 심지어 아주 조금도 예측을 못 한다. 실제로 과거 데이터를 보면 높은 P/E는 높은 수익률을 일으켰다. 그리고 낮은 P/E 역시 높은 수익률을 예측해주지 못했다.

사실무근의 상관관계

왜 P/E에 관한 미신이 그렇게 쉽게 받아들여지고 있는지 잠깐 잊자. 우리는 사람들이 시장의 P/E가 높으면 평균 이하의 수익률과 평균 이상의 위험을 갖는다고 단언적으로 확신한다는 것을 알고 있다.

만약 그게 사실이라면, 이 원인과 결과 사이에 통계적으로 높은 상관관계가 있다는 걸 보여줄 수 있을 것이다. 통계학자들은 두 현상 사이에 인과관계가 없어도 우연히 높은 상관관계가 나올 수 있다고 설명한다. 하지만 높은 상관관계 없이 인과관계가 있을 수 없다는 것이 또한 통계학자들의 설명이다. (과학적 비선형성의 영역에서는 높은 상관관계 없이도 인과관계가 있을 수 있겠지만, 자본시장에 있어서 내가 아는 한 이런 경우는 없다. 이 책을 다 읽은 후 '3가지 질문'을 통해 여러분이 직접 확인해봐도 된다.) 어떤 미신이 널리 받아들여지게 될 때, 낮은 상관관계에도 불구하고 이를 설명해보려는 굉장한 사회적 노력을 통해 미신이 받아들여지고, 결국 실제로 존재하지도 않는 상관관계에 대한 믿음이 생긴다는 걸 발견하게 될 것이다.

투자자들은 그들이 좋아하는 미신을 뒷받침하는 증거를 찾아내려 할 것이고, 그들의 믿음을 위해 X가 Y의 원인이라는 정의를 만들어낸다. X가 전혀 Y의 원인이 아니라는 산더미 같은 증거들은 무시한 채 말이다. 자, 이제 모든 사람들이 충분한 의도를 갖고 있다고 가정해보자. 이런 의도 때문에 사람들은 그들의 편견을 더욱 확실하게 해주는 근거를 찾고 반대되는 증거들은 무시하기 쉽다. 자신이 아끼는 이론을 지지하는 증거를 찾고 싶은 건 매우 인간적인 현상이다. 반면, 반대되는 의견을 받아들이는 건 전혀 재미없다. 이런 현상은 아주 다양한 방법으로 나타난다. 그중 하나는 잘못된 믿음이 잘 들어맞는 특정한 기간에만 주목하는 것이다. 또 다른 방법으로는 X나 Y를 이상한 방식으로 재정의해서 통계적으로 유의하게 보이게 하고, 그 다음부터는 그 이상한 정의에 대한 설명 없이 X와 Y의 관계를 일반화 시켜버리는 것이다. 그 결과 대중적인 미신들을 지지해주는 데이터의 발견은 점점 흔한 것이 되어버리게 된다.

높은 P/E가 아무것도 설명해주지 못하는 이유

이런 현상에 아주 잘 맞는 사례가 있다. 이제는 유명해진 하버드의 존 캠벨(John Y. Campbell)과 로버트 쉴러(Robert J. Shiller)의 연구다.[6] 그들의 논문이 새로운 아이디어를 제시한 것은 아니었다. 높은 P/E에 대한 두려움이 그 전부터 줄곧 있었기 때문이다. 그들의 연구는 단지 높은 P/E가 평균 이하의 수익을 가져온다는 기존의 믿음을 확인시켜 주는 새로운 데이터들을 소개했을 뿐이다. 실제적으로는 1996년에 그들이 했던 연구를 더 좋은 데이터로 재현한 것이나 다름없다. 하지만 1998년에 출간된 이 논문은 아주 빠른 속도로 인기를 얻었다. 이미 모든 사람들이 가지고 있던 확신을 새로운 통계적 자료를 통해 뒷받침해주었기 때문이다. 캠벨과 쉴러는 당시나 지금이나 유명한 학자이다. 이전의 연구에 영감을 받은 앨런 그린스펀(Alan Greenspan, 전 미국연방준비제도이사회 의장—옮긴이)은 1996년 처음으로 주식시장에 대해 '비이성적 과열'(Irrational Exuberance, 전문가들은 그린스펀의 시장에 대한 경고로 해석했다—옮긴이)이란 언급을 하게 되었고, 그의 말은 하룻밤 사이 전 세계에 울려 퍼져 우리의 어록에 영원히 들어오게 된 것이다.

나는 나의 친구이자 때로는 조력자이기도 한, 산타 클라라 대학(Santa Clara University) 리비 비즈니스 스쿨(Leavy School of Business)의 재무학과 교수 마이어 슈태트만(Meir Statman)과 함께 논문을 발표했다. 이 논문은 앞서 언급한 P/E 연구를 통계적으로 반박하는 것이 아니라 그들의 연구와 동일한 데이터를 사용하되 접근법에 있어서 좀더 정확하게 재구성한 것이다(그리고 P/E 수준이 전혀 예측치로서 소용없음이 밝혀졌다). 우리는 첫 번째 질문을 처음부터 끝까지 기본적으로 사용했다. 뒤이어 우리 논문에서 제기한 것은 "시장예측에 있어 인지적 편견(Cognitive Biases in Market Forecasts)"[7]이었다.

캠벨과 쉴러는, 간단히 말해 사람들이 항상 생각해오던 대로 높은 P/E가 높은 위험과 10년 후의 낮은 수익률을 발생시킨다는 사실을 발견했다. 첫 번째로 그들은 1872년부터 매년 초의 P/E와 이어지는 연간 시장수익률을 계산했다. 1872년까지는 그나마 신뢰할 수 있는 데이터가 있기 때문이다. 1926년 S&P500 도입 전 수치로는 카울스 데이터(Cowles data)[8]를 사용했는데, 완벽하진 않지만 일반적으로 S&P500 이전의 주가지수를 대신하는 것으로 받아들여지고 있다. (오래된 데이터들은 모두 불완전하다. 오래된 데이터를 조사할 때는 잘못된 것이 많게 마련이다. 하지만 카울스 데이터가 우리가 가진 최선의 자료다.)

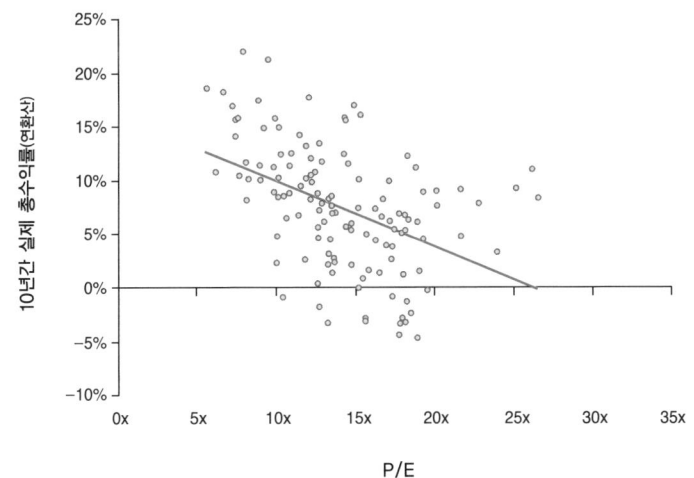

그림 1.1   연초 P/E 비율과 다음 해 주식수익률의 관계(1872~2005년)

출처: 로버트 쉴러, Ibbotson Analyst, Global Financeal Data, Standard&Poor's, Federal Reserve, Thomson Financial Datastream.

그러고 나서 그들은 그 데이터를 분포점 그래프로 그렸고, 약한 음의 기울기를 가진 직선 모양을 발견해냈다.

우리는 그들의 가설을 큰 시각에서 다시 구성할 수 있었다. 그림 1.1이 그 결과로, 1872년부터 2005년까지 P/E 추이를 보여주고 있다(S&P500과 Cowles 데이터를 사용).

그들의 논문이 발표된 이후의 연도도 포함되었는데, 우리의 발견이 오늘날에도 통하는지 확인하기 위해서였다. 만약 해당 기간을 포함하지 않았다 하더라도 기본적으로 결과는 같을 것이다. 2000년부터 2002년까지 기간은 '높은 P/E는 나쁜 것'이라는 그들의 가설을 지지하기 때문에 이 기간을 포함하는 것이 오히려 공평하다고 할 수 있다. 음의 기울기를 가진 직선은 여러분에게 영향을 주는 것이 아니다. 단지 그래프의 흩어진 점들이 그 선 주변으로 잘 뭉쳐져 있지 않다는 것에 주목하면 된다. 분포점들은 말 그대로 정말 잘 분포되어 있다. 마치 부드러운 바람결에 산탄총을 한 방 날린 것 같은 모양이다.

장기적 예측은 불가능하다

캠벨과 쉴러는 괴상하게 정의한 P/E를 바탕으로 연구를 실시했다. 여러분도 직관적으로 납득이 가지 않는 정의다. 그들은 '가격 평준 수익 비율(Price-smoothed-earnings-ratio)'[9]이라는 개념을 만들어냈다. 새롭게 정의된 P/E는 주당 가격을 직전 10년간 '실제' 수익의 평균으로 나눈 것이다.[10] 여기서 '실제'란 인플레이션을 감안한 수익을 의미한다. 충분히 타당하다. 하지만 여러분이 생각하는 P/E는 이런 게 아니다. 그렇지 않은가? 만약 그렇다 치자. 그럼, 인플레이션의 정의는 어떻게 하겠는가? 분명, 여러분들은 소비자가격지수(CPI: Consumer Price Index)를 떠올릴 것이다(CPI는 구글에서 'inflation'을 검색했을 때 제일 앞쪽에 나오는 결과물 중 하나다). 아이러니하게도 그들은 난해한 도매가격지수를 사용했다. 다시 말하지만, 여러분이 생각하는 것과 다르다. 그러니까 그들은 여러분이 생각하는 P/E 대신, 생각지도 못한 인플레이션 지수를 사용해 구한 10년간의 평균 수익을 사용했다는 것이다. 알겠는가?

여러분이 생각하는 일반적인 정의의 P/E를 사용하면, 통계적으로 들어맞는 부분이 거의 없게 된다. 캠벨과 쉴러가 정의한 괴상한 P/E를 통해 우리 사회가 항상 믿어왔던 '높은 P/E가 낮은 수익률과 높은 위험을 의미한다' 는 명제에 부합되는 결과가 얻어졌고 세상은 이를 사랑하게 되었다.

통계적 부분에서는 두 변수의 상대적 관련도를 보여주는 R-squared 값(어떤 변수의 변화량에 다른 변수가 얼마나 영향을 주었는가를 보여준다−옮긴이)이 계산되었다(복잡하게 들리지만 그렇지 않다. 아래 박스에서 상관계수와 R-squared를 어떻게 구하는지 보여줄 것이다). 캠벨과 쉴러는 연구에서 회귀분석을 통해 0.4의 R-squared 값을 구했다.[11] 이 수치는 그들이 새롭게 정의한 P/E가 주가의 변동에 40%의 영향을 주었다는 것을 의미한다. 통계적으로 무의미한 수준은 아니다(물론 압도적으로 높은 수치도 아니다). 그들의 이론을 엄청나게 보증하는 것은 아니지만, 이런 발견은 여전히 그들의 가설을 지지하고 있다.

인과적 상관관계와 상관계수

'3가지 질문'을 사용할 때는 당장 배울 수 있는 아주 기초적인 통계지식이 필요하다(과장이 아니다). 여러분은 상관계수와 R-Squared로 놀라운 일을 할 수 있다. 이 2가지 분석도구를 사용하면, 어떤 두 현상 사이에 서로 아무런 연관이 없다는 사실을 많은 경우에서 신뢰 있게 반증할 수 있다. 아주 쉽다. 필요한건 오직 인터넷과 엑셀뿐이다(통계적인 센스가 있다면 펜과 종이만으로도 가능하지만 컴퓨터로 하는게 더 쉽다).

분석을 시작하기 위해서, 우선 비교할 데이터를 모아보자. 쉬운 과정을 통해 어떤 주식이 10일간 주식시장과 어떻게 연관되어 있는지 살펴볼 수 있다. (뭐가 이러이러하다고 말하기에 10일이 충분한 기간은 아니지만, 작업의 편의를 위해 짧은 데이터를 사용한다.)

1단계

데이터 출처로 Yahoo! Finance를 사용한다. (http://finance.yahoo.com) (인터넷에 익숙지 않다면 여러분이 쉽게 접할 수 있는 다른 소스를 사용해도 무방하다. 데이터를 받아 엑셀에 복사해서 붙이는 방법만 알면 된다.)

- 화면 왼쪽 편에 잘 보이도록 표시되어 있는 S&P500을 클릭한다. (인터넷 지식이 있다면 식은 죽 먹기겠지만, 그렇지 않다면 처음엔 여러분을 도와줄 친구를 불러라.)
- '과거 주가(Historical Prices)'를 클릭한다. (역시 화면 왼쪽 편에 있다.)
- '일별 주가(Daily)'를 선택하고 기간을 정한다. (아무 날짜나 상관없다. 단, 기간은 2단계와 동일해야 한다. 나는 2006년 1월 1일부터 2006년 1월 10일까지로 했다.) 그리고 '주가 조회(Get Prices)'를 클릭한다. 자, 이제 '엑셀로 다운로드(download to Spreadsheet)'를 클릭한다.
- 지수 데이터가 담겨 있는 엑셀 스프레드시트가 열릴 것이다.
- '날짜(Date)'와 '조정 종가(Adjusted Close)'열을 복사해서 새로운 스프레드시트에 붙여 넣기를 한다. 지금은 나머지 데이터는 필요 없다. 주말과 공휴일 때문에 몇몇 일자의 데이터는 빠져 있을 것이다. ('조정 종가'는 주식분할 및 배당을 감안해 조정된 주가이므로 이것을 사용해야 한다.)

2단계

Yahoo! Finance로 다시 돌아가 아무 주식이나 골라서 주가 데이터를 구한다. 나는 기본으로 지정되어 있는 제너럴일렉트릭(GE)을 사용했다. 주가 화면이 팝업되면, 가격표를 클릭하고 1단계와 같은 방법으로 과거 주가를 구한다. 이 데이터를 같은 스프레드시트에 있는 S&P500 데이터 옆에 붙여 넣는다. 완성된 모양은 아래와 같은 모양이어야 한다.

Date	Adj.Close S&P 500	Adj.Close GE
10-Jan-06	1289.69	34.67
9-Jan-06	1290.15	34.86
6-Jan-06	1285.45	34.94
5-Jan-06	1273.48	34.71
4-Jan-06	1273.46	34.80
3-Jan-06	1268.80	34.85

그렇게 어렵지 않을 것이다.

3단계

자, 이제 이걸 보고 현기증을 느끼지 마라. 여러분이 직접 계산할 일은 없다. 그냥 한번 웃어보자고 보여주는 것이다. 기술적으로 상호 연관계수를 계산하는 방법은 아래와 같다.

$$P_{xy} = \frac{Cov(r_x, r_y)}{\sigma_x \sigma_y}$$

통계학 강의를 6개월 이상 들은 적이 없다면, 성가시게 이 공식을 풀려고 하지 마

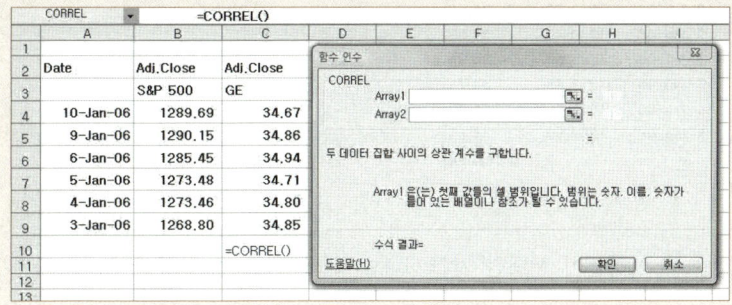

라. 엑셀 시트로 돌아가서 아무 빈 공간이나 클릭한다. '삽입' 메뉴에서 '함수' 를 선택한 후 '통계' 분류로 들어간다. 죽 내려서 'CORREL' 을 선택한다. 이렇게 하면 상관계수를 구하기 위한 마법사가 실행된다. (땡큐 엑셀!)

이 마법사에는 두 '열' 을 입력하도록 되어 있다. 여기에는 아까 구해놓은 데이터가 있는 칼럼의 범위를 지정해주면 된다. '열' 입력상자를 클릭하고 데이터가 입력되어 있는 칼럼을 드래그해 밝게 표시되게 한다. 정확히 하려면 몇 번 시도해야 할 수도 있다.

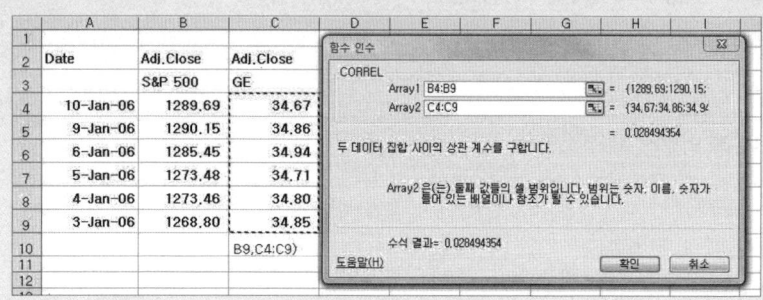

열 데이터를 입력하고 나면 '확인' 버튼을 눌러라. 짜잔~! 상관계수가 구해졌다. 복잡한 수학이나 공식 없이도 결과를 얻게 된 것이다.

상관계수는 여러분이 선택한 기간(아마도 굉장히 짧은 시간) 동안 GE 주가가 S&P500과 얼마나 비슷하게 움직였는가를 나타낸다. 상관계수가 1에 가까우면 양의 상관관계를 의미한다(내가 이리로 가면 당신도 이리로 가고). 반대로 −1에 가까우면 음의 상관관계를 의미한다(내가 이리로 가면 당신은 저리로 가고). 그리고 0에 가까우면 상관관계가 거의 없다는 것을 뜻한다(내가 이리로 가면 당신은 클리블랜드로 가고). 명심할 것은 짧은 기간을 가지고는 추정을 하기 위한 어떠한 기본가정도 할 수 없다는 것이다.

4단계

아직 끝난 것이 아니다. 이제 굉장히 어려워 보이지만 실제로는 그렇지 않은 뭔가를 해야 한다. 2가지 변수의 상대적 관계성을 이해하기 위해서는 회귀분석(regression analysis)과 R-squared 계산을 해야 한다. 보기보다 쉬운 작업이다. 단순히 상관계수를 제곱하면 된다. 'R-제곱(squared)'이란 말은 여기서 나온 것이다. 만약 상관계수가 0.5라면 R-squared 값은 0.25다(0.5×0.5=0.25). 0.85일 경우는 0.7225가 된다.

R-squared 값은 어떤 변수의 움직임에 다른 변수가 연관되어 있는(또는 책임이 있는) 정도를 뜻한다. R-squared가 0.7225라는 것은 어떤 변수 움직임의 72.25%가 다른 변수에 의한 것이라는 뜻이다(이 정도면 굉장히 인상적인 발견이다). 자, 이제 여러분은 상관계수를 구할 수 있고, 존재하지도 않는 우연을 폭로할 준비가 되었다. 그리고 다른 사람이 모르는 많은 것들을 밝혀낼 수 있게 되었다.

캠벨과 쉴러의 연구는 어설픈 증거에도 불구하고 폭넓은 인기를 얻게 되었다. 우리 사회가 오랫동안 가져왔던 견해를 뒷받침했기 때문이다. 만약 여러분이 사회적 미신을 위반하는 어떤 데이터를 내놓는다면 그렇게 큰 인기를 끌지 못할 것이다. 이 점은 어떻게 보면 좋다. 여러분이 진실을 발견했을 때, 세상 사람들이 여러분에게서 뺏어 가려고 급하게 서두르지 않을 것이기 때문이다.

1872년부터 2005년까지 매년 초의 P/E를 우리가 잘 알고 있는 방식으로 구하고, 이후 10년간의 수익률을 구해본 결과 우리가 구한 R-squared 값은 0.20[12]이었다. 즉, P/E는 10년간 수익률의 20%를 잠재적으로 설명하는 것인데, 통계적으로 볼 때 매우 랜덤한 것이다. 무언가 다른 것이, 아니면 어떤 변수의 일부분이 수익률 변화의 80%를 설명하고 있는 셈이다. 나라면 R-squared가 0.20에 불과한 데 베팅하지 않을 것이고, 여러분도 마찬가지일 것이다. 다른 방식으로 접근해보면, 캠벨과 쉴러의 연구에서 R-squared 값은 0.40이었고 우리의 연구에서는 0.20이었다는 사실은 그들 결론의 절반가량이 P/E를 어떻게 달리 정의했느냐에서 비롯되었다는 것을 의미한다.

이 미신은 밝혀내기 어렵지 않다. 여러분도 야후! 파이낸스(Yahoo! Finance)와 엑셀을 이용해서 똑같은 결론을 얻을 수 있다. 미신이 아닌 진짜였다면 터무니없는 통계적 재정의나 수학적 분석이 필요 없었음을 알게 될 것이다.

하지만 만약 타당했다 하더라도 이후 10년간 수익률에 신경 쓸 사람이 누가 있겠는가? 투자자들이 알고 싶어 하는 것은 당장 올해와 내년에 어떤 포지션을 취해야 할지다. 지금부터 10년간이 아니란 말이다. 여러분은 1996년에 향후 10년간 수익이 어떻게 될지 정말 궁금해 했는가? 1996년 이후 4년간은 시장이 크게 상승했지만 곧이어 1929~1932년 이후 최악의 약세장을 맞이했었다. 주가 대세상승기를 놓치고 대세하락기에 주식을 보유하고 있다면 만족하겠는가? 만약 내가 2007년부터 향후 10년간 주가가 매우 크게 상승할 것이지만 향후 2년간은 하락할 것이라고 확실하게 말한다면 어떻게 하겠는가? 지금 투자할 것인가? 아마도 그렇지 않을 것이다. 단기적 관점에서 P/E를 관찰했을 때는 "높은 P/E는 위험하다"라는 명제와는 완전히 다른 결과가 얻어진다.

더욱이 장기적 관점에서 주식의 수익률을 예측한다는 것은 거의 불가능에 가깝다. 장기적 관점에서 주가는 무엇보다도 미래 주식의 공급수준 변화에 의해 결정되기 때문이다. 오늘날 최고의 지식(아니면 무지일 수도 있다)으로도 이런 변화를 예측하지는 못한다. 내가 이런 말을 하면 학계에 있는 몇몇 친구들이 화를 낼 것이다. 하지만 명심할 것은 누구든지 화를 낸다는 것은 두려워하고 있다는 것이며, 다만 스스로 두려움 때문이라고 말하지 못할 뿐이라는 것이다. 이 경우에는 주식의 수요와 공급 변화에 대한 진정한 과학적 분석 작업이 거의 이루어지지 않았기 때문인 것 같다. 하지만 정의대로 보면 수요와 공급의 변화가 가격을 결정하는 요인이다. 이 부분은 앞으로 많은 연구가 있어야 하겠지만, 수요와 공급이 경제의 기초임에도 불구하고 지금까지는 연구의 진전이 거의 없었다. (이 문제에 대해선 7장에서 살펴볼 것이다.)

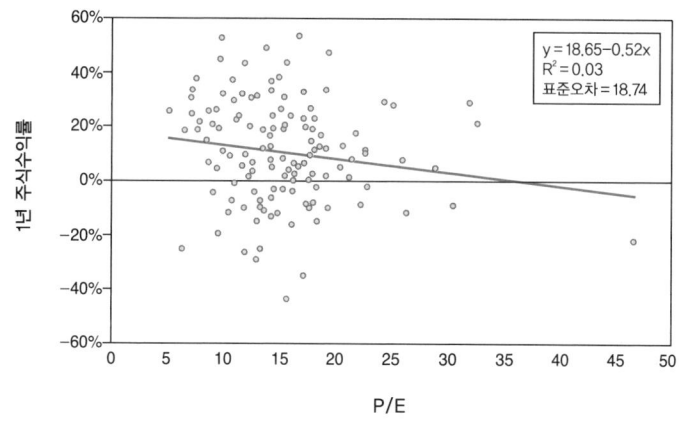

그림 1.2   P/E 비율과 연환산(중복 표시) 1년 수익률의 관계(1872~2005년)

출처: 로버트 쉴러, Ibbontson Analyst, Global Financial Data, Standard & Poor's, Thompson Financial Datastream

이제, 분포도 차트를 다시 한 번 보자. 이번엔 괴상하게 조작된 P/E가 아닌, 1872년부터 2005년까지 일반적인 의미의 P/E와 이어지는 1년간 수익률을 사용해서 그래프를 작성했다. 직선은 음의 기울기가 훨씬 약해졌고 분포된 점들은 훨씬 제각각이라는 데 주목하자. 역시 샷건을 한 방 쏴놓은 것과 다름없다. 게다가 몇몇 점은 정신 나간 것처럼 빗나가 있다.

과연 이러한 것이 어떤 연관관계를 조금이라도 보여주는 것일까? R-squared 값 0.03이라는 것은 무작위 그 자체다. 순수하고 완벽한 무작위다.

연관관계가 전혀 없는 곳에서 그것을 발견한다는 것은 꽤 창조적인 작업이다. 우리는 어떤 연관관계도 존재하지 않는다는 것을 확인했다. 여러분이 갖고 있는 미신들을 폭로하는 작업을 시작하기 위해서 슈퍼컴퓨터를 동원하거나 스티븐 호킹(Stephen Hawking) 박사처럼 될 필요는 없다. 시장의 미신이 존재한다는 것을 증명하기 위해 초 고난이도의 수학이 필요하다면 여러분의 가설은 아마도 틀린 것일 터이다. 분석과정에서 복잡한 과정이 더 많이 필요할수록, 더 많은 조건이 필요할수록 여러분은 가설을 지지하기 위한 결과를 더 억지로 만들고 있는 것이다. 억지로 만든 결과는 나쁜 과학이다.

P/E의 진실에 접근하기

지금까지 높은 P/E와 낮은 주식수익률(또는 높은 수익률)과는 아무런 상관관계가 없음을 살펴봤다. 이렇게 꼼짝 못 할 증거에도 불구하고 어떤 이들은 '높은 P/E는 곧 나쁜 주식'이라는 원칙을 떠나보내기 아쉬워할 수 있다. 그렇다면 다른 식으로 생각해보자. P/E가 높았던 해에는 수익률이 매우 훌륭했다는 것을 알게 되면 훨씬 충격적이고 놀라울 것이다. 더욱이 P/E가 최고 수준이었던 해의 다음 해에는 수익률이 그리 나쁘지 않았던 경우가 많았다. 몇몇 해에는 수익률이 마이너스였지만 몇몇 해에는 반대로 크게 상승했다. 이 사실은 통계적이지는 않지만 여러분을 잠깐 주저하게 만들 수는 있다.

증거가 더 필요한가? 이번엔 복잡한 조작과정도 필요 없다. 그림 1.3은 P/E와 연이은 연간 시장수익률을 그린 기초적인 종형 그래프다.

그림 1.3의 종형 그래프를 그린 과정은 다음과 같다. 우리는 1872년부터 매년 1월 1일 시장 전체의 P/E를 기록하고 낮은 P/E부터 높은 P/E까지 순위를 매겼다. 그리고 종 모양을 닮은 그래프로 만들기 위해 적당한 시간 간격

그림 1.3 지난 134년간 과거 P/E 비율 및 주식시장수익률

P/E	5.6x	8.4x	11.3x	14.1x	17.0x	20.0x	22.7x	25.5x	28.4x	31.2x	34.0x	>
					P/E 비율 범위							
			1976 23.93%	1988 16.61%	1896 -2.47%						2002 -22.10%	
			1925 28.39%	1947 5.24%	1960 0.48%					2003 28.68%		
			1879 26.59%	1915 7.83%	1905 31.05%					1999 21.04%		
			1989 31.69%	1986 18.67%	1937 -35.26%			1992 7.62%				
			1984 6.27%	1907 -13.29%	1933 52.88%			2001 -11.89%				
			1873 1.97%	1904 1.96%	1899 27.76%			1895 7.16%				
			1874 -26.47%	1945 36.46%	1963 22.69%			2000 -9.10%				
			1872 12.95%	1901 31.33%	1968 11.00%		2004 10.88%					
			1956 6.63%	1906 11.19%	1972 18.99%	1897 9.10%	1993 10.08%					
			1958 43.34%	1881 24.80%	1890 3.07%	1889 6.19%	1934 -2.34%					
			1876 -1.74%	1877 -16.88%	1971 14.30%	2005 4.91%	1998 28.58%					
			1923 7.84%	1888 -1.79%	1966 -10.10%	1994 1.32%	1922 28.39%					
			1955 31.43%	1911 3.74%	1929 -8.91%	1962 -8.78%						
			1900 2.27%	1995 37.58%	1969 -8.47%							
			1884 -9.50%	1893 -8.84%	1936 32.80%							
			1938 33.20%	1967 23.94%	1996 22.96%							
			1910 1.13%	1990 -3.10%	1961 26.81%							
			1991 30.46%	1912 7.99%	1973 -14.69%							
			1914 -0.04%	1909 29.12%	1946 -8.18%							
			1913 -5.33%	1898 17.20%	1935 47.22%							
			1957 -10.85%	1928 43.31%	1965 12.36%							
			1903 -9.72%	1970 3.94%	1964 16.36%							
			1880 31.24%	1892 14.50%	1997 33.36%							
			1882 -0.42%	1902 11.11%	1959 11.90%							
			1930 -25.26%	1931 -43.86%	1886 20.37%							
			1883 1.11%	1894 -3.54%	1939 -0.91%							
			1932 -8.85%	1891 -0.27%								
			1940 -10.08%	1987 5.25%								
			1885 2.14%	1887 7.41%								
	1978 6.57%											
	1921 -7.55%											
	1924 11.47%											
	1981 -4.92%											
	1948 5.10%											
	1920 -2.98%											
	1943 25.76%											
	1875 3.88%											
	1952 18.50%											
	1941 -11.77%											
	1985 31.73%											
	1926 11.14%											
	1874 2.10%											
	1954 52.40%											
	1908 4.16%											
	1916 19.58%											
	1927 37.13%											
	1878 12.76%											
	1977 -7.16%											
	1953 -1.10%											
	1983 22.56%											
1918 -4.05%												
1917 -2.42%												
1949 18.06%												
1980 32.50%												
1950 30.58%												
1951 24.55%												
1942 21.07%												
1975 37.23%												
1979 18.61%												
1919 22.20%												
1982 21.55%												
평균 수익률 19.99%	11.94%		5.17%	11.91%	12.21%	2.55%	15.12%	-1.55%		24.86%	-22.10%	

출처: Global Financial Data

을 두고 그룹핑했다. 이렇게 해서 서로 연관되지 않은 연도들이 P/E 수준에 따라 각각의 구간 사이에 배치되었다. '보통'의 P/E를 보인 연도는 종 모양의 가장 두툼한 부분(중앙 부분)에 자리 잡고, '높거나' '낮은' P/E를 가진 연도는 양쪽 끝에 배치된다. 다시 한 번 말하지만, 이 작업을 위해 전문적인 통계학 지식은 필요 없다. 이 종형 그래프에 기초해서 P/E가 20배가 넘으면 '높은' 것으로 본다. 몇 년 후에 이 작업을 여러분 스스로 해본다면 이 수치들은 조금 변했을지도 모른다. 하지만 이 종 모양을 평평하게 만들기 위해서는 정말 높은 P/E를 보인 연도들이 많아야 할 것이다.

이제 지난 134년간의 P/E 배율과 연이은 시장수익률을 살펴본다면 실증에 바탕을 둔 어떤 진실이 떠오르게 된다. 거의 깜짝 놀랄 수준이 아닌가? 두 자릿수 이상(모두가 두려워하는 대폭락이다) 시장이 하락한 연도는 P/E가 20배 이하인 다음 해였다. P/E가 매우 높았을 때가 아니고 말이다. 실제로 대부분은 P/E가 평균 이하일 때 발생했다. 지난 134년간 시장수익률이 -10% 이하였던 때는 모두 19번 있었다. 이 중 68%에 해당하는 13번은 P/E가 종형 그래프의 중간치인 16.5배보다 낮은 쪽일 때 발생했다. 오직 두 번, 2001년과 2002년만이 20배가 넘는 P/E를 보인 이후 폭락했다. 앞의 네 문장을 다시 한 번 읽어보라. 미신이 성립하기가 거의 어려울 지경이다. 누구든지 이 데이터를 인터넷에서 입수할 수 있다. 또한 누구든지 이런 식으로 정렬할 수 있다. 결코 어려운 수학이 필요하지 않다. 단지 약간의 노력만 필요할 뿐이다. 그리고 이런 사실은 여전히 미신을 갖고 있는 마음을 움찔하게 한다.

이렇듯, 두 자릿수에 달하는 대폭락은 높은 P/E 시장에 자동적으로 뒤따르는 것이 아니다. 하지만 근거 없는 미신을 너무나 넓고 완고하게 믿는 사람들은 그 안에 진리의 핵심이 틀림없이 들어있다고 생각한다. 예를 들어, 꼭 대폭락은 아니더라도 P/E가 높은 시장이 P/E가 낮은 시장보다 더 자주 하락해야 한다는 것이다. 정말일까? 아니다! P/E가 20보다 낮았던

117번의 해에 시장은 35번이나 마이너스 수익률을 기록했다(29.9%에 해당). P/E가 20 이상(역사적으로 P/E가 가장 높았던 때)이었던 17번의 해에는 시장이 하락해서 끝났던 적이 5번이었다(29.4%에 해당). 굳이 통계학자가 아니더라도 높은 P/E나 낮은 P/E 모두 실제적으로 어느 쪽이 더 나쁘다고 할 수 없음을 알 수 있을 것이다. 더욱이 이 5번 중 3번은 시장하락률이 그리 크지 않았다. 2000년이 -9.1%, 1962년이 -8.8%, 1934년이 -2.3%였다. 이것이 고 P/E 시장을 피함으로써 얻는 '이점'이란 것인데, 고 P/E가 위험하다는 것을 믿기도, 그걸 믿고 투자하기에도 모두 부족한 수준이다. 하지만 고 P/E 시장이 괴물 같은 신화가 아니라는 데 베팅하기엔 충분한 수준이다.

여러분은 실제 데이터를 확인했고, 따라서 이 오래된 투자의 미신으로부터 자유로워졌다. 여러분이 반복적으로 사용할 수 있는 간단한 테스트가 있다. 어떤 사람이 미국시장에서는 X가 Y의 원인이며 (P/E의 사례처럼) 그걸 증명할 자료까지 갖고 있다고 말한다고 하자. 만약 미국시장에서 이것이 사실이라면 대부분의 선진시장에서도 마찬가지여야 한다. 만약 다른 선진 서구 시장에서는 통하지 않는 것 같다면 미국에서도 사실이 아닌 것이다. 단지 우연히 얻어진 결과일 뿐인 것이다. 여기서 구체적 데이터에 대해 장황하게 논하진 않겠지만(이미 이 책에는 너무나 많은 도표들이 있다) 여러분이 미국 주식시장에 적용해봤던 종 모양의 그래프를 다른 외국시장에 적용시켜 본다면 낮은 P/E 시장이 실제로 수익도 좋았던 국가는 오직 영국뿐임을 알 수 있을 것이다. 그리고 이조차도 단지 상대적으로 수익률이 높았던 몇몇 연도에 기초한 것이다. 그 외의 다른 국가에서는 미국에서와 마찬가지로 무작위적인 결과가 얻어졌다.[13] 어떤 것이 미국에서 이러이러한 방식으로 작용한다고 할 때 크로스체크 해보는 좋은 방법은 미국 외에서도 동일한 방식으로 작용하는지 확인해보는 것이다. 만약 미국 외에서 그렇지 않다면 미국에서도 역시 실제로 작용하지 않는 것이기 때문이다!

어떤 이들은 "고 P/E 문제를 올바른 방법으로 봐야 한다"고 말할 것이다 (경고: 미신을 지지하기 위해 재조작하려는 시도의 조짐이 보임. 더 이상 유효하지 않을 것임). 예를 들어, 그들은 단순히 고 P/E가 저 P/E보다 나쁘다는 것은 사실이 아니라는 데 동의할 수도 있다. 하지만 특정 P/E 수준을 넘어가면 위험이 치솟고, 특정 P/E 수준 아래에 있으면 위험이 급감한다고 말할 것이다.

예를 들어, 시장 P/E가 22배를 넘으면 나쁘고 15 이하면 좋은 상태이며, 그 사이는 모두를 혼란스럽게 만든다고 주장할 수 있다. 평균치는 모두 던져버리고, 그들이 원하는 방식으로 여러분이 사물을 보게 만들도록 하는 것이다. 좋다. 대단히 공평하다! 테스트는 아주 간단하다. 과거 시장의 P/E가 22배를 넘었던 때는 팔고, P/E가 어떤 수준 이하이면 다시 매입한다고 가정한다. 매입하는 P/E 수준은 여러분이 정하면 된다. 일관되게 적용만 한다면 그 수준은 상관이 없다. 그리고 이렇게 매매한 결과를 보면, 매입하는 P/E를 어떤 수준으로 하든 간에 미국시장에서 단순히 바이 앤 홀드(Buy&Hold, 주식을 매입해서 오랫동안 보유하는 것─옮긴이) 전략을 취했던 것보다 높은 수익을 올리지 못한 것으로 나타났다. 이런 결과는 다른 국가에서도 똑같이 나타났다. (영국은 제외. 앞서 말했듯이 영국은 미미하긴 하지만 저 P/E가 높은 수익으로 이어진 것 같다는 연구결과가 있다. 하지만 영국만 그렇다는 것은 아마도 우연에 의한 결과이기 때문일 것이라 생각한다. 그리고 아주 오래 전이고 아주 적긴 하지만 큰 폭으로 상승했던 몇몇 해를 제외한다면 영국에서도 이 같은 결과가 똑같이 적용된다.)

P/E가 22배에 도달하면 매도하고 15 이하로 떨어지면 매수한다고 하자. 그래도 여전히 단순한 바이 앤 홀드 전략보다 수익률이 떨어진다. 22를 23으로 바꾸면 어떨까? 여전히 결과는 마찬가지다. 15를 13으로 내리거나 17로 올린다면? 여전히 마찬가지다. 게다가 다른 국가에서도 이 같은 바이 앤 셀(Buy&sell, P/E 수준에 따라 매수 매도를 반복하는 전략─옮긴이) 전략이 잘 들어맞는 경우는 없다. 이 모든 것을 믿기 힘들 수 있다. 좋다. 그렇다면 내가 틀렸다는 걸 증명해보라. 그렇게 하기 위해서는 단순히 P/E에 바탕을 둔 바이 앤 셀 전

략을 통해 1년, 2년 또는 3년 수익률에서 시장수익률을 앞지를 수 있다는 것을 보여줘야 한다. 또한 기본적으로 그 전략은 선진시장에서도 적용될 수 있어야 한다. 시작점과 종료시점을 서로 다르게 해도 말이다. 자, 한번 그런 전략을 찾아보라. 아마도 여러분은 나보다 우수할 것이다. 하지만 나는 아무리 찾고, 찾고, 또 찾아봐도 누구나 납득할 만한 어떤 방법으로도 그런 전략을 찾을 수 없었다.

2000년, 2001년, 2002년처럼 고 P/E가 나쁜 수익률로 이어진 모든 때에 대해서는 1997년, 1998년, 1999년, 2003년처럼 고 P/E가 좋은 수익률로 이어진 반대 경우를 찾을 수 있을 것이다. 이 미신에는 어떠한 기본 데이터도 없다.

항상 다른 시각으로 보라

투자자들은 미신의 희생양이 되고 있다. 그것이 투자의 자명한 이치라고 자연스럽게 받아들이도록 배웠기 때문이다. 일단 여러분들이 아주 조금이라도 다르게 생각하기 시작하면 미신들은 깨져버리게 된다. 여기서 다르게 생각한다는 것은 복잡한 방법을 얘기하는 게 아니라 종형 그래프를 그려보거나 해외시장에도 적용해보는 것처럼 단지 다르게 생각하는 것을 말한다. 투자에 대한 어떤 믿음을 확고히 하기 전에 새로운 시각으로 접근해보라. 미친 사람처럼! 창조적으로! 뒤집어 생각하고, 반대로 생각해보고, 안과 밖을 바꿔보라. 그것들을 수정해보고, 직감을 철저히 조사해보라. 직관적으로 생각하지 말고 그 반대로 생각해보라. 아마도 결과적으로는 그 편이 더 직관적인 방법일 수도 있을 것이다.

여기서 재미 삼아 왜 고 P/E가 주식폭락을 예측하지 못하는지 직관적으로 알아보자. 대부분의 투자자들은 P/E가 높은 주식을 보면 회사의 수익에 비해 주가가 너무 높다고 생각한다. 주가가 수익에 비해 훨씬 크게 비례적으로 높다면(이제 이런 식으로 생각하게 된다) 주가가 과도한 것임에 틀림없다는 것이며, 다가올 것은 결국 가격 하락이라는 것이다. 투자자들이 잊고 있는 것은 가격(P)이 P/E 수치를 움직이는 유일한 변수가 아니라는 것이다.

고 P/E 시장 이후 몇 년간을 보면, 주가에 비해 수익이 훨씬 빠른 속도로 증가했음을 알 수 있다. 그리고 저 P/E 이후에는 수익 자체가 실종되는 돌발적인 불경기에 직면하는 경우가 잦았다. 실제로 역사상 가장 유명한 시장 고점인 1929년에 P/E는 낮았다. '곧 사라질' 기업의 수익이 너무나 높았기 때문에 P/E 수치가 낮아졌던 것이다.

우리가 주식을 매수할 때는 기업의 미래수익을 사는 것이나 마찬가지다. 때때로 다른 것들보다 더 지불하고도 기꺼이 매수하려 한다. 고 P/E 시장에서는 기업의 수익이 예상을 초과하는 경우가 많다(2003년의 경우처럼). 그리고 실제 기업들이 수익을 실현하는 것을 확인하기 전에 주가는 이미 높아져 있게 된다. P/E의 분모 부분에서 어떤 일이 일어나는지 고려해봄으로써(일종의 '다르게 보기'인 셈이다) P/E에 대한 미신이 틀렸다는 것을 여러분 스스로 생각해낼 수 있는 것이다.

고 P/E 시장이 위험하고 저 P/E 시장이 안전하다는 미신은 지속된다. 하지만 누구든지 전화 모뎀과 연필 한 자루만 있으면 고 P/E가 저 P/E보다 나쁠 게 없다는 사실을 확인할 수 있다. 왜 이런 미신이 지속될까? 근본적으로는 THG가 심술궂은데다 반직관적이기 때문이다. 그것이 무엇이든 간에 여러분을 즐겁게 했던 정보가 틀렸거나, 아니면 이미 시장가격에 반영된 것이라는 사실을 받아들인다는 건 고통스러울 수 있다. 굉장히 초라한 느낌이 들겠지만, 이는 사실이다.

우리 할아버지들은 어떻게 생각했을까?

잠시 3장의 내용을 빌려와 우리의 뇌가 P/E 문제에 있어 어떻게 우리를 눈뜬장님으로 만드는지에 초점을 맞춰보자. 사람들이 고 P/E 시장을 두려워하는 데는 유전적인 이유가 있다. 이걸 증명할 수는 없지만 사실이라고 확신하고 있다. 여러분들도 반박할 수 없다. 이 딜레마를 살펴보기 위해서는 아주 다른 시각이 필요하다. 여러분은 부모들로부터 유전자와 정보처리를 담당하는 뇌를 물려받았다. 여러분의 부모들이 그랬던 것처럼 말이다. 여러분의 먼 조상들은 어떤 유형의 정보를 처리하는 데 능통한 두뇌를 가졌었다. 아마도 그들의 유전자를 후세에 성공적으로 전달하기 위한 다양한 문제해결법과 관련된 것들이었을 것이다. 그렇지 않았다면 여러분이나 나 지금 이곳에 있지 못했을 것이다. 그 당시 그런 문제를 잘 해결하지 못했던 친구들은 현재 지구를 활보하고 있는 후손들을 남기지 못했다.

여러분의 뇌는 주식시장에 잘 대처하도록 갖춰지지 않았다. 기초적인 인류 생존을 위한 문제에 잘 대처할 수 있도록 되어 있는 것이다. 여러분의 조상들이 학습했던 문제 중 하나는 높이에 관한 것이었다. 굉장히 높은 곳에서 떨어진다면 죽게 되거나 심하게 다칠(사실상 같은 상황) 확률은 급격히 높아질 것이다. 높이가 높을수록 위험도 커진다. 1미터 높이에서 떨어지면 그저 조금 비틀거리게 될 뿐이다. 3미터 높이는 10살 어린이들에게는 지붕에서 뛰어내리는 것만큼 어려운 일은 아니지만 나이 든 사람들은 뼈가 부러질 수도 있는 높이다. 12미터 높이라면 대부분 죽을 것이다. 그리고 120미터라면 무조건 죽는다고 봐야 한다. 사람들은 높이에 관한 문제처럼 보이는 것에는 아주 잘 대처하는 법을 배웠다. 즉, 높을수록 위험하다는 것이다. 높이가 높을수록 떨어질 수 있는 길이도 늘어난다는 것, 바로 사람들이 P/E에 대해 생각하는 것과 똑같다. 사람들은 P/E가 높아지면 잠재적인 하락폭도 커지는 것으로 상상하고, P/E가 낮아지면 바닥에 충돌하는 거리도 줄어든다고 상상한다. 그래서 부딪힐 위험도 줄어든다고 생각하는 것이다. 내가 높이와 관련된 것처럼 보이는 정보를 제시할 때마다 여러분은 높은 수치에 겁먹고 낮을수록 안전하다고 느끼게 된다. 똑같은 정보를 높이와 연관되지 않게 설명할 수 있다면 여러분의 두려움도 즉시 없어지게 된다. (잠시 후에 이것을 해볼 것이다.)

세 번째 질문 맛보기

시장의 P/E가 보통보다 높을 때, 대부분의 투자자들은 그 사실을 알고 있다. 심지어 P/E가 뭘 의미하는지 모르는 사람조차 '요 사이는' 시장이 매우 고평가되었다고 말할 정도다. 높은 것에 대한 공포와 손실 가능성에 대한 근심은 행동주의 재무학의 이론으로 설명할 수 있다. 즉, 사람들은 수익에 대한 선호보다 손실에 대한 회피가 더 크다는 것이다.[14]

사람들은 투자자들이 위험을 싫어한다고 말한다. 하지만 확실히 맞는 말은 아니다. 투자자들은 아마도 손실을 싫어하는 것 같다. 행동주의 재무학 분야에는 두 명의 선구자가 있는데, 다니엘 카네만(Daniel Kahneman)과 최근에 유명해진 아모스 츠버스키(Amos Tversky)가 그들이다. 이들은 평범한 미국인들의 경우 손실에 대한 회피 성향이 이익에 대한 선호 성향보다 두 배 반 정도 크다는 것을 실증해 보였다.[15] 투자자들은 돈을 벌 때 느끼는 기쁨보다 잃을 때 느끼는 고통을 더 크게 생각한다. 여러분의 마음속에서는 이미 이 사실이 맞다는 것을 알고 있을지도 모른다. 그리고 수익의 즐거움보다는 손실의 괴로움이 훨씬 고통스럽기 때문에 투자자들은 수익을 달성하는 것보다는 위험을 피하기 위해 더 애쓰게 된다.

투자자들은 실제로 발생 가능한 손실을 피하는 데 도움이 된다면 추가적인 위험을 부담하기도 한다. 카네만과 츠버스키는 이러한 현상을 '기대 이론(Prospect Theory)'이라는 용어로 묘사했다. 그들은 평범한 투자자들(다시 말하지만, 바로 여러분을 말한다)이 손실 가능성을 회피하려는 모든 노력을 하는 과정에서 위험의 인지와 실제 위험을 혼동한다는 사실을 발견했다.[16] 투자자들이 오랫동안 고 P/E 시장과 연관 지어 생각해온 손실에 대한 인지(또는 오해라고 말할 수도 있다)가 상대적으로 저위험인 시장에서도 공포심을 계속 갖게 한다는 것이다. 똑같은 힘이 약세장의 최저점에서도 작용한다. 투자자들은 전형적으로 약세장의 막바지에서 가장 큰 두려움을 느낀다. 사실 이때는 리스크가 거의 사라져가고 상승 가능성이 상당히 커지는 때다. 투자자의 인지가 사실과는 동떨어져 있는 것이다.

투자자들, 특히 그들 스스로 '가치투자자(Value Investors)'라고 부르는 사람들은 이런 사실에 대해 공격적이고 거의 종교적인 반응을 보인다. 자기반성과 '첫 번째 질문(잘못된 걸 믿고 있지 않은가?)'을 사용하는 연습은 하지 않은 채, 편견에 빠지지 않았다고 주장하기 위해 지푸라기 하나라도 잡으려는 모습이다. 그들은 그러한 현상(투자자들의 인지가 잘못 되어 있는 것)이 발생하는 이유는 불황의 막바지까지 억눌려 있던 기업이익 때문에 P/E가 엄청나게 높아지기 때문이라고 설명한다. 조금 부족한 설명이다. 이런 현상은 가끔 일어나긴 하지만 일반적인 것과는 거리가 멀다. 1996년, 1997년, 1998년, 1999년에는 모두 이와 달랐다. 투자자들은 이에 대해 시장이 비이성적이기 때문이라고 변명한다. 엄청나게 높은 P/E는 반드시 높은 위험을 가져야 한다는 투자자들의 열정적 믿음은 TGH가 심술을 부리는 또 다른 측면이다.

할 수 있다면, 위아래를 뒤집고 앞뒤를 바꿔라

첫 번째 질문을 어떻게 사용하는지 잘못된 믿음의 사례를 통해 시연해봤다. 여러분 스스로의 미신들을 헤쳐나간다면 여러분은 더욱 철저해질 것이다. 훌륭한 과학자는 물음에 대한 답을 얻었다고 해서 멈추지 않는다. 다른 각도에서 반복적으로 살펴볼 것이다.

우선, 여러분의 발견을 현실적으로 보라. 너무 성급히 결론을 내리지 말아야 한다. 지금까지 살펴본 데이터를 통해서 어떤 사람은 고 P/E는 평균 이상의 수익률을 예측하게 해준다는 새로운 미신을 창조해낼 수도 있을 것이다. 이런 속임수에 넘어가면 안 된다. 여기서 살펴본 증거들은 높은 P/E가 주식에 나쁜 것이라는 잘못된 믿음을 없애버리기에만 충분한 것이다. 그 이상의 것은 아직 결론지을 수 없다. 증거가 충분치 않다는 것이다. 그리고 단지 이 지식만 가지고는 손해를 볼 때보다 이익을 낼 때가 훨씬 더 많아지게 되지도 않는다. 궁극적인 것은 P/E가 그것 자체로는 미래수익을 예측할 수 있는 어떠한 변수도 될 수 없다는 것이다.

더욱이 여러분의 가설을 지지하는 결과를 하나 얻었다면, 설사 그것이 아무리 주목할 만한 것이라도 어떤 패턴이 아닌 우연한 결과일 뿐이다. 이것은 여러분이 대하는 모든 것, 연구하는 모든 것에 공통적으로 해당되는 얘기다. 우연히 얻어진 결과를 바탕으로 베팅하고 싶진 않을 것이다. 예를 들어, 엄청나게 P/E가 높은 시장은 위험이 낮고 수익은 높다고 결론짓고 싶을 것이다. 그렇다. 초 고 P/E가 엄청난 수익으로 이어진 경우가 몇 번 있었던 것은 사실이다. 하지만 이런 결과가 단지 재미있는 관찰치 이상이라고 결론 내리기에 충분할 정도는 아니다. 아마도 우연에 의한 것일 터이다. 뭔가 창조해내고 테스트해볼 때는 모든 상황에 대해 충분히 많은 경우를 테스트해봐야 한다.

이제 우리는 P/E가 예측치로서 위력이 전혀 없다는 것을 안다. 그렇다면 P/E가 도대체 어디에 쓸모 있다는 걸까? 이를 알아보기 위해 다시 한 번 2장의 내용(두 번째 질문)을 가져와보자. P/E에서 다른 사람이 간파해내지 못할 만한 것은 어떤 것일까? 다른 사람이 보지 못하는 것을 보기 위해 일반적으로 시도해볼 수 있는 것은 다른 접근법으로 보는 것이다. 여러분의 미신을 테스트해보는 강력한 방법 중 하나는 그것을 뒤집어서 결과를 보는 것이다.

이제 P/E를 뒤집어보자. 이 식에서 수익(Earning)을 가격(Price)에 대해 놓음으로써 똑같은 정보를 수익-주가 비율(earnings-to-price ratio)이라는 다른 구조로 볼 수 있게 된다. 이익수익률(earnings yield)이라고 부르는 편이 더 좋을 것 같다. 이는 단순히 P/E를 뒤집은 것이다. 투자자들은 채권의 기대수익률과 현금수익을 보는 데 익숙하다. 한편, 주식의 가치를 측정하는 데는 대부분의 투자자들이 P/E를 사용하는 데 익숙해져 있다. P/E를 뒤집어서 이익수익률을 봄으로써 이제 제대로 된 비교를 할 수 있게 된다. 또한 우리가 논의했던 높이 관점의 접근법으로부터도 벗어나게 된다. 표 1.1은 P/E를 이익수익률로 바꾸는 과정을 보여주고 있다. P/E가 20이라는 것은 20달러의 주가를 1달러의 수익으로 나누었다는 의미다. 따라서 이것의 E/P는 1분의 20, 또는 5%가 된다. 이익수익률은 일종의 이자율에 비교할 수 있다(나중에 확인해보겠지만, 그래야만 한다). 그리고 이렇게 보면 우리를 겁주던 P/E에 대한 높이 관점의 접근법은 즉시 사라져버리게 된다.

표 1.1 이익수익률이란 무엇인가?

P/E	→	E/P	=	EY%
33		1/33		3%
25		1/25		4%
20		1/20		5%
15		1/15		6%
10		1/10		10%
7		1/7		14%
5		1/5		20%

P/E가 20배라면 겁먹겠지만, 이익수익률이 5%라면 겁먹을 이유가 없다. 정말 쉬운 산수다. 다시 말하지만, 호킹 박사처럼 될 필요가 없다.

이러한 비교는 P/E에 기초해서 주식이 싼지 비싼지 판단하는 것보다 훨씬 합리적이고 직접적이다. 주식과 채권은 각각 투자자들의 돈을 놓고 경쟁하는 관계이기 때문에 채권수익률과 주가수익률을 비교하는 것은 굉장히 실제적인 비교가 된다. 예를 들어, P/E가 20배인 시장이라면, 대부분의 친구들은 '높은 것 같다'고 말할 것이다. 그렇다면 5% 수익률은 어떤가? 채권이자율이 8%라면 5%의 수익률은 매력이 없을지 모른다. 하지만 채권이자율이 3%라면 매력적일 수 있다. 이제 현재 발행된 채권수익률과 비교해보자.

어떤 주식시장(또는 단일주식)의 수익률이 5%라면 수익률이 6%인 미국 국채(U.S. Treasury Bond)에 비해 못하다고 말하기 전에 세금 처리 문제를 생각해야 한다. 이익수익률은 어떤 회사가 주식 발행을 통해 자본 확대를 할 때 드는 세후(稅後) 연간 비용이라고 할 수 있다. 이게 무슨 의미일까? P/E가 세후수치이기 때문에 E/P 또한 세금을 감안한 수치라는 것이다. 회사가 자본 확대를 하는 방법에는 주식 발행이나 회사채 발행이 있다. 하지만 회사채 발행의 경우엔 회사가 지불하는 이자는 세금이 공제된다. 따라서 회사채 이자율은 세전수치고, E/P는 세후수치라는 것이다.

어떤 주식의 P/E가 20이고 평균 등급의 회사라고 해보자. 즉, 회사채 등급으로는 BBB라는 말이다. 2006년 중반에 이 정도 회사는 이자율 6%, 10년 만기 채권을 발행해 돈을 빌릴 수 있었다.[17] 세율을 33%로 가정하면, 6%의 비용은 세후로 따지면 실제로는 4%가 된다(세후수치를 구하려면, 6%에 1 빼기 33% 또는 0.67을 곱하면 된다). 주식의 E/P는 5%로 이미 세금이 부과된 후의 수치다. 따라서 기업 입장에서는 이자율 4%짜리 채권을 발행해서 자본을 확충하는 것이 5% 주식을 발행하는 것보다 싸다. P/E가 20배 되는 회사는 회사채 이자율이 7.5%는 돼야 주식을 통해 자본을 확충하는 것이 더 싸게 먹힌다. 이것이 회사의 관점이다.

이제 여러분의 관점에서 보면 얘기가 좀 다르다. 굳이 이익수익률이 채권의 세후수익률보다 높을 필요가 없다. 여러분이 주식을 매수할 때는 향후 성장으로 인해 기업의 수익도 더 커질 것이라는 추측을 한다. 주가를 어떤 집단으로 보면, 이익성장이 오랜 시간에 걸쳐 일어나는 경향이 있다. 어떤 때는 많이 성장하고 어떤 때는 좀 적게 성장한다. 하지만 채권의 경우는 고정되어 있다. 이익성장이 있을 수 없다. 만기까지 보유하면 그만큼의 이자수익을 올리게 된다. 주식을 매수할 때는 사실 현재보다 높을 것이라 예상되는 미래의 평균 이익수익률을 매수하는 것이다. 한편, 채권을 매입할 때는 미래의 채권수익률이 현재의 채권수익률과 동일하다. 이러한 이유 때문에 주식의 현재 이익수익률이 채권수익률보다 높다고 해서 상대적으로 주식이 매력적이라고 할 수 없게 된다.

주식의 이익수익률이 채권수익률보다 높았던 적이 있었을까? 그렇다. 하지만 매우 드물게 일어난데다 그 기간이 서로 멀리 떨어져 있다. 이는 전 세계적으로 공통된 현상이며, 바로 이러한 때가 주식 매수의 적기인 적이 많았다. 이익수익률이 채권수익률보다 높아지게 되면 주식은 채권에 비해 아주 저평가된 상태가 된다. 달리 말하면 주식이 상대적으로 싸다는 것이다.

회사채수익률은 국채수익률에 기초해서 상승하거나 하락하게 된다. 규모가 훨씬 큰 국채시장에서의 변동은 회사채이자율 변동을 발생시킨다. 그림 1.4는 시장의 이익수익률과 국채수익률 추이를 보여주고 있다. 여기서 알 수 있는 것은 이익수익률이 국채수익률에 근접하거나 그보다 높았을 때는 곧이어 주식시장이 크게 상승했다는 것이다.

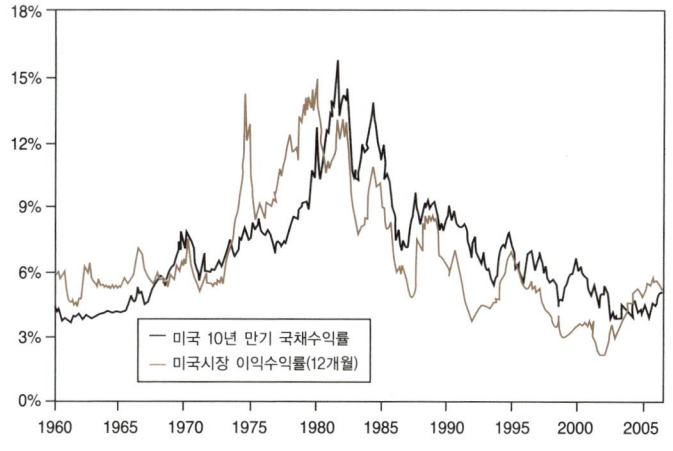

그림 1.4 미국 10년 만기 국채수익률과 이익수익률 추이 비교

출처: Global Financial data

그림 1.5 10년 만기 국채수익률과 이익수익률 추이 비교

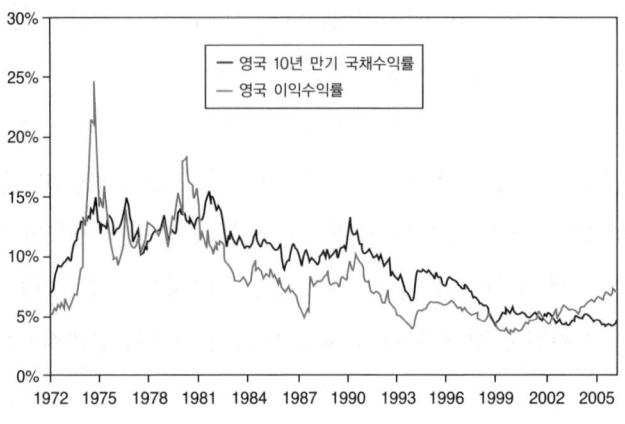

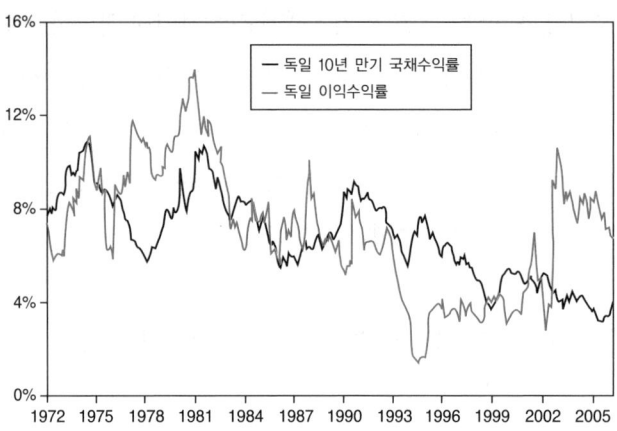

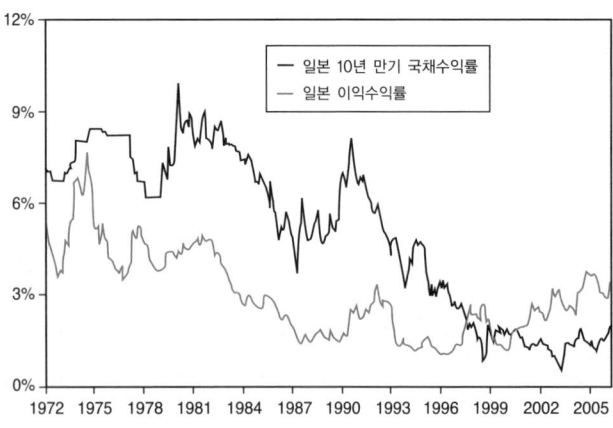

출처: Global Financial data

이익수익률을 채권수익률과 비교해놓은 그래프를 본 적이 있는가? 아마도 없을 것이다. 이런 그래프가 있긴 하지만 아주 드물다. 아마도 다른 모든 사람들이 했던 것을 다 합한 것보다 내 회사에서 출판한 횟수가 더 많을 것이다. 이 방법은 둘 사이의 상대적 가치와 역사적인 수준을 가늠해볼 수 있는 매우 강력한 측정방법이다. 논의와 잘 부합하게도 주식 매수에 있어 가장 좋았던 타이밍 중 하나는, 여러분은 주식이 싸다는 걸 알지만 다른 모든 사람들은 비싸다고 생각할 때다. 2002년 이후 미국시장에서 이익수익률은 국채수익률보다 높았다. 따라서 역사적으로 봤을 때 주식이 매우 쌌다. 하지만 대부분의 친구들은 P/E가 과거보다 높았기 때문에 주식이 비싸다고 말했을 때다. 만약 여러분들이 높은 P/E 때문에 주식에 겁을 먹었더라면 여러분은 전체 시장의 상승률인 75%의 수익을 놓쳤을 것이다. 2002년 10월에 약세장이 끝나고 지금 내가 글을 쓰고 있는 2006년 6월까지 상승하고 있기 때문이다.[18] 1980년대 초반 이익수익률이 국채수익률을 넘어섰을 때 어떤 일이 있었는지 기억해보라. 평균 이상의 시장수익률이 몇 년간 이어졌다. 그 중 대부분은 수익률이 두 자릿수에 달했다.[19]

아직 마친 게 아니다. 어떤 사실이 참이라면 다른 해외 선진시장에서도 참이어야 한다는 것을 기억하라. 여러 국가에서 이익수익률이 국채수익률을 넘어서는 것을 발견할 수 있지만 미국보다 더 드물게 일어나는 현상이긴 하다. 장기적인 이율과 비교해봤을 때 요사이 주식은 전 세계적으로 지난 4반세기보다 싸다는 것을 알 수 있다(그림 1.5 참조).

영국과 독일에서 이익수익률이 국채수익률보다 높아진 이후 시장은 평균 이상의 수익을 거두었다. 최근 들어 일본시장의 이익수익률이 국채수익률을 능가하면서 큰 폭의 시장 상승이 기대되고 있다.

여러분이 정말 정말 틀렸을 때

지금까지 투자자들이 있지도 않은 우연한 상관관계를 만들거나 상상해냄으로써 어떻게 미신들을 지속시켜 왔는지 얘기해봤다. 그런 미신들이 아주 잘못되었고 그 반대가 진실이라면 어떻겠는가? 가끔 첫 번째 질문을 사용하다 보면 여러분이 그냥 틀린 수준이 아니라 정말 정말 틀렸다는 것을 알아차리게 된다. 너무 안절부절못하지는 마라. 어떻게 되었건 스스로 잘못되었다고 알아차리고 그 반대가 맞다는 걸 안다면 시장에 베팅할 수 있는 기본을 마련하게 되는 것이다. 이는 아주 강력한 것이다. 왜냐하면 여러분은 모든 사람들이 실제 일어날 일과 반대로 베팅하고 있다는 사실을 알고 있기 때문이다.

여러분과 여러분의 동료 투자자들이 완벽하게 틀린 투자를 하고 있는 상황을 상상하기 어려울 수 있다. 하지만 그런 투자자들의 교리에는 너무나 소중하게 여겨지는 미신들이 있어서 그것들에 대해 의문을 가진다는 것 자체가 신성모독이 된다. 단지 진실성을 확인하기 위한 것이라고 해도 그런 믿음에 대한 철저한 조사를 제안한다면 비방과 위협을 받을 것이고, 어쩌면 파문당할지도 모른다. 누구도 감히 의문을 제기하지 못하는 투자자들의 가장 신성불가침한 미신들 중에는 아주 틀렸을 뿐만 아니라 정확히 그 반대가 참인 경우가 있다.

신성함 중의 신성함 – 국가재정적자에 대한 미신

여러분들은 국가재정이 큰 적자를 기록하면 나쁜 것이라고 믿고 있다. 또한 다른 모든 사람들도 그렇게 생각하고 있다. 이런 사실을 어떻게 알게 된 것일까? 다른 사람도 모두 그렇게 알고 있기 때문이다. 언론에 등장하는 전문가들, 정치가들, 애국자들, 성도착자, 포커 파트너, 여러분의 부모, 여러분의 애완용 잉꼬, 그리고 무엇보다 나쁜 것은 숀펜, 브래드 피트, 돌리 파튼에 이르기까지 모든 사람들이 그렇게 알고 있다! 더욱 중요한 것은 모든 사람들이 이 사실을 믿는다는 것이다. 이 믿음에 대해선 의심을 가져볼 이유가 전혀 없다. 내 말은 숀펜하고 브래드 피트도 믿는다는데 다른 무슨 말이 필요하냐는 것이다. 바로 이런 점 때문에 이 신성한 믿음은 첫 번째 질문의 좋은 대상이 된다. 틀린 것을 믿고 있지 않은가? 차라리 이 미신을 뒤집어보고 반대 경우를 생각해보라.

큰 폭의 재정적자는 좋은 것일까? 그리고 주식에도 좋은 것일까?

이 질문을 너무 크게 얘기한다면 아마 누군가 그물을 들고 여러분을 뒤쫓아가 안전하고 훌륭한 정신병동에 감금해버릴지도 모른다. 재정적자가 나쁘다는 믿음은 서구사회의 지혜와 문화의 일부분이다. 아니, 차라리 시민사회의 일원으로서의 의무에 가깝다. 앞서 말했듯이 '적자(deficit)'는 '불완전한(deficient)'과 라틴어 어원이 같다. 그렇다면 왜 수천 년간 믿어져 온 것에 대해 의문을 제기해봐야 하는가? 바로 틀렸기 때문이다! 어린 시절부터 우리는 빚은 나쁜 것이라고 배워왔다. 빚을 많이 질수록 나쁜 것이고, 아주 많은 빚은 곧 부도덕한 것으로 여겨졌다. 추수감사절용 종이 칠면조를 만들고 나면, 우리는 과자와 오렌지 주스를 받고 빚의 부도덕성에 대한 수업을 들은 후 낮잠을 자곤 했다.

사회적으로 볼 때, 우리는 빚에 대해선 부도덕하다고 생각한다. 이 점에 있어서는 과거 우리의 선조였던 청교도들과 크게 달라진 것이 없다. 그리고 적자는 빚을 더욱 늘리는 것이다. 재정적자에 대한 혐오감은 미국인들만의 감정은 아니다. 서구 선진국의 국민들도 우리처럼 빚에 대한 거부감을 가지고 있다. 이외의 다른 나라에서는 더 심하다.

과연 이런 걱정들이 가치가 있는 것일까? 지난 15년간 미국은 단 4년 동안만 재정흑자를 기록했다. 1990년대 막바지에 재정흑자를 기록하는 동안 주식시장은 고점을 기록하고 약세장으로 진입했다. 그리고 경기후퇴가 시작되었다. 이 경기후퇴는 아주 짧고 미약했다. 하지만 약세장은 3년이나

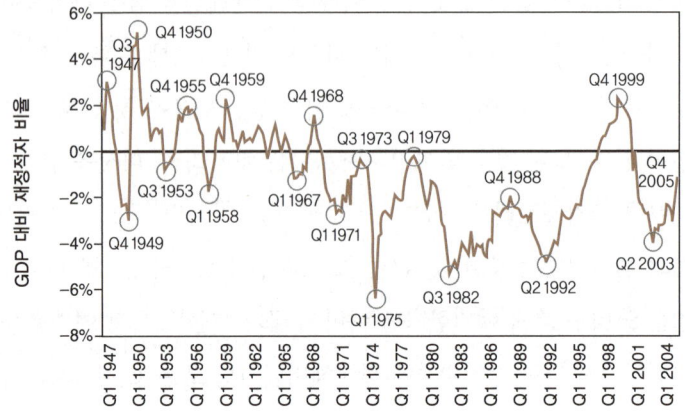

그림 1.6 재정적자는 주식에 좋은 것이다

출처: 백악관, 미 경제분석국

지속되고 낙폭도 컸다. 명확한 것은 흑자재정이 좋은 주식시장으로 이어지지는 않았다는 것이다. 재정적자가 주식에 나쁘다는 가설을 지지하는 실증적인 증거가 없다면(흥분하지 마라. 그냥 가정이다), 그 반대가 진실일 수도 있을까?

그런 것 같아 보인다. 그림 1.6은 1947년부터 국내총생산(GDP) 중 재정수지가 차지하는 비중을 나타낸 것이다. 수평선 위쪽에 있는 것이 흑자재정, 밑쪽에 있는 것이 적자재정이다. 고점과 저점에는 별도로 표시했다. 직관과는 다르게, 주식시장의 수익률은 극심한 재정적자 이후가 흑자재정 고점이나 심지어는 적자 감소 시기 때보다도 높은 것으로 나타난다.

표 1.2는 각각 흑자재정과 적자재정이었을 때 뒤이은 주식시장의 수익률을 보여주고 있다. 흑자재정 이후 12개월 수익률과 적자재정 이후 수익률을 비교해보라. 여러분이라면 어떤 세상에 살고 싶겠는가? 평균 수익률 22%인 쪽인가, 아니면 평균 수익률 0.8%인 쪽인가? 이제 36개월 수익률을 살펴보라. 여러분들이 그렇게 공포를 느끼는 적자재정은 평균 누적수익률 36%를

표 1.2 재정수지 저점, 고점 이후 주식시장수익률

고점		이어진 S&P500 수익률			저점		이어진 S&P500 수익률		
날짜		12개월	24개월	36개월	날짜		12개월	24개월	36개월
Q3 1947	연간수익률	2.6%	1.6%	8.8%	Q4 1949	연간수익률	21.8%	19.1%	16.6%
	누적수익률	2.6%	3.2%	28.8%		누적수익률	21.8%	41.8%	58.6%
Q4 1950	연간수익률	16.5%	14.1%	6.7%	Q4 1953	연간수익률	45.0%	35.4%	23.4%
	누적수익률	16.5%	30.2%	21.6%		누적수익률	45.0%	83.3%	88.1%
Q4 1955	연간수익률	26.4%	13.9%	3.6%	Q1 1958	연간수익률	31.7%	14.7%	15.6%
	누적수익률	26.4%	29.7%	11.1%		누적수익률	31.7%	31.4%	54.5%
Q4 1959	연간수익률	-3.0%	9.3%	1.8%	Q1 1967	연간수익률	0.0%	6.1%	-0.2%
	누적수익률	-3.0%	19.5%	5.4%		누적수익률	0.0%	12.5%	-0.6%
Q4 1968	연간수익률	-11.4%	-5.8%	-0.6%	Q1 1971	연간수익률	6.9%	5.4%	-2.1%
	누적수익률	-11.4%	-11.3%	-1.7%		누적수익률	6.9%	11.2%	-6.3%
Q3 1973	연간수익률	-41.4%	-12.1%	-1.0%	Q1 1975	연간수익률	23.3%	8.7%	2.3%
	누적수익률	-41.4%	-22.7%	-2.9%		누적수익률	23.3%	18.1%	7.0%
Q1 1979	연간수익률	0.5%	15.7%	3.3%	Q3 1982	연간수익률	37.9%	17.4%	14.8%
	누적수익률	0.5%	33.9%	10.2%		누적수익률	37.9%	37.9%	51.2%
Q4 1988	연간수익률	27.3%	9.0%	14.5%	Q2 1992	연간수익률	10.4%	4.3%	10.1%
	누적수익률	27.3%	18.9%	50.2%		누적수익률	10.4%	8.9%	33.5%
Q4 1999	연간수익률	-10.1%	-11.6%	-15.7%	Q2 2003	연간수익률	19.1%	6.3%	26.6%
	누적수익률	-10.1%	-21.9%	-40.1%		누적수익률	19.1%	8.6%	37.6%
평균 연간수익률		0.8%	3.8%	2.4%	평균 연간수익률		21.8%	13.0%	11.9%
평균 누적수익률		3.5%	8.8%	9.2%	평균 누적수익률		21.8%	28.2%	35.9%

출처: Global Financial data

안겨준 반면, 흑자재정은 9.2%에 불과하다. 아, 정말 '공포'스럽다! 단순한 진실은 1947년 이후 어떤 투자자가 적자재정의 저점에서 주식을 매수했다면, 그 사람은 1년, 2년 그리고 3년간 시장 평균보다 높은, 그리고 흑자재정 고점 매수 시보다는 훨씬 높은 수익률을 거두었을 것이란 사실이다. 반대로, 흑자재정이란 이유로 주식을 매수했다면 실제로 평균 수익률 이하의 수익을 거두었을 것이다.

여러분이 흑자재정이 주식에는 좋은 사건이 아니라고 생각하기 시작했다면, 이제 뭔가 이해하고 있는 것이다. 심술궂은 TGH를 의심하고 있다면, 역시 제대로 이해하고 있는 것이다. 흑자재정은 만병통치약이 아니다. 오히려 나쁜 시장으로 몰고 간다. 흑자재정을 바라지 마라.

언뜻 보기에는 말이 안 되는 것 같다. 전통적인 지혜에 따르면, 적자는 경제를 침체시키는 거대한 닻 같은 것으로 묘사되었고 부채를 가중시키는 것으로 알려져 있다. 소비자로서 우리는 가계적자가 발생하지 않도록 조심하고 있고, 정부도 똑같이 해야 한다고 믿고 있다. 많은 정치인들이 부채가 지금 당장 줄어들어야 한다고 여러분들이 믿도록 만든 것이다. 부채가 많을수록 좋다고 말하는 정치인들은 없다. (정치인들이 종종 세금인하를 주장하는데 결국 부채 증가와 같은 효과를 갖긴 하지만 말이다.)

정치라는 흡혈귀들을 없애버리자

'정치(politics)'라는 단어의 유래를 모르는 사람들을 위해 '정치'라는 단어의 유래에 대해 살펴보겠다. '정치'라는 단어는 '많은'을 뜻하는 그리스어 'poli'와 '조그만 흡혈 생물'을 뜻하는 'tics'에서 왔다. 이 '많은 흡혈귀'들이 "저는 제 경력을 위해서 주기적으로 거짓말을 하고, 사기 치고 도둑질을 합니다. 그리고 당신이 누구건 간에 당신한테는 관심이 없습니다"라고 말하지 않는 한, 여러분들은 그들의 말을 에누리해서 들어야 한다. (여러분들은 정치인들이 입만 열면 거짓말을 한다는 것을 안다.) 모욕 당한 느낌이 들 수 있다. 어쩌면 정치인과 결혼한 분도 있을 수 있다. 이혼하라! 미안하지만 이 부분에서는 여러분을 위해 해줄 수 있는 게 없다. 여러분은 영구적인 정신질환을 앓고 있다. 다른 책을 구해 보라.

사람들은 이 문제에 어려움을 느낀다. 여러분들은 정치인들이 말하는 더러운 이데올로기를 여러분들이 싫어한다는 걸 알고 있다. 또한 여러분은 정치인들이 불성실하고 구역질 나며, 만약 여러분의 딸이 정치가를 배우자로 선택한다면 심령술사를 불러서라도 보호할 것이라는 걸 알고 있다. 여러분이 받아들이기 어려운 것은 어떤 정치인들이 여러분이 좋아하고 믿고 있는 것을 말할 때 그 사람이 단순히 거짓말을 하고 있다는 사실이다(다시 말하지만, 이들은 입만 열면 거짓말을 한다). 물론 단지 내 생각일 뿐이다. 내가 틀렸다고 가정해보자.

정치인들은 확실히 자본시장을 공부한 사람들은 아니다. 그들은 다른 무엇보다도 법률가에 가깝다(아이젠하워, 카터, 레이건, 부시, 심지어 아놀드 슈워제네거 등 몇몇 예외가 있긴 하다). 이 사람들을 경제나 재무의 전문가로 보지 마라. 이들은 워싱턴의 허풍쟁이가 되기까지 충분히 성실했을 수 있지만, 여전히 시장이나 경제에 대한 전문가가 아니며 절대로 '3가지 질문'을 사용하지 않을 것이다. 정치인들은 언제 자신이 틀렸는지, 다른 사람이 간파하지 못한 걸 어떻게 간파해낼지, 자신의 두뇌가 언제 잘못 작동하는지에 대해 절대 관심이 없다. 3가지 질문을 사용해야 했더라면 정치인들은 할 수 없었을 것이다. (몇몇 문장에서 한번 웃겨보려 조금 과장했는지 모르겠지만, 정치인들이 하는 말의 약 97% 정도를 무시해버리면 더 좋은 투자자가 될 것이며 밤에 잠도 잘 올 것이다.)

적자재정이 주식에 좋다는 사실은 단지 몇몇 운이 좋았던 경우에 근거해서 하는 얘기가 아니다. 부채와 적자에 대해 여러분 스스로 올바르게 사고해본다면 경제학적으로 봤을 때 맞는 얘기다(이 내용은 6장에서 밝혀 보겠다). 지금은 미국에서 재정적자는 주식에 정말 좋은 것이고, 재정흑자는 아주 나쁜 것이라고 가정하자. 이것이 사실이라면, 다른 서구 선진국가에서도 이와 같은 현상이 일어나는 것을 확인할 수 있어야 한다. 이런 방법은 대부분의 사람들이 절대 사용하지 않는 정말 멋진 기술이다. 그리고 우리는 해외에서도 동일한 현상이 일어난다는 것을 확인할 수 있다.

다른 선진국에서(6장에서 직접 시연해 보일 것이다) 재정적자 발생 이후 주식시장의 수익률은 좋았으며, 흑자재정 이후엔 우울한 시간이 이어졌다. 이것은 사회적·경제적·정치적 발언이 아니다. 우리가 하는 일은 냉철한 진실을 직시하는 것이며 여러분이 똑같은 일을 하도록 격려하는 것이다. 편견 때문에 무능력해진 친구들은 잘못된 생각에 전염되어서 바로 그들의 눈앞에 진실이 존재해도 그것을 보지 못한다. 그러기보다는 항상 여러분들이 믿고 있는 것이 실제로는 틀린 것이 아닌지 생각해보라.

다른 적자들은 어떨까?

투자자들은 정부의 재정적자뿐만 아니라 다른 적자에도 두려움을 갖는다. 공포스런 '삼중 적자'(무역, 재정, 가계 3부문의 적자)란 단어가 신문 헤드라인에 나오면 언제나 패닉에 빠지게 된다. 여러분에게 재정적자가 주식에 나쁜 것이 아니라고 말하자마자 여러분의 반응은 아마도 자포자기, 분노 그리고 생각의 변화(즉, 무역이나 현금계좌의 적자 같은 다른 종류의 적자들은 반드시 나쁜 것이어야 한다는)였을 것이다. 여러분은 이런 얘기를 자주 들어왔다. 또한 달러에 악영향을 준다고 들어왔다.

이러한 주장에 대해서는 6장과 7장에서 자세히 살펴볼 것이지만, 미리 얘기하자면 그 장들을 읽게 되면 이러한 2가지 형태의 적자(무역, 가계)가 주식시장이나 달러에 전혀 나쁘지 않다는 것을 영원히 확신하게 될 것이다. 여기서 이 사실을 언급하는 것은 모든 사람이 믿고 있는 잘못된 지식의 또 다른 사례이기 때문이다. 여러분들은 다른 종류의 적자들이 나쁘다는 사실을 그동안 사실이라고 믿어왔다는 데 주목하라. 새로운 무역적자 수치가 발표될 때마다 겁을 먹겠지만, 반드시 의문을 가져라. '이것이 나쁘다고 믿고 있는

데 정말 사실일까? 어떻게 확인할 수 있을까?'라고 말이다. 만약 모든 사람이 틀렸고, 무역적자와 현금계좌의 적자가 주식시장이나 달러에 나쁜 게 아니라면, 대부분의 친구들에게는 그것이 엄청난 부담이 되지만 여러분에게는 걱정거리가 하나 줄어든 셈이 되고, 엄청난 강세장에 투자하는 기회가 될 수 있다는 것을 알기 때문이다. 포레스트 검프(Forrest Gump)가 말했듯이, "하나 줄어들었다!(One less thing!)" 그리고 이것은 다른 사람은 모르고 여러분만이 알 수 있는 어떤 것이기도 하다.

모든 것은 상대적으로 상대적이다

투자자들이 적자(재정, 무역 등)에 대해 흥분하는 이유는 상대적으로 사고하는 방법을 잊었기 때문이다(인지적 오류). 이들이 2006년 재정적자가 약 4,230억 달러에 달한다[20]는 얘기를 들었을 때의 반응은 "야단 났구만! 엄청나게 많은 돈이네!" 같은 것이다. '4,000억 달러라고? 난 4,000억 달러 없는데…… 빌 게이츠도 그만큼은 없겠네'라고 그들은 생각한다. 뉴스 제작자와 진행자들은 이 사태에 책임이 있다고 생각하는 사람은 누구든지 간에 비난하고 나선다. 그들은 적자규모를 설명하기 위해 '사상 최대의' '경이적인' '무책임한' 등의 용어를 사용한다. 글쎄, 쯧쯧…… 물론 액수가 많아 보이긴 한다. 하지만 정말 그럴까? 우리가 옳게 지각한 것인가?

이 문제를 정확히 보기 위해서 가장 먼저 해야 하는 일은 측정방법을 정하는 것이다. 우리는 우리의 재정적자를 전체 경제규모에서 차지하는 비중으로 측정해야만 한다. 423억 달러가 많다고 생각한다면 13조 달러는 어떤가? 이 수치는 2006년 미국의 GDP 수치다.[21] 국가 수익에서 차지하는 비중으로 봤을 때 재정적자는 겨우 3.25%에 불과하다. 게다가 역사적 평균치로 봤을 때도 아무렇지 않은 수준이다. 언론에서는 이렇게 GDP의 비중으로 재정적자를 말하지 않는다. 여러분이 합리적이기 때문에 전체 수익의 3.25%밖에 안 되는 적자 가지고는 영향을 줄 수 없다고 가정하기 때문이다.

비단 적자의 사례뿐만 아니다. 언론들이 거대한 수치를 통해 여러분에게 공포감을 주려고 할 때는 언제나 상대적으로 생각해봐야 한다. 측정방법이 무엇인지 따져보라는 것이다. 자주 언급되는 또 하나의 괴물은 매년 800억 달러에 달하는 이라크전쟁 비용(아프가니스탄 관련 비용 포함)[22]이 우리의 경제를 불구로 만들고, 경제성장을 지연시키고, 스태그플레이션의 시대로 인도할 것이란 생각이다. 아이쿠! 언론은 소비자가 항상 불평하도록 만드는 집단이다. "800억 달러라구?! 당장 상원의원에게 편지를 써야겠군. 이 전쟁은 그럴 가치가 없다구." 놀라운 것은 이라크전쟁 직전인 2003년 주식시장은 상대적으로 낮은 포인트로 시작해서 41%나 치솟아 올랐다. 결국 연말에는 연초 대비 29%[23] 상승해서 끝났다. 2003년 전 세계 주식시장의 경우는 더 높은 33% 상승을 기록했다.[24]

내가 말하고자 하는 것은 이라크전쟁이나 테러와의 전쟁의 정당성 또는 부당성에 대한 것이 아니다. 내 영역이 아니다. 외교 정책이 잘 되었건 잘못되었건, 미디어나 대부분의 정치인들이 여러분에게 감추려고 하는 사실, 즉 전쟁 비용이 매년 800억 달러건 1,000억 달러건, 심지어 2,000억 달러건 간에 (이 정도로 전쟁이 끝난다면) 미국의 거대한 경제규모에 비해서는 그리 많은 액수가 아니라는 사실을 시장은 이미 알고 있다는 것이다. 또한 기억해야 할 것은 미국과 동조하는 전 세계 GDP 규모와 비교했을 때 미국은 한 부분일 뿐이라는 것이다. 나중에 글로벌한 시각으로 확대해서 생각해보겠지만, 이 경우 각종 수치들은 더더욱 커지게 된다. 그리고 이런 큰 수치들을 접하게 되면 우리 뇌는 항상 공포를 느끼게 된다. 따라서 우리는 항상 상대적으로 비교해봐야 한다. 옳건 그르건 간에 이라크전쟁에 드는 비용은 경제적으로 그리 큰 문제가 아니다. 미국 GDP 규모에 비하면 보잘것없는 수준이며 전 세계 GDP 규모에 비하면 정말 하찮은 수치이기 때문이다.

알고 있는 모든 것에 질문을 던져라

투자에 성공하려면 알고 있다고 생각하는 모든 것에 질문을 던져봐야 한다. 특히 정말 정말 확실히 알고 있다고 생각하는 것에 대해서 말이다. 첫 번째 질문을 적절히 사용한다면 기본적 오류를 범하는 것을 막을 수 있다. 단지 실수를 피하는 능력은 성공적 투자를 위한 핵심요소다. 미신들을 점검해 보고 잘못된 논리를 발견하기 시작할 때는 단지 한 번 수정하고 잊어버리지 말아야 한다. 투자는 기술이 아닌 응용과학이다. 가설에 대한 유효한 답을 얻었다 하더라도, 그 결과를 언제 어디서나 똑같이 적용해 같은 답을 얻을 것이라고 가정하면 안 된다. TGH는 항상 변화하고 있기 때문에 가설에 대한 끊임없는 테스트가 필요하다.

부정할 수 없는 사실이긴 하지만, 대규모의 재정적자가 주식 상승의 좋은 신호라는 사실은 매우 충격적이다. 언젠가 미래 세계에서는 투자자들이 적자에 대한 미신을 버리고 전 세계가 잘못 생각하고 있었다고 깨닫게 될 것이다. 이런 일이 일어나면, 이제 여러분은 더 이상 유리하지 않게 된다. 더 이상 다른 사람들이 모르는 것을 알고 있는 게 아닌 셈이기 때문이다. 모든 사람들이 재정적자가 비웃을 일이 아닌 환호해야 할 일이라는 것을 알게 되면 시장은 곧 이 사실을 가격에 효율적으로 반영시키게 된다. 받아들이기 어렵겠지만, 첫 번째 질문을 사용해 투자원칙에 대한 지속적인 재검증을 한다면 여러분이 그러한 사태의 희생양이 되지는 않을 것이다.

여러분이 이렇게 말할 수도 있다(그리고 아주 적절한 질문이다). "당신이 이 책을 통해서 시장의 P/E가 주가의 미래 수익률과 아무런 관계가 없고, 대규모 재정적자가 약세장이 아닌 강세장을 불러온다고 얘기했으니, 이제 온 세상이 다 아는 사실이 되지 않았나? 그래서 이제 더 이상 쓸모없지 않은가?" 세상이 이러한 결과를 받아들인다면 시장은 알려진 정보들을 효율적으로 할인해서 시장가격에 반영하기 때문에, 이러한 진실들도 시장가에 즉시 반영되고, 이런 사실을 알고 있어도 시장초과수익을 올리는 데 도움이 되지 못할 것이다. 여러분은 다른 사람들이 잘 모르는 어떠한 사실도 알고 있지 않기 때문에 이런 사실이 도움이 되지 않는 것이다.

하지만 이런 일이 2008년에 일어나지 않을 것이라고 장담할 수 있다. 1장을 읽은 대부분의 친구들이 P/E와 재정적자에 대한 진실을 단지 기발한 생각이라고 여기고 무시한 채 다시 미신의 세계로 돌아갈 것이라고 장담한다. 그렇게 함으로써 편안함을 느낄 것이다. 대부분의 투자자들은 이 책을 보지도 못할 것이며, 책을 구입한 사람들도 반 정도는 읽지 않을 것이다. 또 읽었다 하더라도 1장을 읽다가 역겨움을 느끼고 넘겨버렸을 것이다. 진실을 거부하고 미신을 더 좋아할 것이며 나를 바보로 여길 것이다. 사실 내가 바라는 바다. 나를 바보로 봐주고 내 생각이 틀렸다고 생각해주면, 이러한 자명한 이치를 오랫동안 사용할 수 있다는 걸 알기 때문이다. 만약 대부분의 사람들이 이런 이치를 받아들인다면 나는 다른 사람들이 모르는 어떤 사실을 또 찾아내야 할 것이다.

캠벨과 쉴러의 연구가 일반적인 미신을 뒷받침했기 때문에 빠르게 받아들여지고 전 세계적으로 유명해진 것처럼, 시장의 미신에 반대되는 증거들은 다행스럽게도 호수 속에 던져진 돌멩이처럼 되는 경향이 있다. 주변에 작은 파문만 남기고 전체 사회에서 잊혀진다. 내가 P/E의 미신에 대해 글을 쓴 것은 이번이 처음이 아니다. 이미 10년 전에 이런 주장을 시작했다. 나는 지금부터 5년이나 10년 후에도 이런 미신이 여전히 우세할 것이며, 따라서 여러분이 이를 이용한 투자를 할 수 있다고 확신한다. 물론 내 예상이 틀릴 수도 있다. 그러면 다른 미신을 이용해 투자하면 된다. 삶이란 그런 것이다.

첫 번째 질문의 진정한 혜택은 여러분이 맞다고 생각해오던 것이 틀렸다는 것을 알게 함으로써 다른 사람이 모르는 무언가를 알게 해주는 데 있다. 일단 이 방법을 익히고 나면 여러분 스스로를 지속적으로 향상시킬 수 있다. 다른 사람이 모르는 것들을 지속적으로 배워나갈 수 있으며, 실수하려는 성향은 줄여나갈 수 있다.

새로운 투자법칙의 발견은 첫 번째 질문을 사용한 데 따르는 우연한 행운이다. 다른 사람들이 모르는 것을 의도적으로 찾아내려면 두 번째 질문(다른 사람이 간파하지 못한 것 중 당신이 간파할 수 있는 것은?)을 사용해야 한다. 이 문제를 심사숙고하는 것조차도 대부분의 사람들에게는 어려울 수 있다. 하지만 단지 페이지를 넘겨 2장으로 넘어가면 바로 우리가 시작할 일이다.

| 2장

두 번째 질문

다른 사람이 간파하지 못한 것 중 당신이 간파할 수 있는 것은?

간파할 수 없는 걸 간파해낸다는 건 말 그대로 불가능해 보이기 때문에, 대부분의 사람들이 시도하지 않는 것이다. 하지만 첫 번째 질문처럼 이 작업에는 어떠한 학위도, 유전적 우수성도, 마법 같은 영웅의 능력도 필요 없다. 필요한 것은 오직 두 번째 질문(다른 사람들이 간파하지 못한 것 중 당신이 간파할 수 있는 것은?) 뿐이다.

THE ONLY THREE QUESTIONS THAT COUNT

남이 간파할 수 없는 걸 간파해내기

간파할 수 없는 걸 간파해낸다는 건 말 그대로 불가능해 보이기 때문에, 대부분의 사람들이 시도하지 않는 것이다. 하지만 첫 번째 질문처럼 이 작업에는 어떠한 학위도, 유전적 우수성도, 마법 같은 영웅의 능력도 필요 없다. 필요한 것은 오직 두 번째 질문(다른 사람들이 간파하지 못한 것 중 당신이 간파할 수 있는 것은?)뿐이다. 여러분이 더 많이 질문할수록 더 많이 볼 수 있다. 시장에 베팅할 수 있는 유일한 기반이 다른 사람들이 모르는 걸 아는 것이었기 때문에 다음과 같은 질문을 통해서 두 번째 기반을 갖게 되는 것이다. 이제 여러분 스스로에게 질문을 던져보라. "다른 사람들은 모르고 나만 아는 것은 무엇일까?" 이때 여러분의 대답은 아마도 "글쎄…… 없는 것 같군"일 것이다. 사람들 대부분의 반응도 이와 같다.

실망할 필요는 없다. 첫 번째 질문에서와는 달리 두 번째 질문에서는 심하게 공격 당하지 않을 것이다. 우리는 매일 투자의 넌센스에 노출되어 있다.

다른 사람이 모르는 것을 발견하는 것은 어느 순간 "알았다!(Eureka!)"라고 외치는 것이 아니다. 또한 뉴턴의 머리에 사과가 떨어졌던 순간과 같은 것도 아니다. 그런 발견의 순간은 뉴턴이 '대체 뭐가 이런 일을 발생시킨 건지 궁금하군'이라고 의문을 가지고, 거기에 작용한 힘이 자연적인지 불길한 징조인지 숙고했을 때였다. 이것은 마치 모든 이들이 X가 Y의 원인이라고 떠들어댈 때, 여러분은 끊임없는 시장과 언론의 소음에서 떨어진 조용한 방에서 Q가 Y의 원인일 수 있을지 궁금해 하는 것과 같다.

세상은 높은 P/E가 주가의 하락을 일으킨다고(대부분 틀리다) 주장하느라 바쁘며, 부채가 주식시장에 나쁘다고 말한다(서구 국가에서는 항상 틀렸다). 여러분은 Fed(연방준비제도이사회)와 싸울 필요가 없다(반 정도는 틀렸다). 그리고 대규모 무역적자가 달러약세를 일으킨다고 주장한다(정말 정말 정말 틀렸다). 하지만 다른 사람이 모르는 것을 알기 위해서는 이런 소음들에서 귀를 떼고 의구심을 가져봐야 한다. 통화를 움직이는 요인이라고 모든 사람들이 주장하는 것이 사실이 아니라면, 실제로 그것을 움직이는 것이 무엇일까? (7장에서 살펴볼 것이다.) Fed와 싸우지 않아도 된다면, 수익률 곡선이 주식에 대한 모든 것을 설명할 수 있을까? 아니면, 어떻게든 다른 시각으로 봐야 하는 것일까? 이런 의문은 경이로운 놀라움을 불러온다.

의구심은 놀라운 발견을 낳는다

어느 누구도 Y라는 결과의 원인을 모른다고 가정해보자. Y의 원인을 아무도 모른다는 사실을 모든 사람이 안다고 하면, 아마도 대부분의 사람들이 더 이상 Y의 원인이 무엇인지 생각하려 하지 않을 것이다. 시간 낭비라고 믿을 것이기 때문이다. 우리가 살고 있는 이 세상, 미국이든 어디든 간에 어떤 것이 알아낼 수 없을 것처럼 보이면, 평범한 사람들은 그것을 완전히 건드릴 수 없는 것으로 취급하는 경향이 있다. 이런 영역들은 의문을 가져보기에 아주 적절하다. 그야말로 처녀지와 같기 때문이다.

두 번째 질문을 오해하면, 어떤 단서를 찾기 위해 일반적인 언론매체들을 애써 뒤지느라 시간을 낭비할 수 있다. 내 고객들은 종종 우리의 투자전략에 굉장히 중요하다고 느끼는 뉴스들을 나에게 이메일로 보낸다. 엄청나게 많은 출판물들과 인터넷이라는 기적을 통해 가능했던 이런 관심들에 대해선 고맙게 생각하지만, 너무나 많은 언론매체들이 우리를 둘러싸고 있는 것이 사실이다. 〈월스트리트 저널(Wall Street Journal)〉이나 〈뉴욕타임스(the New York Times)〉, 〈배런스(Barron's)〉, 〈이코노미스트(the Economist)〉, 〈워싱턴 포스트(the Washington Post)〉, 〈마이애미 헤럴드(the Miami Herald)〉 같은 주류 매체나, 이에 못 미치는 〈온타리오 어니언필러(Ontario Onlinepeeler)〉, 〈인베스터 로마니아(Investor Romania)〉, 보다 직접적이거나 종합지적인 성격을 가진 〈드러지 리포트(Drudge Report)〉 또는 〈리틀 브라더스 블로그(Little Brother's Blog)〉 같은 매체는 모두 어디에서든지 우리에게 뭔가를 억지로 먹이려는 존재들이다.

여러분의 투자에 유리하게 사용할 수 있는 정보들은 어떤 매체건 1면 톱 기사로 나온 것들이 아니다. 또 TV 저녁뉴스나 블로그, 이메일 뉴스레터로 오지도 않는다. 잊혀진 뉴스 아이템인지 하찮은 블로그인지는 중요치 않다. 우리는 아주 빠르게 움직이는 세상에 살고 있다. 여러분들이 뉴스('새로운 것'을 의미-옮긴이)로부터 얻은 정보로 인한 이점은 여러분이 알기도 전에 이미 소멸해버린다. 실망하진 마라. 다른 사람이 모르는 무언가를 발견하는 데 있어 이렇게 널리 퍼진 소음들(즉, 대중매체에서 취득한 정보-옮긴이)을 이용할 수 있다. 여러분이 할 일은 오직 자신의 행동이 특정 정보에 무조건적으로 반응하지 않도록(즉, 조건화(conditioning)되지 않도록) 하는 것이다. 바로 다음에서 설명하는 것처럼 말이다.

숲에서 들리는 돌멩이 소리는 무시하라

수천 년 전, 우리의 조상들은 다른 부족이나 거대한 야수들로부터 스스로를 보호하기 위해 무리를 지었다. 어둠이 찾아오면 온기를 얻고 보호 받기 위해 캠프파이어로 모였고, 때때로 맘모스 고기를 굽곤 했다. 그들은 불빛에 달아올라 사냥이나 신화 같은 얘기를 하며 즐거운 시간을 보내곤 했는데, 이는 그들 세대의 문화를 젊은 세대에게 전하는 역할을 했다. 맘모스 고기를 배불리 먹고 따듯함을 느낀 멋진 밤에 그들은 진정한 안정감과 안락함을 느꼈을 것이고 미래를 상상했을 것이다. 그런데 갑자기 어둠 속에서 설명할 수 없는 포유류의 커다란 소음이 들리면서 안정감은 갑자기 사라져 버리게 된다. 그 즉시 그들은 본능적으로 그 소음이 들려오는 숲 쪽으로 시선을 집중하고 위험 상황에 대비하게 된다. 경쟁 부족의 공격이거나 사자 등 야수의 무리가 몰려오는 소리일 수 있다. 모든 사람의 눈과 귀는 그 소리가 뭔지 알아내고 위협을 이겨내기 위해 집중하게 된다.

만약 여러분이 다른 부족 사람이고 이 캠프를 공격하기 위한 전투 집단을 이끌고 있다면 어떻게 하겠는가? 똑똑하다면 캠프의 주의를 딴 데로 돌려놓기 위해 다른 방향으로 돌멩이를 던지거나 다른 소동이 일어나게 할 것이다. 그리고 다른 방향에서 공격하는 것이다. 물론 짐승의 무리가 이렇게 하지는 않을 것이다. 하지만 영리한 약탈자들이 계획한 공격이라면, 그 캠프 입장에서는 몇몇 부족원들에게 그 소음을 살펴보게 하면서 기습하려고 하는 약탈자들이 숨어 있는 어둠 속을 조사하게 할 것이다. 그렇다면 문제는 뭘까? 아주 잘 조직된 집단이 아닌 이상 조직 내의 누구도 그런 식으로 행동하지 않을 것이란 사실이다. 캠프를 가게 되면 관찰해보라. 본능적으로 소음이 나는 곳을 향하게 되지 그쪽에서 멀어지려 하지는 않을 것이다. 석기시대에는 그러한 본능이 대부분의 자연 위험으로부터 생명을 보호해주었다. 수만 년의 진화를 통해 우리는 소리가 나는 쪽을 향하게 만들어졌고, 무리를 지어 대응하고, 즉시 무리의 눈과 귀와 행동을 하나로 만들 수 있는 능력을 본능적으로 당연시하게 되었다.

이 글을 읽고 있는 몇몇 남성 독자들 중에는 자랑스럽게 가슴을 내밀며 "난 진화되었고 섬세하고 현대적인 사람이야. 난 소음이 나는 방향과는 다른 쪽을 주시해서 여자와 아이를 구하고 부족의 왕이 될 거라구. 부인도 여럿 거느리고 맘모스 고기도 실컷 먹겠지"라고 말할 수 있다. 또한 많은 여성 독자들은 손으로 입을 가리고 "난 소음 따윈 신경 쓰지 않고 애들한테만 주의를 집중해 보호할 거야"라고 말할지 모른다. 두 부류 모두 잘못 생각하고 있다. 다음에 예상하지 못했던 소음을 듣게 된다면 여러분의 본능적인 반응이 무엇인지 확인해보라. 나는 소음이 나는 곳을 보게 될 것이라고 확신한다. 만약 여러분의 반응이 그렇지 않다면 여러분은 정말 정말 이상한 사람이다. 본인이 소음이 나는 쪽으로 주의를 집중하지 않을 사람이라고 생각하는 사람이 사실은 가장 빨리 그렇게 행동할 사람이다. 소음 쪽으로 향하지 않고 소음에 대해 생각하지 않는 사람은 정말 드물다. 여러분 주변의 투자자들이 모르는 것을 알기 위해서는 모든 사람이 보고 있는 곳이 아닌 다른 곳을 주시해야만 한다. 소음 쪽을 주시하는 것을 멈추도록 스스로 훈련해야 한다. 모든 사람이 한 방향으로 볼 때마다 여러분이 소음을 들었건 못 들었건 간에 그 방향에서 한 걸음 떨어져 다른 방향을 볼 수 있어야 한다.

뉴스와 유행 투자법 제대로 보기

이제 여러분들은 들은 것이나 읽은 것 모두가 틀렸고, 현재 그것들이 주가에 할인되어 반영되었다는 사실을 알게 되었기 때문에 언론을 완전히 무시하려고 할지 모른다. 어느 정도 합리적인 생각이지만 이것 역시 틀린 생각이다. 무슨 일이 있어도 대중매체를 피하지 마라. 이것들은 여러분의 친구이자 다른 사람이 모르는 것에 투자하기 위한 우리 여정의 동지다. 미디어는 일종의 '할인 기계'다. 다른 사람이 집중하고 있는 것을 알아내고, 따라서 여러분이 무시해야 할 것을 정확히 알아내고 한 걸음 떨어져 다른 곳에 집중하기 위해서는 반드시 그 미디어를 읽어야 (또는 시청해야) 한다. 그 매체들에서 뭐라고 떠들건 간에 여러분에게는 필요 없는 것들이다. 왜냐하면 그들은 '서비스' 차원에서 얘기하는 것이기 때문이다. 대가를 지불할 필요도 없다. 여러분에게 공짜로 서비스하고 있기 때문이다. 이렇게 단순한 개념이 부족사회에 익숙한 사람에게는 매우 이해하기 어렵다. 하지만 누구든지 연습을 통해 할 수 있다.

예를 들어, 이미 소위 삼중 적자(재정·무역·가계 부문의 적자—옮긴이)에 대한 얘기가 역사적으로 봤을 때 완전히 허튼소리라는 것을 말한 바 있다. 여러분은 믿지 않을지 모르지만 나는 이미 얘기했다. 여러분은 또한 모든 사람들이 높은 P/E를 잘못 해석하고 있다는 사실을 아주 잘 알고 있다. (뒷 장에서 잘못된 미신의 사례들을 더 살펴볼 것이지만 일단 이 생각을 가지고 가야 한다.) 미디어들이 다루는 것들에 집중하고 무의미한 것들을 골라내는 작업을 통해 여러분은 '지성의 무리'들이 여러분을 짓밟는 것을 막고 새로운 길을 찾아낼 수 있다.

'지성의 무리'를 피하는 일은 꽤 쉬운 일처럼 들린다. 하지만 정말 쉬운 일이었다면 '지성의 무리'라는 말을 쓰지 않았을 것이다. '무리'라는 말 대신 "차분하고, 강요하지 않으며, 아무런 압력도 없는, 이 절벽을 뛰어넘는 데 우리와 함께해주십쇼. 원하지 않으면 안 하셔도 됩니다"라고 말하는 사람들이란 표현을 썼을 것이다. 여러분의 어머니가 여러분이 다리를 뛰어넘고 싶어 할 때, 단지 옆집의 멋진 꼬맹이가 했기 때문에 따라 하고 싶은 것이냐고 물어봤던 때를 기억하라. 확실히 여러분은 뛰어넘지 않으려 했을 것이다. 하지만 주식에 있어서는 여러분의 포커 친구들이 자신들처럼 하지 않았다는 이유로 놀려대면 저가의 주식들을 잘못된 타이밍에 매수할지도 모른다. 그들은 그들이 저지른 살인행위, 즉 여러분이 형편없는 투자 포트폴리오를 가지고 얼간이같이 그곳에 앉아 있도록 하는 일에 대해 자랑스러워한다.

내가 1995년 〈포브스〉에 쓴 칼럼 '일시적으로 유행하는 투자조언 피하는 방법'[25]에서는 그런 무리들에 휩쓸리지 않는 최고의 방법을 서술하고 있다. 여전히 좋은 방법이기 때문에 4단계로 이루어진 방법을 여기서 소개한다.

1. "대부분의 친구들이 어떤 가격의 움직임이나 어떤 사건의 충격에 대해 여러분과 의견을 같이한다고 해서 여러분이 맞게 생각했다고 확신하지 마라. 이건 여러분이 틀렸다는 일종의 경고다. 맞게 생각하려면 외로움이 필요하다. 그리고 기꺼이 다른 사람에게 바보처럼 보일 의지가 있어야 한다."

여전히 매우 맞는 말이다. 많은 사람들이 나를 바보라고 생각한다. 사람들이 여러분을 바보라고 생각하는 건 괜찮다. 아무런 해도 되지 않는다. 인터넷과 블로그의 발전으로 나는 사람들이 내 글과 칼럼들을 읽고 내 최고의 작업물들에 상처를 주는 비평을 쓰는 일에 익숙해져 있다. (물론 때로 그들이 맞고 내가 틀렸을 때도 있다. 하지만 역시 그들이 나를 어떻게 생각하는지는 내 관심사항이 아니다.) 나는 나를 잘 모르는 어떤 사람이 나나 나의 작업에 대해서 어떻게 생각하든지 무시해버리는 훈련을 해왔다. 만약 내 아내가 나에게 화가 나 있다면, 나는 아주 심각하게 생각한다. 나를 잘 알고 나의 강점과 나의 약점을 잘 알고 있으며, 내가 잘되기를 바라는 사람이기 때문이다. 가족들, 친구들, 동료들 모두 같다! 만약 여러분이 나에게 화가 나 있고 내가 말한 것들이 마음에 들지 않는다면, 마음껏 비평해도 좋다. 하지만 나는 여러분들이 감정의 사막에 부딪힐 것이란 걸 안다. 이런 감정의 사막과 같은 느낌을 갖도록 스스로 연습할 수도 있다. 대부분의 사람들이 여러분에 대해 어떻게 생각하든 그건 당신이 신경 쓸 일은 아니다. 그들이 여러분을 바보라고 생각한다면,

오히려 좋을 수도 있다.

> 2. "여러분들이 어떤 투자의 아이디어나 중요한 사건에 대해 미디어에서 한 번 이상 읽었거나 들었다면 이미 소용없는 것이다. 몇몇 전문가들이 그것에 관해 생각하고 글을 썼을 즈음엔 새 뉴스조차 이미 너무나 낡은 것이 되어버린다."

요새는 더 잘 맞는 얘기다. 인터넷을 통해 뉴스에 대한 사람들의 견해가 몇 배나 많아졌고 전달 속도 또한 훨씬 빨라졌다. 이제 모든 것들이 더 빨리 움직이고 더 빨리 가격에 할인되어서 반영된다. 할인되는 속도를 더욱 빨라지게 하고 있는데, 지난 10년간 가속도가 더해지고 있다. 또한 트레이더들은 24시간 동안 거래를 하고 전 세계에서 일주일에 5일 반 동안은 항상 거래가 이루어지고 있다. 과거에는 저녁에 발생한 뉴스를 아침까지 모르는 경우가 많았지만, 요새는 인터넷을 타고 밤에도 뉴스가 전 세계로 퍼져나갈 뿐만 아니라 여러분이 졸고 있는 사이에 누군가 어디에선가 광범위하게 주식 매매를 하고 있다.

> 3. "오래된 논쟁일수록 그것의 영향력은 떨어진다. 예를 들어, 1994년에는 인플레이션에 대한 공포가 시장을 움직였을 수도 있지만, 1995년 초의 어느 시점에서 보면 그러한 견해는 김이 빠진 것에 불과하다."

매년 공포의 대상이 되었던 사건들이 다음 해에는 쓸모없는 것이 되어버린다. 그 '무리'들이 여러분의 앞마당으로 몰려들게 하는 요인은 작년의 '소음'이 아니라 아무도 예상하지 못했던 새로운 것들이다. 이해를 돕기 위해 아무 이슈나 선택해서 그것을 처음으로 들었던 때를 생각해보라. 오래된 것일수록 여러분에게 미치는 영향은 확실히 없게 된다. 더 오래된 것일수록 모든 사람이 가격을 완전히 할인할 기회가 확실히 많아지게 된다. 내가 기억하는 아주 좋은 사례가 있다. 설치된 소프트웨어의 오류로 모든 컴퓨터가 2000년 1월 1일 다운될 것이라고 사람들이 예측했던 때를 회상해보라. Y2K에 대한 공포는 사방에 퍼져 있었고, 1999년 가을에는 주식을 보유한 많은 투자자들이 겁에 질리게 되었다. 나는 1999년 10월 18일 〈포브스〉에 기고한 칼럼 '대단한 바보들(Greater Fools)'에서, Y2K가 주식에 해가 되지 않음을 설명했다. 그 칼럼에서 인용하면 "Y2K는 근대 역사상 가장 광범위하게 과장된 '재앙'이다. 너무나 문서로 잘 정리되어 있어서 이걸 모르는 사람은 인간을 보면 재빨리 도망쳐버리는 아마존 분지의 원주민밖에 없을 정도다. Y2K가 정확히 무엇인지 정의할 필요는 없는 것 같다. 1998년 7월 6일 내가 쓴 칼럼에서 Y2K가 왜 주식시장에 악영향을 주지 않을지 자세히 설명한 바 있다." 이 Y2K를 둘러싼 논란은 오래된 것이고 시장에 확실히 반영되었기 때문에, 1999년 S&P500지수는 오히려 Y2K 관련 우려가 지속된 기간 동안 오히려 그해 상승분의 21%가 상승했다.[26] 이렇게 간단한 규칙을 이용하면 어떤 사람이든지 Y2K가 해를 끼치지 않을 것이란 사실을 알 수 있었을 것이다. Y2K에 대한 공포는 강세장을 예고하는 것이었다. 하지만 이것을 아는 사람은 거의 없었다. 이렇게 단순한 규칙을 포착하지 못했기 때문이다. 이런 규칙을 오늘날 어떻게 사용할 수 있을까? 조류독감을 생각해보라. 주식에 해를 끼치기엔 너무나 오래된 이야기다. 만약 향후에 조류독감에 대한 공포를 목격한다면, 그건 강세장을 예견하는 것이다. 5장에서 조류독감과 관련된 문제를 어떻게 정확히 바라볼지 자세히 설명하겠다. (Y2K와 관련된 내 칼럼을 읽고 싶다면 다음 페이지를 참고하기 바란다.)

4. "어떤 유형의 주식이건 간에 지난 5년간 뜨거웠던 주식들은 향후 5년간은 그렇지 않을 것이다. 그리고 그 반대 경우도 마찬가지다."

역시 여전히 맞는 얘기다. 아니, 항상 맞는 말이다. 그리고 투자자들은 여전히 이것의 희생양이 되고 있다. 1980년의 에너지주, 2000년대의 기술주, 2007년도의 소형 가치주 등. 이런 식의 게임을 영원히 할 수 있다. 지난 5년간 뜨거웠다는 사실이 향후 5년간은 가장 차가운 주식이 될 것이라는 얘기는 아니다. 심지어 그럴 필요도 없다. 하지만 어떤 유형도 10년간 뜨거웠던 적은 없다. 만약 그랬다면 더 안전하고 높은 미래 수익을 줄 분야를 찾아보라는 이중 경고인 셈이다.

여러분들이 어떤 투자의사결정을 접하게 될 때 이러한 4단계를 따라 해본다면, 쉽게 소음을 무시할 수 있고 다른 사람들이 볼 수 없었던 것들을 볼 수 있게 된다.

여러분이 사용할 수 없는 뉴스

독자인 닐 벨(Neil Bell)이 이메일을 보내왔다. "Y2K 문제에 주의를 기울이지 않는 당신 때문에 곤혹스럽다"라는 내용이었다. 나는 1995년 3월 13일 칼럼에서 이미 그 문제를 다루었다고 답장을 썼다. 그러자 다시 벨은 Y2K 문제가 얼마나 심각한 것인지 자세히 설명한 몇몇 웹사이트를 내가 둘러봐야 한다고 답장을 보내왔다.

그래서 나는 그의 말대로 했고, Y2K에 대한 사람들의 근심과는 다르게 그것이 주식시장이나 다른 중요한 일에 심각한 타격을 주지 않을 것이라고 결론 내리게 되었다.

이런 일에 대한 나의 생각은 아주 단순하다. 미디어에서 떠드는 모든 경고에 대해 주의를 기울이는 것은 오직 그와 반대로 가기 위해서뿐이라는 것이다. 만약 어떤 주제든 간에 한 군데 웹사이트 이상에서 다루고 있다면, 이 얘기는 틀린 것이거나 이미 시장에 완전히 할인되어 반영된 것이다. 모든 시장 정보에 대한 가장 기본적인 법칙은 시장(위대한 능멸자, The Great Humiliator)이 모든 정보를 할인해버린다는 것이다. 시장은 우리가 아는 것은 무엇이든 간에 틀렸거나 주가에 반영되었다는 것을 확인하며 나아간다. 따라서 시장의 소음에 귀를 기울이되 그와는 다르게 투자해서 돈 벌 생각을 해야 한다. Y2K 문제는 심각하게 다뤄져 왔다. 심지어 SEC(미 증권감독위원회)조차 Y2K에 대한 두려움을 발표했을 정도다. 그렇기 때문에 무시하면 된다. 이 '위대한 능멸자'는 이런 일에 능수능란하다. 마치 모든 사람들이 높은 P/E에 대해 갖는 커다란 공포심 같은 것이다. 시장에서 여러분에게 영향을 미치는 것은 여러분이 볼 수 없는 것이거나 알지 못하는 것이다. 왜냐하면 시장을 움직이는 유일한 것은 '의외성' 뿐이기 때문이다. 인터넷에는 그런 것이 존재하지 않는다. 그리고 높은 P/E의 주식에 있어 가장 의외적인 것은 나쁜 뉴스가 나왔을 때지, 좋은 뉴스가 나왔을 때가 아니다(이미 가격에 반영되어 있으므로). 지난 26년간 업계에 몸담아 왔고, 이 칼럼을 쓴 지도 15년이 되어가지만, 이 법칙은 한 번도 나를 실망시킨 적이 없다. 명백한 정보는 시장을 움직이지 못한다. 의외의 사건은 거의 항상 시장을 움직인다.

"만약 여러분들이 어떤 투자 아이디어를 한 번 이상 들었다면, 더 이상 투자방법으로 가치가 없다."

1995년에 나는 "여러분들이 어떤 투자 아이디어나 중요한 사건에 대해 미디어에서 한 번 이상 읽었거나 들었다면 이미 소용없는 것이다. 몇몇 전문가들이 그것에 관해 생각하고 글을 썼을 즈음엔 새 뉴스조차 이미 너무나 낡은 것이 되어버린다"라는 글을 쓴 적이 있다. 이와 같은 관점에서 말하건대, Y2K는 잊어버려라.

나는 닛산(6, NSANY, www.nissan.co.jp / 가격($), 기업코드, 홈페이지 순으로 표기-옮긴이) 주식을 추천했다가 독자들로부터 많은 질타를 받고 있다. 나는 이 정체된 일본 자동차 업체(1997년 5월 19일)를 12달러에 추천했다. 그런데 지금 주가는 그 절반 수준이다.

만약 여러분이 손실을 입고 있는 상황이라면, 일단 그대로 보유하고 있으라고 조언하고 싶다. 다임러 벤츠가 크라이슬러를 인수하게 된다면, 몇 년 후 자동차 업계 빅5 중 하나가 닛산을 인수하게 될 것이라는 건 쉽게 상상할 수 있다. 닛산은 매출액 540억 달러에 13만 5,000명의 종업원을 고용하고 있어, 규모 면에서 크라이슬러와 동일하지만 가격은 더 싸다. 닛산 주식은 장부가치의 60%, 연매출액의 15% 수준에서 거래되고 있다. 현재 시가총액 70억 달러에서 50% 정도 높여 받을 수 있지만 역시 장부가치보다 낮은 가격에 거래될 수 있다.

자동차 산업에서 향후 덩치를 키우고 좀더 글로벌한 생산라인을 갖추기 위해서 인수할 수 있는 두 회사는 피아트(22, FIA, www.fiat.com)와 볼보(28, VOLVY, www.volvo.se)다. 피아트는 종업원이 너무 많아 비대하다. 하지만 이탈리아 내수 시장에서 독보적 위치를 점하고 있다. P/E 18배, 연매출액의 30%, 장부가치와는 동일하게 거래되고 있으며 품질의 열위 때문에 지나치게 할인되어 있다. 볼보는 생산 차종에 있어서 고품질의 이미지를 갖고 있으며 P/E 8배에 매출액의 55% 수준의 합리적인 가격에서 거래되고 있다.

독자들은 AXA-UOP(54, AXA, www.axa.com)에 대해서도 묻는다. 이 주식은 12월 15일 36달러일 때 추천했다. 너무 많이, 너무 빨리 올라 보이는가? 내 생각은 그렇지 않다. 나는 더 오래 보유하고 있어야 한다고 본다. 이 회사는 세계 2위의 보험업체이며 두 번째로 큰 자산을 운용하고 있다. 그리고 이제 막 미국에 알려지기 시작했다. 매출의 50%, P/E 18배에 거래되고 있으며, 급속히 늘어나는 이익으로 인해 2001년에는 100달러까지 갈 것이다. 이는 매년 28%씩 상승하는 셈이다.

마쓰시타 전자(157, MC, www.panasonic.co.jp)도 1997년에 선정한 유망주 중 하나였다. 1997년 6월 16일 185달러에 추천했고, 12월 1일 163달러에서 다시 한 번 추천했다. 태평양 지역이 어려웠음에도 불구하고 이 일본 회사 주식은 아주 잘 견뎌냈다. 이 회사는 파나소닉 등 유명 브랜드를 보유하고 있다. 2000년경에는 350달러까지 상승할 것으로 보고 있다. 따라서 보유하고 있길 바란다.

〈포브스〉, 1998년 7월 6일

대단한 바보

1942년 상황으로부터 이번 연말에 대해 무엇을 배울 수 있을까? 첫 번째는 Y2K가 주식시장에 해를 끼치지 않을 것이라는 점이다. 해가 안 될뿐더러 주가 랠리를 유발할 수도 있다.

1942년이 Y2K와 무슨 상관이 있는 걸까? Y2K와 같은 방식의 재앙은 아니지만, 1942년은 시장이 어떻게 작동하는지를 보여준다. 아직도 Y2K가 시장에 줄 충격 때문에 초조해하는 사람들은 시장을 간파하지 못하는 사람들이다. 여러분은 그런 사람들을 경멸해야 한다.

여기에는 2가지 법칙이 있다. 첫째는 알려진 이벤트에 대해서는 시장은 기다려주지 않는다는 것이다. 시장은 이벤트에 앞서 움직인다. 두 번째는 그 이벤트가 가격 변동에 영향을 주기를 기다리고 있는 투자자들은 다른 투자자들에게 당하는 경우가 많다는 것이다.

> "역사상 가장 과장된 '재앙' 인 Y2K는 아마도 주식시장에 도움이 될 것이다."

1999년 Y2K와 1942년 아돌프 히틀러 중에 어떤 게 더 큰 위험일까? 1942년은 우리가 전쟁에서 이길 수 있다는 확신을 가지기 한참 전이었다. 하지만 S&P500은 20%나 상승했다. 1943년에는 26%가 상승했다. 1944년에는 20% 넘게 상승했고, 1945년부터 1946년 정점에 다다를 때까지 다시 36%가 상승했다. 이 중 마지막 연도는 전쟁 승리에 대한 확신을 가진 사람들에 의해 주도되었고, 친절하게도 그전에 주식을 산 사람들에게 그들의 돈을 던져준 꼴이 되고 말았다.

시장은 어떻게 전쟁 승리에 대한 확실한 뉴스가 있기 한참 전인 1942년과 1943년에 이미 랠리를 펼쳤던 것일까? 바로 이것이 시장이 하는 일이다. 시장은 전쟁이나 경기침체 또는 어떤 안 좋은 일이 시작되기 전에 하락한다. 일반적으로 시장은 어떤 일이 일어나기 한참 전에 움직인다. 실제 일이 일어나기 한참 전에 상승하는 것이다. 오래된 격언처럼, "시장은 알고 있다." 시장은 또한 모든 알려진 정보의 '할인자' 다. 이 말은 우리가 알고 있는, 초조해하는, 어딘가에서 읽었던, 신경 썼던 모든 것들이 시장가격에 아주 잘 반영된다는 것을 의미한다. 시장을 움직이는 요인은 우리가 이렇게 초조해하거나, 읽거나, 얘기하고 있는 것이 아니다. 그렇다고 절대 뚜렷하게 인식될 수 없는 것은 아니다. 종종 알아챌 수 있는 것들이다. 하지만 압도적으로 많은 사람들은 시장을 움직이는 진짜 요인을 보지 못하거나 무시해버린다.

예를 들어, 내가 1997년 언급한 해외자금의 엄청난 유입에 주목한 사람은 소수에 불과하다. 이 자금은 1996년 이후로 미국시장의 강세장을 이끈 요인이다. 사람들은 이런 일이 일어나고 있다는 것을 알지 못한다(나의 1997년 10월 20일과 1999년 3월 22일 칼럼을 참고하라). Y2K는 근대 역사상 가장 광범위하게 과장된 '재앙'이다. 너무나 문서로 잘 정리되어 있어서, 이걸 모르는 사람은 인간을 보면 빨리 도망치는 아마존 분지의 원주민밖에 없을 정도다. Y2K의 의미가 정확히 무엇인지 정의할 필요는 없을 것 같다. 1998년 7월 6일 내가 쓴 칼럼에서 Y2K가 왜 주식시장에 악영향을 주지 않을지 자세히 설명한 바 있다. 하지만 12월 31일이 가까워진 지금, 나는 이제 한 걸음 더 나아가 Y2K로 인해 시장이 상승할 것 같다고 말하고 싶다.

잠재적인 연말 랠리를 발생시키기 위해 시장이 어떻게 작동하는지 이해하고 있는 투자자들은 다가오는 주에 Y2K 문제가 시간이 다 되어 폭발해버릴 것이고, 연말에는 굳건한 Y2K 맹신자들이 조심해야 할 이유를 잃어버리게 될 것이라는 걸 알아챌 것이다. 이런 현명한 사람들은 연말 이전에 주식을 사들임으로써 Y2K론자들을 바보로 만들 수 있다. 아주 단기적 관점에서 언제 주식시장이 상승할지는 확신할 수 없지만, 연말 이전에 주식시장이 크게 상승할 가능성은 다른 어떤 것보다 높다.

따라서 주식시장에 100% 남아 있어야 한다. 67%는 미국시장 시가총액 25대 대기업에 투자하고, 나머지 33%는 유럽 대륙이나 일본 주식에 투자해야 한다. 아래와 같은 포트폴리오를 고려해보라.

패키지로 보유할 수 있는 텔레콤 관련 주식 3가지는 텔레콤이탈리아(TelecomItalia, 93, TI, www.telecomitalia.it), 프랑스텔레콤(France Telecom, 84, FTE, www.francetelecom.fr) 그리고 텔레덴마크(Teledanmark 19, TLD, www.teledanmark.dk) 다. 하나의 그룹으로 보았을 때 이들 주식들은 분산이 잘 되어 있으며 텔레콤 섹터

내에서 상호 연관성이 다른 주식들보다 낮다. 또한 성장 잠재력이 높은 편이다. 또한 미국 시가총액 25대 기업 중 텔레콤 업체의 훌륭한 보완이 된다.

이와 유사한 방식의 핵심 은행 그룹 3가지는 네덜란드의 에이비엔 암로(ABN Amro, 23, ABN, www.abnamro.com), 스페인의 아르젠타리아(Argentaria, 44, AGR, www.argentaria.es) 그리고 호주의 웨스트팩 뱅킹(Westpac Banking 32, WBK, www.westpac.com.au)이다. 에이비엔 암로는 4월 19일 21달러에 추천했다. 주가는 큰 변동이 없지만 참고 기다려라. 저렴한 가격인 추격수익(trailing earnings) 기준으로 P/E 14배에 거래되고 있으며 배당수익률은 3%다. 70개 국가에 걸쳐 1,900개의 지점을 가졌으며 피합병되든지 자립하든지 간에 훌륭히 성장할 것으로 기대된다.

아르젠타리아는 스페인과 남미 지역에서 굉장한 잠재성장력으로 인해 주목받고 있다. 나는 이 회사를 1996년 11월 4일 21달러에 추천했고, 1998년 6월 1일 43달러에서 매도 의견을 냈다. 이 주식은 그때부터 유럽 은행과 함께 하락했다. 이제 다시 살 때다. 웨스트팩 뱅킹은 큰 위험 없이 아시아 지역에서 주목을 받고 있다. P/E는 14배이며 배당수익률은 4.8%다.

〈포브스〉, 1999년 10월 8일

프로 투자자들 – 프로 할인자들

할인된 정보를 제공하는 또 다른 사람들은 프로 투자자들이다. 주식 브로커, 재무설계사, 공인회계사(CPAs), 공인재무분석사(CFAs) 등을 말한다. 이 중 극도로 적은 수의 사람들만이 그들의 경쟁자나 케이블 모뎀을 갖춘 고객들도 알지 못하는 정보에 접근할 뿐이다. 글로벌 네트워크를 갖춘 브로커리지 회사는 똑같은 소스의 뉴스와 리서치 자료를 받아 본다. 더구나 비슷한 방법으로 같은 정보를 분석한다. 그들이 중요시하는 게 무엇이건 여러분들은 거기에 시간을 낭비하면 안 된다. 그들이 무언가에 대해 쓰고 있다면, 그냥 무시해버리고 다른 곳에 초점을 맞춰라.

대학에서는 재무 및 경제학에서 학생들에게 대개 비슷한 커리큘럼을 가르치고 있다. 하버드, 스탠포드, 미시건주립대, 보스턴 컬리지, 사우스 캘리포니아(USC), 네바다 라스베이거스(UNLV), 어디건 마찬가지다. 그들은 매우 비슷한 각본으로 학생들을 가르친다. 그렇게 될 수밖에 없다. 이들의 교재, 방법론, 이론 등은 쉽게 얻을 수 있는 것들이다. 따라서 다른 많은 사람들이 읽거나 배우지 못해서 시장에 할인되어 반영되지 않는 내용은 거의 없다. 많은 학생들이 이런 것들을 배우고, 그들이 배운 커리큘럼대로 사고하는 방식을 훈련 받는다. 이것은 기술의 기초가 된다. 이들이 배우고 있는 모든 것들은 아주 많은 사람들도 알고 있는 것이기 때문에 커리큘럼 그 자체는 훌륭한 것이라 해도 남들이 모르는 것을 알게 해주지는 않는다. 이런 교육은 가격에 아직 반영되지 않은 정보를 처리하는 방법에 대해선 아무것도 제공해주지 못한다. 이런 커리큘럼을 세상을 보는 안경으로 이용하는 많은 시장 참가자들의 행동 때문이다. 그들이 교육 받는 것은 곧 세상을 바라보는 기준이 된다. 따라서 가격에 반영되는 것이다. 기술자들이 받아들이기 매우 어려운 사실은 커리큘럼 그 자체가 광범위하게 알려져 있기 때문에 가격에 할인되어 반영된다는 사실이다.

배움 그 자체는 잘못된 것이 없지만, 여러분에게 다른 사람이 모르는 것을 가르쳐주지는 못한다. 만약 프로 투자자들이 같은 교육을 받고, 같은 정보를 보며, 해석도 대개 같은 방식으로 한다면 이 사람들이 우리보다 우세한 점은 도대체 뭘까? 그들이 가진 특별한 정보란 무엇일까? 그 답은 대체로 '없다' 이다. 바로 이것이 미디어와 더불어 전문가들이 이미 시장가격에 반영된 정보를 알아내는 데 유용한 이유다. 그리고 우리는 이들의 의견을 안전하게 무시하고 폐기할 수 있다.

친구는 친구를 역투자자로 만들지 않는다

　미디어는 일반적으로 틀렸다. 프로 투자자들도 일반적으로 틀렸거나 잘못되었다. 여러분이 돈을 쓰게 만들어 자신들이 돈을 벌려는 것이다. 그리고 이들의 정보는 이미 시장가격에 완전히 할인되어 반영된 것이다. 군중을 따라 하는 것은 위험으로 가득 차 있다. 그렇다면 이런 사실은 여러분이 미디어나 프로 투자자들에게서 들은 것과 정반대로 해야 한다는 것을 의미할까?

　절대 아니다. 절대 절대 절대 아니다!

　나는 자주 역투자자로 불리긴 하지만 사실 그렇지 않다. 적어도 그 용어가 일반적으로 갖는 의미에서 보면 아니다. 물론 패배자로 불리지도 않았고 앞으로도 그럴 것이다. 하지만 역투자자라는 이름표는 틀릴 때가 있다. 역투자주의는 최근 10여 년간 점점 인기를 얻고 있어서 시장 컨센서스처럼 시장가격에 반영되기도 한다. 요즘에는 우리 모두가 역투자자가 되어버렸다. 역투자자가 된다는 것은 결국 장기적으로는 투자결정에 있어서 〈뉴욕타임스〉나 저녁뉴스에 완전히 영향을 받는 존재가 되어버린다는 것을 의미한다.

　역투자자라는 단어가 의미하는 것은 대중과 반대로 간다는 뜻이다. 사람들이 강세장이라고 하면 전형적인 역투자자는 약세장이라고 본다. 그 반대 경우도 같은 식이다. 모든 사람이 예상하는 정치인이 뽑히는 게 주식시장에도 좋다고 사람들이 생각하면, 역투자자는 나쁘다고 생각한다. 모두가 조류독감이 주가를 떨어지게 할 거라고 생각하면, 역투자자는 상승할 거라고 생각한다. 기술적으로 보면 역투자자들은 모든 사람이 당연히 가정한다고 생각하는 일은 결코 일어나지 않는 것을 알고 있지만, 정확히 반대 결과가 일어날 것이라고 잘못 가정하고 있는 것이다.

　이 문제에 대해 좀더 자세히 살펴보자. 여러 번 언급했듯이, 시장은 알려진 모든 정보를 효과적으로 할인한다. 만약 사람들이 어떤 일이 시장에 일어날 것이라는 데 대체로 동의하는 경향이 있으면, 실제로 그런 일이 일어나지 않고, 대신 뭔가 다른 일이 발생한다. 하지만 그렇다고 '뭔가 다른 일'이 원래 일어날 일의 정반대라는 것은 아니다. 모든 친구들이 시장이 상승한다는 데 동의하는 상황을 가정해보자. 이것이 시장이 하락할 것을 의미하는 건 아니란 얘기다. 실제로는 아무런 움직임이 없어 모든 사람의 예측이 틀리게 될 수도 있다. 아니면 모든 사람의 예상보다 더 크게 상승할 수도 있다. 이런 경우 역투자자는 동네에서 가장 실패한 사람이 될 것이다. 역투자 방법이 대중을 쫓아가는 것보다는 낫지만 그렇게 월등히 낫다고 할 수는 없다. 역투자를 해도 세 번에 한 번 정도의 확률로 맞히는 정도다. 이 문제를 360도의 각을 가지는 원을 가지고 생각해보자. 컨센서스는 시장이 북쪽으로 간다는 것이다. 역투자자들은 남쪽으로 갈 것이라 생각한다. 하지만 서쪽이나 동쪽으로도 갈 수 있는 것이다. 대중도 틀리고, 역투자자도 틀리고, 오직 시장의 할인 기제만 작동한 것이다. 다른 2가지 결과가 일어날 확률이 역투자자들이 예상한 결과가 일어날 확률보다 낮을 것으로 기대되기 때문에 실제로 이런 일이 많이 일어난다.

핵심은 컨센서스와는 뭔가 다른 일이 발생하지만, 그것이 꼭 컨센서스의 정반대일 필요는 없다는 것이다. 요사이 역투자자들은 컨센서스를 따라가는 사람보다 그렇게 시장을 잘 맞히지 못하고 있다. 가격의 변화를 이끄는 수요는 '의외성'이다. 문제는 이 '의외성'이 어떤 방향에서든 올 수 있다는 것이다.

패턴은 어느 곳에나 존재한다

다른 사람이 모르는 것을 알아내기 위해서는 '소음'에서 멀리 떨어진 곳에 초점을 맞춰야 한다. 다른 사람이 알아낼 수 없었던 것을 알게 된 게 어떤 것인지 생각해보라. 그렇다면 여러분이 몰랐던 것을 어떻게 알아낼 수 있었는가? 어느 곳에서든지 발견할 수 있는 패턴들이 존재한다. 물론 많은 것들이 단순히 의미 없는 것이라 해도 아직까지 우리가 발견하지 못한 수많은 패턴들이 존재한다. 사람들은 앞으로 수십 년간 자본시장과 관련된 새로운 발견을 하게 될 것이다. 그런 사람이 여러분이 되지 말라는 법은 없다. 찾아 나서 보면 다른 사람들이 알아채기 전에 여러분들이 발견할 수 있는 패턴들이 많다. 그리고 바로 여러분이 타인보다 우위를 점할 수 있는 길이기도 하다. 그 발견을 투자의 기본 전제로 이용할 수 있다.

필수적으로 '두 번째 질문'을 사용할 때는 둘 중 하나는 찾게 된다. 첫째, 여러분들은 사람들이 전혀 관계가 없다고 생각하는 두 변수 사이의 어떤 패턴(어떤 연관성)을 필요로 하게 된다. 둘째, 많은 사람들이 보고 있지만 무관심하거나, 비웃거나, 잘못 해석한 패턴을 찾게 된다. 일단 여기서는 2가지 사례를 살펴보고 뒷 장에서 더 많은 사례를 다뤄보기로 한다.

수익률 곡선에 대한 충격적 진실

MSNBC를 시청하면 수익률 얘기가 빠지지 않고 나온다. 채널을 맞추자마자 이자율에 대한 분석을 황소(강세장)와 곰(약세장) 같은 용어를 사용해가며, 월요일 저녁의 풋볼 경기를 중계하듯이 엄숙하고 흥미진진하게 행하는 것을 확인하게 된다.

이자율이 오전 11:44분까지 상승하다가 폭락했고 다시 급속히 상승했습니다! Fed(연방준비제도이사회)가 인플레이션을 없애기 위해 어떤 조치를 다음에 취할까요? 주택 보유자들은 쾌재를 부르게 될까요, 아니면 망하게 될까요? 모든 이에게 사랑받는 우리 쇼의 헛소리를 더 들으시려면 내일도 꼭 시청해주십쇼―이자율에 관한 헛소리 쇼!

이자율에 대한 정보를 얻기 위해 모든 주의를 집중함에도 불구하고 투자자들은 뭔가 끔찍하게 잘못된 정보를 보고 있으며, 주목할 만한 패턴과 인생의 교훈을 놓치고 있다.

주목할 만한 패턴과 평범한 연관관계에 대해 깊게 파고들어 가기 전에 이자율에 대한 정의를 명백히 해보자. 이자율은 중요한 것이다. 이자율은 장단기 대출 이율을 정한다. 또한 유동자산을 사전에 정해진 기간 동안 예치함으로써 받게 되는 수익을 결정한다.

'이자율이 떨어지고 있다' 거나 'Fed가 이자율을 올리고 있다' 또는 이자율에 대해 언급하는 뉴스를 얼마나 자주 접하게 되는가?

사람들이 끊임없이 얘기하는 이 이자율이란 게 도대체 무엇일까? 미국을 포함한 전 세계 국가에서는 단기이자율을 관리하는 곳은 각 국가의 중앙은행이다. 미국의 경우는 연방준비제도이사회로 'Fed'로 불린다. 중앙은행은 국가 이자율을 결정하는 데 독점적인 권한을 갖고 있다. 미국의 Fed가 통화량을 줄이거나 늘려야겠다고 느끼면, 단기이자율 수준을 그에 따라 올리거나 내린다. 연방공개시장위원회(FOMC: The Federal Open Market Committee)는 1년에 8번의 정기 회의를 열어 기준금리(때로는 1일짜리 콜금리나 단기이자율에 대해 언급하기도 한다)를 올릴지 내릴지, 아니면 그대로 유지해야 할지, 그리고 그 폭은 얼마가 되어야 할지 의논한다. 단기금리란 은행 간에 돈을 빌려주는 금리를 의미한다. 그리고 여러분의 예금(저축계좌와 CD)에 대해 은행이 지급할 이자액을 결정하게 된다. 이것이 Fed가 금리를 가지고 장난할 때 투자자들이 말하는 이자율이다. 단기이자율이며, 기준금리를 의미한다.

한편, 전통적으로 '장기금리'로 언급되는 10년 만기 국채이자율은 Fed가 정하는 것이 아니다. 또한 정부, 대통령 또는 부자들의 음모, 텍사스 백인(부시가 텍사스 출신임에 빗댄 말—옮긴이)에 의해 정해지는 것도 아니다. 장기금리의 결정은 글로벌 시장에 영향을 받는다. 오늘날의 글로벌 경제는 채권 거래가 국경을 넘어 자유로운 공개시장 내에서 이루어지고 있다. 이 시장에서 10년 만기 국채뿐만 아니라 3개월~5년 사이의 다양한 국채의 금리를 결정하게 된다. 여기서 실수하면 안 되는 점은, 투자자들이 "금리가 떨어진다"거나 "금리가 올라간다" 또는 'Fed가 단기금리를 올렸다'고 떠들어대지만 단기금리와 장기금리는 완전히 독립적으로 움직이는 것이며, 때때로 같은 방향으로 움직이지만 어떤 때는 반대 방향으로 움직인다는 사실이다. 이 사실을 다른 시각에서 들여다보자. 때때로 Fed가 단기금리를 인상할 때, 장기금리도 같이 오르는 경우가 있다. 그 외의 경우에는 장기금리는 하락한다. 어떤 때는 장기금리가 움직이지 않을 때도 있다. 미국뿐만 아니라 다른 나라에서도 마찬가지다. 충격적이고 두렵지 않은가! 나는 투자자들에게 절대로 "금리가 오르고 있다"거나 "금리가 내리고 있다"고 말하지 못하게 한다. 항상 말을 이런 식으로 하지 않다 보면, 마음속에서도 단기금리와 장기금리를 분리해서 생각하게 된다.

초단기국채(단기이자율이 아니라 초단기이자율)와 만기별로 다양한 장기국채의 수익률 차이는 그래프를 통해 시각화 해볼 수 있는데, 이것이 바로 그 지긋지긋한 '수익률 곡선'이다. 수직선은 0부터 가장 높은 금리까지 수익률을,

그림 2.1 가설적 수익률 곡선

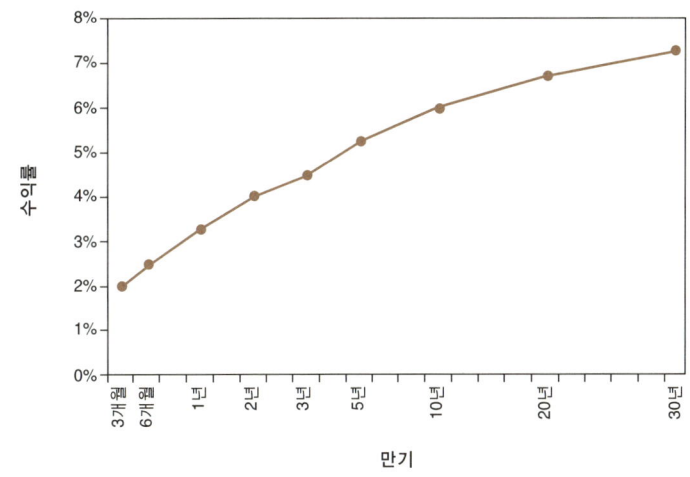

수평선은 잔존 만기를 나타내는데 우측으로 갈수록 길어져 10년이나 30년까지 늘어나게 된다. 전형적인 수익률 곡선은 가설(기대수익률 가설)과 같은 모양을 하고 있다. 그림 2.1을 참고하라.

만기가 짧을 때가 만기가 길 때보다 금리가 낮다. 이는 상대적으로 오랜 기간 동안 자금을 동결하는 데 따른 추가적인 위험에 대한 보상 때문이다. 우리 그래프에서는 금리가 곡선 모양을 하고 있다. 일반적으로 비스듬히 우상향하는 모양을 하고 있는데, 이는 정(positive)의 수익률 곡선이다. 이런 형태의 곡선은 장기채와 단기채 스프레드 수준에 따라 '정상 수익률 곡선' 또는 '가파른 수익률 곡선' 으로 불리기도 한다. 때때로, 드물지만, 단기채의 금리가 실제로 장기채 금리보다 높은 경우도 있다. 이런 일이 일어날 때는 수익률 곡선이 비스듬히 우하향하는 '역수익률 곡선' 이 만들어진다. 여전히 드물긴 하지만 역수익률 곡선보다 자주 나타나는 것은 장단기 금리가 모두 같은 수준일 때로, 이때는 '수평 수익률 곡선' 이라고 부른다.

금리 소동

투자자들은 장단기 금리의 변동을 설명하는 모든 방법을 알고 있으며, 그것이 주식시장에 의미하는 바가 뭔지도 잘 알고 있다. 여러분들은 오래된 미신 중 하나인 'Fed와 싸우지 말라'는 말을 들어봤을지 모른다. 이 말은 Fed가 단기금리를 올렸을 때는 주식을 팔라는 뜻이다. 말도 안 된다. 평균적으로 주식시장은 Fed가 단기금리를 올렸을 때도 완벽히 괜찮았다. 물론 항상 그랬던 것은 아니다. 어쨌건 '항상' 일어나는 일은 없다. 그림 2.2는 1980년 이후로 연방기준금리가 상승했던 기간과 같은 기간 S&P500지수의 움직임을 보여주고 있다.

여러분이 확인할 수 있는 것은 S&P500 변동과 연방기준금리 인상 추이 사이에 매우 가까운 상관관계가 있다는 것이다. 주식시장이 일반적으로 하락하기보단 상승하는 경향이 있다고 얘기를 하려는 게 아니니 놀랄 것은 없

그림 2.2 연방기준금리와 S&P500(1980~2006년)

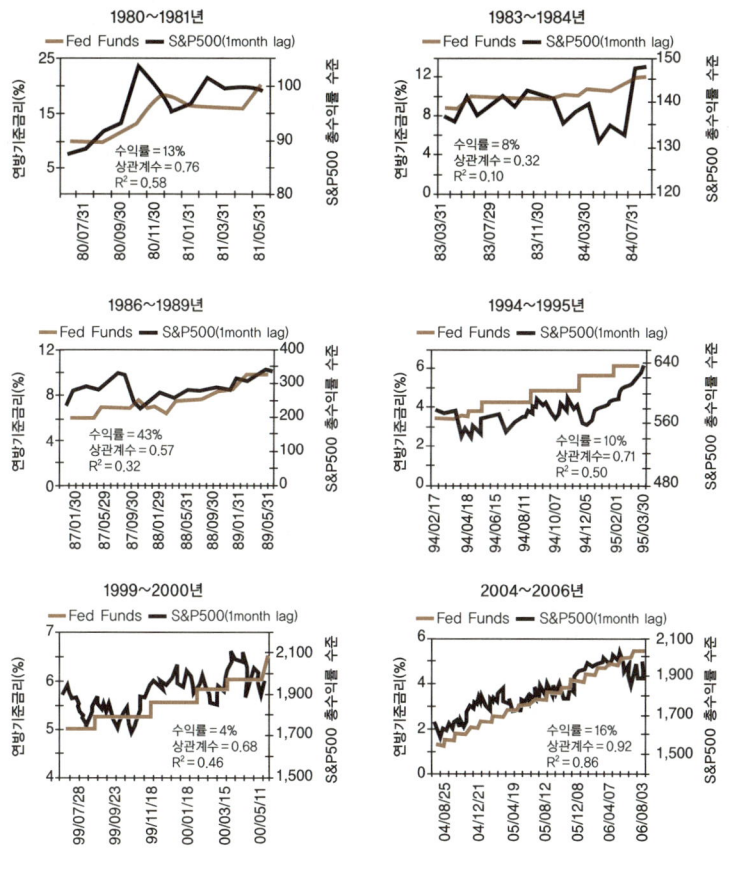

출처: Global Financial Data, Bloomberg

다. 그리고 어떤 때는 다른 때보다 상승폭도 컸다. 하지만 상승장이 단기금리를 올린 후에 일어났기 때문에 "Fed와 싸우지 말라"는 말도 첫 번째 질문에 해당하는 미신이라고 할 수 있으며, 따라서 무시해버려야 한다. 단, 단기금리 인상이 강세장이나 약세장의 신호라는 뜻은 아니다. 단기금리 인하의 경우도 마찬가지다. 단기금리 움직임과 강세장, 약세장은 신뢰할 만한 연결고리가 없다.

예를 들어, 2001년부터 2003년까지 Fed는 단기금리를 꾸준히 인하했고, "Fed와 싸우지 말라"는 사람들은 그 기간에 주식을 매수했을 것이며, 전 세계적으로 지속된 약세장 때문에 낭패를 봤을 것이다. 2004년부터 2005년 사이에는 Fed가 단기금리를 꾸준히 인상했고, 역시 미신을 믿는 사람들은 주식 매수를 피했을 것이며, 다시 한 번 시장에 대한 판단을 잘못한 꼴이 되고 말았다.[27] 이들이 놓친 것은 무엇일까?

두 번째 질문의 첫 단계는 사소한 걱정거리에 대해 비생산적인 초조함을 파기하는 것이다. 단기금리가 어느 방향으로 움직이건 간에, 이미 시장가격에 반영되어 있다. 따라서 신경을 꺼버려도 된다. 누구든지 구글(Google)을 통해 FOMC(연방공개시장위원회)를 검색하든지, 직접 웹사이트(http://www.federakreserve.gov/fomc/#calendars)를 방문해서 언제 회의가 열리는지 볼 수 있다. 더구나 그린스펀(Greenspan) 의장의 시대가 끝난 이후, FOMC는 기준 금리율을 올릴지 내릴지, 그 폭은 얼마나 될지 계획을 세우는 데 있어 훨씬 투명해졌다. 그린스펀의 임기 막바지에는 Fed의 행보에 대한 시장의 예측이 거의 틀리지 않게 되었다. 버냉키(Bernanke) 의장도 약간의 병적 다변증(多辯症)과 함께 그린스펀이 그랬듯 아무것도 말하지 않거나, 일관되지 않게 중얼거리며 알아내기 어렵게 말하는 법을 시작한 것 같다(그린스펀 의장은 항상 이런 식으로 말하는 데 뛰어났다. 아무도 이보다 프로페셔널하게 한 적이 없다). 그럼에도 불구하고 Fed가 0.25%포인트나, 심지어 0.5%포인트를 올리게 되어도 Fed가 금리 계획에 대해 몇 달간 말해왔을 때는 시장의 움직임에 영향을 주지 않는 것 같다.

단기금리 움직임에 초점을 맞추는 대신에, 수익률 곡선에 초점을 맞추어라(여러분이 수익률 곡선을 제대로 사용할 수 있는 방법을 이제 곧 알아볼 것이다). 대부분의 투자자들이 정상 수익률 곡선이 역수익률 곡선보다 좋은 것이라고 말할 것이다. 어느 정도는 맞는 얘기다. 수익률 곡선은 일반적으로 양의 기울기를 가진다. 진짜 역수익률 곡선은 드물며, 약세장을 의미하는 것으로 잘 알려져 있다.

하지만 지금부터는 여러분이 수익률 곡선에 대해 잘못 생각하고 있다고 가정한다. 잘못된 생각은 여러분에게 손해를 입힌다. 뭔가 새로운 것을 밝혀내기 전에, 수익률 곡선에 대해 우리가 믿고 있는 것이 '첫 번째 질문'에 비춰보았을 때 맞는 것인지 체크해보자. 역수익률 곡선이 파멸의 전조라는 것이 사실일까? 그 답은 여러분이 말하는 '수익률 곡선이 무엇인지'에, 좀 더 구체적으로 말하면 '어느 지점인지'에 달려 있다. 수익률 곡선의 이면에는 1가지 문제점이 있다. 이것은 미신이라기보다는 오해에 가까운 것으로, 바로 사람들이 경기후퇴와 약세장을 하나로 묶어서 생각하는 경향이 있다는 것이다. 이 둘은 같은 것이 아니다. 경기후퇴가 없어도 약세장이 올 수 있으며, 그 반대 경우도 마찬가지다. 비록 경기후퇴에 따른 투자자들의 언짢은 감정이 주식시장의 가격에 반영되기 때문에 이 둘이 함께 오는 경향이 있긴 하지만 말이다. 하지만 항상 그런 건 아니다(예를 들면, 경기후퇴에 대한 시장의 두려움이 오랫동안 있어왔고 가격에 잘 반영이 되었다면 약세장이 오지 않는다).

2가지 정의를 내려야 할 것 같다. 약세장(bear market)이란 하락세로 반전해 20% 이상 하락세를 유지하고 있는 주식시장을 의미한다(약세장과 조정장의 차이는 그것의 크기와 지속 기간에 달려 있다. 조정장은 지속 기간이 몇 달 정도로 훨씬 짧으며, 20% 이내로 하락하는 경우다). 대조적으로 경기후퇴란 일반적으로 GDP성장률이 2분기 연속 마이너스를 기록할 때로 정의되지만, 경기후퇴 기간 중에도 실제 경기후퇴가 일어나고 있는지 알기 어렵다. GDP 수치가 추후에 크게 수정되기 때문이다.

2분기 연속 GDP성장률이 마이너스라 할지라도, 그 수치가 크지 않으면 실제로 경기후퇴가 일어나고 있는 것인지 느끼기 어렵다. 경기후퇴는 실제로 그것이 발생하고 오랜 시간이 지나기 전까지 경기후퇴로 불리지 않은 경우가 일반적이며, 때때로는 경기후퇴가 끝날 때까지 모르는 경우도 있다. 예를 들어, 1973년과 1974년 약세장 직후에 아주 폭이 깊고 험했던 경기후퇴가 이어졌는데 1974년을 지나 1975년까지 이어졌었다. 이는 제2차 세계대전 이후 가장 심했던 경기후퇴였지만, 1975년까지 인지되지 못했다. 그러는 동안에도 1974년 10월에 포드 대통령과 그의 경제 보좌관들은 경제성장 속도를 늦추고 인플레이션을 억제하기 위해 세금 인상 조치를 요구하고 있었다. 아무도 그 당시 경기후퇴가 진행되고 있다는 것을 몰랐기 때문이다.

그 시절 나는 어렸지만, 그때를 아주 잘 기억한다. 나에겐 그 당시가 낯선 시간이다. 내가 기억하는 건 1974년 나와 대화를 나눈 모든 사람들이 경제가 아주 좋다고 생각했다는 것인데, 그때는 실제로 경제가 내내 하강 국면에 접어든 때였다. 많은 점에서 그해에 나는 예민하지도 못했고, 열심히 일하지도 않았다. 내 아내와 내가 우리의 어린 딸을 잃은 직후였기 때문이었다. 난 정말 엉망인 상태였고 6개월간 오직 파트타임으로 일할 수밖에 없었다. 나 스스로도 경제에 무슨 일이 일어나고 있는지 정확히 볼 수 없는 상태라고 생각했기 때문에 다른 사람들에게 경제상황을 묻는 일에 많은 시간을 할애했다. 결과적으로, 투자자들과 사업가들의 경제에 대한 의견을 수집하는 아주 좋은 작업을 하게 된 셈이다. 확실히 1974년에는 아무도 이미 오랫동안 경기후퇴 기간에 놓여 있었다는 사실을 아는 사람이 없었다. 1975년까지 아무도 경기후퇴를 파악한 사람이 없었다고 생각하진 않는다. 그리고 그때쯤엔 이 거대한 경기후퇴가 거의 끝난 상태였다. 그 당시에는 경기후퇴가 높은 수준의 인플레이션에 가려져 있었다. 많은 회사들이 매출액은 여전히 견조했지만, 단위 매출은 줄어들고 있었다. 그것에 주목한 사람이 거의 없었다면, 약한 수준의 경기 하락을 추측한 사람이 얼마나 적을지 생각해보라.

경기후퇴를 측정하기 위해 전미경제연구소(National Bureau of Economic Research: NBER, www.nber.com)는 좀더 좋은 측정방법을 이용한다. 이들은 경기후퇴를 정의 내리기 위해 좀더 많은 데이터를 취합한다. 물론 가장 두드러진 데이터는 GDP이긴 하다. 그리고 경제 불황의 특징을 좀더 정확하게 묘사한다. 따라서 NBER은 경기침체를 다음과 같이 특징짓는다.

NBER은 경기후퇴를 GDP성장률의 2분기 연속 감소로 정의하지 않는다. 그보다는 경제 전반에 걸친 경제활동의 현격한 감소가 몇 달 이상 지속되며, 실질 GDP 및 실질 수입과 고용, 산업 생산, 도소매 판매[28]에서 뚜렷이 확인되는 것이다.

역사적으로 가파른 수익률 곡선은 금융기관들이 대출을 통해 이익을 올릴 수 있는 환경을 제공해주었다. 그리고 대출은 미래 경제활동의 중요한 동인이 된다. 반대로 역수익률 곡선은 은행들의 대출활동을 저해한다. 따라서 시중 유동성을 감소시킨다(이 점을 이 장 후반에서 기억하라). 그리고 아주 믿을 만한 경기후퇴의 예상지표가 된다.

하지만 역수익률 곡선이 약세장을 야기할지 아닐지는 이와 관련된 나쁜 뉴스가 시장가에 반영되는가 아닌가에 달려 있다. 예를 들어, 1998년에 수평 수익률 곡선이 미국에서 발생했을 때 사람들은 집단적인 흥분상태에 빠졌다. 곧 역수익률 곡선이 발생할 것이란 공포가 일어났다. 러시아 루블화 위기 및 롱텀캐피털매니지먼트(Long-Term Capital Management) 위기와 함께 큰 폭의 주식시장 하락을 불러올 것으로 널리 예상되었다. 실제로 그해 중반에 큰 폭의 조정을 거치기는 했지만, 약세장이 오지는 않았다. 1998년 S&P500지수는 29% 상승으로 끝났다.[29] 수평 수익률 곡선에 대한 두려움이 너무나 널리 퍼졌기 때문에 큰 폭락을 일으키지 못한 것이다.

실제로 역수익률 곡선이 발생한 2000년으로 돌아가 보자. 이번엔 아무도 주의를 기울이지 않았다. 그 대신 사람들은 '신경제'를 찬양하며, "수익은 중요하지 않아"라거나 "이번엔 달라"라고 말했다. 그리고 스윗롭스터닷컴(SweetLobster.com)이나 다른 닷컴 주식의 탄생을 축하하는 파티에 몰려다니곤 했다. 1998년 상황에 대한 기억 때문에 역수익률 곡선이 문제가 되지 않을 것이라 판단한 것이다. 2000년도에는 이와 같이 수익률 곡선을 대중들이 두려워하지 않았기 때문에(즉, 부족원들이 다른 곳을 보고 있었다) 이것이 경제 약세 및 3년간의 약세장으로 이어진 기술주 폭락의 징조가 되었던 것이다. 만약 모든 사람이 무엇에 대해 얘기한다면 그건 쓸모없는 것이다. 그리고 그것 때문에 비상식량을 쌓아둔다면 실제 역수익률 곡선이 발생했을 때도 아무런 영향력이 없어지게 된다. 만약 모든 사람이 어떤 사항을 무시하고 2000년도 초반처럼 "룰루랄라~! 이번엔 달라"라고 노래를 부르고 있다면, 역수익률 곡선은 주식시장을 황폐화시킬 수 있다.

이렇게 명백한 사실에도 불구하고 사람들은 여전히 수익률 곡선을 정확하게 보지 못한다. 수익률 곡선을 정확하게 바라보는 것은 중요하다. 역수익률 곡선이 암시하고 있는 경제상황 때문이다. 여러분은 이곳 미국의 이자율과 이로 인해 생긴 수익률 곡선에 대해서 생각하고 있다. 다른 국가의 이자율을 고려하겠는가? 내가 지금 얘기하려는 '두 번째 질문'은 어떤 문제해결 상황에서든지 반복해서 사용할 수 있다.

두 번째 질문은 이것이다. "미국의 수익률 곡선보다 더 중요한 것이 있을까?" 이런 질문을 여러분 스스로 해본 적은 없을 것이다. 도대체 미국보다 더 중요한 게 어디 있단 말인가? 특히 미국인에게 말이다!

결국 우리가 30년, 50년 그리고 100년 전부터 이어온 미국시장의 수익률 곡선을 볼 때면, 그것들이 예측 지표로 오랫동안 유용했다는 증거라고 어딘가 억지로 여기게 되는 것이다. 모든 사람이 이렇게 생각한다(아니면, 최소한 굉장히 많은 사람들이 이렇게 믿는다. 또한 대부분의 기자들도 마찬가지이며, 따라서 거의 모든 사람이 이렇게 생각하는 것이다). 미국의 수익률 곡선이 매우 중요하며, 향후 강세장이 올지 약세장이 올지 예측할 수 있는 좋은 지표라는 믿음은 널리 받아들여지고 있다. 단기이자율이 장기이자율보다 높을 때면 은행들은 항상 대출영업에 공격적으로 나서지 않았다. 그리고 뭔가 나쁜 일이 일어나곤 했다. 30년 전 미국에 역수익률 곡선이 발생했을 때, 은행이 대출을 통해 돈을 벌기 위해서는 은행의 조달비용보다 높은 이자율로 신용 위기가 높은 곳에 돈을 빌려주는 방법밖에 없었다. 이런 식의 영업은 리스크가 높으며 은행들도 꺼려한다. 사실 위험이 높은 고객일수록 고이자의 대출을 필요로 하며, 위험이 낮은 고객일수록 그런 대출을 하지 않는다. 옛날 옛적에는 미국의 수익률 곡선과 그 볼록성(convexity)이 중요했다. 아주 많이! 물론 그 당시에는 대부분의 사람들이 수익률 곡선이 중요하다는 사실을 몰랐다.

글로벌하게 생각하라

다시 현재로 빠르게 돌아와 보면, 요즘 은행은 단지 국내 은행이 아니라 완전한 글로벌 뱅크다. 헤징을 위한 다양한 종류의 파생상품과 금융선물, 그리고 정밀한 계산과 글로벌한 거래 정보에 즉시 접근이 가능한 전자장비들을 갖추고 있다. 오늘날 돈은 국경의 제한 없이 아주 자유롭게 흐르고 있다. 이런 글로벌 은행들은 어떤 나라에서 돈을 빌려 다른 나라에 빌려줄 수 있으며, 여러분이 이 문장을 읽는 이 짧은 순간에 환율 리스크를 헤지할 수도 있다. 내가 어떤 투자은행으로부터 돈을 빌릴 때, 글로벌 은행을 통해 건너온 유럽 보험회사의 채권 인수단으로부터 온 경우에도 이 돈의 출처가 해외인지는 전혀 모를 수도 있다. 대출자로서 나에게는 그냥 돈일 뿐이다. 수십여 년 전에는 국내 은행의 시대였다. 각종 회계 처리와 거래를 위한 대용량의 전자기기 장비는 극히 적었고, 실질적인 헤징 기관도 없었으며, 변동환율 대신 고정환율제로 운영되었다. 이때는 국내 수익률 곡선이 중요했다. 하지만 이런 일은 다시는 일어나지 않을 것이다! 글로벌 금융기관이 국내 은행을 압도하는 경향은 세계에서 가장 커다란 국가인 미국을 포함한 모든 국가에서 일어나고 있다. 외국의 이자율과 수익률 곡선이 미국의 유동성에도 큰 영향을 미친다. 또한 국내와 해외 자산 모두를 모으기 위한 수단으로서 레버리지를 사용하는 비용 효율성을 결정하기도 한다.

어떤 한 나라의 수익률 곡선을 분석하는 것은(미국처럼 거대한 나라라 하더라도) 점점 의미가 없어지고 있다. 이 문제에 대해 올바르게 생각하는 방법은 내가 하기 전에는 아무도 간파해지 못했던 것으로, 바로 GDP 가중 글로벌 수익률 곡선을 살펴보는 것이다. 오늘날의 세계에서는 글로벌 수익률 곡선과 미국의 수익률 곡선이 서로 다르다면 글로벌 기준을 따라가는 것이 맞다. 미국시장이든 어떤 단일시장이든 결국 글로벌 수익률 곡선에 굴복할 것이기 때문이다.

그림 2.3은 2006년 6월의 글로벌 수익률 곡선을 보여준다. 이것이 중요한 이유는 뭘까? 만약 어떤 은행이 어떤 나라에서 더 싸게 돈을 빌려서 다른 나라에 이익을 남기고 대출해줄 수 있다면 그렇게 할 것이다. 은행과 그 은행의 고객 모두 싸게 빌릴 수 있는 돈을 좋아한다. 이 그림이 GDP 가중 수익률 곡선에 기초하고 있음에 주목하라. 그림을 보면, GDP가 상대적으로 큰 나라가 글로벌 수익률 곡선에 더 큰 영향을 미침을 직관적으로 알 수 있다. 인터넷을 이용하면 이런 결론을 내리기 어렵지 않다.

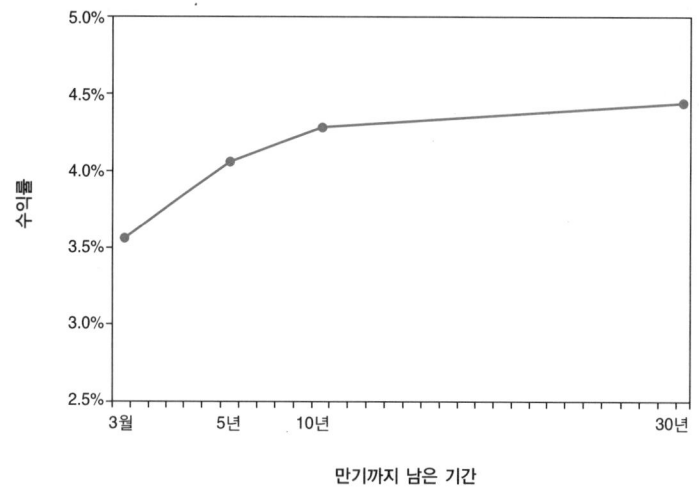

그림 2.3 글로벌 수익률 곡선(2006년 6월)

주: 30년 수익률을 이용할 수 없는 국가는 10년 수익률을 사용함.
출처: IMF, Global Financial Data, Bloomberg

여러분이 이용할 수 있는 글로벌 정보

글로벌 시장을 측정하는 데 있어 현재 가장 좋은 인덱스는 모건스탠리캐피털인터내셔널(MSCI)이 만든 것이다. 모든 MSCI지수들은 적절하게 산출되었다. 즉, 시가총액과 유동주식 가중방식으로 산출한다는 얘기다. 우리가 가장 초점을 맞추는 지수는 MSCI World Index와 MSCI All Country World Index(줄여 말해, World Index와 ACWI)다.

World Index는 미국, 영국, 호주, 독일, 일본을 포함한 23개 선진국 시장을 보여준다. 나는 시장의 역사를 논의할 때 이 지수를 자주 언급한다. 충분한 과거 데이터를 제공해주고 역사를 해독하는 데 도움이 되는 측정치들이 있기 때문이다. 더욱 중요한 점은 이 지수가 포괄적이고(전 세계 시장 시가총액의 85%를 커버한다) 각각의 구성원에 대해 그 시장의 유동성을 가중했다는 것이다. 이는 어떤 주식이 활발히 거래되지 않는다면 시장에 대한 영향력도 거의 없다는 뜻이다. 버크셔해서웨이 주식이 좋은 예다. 이 주식은 World Index나 S&P500지수 산출에 포함되지 않는다. 다른 주식에 비해 아주 가끔 거래되기 때문이다.

전체 글로벌 시장의 대표치로서 또 하나의 좋은 선택은 이머징 국가도 포함하는 ACWI다. 현재 48개 국가가 포함되어 있는데, World Index 구성 국가 외에 멕시코, 브라질, 중국, 인도 등이 들어가 있다. 다만 이머징 마켓은 역사도 제한적이고 데이터도 적기 때문에 역사적인 성과를 측정하는 데 있어서 World Index보다 덜 유용하다. 하지만 아주 적절하게 산출된 지수이며, 글로벌 시장을 잘 대표한다.

이들 지수에 대해 좀더 많은 정보를 찾고 과거의 성과를 추적해보려면, www.mscibarra.com에 접속해보라.

GDP 가중 수익률 곡선을 구할 때, 우선 나는 MSCI World Index에 포함된 나라들의 리스트를 만들었다. 전부 23개국이다. ACWI(All Country World Index) 지수에 포함된 국가들 전체를 사용하지는 않았는데, 이는 선진국들의 GDP에 비해 이머징 국가들의 GDP가 너무 작아서 이들의 이자율이 거의 영향을 미치지 않기 때문이다. 그리고 이머징 국가에 대한 정확한 데이터를 입수하기가 너무 어렵기도 하다. 그리고 나는 각국의 가장 최근 GDP를 입력했다. 이들 국가의 GDP는 IMF의 홈페이지에서 찾을 수 있다(www.imf.org). 그래서 다음과 같은 표를 만들었다.

국가	GDP(10억 달러)	GDP 비중(%)
국가 A	50	14.3
국가 B	50	14.3
국가 C	250	71.4
합계	350	

확실히 가설적인 정보이긴 하지만, 어떤 아이디어를 얻을 수 있을 것이다. 각 국가의 적절한 GDP 비중을 구하기 위해 전 세계 GDP를 더해서 각 국가의 GDP를 이 합으로 나눈다.

그 다음, 단기·장기 금리를 각각 입력한다(여기선 3개월 금리와 10년 금리를 보여주고 있다). 나는 금리를 빠르게 정리할 수 있는 굉장한 소스를 알고 있는데, 사실 누구나 이용할 수 있는 것으로, 바로 Yahoo! Finance다(http://finance.yahoo.com/international).

국가	GDP(10억 달러)	GDP 비중(%)	금리	
			3개월	10년
국가 A	50	14.3	3.25	6.5
국가 B	50	14.3	2.5	7.2
국가 C	250	71.4	4.5	4.25
합계	350			

이 부분은 단지 자료의 도입부다. 이제 스프레드(금리 차이)를 구하기 위해 10년 금리에서 3개월 금리를 뺀다. 양의 스프레드는 정상 수익률 곡선을 의미하고, 음의 스프레드는 역수익률 곡선을 의미한다.

국가	GDP(10억 달러)	GDP 비중(%)	금리 3개월	금리 10년	스프레드
국가 A	50	14.3	3.25	6.5	3.25
국가 B	50	14.3	2.5	7.2	4.70
국가 C	250	71.4	4.5	4.25	-0.25
합계	350				

C국가는 실제로 음의 스프레드를 보였다. 이는 수익률 곡선이 약간 역수익률 곡선을 보인다는 것을 의미한다. 그리고 C국가는 상대적으로 GDP 규모가 크다. 이런 결과는 C국가가 재앙에 처했다는 것을 말하는 걸까? 아직 끝난 게 아니다. 다음으로, 각 국가의 스프레드를 각 국가의 GDP 비중에 곱한다. 그리고 이 수치를 모두 더해 글로벌 수익률 스프레드를 구한다. 결과는 다음과 같다.

국가	GDP(10억 달러)	GDP 비중(%)	금리 3개월	금리 10년	스프레드	GDP 가중 스프레드
국가 A	50	14.3	3.25	6.5	3.25	0.46
국가 B	50	14.3	2.5	7.2	4.70	0.67
국가 C	250	71.4	4.5	4.25	-0.25	-0.18
합계	350					0.95

C국가가 음의 수익률 곡선을 보이긴 했지만, 글로벌 수익률 곡선은 여전히 양의 기울기를 보이고 있다. 글로벌 수익률 곡선의 스프레드는 양의 기울기를 의미하는 0.95다. 가장 낮은 금리와 높은 금리의 차이가 약 1% 정도 된다는 것이다. 이 가상의 경우에서 상대적으로 주변 국가보다 GDP 규모가 훨씬 큰 C국가는 미국과 같은 나라일 것이다. C국가같이 큰 나라의 경우에도 다른 나라의 수익률 곡선 역시 중요하다는 것을 알 수 있다. 만약 C국가의 신용 상황이 그리 좋지 않다면, 이 국가의 은행과 금융기관들은 할 수만 있다면 다른 나라에서 거리낌 없이 돈을 빌려올 것이다. 이는 수십 년 전만 해도 이들 기관이 하지 않았던 것들이다. (실제 글로벌 수익률 곡선을 구하고 싶다

그림 2.4 **글로벌 수익률 스프레드**

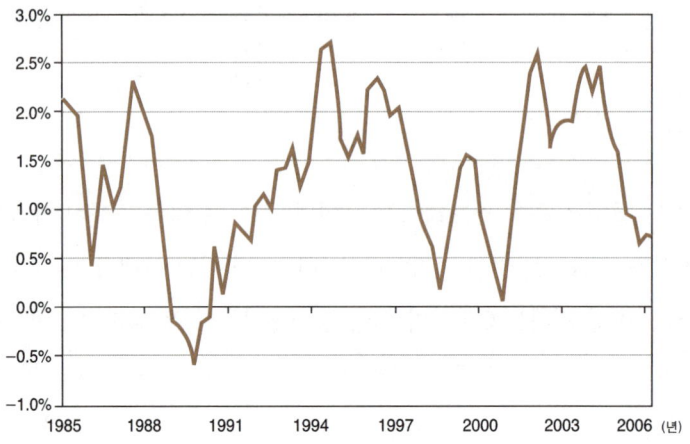

출처: MSCI World Monetary Zones

면 글로벌 장단기 금리를 같은 방법으로 계산하면 된다. 각 국가의 금리를 GDP 비중으로 곱해서 더하기만 하면 된다. 우리 사례에서는 글로벌 3개월 금리는 4.04%였고 10년 금리는 4.99%다. 단기금리를 빼면 똑같이 스프레드가 0.95라는 결론에 도달한다.)

따라서 미국이 역수익률 곡선이라고 해도 그 자체로는 즉각적인 공황의 이유가 되지는 않는다. 그보다는 글로벌 금리와 글로벌 수익률 곡선의 추이를 살펴보아야 한다. 그림 2.4는 지난 25년간 글로벌 단기금리와 장기금리 간의 스프레드를 보여주고 있다. 이는 글로벌 수익률 곡선의 상대적인 기울기를 다른 방법을 통해 보여주고 있다. 0% 선 위쪽에 있는 것들은 정상 수익률 곡선이고, 그 아래 있는 것은 역수익률 곡선을 의미한다. 수치가 높을수록 장단기 스프레드가 커지고, 따라서 수익률 곡선의 기울기가 가파르게 된다.

1989년 글로벌 수익률 곡선이 역수익률 곡선을 기록하며, 경기후퇴(전 세계적인 경기후퇴)를 예고했던 것에 주목하자. 이제 2000년을 보자. 글로벌 수익률 곡선이 굉장히 수평에 가까워졌지만(이는 부정적인 현상이다) 경제와 주식시장의 수익률이 탄탄했던 1998년보다 수평에 덜 가깝다. 미국은 역수익률 곡선을 기록했지만, 글로벌 수익률 곡선은 수평 수익률 곡선을 기록했기 때문에 2001년 3월 시작된 경기후퇴는 극히 짧은 기간에 사라진 것으로 나타났다(NBER의 자료에 따른 것임[30]).

표 2.1 분기별 GDP성장률

년, 분기	GDP성장률
2000q1	1.15%
2000q2	2.01%
2000q3	0.40%
2000q4	0.93%
2001q1	0.68%
2001q2	1.07%
2001q3	0.06%
2001q4	0.90%
2002q1	1.05%
2002q2	0.90%
2002q3	0.97%
2002q4	0.61%

출처: 미 경제분석국

GDP 수치를 통해 경기후퇴를 판단하는 사람들은 2000~2002년 동안의 GDP 데이터에 쇼크를 받을지도 모른다. 이때 우리는 2분기 연속 마이너스 GDP 성장을 기록한 적이 절대로 없었다. 이럴 수가! 우리는 단 한 분기도 마이너스 GDP성장률을 기록하지 않았다. 명심하라. 언론은 이야기를 지어내는 걸 좋아하지만, 틀린 기사를 정정하는 것도 별로 좋아하지 않는다. 표 2.1은 2000년부터 2002년까지 분기별 GDP성장률을 보여주고 있다. 2001년 3분기 성장률은 매우 낮았지만, 어쨌든 플러스 성장률을 기록했다. 그 분기 말고는 마이너스 성장률 근처에도 가지 않았다.

역수익률, 모조 역수익률

2005년 12월에 시작해 2006년 중반까지, 약세론자들은 2006년에 도래한 미국의 수평 또는 역수익률 곡선을 바탕으로 약세장에 대한 믿음을 이어나갔다. 충분히 그럴 수 있다. 2006년 전문가들은 반복적으로 경기후퇴를 경고했다. 실제로 경기후퇴는 일어나지 않았다. 또한 글로벌 주식시장도 플러스 수익률을 기록했다. 미국의 경제성장이 다소 느려질 수는 있었지만 하락할 정도는 아니었다. 나는 우리가 경기후퇴 상황에 있는지 아닌지를 사이트 방문자들에게 묻는 CNN.com의 온라인 즉석 설문(Quick Vote Poll)을 즐겨 본다. 경기후퇴는 견해의 문제가 아니다. 즉, 경기후퇴 상황에 있거나 아니거나 둘 중에 하나다. CNN.com 설문 참여자들이 느끼는 것은 그냥 단지 느낌일 뿐이다. 그럼에도 불구하고 내가 체크할 때마다 사람들이 '경기후퇴 상황에 있다'라고 대답한 비율이 항상 50% 이상은 되는 것 같다. 더 좋은 질문은 아마도 "여러분은 경기후퇴가 무엇인지 알며 어떻게 측정하는지 아십니까?"일 것이다. '느낌'에 관한 설문이라면 오프라(미국 오프라 윈프리 쇼 진행자—옮긴이)에게 맡기는 편이 좋다.

2006년 미국시장의 '역' 수익률 곡선은 그리 큰 문제가 아니었다. 언론에서 이 상황이 충분히 시장가격에 반영되었다고 확신했기 때문이었다. 그리고 아무도 얘기하지 않았지만, 글로벌 수익률 곡선은 여전히 정상 수익률 곡선이었기 때문이다. 만약 어떤 나라의 수익률 곡선이 역수익률 곡선이라도 글로벌 수익률 곡선이 정상 수익률 곡선이라면, 여전히 기업이나 기관투자가들, 개인고객들 등은 모두 글로벌한 경영활동을 지속할 수 있는 기회가 있다. 은행들은 한 나라에서 돈을 빌려 다른 나라에 하루 종일 대출해준다. 그리고 밤새 예전에는 생각도 못 했던 다양한 파생상품과 증권을 통해 무수히 많은 리스크 관리를 실시하며 위험을 제거한다. 또한 그들은 다양한 국가의 채권에 투자함으로써 위험을 분산시킨다. 바로 이러한 이유 때문에 초기에 발생했던 대부분의 경기후퇴 때 은행이나 증권사가 붕괴했던 것과는 달리

2001년 경기후퇴는 아주 짧고 가볍게 끝날 수 있었다. 은행들이 그들의 리스크를 잘 관리함으로써 폭풍이 몰아치는 걸 막은 것이다.

2001년 경기후퇴가 경미했다고 말한 것에 대해 여러분은 여전히 흥분해 있을지 모른다. 현재 경제가 2000년 11월 조지 부시의 당선(관점에 따라선 '지명')에 맞춰 급격하게 나빠졌다고 보는 견해가 일반적이다. 많은 이들이 당시 미국경제가 급격히 나빠졌을 뿐만 아니라 몇 년 동안 회생하지 못한 지경에 빠졌던 것이라고 생각한다. 결국 거대한 3년간의 약세장을 겪게 한, 그 경기후퇴가 왜 깊고 끔찍하고 오랫동안 지속되면 안 됐던 것일까?

실제 데이터는 이와 상이한 수치를 나타내고 있기 때문이다. 저녁식사 자리에서 좋아하는 대통령을 찬양하거나 비방하는 것은 괜찮다. 하지만 투자 결정을 내릴 때 정치적인 유대관계를 기반으로 결정한다면 여러분은 완전히 틀린 방향으로 나가는 것이며, 기회를 상실하는 것이다. 2000년에서 2003년까지 미국과 글로벌 시장의 약세는 역사상 가장 심한 것 중 하나였다. 하지만 경제상황은 그리 나쁘지 않았는데, 이는 크게 봤을 때 글로벌 수익률 곡선이 정상 수익률 곡선을 그리고 있었기 때문이며, 그린스펀 의장과 전 세계의 동료들이 이끈 영리한 통화정책, 그리고 감세 조치(공급주의 경제학 파여 만세!) 때문이었다. 그때 이후로 미국경제는 2002년 3.4%, 2003년 4.7%, 2004년 6.9%, 2005년 6.3%[31] 등 고른 GDP 성장과 함께 탄탄하게 성장했다. (2006년은 이 책이 출판되기 전 끝나지 않았지만, 플러스 수익률을 기록할 것으로 예상된다.) 2003년 글로벌 주식시장의 수익률은 무려 33%를 기록하며 새로운 강세장을 시작했다.[32] 심술이 난 전문가들은 그들의 비관적인 전망(3장에서 자세히 다룸)을 확신시켜 주는 다른 지표들을 힘들여 찾아 나섰다. 그들의 편향된 시각을 지지해주는 것이면 어떤 것이든 상관없이 찾아내려 했지만, 실제로 반박할 수 있는 자료는 없었다.

이처럼 글로벌 수익률 곡선이 정상이라면 미국시장의 역수익률 곡선은 다가올 나쁜 시기를 예고하는 것이 아니다. 최악의 경우로 생각해도, 이런

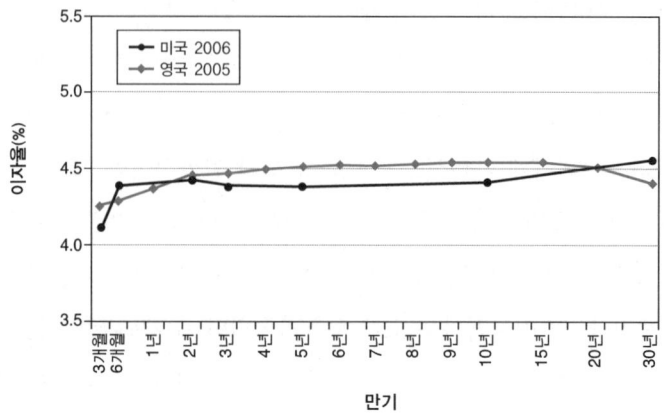

그림 2.5   2005년 영국 수익률 곡선 vs 2006년 미국 수익률 곡선

출처: Bloomberg

상황이 외국주식에 비해 미국주식을 보유하는 것이 좋은가에 대한 논란은 될 수 있지만, 역시 약세장을 예견하는 지표로서는 전혀 아니다. 어떤 나라의 수익률 곡선보다 글로벌 시장의 그것이 앞으로 다가올 주식시장과 전 세계 경제의 예상 지표로서 유용하다.

2005년 영국 사례는 좋은 예다. 2005년 시작과 함께 영국은 2006년 미국 시장 출발 시와 거의 똑같은 수준과 기울기의 수익률 곡선을 기록했다(그림 2.5). 거의 팬케이크보다 더 평평한 수준이다.

하지만 영국은 2005년 약세장도, 경기후퇴도 겪지 않았다. 경제는 여전히 견실했으며 시장은 상승했다(글로벌 시장에 비해선 뒤졌지만, 어쨌건 상승). 글로벌 수익률 곡선이 정상인 상태에서 어떤 국가의 수평 또는 역수익률 곡선은 그 국가의 비중이 어떻게 되느냐의 문제일 뿐이다. 나쁠 것이 없다! (이는 대부분의 사람이 간파하지 못한, 하지만 간파할 수 있는 단순한 사례. 여러분의 포트폴리오에도 즉각 사용할 수 있다.)

내가 알기로는, 내가 시도하기 전까지는 누구도 글로벌 신용 상황을 종합해보기 위해 GDP 가중 글로벌 수익률 곡선을 계산한 적이 없었다. 이는 단순하고 완벽한 두 번째 질문(다른 사람이 간파하지 못한 것 중 당신이 간파할 수 있는 것은?)의 예다. 한 국가가 아닌 글로벌 수준의 수익률 곡선은 오늘날 일반적인 것이 되었다. '간파할 수 없는 것을 간파해내는 것'은 대부분의 사람들에게, 복잡하고 이론적으로 접근하기 어려우며, 이해하기 어려운 것이 아니다. 그것은 아주 기초적이고 단순한 것이다.

앞서 언급했듯이, 이 방법의 멋진 점은 이 법칙을 다른 많은 현상에 적용할 수 있다는 것이다. 글로벌 GDP와 시장에 중요한 것은 바로 글로벌 재정적자다. 미국이건 미국이 아닌 다른 지역이건, 그 국가의 인플레이션을 일으키는 것은 글로벌 수준의 인플레이션이다. 여러분은 GDP 가중 글로벌 통화공급 추이를 구하기 위해 방금 한 것과 똑같은 방법을 사용할 수 있다. 왜 그럴까? 글로벌 인플레이션의 요인이 되는 것은 어느 한 국가의 통화 창출이 아닌 글로벌 수준의 통화 창출이기 때문이다. 무역적자나 경상적자가 여전히 걱정되겠지만, 이런 것들은 글로벌 수준에서 봤을 때 간단히 사라져 버린다. 이 문제를 어떻게 생각할지는 잠시 후에 자세히 다루기로 하자. 글로벌한 사고방식은 아주 많은 것에 적용할 수 있다. 오래되었지만 실제 거의 적용되지 않는 "글로벌하게 사고하고 국지적으로 행동하라"는 격언은 정말 가치 있는 말이며 시대를 앞선 선견지명이다.

수익률이 여러분에게 말하고 있는 것

이제 여러분은 수익률 곡선을 올바르게 해설할 수 있게 되었으며, 투자결정을 내리는 데 주목할 만한 다른 패턴이나 기본 원칙을 찾는 작업을 시작할 수 있다. 여기 또 다른 두 번째 질문이 있다. "다른 사람은 모르지만, 수익률 곡선이 주식에 대해 여러분에게 말해 줄 수 있는 것은 무엇일까?"라는 질문이다. 지금쯤이면 여러분은 모든 투자

표 2.2 **항상 수익률이 좋은 주식 유형은 없다**

1986	1987	1988	1989	1990	1991	1992	1993	1994	1995
해외 성장주 71%	해외 가치주 31%	해외 가치주 31%	미국 대형 성장주 36%	미국 장기채권 6%	미국 소형 성장주 51%	미국 소형 가치주 29%	해외 가치주 40%	해외 가치주 11%	미국 대형 성장주 38%
해외 가치주 69%	해외 성장주 71%	미국 소형 가치주 29%	미국 라지캡 32%	미국 대형 성장주 0%	미국 소형 가치주 42%	미국 대형 가치주 11%	해외 성장주 71%	해외 성장주 71%	미국 라지캡 38%
미국 장기채권 25%	미국 대형 성장주 6%	해외 성장주 71%	미국 대형 가치주 26%	미국 라지캡 -3%	미국 대형 성장주 38%	미국 장기채권 8%	미국 소형 가치주 24%	미국 대형 성장주 3%	미국 대형 가치주 37%
미국 대형 가치주 22%	미국 라지캡 5%	미국 대형 가치주 22%	미국 소형 성장주 20%	미국 대형 가치주 -7%	미국 라지캡 30%	미국 소형 성장주 8%	미국 대형 가치주 19%	미국 라지캡 1%	미국 장기채권 32%
미국 라지캡 19%	미국 대형 가치주 4%	미국 소형 성장주 20%	미국 장기채권 18%	미국 소형 성장주 -17%	미국 대형 가치주 23%	미국 라지캡 8%	미국 대형 가치주 18%	미국 대형 가치주 -1%	미국 소형 성장주 31%
미국 대형 성장주 14%	미국 장기채권 -3%	미국 라지캡 17%	해외 가치주 15%	해외 가치주 -21%	미국 대형 가치주 19%	미국 대형 성장주 5%	미국 소형 성장주 13%	미국 소형 가치주 -2%	미국 소형 가치주 26%
미국 소형 가치주 7%	미국 소형 가치주 -7%	미국 대형 성장주 12%	미국 소형 가치주 12%	미국 소형 가치주 -22%	해외 성장주 71%	해외 가치주 -11%	미국 라지캡 10%	미국 소형 성장주 -2%	해외 가치주 12%
미국 소형 성장주 4%	미국 소형 성장주 -10%	미국 장기채권 10%	해외 성장주 71%	해외 성장주 71%	해외 가치주 11%	해외 성장주 71%	미국 대형 성장주 2%	미국 장기채권 -8%	해외 성장주 71%

출처: Thompson Financial Datastream, Ibbotson Analyst

스타일에 대한 선호가 들쭉날쭉하게 순환한다는 것을 알 것이다(모른다면 알아야 한다). 자세한 이유에 대해선 뒷 장에서 살펴보겠지만, 표 2.2와 유사한 것을 본 적이 있을 것이다.

표 2.2가 보여주는 것은 어떤 유형의 주식도 항상 우위를 점하지 못해왔다는 것이다. 더욱 분명한 것은 어떤 유형의 주식이 주도주가 될 것인지 예측할 수 있는 어떠한 패턴도 존재하지 않는다는 것이다. 그런 패턴이 있는가? 그렇다면 언제 성장주가 가치주에게 다시 주도주 자리를 내줄지 알 수 있는가? 만약 그렇다면 두 번째 질문에서 '간파하지 못한'이란 말이 틀렸다는 것일까? 만약 여러분이 어떤 스타일이 다음 주도주가 될 것이며, 그런 변화가 언제 일어날 것인지 예측할 수 있다면, 다른 사람이 모르는 무엇인가를

1996	1997	1998	1999	2000	2001	2002	2003	2004	2005
미국 대형 성장주 24%	미국 대형 성장주 37%	미국 대형 성장주 42%	미국 소형 성장주 43%	미국 소형 가치주 23%	미국 소형 가치주 14%	미국 장기채권 18%	미국 소형 성장주 49%	해외 가치주 25%	해외 가치주 14%
미국 라지캡 23%	미국 라지캡 33%	미국 라지캡 29%	해외 성장주 71%	미국 장기채권 21%	미국 장기채권 4%	미국 소형 가치주 -11%	미국 소형 가치주 46%	미국 소형 가치주 22%	해외 성장주 71%
미국 대형 가치주 22%	미국 소형 가치주 32%	해외 성장주 71%	미국 대형 성장주 28%	미국 대형 가치주 6%	미국 소형 성장주 -9%	해외 가치주 -16%	해외 가치주 46%	해외 성장주 71%	미국 장기채권 8%
미국 소형 가치주 21%	미국 대형 가치주 30%	해외 가치주 18%	해외 가치주 25%	해외 가치주 -3%	미국 대형 가치주 -12%	해외 성장주 71%	해외 성장주 71%	미국 대형 가치주 16%	미국 대형 가치주 6%
미국 소형 성장주 11%	미국 장기채권 16%	미국 대형 가치주 15%	미국 라지캡 21%	미국 라지캡 -9%	미국 라지캡 -12%	미국 대형 가치주 -21%	미국 대형 가치주 32%	미국 소형 성장주 14%	미국 라지캡 5%
해외 가치주 9%	미국 소형 성장주 13%	미국 장기채권 13%	미국 대형 가치주 13%	미국 대형 성장주 -22%	미국 대형 성장주 -13%	미국 라지캡 -22%	미국 라지캡 29%	미국 라지캡 11%	미국 소형 가치주 5%
해외 성장주 71%	해외 성장주 71%	미국 소형 성장주 1%	미국 소형 가치주 -1%	미국 소형 성장주 -22%	해외 가치주 -18%	미국 대형 성장주 -24%	미국 대형 성장주 26%	미국 장기채권 9%	미국 소형 성장주 4%
미국 장기채권 -1%	해외 가치주 2%	미국 소형 가치주 -6%	미국 장기채권 -9%	해외 성장주 71%	해외 성장주 71%	미국 소형 성장주 -30%	미국 장기채권 1%	미국 대형 성장주 6%	미국 대형 성장주 3%

아는 셈이다. 이는 커다란 베팅을 할 수 있는 기반을 여러분에게 제공해줄 것이며, 저가에 매수하고 고가에 매도할 수 있는 적절한 타이밍을 알게 해줄 것이다.

표 2.2를 다시 살펴보라. 여러분이 전년도의 최고 주도주를 매수했다면, 올해에는 실패했을 확률이 높다는 것을 알 수 있다. 드물게도 대형주(Large Cap)들이 오랜 기간 시장을 주도했던 1990년대 후반을 제외하곤 말이다. 물론 그 대가로 2000년부터 시작된 끔찍한 수익률 하락을 경험했을 것이다(말했듯이, 10년간 지속적으로 상승한 주식 스타일은 없다). 만약 주도주의 유형이 언제 바뀔 것인지 예측해주는 패턴이 존재한다면 지난 시간 동안 투자해온 모든 똑똑한 사람들이 어떻게 놓칠 수가 있었을까?

아주 간단하다.

우리는 이미 그림 2.6과 비슷한 그림을 앞에서 보여준 바 있다. 이 그림은 글로벌 수익률 곡선이 아닌, 글로벌 장단기 금리의 스프레드를 보여준 것이었다. 그림 2.6은 여기에 가치주 대 성장주의 상대적인 최고 수익률을 더한 것이다. 예를 들어, 수익률 곡선이 스프레드 차이가 거의 2.5% 정도로 크게 기울어진 후였던 1987년에 가치주는 주도주 자리를 차지하고 1990년까지 성장주 대비 28%나 더 상승했다. 그 후 수익률 곡선은 수평이 되고 역전이 되면서, 다시 정상 수익률 곡선이 될 때까지 성장주가 주도주 자리를 다시 차지했다. 이 패턴은 반복하고 있으며 때때로 주도주의 위치를 점하면서 엄청나게 높은 수익률을 기록하기도 한다. 무려 55%나 76%에 달할 때도 있었다. Fed와 싸우지 않으려고 안달하거나, 너무 높거나 낮은 금리 수준을 걱정했던 투자자들은 바로 이 주목할 만한 패턴을 놓치게 된다.

그림 2.6은 글로벌 수익률 곡선의 기울기가 현저히 깊어지게 되면, 가치주가 성장주보다 수익률이 좋다는 것을 실증해 보이고 있다. 수익률 곡선이 평

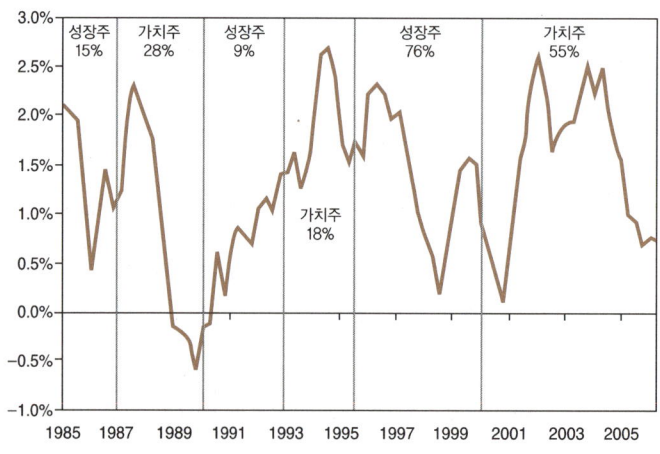

그림 2.6 글로벌 수익률 곡선과 비교한 성장주와 가치주의 글로벌 수익률

출처: Bloomberg, Global Financial Data, IMF, Thomson Financial Datastream

평해지면 성장주가 가치주를 다시 누른다. 이런 변화는 참으로 불가사의하다. 수익률 곡선에서의 변화는 불쑥 일어나며, 주도주 스타일의 변화도 그렇다. 두 스타일 간의 수익률 차이도 매우 크다. 단지 몇 % 차이가 아니란 말이다. 시장의 절반 정도는 가치주냐, 성장주냐에 기반해서 움직이기 때문에 두 스타일 간의 변화를 정확하게 알 수 있다면 시장을 구분하는 가장 기초적인 것 중 하나에 기반해 큰 수익을 올릴 수 있게 된다. 아주 단순하게 글로벌 수익률 곡선은 가치주에서 성장주로의 변화 그리고 그 반대의 경우가 언제 일어나는지 여러분에게 말해주고 있다. 수익률 곡선이 완전히 평평해진 후에는 성장주의 시대로 향하면 된다. 또 수익률 곡선이 급격해지면 가치주로 이동하면 된다. 다시 평평해진다면 성장주로 돌아올 때다.

성장주와 가치주, 그 차이는?

성장주란 무엇인가? 가치주란 무엇인가? 여러분은 어떻게 구분하는가?
온라인 사전을 통해 '성장주'와 '가치주'의 정의를 찾아보면, 어떤 것이든 간에 잘못된 가정으로 범벅이 되어 있다는 것을 발견할 것이다. 예를 들어 "성장주는 '더 높은 수익률'을 가지지만 '더 높은 베타를 가지는', 다른 말로 하면 '더 높은 위험을' 보유한 주식을 말한다"와 같은 정의다. 가치주는 '덜 위험'하며 '낮은 수익률'이지만 '안정성이 훨씬 높은'과 같은 식이다. 말이 안 되는 설명이다. 아주 장기간에 걸쳐 보면, 성장주나 가치주 모두 리스크 수준의 차이를 뚜렷이 보이지 않는다. 하지만 이 둘에 대한 선호도는 들쭉날쭉하며 순환한다. 2002~2006년처럼[33] 어떤 때는 성장주가 가치주에 비해 지속적으로 초 고수익을 기록하기도 한다. 따라서 성장주와 가치주를 어떻게 구분하는지 정확히 알 필요가 있다. 아주 많은 사람들이 성장주는 높은 P/E를 갖고 가치주는 낮은 P/E를 갖는다고 생각한다. 하지만 도대체 무엇에 비해 높거나 낮다는 것인가? 몇몇 전문가들은 임의적인 수준을 정해 이것을 고수한다. 하지만 여러분은 여러분의 벤치마크(비교하는

지수)를 기준으로 삼는 것이 좋다. 방법은 다음과 같다.

우선, 여러분 벤치마크의 P/E를 찾아낸다. S&P를 예로 들어보자. 금융 데이터를 다루는 어떤 홈페이지든지 S&P의 현재 P/E치를 찾을 수 있을 것이다. 주의할 것은 과거 P/E가 아닌 '미래주가수익률(Forward, P/E)'를 사용해야 한다는 것이다. 우리는 지난 일이 아닌 앞으로 다가올 일이 궁금하기 때문이다? 알겠는가? 참고로 2006년 6월 현재 미래주가수익률은 13.6[34]이었다.

이제 P/E가 13.6보다 높은 주식을 '성장주'로, 이보다 낮은 주식을 '가치주'로 설명할 수 있다. 벤치마크의 P/E와 비슷한 주식은 기본적으로 여러분에게 중립적인 주식이다. 여러분이 사용하는 벤치마크의 P/E는 조금씩 움직이기 때문에 이를 명심해야 한다. 성장주에 더 많은 비중을 두고 싶다면 여러분 포트폴리오의 평균 P/E는 벤치마크의 P/E보다 상대적으로 높여야 한다. 가치주에 대해서도 반대로 하면 된다. 또한 여러분의 투자 포트폴리오를 중립적으로 운용할 때도 있을 것이다. 어떤 회사들은 일시적으로 수익이 없고 P/E 수치가 없기 때문에 그 주식이 성장주이거나 가치주일 때도 P/E가 아무것도 말해주지 않을 수도 있다는 걸 명심해야 한다. 이런 경우엔 주가순자산비율(PBR)이나 주가매출액비율(PSR) 같은 다른 측정치가 필요하다. 이런 수치도 같은 방법으로 사용할 수 있으며 비슷한 결과를 얻을 수 있다.

분석을 할 때, 미국시장의 스타일별 성과를 측정하기 위한 좋은 지수가 있는데 바로 러셀(Russel)과 윌셔(Wilshire) 인덱스다. 두 지수 모두 주식 사이즈(small, mid, large)별로 성장주와 가치주에 대한 특정 인덱스를 가지고 있어서 제대로 된 비교를 할 수 있다. 이 지수들에 대한 정보는 www.russel.com/us/indexes와 www.wilshire.com.indexes에서 찾아볼 수 있다. MSCI에서도 글로벌한 성장주와 가치주 지수를 만들고 있다. www.mscibarra.com을 방문해서 '가치주'나 '성장주'를 스타일 메뉴에서 선택하면 된다. 이제 여러분은 이 지수들의 과거 추이와 여러분의 벤치마크를 비교해서 언제 성장주와 가치주가 주도했는지, 아니면 뒤처졌는지 비교할 수 있다.

내가 개최한 세미나에 참석하지 않은 이상, 수익률 곡선과 가치주·성장주의 성과를 이런 식으로 나타낸 그래프를 본 적이 없을 것이다. 아무도 이 패턴을 보지 못했지만, 둘 사이의 관계는 아주 인상적이다. 그리고 그럴 만한 이유도 있다.

수익률 곡선이 평평해지면 성장주가 주도주를 차지하고 그 반대가 되면 가치주가 주도주가 되는 것을 볼 수 있다. 왜 그런 것일까? 앞서 말했듯이, 특별한 의미가 필요하지 않은 패턴들도 많이 존재한다. 상관관계를 보여주는 그래프를 보고 허겁지겁 포트폴리오에 중대한 변화를 주려 한다면, 그전에 그 패턴이 어떤 인과성이 있는지 반드시 체크해야 한다. 인과적 상관관계가 없다면 어떤 것도 투자결정의 근거로 삼을 수 없다. 만약 어떤 것이 인과관계에 있다면(즉, 어떤 다른 것이 어떤 일의 원인이 된다면) 그 둘은 항상 상관관계에 있다. 하지만 두 변수가 상관관계에 있다고 해서 반드시 인과관계를 가지는 것은 아니다. 학교에서 통계학을 배울 때, 높은 상관관계가 꼭 인과관계를 필요로 하지 않지만 인과관계는 높은 상관관계를 의미한다는 말을 들었을 것이다. 두 번째 질문의 핵심 포인트는 우선 높은 상관관계를 찾고 그 후에 간단한 경제학을 활용해 그 상관관계에 인과관계가 있는지 살펴보는 것이다.

2가지 사건이 우연히 상관관계가 있는 것으로 보일 수 있다. 이는 도박사의 오류라고도 하는데, 이전에 100번 연속 동전 앞면이 나왔다고 하더라도 매번 동전을 뒤집을 때마다 앞쪽이 나올 확률은 50 대 50이라는 얘기다. Q라는 사건을 몇 번 목격한 이후 Y라는 사건이 약간의 규칙성을 가지고 발생했다고 해서, 그것이 또다시 발생할 것이라고 판단해서는 안 된다. 즉, 101번째 동전 뒤집기에서 뜻밖에 뒷면이 나오는 것과 다름 아니다.

만약 Q가 발생한 이후 Y가 자주 발생했는데, 그 상관관계 이면에 있는 경제학적 논리를 발견해내지 못한다면 다시 돌아가 보라. Q를 관찰했을 때 진짜 Y를 유발한 뭔가가 있었을 것이다. 그리고 투자결정을 내리기에 앞서 이

미스터리한 변수가 무엇인지(아마도 X?) 밝혀내야만 한다. 통계학은 속기 쉽다. 인과관계가 없는 상관관계라면 아무것도 아닌 셈이다. 그리고 여러분의 발견이 유용하려면 기초적인 경제 논리에 부합해야 한다.

만약 Q라는 변수가 Y를 일으키는 것 같고, 거기다 경제적 논리도 통하지만 단지 70~80% 정도의 비율로만 Y가 발생한다면 어떻게 해야 할까? 이 논리를 폐기해야 하는 걸까? 절대 아니다! 투자의 세계에서 100%의 상관관계라는 것은 절대 발생하지 않는다. 시장에 작용하는 요인은 아주 많다. 따라서 100%의 상관관계를 기다린다면 절대로 투자결정을 내릴 수 없을 것이다. 70% 정도의 상관관계만 보여도 아주 유의한 것이다. 나머지 30%에 대해서는 나중에 걱정하라. 인생에서는 Y의 발생 원인이 70%는 Q에 의해서, 나머지 30%는 X나 X+L에 의해 일어나는 경우가 많다. 훌륭한 인과관계를 기반으로 한 70%의 상관관계는 여전히 끝내주게 좋은 수익률을 올릴 수 있다. 70%의 비율로 지속적으로 투자결정에서 성공할 수 있다면 모든 프로 투자자들을 당장에 날려버릴 수 있을 것이다. 여러분이 Q가 규칙성을 갖고 Y를 일으킨다는 사실을 보여줄 수 있고 경제학적으로도 설명이 된다면, 그리고 다른 누구도 Y의 원인이 무엇인지 모른다면 여러분은 성배를 찾은 것이다.

그렇다면, 수익률 곡선의 변화와 가치주나 성장주가 주도주를 차지하는 상관관계가 기초 경제학적인 것과 어떤 관계가 있을까? 물론이다. 이는 기업들이 어떤 방법으로 자본금을 키우고, 이 과정에서 은행들이 얼마나 적극적으로 참여하는지 여부에서 기인한다.

은행의 핵심사업은 항상 단기자금을 빌려와서 장기대출을 실시하는 것이었다. 업계 용어 중에 "짧게 빌리고 길게 빌려주라"는 말이 있다. 단기금리와 장기금리의 차이가 은행이 대출을 실시할 때 벌어들이는 총 영업이익 마진이 된다. 수익률 곡선이 평평해질수록 대출에서 벌어들이는 마진이 줄어들게 된다. 반면, 수익률 곡선이 급격해질수록 대출에서 벌어들이는 마진이 크게 늘어나게 된다. 만약 역수익률 곡선이 되면 은행은 대출을 꺼리게 되는 데, 바로 이것이 역수익률 곡선 발생 시 약세장이 되는 이유다. 이런 환경에서 돈을 벌기 위해 은행은 더욱 위험도가 높은 대출을 실시해야 하는데, 원래 은행은 파산에 이를 것 같은 곳에 대출을 실시하는 것을 꺼려한다는 사실을 기억해보라. 수익률 곡선의 스프레드는 은행의 대출 경향을 결정하는 요인이 된다.

만약 여러분이 어떤 은행의 CEO이고, 가파른 수익률 곡선의 상황에 처해있다면, 그리고 조금이라도 감각이 있다면 대출 담당자들을 독려해 대출을 늘리는 데 모든 힘을 쏟을 것이다. 곡선이 더욱 깊어질수록 대출에 대한 열망도 커지게 된다. 수익률 곡선이 매우 평평해지게 되면 이런 열망은 점점 줄어들게 될 것이다. 이는 대출에 대한 은행들의 적극성을 알아내는 것보다 결코 복잡한 문제가 아니다.

가치기업(Value Company)들은 대체로 부채를 통해 자본금을 늘린다. 다른 기업을 인수하거나 공장을 건설하고, 생산라인을 확대하거나 마케팅 영향력을 늘리기 위해 (부채를 통해) 레버리지를 일으키는 것이다. 수익률 곡선이 가파르고 은행들의 대출 경향이 높을 때는 가치기업들에게 좀더 많은 대출을 하려는 경향이 있다(왜 그런지는 잠시 후에 살펴본다). 그리고 가치기업과 그들의 주주들은 혜택을 보게 된다.

이와는 반대로, 성장기업(Growth Company)들은 대개 신주발행을 통해 자본조달을 한다. 이들 역시 돈을 빌릴 수 있고 실제로 돈을 빌리기도 하지만, 주식을 발행하는 편이 일반적으로 자본조달비용이 적게 든다(이 이유도 잠시후에 알아본다). 수익률 곡선이 평평해지면 은행들은 마진이 줄어들기 때문에 대출을 꺼리게 된다. 한편 투자은행(Investment Bank)들은 여전히 성장기업들의 신주발행을 도우려고 한다. 기업공개(IPO)나 신주발행에서 주관회사를 맡는 것이 이들에게는 궁극적으로 이득이 되기 때문이다. 따라서 이런 환경에서는 가치기업들은 인기가 떨어지고 성장기업들이 주도하게 된다. 이제 성장기업들은 더 높은 이익을 내기 위해 자본을 확충할 충분한 기회를 갖게 되는 것이다.

뒤집은 걸 다시 뒤집어 보자

다시 한 번 말하지만, 뭔가 간파해낼 수 없을 때는 재구성해보거나 뒤집어 생각해봄으로써 다른 시각으로 접근할 수 있고, 이것이 도움이 되는 것을 자주 경험할 수 있다. P/E를 올바로 보기 위해 뒤집어 보자. 앞서 살펴본 정의에 따라, 성장주는 전형적으로 가치주보다 높은 P/E를 갖는다는 걸 여러분은 알고 있다. 이들은 대중들 사이에서도 확고한 이미지를 가지고 있다. 어떤 성장주의 P/E가 50배이고, 가치주의 P/E는 5배라고 가정해보자. P/E 50이라는 것은 실제로는 50달러의 가격을 1달러의 수익으로 나눈 것이며 P/E 5는 5달러를 1달러로 나눈 것이라는 걸 알 것이다. 이제 이들을 E/P로 뒤집어 보면 1장에서 논의했던 이익수익률이 된다. P/E 50은 1/50 또는 2%가 된다. 이 회사의 회계가 정확하다면, 그리고 회사의 이익이 안정적이라면 이 2%는 실제로 이 회사가 주식발행을 통해 자본을 확충하는 데 드는 세후비용이다(P/E가 세후수치이므로 E/P도 세후수치다). 이는 채권을 통해 장기부채를 빌리는 것에 비해 아주 낮은 자본확충비용이다.

기업이 돈을 빌릴 때 지불하는 이자비용은 세전수치다. 따라서 P/E 50인 기업(E/P는 2%)은 단순히 2%에 주식을 발행하고 5%짜리 국채를 매입하면 이 둘의 세후 스프레드를 이익으로 취해 주당순이익을 높일 수 있게 된다. 한편 P/E가 5인 회사는(E/P는 20%) 단지 7% 이자(현 수준의 이자가 이 정도라면)로 10년짜리 대출을 받고 자사주를 세후 20% 수익에 매수함으로써 주당순이익을 높일 수 있다. 이 회사 역시 세후 스프레드를 공짜로 먹게 된다. 성장회사는 기회가 될 때마다 주식발행을 통해 자본금을 늘리고자 할 것이다. 가치기업은 반대로 될 수 있는 한 많은 돈을 빌려 자본금을 확충하려 할 것이다.

다시 뒤집어서 재구성해보자. 여러분이 가치기업이나 성장기업의 입장이 아니라, 은행의 대출 담당자라고 가정해보자. 여러분은 다음과 같은 네 명의 대출고객을 보유 중이다.

1. 마이크로소프트 - 유명한 대형 성장회사
2. 포드 - 유명한 대형 가치회사
3. 기휘즈아트로닉스(Geewhizatronics) - 유명하지 않은 소형 성장회사
4. 로컬컨트리시멘트(Local Country Cement) - 유명하지 않는 소형 가치회사

여러분의 고객은 이상의 네 회사가 전부다. 그리고 이 회사들은 똑같은 규모의 대출을 여러분에게서 받았다. 이들에게 실시한 대출을 여러분이 원하면 언제든지 강제로 상환하도록 할 수 있다고 가정해보자. 어느 날 여러분 은행의 사장이 신용시장에 문제가 생겨 은행이 대출을 통해 이익을 남기기 어려운 상황이라고 말한다. 그리고 기존 대출 중 하나를 상환시켜 전체 대출 중 25%를 줄이라고 명령한다. 여러분은 어떤 회사를 선택하겠는가?

마이크로소프트를 선택하진 않을 것이다. 보통 세계 제일의 기업으로 생각하기 때문이다. 만약 그랬다가는 여러분의 선배 담당자들이 여러분을 비웃을 것이다. 포드 역시 마찬가지다. 마이크로소프트 같은 고품질의 이미지는 아니지만, 어쨌건 아주 유명한 회사이긴 마찬가지다. 비록 포드가 최근에 도요타에 자리를 내주고 있다는 것을 알아도 여전히 포드를 선택하진 않을 것이다. 기휘즈아트로닉스는 어떨까? 역시 아닐 것 같다. 몇몇 동네 친구들이 이 회사가 제2의 마이크로소프트가 될 것이란 소문을 들었기 때문이다. 만약 이 회사의 대출을 줄였는데 정말로 유명한 회사가 된다면 다시 한 번 여러분의 선배 담당자들로부터 비웃음을 살 것이다. 그럴 순 없다! 결국 여러분이 선택하게 될 회사는 소형 가치회사인 로컬컨트리시멘트다. 지속적인 수익을 내고 있는 회사지만 건설물이 없어지면 그들의 이익도 없을 것이라 생각하는 것이다. 성장의 가능성도 없어 보인다. 이런 결정은 쉽

다. 마이크로소프트와 포드, 기휘즈아트로닉스는 그대로 두고 로컬컨트리시멘트의 대출을 상환 받기로 한다. 선배 담당자들도 비웃지 않을 것이다. 이들은 이렇게 비웃을 때 말고는 로컬컨트리시멘트에 대해 다시 생각하지도 않는다.

실제로 우리는 무슨 일을 한 것일까? 우리는 가치회사의 자본을 뺏어왔다. 포드라는 큰 회사를 선택할 수도 있었지만(아마도 다음번 차례가 될 것이다) 어쨌건 성장회사가 아닌 상대적으로 작은 가치회사의 자본을 뺏어온 것이다. 로컬컨트리시멘트는 확장을 위한 계획을 세워왔지만, 이제는 계획을 폐기해야만 하고 주가도 급락하게 된다. 미래에 대한 전망은 쓸모없게 되고, 수비적인 경영을 해야 하며, 외부의 현금유입 없이 회사 자체의 이익만으로 생존해야 한다. 이러는 동안 성장주는 높은 P/E(낮은 E/P)를 가졌기 때문에 주식발행을 통해 자본금을 확대해갈 수 있다. 이들은 성장을 지속하며 투자자들에게도 좋은 주식으로 보인다. 사실 이런 시기에 성장주들은 제대로 성장할 수 있으며, 원하기만 하면 주식발행을 통해 원래 로컬컨트리시멘트가 계획했던 시멘트 사업을 먹잇감 삼아 비즈니스 영역을 확장할 수 있다.

다시 뒤집어 보라

재빨리 3년 후 상황으로 가보자. 여러분은 3명의 대출고객과 함께 행복한 삶을 보내고 있다. 그런데 어느 날 여러분의 사장이 다가와 신용시장에 뭔가가 일어났으니 이제 대출고객을 늘리라고 지시한다. 그는 수익률 곡선이 매우 가파르기 때문에 이제 대출을 늘리면 수익을 크게 늘릴 수 있다고 말한다. "그러니 빨리 대출 실적을 올리게, 존슨." 그가 명령한다. "내 이름은 존슨이 아닌데……"라고 중얼거리지만, 어쨌든 상관없이 일단 마이크로소프트를 호출한다. 하지만 그들은 더 이상의 대출을 원하지 않는다. 새로운 주식을 시장에 유통시킨 지 얼마 되지 않았기 때문이다. 포드는 이미 술 취한 선원이 공장 바닥에 널브러져 있는 광경에 비유할 수 있을 정도로 한도를 넘어 대출을 받았다. 기휘즈아트로닉스는 여러분을 비웃을 것이다. 이미 1,200배의 미래수익에 기반해 상장을 준비하고 있기 때문이다. 혹시라도 이 딜에 영향을 줄까 은행의 대출 담당자를 만나는 것을 두려워할 정도다.

그때 갑자기 기발한 생각이 든다. 그 시멘트 회사(로컬컨트리시멘트)가 생각난 것이다. 여러분은 그 회사를 불러 돈을 빌려주겠다는 제안을 한다. CEO는 깜짝 놀라 의자에서 나자빠진다. 지난 몇 년간 누구도 이런 제안을 하지 않았기 때문이다. 그는 담당자에게 전화를 걸어 말한다. "이봐! 몇 년 전에 서랍에 처박아둔 확장 계획 기억하나? 빨리 찾아서 가져오게. 우리한테 갑자기 돈을 빌려준다는 미친 은행이 있어. 이제 우리도 기휘즈아트로닉스처럼 성장할 수 있다고."

실제로 로컬컨트리시멘트는 기휘즈아트로닉스처럼 성장하진 못한다. 하지만 파이낸싱이 없을 때보다는 훨씬 성장 가능성이 높은 회사로 보인다. 따라서 수익률 곡선의 변동은 은행이 로컬컨트리시멘트에 언제 돈을 빌려줄지와 말지를 결정하며, 언제 성장주의 주가가 올라갈지, 아니면 오래된 시멘트 회사의 주가가 올라갈지 결정하는 것이다.

이런 일화는 은행의 대출 경향에 영향을 미치는 글로벌 수익률 곡선의 변화가 왜 성장주와 가치주의 시장 퍼포먼스에 번갈아 영향을 미치는지에 대한 단순한 경제학적 논리를 보여준다. 아주 단순하다.

이제 여러분은 경제학이 뒷받침되는 상관관계 패턴을 알게 되었다. 게다가 여러분 주변의 투자자들은 수익률 곡선이 어떻게 기업의 자본확충에 영향을 미치는지, 그리고 시장수익률에 영향을 미치는지 생각하지 않고 있다. 그들은 아마도 수익률 곡선을 정확히 해석하는 것조차도 처음부터 생각하고 있지 않을 것이다.

두 번째 질문에 대한 대답은 여러분의 투자판단에 이성적인 기반을 제공한다. 즉, 언제 성장주와 가치주가 주도주 자리를 바꾸게 될지 알 수 있게 해준다. 이런 사실을 어떻게 여러분의 투자결정에 활용할 수 있을까? 아주 간단하다. 미국의 수익률 곡선과 금리를 글로벌 수치와 함께 주시한다. 우리는 아주 짧은 시간 동안 매우 가파른 수익률 곡선에서 벗어나 평평한 수익률 곡선으로 변해왔다. 이미 정상적 현상이란 걸 알고 있듯이, 글로벌 수준에서 가치주가 그 동안 주도주 자리를 차지해왔다. 지금 글을 쓰고 있는 시기에, 미국의 수익률 곡선은 약간 역수익률 곡선이 되었다. 글로벌 수익률 곡선은 여전히 약간 정상 수익률 곡선이다. 항상 글로벌 금리를 주시하라. 그러면 언제 성장주가 다시 주도주가 될지 알게 될 것이다. 아주 빠른 시일 내에 그렇게 될 수도 있지만, 그렇지 않을 수도 있다. 글로벌 수익률 곡선이 완전히 평평해지면 가치주를 버리고 성장주를 매수함으로써 여러분만 알고 다른 사람은 모르는 지식을 이제 돈으로 만들면 된다.

대통령 임기 순환 원칙

수익률 곡선의 변화가 어떻게 성장주과 가치주의 거래에 영향을 미치는지는 데이터를 통해 쉽게 알 수 있으며, 이해하기도 어렵지 않다. 금융이나 통계와 관련된 어떤 석박사 학위도 필요 없다. 단지 일반적으로 공개된 자료와 엑셀, 또 몇몇 그래프만 있으면 된다. 1장에서 배웠듯이, 여러분의 가정이 이상하게 조작된 정의를 필요로 한다면 그 가정은 아마도 틀린 것일 수 있다.

하지만 굉장히 타당함에도 불구하고 데이터로 증명하기 어려운 패턴을 발견했다면, 그리고 그 패턴이 상당히 예측력이 있다면 어떻게 해야 할까? 여기 그런 예가 있다. 표 2.3은 1925년부터 대통령 당선 이후 매년 주식시장의 수익률을 S&P500 기준으로 보여주고 있다. 대통령 당선 이후 첫 2년과 임기 마지막 2년을 분리해서 보면, 거의 대부분의 경우 임기 마지막 2년에

표 2.3 대통령 임기와 수익률

대통령	첫해		둘째 해		셋째 해		넷째 해	
쿨리지	1925	n.a.	1926	11.6%	1927	37.5%	1928	43.6%
후버	1929	-8.4%	1930	-24.9%	1931	-43.3%	1932	-8.2%
프랭클린 루스벨트(초선)	1933	54.0%	1934	-1.4%	1935	47.7%	1936	33.9%
프랭클린 루스벨트(재선)	1937	-35.0%	1938	31.1%	1939	-0.4%	1940	-9.8%
프랭클린 루스벨트(삼선)	1941	-11.6%	1942	20.3%	1943	25.9%	1944	19.8%
프랭클린 루스벨트 / 트루먼	1945	36.4%	1946	-8.1%	1947	5.7%	1948	5.5%
트루먼	1949	18.8%	1950	31.7%	1951	24.0%	1952	18.4%
아이젠하워(초선)	1953	-1.0%	1954	52.6%	1955	31.6%	1956	6.6%
아이젠하워(재선)	1957	-10.8%	1958	43.4%	1959	12.0%	1960	0.5%
케네디 / 존슨	1961	26.9%	1962	-8.7%	1963	22.8%	1964	16.5%
존슨	1965	12.5%	1966	-10.1%	1967	24.0%	1968	11.1%
닉슨	1969	-8.5%	1970	4.0%	1971	14.3%	1972	19.0%
닉슨 / 포드	1973	-14.7%	1974	-26.5%	1975	37.2%	1976	23.8%
카터	1977	-7.2%	1978	6.6%	1979	18.4%	1980	32.4%
레이건(초선)	1981	-4.9%	1982	21.4%	1983	22.5%	1984	6.3%
레이건(재선)	1985	32.2%	1986	18.5%	1987	5.2%	1988	16.8%
부시	1989	31.5%	1990	-3.2%	1991	30.6%	1992	7.6%
클린턴(초선)	1993	10.0%	1994	1.3%	1995	37.5%	1996	22.9%
클린턴(재선)	1997	33.3%	1998	28.6%	1999	21.0%	2000	-9.1%
조지 W. 부시	2001	-11.9%	2002	-22.1%	2003	28.7%	2004	10.9%
조지 W. 부시	2005	4.9%	2006	?				
중앙값		2.0%		5.3%		23.4%		13.8%
상승한 해		10		12		18		17
하락한 해		10		8		2		3
평균		7.3%		8.3%		20.1%		13.4%

출처: Global Financial Data

플러스 수익률을 기록하는 경향이 있다는 것을 알 수 있다.

연필을 집어 1929년부터 1932년까지 줄을 그어보라. 이때가 미국 대공황이 시작된 때라는 걸 기억할 것이다. 이런 대공황은 조만간 다시 되풀이되지는 않을 것 같다. 은행 시스템과 시장이 구조조정을 겪었고, 그 당시 알지 못했던 경제와 중앙은행 시스템의 작동원리에 대한 많은 지식을 알게 되었기 때문이다. 그때 말고는 임기 말 2년에 마이너스 수익률을 기록한 때는 단지

3년밖에 없다는 것을 알 수 있다. 마이너스 0.9%도 안 되는 수익을 기록한 1939년도 그렇게 나쁜 해는 아니었다.[35] 심지어 1940년도 단지 10% 마이너스에 불과했다.[36] 이때는 시장이 제2차 세계대전을 앞두고 할인되고 있던 시기였으므로 이런 수익률이 그리 놀라운 것은 아니다. 2000년도는 많은 점에서 아주 이상한 경우다. 1990년대의 엄청난 강세장 이후, 우리는 기술주의 거품이 터져버리는 것을 경험했다. 여기에 더해, 2000년 말에 대통령 선거를 둘러싼 거의 헌법상의 위기까지 더해졌다. 그때는 미국 근대 역사 중 처음으로 일반 투표(popular vote)에서 절반 이상의 지지를 받지 못한 후보가 대통령으로 당선된 경우였다.

이는 널리 알려져 있지만 사실은 아니다. 이전에도 이런 경우가 종종 있었다. 앨 고어의 경우 언론에서는 반대로 말했지만, 2000년에 일반 투표에서 압도적으로 승리하지 못했다(48%).[37] 빌 클린턴도 마찬가지다. 로스 페로나 랄프 네이더 같은 군소 후보들 때문이었다.[38] 에이브러햄 링컨도 1860년 선거에서 마찬가지였다. 겨우 39.8%를 득표했을 뿐이다.[39] 하지만 1864년에는 55%를 득표했다.[40] 사람들이 말하고 싶은 것은 앨 고어가 조지 부시보다 더 많은 표를 받았다는 것이다. 이는 1960년 존 케네디와 1968년 리처드 닉슨의 경우와도 마찬가지다.[41]

사람들이 2000년이 그때와 다른 점이라고 생각하는 것은 과반수 이상 득표하지 못한 후보의 당선이 아니라, 대부분의 일반인 투표에서 승리한 앨 고어가 정작 게임의 최종 단계인 선거인단 선거(Electoral College)에서 이기지 못했다는 사실이다. 이런 사실은 고어가 플로리다 주의 정확한 득표수를 법원에서 제기하게 되는 미증유의 사태를 촉발하게 되었다. 고어의 이러한 도전은 불확실성을 유발시켰고 2000년 말의 괴상한 상황을 더욱 악화시켰다. 시장은 불확실성을 싫어한다. 이러한 불확실성의 효과를 잘 보여주고 있는 것은 2000년 10월 1일의 S&P500지수로 이때까지 연 누적으로 플러스 4.3%의 수익을 기록 중이라는 사실이었다.[42] 마지막 분기에 선거로 인해 생긴 불확실성 때문에 2000년은 대통령 임기 4년차로는 매우 드물게 마이너스 수익률을 기록하게 되었다.

우리가 말할 수 있는 것은 엄청난 비중을 차지하는 사건을 제외하고는, 대통령 임기의 후반 2년은 주식시장이 마이너스 수익률을 잘 기록하지 않는다는 것이다. 또한 분명한 것은 자료에서 알 수 있듯이, 3년차가 가장 수익률이 좋다는 것이다.

다른 조건이 모두 같다면 대통령 임기의 후반 2년은 꽤 수익률이 좋았었다. 이런 사실을 알면 어떤 예측을 할 때 걱정을 줄일 수 있다. 대통령 선거 사이클에서 후반 2년 동안은 약간 강세장 쪽으로 치중해도 된다는 것이다. 이런 정보는 대부분 무시되어 왔다(따라서 아주 강력하다). 그리고 이 책이 출판된 부시의 임기 3년차인 2007년 현재 여러분이 바로 써먹을 수 있는 정보이기도 하다.

이와는 대조적으로 시장의 위험은 임기 전반 2년에 집중되는 경향이 있는데, 여기서 또 다른 패턴이 존재한다. 전반 2년 중 한 해가 마이너스 수익을 기록하면, 일반적으로 다른 한 해는 플러스 수익을 기록한다(항상 그렇지는 않지만)는 것이다. 첫해가 마이너스를 기록하면 두 번째 해는 대체로 플러스이고 그 반대도 마찬가지다. 어쩌다가 전반 2년간 모두 플러스 수익을 기록하는 경우는 있어도 연달아 마이너스 수익을 기록하는 일은 드물다. 다시 말하지만 1929년과 1930년 비정상적인 대공황 때는 무시하라. 또한 닉슨의 재임 때도 이런 현상이 일어났지만 이때 역시 매우 이상한 시기였다.

갑자기 이런 예측기법의 발견에 놀랄지도 모른다. "왜 이 사실이 공공연히 터무니없고, 극단적으로 단순화한 것이라고들 하지?"라고 말할지 모른다. 이 기법은 아주 단순하기 때문에 그만큼 대단한 것이다. 이 패턴은 감춰져 있거나 미스터리에 감추어져 있는 것이 아니라 쉽게 확인할 수 있도록 공개되어 있는 것이다. 이 대통령 임기 법칙에 대한 얘기를 이미 들어봤을 수 있다. 잘 알려져 있지만 대부분의 사람들이 부두교의 기법처럼 비난하는 것이다(물론 내가 설명한 것처럼 이 기법을 사용하진 않았지만). 만약 모든 사람이 이 방법을 멋진 툴이라고 생각했다면 시장가격에 이미 반영되었을 것이고, 곧 그 효과를 잃었을 것이다. 다른 투자자들이 이 기법에 코웃음을 치는 한 여러분은 큰 무기를 가지는 셈이다.

대공황(The Great Depression)

우리가 겪었던 대공황이 글로벌 수준의 대공황의 한 부분인데도 대부분의 역사학자들이 이 점을 지속적으로 놓치고 있다는 점을 주지하는 것은 매우 중요하다. 여러분이 일반적으로 알고 있는 대공황은 Fed의 은행정책 실수, 개인과 기업의 지나친 과욕, 후버의 자유방임주의 정부에 대한 개입으로 발생한 것이다. 비록 커다란 실수들이 미국에서 많이 발생하긴 했지만, 경제역사학자들은 우리의 대공황이 훨씬 큰 공황의 한 부분이었고, 따라서 피할 수 없는 글로벌 수준의 현상이 아니었던 것처럼 각색하는 경향이 있다.

글로벌 현상의 하나로서 대공황에 대한 전반적인 논의를 보려면 나의 책 《월스트리트 왈츠(the Wall Street Waltz)》를 참고하라.

아무도 진짜 사기꾼이 무엇을 할지 예측할 수 없다

일반적으로 관찰되지 않거나 받아들여지지 않는 확실한 경향성은 아주 강력한 힘을 가진다. 그렇긴 하지만, 이 대통령 임기 법칙의 경우 통계적인 원자료만 가지고는 증명하기가 조금 힘들다. 달력상의 연도로는 설명이 안 된다. 하지만 경제학적으로는 아주 설명이 잘된다. 불확실성만큼 시장이 싫어하는 것도 없다. 그리고 새 대통령(새롭게 재선된 대통령일지라도)은 시장에 엄청난 불확실성을 가져온다. 대통령은 정치인들의 우두머리로서 선거기간 중에 얼마나 많은 정치세력을 집결시킬지, 그 후엔 얼마나 적은 정치세력을 유지할지 궁극적으로 알고 있는 사람이다. 정치가 사기라면 대통령 선거에서 이길 가능성이 있는 사기꾼은 진짜, 그리고 가장 능력 있는 사기꾼이다. 아무도 진짜 사기꾼이 다음에 무엇을 할지 예측할 수 없다.

조지 부시는 심사숙고 끝에 2002년 모든 대통령들이 알고 있던 기본 규칙을 깨뜨렸다. 그 규칙은 중간선거 기간에는 여당이 야당보다 의회에서 상대적으로 약한 권력을 갖도록 하는 것이었다. 부시는 지난 100년을 통틀어 중간선거 기간에 여당이 의석을 늘리도록 한 첫 번째 공화당 대통령이었다.[43] 대통령은 그가 속한 정당이 임기 중간에 상대적으로 권력이 약해질 것이란 사실을 알고 있다. 그렇게 되면, 대통령이 통과시키고자 하는 법률이 무엇이 되었건 간에 의회를 통과하기 어렵게 되며, 그 법안은 대통령을 대표하는 상징물이 된다. 따라서 첫 두 해 동안 그 법률이 통과되도록 해야만 한다.

부와 재산권의 재분배에 대한 가장 크고 가장 어리석은 시도는 항상 대통령 임기의 전반부에 발생했다. 자본주의 그 자체 및 자본시장 안정성에 가장 기초가 되는 것이 재산권의 안정성에 대한 믿음이다. 우리는 재산권을 당연시한다. 역사상 미국이 가장 완벽한, 그리고 가장 안정적인 재산권 체계를 가지고 있기 때문이다. 건국 공신 중 한 사람인 조지 메이슨(미국 헌법에 개인의 권리와 자유를 반영시킨 인물 ― 옮긴이)이 주장한 핵심적인 부분이 오늘날 미국을 그토록 위대한 국가로 만든 것이다. 재산권의 고결함을 위협하는 것은 어떤 것이든 자본시장의 위험회피 경향과 공포를 불러일으켰다.

대통령은 취임 첫해에 캠페인 기간 동안 벌어놓은 정치적 자본을 쓰고 싶어 안달이 난다. 홍조 띤 얼굴과 반짝이는 눈을 하고, 그의 편에 서 있는 빛나는 가족들과 함께 이 신참 친구는 대체로 그가 통과시키기 가장 험난한 법률에 불쑥 도전한다. 이는 그가 정책 아젠다를 구상하는 첫 100일로 악명 높은 시기다. 재산권이나 부의 재분배에 대한 변화의 위협은 높은 수준의 위기회피 경향으로 이어지고, 대통령 임기의 첫 2년간을 약세장으로 만들게 된다. 따라서 대통령 임기의 첫 2년간은 일반적으로 각종 법률 처리를 위해 달력이 꽉 차 있게 되며, 약세장을 위한 배려는 거의 없게 된다. 이는 대통령이 제안한 법률이 성공적으로 통과된다는 걸 의미하는 것이 아니다. 단지 그 법률을 지속적으로 밀어붙인다는 것을 의미한다. 그리고 그가 이런 법률안을 통과시키는 데는 많은 위험요소가 있으며, 이 위험요소를 시장이 싫어한다는 것이다.

유세기간 동안 세금인하를 약속했지만, 빌 클린턴이 1992년 당선 후 1993년에 세금을 올렸던 것을 기억해보라. 이어서 1994년에 그는 전 국민 헬스케어를 도입하려고 했다(재산권의 변동). 전형적으로 취임 첫 2년은 모두 진짜 사기꾼이 펼치는 정치적인 코미디 같은 것이다. 부시의 경우, 실질적으로 제시된 법률 아젠다가 전혀 없었다(취임기간 내내 마찬가지). 만약 있었더라도 우리의 약세장에는 불충분한 양이었을 것이다.

새로 제안되는 법률안은 어떤 것이건 간에 여러분의 돈과 재산권에 대한 변화를 암시한다. 정부가 무엇을 결정하건, 새로운 프로그램이 얼마나 훌륭하게 들리건, 혜택이 얼마나 명백하건 간에 상관없이 새로운 법률안은 돈과 권리의 변동과 연관이 있다. "가난한 자와 연장자에게 저비용의 처방전을!" 누가 이걸 나쁘다고 하겠는가? "우리 사회의 악랄한 공격자인 소아애(小兒愛)자, 강간범, 동물학대자에게 좀더 엄격한 벌칙을! 제 법안에 사인해주세요!" 모든 어린이에게 공짜 조랑말을 준다는 법안은? 이런 법안에 반대했다간 여러분은 괴물 취급을 받을 것이다. 무엇이 되었건, 엉클 샘(Uncle Sam, 미국 정부를 의인화 해서 부르는 말—옮긴이)은 어떤 집단으로부터 돈이나 권리를 뺏어와 장난을 치고, 얼마가 남았건 다른 집단에게 넘겨준다. 우리가 이익에 대한 선호보다 손실에 대한 회피 현상이 더 심하다는 것을 알고 있을 것이다. 따라서 이 이동과정(즉, 한 집단에서 뺏어서 다른 집단에게 넘겨주는 과정)에서 잃는 쪽의 괴로움은 얻는 쪽의 기쁨보다 훨씬 크다. 이 이동과정을 목격한 다른 집단의 사람들은 뭔가 강도행위 같은 것을 목격했다고 생각하게 된다. 시장 또한 부나 권리의 재분배 과정을 강도행위로 본다. 그리고 행위 그 자체의 크기를 넘어선 공포를 불러오게 된다. 그 다음번은 자기 차례라고 생각하기 때문이다. 결과적으로 보면, 시장이 정치적 힘에 의한 변화를 싫어하기 때문에 대통령 임기 초 2년간은 약세장이 될 수 있는 것이다.

임기 3~4년째가 되면, 이제 대통령에 대해 잘 알게 된다. 그는 흡혈귀 같은 대통령일 수 있고 우리가 싫어할지 모른다. 하지만 어쨌건 시간을 통해 검증된 '흡혈귀'다. 그가 뭘 하려고 할지, 그의 아젠다가 무엇인지, 일을 성사시킬 역량이 얼마나 되는지(또는 역량이 안 되는지. 정치적 힘에 의한 변화를 싫어하는 세계에서 '안 되는' 역량은 때로 아주 좋은 것이다) 다 알고 있다고 생각하기 때문에 놀랄 일이 별로 없다는 것이다. 더욱이 대통령들은 임기 후반기에는 논란을 일으킬 만한 법률안을 피하는 경향이 있다. 재선을 노리고 있거나 지쳤기 때문이다. 실제로 재선임된 대통령의 임기 말에 흔히 나타나는 현상이다.

특별히 영악한 대통령들은 임기 3년차부터 일을 거의 하지 않기도 한다. 그리고 선거 때가 되면, 그에게 반대했던 여당 출신의 행정수반의 비효율에

표 2.4 연임된 대통령의 경우

선거연도	재선 승리 정당	대통령	두 번째 임기 첫해 S&P500	두 번째 임기 둘째 해 S&P500
1900	공화당	맥킨리	19.8%	4.9%
1904	공화당	테오도어 루스벨트	19.7%	6.8%
1916	민주당	윌슨	-25.3%	25.6%
1924	공화당	쿨리지	29.5%	11.6%
1936	민주당	프랭클린 루스벨트	-35.0%	31.1%
1948	민주당	트루먼	18.8%	31.7%
1956	공화당	아이젠하워	-10.8%	43.4%
1964	민주당	존슨	12.5%	-10.1%
1972	공화당	닉슨/포드	-14.7%	-26.5%
1984	공화당	레이건	32.2%	18.5%
1996	민주당	클린턴	33.3%	28.6%
2004	공화당	조지 W. 부시	4.9%	

출처: Global Financial Data

대해 탓한다. "여러분에게 약속했던 공짜 조랑말을 진짜 줄 수도 있었습니다." 그는 읊조릴지 모른다. "나에게 반대했던 빌어먹을 여당 출신의 상원의원들만 아니었어도 말입니다! 그러니 저 바보들을 쫓아주세요. 그리고 나를 지지해줄 이 사람들에게 투표하세요. 그러면 다음번에는 진짜 조랑말을 드리겠습니다." 법률안 추진이 잠잠해지면 시장은 행복한 시기로 접어든다.

대통령의 임기에 대한 논의가 다 끝난 게 아니다. 한번 자문해보라. 아무도 모르는, 또는 아무도 믿지 않는 무엇인가가 있지 않을까? 재선임된 대통령의 임기 초반 2년은 수익률이 어떨까? 첫 번째 임기는 무시하고 봤을 때 여러분이 발견할 수 있는 패턴은 표 2.4와 같다.

2년 연속으로 마이너스 수익을 기록하는 경우는 드물다는 것을 다시 한 번 확인할 수 있다. 괴상한 닉슨 때를 제외하곤 말이다. 하지만 일단 마이너스 수익이 아닌 해에는 굉장히 큰 수익을 올렸다. 재선임된 대통령의 임기 첫해와 둘째 해 양의 수익률 평균은 각각 21%와 23%였다.[44] 굉장한 수익률이다. 이때 수익은 전형적으로 마이너스, 아니면 대박이다. 마치 아령 같은 모양의 양극단적 수익을 보인다. 이러한 때 상승하는 쪽에 있는 것은 아주 중요하며 투자수익률에도 큰 영향을 미친다. 이는 평균을 구성하는 것 가운데서 평균 이상의 것을 찾아낼 수 있는 좋은 사례. 대통령 임기의 첫 두 해 수익률 평균은 역사적으로 평균 수익률보다 낮다. 하지만 이런 평균에는 수익률이 나빴던 해와 아주 좋았던 해 사이에서 큰 차이가 있음을 알 수 있다. 평균은 속기 쉬운 통계치다. 그리고 이 점에 있어서는 여러분이 가장 최근에 경험한, 그렇기에 가장 피부에 와 닿게 느꼈던 2005년은 여러분이 이 패턴을 느끼기 힘든 경우였다. 재선임된 대통령의 임기 첫해였던 2005년은 마이너스이거나 굉장히 큰 상승이 아닌 약간 상승하고 만 경우였다. 나는 2009년에는 마이너스이거나 수익률이 아주 클 것이라는 데 내기를 걸 수 있다. (기술적으로, 루스벨트는 실제로 1994년에 재선된 것이 아니었다. 1등으로 당선된 것이 아니었기 때문이다. 1948년의 트루먼과 1964년의 존슨 대통령의 경우도 마찬가지였다. 하지만 그

것이 이 현상에 중요한 사항인지는 확신할 수 없다.)

그렇다면 이제 시장을 예측하려는 모든 노력을 그만두고, 모든 주식과 채권 그리고 현금을 배분하는 기준으로 대통령의 임기만을 사용해야 할까? 아니다! 그건 정말 엄청나게 바보 같은 짓이다! 대통령의 임기와 주가 순환에 대한 경향이 사회경제학적으로 아주 잘 부합하지만, 실제로 미국 이외의 요인을 포함해 아주 많은 요인들이 시장에 작용하고 있다는 것을 명심해야 한다. 예를 들어, 미국시장은 글로벌 경제의 성장과 함께 외국시장과 상관관계를 보이고 있다. 외국의 요인이 미국에 실제로 영향을 줄 수 있다. 절대 묘책을 찾았다고 가정하면 안 된다.

요약해보면, 대통령의 임기 전반 2년은 위험요소가 증가하는 경향을 보인다. 후반 2년은 플러스 수익을 기록하는 경향을 보이는데 3년차가 가장 수익이 높다. 전반부에서 마이너스 수익을 기록하지 않았을 때는, 반대로 매우 큰 수익을 올리는 경향이 있으며, 특히 재선임된 대통령일 경우 그렇다(2005년과 2006년에는 그렇지 않았지만, 2009년과 2010년에는 그럴 것 같다). 그리고 마이너스 수익이 아닌 경우 크게 오른다는 사실은 아주 이치에 맞다. 정치적 위험요소가 사라지는 것을 인지하게 되면 굉장히 큰 수익이 유발될 수 있다. 이 책이 출판된 2007년에는 임기 3년차로 확실히 시장이 플러스 수익률을 올릴 것으로 예상한다(실제 2007년 미국 주식시장은 연초 대비 10월 고점 기준으로 10.3% 상승했다-옮긴이). 그렇다면 집이라도 팔아서 투자에 나서야 할까? 말도 안 된다. 만약 많은 사람들이 임기 3년차가 플러스 수익률을 기록한다고 얘기하기 시작하고 이 사실에 들뜨기 시작하면, 이런 현상이 가격에 벌써 반영되어 소용없어지기 때문이다. 이렇게 되면 약세장이 될 것이다. 만약 3년차 효과가 많이 언급되긴 하지만, 사람들의 비웃음만 산다면 그때는 2007년의 수익이 아주 좋을 것이라고 믿을 수 있다. 또한 미국 외부에서의 요인이 미국 내부의 요인만큼 강력한 것이라는 것도 기억하고 있을 것이다. 이와 같은 것은 다른 사람이 간파해내지 못하거나 간파하지 않으려 하는 걸 간파해내는 아주 단순한 예다. 하지만 어떤 이유에서든지 간에 다른 사람들이 널리 이 사실을 간파해내기 시작하면, 더 이상 이 효과는 사라지게 된다. 가격에 반영되어 버리기 때문이다.

경향성을 뒤집어 생각하기

나는 대통령이 이와 같은 임기 사이클을 바꿀 수 있을지 주시하고 있다. 대부분의 대통령은 그들의 가장 논쟁적인 아젠다를 의회 장악력이 가장 크고 정치적 자본이 튼튼한 임기 초반 두 해 동안에 밀어붙인다. 정말 영리한 진짜 사기꾼이라면 대중들에게 자신이 전임 대통령을 그대로 따라 하는 것처럼 속일 것이다. 하지만 상대편 정당이 더 많은 정치적 자본을 사용하도록 하면서, 자신의 정치적 자본을 모으는 데 집중할 것이다. 이렇게 하면 새로운 법률안의 제안을 줄이고, 시장은 더욱 행복해질 것이다. 그리고 대통령 임기 사이클 설이 사기라고 주장하던 사람들을 지지하는 결과를 가져오게 된다. 이때쯤 대통령은 중간 선거에서 승리해 의회에서 더 많은 좌석을 차지하기 위해 그의 정치적 자본을 활용할 것이다. 이렇게 되면 임기 후반에 법률안을 더 쉽게 통과시킬 수 있게 된다. 그는 모든 법안과 위험회피 경향, 마이너스 방향의 시장방향성 변화 등을 임기 후반으로 미뤄놓음으로써 효과적으로 대통령 임기에 따른 수익률 경향을 바꿔놓을 수 있을 것이다(즉, 임기 후반 2년에 약세장이 오도록). 언젠가는 누군가가 이를 행할 것이며, 그것을 목격하는 것은 아주 스릴 넘칠 것이다. 아직까지는 이를 수행할 정도로 기술 좋은 사람이 없었지만, 언젠간 말이다.

실험하고 또 실험하라

다른 사람은 모른다고 내가 믿게 된 것을 이 책 곳곳에서 여러분과 함께 나누는 것을 보고 놀랐을지 모른다. 나에게 큰 무기가 되는 것을 왜 남들에게 주어버리는 것일까? 이제 많은 사람들이 내가 아는 것을 알게 될 것이다.

이는 그 지식이 조만간 시장에 반영될 것이며, 따라서 더 이상 작동하지 않을 것이란 걸 의미한다. 정말 그럴까?

아마도, 아마도 아닐 것 같다. 이 대통령 임기 사이클에 대해서 나는 오랫동안 말해왔다. 그럴 때마다 어떤 사람들은 나를 잡아 가두려고 잠자리채를 찾곤 했다. 높은 P/E에 대한 나의 의견도 마찬가지다. 사람들은 나를 이런 지식이 실제로 먹힌다고 생각하는 괴짜쯤으로 생각하지만, 실제로 이 작은 기술들은 강력하다. 이 책의 다른 부분에서 여러분과 나누고 있는 대부분의 사례들도 마찬가지다. 나는 일단 뭔가 의미 있는 패턴을 발견하게 되면, 실제 가격에 반영되어 있진 않은지 확신하기 위해 끊임없이 테스트해본다. 내가 테스트하는 방법은 남들에게 가르쳐주는 것이다. 더 많은 사람이 바보 같다고 생각할수록 더 많은 사람들이 간파할 수 없는 것이며, 더욱더 나는 이 방법의 효력을 확신하게 되는 것이다. 만약 사람들이 이런 지식을 받아들이고, 좋은 방법이라고 생각하기 시작하면 이제 더 이상 효력이 없어진다. 쓸모없게 되는 것이다. 간파할 수 없던 것을 많은 사람들이 간파하게 되면 이제 그 방법을 버리고 새로운 진실을 찾아 나서야 한다.

두 번째 질문의 목표는 3년이나 30년 후에는 상식이 될 만한 것들을 지금 발견하는 것이다. 일단 모든 사람이 여러분이 밝혀낸 진실을 알게 되면 여러분에게 더 이상 유용하지 않게 된다. 그러니 테스트하라. 여러분의 친구와 동료들에게 수익률 곡선의 변동이 주도주 변화의 신호라는 것을 알고 있는지 물어보라. 대통령 임기 사이클이 진실인지 물어보라. 그들이 멀뚱멀뚱한 표정으로 "뭐라고?"라고 하거나 "미친 소리야!"라고 한다면, 더 좋게는 "너 미쳤구나!"라고 한다면 여러분이 투자판단의 기준으로 사용할 수 있다는 의미다.

나는 몇몇 사람들에게(모두는 아니다) 지난 몇 년간 내가 발견한 것들을 가르쳐주었고 어느 방법을 계속 사용해도 좋을지, 어떤 방법이 소용없게 되었는지 알게 되었다. 너무나 많은 나의 동료들이 그들의 정신적 스승들에게 배운 것들을 지속적으로 반복하면서 왜 시장초과수익을 거두지 못하는지 의아해 하고 있다. 투자에서 성공하려면 끊임없는 혁신과 끊임없는 검증이 필요하다.

　이제 여러분은 첫 번째 질문을 사용해 스스로 눈을 뜰 수 있게 되었고, 두 번째 질문을 사용해 남들이 간파하지 못하는 것을 간파할 수 있게 되었다. 하지만 만약 여러분이 여러분의 두뇌를 제어하지 못한다면 이 중 어느 것도 여러분이 오래된 투자오류들을 범하게 하는 것을 막을 수 없다. 투자라는 것은 태생적으로 직관과는 반대되는 것이다. 여러분은 여러분이 선호하는 모든 것을 기억할 수 있지만 여러분의 두개골에 자리 잡은 명령 본부는 반란을 일으킨다. 여러분과 여러분 두뇌와의 싸움에서는 항상 다루기 힘든 두뇌가 승리할 것이다. 세 번째 질문을 어떻게 사용하는지 배우지 않는다면 말이다. 다음 장으로 넘어간다.

3장

세 번째 질문
지금 내 두뇌가 도대체 무슨 짓을 하고 있지?

첫 번째와 두 번째 질문은 베팅을 위해 다른 사람이 갖지 못한 이점을 제공해줄 것이다.
하지만 세 번째 질문 없이는 표류하게 될 것이며,
생존을 위협하는 것으로부터 당신을 지키려는 두뇌의 강력한 의도에 붙잡히고 말 것이다.

THE ONLY THREE QUESTIONS THAT COUNT

당신의 잘못이 아니다 — 진화를 탓하라

투자에 대해 우리가 가장 먼저 배우는 것 중 하나는 "싸게 사서 비싸게 팔아라"라는 말이다. 에디 머피(Eddie Murphy)와 댄 앤크로이드(Dan Ankroyd)가 주연한 영화 〈트레이딩 플레이스〉(Trading Places, 국내에는 '에디머피의 대역전'으로 1984년 소개—옮긴이)에서 주인공들이 오렌지 주스 시장을 독점하려고(불법적이고 이상한, 하지만 코믹한 방법으로) 준비할 때, 시나리오 작가가 금융적으로 아주 멋진 말을 하는 것을 발견할 수 있다. 댄은 에디에게 이렇게 말한다. "싸게 사서 비싸게 팔라구." 이것 외에 더 필요한 조언이 있겠는가?

우리 모두가 목표는 알고 있지만, 결국 반대로 끝내게 되는 경우가 더 많다. 얼마나 어려운 일인가? 어떤 것의 가격이 낮을 때 매수하고, 가격이 올랐을 때 파는 것 말이다. 이는 로켓 과학처럼 어려운 것이 아님에도 불구하고 항상 끊임없이 제기되는 문제다. 투자자들은 주기적으로 정확히 반대로 사고판다. 그 증거가 월별 주식형 뮤추얼펀드 자금 유출입을 보여주는 그림 3.1이다.

그림 3.1　주식형 뮤추얼펀드 현금흐름

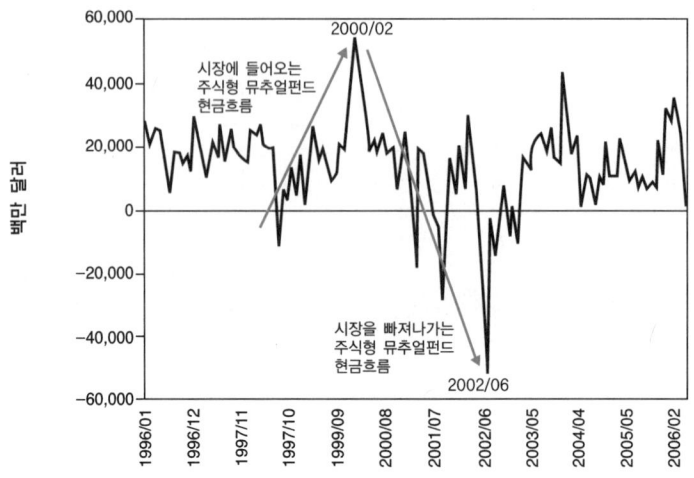

출처: Investment Company Institute

　주식형 뮤추얼펀드로의 자금유입은 2000년 2월 중에 가장 높았다.[45] 이 시기는 최근 역사 중 주식시장에서 빠져나오기에 가장 적절한 시기였다고 할 수 있다. 앞으로 이어질 3년간의 약세장이 시작되기 직전이었던 것이다. 이제 2002년으로 넘어가 보면 자금유입은 정반대가 된다. 7월에는 모든 사람들이 펀드에서 빠져나갔다.[46] 이때는 강세장 직전으로, 주식 매입에는 환상적인 시기였다. 바로 이것이 투자자들이 비싸게 사고 싸게 판다는 조작할 수 없는 증거다. 몇몇 정신없는 무식한 사람들만이 이런 행동을 하는 게 아니라는 것이다. 이런 사실은 넓게 퍼진 집단사고(Group think)를 잘 보여주고 있다. 마치 광포한 바보 쥐떼들이 시장을 정확히 반대로 들락거리는 듯한 모습이다.

　어떤 투자자도 일부러 고점 매수, 저점 매도를 하지는 않는다. 일부러 그런다면 정말 바보 같은 짓이다. 그렇다면 왜 그렇게 많은 사람들이 결과적으로 그런 바보짓을 하고 있는 것일까? 핑계거리는 많다. 최근에는 2002년 직후 엔론(Enron), 엠씨아이(MCI, 예전 월드컴—옮긴이)같이 잘못된 투자판단의 이유를 악마 같은 사기꾼 CEO들에게 돌릴 수 있는 경우다. 여러분의 주식 포트폴리오는 그 모든 미국인 CEO들이 도둑이나 거짓말쟁이가 아니었다면 괜찮았을 것이다. 맞는가? 제프리 스킬링(Jeffrey Skilling, 전 엔론 사장—옮긴이), 켄 레이(Ken Lay, 엔론 창업자—옮긴이) 그리고 나머지들, 모두 유죄다. 맞는가? 아니면, 이라크전쟁 때문일 수도 있다(이란, 북한, 버클리—사회주의국가나 공산주의자, 네오 파시스트 정권 등, 무엇이든간에 그 당시 우리와 맞섰던 것들). 아니면, 외부 요인일 수도 있다. 불법거주 외국인들, 인플레이션, 저축률, 자연재해, 허리케인, 자유를 외치는 광견병 무리들, 조류독감에 감염된 살인 벌들. 하지만 중요한 것은 이게 아니다.

다른 사람을 탓하는 짓은 그만둬라. 여러분의 투자를 바보처럼 만든 것이 무엇인지 알고 싶다면 거울을 들여다보라. 더 좋은 것은 켓스캔(CAT scan, X선 단층촬영—옮긴이)을 받아보는 것이다. 투자의 가장 큰 적은 바로 여러분의 두뇌다. 더욱 정확하게 말한다면, 여러분의 가장 큰 적은 기근과 배신과 털복숭이 야수들로부터 생존하는 데 초점이 맞춰진 대뇌의 진화다.

한 종(種)으로서 살아남기 위해 우리의 두뇌는 특정한 목표에 맞춰서 진화해왔다. 선사시대에 가장 중요한 목표는 육체적으로 살아남는 것이었다. 동네 슈퍼마켓이나 레스토랑에서 좋은 음식을 사 먹고, 맹수의 앞발에 능지처참 당하거나 갑자기 죽게 되는 공포로부터 상대적으로 자유롭게 살게 된 것은 인류의 발전과정에 있어 상대적으로 새로운 환경이다. 즉, 아직도 발전 단계의 초기에 있는 것이다. 인류는 진화에서 대부분의 시간을 수렵채집인, 유목민, 사냥꾼으로 지냈고, 종종 상한 음식을 채집하고, 종의 유지를 위한 짝을 찾고(주식투자보다 훨씬 유혹적인 것), 사냥꾼을 피하고 쉴 곳을 찾으며 보냈다. 이는 우리가 포식자에게 먹히지 않도록 하고, 따뜻하게 하고, 검치(劍齒) 호랑이와 독거미로부터 안전하게 하기 위해 우리의 두뇌가 진화의 과제로 삼은 것들이다.

우리의 석기시대 조상들이 살기 위해 얼마나 발버둥쳤을 것이며, 그것이 오늘날 우리의 행동에 얼마나 영향을 주었을지 생각해보라. 우리 조상들의 친구는 그들이 믿을 수 있는 부족원들이었다. 또한 그들의 적은 다른 부족원들, 흥분한 야수들, 그리고 그들이 이해할 수 없었던 어둠 속의 물체 등이었다. 그렇기 때문에 그들은 방어를 위해 무리를 이루고 어둠을(그리고 그 속의 물체를) 물리치기 위해 불을 지폈다. 캠프파이어 밖에서 들려온 '소음'의 사례를 기억해보라. 똑같은 인지적 과정을 통해 우리의 조상들은 생존할 수 있었고 수만 년 동안 삶을 영위해올 수 있었다. 이런 인지과정 때문에 실수를 저지르게 된 지는 정말 얼마 되지 않았고, 그나마도 아주 제한적인 영역에서, 그리고 대체로 우리에게 해가 되지 않는 일상생활의 영역에서 일어났다.

현대사회의 기술과 복잡성에도 불구하고, 이렇게 두뇌에 프로그래밍 된 인지과정의 대부분은 온전하게 남아 있다. 프로그래밍 되었다는 개념은 심리학자들 사이에서 논쟁이 있다. 평론가들은 때때로 진화심리학과 대중문화를 동일시한다. 지금 여기서 진화심리학에 대한 글을 리뷰하려고 하는 것은 아니다. 이 분야의 입문을 위해서는 하버드 대학의 스티븐 핀커가 쓴 《마음은 어떻게 움직이는가?(How the Mind Works)》(Norton, 1997)를 참고하기 바란다. 전문 영역에 대해 잘 다루고 있다. 하지만 나는 시장 파악에 있어 우리가 가진 결점들의 대부분이 영겁의 세월을 거친 진화를 통해 두뇌에 고착되어 우리가 빠져나올 수 없게 된 두뇌의 프로그래밍으로부터 발생했다는 데 확신을 가지고 있다. 정밀검사를 위해 2만 5,000년 전의 사람을 데려오는 일은 불가능하기 때문에 이와 관련해 많은 것을 증명할 수는 없다. 하지만 그동안 이 분야의 연구를 통해 증명된 것 또는 증명되지 않은 것, 내가 보기에 타당한 것들에 기초해서 말하자면, 나는 만약 여러분이 우리가 시장을 어떻게 생각하는지를 단순히 심리학적인 차원으로만 본다면 진화심리학과 두뇌 프로그래밍이 가장 기초가 된다고 믿고 있다.

우리의 두뇌가 그렇게 만들어져 있기 때문에 어떤 정보가 우리의 두뇌가 받아들이기 적당한 형태로 들어오면 정확하고 쉽고 빠르게 처리하지만, 우리의 두뇌가 처리하기 어려운 형태로 들어오게 되면 장님처럼 아무것도 보지 못하는 일이 자주 발생하게 된다. 그리고 이것이 바로 진화에 의해 프로그래밍 된 우리 두뇌가 어떤 종류의 입력정보는 무조건 정해진 방식대로만 처리하려는 이유다. 우리는 이미 P/E를 E/P로 바꿔 생각해보면서 이런 사례를 경험했다. 아마 이 책 전반을 통해 이런 사례들이 되풀이해서 발생하고 있는 걸 볼 수 있을 것이다. 행동재무학이 진화심리학을 기반으로 하고 있지는 않지만, 지난 30년간 행동주의 재무학에서 밝혀진 많은 사실들은 진화심리학적 결과와 일치하고 있다.

행동재무학

행동재무학(Behavioral Finance)은 재무학과 인간의 행태심리를 가로지르는 최근의 학문 분야다. 이 분야의 지지자들은 위험과 시장에 대한 인간의 사고방식에 초점을 두고, 시장의 작동원리에 대한 지식을 확장하려고 노력한다. 최근까지 재무학에 대한 연구는 통계학, 역사, 이론, 시장 기제(機制)를 포함한 투자도구에 우선적으로 초점이 맞춰져 왔다. X라는 주식 유형이 Y라는 주식 유형에 비해 일반적으로 높거나 낮은 수익률을 거두는가? 투자 포트폴리오는 어떻게 이론적으로 구성될 수 있을까? 분산투자에 대한 생각은 어떻게 하는 것이 옳을까? 두 인덱스를 어떻게 비교할까? 변동성을 측정하는 가장 좋은 방법은 무엇일까? 평균 분산 최적화를 위해 분산을 써야 할까 공분산을 써야 할까? 이런 질문들은 대단하지만 시장구조, 역사, 통계, 어떤 유형의 이론 등에서 모두 기초적인 이슈들이다.

1990년대에 쓰인 재무학 교재들은 1970년대에 쓰인 그것들과 크게 다르지 않다. 새로운 기술과 규제와 상품이 들어가 있지만 중심적인 내용은 위와 같은 투자도구에 대한 것이다. 전통적인 재무학의 개념은 고전 경제학의 개념에서 온 것이다. 즉, 합리적으로 행동하는 인간 집단과, 효율적인 시장 혹은 최소한 준효율적인 시장, 그리고 비합리적으로 행동하는 개인은 무시될 수 있다는 것을 전제로 한다. 전통적인 관점에서는 구속복을 입은 미치광이는 시장과 격리되어 시장에 영향을 주지 않는 것으로 생각되었다.

이와 대조적으로 행동재무학에서는 변덕스러운 행동(또는 표준적인 재무학 관점에서 미치광이로 보이는 행동을 하는 사람)이 굉장히 일반적인 것이라고 가정한다. 비합리성은 잠재적인 행동으로 가정되며, 투자자들은 때때로 비합리적으로 보이는 방식으로 행동한다고 전제한다. 행태학자들이 발견하고자 노력하는 것은 '왜'인가다.

나는 항상 우리가 석기시대 조상으로부터 아직도 영향을 받고 있다는 진화론적 사실을 받아들인다면 이런 현상을 아주 쉽게 이해할 수 있다고 생각해왔다. 우리의 현대화된 두개골에 선사시대적 두뇌가 들어 있다는 것은 사실이다. 투자자들은 합리적으로 생각하는 자동장치가 아니다. 그들은 인간이며, 재무적 결정을 내릴 때 주기적으로 미친 방식으로 행동한다. 그리고 이는 우리의 두뇌가 투자에 적합하도록 만들어진 것이 아니기 때문이다. 우리의 두뇌는 오랫동안 생존을 위해 만들어져 왔다.

사람들은 "스마트 머니는 지금 어디에 투자하고 있습니까?"라고 묻곤 한다. '스마트 머니'란 기관투자자들의 자금 같은 것을 말한다. 거대한 규모의 연기금 또는 멋지다고 소문난 냉철한 전문가들이 운용하는 회사자금 같은 것이다. 웃기는 소리다. '스마트 머니'로 분류할 수 있는 것 따윈 없다. '멍청한(stupid) 머니'나 '더 멍청한(stupider) 머니' 같은 것은 있을지도 모른다. 하지만 스마트 머니는 없다. 거래에 있어서는 항상 맞는 편과 틀린 편이 있게 마련이다. 어떤 기관은 맞고 다른 기관은 틀리게 된다. 어떤 전문가들은 맞고 다른 전문가는 틀리다. 어떤 시장 참여자 집단도 태생적으로 항상 맞게 투자하거나 다른 투자자들보다 지속적으로 높은 수익률을 기록하지는 못한다. 맞게 투자한 사람 역시 바보가 될 수 있다. 단지 운이 좋아서 맞은 것이다. 어떤 사람의 올해 개인연금계좌(IRA) 운용이건, 거대한 대학 기금에 최근에 추가된 수십억 달러의 자금이건, 모든 투자결정은 사람들이 내리는 것이다. 투자보다는 다른 종류의 문제를 해결하는 데 더 익숙한 선사시대의 두뇌 프로그래밍에 사로잡혀 있는 사람들 말이다.

만약 사람들이 어떤 행동을 하는 이유를 이해할 수 있다면 시장이 어떻게 움직이는지도 알 수 있게 되며, 인간의 행동양식에 대해 알게 된 지식을 바탕으로 더 좋은 투자 베팅을 할 수 있게 된다. 만약 여러분이 여러분의 두뇌를 더 잘 알게 된다면 어떻게 스스로를 더 잘 제어할 수 있을지 알게 되고, 투자자들이 저지르는 전형적인 실수들을 피하게 되며 실수하는 확률을 낮출 수 있게 된다. 이를 위해 필요한 것이 바로 세 번째 질문이다. 어떤 투자행동을 실행하기 전에, 반드시 멈추고 질문해봐야 한다. "지금 내 두뇌가 나한테 충격을 주려고 무슨 일을 벌이고 있는 걸까? 장님처럼 아무것도 못 보게 하려는 걸까? 이 상황을 완전히 반대로 잘못 생각하도록 만들고 있는 걸까?" 결국 시장이란 벤츠에 앉아 PDA를 사용하는 원시인처럼 행동하는 수많은 사람들의 집단일 뿐이다. 만약 여러분이 이런 맥락을 풀어내고 여러분의 의사결정 과정을 더욱 잘 이해할 수 있다면, 여러분은 원시인의 두뇌를 정복할 수 있고 THG에 능멸 당하지 않고 시장을 다룰 수 있게 된다(바로 이것이 목표다).

우리의 두뇌가 원시적으로 작동하는 것이 여러분의 잘못은 아니다. 우리의 마음은 우리가 멍청한 짓을 할 때도 그 당시에는 정말 똑똑한 것처럼 보이도록 편향되어 있다. 첫 번째 질문과 두 번째 질문은 투자판단을 내리기 위한 지식을 위한 것이었다. 하지만 이 두 질문은 여러분의 두뇌가 제대로 작동하지 않으면 아무 소용이 없다. 그래서 세 번째 질문이 필요한 것이다.

어떤 수준에서는 여러분은 정말 정말 똑똑하다. 여러분의 두뇌는 어떤 정보가 부분적으로만 맞게 제시되더라도 그 패턴을 인지하는 데 있어 놀라운 능력을 보인다. 만약 정보가 틀리게 제시된다면 패턴을 전혀 보지 못하게 된다. 여기 내가 받은 괴상한 이메일이 그런 사례다.

fi yuo cna raed tihs, yuo hvae a sgtrane mnid too. Cna yuo raed tihs? i cdnuolt blveiee taht I cluod aulaclty uesdnatnrd waht I was rdanieg. The phaonmeneal pweor of the hmuan mnid! It dseno't mtaetr in waht oerdr the ltteres in a wrod are, the olny iproamtnt tihng is taht the frsit and lsat ltteer be in the rghit pclae. The rset can be a taotl mses and you can sitll raed it whotuit a phoerlm. Azanmig huh? yaeh and I awlyas tahuhot slpeling was ipmorantt!

(위 문장의 영어는 철자의 순서가 뒤죽박죽으로 되어 있는데, 1가지 규칙이 있다. 바로 철자의 시작과 끝은 맞고 중간은 순서가 다르다는 것이다. 예를 들어 "If you can read this"는 "Fi yuo cna raed tihs"로 표시되어 있다. 저자가 말하고자 하는 것은 철자가 이렇게 뒤죽박죽이어도 첫 글자와 끝 글자만 맞으면 쉽게 읽을 수 있다는 것으로, 어떤 종류의 인지에 있어서는 인간이 아주 뛰어난 능력을 보여준다는 것이다—옮긴이)

여러분이 왜 학교에 다녔는지 의심하게 만드는 글이다. 맞는가? 또 왜 편집자가 있어야 하는지 의심하게 만드는 글이기도 하다. 하지만 어떤 정보가 제대로 전달되기만 하면 여러분의 두뇌가 이를 잘 받아들여 준다는 완벽한 사례다. 이 경우에는 문자의 모든 철자가 제대로 전달될 필요도 없었다. 하지만 매우 자주 맞는 정보가 완전히 틀리게 전달되면, 여러분은 전혀 그것을 알아보지 못하게 된다. 이와 관해서는 앞서 살펴본 P/E가 완벽한 사례다. 아마도 여러분들은 P/E에서 별다른 의미도 찾지 못한 채 영원히 지냈을 수도 있다. 하지만 P/E를 E/P로 바꿔 수익률(기업을 소유한 데 따른 세후수익률)처럼 보이게 함으로써 여러분에게 큰 의미가 되게 할 수 있었다. P/E가 8이면 12.5%의 수익률이며, 이는 세전 6%의 망할 수익률의 채권보다 좋은 것이다. 여러분의 두뇌는 이를 쉽게 받아들인다. 문제는 여러분의 두뇌가 언제 현상을 제대로 파악하는지, 언제 제대로 파악하지 못하는지를 알아내는 것이다.

위대한 능멸자

결국 문제는 TGH로 돌아간다. 2000년 11월 시장에 쇄도했던 투자자들이 2002년 저점에서 획일적으로 주식시장을 빠져나간 이유를, 이것 말고 다른 무엇으로 설명할 수 있을까? TGH가 모든 사람이 같은 정보를 갖게 함으로써 투자자들을 속인 것이다.

TGH가 우리를 능멸하는 방식은 끝이 없다. 강세장에서 꼭짓점의 특징은 강하고 편안한 마음의 행복감이다. 투자자들은 이미 주식을 살 만한 사람들은 모두 다 주식을 사버려 더 이상 주가가 상승할 수 없고 내려가는 일만 남았을 때도 너무나 주식에 대해 열광한다. 더욱 나쁜 것은 시장의 꼭짓점에서는 주가가 심하게 출렁거리고 거래규모도 엄청나다는 것이다.

갑작스런 급락으로 그들의 존재를 드러내지도 않는다. 모든 사람들이 강세장이 끝났다는 공식적인 발표와 같은 현상을 찾으려 하지만, 실제로 그런 일은 거의 일어나지 않는다. 오래되었지만 거의 전 세계적으로 맞는 말이 있다. "강세장은 요란하게 죽지 않고 흐느끼며 죽는다." 과거 측정치가 정확하다면 강세장에서 드라마틱한 꼭짓점 같은 것은 없다. 대신에 강세장의 꼭짓점에서 주가는 마치 2000년에 그랬던 것처럼 많은 개월에 걸쳐 서서히 추락한다. 꼭짓점 근처에서 10개월 이상, MSCI World Index는 8.5% 범위 내에서 움직였다가 서서히 샛길로 빠졌다.[47] 몇 %씩 이유 없이 뚝 빠지다가 다시 며칠간 상승이 이어지고 하는 식이었다. 2000년 12월에 S&P500은 여전히 연초 대비 4% 상승한 수준이었다. 이런 때에 TGH는 노련하게 외친다. "지금 빠졌을 때가 매수 찬스라구! 늦지 않았어. 황소(강세장 상징-옮긴이)에게는 다리가 있다구!" 1999년과 2000년에는 "데이트레이딩(day trading)이 폭넓게 인기를 얻게 되었고, 전 세계적으로 수많은 사람들이 일상 직업을 포기하고 데이트레이딩에 몰두했다. 재밌고 쉬웠기(아주 짧은 시간이긴 하지만) 때문이다. 이때 시장에 뛰어든 사람들은 그들 스스로를 '공격적인' 투자자로 분류했다. 일반투자자들이 갑자기 프로 옵션 투자자가 되었다. 아마도 여러분의 어머니도 싸구려 주식을 가지고 투기에 나섰을지도 모른다. 그렇다. 이 역겨운 변태 같은 TGH는 여러분의 어머니마저 노린 것이다.

약세장의 저점에서도 형태만 다를 뿐이다. TGH는 우리를 좀 다른 방법으로 혼동하게 만든다. 저점은 종종 공격적이고 급격하게 떨어져서, 모든 사람을 환각상태로 만들어 결국엔 바보처럼 자신의 모든 주식을 내던지게 만든다. 꼭짓점에서 주식시장에 처음 들어갔던 사람들이 피로감에 못 이겨 스스로를 포기할 때쯤, 먼지 속의 이 난장판에 수많은 사람들을 남겨두고 주식시장은 급격하게 비상해버린다. "단지 약세장에서 조정이 온 것뿐이다." 전문가들은 중얼거린다. "속지 마라." 신경질적인 목소리로 헛기침을 하며 "주식시장은 오래 오래전에 이미 끝났습니다"라고 덧붙인다. 그러고 나면 2003년 그랬듯이 글로벌 주식시장은 33%나 날아오른다.[48] 정말 굴욕적인 결과다. TGH가 승리했다. 대부분의 사람들은 패자가 되고, 심지어 승리자들 중 많은 사람들조차 패자와 같은 느낌을 받는다.

이 과정에는 좀더 자세히 논할 것이 있다(8장에서 이 과정을 좀더 자세히 살펴보기로 한다). 전문가들 중에는 항상 고점에서도 약세장을 주장하는 소수의 집단이 있다(이들은 아마도 3년 전부터 계속 이런 관점을 주장했을 것이다). 그리고 나중에 이런 주장으로 명성을 얻게 된다. 하지만 이들은 저점에서도 계속 약세장론자로 남아 있게 된다.

TGH가 씌워주는 월계관이 고점과 저점 사이에 있다고는 생각하지 마라. 강세장이나 약세장이 정상적으로 진행되는 기간에도 시장은 몇 번의 조정을 거칠 수 있다. 이는 장기적인 추세와는 반대로 일시적으로 10%나 20% 정도 움직일 수 있다는 것이다. 2장에서 언급했던 1998년의 조정 기간 동안 미국시장은 7월 17일부터 8월 31일까지 겨우 6주 만에 20%나 급강하했다.[49] 끔찍한 수준이다. 그리고 이런 규모의 조정이 강세장에서는 아주 정상적임에도 불구하고, 다음번에 이런 일이 발생했을 때 그것을 기억하는 사람은 거의 없다. 조정장은 투자자들이 제정신을 잃고 주식을 모두 처분하게 만들어버린다. 이제 주가가 회복해서 신고가를 향해 나갈 시점을 앞두고 말이다. 다시 한 번 1998년 사례를 들어보자. 당시 늦은 가을 즈음에 연초 대비 시장수익률은 손익분기점이었다.[50] 하지만 연말 즈음엔 연초 대비 수익률이 28.6%나 되었다.[51] 조정은 처음 왔을 때처럼 빠르게 사라지는 것이다. TGH는 빠르다.

이성적이며 지적인 인간이 엄마를 찾아 울게 할 정도로 만들기 위해 시장이 엄청나게 움직일 필요도 없다. 이런 반응은 투자에 대해 많이 아는 사람들에게조차 아주 정상적인 것이다. 나의 고객들과 독자들은 아마도 평균보다 부자라는 점만 빼면 지극히 평범한 사람들이며 변동성 심한 장에 의연하게 대처하도록 반복적으로 훈련을 받은 사람들이지만, 몇 주간에 걸쳐 몇 % 하락한 것이 약세장이나 경기후퇴, 지구멸망의 전조가 되는지, 심지어는 패리스 힐튼이 FRB 의장으로 지명되는 것은 아닌지(끔찍한 재앙이 될 것—옮긴이) 반복적으로 묻곤 한다.

석기시대 코드 깨기 – 긍지와 후회

회복을 위한 첫 번째 단계는 여러분이 문제가 있다는 것을 받아들이는 것이다. 하지만 세 번째 질문을 던져보기 전에는 여러분 스스로 문제가 있다는 사실을 알지 못할 것이다. 여러분의 두뇌가 스스로에게 어떤 영향을 주는지에 대해서 자문해보면 몇 가지 답을 얻게 된다. 몇은 여러분의 배우자나 모친, 심리학자와 관련된 것이다. 우리가 관심 있는 것은 오직 시장 행동과 관련된 것이다. 투자에서 대부분의 실수는 인지적 오류의 결과이며, 이 중 가장 일반적인 것을 여기서 밝혀보고자 한다.

이것 보라구! 거대한 야수를 내가 죽였어! 대단한 솜씨라구!

1장에서 말했듯이, 행동주의자들은 일반적인 미국인들이 이득을 좋아하는 것보다 손해를 싫어하는 정도가 두 배 반 정도 높다는 것을 보여주었다. 25% 수익이 10% 손해의 느낌과 강도가 같다는 것이다.[52] 다르게 말하면, 여러분이 여기서 10% 수익을 내고 저기서 10% 손해를 본다면 뭔가 뒤처진 듯한 느낌을 받는다는 것이다. 10% 수익의 짜릿함보다는 10% 손해의 비참함을 더 느낀다는 얘기다. 따라서 사람들은 수익을 올리기보다는 손해를 피하는 데 더 안간힘을 쓴다. 이는 흔히 '손실회피'로 알려진 것으로, 때로 '근시안적 손실회피(myopic loss aversion)'로 불리기도 하는데, 단기 움직임에 과도하게 반응하고 근시적인 것을 선호하는 현상을 말한다. 이는 투자 시 저지르는 많은 오류를 설명해준다. 근본적으로 보면, 근시안적 손실회피 성향과, 이로 인한 실수는 긍지와 후회 2가지와 관련이 있다.

우리의 석기시대 정보처리 과정은 소위 생존에 있어 '긍지의 축적'과 '후회 피하기'로 불리는 것을 학습하게 했다. 해질 무렵 캠프로 돌아오고 있는 두 명의 사냥꾼을 상상해보자. 한 사람은 양 어깨에 가젤을 둘러메었고, 다른 한 명은 표적을 놓쳐버린 부러진 창 조각만 들고 있다.

가젤을 잡은 사냥꾼은 등장과 함께 캠프를 흥분에 휩싸이게 한다. 캠프에 도착하기 전에 이미 그는 그날 밤 캠프에서 그의 사냥에 관한 이야기로 왕과 같은 대접을 받을 것이란 걸 알고 있다. 그의 어머니도 존경을 받게 될 것이고 동료들 사이에서 대접을 받을 것이다. 그는 사랑스런 눈빛을 하고 자신을 쳐다보는 어린 소녀들을 상상하고, 심지어 부족장이 그의 귀한 딸과 자신을 연결지어 지배가족의 일원으로 맞아들여 주길 바란다. 너무 나갔다! 그날 밤 그는 부족원들에게 그가 얼마나 기술적으로 능숙하게 사냥을 했고 힘센 야수를 잡아 왔는지 설명한다. 그가 어떻게 솜씨 있게 창을 만드는지, 살상력이 얼마나 좋은지 말하고, 가젤을 잡기 위해 어떤 신호들을 해석했는지 얘기한다. 또한 창을 정확하게 겨냥해 한 번에 죽일 수 있었던 용감함에 대해 자세히 설명한다. 그는 긍지를 쌓게 된다. 그 기분은 너무 좋고 다시 나가서 계속 사냥을 하게 만든다. 그래서 그 높은 자긍심을 계속 쌓아나갈 수 있다. 그리고 이는 부족의 입장에서도 좋다. 왜냐하면 그들은 이 젊은이가 큰 힘을 내게 해주는 동물성 단백질을 섭취할 수 있도록 해주기 때문이다. 그 당시 그런 단백질은 종족 유지의 명암을 가르는 것이었다.

한편, 캠프의 언저리에서는 가젤을 못 잡은 사냥꾼이 다른 얘기를 하고 있다. 가젤을 캠프로 가져오지 못한 건 그의 실수가 아니다. 창을 만들고, 야수를 추적하는 일에 그도 역시 능하다. 그런데 하필이면 오늘 짜증 나는 번개 때문에 창을 겨누기도 전에 가젤 떼가 도망쳐 버린 것이다. 아니면, 누군가 그의 창을 빌려갔었기 때문에 창이 무뎌졌을 수도 있다. 사냥지에서 포효하고 있던 사자가 있었을 수도 있고, 바람이 문제였을지도 모른다. 그는 그럴듯해 보이는 변명을 꾸며내고, 다음 날 다시 사냥을 시도할 수 있다고 말한다. 그는 후회를 회피하고 있는 것이다. 그렇게 함으로써 그의 동료들이 다음 날에도 사냥에 참가할 수 있도록 해준다. 그가 꾸며낸 이야기를 믿기 때문이다. 부족 입장에서도 그가 다시 사냥하길 원한다. 아마도 정말로 그날 운이 없었을 수도 있다. 정말 형편없는 사냥꾼이라 할지라도 상처 입은 동물을 우연히 발견할 수도 있다. 아마도 내일은 야생 개에게 물어뜯긴 가젤을 우연히 마주칠 수 있으리라. 둘 중 어떤 경우라도 단백질 축적이 가능한 경우다.

성공했을 때 긍지를 쌓는 것과 실패했을 때 후회를 피하는 것은 모두 사냥꾼들이 지속적으로 사냥을 시도하도록 해준다. 두 경우 모두 부족에게는 좋은 것이다. 부족의 생존은 사냥꾼들이 얼마나 반복적으로 사냥을 시도하느냐에 달려 있다. 성공적인 사냥꾼들은 계속해서 사냥할 것이고 실패한 사냥꾼도 마찬가지다.

많은 사람들이 투자자들이 '탐욕과 공포'에 영향을 받는다고 말한다. 행동주의자들은 아마 이 말에 반대할 것이다. 대신, 투자자와 이들이 참여하고 있는 시장은 탐욕과 공포가 아닌 긍지의 축적과 후회의 회피라는 인간적인 동인(動因)에 의해 움직이는 것이라 설명할 것이다. 이것이 탐욕과 공포라는 형태로 표출된다는 것이다.

자긍심은 기술과 반복성을 가진 성공과 연관되어 있는 정신적 프로세스다. 사냥꾼은 그가 운이 좋은 것이 아니라 뛰어난 기술을 가졌다고 믿는다. 더 중요한 것은 반복해서 성공할 수 있다고 믿는다는 것이다. 이 책을 쓰는 나 또한 내 커리어가 단지 오랫동안 동전 뒤집기에서 굉장히 많은 앞면을 기록한 행운에 의한 것이 아니라고 생각하는, 축적된 자긍심을 보여주고 있는 셈이다. 누가 자신의 성공을 단지 운이라고 믿고 싶어 하겠는가? 성공이 자신의 기술에 의한 것이며 반복할 수 있다고 생각하는 것은 인간의 자연스러운 성향이다.

종목을 매수한 후 주가가 올랐을 때 여러분의 행동에 대해 생각해보라. 아마도 많이 오른 주식일 것이다. 2002년, 여러분의 12살짜리 아이가 아이팟(iPod)을 사달라고 조른 후 애플사의 주식을 매입했을 수 있다. 쾌재를 불렀는가? 여러분 스스로를 축하해주었는가? 동료들과 부인과 장인에게 자랑했는가? 더욱 중요한 것은 그 성공으로 인해 그런 대박 투자를 다시 해낼 수 있을 것 같은 기분이 들었는가? "내가 매수했고, 주가가 올랐지. 난 똑똑해. 다시 한 번 해볼까?" 마치 사냥꾼처럼 말이다.

후회는 실패에 대한 책임을 부정하는 프로세스다. 그 원인을 기술의 부족이 아니라, 불운으로 돌리거나 어떤 요인의 희생양으로 만드는 것이다. 가젤을 잡지 못한 사냥꾼은 형편없는 사냥꾼이 아니다. 단지 나쁜 환경의 희생양일 뿐이다. 다음번엔 꼭 가젤을 잡을 수 있을 것이다. "내가 매수했고, 주가는 내렸지. 그 브로커가 나에게 주식을 팔았다고. 그가 바로 문제야"라고 하거나 "내가 매수했고, 주가는 내렸지. CEO가 사기꾼이었어." 불운이나 희생양에는 많은 종류가 있다. "그날 아침에 와이프가 타박하지 않았으면, 그 주식을 사지 않았을 텐데"처럼 말이다. 인간의 사고방식이 다음과 같지는 않다. "내가 매수했고, 주가는 내렸지. 어떻게 된 건지 잘 모르겠으니 다음엔 이러지 않는 게 좋겠군"이라거나 "뭔가 공부를 좀더 해서 다음엔 좀더 잘할 수 있는 방법을 찾아야겠군"처럼 말이다.

만약 사냥꾼이 긍지 쌓기와 후회 회피를 하지 않았다면, 그들은 실패했을 때 낙담하게 될 것이다. 거대한 야수를 사냥하길 포기하고, 바보들이나 하는 심부름처럼 여길 것이다. 그들의 두뇌는 식량을 찾아 다녀 그들의 유전자를 후세에 전하게 하기 위해 앞에서와 같은 방식으로 움직여야만 했다. 동기를 부여하는 기제인 셈이다. 만약 사냥꾼이 후회에 시달리고 의기소침해진다면, 다음에 그가 운이 좋을 때 사냥할 수 있는 기회까지 모두 사라지는 셈이다. 이는 종의 영속에 있어 썩 좋은 일이 아니다. 긍지를 쌓고 후회를 피함으로써 우리 조상들은 생존할 수 있었다. 그 당시는 이것이 필수적이었으며, 오늘날에도 우리는 그것을 지속하고 있는 것이다.

하지만 현대에는 이러한 행동들이 투자에서 실수를 일으킨다. 빌이라는 사람이 40% 상승한 주식을 보유하고 있다고 가정해보자. 빌은 그런 주식을 발굴할 만큼 똑똑하다. 종목발굴에 있어 그는 아주 정통해 있고, 다시 한 번 그런 종목을 고를 수 있을 거라 믿고 있다. 이런 과정은 긍지를 쌓는 것이다.

그때 그가 보유한 주식이 10% 떨어진다. 손해에 대해선 이익에 비해 두 배 반이나 크게 느끼게 되므로, 아직도 전체적으로 보면 26% 이익을 올리고 있다는 사실을 무시한다. 주가 급락은 그가 피하고 싶은 고통이다. 따라서 후회를 회피하게 된다. 10% 손실은 단지 운이 좋지 않았던 것뿐이라고 믿는다. 이전에 쌓아놓은 자긍심 때문에 결국에는 투자를 성공적으로 끝낼 수 있을 것이라 확신하기 때문이다. 이제 팔 수 있을 때 팔아야 한다는 생각을 하게 되며, 결국 주식이 더 떨어질 것이라 예상하고 장기적인 시각은 잃어버린 채 단기적인 고통의 가능성을 줄이기 위해 행동한다. 그는 주식을 매도하고 다음 날 또다시 사냥을 나가기 위한 자아를 지켜낸다. 하지만 주가는 반등하고 새로운 고점을 향해 나아가게 된다. 그는 그냥 무시해버리기로 한다. 이 사실을 받아들이면 아픔이 너무 크기 때문이다. 무시해버리면 아주 쉽게 후회를 회피할 수 있다.

후회는 빌이 어떤 행동(잠시 상대적으로 낮은 가격에 매도하는 것)을 취해 고통을 피하게 하는 원인이 되었다. 자긍심은 그가 스스로 자신의 행동을 정확하게 분석해서 나쁜 습관을 반복하지 않게 하는 것을 방해한다. 손실회피 현상은 투자자들이 높은 가격에 사고 낮은 가격에 팔게 만드는데, 이는 정말 어리석은 전략이 아닐 수 없다.

창던지기 - 지나친 자신감

투자에서 실수를 범하게 하는 또 하나의 석기시대 행동유형은 '지나친 자신감'이다. 최근에 알려진 행동학적 연구에 따르면, 평균적으로 투자자들은 지나치게 자신감을 갖고 있는 것으로 나타났다. 투자자들은 실제 자신의 능력보다 자신을 과대평가한다. 이는 운전자의 75%가 자신의 운전실력이 평균 이상이라고 생각한다는 사실과 일맥상통한다. 과도한 자신감은 긍지 쌓기와 후회 피하기를 지속적으로 하다 보면 자연스럽게 생기게 된다. 만약 석기시대 사냥꾼에게 이렇게 거의 미친 정도의 자신감이 없었더라면, 돌멩이가 달린 막대기를 가지고 거대한 야수를 쓰러뜨릴 시도조차 하지 않았을 것이다. 그 야수들을 죽이거나, 그들이 굶어 죽든가, 아니면 채식주의자가 되든가 중에 하나를 선택해야 했다.

과거의 수렵채집인들에게 있어 인생은 짧고 음식은 귀했다. 현재 워싱턴으로 불리고 있는 지역에 지금으로부터 약 9,000년 전에 살았던 케네윅(Kennewick)맨을 생각해보자(난 언제나 Ken이라는 이름을 가진 사람을 보면 호감이 생긴다. 이 사람도 마찬가지다). 과학자들은 그의 엉덩이에서 창에 찔린 흔적을 발견했다. 이 상처로 죽은 것은 아니고 흉터로 남은 것이다. 그는 또 여러 군데 골절과 상처를 치료 받은 흔적을 갖고 있었다.[53] 케네윅맨과 그의 동료들에게 인생은 고달픈 것이었다. 하지만 위험에 따른 보상도 따랐다. 한 번만 제대로 사냥하면 부족이 한 달간 섭취할 단백질을 얻을 수 있었기 때문이다. 생존을 위한 우리의 뼛속 깊은 본능은 우리가 위험을 감수하도록 만들었다. 우리는 자주 빠져나올 수 없이 이상한 것을 마주했을 때 '싸우고 또 싸우는' 방법을 택한다. 얼마나 많은 사람들이 바보 같은 세금을 지속적으로 내고 있는지 생각해보라. 요행을 바라고 로또를 계속 사는 것을 말하는 것이다.

투자자들은 자신들이 실제 아는 것보다 더 많은 것을 알고 있다고 생각할 때, 또는 자신의 투자기술을 과대평가할 때 확신에 가득 차게 된다. 〈월스트리트 저널〉이나 몇몇 블로그를 방문하는 것, 뉴스레터를 매일같이 구독하는 것만으로 누구나 투자 전문가가 되는 것은 아니다. 하지만 지각 있는 사람들조차 미디어를 구독할 수 있고 그 지식을 흡수할 수 있는 능력만으로 투자에서 성공하기에 충분하다고 느낀다. 투자는 어려운 것이다. 높은 수준의 교육과 많은 경험을 갖춘 프로들조차 아마추어처럼 멍청하게 투자하는 경우가 넘쳐난다.

그런 투자정보들을 접한다고 해서 여러분의 두뇌가 위험한 일을 저지르는 확률이 조금이라도 나아지는 것은 아니다.

내 말을 오해하진 마라. 투자에 대한 지식을 얻기 위해 학위를 따라든가 보수가 비싼 전문가를 고용하라는 얘기가 아니다. 완전히 반대다! (여러분이 투자에서 성공하기 위해 필요한 모든 것은 단지 다른 사람이 모르는 걸 아는 것뿐이란 걸 기억하라. 그리고 이를 위해서는 3가지 질문만 알면 된다.) 그보다는 과도한 자신감을 경계해야 한다. 아주 심각한 문제를 일으키기 때문이다. 이 문제는 모든 사람이 공통적으로 저지르는 문제들이다.

예를 들어, 과도한 확신은 투자자들이 가격 하락 위험에 대한 생각은 무시하거나 폄하하면서 최초로 공모하는(IPO) 주식이나 초저가주, 헤지펀드, 그 외의 다른 공격적 주식들에 투자하게 만든다. (IPO의 원래 뜻은 'Initial Public Offering' (최초 공개 모집)이지만 또 다른 뜻도 있다. "It's Probably Overpriced." (아마도 고평가되었다)라는 것이다.) 전문가들과 친구들, 아니면 여러분의 브로커들이 이런 주식들에 대해 "제2의 마이크로소프트"라고 얼마나 자주 얘기하는지 생각해보라. 이런 가능성은 굉장히 매력 있게 보인다. 그러나 새로운 회사들 중에 우량주로 발전하는 것은 극히 일부다.

과도한 확신은 전혀 뒷받침되는 증거가 없음에도 불구하고 어떤 주식이 재반등하길 희망하면서 그 주식에 매달리게 만들기도 한다. 만약 여러분이 Level3(미국의 인터넷 광대역 네트워크 업체로, 2000년 IT버블 때 가격이 치솟았다가 현재는 6~7달러 수준에서 거래되고 있다—옮긴이) 주식을 130달러에 사놓고, 울고 있는 와이프에게 이 회사는 위대하며 언젠가 다시 주가를 회복할 것이라고 주장하고 있다면, 바로 후회를 회피하고 과도한 확신을 보여주고 있는 셈이다.

행동주의자들은 투자자들의 일반적인 경향 중 하나로 '원금 회복'을 희망하며 주식을 보유하고 있는 것을 지적한다. 손익분기점에 올 때까지 팔기를 거부하는 것이다. 모든 자산운용업계 관계자들이나 주식 브로커들은 그동안 손실을 보며 보유하고 있던 종목이 손익분기점에 도달하자마자 맹렬히 주식을 내다 파는 고객들을 너무나 많이 알고 있다. 그때까지 팔기를 거부함으로써 이 투자자들은 심리적으로 손실을 인지하기를 거부한다. 따라서 완전한 후회를 감내해야 하는 상황을 연기할 수 있는 것이다. 실수를 인정하고 손절매하지 않으려는 것은 인간의 기본적인 심성이다. 오직 가격이 떨어졌다고 주식을 파는 것이 바보 같은 전략이라는 데는 의심의 여지가 없다. 하지만 때때로 여러분들은 실수를 받아들이고 다른 투자처를 찾아야만 한다.

그림 3.2는 1980년대 에너지주가 주도한 약세장 때 이 업종에서 아주 좋은 몇몇 회사들의 수익률이 뒤처지고 있는 것을 보여주고 있다. 이 글을 쓰고 있는 시점에서 에너지주는 모든 사람의 투자 리스트에서 상위권을 차지하고 있다. 에너지 섹터의 주가가 최근 몇 년간 질주했었고 투자자들이 수익을 만끽했기 때문이거나, 사악한 CEO들이 사우디아라비아나 이란, 멕시코, 캐나다, 나이지리아, 베네수엘라 같은 국가들로 하여금 원유 공급가를 조작하게 함으로써 우리를 피폐하게 만들려는 의도적인 음모 때문일 것이다. (이

그림 3.2 숨을 멈추지 마라

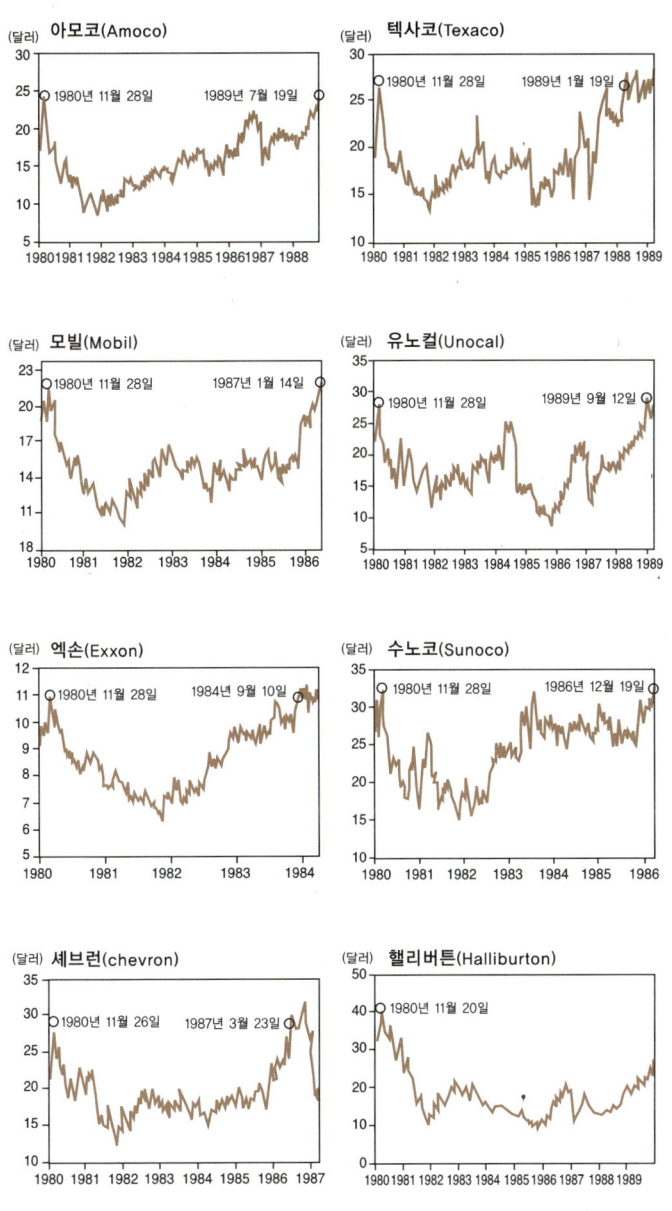

출처: Bloomberg

런 나라들은 오래전부터 우리가 원하는 것은 무엇이든지 하려 하는 국가이기 때문이다.)

하지만 1980년대의 에너지주처럼 과거에 강세를 보였던 주식들의 주가 추이를 보면, 손익분기점까지 도달하기 위해서 어떤 경우는 10년이 넘게 걸리는 경우도 있다는 것을 알 수 있다. 1980년 이후 그런 주식에 매달려 있는데 든 기회비용은 엄청났다. 그림 3.3에서 볼 수 있듯이, S&P500은 이후 5년 동안 대부분의 경우에 에너지주의 주가 추이를 크게 앞질렀다. 이와 동일한 방식의 분석을 최근 IT버블 기간에 유명했던 IT주에 대입해보면, 같은 현상을 발견할 수 있을 것이다. 주식이라는 것은 성장을 위해 임의적인 시간에 따라 움직이는 것이 아니며 그걸 원해서도 안 된다.

이러한 손익분기점 투자자에 대해 생각할 때, 그가 완전한 후회를 피하기 위해 하는 행동 중 우리가 알고 있는 1가지는 그가 어떤 규칙을 제공해주는 특례를 주시하고 있다는 것이다. 그가 손해를 감수하고 주식을 내다 팔고 싶을 때는 연말이 되었을 때다. 자본손실 설정을 통한 세금공제를 통해 후회를 회피하는 것이다. 연말 세금부과 대상 계좌에서, 주식투자자들은 매입 시보다 하락한 주식을 매도해서 다른 투자부문의 이익을 상쇄시키기 위한 자본손실 설정을 할 수 있고, 향후 부과될 세금을 줄일 수 있는 것이다. 후회를 받아들이기보다는 그 손실을 받아들임으로써 그 투자자는 긍지를 쌓을 수 있다. 뭔가 현명한 일을 했다고 스스로에게 말한다. 주식은 하락했지만 그걸 연말에 매도함으로써 마법을 부린 것처럼 현명한 재주를 부렸다고 생각하는 것이다. 그리고 그는 후회와는 등지고 자긍심을 쌓아간다(이는 모든 사람이 언제나 노력하는 것이다).

많은 투자자들의 이런 활동을 측정한 결과, 나는 세금공제를 위한 자본손실을 설정한 투자자들 중 이후에 이런 활동을 되돌아보고 실제로 그 주식을 매도하지 않았을 때보다 나은 판단을 한 것인지 분석해보는 투자자가 5% 미만이라는 것을 알게 되었다(이런 분석은 아마도 그들이 알고 싶지 않았을 사실을 여러분에게 가르쳐줄 것이다). 다르게 말하면, 자본손실을 설정한 투자자 중 한 사

그림 3.3 지속 보유에 따른 기회비용

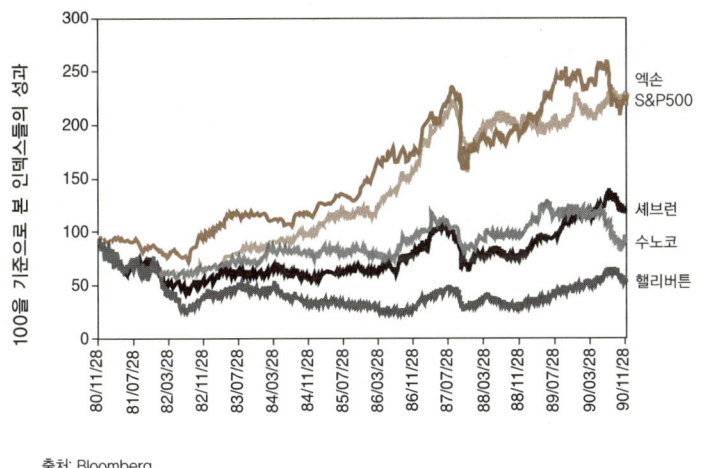

출처: Bloomberg

람을 골라 그가 매도한 주식이 이후에 어떻게 되었는지 물어본다면 거의 대부분이 모른다는 것이다. 왜냐하면 만약 그들의 판단을 되돌아봤을 때 매도하지 않았던 편이 훨씬 좋았다는 것을 발견하게 된다면(즉, 매도 이후에 주가가 크게 상승한 경우) 훨씬 더 크게 후회하게 될 것이고, 최근에 쌓아왔던 자긍심마저 잃어버리게 될 것이기 때문이다. 그런 일은 분명히 감당하기 어려운 일이다. 그래서 사람들은 뒤돌아보지 않는 것이다. 우리의 두뇌는 솜씨 있게 자기 환상을 만들어내고 TGH는 여러분을 유혹해 '자기 환상'에 빠지도록 곳곳에서 기다리고 있다.

과도한 확신을 가진 개인들은 보유주식의 종류도 매우 적은 경우가 많다. 여러분은 401(k) 플랜(미국의 퇴직연금제도로, 본인의 책임 하에 투자하는 확정각출형 상품—옮긴이)에 가입했거나 우리사주 조합에 가입했을지 모른다. 많은 투자자들이 그렇게 한다. 하지만 여러분의 전반적인 자산배분 중에 여러분 회사의 주식(또는 특정 주식)이 5%를 넘는가? 만약 그렇다면 여러분은 과도한 확신에 빠져 있는 셈이다. 정말로 다른 사람이 모르는 무언가를 아는 게 아니라면 말이다. 이런 행위를 하는 대부분의 사람들은 다른 사람들이 모르는 무엇인가를 아는 사람이 아니다. 겉으로 보기에 아무리 좋아 보이는 회사라도 주식가치가 떨어지지 말라는 법은 없다. 투자자들이 이렇게 하는 이유는 몇몇 개별주들이 환상적인 수익을 냈다는 얘기를 들었기 때문이다. 그들은 반대 결과에 대해선 잊고 있다. 투자자들은 "난 회사를 '알기' 때문에 이 주식을 보유하고 있으면 마음이 편하다구"라고 말하곤 한다. 여러분들이 멋진 직원일 수는 있지만, 여러분의 회사에 존재한다고 해서 시장에서의 가치하락에서 면제되는 특권이 존재하는 것은 아니다.

엔론의 비극

'엔론'이라 불리던 휴스턴의 작은 기업을 기억하는가? 여러분이 냉전이라는 창고에 불필요하게 살면서, 모든 인간성과 모든 형태의 언론을 차단하고 살았을 수도 있기 때문에, 굳이 설명하자면 엔론은 몇 번의 회계부정 후에 파산해버렸다. 그 와중에 주가는 수직 강하했고, 한줌의 근로자들만이 어느 날 갑자기 해고 당해 있는 자신을 발견하게 된다. 그리고 엔론은 기업 불법행위의 대명사가 되어버렸다. 갑자기 CEO들은 회사의 역사나 윤리적 상황에 관계없이 엔론의 임원들처럼 탐욕스러운 악당으로 여겨졌다.

엔론사태에서 가장 안타까운 얘기는 그들의 401(k)를 모두 엔론에 투자했던 종업원들의 인생이 파산 난 것이었다. 밤이면 밤마다 뉴스들은 퇴직 후 자금을 위해 엔론 주식에 수만 달러에서 심지어 수백만 달러까지 충실하게 투자했던 엔론의 장기근속 직원들의 비극을 다루었다. 열심히 일하고 아껴서 저축했으며, 성실한 납세자였던 이 친구들은 '난 이 회사를 잘 안다'라고 생각했을 것이다. 거의 하룻밤 사이에 이 불운한 영혼들은 자신들의 퇴직자금 가치가 폭락해버린 것을 발견했다. 그들은 쓸쓸하게 살고 있던 집을 팔고, 은퇴를 몇 년간 연기하거나 다른 직장을 알아봐야 했다. 젊었을 때 가난한 건 별 문제가 아니지만, 69살의 가난은 분노를 일으킬 수 있다.

엔론사태의 진짜 비극은 그렇게 많은 사람들이 거의 모든 걸 잃어버렸다는 것이 아니다. 진짜 비극은 이런 사태를 완전히 방지할 수 있었다는 것이다. 켄 레이나 앤드류 패스토우, 제프 스킬링(엔론의 전 CEO들-옮긴이)의 가슴 속에 어떤 악마가 살고 있었다 하더라도 종업원들이 그들의 전 재산을, 또는 그 이상을 한 주식에 쏟아 부은 것이 그들의 잘못은 아니다. 엔론의 직원들이 직접 체험했듯이, 투자 포트폴리오에서 어느 한 종목이 너무 많은 비중을 차지하고 있는 것은 잠재적인 재앙을 의미한다.

그들이 한 주식에 전체 포트폴리오의 5% 이상을 투자하지 않는다는 내 경험법칙을 따랐더라면, 엔론사태는 엄청난 재앙이 아닌 작은 실망에 머물렀을 것이다. 물론 종업원들은 직장을 잃었을 것이다. 또한 그와 동시에 비슷비슷한 이력을 가진 그들의 전 동료들과 경쟁하며 조건이 나빠진 새로운 일터를 구해야 했을 것이다. 그리고 돈도 잃었을 것이다. 휴가 계획을 취소해야 했으며, 동네 편의점에서 파트타이머로 일해야 했을 것이며, 세컨드 카는 팔아야 했을 것이다. 이 중 어느 하나도 신나는 일이 아니고 자랑스러운 일도 아니다. 하지만 만약 401(k)의 순자산이 여전히 유지되고 있다면(투자종목 중 일부분인 한 주식으로 인한 감소는 있었겠지만, 어쨌건 전체적으로 손실을 본 것이 아닌 상태) 동네 GAP 공장에서 일하며 생계를 이어나가는 것이 그리 굴욕적인 일은 아닐 것이다.

엔론은 직원들의 401(k) 현금 분담금을 엔론 주식과 매치해놓았다.[54] 확실히 타락한 책략이었지만 그보다는 엔론 주식 외에는 어떤 주식도 사지 않으려 하는 종업원들 때문이기도 했다. 비난 받아야 하는 것은 과도한 확신이지 켄 레이도 아니고 제프 스킬링도 아니다. 물론 다른 부분에 있어 비난 받을 일은 있지만, 적어도 이 문제에서만큼은 아니다. 사건 발생 5년 후, 그리고 많은 시간의 재판과정을 거쳐서(미국에서 일이 돌아가는 방식은 이렇게 아주 느리다. 이게 싫다면, 평양에서는 애국적인 춤 공연, 흥미로운 음식들과 함께 재판의 판결도 아주 빠르다고 하니 알아보라), 이 CEO들은 자신의 동료들이었던 배심원들로부터 유죄로 간주되었다. 이런 판결이 적당한 것이건 아니건 간에, 이 범죄는 앞으로 몇 년간 많은 논란을 남길 것이다. 내 전문 분야는 아니다.

잠시 멈춰서 그들이 무엇을 했는지, 무엇을 하지 않았는지 명확히 해보자. 나는 불평 많은 저널리스트와 전문가들이 레이-스킬링-패스토우 3인조가 종업원들의 401(k)에서 돈을 '훔쳤'고 연금을 '유용'했다고 말하는 것을 들은 적이 있다. 하지만 그들이 그런 종류의 행위를 한 것은 아니다. 여러분의 401(k)를 생각해보라. 어떤 사람이 거기서 돈을 '가져간'다는 게 말처럼 쉬운가? 여러분이 거기서 돈을 인출하는 것보다? 여러분은 본인 확인을 위해 수많은 문서에 사인을 했다. 따라서 그 사람들이 401(k)에서 돈을 '훔쳐'간 것은 아니다. 켄 레이와 제프 스킬링은 근본적으로 다른 법인으로 손실을 처리하는 재무제표상의 장난을 쳐서, 엔론이 재무적 손실로 위태로울 때 실제보다 건실하게 보이도록 하는 범죄의 기반을 마련했다. (그리고 패스토우는 재판을 피하기 위해 유죄에 대해 반론했다.) 진실이 드러났을 때 주식은 폭락했고, 이는 종업원들이 자신들의 401(k)에서 너무나 많은 손실을 보게 된 원인이 되었다. 그리고 엔론은 파산했고, 주주들은 거의 한 푼도 건질 수 없게 되었다.

하지만 그들의 범죄가 얼마나 중대한 것이건 간에, 그들이 어느 누구의 머리에 총을 겨누고 퇴직자금을 분산투자하지 못하게 한 것은 아니다. 그들의 모든 유동자산을 한 종목에만 투자한 엔론 종업원들의 과도한 확신이 바로 퇴직자금의 전부를 날려버린 원인으로 비난 받아야 한다. 귀에 거슬리는 이야기일 수 있지만, 진실은 때로 상처를 주는 법이다. 그들은 후회를 받아들여야 할 필요가 있다.

이런 일이 꼭 악명 높은 기업에 투자했을 때만 일어나는 것은 아니다. GE는 일반적으로 세계에서 가장 잘 경영되는 회사 중 하나로 꼽히고 있고 나 역시 그렇게 생각한다. GE에 자신의 투자자산 대부분을 쏟아 부은 사람들은 아마도 여전히 2000년 8월 고점 이후 2002년 저점까지 62%나 하락한 수익률 때문에[55] 괴로워하고 있을 것이다. 이 글을 쓰고 있는 2006년 중반에는 주가가 반등했지만, 여전히 고점 대비 37%나 하락한 상태다.[56] 편안한 상태에서 은퇴를 기다리고 있다가 채 4개월 만에 은퇴 후의 삶이 뒤죽박죽이 되어버렸다고 상상해보라. 여러분이 과도한 확신에 차 있지 않다면 일어나지 않을 일이다.

봤지! 내가 말한 대로잖아 – 확증편향

투자자로서 우리는 우리가 좋아하는 이론이나 알려진 사실을 지지하는 증거의 파편들을 의도적으로 찾는다. 그리고 우리의 편견에 반하는 것들은 무시하려는 경향이 있다. 서로 다른 편견을 가진 투자자들은 똑같은 데이터를 가지고 상반되는 결론을 내린다. 이 둘은 서로 그 데이터가 자신을 지지하는 것이라고 주장한다. 나는 이런 현상을 줄곧 보아왔다. 더구나 이 두 종류의 투자자 중 어느 쪽도 자신의 주장이 맞는지 확인하기 위해 단순한 통계적 기법을 절대로 사용하려 하지 않는다. 이들은 편견에 빠져 있어서 너무나 과도한 확신을 가지고 있기 때문에 타당성을 확인해보려 하지 않는 것이다. 공분산? 그건 다른 사람한테나 필요한 것이다.

이미 알고 있는 믿음을 뒷받침하는 쉬운 기술 중 하나는 여러분이 믿는 것과 동일한 얘기를 하는 유명인을 찾고 그 권위에 의지해서 여러분이 이미 원하고 있었던 바로 그것을 왜 할 수밖에 없는지 설명하는 것이다. 여러분이 믿는 것이 얼마나 미친 것이건 간에, 여러분이 그것을 믿을 수 있도록 지지해주는 신뢰로워 보이는 권위자들이 굉장히 많다고 약속할 수 있다.

어떻게 우리가 이런 잘못에 빠지게 되는 걸까? 석기시대의 사냥꾼을 다시 생각해보자. 각각의 사냥꾼은 아마도 이미 선호하는 특정한 사냥 구역이 있었을 것이다. 한 사냥꾼이 처음으로 가젤을 잡은 곳은 북쪽에 있는 '가젤 협곡'이었을 것이다. 그는 '가젤 협곡'이 사냥에 완벽한 곳이라고 상상한다. 그곳에서 가젤을 잡을 때마다 이런 느낌은 점점 더 강해진다. '맞았어, 바로 여기야'라고 생각하는 것이다. 그리고 협곡에 있으면 아무래도 사냥을 좀더 잘할 수 있을 것 같은 느낌에 편안함을 느끼게 된다. 가젤을 잡지 못했을 때는 스스로 매번 사냥에 성공할 수는 없다고 중얼거린다. 많은 사냥 경험이 쌓여가면서, 그는 어떨 땐 빈손으로 집에 돌아가야 한다고 스스로를 확신시킨다. 하지만 평균적으로 보면, 3~4개월간의 사냥 원정으로 봤을 때 가젤 협곡이 최고다. 그리고 그는 다른 사냥터로는 가지 않으며, 그가 가진 편견을 반증하지 않을 것이다.

한편, 그의 사냥꾼 친구는 남쪽에 있는 '캥거루 협곡'을 최고로 친다. 두 사냥꾼 모두 매일 사냥을 한다. 그들은 둘 다 각각 사냥에 성공할 때도 경험한다. 그들은 서로 각각 몇 번 연달아 성공하거나 연달아 실패할 때, 또는 번갈아 가며 성공할 때도 경험한다. 그리고 그들은 서로 자신의 사냥터가 더 우월하다고 굳게 믿게 된다. 비록 두 장소 중 어디도 통계적으로 보면 장기적인 우월함을 보여주지 못하고 있음에도 불구하고 말이다. (석기시대 친구들은 통계학을 몰랐다. 여러분들이 원래 통계학을 못하는 이유이기도 하다.) 둘 중 어떤 사냥꾼도 자신의 사냥터가 더 우수하다는 스스로의 이론을 검증해보고 틀렸을 때는 버리려고 하지 않는다. 그렇게 하는 것은 고통스러울 것이다.

우리는 여러분이 바라는 것보다 덜 진화되었다. 1장에서 다루었던 높은 P/E가 향후 주가 하락을 의미한다는 미신을 떠올려 보라. 완전히 근거 없는 넌센스이지만 거의 온 세상이 믿고 있지 않은가. 이는 행동주의자들이 '확증편향(Confirmation Bias)'이라고 부르는 행동의 좋은 예다. 이는 우리가 사전에 알고 있는 지식에 부합하는 정보를 찾으려 하고 그 반대되는 증거는 간과하려고 하는 행동을 의미한다. 높은 P/E에 관한 미신을 믿는 사람들은 즉각 그들의 이론을 지지하는 데이터를 가리키지만, 그 반대의 증거는 무시해 버린다.

확증편향은 인간성을 바탕으로 한 종교적 관점과 일치하는 구석이 있다. 이는 인류 초기의 이교도적인 종교부터 시작해서 오늘날 대중적 인기를 얻고 있는 환경결정주의로까지 이어지고 있는데, 사람들은 과학적인 근거도 없이 무엇이 환경에 좋은 것인지에 대해 아주 느긋하고 뿌리 깊은 관점을 가지고 있다. (이런 말을 하는 것은 환경결정론자들과 논쟁을 벌이자거나 이들이 과학적인 근거를 많이 갖고 있지 못하다는 점을 지적하는 것이 아니다. 이들이 그들의 견해를 지지하는 것들만 인정하고 반대되는 요인은 무시해버린다는(왜냐하면 그들이 믿는 사실이기 때문에) 얘기를 하고 싶은 것이다. 자연에 대한 경배는 물론 우리의 가장 오래된 종교 중 하나다.)

많은 미신들이 확증편향에 의해 지지되고 있다. 이 현상은 인간으로서 자연스러운 일이다. 하지만 시장에서는 자연스럽게 행동하는 것 때문에 손해를 볼 수 있다.

확증편향은 우리를 기분 좋게 만든다. 그것은 우리가 똑똑하다는 것을 재확신 시켜준다(즉, 과도한 자신감을 불러일으킨다). 그리고 우리는 스스로 똑똑하다고 생각하길 좋아한다. 하지만 어떤 의사라도 기분을 좋게 만들어주는 것이 여러분에게 꼭 좋은 것만은 아니라고 말할 것이다.

확증편향은 "1월 시장이 그렇게 됐으니 한 해 시장도 그렇게 된다"(1월 효과를 말한다—옮긴이)는 미신의 탄력성을 완벽하게 설명한다. 매년 한 해가 시작할 때, 특히 그 시작이 마이너스라면 전문가들은 '그렇게 된다'는 그들의 북소리를 요란하게 낸다. 어떤 질투심 많은 전문가는 한 걸음 더 나아가 "첫 주가 그렇게 됐으니 1월도 그렇게 되고 한 해도 그렇게 된다"라고 주장한다. 우연히 1월 시장이 마이너스로 끝나면 이런 주장은 온 세상의 주목을 받게 된다. 그리고 TV 프로듀서들에게 환각 작용을 일으키는 멋진 이야기가 되어버린다.

1월과 연간 수익률이 모두 마이너스일 때 이 주장의 신봉자들은 확신을 갖게 된다. 둘 다 모두 플러스일 때도 같다. 하지만 '그렇게 된다' 신봉자들은 마이너스일 경우를 더 선호하는 것 같다. 예를 들어, 시장이 큰 폭으로 상승하고 있었던 2006년 1월 중에는 이 의심스러운 주장에 대한 언급을 미디어에서 찾기가 아주 어려웠다. (구글로 검색을 해보면 마이너스 수익을 기록했던 2005년 1월에는 이 무서운 효과에 대한 언급들이 아주 많음을 알 수 있다.) 하지만 2005년 연간

수익률은 MSCI World Index 기준으로 9.5% 플러스였다.[57] '그렇게 된다' 신봉자들은 어떻게든 그걸 무시하려고 한다.

1월에 '그렇게 된다'를 주장했던 전문가들 중 12월에 실제로 자신의 예측이 틀린 것으로 나타났을 때, 얼마나 많은 사람들이 잘못을 인정할까? 전혀 없다. 그렇게 할 필요가 없는 것이다. 2005년 같은 경우, 즉 1월 수익률과 연간 수익률이 상이했을 때 투자자들은 '재구성'에 나선다. 갑자기 1월 효과(또는 연초 효과)가 매년 나타나지는 않는다고 생각해버리는 것이다. 그리고 5년, 7년, 10년, 23년 또는 그 전문가가 은퇴한 뒤 등 좀더 긴 기간에 주목해야 한다고 생각한다. 이것이 '그렇게 된다' 신봉자들이 그들의 주장과 반대되는 증거를 받아들이지 않고, 편견을 고수하며, 그 효과에 대해 임의적인 기간을 적용하여 재구성해버리는 모습이다.

재구성은 확증편향의 중요한 부산물이다. 이 둘은 같이 나타난다. 행동주의자들은 어떤 정보를 정확하게 보거나 틀리게 보는 능력에 있어 구성(framing)이 근본적인 것이라고 생각한다. 어떤 것이 우리가 잘 볼 수 있는 방식으로 구성되어 있으면, 우리는 그것을 볼 수 있다(앞에서 살펴본 규칙적으로 잘못 쓰인 영어 문장을 쉽게 읽을 수 있었던 사례). 하지만 우리가 잘 볼 수 없는 방식으로 구성되어 있다면, 우리는 장님이 되고 만다. 이런 놀라운 사실을 여러분들은 알 수 없을 것이다. 잠깐 멈추어서 "'그렇게 된다' 게임의 시작을 1월이 아니라 6월이나 다른 달로 하면 어떤 결과가 나올까? 미국시장과 비슷하게 움직이는 영국의 사례와 비교해보면 어떨까?"라고 자문해보는 사람은 거의 없다. 확신하건대, 아주 유별난 사람들만이 이와 같은 생각을 하고, 그렇게 했을 때 미국시장에서 1월 시장의 수익률이 1년 수익률을 예측할 수 있다는 것이 사실이 아님을 알 수 있게 될 것이다.

비록 매년 '그렇게 된다'는 경고를 소중하게 여겨왔지만, 이 미신은 실증적으로 입증되지 못했다. 초등학생이라 할지라도 인터넷과 엑셀의 함수 사용법을 안다면 이 사실을 알 수 있다. 표 3.1은 연간 수익률 예상 지표로서

표 3.1 1월 효과

연도	첫 10일	1분기	반기	연간
1939	-6.67%	-16.87%	-17.83%	-5.43%
1978	-5.96%	-6.19%	0.45%	1.06%
1982	-5.08%	-8.64%	-10.56%	14.76%
1991	-4.99%	13.63%	12.40%	26.31%
1990	-4.64%	-3.81%	1.31%	-6.56%
1935	-3.71%	-10.87%	8.36%	41.51%
1974	-3.40%	-3.66%	-11.84%	-29.72%
1947	-3.29%	-0.82%	-0.58%	0.00%
1977	-3.21%	-8.41%	-6.50%	-11.50%
1957	-3.18%	-5.50%	1.49%	-14.32%
1956	-2.94%	6.62%	3.30%	2.63%
1940	-2.92%	-1.92%	-20.06%	-15.32%
1962	-2.91%	-2.80%	-23.48%	-11.81%
1996	-2.62%	4.80%	8.88%	20.26%
1960	-2.52%	-7.60%	-4.96%	-2.97%
1948	-2.30%	-1.48%	9.46%	-0.66%
1969	-2.16%	-2.26%	-5.92%	-11.36%
1998	-2.03%	13.53%	16.84%	26.67%
2005	-2.26%	-2.59%	-1.70%	3.00%
1955	-1.96%	1.68%	14.01%	26.38%
1953	-1.66%	-4.83%	-9.15%	-6.64%
1986	-1.43%	13.07%	18.72%	14.62%
1981	-1.13%	0.18%	-3.35%	-9.73%
1950	-0.54%	3.16%	5.55%	21.78%
1928	-0.45%	8.32%	8.66%	37.88%
1970	-0.41%	-2.64%	-21.01%	0.10%
2000	-0.28%	2.00%	-1.00%	-10.14%
1934	-0.25%	6.48%	-2.87%	-5.99%
2002	-0.16%	-0.06%	-13.78%	-23.37%
1968	-0.05%	-6.50%	3.22%	7.66%
1973	0.33%	-5.53%	-11.68%	-17.37%
1993	0.33%	3.66%	3.40%	7.06%
1930	0.34%	17.20%	-4.59%	-28.48%
2001	0.48%	-12.11%	-7.26%	-13.04%
1929	0.49%	4.85%	13.43%	-11.91%
1992	0.88%	-3.21%	-2.15%	4.46%
1971	0.95%	8.86%	8.19%	10.79%
1959	1.12%	0.42%	5.90%	8.48%
1999	1.14%	4.65%	11.67%	19.53%

표 3.1

연도	첫 10일	1분기	반기	연간
1966	1.16%	-3.46%	-8.32%	-13.09%
1944	1.20%	3.00%	11.23%	13.80%
1952	1.22%	2.54%	5.01%	11.81%
1972	1.27%	5.01%	4.95%	15.63%
1949	1.33%	-0.91%	-6.88%	10.25%
1984	1.36%	-3.49%	-7.12%	1.40%
1965	1.72%	1.66%	-0.74%	9.06%
2004	1.81%	1.29%	2.60%	8.99%
1994	1.81%	-4.43%	-4.76%	-1.54%
1943	1.84%	18.53%	26.41%	19.45%
1988	2.01%	4.78%	10.69%	12.40%
1931	2.05%	8.79%	-3.28%	-47.04%
1985	2.13%	8.02%	14.72%	26.33%
1936	2.16%	11.06%	10.40%	27.83%
1964	2.16%	5.28%	8.89%	12.97%
1995	2.20%	9.02%	18.61%	34.11%
1941	2.26%	-5.83%	-6.90%	-17.86%
1989	2.31%	6.18%	14.50%	27.25%
1954	2.49%	8.58%	17.77%	45.03%
1958	2.50%	5.28%	13.13%	38.06%
1961	2.53%	11.96%	11.25%	23.13%
1937	2.57%	4.33%	-10.34%	-38.64%
1945	2.71%	2.71%	12.65%	30.72%
2006	2.77%			
1980	2.96%	-5.42%	5.84%	25.77%
1963	3.19%	5.50%	9.94%	18.89%
1951	3.43%	4.85%	2.69%	16.46%
1997	3.57%	2.21%	19.49%	31.01%
1942	3.80%	-7.83%	-4.49%	12.43%
1946	4.03%	4.15%	6.16%	-11.85%
1983	4.27%	8.76%	19.53%	17.27%
2003	4.36%	-3.60%	10.76%	26.38%
1979	4.77%	5.70%	7.08%	12.31%
1933	4.94%	-15.17%	58.50%	46.62%
1967	4.95%	12.29%	12.83%	20.09%
1975	5.22%	21.59%	38.84%	31.55%
1976	7.12%	13.95%	15.62%	19.15%
1932	8.37%	-9.92%	-45.43%	-15.19%
1987	9.63%	20.45%	25.53%	2.03%
1938	10.75%	-19.35%	9.68%	25.33%

출처: Global Financial Data

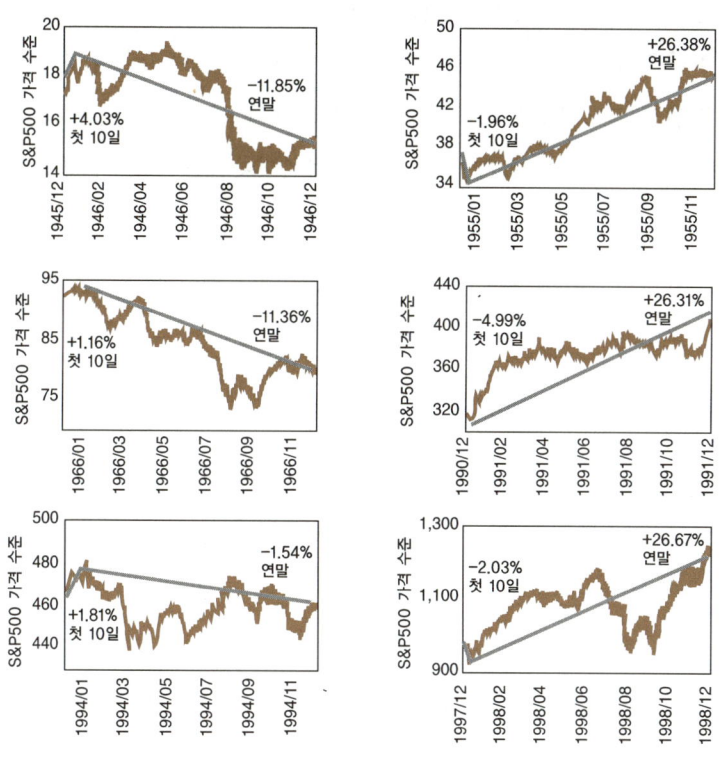

그림 3.4 1월 효과(1946~1998년)

출처: Global Financial Data

1월 수익률이 어느 정도 예측력을 가지는지 보여주고 있다.

표 3.1은 1926년부터 현재까지 매년 첫 10일의 수익률이 가장 안 좋았던 때부터 가장 좋았던 때까지를 순서대로 나타낸 것이다. 또한 1분기와 반기, 연간 수익률도 같이 제시했다. 그 누구도 아주 수익률이 좋은 해였다는 것을 부정할 수 없는 20% 이상의 수익을 거둔 해는 색으로 표시했다. 한 해의 시작이 어떻게 되었건 간에 상관없이 색으로 표시된 해가 표상에서 아무런 규칙성 없이 흩어져 있음을 알 수 있을 것이다. 실제로 많은 경우에 시장이 플러스로 끝난 경우는 처음에는 하락했다가 큰 상승 랠리를 거쳤다. 이 표에서

추론할 수 있는 유일한 분석은 매년 첫 10일같이 짧은 기간의 주가 움직임이 약간의 예측력을 가진다는 것뿐이다.

이 미신을 다른 방식으로 볼 수도 있다. 그림 3.4는 첫 10일이 마이너스였던 3개 연도를 보여주고 있다. 만약 연초 효과를 믿고 매매를 했더라면 큰 상승장을 놓쳤을 것이다. 또한 반대로 그림에서처럼 첫 10일이 상승이었던 3년에 매수에 나섰더라면 연말에 손해를 봤을 것이다.

이런 투자의 미신을 믿는다는 것은 여러분의 두뇌가 확증편향에 마비되어 있을 때 나타나는 증상이다.

흔적 따라가기 - 패턴 인식과 재연

꾀 많은 사냥꾼이자 수렵채집인이었던 우리의 조상들과 그들의 부족원들은 반복에 따른 보상을 인식하는 법을 배웠다. 그들은 그 자신이나 그들의 이웃이 성공적으로 과제를 수행해낸 요인을 알아냄으로써 그것을 반복하고 성공적인 과제 수행을 지속할 수 있었다. 예를 들어, 그들은 스스로 "이 무기는 사냥에 효과적이야. 그러니 이걸 사용해야지"라거나 "이 흔적을 따라가면 길을 잃은 적이 없으니, 계속 따라가야지" 또는 "이 산딸기를 먹고 죽은 사람이 없으니, 나도 먹어야겠다"라고 말하곤 했다. 패턴의 인식과 반복은 안전하고 합리적인 것이었다. 누가 위험을 무릅쓰고 독이 든 산딸기를 맛보겠는가? 일부러 위험한 산딸기를 집어먹는 사람은 아무도 없다.

우리의 석기시대 조상처럼 투자자들은 여전히 개개인의 상황에 맞는 전략을 찾기보다는 제어를 위한 규칙을 만들고 그것을 따른다. 이는 주가 그래프를 자세히 살펴보고 예측 가능한 패턴을 찾는 '차트 분석'이 인기를 얻는 원인이 된다. '모멘텀 투자'나 '기술적 분석'과 관련한 영세적인 기업들이 있는데, 이들은 '컵과 손잡이형' '접시 바닥형' '머리 어깨형' '헤드라이트에 비친 사슴형'(맞다. 이건 내가 만든 거다) 같은 어떤 유형이 존재하며, 이를 통해 주가를 예측할 수 있다고 주장한다. 〈인베스터스 비즈니스 데일리(IBD)〉

라는 신문을 펼쳐 보면 'IBD 100' 리스트라는 것을 볼 수 있다. '지난주에 가장 성과가 좋았던 100종목의 리스트다.

이 리스트의 목적이 뭘까? 우리를 놀리는 걸까? 이 종목들은 여러분이 타임머신을 만들어 과거로 돌아갈 수 있다면 사야 할 100종목을 말하는 것일까? 정말로 우리에게 도움을 주려고 했다면 왜 다음 주에 가장 많이 오를 100종목을 선정하지 않는 것일까? 그게 바로 우리가 원하는 것이다. 하지만 그렇게 하지 않는 것은 할 수 없기 때문이다. 그리고 누가 뭐라고 했건 간에, 차트를 통해 주가 움직임에 대해 알 수 있는 것은 그저 임의로 일어나는 횡재수 이상은 없다. 더 이상 얘기할 가치도 없다. 통계학자들은 아마도 주가 움직임을 "연속적으로 연관되지 않았다"고 부를 것이다. 이는 주가가 어떤 특정한 방향으로 향하고 있을 때, 그 방향으로 계속 갈지 반대 방향으로 갈지는 50 대 50이라는 뜻이다. 여러분이 나에게 어떤 특정한 결과로 이어지는 어떤 차트를 보여주건 간에, 똑같은 패턴의 주가가 전혀 엉뚱한 방향으로 진행하는 다른 사례를 보여줄 수 있다. 주가 패턴 그 자체는 어떤 예측력도 없다. 하지만 사람들은 여전히 그것을 사용한다.

우리는 자본시장을 분석하기 위한 새로운 기술을 개발해내는 대신, 진부한 기술을 사용하고 불확실한 지표를 사용해 금융을 어떤 기술로서 연습한다. 우리는 시대에 뒤떨어지고 쓸모없는 기술을 고수하고 있다. 패턴을 너무나 좋아하기 때문이다. 안전한 느낌을 주며, 용기를 북돋아주며, 무독성으로 느껴진다. 투자자들은 패턴 과잉증에 걸려 그 예측력을 숭배한다. 수익률 곡선, 고 P/E, 이동평균선, CPI(소비자물가지수), 재정적자 등 끝이 없다. 멈춰 서서 "지금 내 두뇌가 나를 골탕 먹이려고 어떤 짓을 하고 있는 걸까?"라고 자문해보는 사람은 거의 없다. 만약 시장을 신뢰롭게 예측할 수 있는 어떤 지표가(또는 지표 그룹이) 존재했다면, 모든 사람이 그것을 알고 있을 것이다. 그리고 항상 그걸 사용해서 상상도 할 수 없을 만큼 부자가 되어 있을 것이다. 그런 일은 없었기 때문에, 그리고 시장을 움직이는 힘은 알려져 있지 않기 때문에 알려진 길을 따라가려는 우리의 편견을 극복해야만 한다.

사후판단 편향과 정리선호 현상

　흔적을 추종하고자 하는 욕망의 결과인 사후판단 편향(Hindsight bias)은 처음의 실수는 잊어버리고 자신의 예측 능력을 과대평가하려는 우리의 성향을 말한다. 행동주의자들은 사후판단 편향이 행운이 차지할 자리를 없애버리는 것이라고 말한다. 투자자들은 스스로를 속여 자신이 특별한 능력이나 지식이 있다고 믿게 만든다. 사후판단 편향에 빠지면 모든 것을 확실히 예측할 수 있다는 착각에 빠진다.

　사후판단 편향은 2000년 1월 알트리아(Altria) 주식이 엄청난 주식이 될 것을 알고(이후 6년간 352% 상승함) 매입했다고 주장하는 투자자에게 확실하게 일어난다.[58] 전 세계 주식시장의 폭발과 함께 이 주식의 주가는 고공행진을 했고 이후 다시 고점을 회복하진 못했다. 그는 자신이 천재라고 생각하고 그 당시 투자결정도 순전히 자신의 예리한 통찰력으로 내렸다고 생각한다. 정작 이 투자자가 잊고 있는 것은 그가 야후(Yahoo!)를 108달러에 사서 2년 후 4달러에 팔았다는 사실이다. 사후판단 편향에서 과도한 자긍심 쌓기와 후회 피하기는 같이 발생한다. 이런 편향된 행동은 함께 작용하며 이 중 어느 것도 여러분이 현명한 투자판단을 내리는 데 도움이 되지 못한다.

　사후판단 편향으로 인해 우리는 사전에 어떤 패턴이 존재한다고 가정하게 된다. 즉, 성과가 좋았던 주식은 계속 인기 있는 주식이 될 것이고, 어떤 유형의 주식은 계속 그런 유형의 주식이 될 것이라고 생각하는 것이다. 그런 패턴이 효과가 없었던 때가 언제일까? 사실 (그런 패턴은) 존재한 적도 없다. 사후판단 편향의 가장 단순한 형태는 과거의 일을 미래로 투영시키는 것이다(즉, 현재 일어난 일을 이미 자신이 과거에 예측했다고 편향되어 생각하는 것). 아주 쉬울 뿐만 아니라, 그렇게 했을 때 여러분과 논쟁을 벌일 만한 사람도 거의 없다.

정리선호(Order Preference) 현상은 예측하고 수집하는 우리의 본능이 표출된 것이다. 예를 들어, 투자자들은 그들 포트폴리오의 모든 구성요소들이 성공적이길 원한다. 만약 벤치마크 지수를 설정한 투자자라면(여러분들은 반드시 S&P나 MSCI World Index 같은 벤치마크를 설정하고 주기적으로 여러분의 포트폴리오 성과와 비교해보아야 한다) 그들은 그들이 보유한 모든 주식이 그 벤치마크보다 좋은 성적을 거두길 기대하는 것이다. 이는 자연스러운 본능이지만 불가능하다. 어떤 벤치마크라 하더라도, 그것을 구성하는 주식의 수익률에는 다양한 편차가 있다. 단순히 딸기가 둘 다 익었거나, 아직 안 익었거나, 예전에 익었던가 하는 문제와는 다르다. 여러분이 보유한 주식들이 성과에서 다양한 편차를 보이면 안 된다고 생각하는 것은 여러분의 포트폴리오가 벤치마크가 가지고 있는 편차를 전혀 가지고 있지 않다는 것과 같은 얘기다. 그리고 여러분의 주식이 모두 다 훌륭한 수익을 보이고 있다 하더라도 그 이유는 단지 벤치마크와 반대로 크게 베팅했기 때문이며 아주 운이 좋았던 것일 뿐 오래 지속되지는 못하는 것이다.

간단하게 말해서, 정리선호 현상은 만약 어떤 투자자가 60종목을 보유하고 있다면(글로벌하게 투자한다면 많은 종목이라고 할 수는 없다) 그가 그 60종목이 모두 전체 포트폴리오의 이익만큼 상승해주기를 바라도록 자극한다. 투자자는 투자학에서 중요한 것은 결국 전체 포트폴리오의 수익이라는 것을 잊어버리고 만다. 여러분의 순자산가치에 영향을 주는 것은 결국 그것이다.

투자자들은 그들이 매수했던 주식이 800%나 올랐다고 자랑하면서 실제 전체 포트폴리오의 수익률은 어땠는지 상관하지 않을 때 바로 정리선호 현상을 겪게 된다. 투자의 성과를 측정할 때는 부분보다는 전체가 중요하다. 하지만 투자자들은 뼛속 깊이부터 이러한 개념을 받아들이기 어려운 것 같다.

1만 달러짜리 주식 두 개로 구성된 포트폴리오를 상상해보자. 한 주식이 25% 오르고 다른 주식은 15% 빠졌다. 선사시대의 산물인 우리의 두뇌는 하락한 주식에 대해 후회하게 만들 것이다. 일반적인 투자론에서는 그 부분이 후회할 일이 아니다. 전체는 괜찮기 때문이다. 이게 맞는 얘기다. 주가 움직임 그 자체는 미래에 대해 아무것도 얘기해주지 못하며 우리는 그것에 기초해 행동해서는 안 된다.

다른 방식으로 생각해보자. S&P가 높은 수익을 냈던 1997년(33% 상승)[59] 같은 시기에 인덱스펀드에 가입했다고 상상해보자. 아주 행복할 것이다 그렇지 않은가? 이제 그 인덱스펀드 대신 500개의 개별 주식을 보유했다고 상상해보라. 500개나 되는 종목은 보유하기엔 너무나 많은 종목이지만, 어쨌든 논의를 위해 그랬다고 가정해보자.

그 500개의 주식 중에서 어떤 주식들은 40% 또는 50%, 60%까지 하락한 것도 있을 것이다.[60] 자, 이제 여러분의 포트폴리오에 대해 어떤 느낌이 드는가? 인덱스펀드를 보유했을 때와 똑같이 기분이 좋은가? 인덱스를 구성하는 500개 종목을 아주 적절한 비중으로 보유했기 때문에? 150%가 넘는 주식을 보유하고 있다면 몇 종목이 50% 하락했다고 해도 크게 문제될 것이 없다.[61] 전체적으로 보면 33% 상승했고 이게 중요한 것이다. 정리선호 현상은 여러분을 전체가 아닌 부분에 집중하게 만들며 정말 중요한 것을 간과하게 만든다.

위대한 능멸자가 좋아하는 트릭들

우리가 투자자로서 좀더 진화된다면, TGH는 아마도 '온화한 능멸자'(The Mild Humiliator: TMH)나 '부드러운' '젠틀한' '친절한' 능멸자로 재분류될 것이다. 이미 프로그래밍 된 본능 때문에 우리는 반복해서 시장의 능멸을 당한다. 불행하게도 우리의 편견은 홀로 작용하지 않는다. 다른 편견들과 함께 작용하며, 완전히 비합리적인 투자결정이 합리적으로 보이게 만든다. 여러분의 두뇌는 언제 여러분이 멍청한 실수를 하는지 말해주지 않을 것이다. 두뇌는 그 인지적 오류를 멍청하다고 생각하지 않기 때문이다. 그보다 여러분의 두뇌는 투자자인 여러분들에게 "단지 문제가 잘 풀리지 않았을 뿐이야"라고 말한다. 그리고 뭔가 변명할 거리를 찾게 된다. 바로 후회를 피하는 것이다.

여러분의 유일한 무기는 세 번째 질문이다. 모든 결정을 내릴 때마다 "도대체 내 두뇌가 이번엔 날 어떤 잘못된 길로 이끄는 걸까?"라고 자문해보라. 그 결정이 정상적이고 합리적으로 보일수록 이렇게 자문해보는 것은 더 중요하다. 나는 이미 여러분의 두뇌가 어떤 식으로 잘못 작동될 수 있는지 몇몇 사례를 보여주었고, 이 책의 후반부에서 더 다양한 예를 보여주려고 한다. 여러분들은 그런 사례의 리스트를 만들고 책상 위나 침대 머리맡에 놓아둘 수 있다. 하지만 모든 결정을 내릴 때마다 끊임없이 자문을 해봐야 한다. "내 두뇌가 지금 나를 장님처럼 만들고 있진 않나?"

여러분의 두뇌는 육체적 생존을 위해 디자인된 것이지 재무적 생존을 위해 설계된 것이 아님을 명심하라. 야수의 습격을 피하기 위해서는 굉장히 적절한 본능적 행동이 자본시장의 분석에 있어서는 치명적인 것이 될 수 있다. 세 번째 질문을 자문해보고 재무적으로 고장 난 두뇌의 증상을 인지하는 것이 여러분을 방어할 수 있는 가장 좋은 방법이다.

짐(Jim)이라는 가상의 투자자를 주인공으로 다음과 같은 아주 사실적인 시나리오를 생각해보자. 여러분도 그와 비슷한 결정을 내린 적이 있는지 살펴보라. 지난 3년간 짐의 포트폴리오가 전체적으로 50% 상승했다고 해보자. 강세장이 몇 년 이어진다면 충분히 가능한 수치다. 그때 시장에 조정이 찾아왔고 포트폴리오 수익률은 몇 달 만에 18% 하락했다. 1~2년마다 한 번씩 찾아오는 강세장에서의 조정은 완벽히 정상적인 현상이다. 역사적으로 봐도 조정이 있던 해가 없던 해보다 더 많다. 짐은 이런 사실을 알고 있고 시장의 변동성이 크며 시장이 단기적으로 10~20% 정도 조정을 받을 수 있지만, 결국 더 높은 가격으로 오를 것이란 걸 깨닫는다. 짐은 그에게 충분히 긴 시간적 여유가 있으며 단기적인 움직임은 중요하지 않다는 것을 알고 있다. 비록 그렇다 하더라도, 실제로 이런 일이 그에게 일어났을 때는 참담한 마음만이 들 뿐이다!

첫 번째로 발생하는 것은 '근시적인 손실거부 현상(myopic loss aversion)'이다. 18%의 손실은 45%의 수익보다도 더 크게 느껴진다. 최근 몇 년간 올린 수익에 대한 행복감보다 그 18%의 손실로 인해 더 참담함을 느끼는 것이다. (더 최근일수록, 더 단기적일수록 근시적 손실거부 현상은 강하게 나타난다. 결국 우리에게 중요한 것은 장기적 수익률임에도 불구하고 단기적 수익을 장기적 수익보다 과대평가하는 경향이 있다는 것이다.) 짐은 이 (일시적인) 고통을 멈추기 위해 무엇인가 해야겠다고 생각하기 시작한다. 만약 짐이 세 번째 질문을 떠올렸다면 이쯤에서 다음 시나리오로 넘어가지 않고 멈추었을 것이다. 아마도 근시적 손실거부 현상으로 인해 아주 부적절한 때에 (조정의 중간) 주식을 매도하려는 자신을 발견했을 것이다. 불행하게도 짐은 이 책을 사지 않았고 그의 선사시대적 두뇌가 그를 지배하게 된다.

그 다음으로 일어나는 것이 '정리선호 현상(order preference)'이다. 그는 보유 중인 주식 중 몇 개가 하락하고 있는 걸 알게 된다. 심지어 이 조정기의 복판에서도 그의 전체적인 포트폴리오는 여전히 20% 상승했지만 이런 사실은 간과해버린다. 그리고 40%가 넘게 하락한 종목은 처분해버리기로 한다. 그가 보유한 주식 중 65%나 하락한 XYZ라는 주식이 있다. 이 주식을 사지 않았더라면 삶이 훨씬 행복했을 것이라고 생각한다. 함께 포커를 하는 친구들도 그 주식은 더 떨어질 것이라고 말한다. 그 주식은 그를 삼켜버릴 것이다. 그가 보유한 주식 중 몇몇은 80% 넘게 상승한 것도 있다. 그런 주식들은 정말 좋다. 왜 65%나 하락한 쓸모없는 XYZ주식을 샀을까? 왜 80%나 오른 주식을 더 사지 않았을까?

이때 후회회피(regret shunning) 현상이 발생한다. 그는 이 투자결정을 그의 브로커에게 위임하지 말았어야 했다. 조금 더 주의를 기울였다면 훨씬 잘할 수 있었을 거라고 믿기 때문이다.

그리고 확증편향과 더욱 심한 후회회피 현상이 일어난다. 최근에 그가 직접 고른 주식은 곧바로 50%나 상승했다. 최소한 이 XYZ 주식이 그의 잘못은 아니다. 그 혼자 한 결정이라면 결코 65%나 하락하게 놔두지 않았을 것이다. 멍청한 브로커 때문이다. 짐은 똑똑한 남자다.

마지막으로 발생하는 것은 사후판단 편향이다. 그는 브로커가 XYZ주식을 추천했을 때 별로 좋은 주식이 아니라는 걸 알았다. 그 브로커의 말은 흘려듣고 지금 140%나 올라 있는 그 주식을 사려고 했으며 그 당시에도 그렇게 해야만 한다는 걸 알았다. 단지 조금 더 주의를 기울이지 않았을 뿐이다. 이런 종류의 문제에 대해선 맞게 판단하는 경우가 많기 때문에 좀더 자주 자신의 본능에 충실해야만 한다. 자, 그렇다면 왜 그렇게 기분이 나쁜 것일까?

심한 손실거부 현상 때문이다. 어떤 조치를 조만간 취하지 않으면 그의 부인은 브로커가 아니라 짐을 바보로 오인할지도 모른다. (이봐, 짐. 당신이 이런 사실을 알지 모르겠지만 당신의 부인은 아마도 마음 깊숙한 곳에서 당신이 멍청이였다는 걸 벌써 알고 있을 거야. 그렇게 믿고 있다고.)

그 다음은 과도한 확신이다. 그 멍청한 브로커는 잊어라. 짐은 투자학이나 자본시장에 어떤 배경이 없음에도 불구하고, 자신이 더 잘해낼 수 있다는 걸 알고 있다. 그는 어쨌든 의대를 졸업할 만큼 똑똑했다. 도대체 차이가 뭔가? 여러분이 똑똑하다고 한다면 똑똑한 거다. 그리고 짐은 정말 정말 정말 똑똑한 거다.

짐은 과도한 확신을 가졌고 18%나 하락하는 걸 참을 수가 없다. 65%나 하락한 XYZ는 더욱 심한 모욕이다. 그래서 그는 모든 주식을 임의적인 시기나 임의적인 수준을 넘어 하락했을 때 모두 팔아버린다. 그리고 2주 후 주식시장과 짐이 팔았던 주식 모두 조정을 끝내고 그전보다 더 높은 가격에 거래되기 시작한다. 짐은 유동자산 중 40%를 현금으로 들고 있게 된다. 진찰이나 수술과 관련된 것들, 그리고 다가올 휴가에 대해선 생각하지만 시장에 대해서만큼은 생각하려고 하지 않는다.

만약 짐이 ① 세 번째 질문을 떠올렸거나 ② 아무런 결정도 하지 않았거나 ③ 그의 두뇌가 합리적인 투자로 인도하는 것이 아니라 맹수로부터 자신을 보호하려고 하는 것임을 인지했더라면 지금쯤 훨씬 부자가 되어 있을 것이다. 그 대신 우리 똑똑한 의사 선생님은 다른 분야의 과학자와 마찬가지로 그가 후회를 회피할 때 그의 인지적 오류로부터 아무런 교훈도 얻어내지 못한다. "최소한 더 잃지는 않았잖아." 그는 이렇게 혼잣말을 한다. 그리고 이런 실수들을 계속 반복하며 살게 된다.

동굴 속에서 머리를 끄집어내라

짐의 이런 행동이 전혀 개선의 여지가 없는 것은 아니다. 여러분도 마찬가지다. 우리는 이런 행동들을 확실히 겪기는 하지만, 운명적으로 결정된 것은 아니다. 선사시대적 사고방식을 극복하는 방법은 주기적으로 엄격하게 세 번째 질문을 적용하는 것이다. 여러분이 믿는 것이 맞는 것인지 질문하고, 다른 사람이 간파해내지 못한 것 중 당신이 할 수 있는 것이 무엇인지 질문한 후 머리를 동굴 속에서 끄집어내어 여러분의 두뇌가 잘못된 메시지를 보내고 있는지 반드시 자문해보아야 한다.

일반적으로 저지르는 인지적 실수에 적절히 대처하기 위해 지금 당장 시작할 수 있는 몇 가지 실용적인 것들이 있다. 일단 세 번째 질문을 반복적으로 사용하는 방법을 배웠다면, 그리고 인지적인 실수를 막 저지를 것 같다면 다음의 방법을 적용해서 실수를 막을 수 있다.

또 한 번의 뒤집어 생각하기 - 후회는 쌓고 긍지는 피하라

성경에서는 "오만하면 파멸이 찾아온다(Pride goes before fall)"고 말하고 있다. 자본시장에서는 오만하면 근시적 손실거부에 빠지거나 과도한 확신, 사후확증 편향, 저점에서 매도하는 것을 포함하여 그 외의 모든 나쁜 것들에 빠지게 된다. 여러분은 여러분의 자연적인 성향을 영원히 뒤집어야 한다. 긍지는 피하고 후회는 쌓아야 한다. 이것이 바로 내가 알고 있는 더 좋은 투자자가 되기 위한 가장 기본적인 기법이다. 여러분이 보유한 주식이 많이 올랐더라도 자신이 천재라고 가정하지 마라. 단지 운이 좋았을 뿐이라고 가정하라. 그리고 운은 언젠가 사라질 수 있다고 생각하라. 보유주식이 많이 떨어졌다면 후회를 회피하려고 하지 마라. 손실을 볼 때마다 후회를 쌓아나가라. 후회와 함께 살고 후회를 사랑하라. 엔론 경영진이나 여러분의 브로커 또는 부인(이 부분은 별도로 도와줄 게 없지만) 때문에 피해를 입었다고 생각하지 마라. 하락한 주식에 대해서는 모든 잘못이 여러분에게 있다고 가정하고 왜 틀렸는지, 그리고 어떻게 하면 다음에는 그런 실수를 저지르지 않을지 배우려고 노력하라. 만약 여러분이 후회를 받아들일 수 있다면 여러분은 상대적으로 저점에서 주식을 팔지 않게 될 것이다. 이 아이디어는 여러분이 주식을 싸게 사서 흥분상태가 되는 가격대에 파는 것을 의미하는 게 아니라는 걸 기억하라.

후회를 쌓고 긍지는 피하는 전략은 많은 이점이 있다. 우선, 실수에서 배울 수 있다. 다음으로, 과도한 확신에 빠지는 대신 좀더 조심스럽게 됨으로써 실제 시장이 움직이는 방식을 더욱 가깝게 관찰할 수 있게 된다. 연구에 의하면 과도한 확신에 찬 투자자들보다 조심스러운 투자자들의 성적이 더 좋은 것으로 나타났으며, 여러분은 후회를 쌓고 긍지를 회피하는 것을 통해 지속적으로 조심스러워질 수 있다.

단지 가격이 하락했다는 이유로 어떤 주식을 팔고 다른 주식을 매입한 후 뒤돌아보지 않았던 적이 있는가? 쓸모없어 보이는 주식을 처분하고 기뻐했겠지만 정말 그게 쓸모없었는가? 어쩌면 여러분은 주식을 매도하지 않았을지도 모른다. 그 대신 가진 자산을 다 털어 안전한 채권을 샀을지도 모른다.

시장 전체가 당신을 위협하고 있다고 생각했기 때문이다. 많은 투자자들이 이렇게 한다. 즉, 감정적으로 행동하고 그 후에 그들의 결정이 옳았는지 틀렸는지 절대로 평가해보지 않는다. 결국 아무런 발전이 없게 된다.

당신의 후회를 포용하라. 여러분이 틀릴 수 있다는 것을 알고 여러분의 결정이 중요하다는 것을 알라. 투자란 장기적인 기간에 걸쳐서 볼 때 7할의 기간 동안만 맞게 투자하고 있으면 엄청난 성공을 거두는 게임이다. 이 말은 틀릴 때도 자주 있다는 뜻이다. 잘못된 투자는 그 자체로는 괜찮다. 여러분의 잘못을 더욱 포용하고 학습하는 기회로 삼는다면, 장기적으로 봐선 더 적게 잘못을 저지를 것이다. 스스로 "더 잃진 않았잖아"라고 위로하지 마라. 그렇게 하면 아주 잘못된 타이밍에 주식을 처분하는 어마어마한 실수나 잘못된 주식을 사는 실수를 깨닫게 될 것이다. 아마도 여러분이 처분한 주식이 쓸모없는 것이 아닐 수 있다. 그 주식 대신 산 주식이 쓸모없을 수도 있다. 여러분이 팔아 치운 주식이 그 후 연간 최고 수익률을 올린 주식일 수도 있다. 그리고 손실거부나 사후확증 편향 또는 다른 인지적 실수들을 겪었기 때문에 죽고 싶을 수도 있다. 시장이 하향 곡선을 그리지 않을 수도 있다. 시장이 25% 정도 상승해서 끝날 수도 있으며, 따라서 시장에 한참 뒤처진 3% 정도의 수익만을 거둔 바보가 될 수도 있다. 그리고 장기적인 목표에 도달하는 기회에 심각한 장애가 될 수도 있다. 여러분은 계속해서 실수를 저지를 수 있다는 것을 알아야 한다. 그리고 어떤 조치를 취해서 그 실수로부터 반드시 무엇인가 배우기 위해 최선을 다해야 한다. 여러분의 실수에서 배울 수 있는 것을 찾아봄으로써 미래에는 실수를 줄일 수 있도록 해야 한다.

세 번째 질문은 비이성적이고 정신 나간 많은 행동을 방지해줄 것이다. 더욱 중요한 것은 결정을 내릴 때 참고가 되는 모든 것을 포함한 우선적인 전략이 필요하다는 것이다. 그리고 이를 위해서는 반드시 벤치마크가 있어야 한다. (4장에서 왜 벤치마크가 필요하고 생존에 있어 필수적인지 논의할 것이다). 일단 지금은 잘 구성된 인덱스라면 어떤 것도 벤치마크가 될 수 있으며, 여러분이 포트폴리오를 구성하는 로드맵이 된다는 것을 알고만 넘어가자. 여러분이 미국주식의 50%를 벤치마크로 삼는다면, 미국주식이 외국주식보다 퍼포먼스가 좋을지 나쁠지에 대해 다른 사람이 모르는 것을 여러분이 안다는 전제하에 단지 미국주식의 50% 내에서 변동을 원하는 것이다. 또 에너지 섹터의 10%를 벤치마크로 삼는다면, 3가지 질문을 사용해 다른 사람이 모르는 무엇인가를 알아내고 비중을 확대할지 축소할지 결정하지 않는 이상 그 10%만 따라가면 된다. 이처럼 뭔가 다른 사람이 모르는 것을 알지 않는 이상 여러분은 여러분의 벤치마크만 수동적으로 따라가면 된다. 목표는 일단 벤치마크를 따라가되 다른 사람이 모르는 특별한 것을 알게 되었을 때 그 벤치마크를 능가하는 것이다. 오랜 시간에 걸쳐 벤치마크는 여러분이 가야 할 곳을 알려주게 될 것이다. 만약 단기 손실거부같이 여러분의 두뇌에 의한 잘못된 판단으로 벤치마크와 격차가 커지게 되면 장기적인 목표에 도달하기 위한 능력에 심각한 영향을 받게 될 것이다.

여기 좋은 예가 있다. 2000년 3월, 나는 기술주의 향방을 아주 정확하게 알아맞혔다. 지난 20년간 내가 했던 최고의 투자결정 중 하나였다. (뒷 장에서 어떻게 이런 예측을 할 수 있었는지 설명하겠다.) 내 회사는 당시 약간 많은 비중을 차지하고 있던 기술주의 비중을(당시 미국 시가총액의 1/3, 전 세계 시장 시가총액의 25%가 기술주였다) 절반으로 줄였다. 나중에 우리 고객들은 당시에 비중을 더 줄이지 않은 것에 화를 냈지만, 나도 내가 틀릴 수 있다는 것을 알았기 때문에 그렇게 하지는 않았다. 그때처럼 다른 사람이 모르는 무엇인가를 내가 알고 있다고 생각하는 때에도, 여전히 나는 내 두뇌가 나를 잘못된 방향으로 이끌려고 작동하고 있다는 것을 알고 있기 때문에 너무 흥분하지 않으려고 노력한다. 너무 큰 베팅은 하지 않는 것이다. 여러분도 그래야 한다. 다른 사람이 모르는 것을 찾기 위해 예의주시하되 여러분이 틀릴 수도 있다는 것을 알아야 한다. 만약 틀렸다면, 그리고 기술주에 대해 약세장을 예견했는데 실제로는 가장 성과가 좋은 섹터가 되었다고 하더라도 일정 부분은 기술주를 보유하고 있기 때문에 시장수익률에 그렇게 심하게 뒤처지지는 않게 되는 것이다. 만약 맞게 예측했다면, 약세를 보인 섹터에 덜 참여하게 되는 것이고, 결국 시장 대비 좋은 수익률을 올리게 되는 것이다. 바로 이것이 장기적으로 지속할 수 있는 게임이다.

후회는 쌓고 자긍심은 피하라. 여러분의 벤치마크에 초점을 맞춰라. 3가지 질문을 통해 다른 사람이 모르는 것을 알게 되었다는 판단이 들었을 때만 방향을 바꿔라. 이것이 단기 손실거부와 과도한 확신을 막을 수 있는 방법이다. 또한 TGH에 능멸 당하지 않는 방법이기도 하다.

과도한 확신을 억제하라

벤치마크는 여러분의 두뇌가 저지르는 많은 인지적 오류들을 상쇄시켜 버리는 데 큰 도움을 준다. 하지만 완전히 실수를 저지르지 않게 된다는 뜻은 아니다. 최선을 다했음에도 불구하고 내 예상대로 되지 않았던 몇몇 사례를 여러분과 함께 나눠보고자 한다.

기술주의 약세와 그 직후 2000년부터 2002년 5월까지 전체적인 약세시장을 성공적으로 예측하고 난 후, 내 회사는 기술주에 대한 비중 확대와 함께 시장에 너무 일찍 뛰어들었다. 어이쿠! 주가는 떨어지고 아픔은 커졌다. 그리고 문제가 조금씩 개선되었다. 2003년에 기술주가 49%나 상승[62]하며(MSCI는 33% 상승[63]) 기술주에 대한 비중 확대는 잘한 결정으로 나타났다.

하지만 기술주에 대한 비중 확대를 2년 더 유지한 것은 잘못이었다. 우리는 기술주가 다른 섹터를 리드할 것으로 믿었었다. 3가지 질문을 이용해서 우리는 기술주가 아웃퍼폼할 것이라는 몇 가지 이유를 확인했다. 우선, 시장 전반에 약세장에 대한 우울한 투자심리가 남아 있었다(그래서 우리는 가장 중요한 결정은 시장에 남아 있는 것이라는 걸 알았다). 두 번째로, 특히 기술주를 둘러싼 전반적인 우울한 분위기가 투자심리 반등을 가리키고 있었다. 이 책의 후반부에 나올 기술들을 이용해서 우리는 그런 분위기가 너무나 낮았다는 것을 측정할 수 있다. 세 번째로, 다른 사람들은 몰랐지만, 일반적으로 예측하는 것보다 훨씬 강하게 미국의 GDP가 되살아날 것이라는 걸 우리는 알 수 있었다. 이는 미국기업들의 수익이 좋아진다는 것이며, 전 세계적인 경기후퇴와 약세장을 미국 주도로 빠져나올 수 있다는 것을 의미한다. 대표적인 기술주들은 미국 회사이기 때문에 미국시장의 상승과 함께 기술주의 강세를 자연스럽게 예측했고 지난 몇 년간의 성적을 뒤집는 수익이 기대되는 섹터였다. 마지막으로, 우리는 상승 변동성이 커질 것으로 예상했다. 부분적으로는, 2장에서 살펴봤듯이 대통령 임기의 첫해와 둘째 해가 역사적으로 변동성이 큰 시기였기 때문이다(사람들은 하락 변동성은 나쁜 것이고 상승 변동성은 아예 변동성으로 여기지 않는 경향이 있다. 하지만 전혀 그렇지 않다. 변동성은 단지 변동성이지 상승이냐 하락이냐와는 관계가 없다). 시장이 상승하며 변동성이 심할 때는 베타가 높은 주식이 아웃퍼폼한다. 기술주는 고베타 종목의 대표적인 사례다. 2004년과 2005년에 큰 폭의 상승과 변동성을 기대하며 우리는 그런 시장환경에 맞는 포지션을 취했다. 즉, 기술주에 상대적으로 비중을 확대한 것이다.

실제로 결과를 보면, 기술주는 2004년과 2005년에 가장 수익률이 좋지 않았던 섹터가 된 것으로 나타났다. 그 2년간 겨우 12%의 누적수익을 거두었는데[64] 같은 기간 전 세계 주식시장의 누적수익은 25%였다.[65] 이렇게 잘못된 이유는 다음과 같다.

전반적으로 기술주에 대한 투자심리가 저조했음에도 불구하고, 내 회사는 개선 불능에 대한 가능성을 너무 저평가했다. 2003년 기술주가 큰 변동성과 함께 좋은 수익을 거두자(상승 변동성이었지만 어쨌건 변동성이다), 2004년에는 기술주의 고평가에 대한 공포가 발생했다. 기술주가 2000년이나 2001년에 비해 여전히 한참 낮은 수준이었기 때문에 우리는 이를 예측하지 못했다. 하지만 투자자들은 기술주에 대한 주가 수준을 2002년에서 2003년 사이의 저점으로 재설정했다. 그리고 이어진 상승은 투자자들이 기술주가 너무 고평가된 것으로 보게 했다(아주 높다는 것은 아주 깊이 떨어질 수 있다는 것을 의미한다). 우리는 기술주에 대한 투자자들의 변화를 알아채지 못했다. 되돌아보면, 그들은 2000년에서 2002년 사이의 폭락을 예상했던 것 같다. 단기 손실거부와 합쳐진 '높이'에 대한 공포 때문에 투자자들은 기술주 상승을 지속했을 때 수익보다 하락했을 때의 공포를 두 배 반이나 크게 여겼던 것이다. 기술주에 대한 투자심리가 아주 저조했지만, 여전히 하락을 지속했다. 우리가 잘못 판단한 것이다.

2004년과 2005년에 시장이 크게 상승할 것이라는 생각을 했지만, 우리는 부분적으로 상대적으로 얼마나 변동성이 낮았는지(그리고 중간 정도의 수익을 거두었는지) 갑자기 깨닫게 되었다. 방향은 맞게 예측했지만 그 규모에 있어선 틀렸다. 우리는 큰 상승장과 높은 변동성을 예측했지만 그 두 해는 지난 40년간 가장 변동성이 낮은 때였다. 변동성이 없으면 기술주가 수익을 낼 수가 없다.

왜 그렇게 시장의 변동성이 낮았을까? 나도 잘 모르겠다. 내가 아는 지식으로 설명할 수 없는 것이다. 난 왜 그런지 알아내려고 노력하고 있고 실수로부터 뭔가 배우려고 노력하고 후회의 감정을 축적했다. 그리고 기술주에 대한 투자의견이 틀린 것을 다른 사람의 잘못이라고 생각하지 않았다. 회피할 핑계거리가 없다. 내 아내의 잘못도 아니고 나와 함께 회사의 투자결정을 맡고 있는 제프 실크나 앤드류 튜펠의 잘못도 아니다. 우리는 같은 식으로 생각했다. 그 누구의 잘못도 아니다. 이 부분에서 중요한 문제는 변동성을 예측할 수 있는 기반을 가지지 못했다는 걸 아는 것이다. 그 업무를 수행할 수 있을 만큼 다른 사람이 모르는 것을 충분히 알지 못했다.

일단, 우리가 틀렸다는 것을 알고 변동성을 어떻게 예측할지 알지 못한다는 걸 깨달았을 때 우리는 그 베팅을 접었다. 하지만 그 조치가 있기 전까지 2년간 나의 고객들은 시장 대비 낮은 수익을 거두어야 했다.

아이러니하게도 우리가 그해에 결정한 다른 많은 투자결정에서는 옳았다. 원자재, 금융, 에너지 등은 예상대로 수익률이 좋았다. 하지만 기술주는 아니었다! 이 점에서 변동성이 전혀 없을 것이라는 걸 예측하지 못했던 것에 대해 무엇인가 배우려고 난 여전히 노력하고 있다. 때때로 실수에서 무언가 배우기 위해선 시간이 걸린다. 돌아보면, 1980년 에너지 버블 이후의 추이에서 이와 유사한 사례를 찾아볼 수 있다. 에너지주식은 오랫동안 시장 대비 낮은 수익률을 보였고 하락 방향의 변동성이 컸다. 이런 사실을 좀더 일찍 연구했다면 아마 도움이 되었을 것이다. (우리는 아직도 이에 대해 연구 중이다. 그림 3.2에서 이와 관련된 몇 가지 차트를 볼 수 있다.) 또한 소형주가 상당 기간 시장을 리드했다. 소형주는 기술주와 반대다. 소형주는 달러 기준으로 봤을 때 아주 대형주에 속하는 기술주와는 반대되는 주식이다. 소형주의 성과가 좋았던 이유에 대해 알아내야만 했다. 그 이유는 단순히 우리가 알고 있던 2가지 사실을 합쳐놓은 것이 아니었다. 우리는 그걸 다시는 놓치지 않을 것이다.

이 모든 것이 좋은 점이라면? 우선, 우리가 실수를 할 때마다 다음에는 더 잘할 수 있게 된다. 다음으로, 앞서 언급했듯이 기술주와 미국시장에 대해서는 약간만 비중을 확대했을 뿐이다. 여기서 과도한 확신은 재앙이 되었을 것이다. 기술주와 미국시장이 세계시장에 비해 뒤처졌기 때문이다. 그해에 나를 구해준 것은 벤치마크에 대한 고수였다. 즉, 기술주와 미국시장에 대한 비중확대 정도를 제한함으로써 실수가 재앙으로 이어지지 않게 했다. 베팅을 하기 위한 기반을 가졌다고 믿었음에도 불구하고, 회사의 운명을 거기에 걸진 않았다. 다른 사람이 모르는 것을 알고 있다고 확신할 때에도 항상 나는 틀릴 수 있다는 걸 알고 있고, 실제로 그럴 때도 있다. 이 원칙은 내가 하는 모든 일에 스며들어 있다.

나는 옳게 투자하는 걸 좋아한다. 모든 사람이 그렇다. 하지만 내가 아주 틀릴 때도 있을 것이란 걸 알고 있다. 하지만 괜찮다. 후회를 쌓고 배울 수 있는, 그리고 미래엔 더욱 잘할 수 있게 되는 커다란 기회이기 때문이다. 이런 일은 항상 일어나고 앞으로도 그럴 것이지만 결코 재미있는 일은 아닐 것이다. 하지만 내가 항상 벤치마크를 따르려고 노력하고, 과도한 확신에 빠지지 않으려고 노력하기 때문에, 너무 심각하거나 너무 장기간에 걸친 잘못은 하지 않게 된다. 그리고 거기서 나는 배울 수 있다. 3가지 질문과 벤치마크를 사용하라. 그러면 평균적으로 옳게 투자하는 경우가 더 많을 것이며, 손해를 보더라도 회복 불능 사태에 빠지진 않을 것이다. 또한 과도한 확신의 피해에 빠지지 않을 수 있게 된다.

조금 모자란 것이 더 좋을 수 있다

과도한 확신감과 싸울 때, 여자들은 남자에 비해 특별한 우위를 보인다. 남자와 여자 중 누가 더 훌륭한 투자자인지 살펴본 놀라운 연구가 있었다. 장기적인 성과에 있어 여자가 남자보다 뛰어나다는 이 실험의 결과[66]는 나에게 놀라운 것이 아니었다. 왜일까? 남자들이 멧돼지나 가젤을 잡는 동안, 여자들은 산딸기나 낟알을 모았다. 산딸기를 줍는 것은 야수에게 돌촉이 달린 작대기를 던지는 것보다 과도한 확신감을 필요로 하지 않는다. 여자들은 남자만큼 과도한 확신감을 가진 사냥꾼으로 진화하지 않았기 때문에 포트폴리오에서도 변화를 상대적으로 적게 주는 경향이 있다. 남자나 여자 모두 투자에 있어서 옳게 판단하기보다는 틀리게 판단하는 경우가 많다. 하지만 남자들이 더욱 과도한 확신에 빠지는 경우가 많기 때문에 어떤 특별한 것을 모른 채로 더욱 많은 거래를 하게 되는 것이다. 둘 다 잘못된 판단을 내리지만 상대적으로 적게 거래하는 여성에 비해 남성들이 더 많은 영향을 받게 된다. 다른 사람이 모르는 것을 알고 하는 거래가 아닌 이상, 적게 거래할수록 결과는 좋아진다. 아마도 여자가 오래 사는 이유는 이것일지도 모른다. 스스로를 부양할 재산이 더 많은 것이다. (나는 항상 남자들이 멍청하고 과신에 빠져 있다고 여자들이 가정하기 때문에 남자들에게 모든 위험한 일을 하게 만드는 것이라고 생각해 왔다. 하지만 정말 맞는 것인지는 확실하지 않다.) 물론 투자에 관한 일은 보통 남자들이 심사숙고하게 되는 일이다.

여자들은 관련이 없을까? 역사를 통해 볼 때, 가장 유명하고 가장 부자인 사람은 모두 남자였다. 단 한 번의 예외는 19세기의 헤티 그린(Hetty Green)이었다(내가 쓴 《시장을 만든 100명의 지성(100 Minds That Made the Market)》에 이 여인의 이야기가 나온다). 여자들은 가장 성공한 투자자 랭킹에 거의 들어온 적이 없다. 왜일까? 많은 여자들이 말하길 역사적으로(또는 현재에도) 여성들의 시도를 사회적인 편견이 허락하지 않거나, 심지어 단념시키고 있다고 한다. 물론 TGH는 당신이 남자인지 여자인지 상관하지 않는다. 누구에게나 평등하게 굴욕감을 주며, 여자라 할지라도 남자처럼 기쁜 마음으로 굴욕감을 줄 것이다. 헤티 그린은 125년 전에 여자도 훌륭한 투자자가 될 수 있다는 것을 증명했고, 지난 35년간 투자산업에 많은 여성들이 종사해왔다. 확실한 지식을 바탕으로 말하는 것은 아니지만, 내가 추측건대 최고의 투자자 자리에 여성이 오르지 못해왔던 이유는 다음과 같다. 여성들은 남자들보다 확신하는 성향이 낮은 것으로 증명되었고(앞에서 언급한 연구에서) 평균적으로 남성보다 훌륭한 투자자인 것으로 나타났다(증명 가능하지만 여전히 널리 받아들여지지는 않는 사실). 여전히 단 하나의 범위와 평균을 혼동하는 것은 항상 실수를 저지르는 것이다. 여성이 남성보다 덜 확신에 빠지기 때문에, 그들은 표준분포상 극단에 위치해 있는 엄청나게 과도한 확신에 빠져 있는 극소수의 행운남이나 실력자와 같게 되지는 않는 것 같다. 단지 그 극소수의 남자들이 상대적으로 더 잘했을 뿐이다.

 하지만 여전히 덜 확신적이라는 것은 보증되지 않은 거래를 덜 한다는 것을 의미하며, 바로 이 점이 여성들이 갖는 명백한 우위다. 더 적게 거래한다는 것은 다른 사람이 모르는 어떤 확실한 정보 없이 거의 베팅하지 않는다는 것을 의미하며, 이는 더 좋은 성과를 의미한다. 그렇다면 어떤 데이트레이딩이라 하더라도 폐기해버려야 한다. 이는 신의 계시를 받았다고 주장하는 사람이나 구제불능의 마조히즘에 빠진 사람이 아닌 이상 어떤 사람이든지 데이트레이딩을 해야 할 적절한 이유가 없다는 것을 의미한다. 매일 아침 침대에서 일어나, 데이트레이더들은 자긍심 쌓기와 후회 회피를 완료해야 하는데, 이는 다른 사람이 모르는 것에 대한 어떤 정보도 없이 엄청난 행위를 하는 기초가 된다. 그리고 그게 얼마나 나쁜 것인지는 여러분이 잘 알 것이다. 데이트레이더들은 어떤 주식에 대해서 얻은 수익을 큰 소리로 자랑한다. 하지만 전반적인 수익률에 대해 물어보라. 아마 조용해질 것이다. 그런 사실을 그들이 모르는 것일까? 아니면 그 사실을 받아들이는 게 너무나 고통스러운 것일까? 아니면 그들이 거짓말을 하는 것일까? 아마도 경우에 따라 다를 것이다. 데이트레이딩은 후회 회피적인 과도한 확신 현상과 함께 일어나는 정리선호 현상을 필요로 한다.

어떤 거래를 할 준비가 되어 있다면 언제든지 잘못된 미신에 빠져 거래하고 있지는 않은지, 다른 투자자들보다 우위에서 투자하고 있는 게 확실한지 확인하기 위해 첫 번째와 두 번째 질문을 사용하라. 그 거래가 맞는 것인지 확신할 수 없거나 특이한(또는 특이하게 구성된) 정보에 빠져 있는 것이라면 여러분은 과도한 확신에 빠져 있는 것이다. 가끔은 가만히 있는 게 가장 공격적이며 적절한 행동이다. 거래를 위해 거래하지 마라. 겸손함을 연습하라.

천재? 아니면 운? 그리고 망각증?

개별 주식이나 섹터, 심지어 여러분이 예측한 시장 예견에서 연달아 행운이 따르게 되면 여러분은 대부분 사후판단 편향 현상을 겪게 된다. 운이 실제로 효력이 있는 단어가 되는 것이다.

궁지 회피와 후회 쌓기가 이런 편견에 대처하는 데 도움을 준다. 옳게 베팅했을 때 여러분의 반응이 "내가 맞을 줄 알았어"여서는 안 된다. 그보다는 "내가 틀릴 수 있다는 걸 알고 있었고 부분적으로 운이 좋았던 것 같군. 어떤 부분이 운이 좋았고 어떻게 했으면 틀리게 되었을까?"와 같아야 한다. 여러분이 내리는 모든 의사결정은 여러분이 틀릴 수 있다는 가정을 바탕으로 해야 한다. 이런 식으로 생각한다면, 여러분은 나쁜 가정으로 인해 너무나 심한 상처를 입지 않는 확실한 단계를 밟게 될 것이다.

여러분의 포트폴리오가 에너지주식만으로 이루어졌다고 생각해보자. (여러분이 실제 벤치마크를 갖고 있다면 이런 일은 일어나지 않겠지만, 그렇다고 가정해보자.) 아마도 여러분이 보유한 엑손(Exxon)이나 코노코필립스(ConocoPhilips), 셰브런(Chevron) 같은 주식이 몇 년간 높은 가치를 인정 받는 것을 보고, 2005년이나 2006년쯤 이런 생각을 하고 있었을지도 모른다. 그런 주식들을 발굴한 당신은 얼마나 천재인가! 여러분은 중국과 인도의 노동구조 리폼 및 붐

이 일 것을 포함하여 경기후퇴 후에 전 세계적으로 경제적 팽창이 이어질 것이며, 이는 전 세계적인 원유 수요 증가와 관련 주식의 상승으로 이어질 걸 '알았던' 것이다. 그리고 고유가에 대한 공포가 관련 산업에 충격을 줄 것이며, 이는 인플레이션이 부풀려지는 원인이 되고 어쨌든 시장에 반영될 것이란 것을 알았던 것이다. 사실, 당신은 지난 2003년 여러분의 테니스 동호회 친구들에게 이런 얘기를 했었다고 확신한다. 그들은 근거 없는 이 대화를 기억 못 하지만, 당신은 확실히 기억한다.

멈춰라. 그리고 자문해보라. 만약 당신이 틀렸다면 어떻게 되었을까? 여러분의 성공이 전 세계적인 오일 소비량에 대한 교묘한 분석 때문이 아니라 단지 재수가 좋아서였다면 어떨까? 그렇게 큰 도박을 받아들일 수 있을까? 당신이 단지 한 번(또는 두 번) 맞았다고 또 한 번 맞힐 수 있는 것은 아니기 때문에 자문해봐야 한다. 많은 투자자들이 1998년과 1999년 기술주에 엄청나게 투자했다. 자산의 100%를 모두 투자한 사람도 있다. 모든 자산을 잘 나가는 섹터에 배분하는 것은 당신을 리스크 높은 머니매니저가 아니라 끔찍한 다트 게이머로 만들 뿐이다. 그렇게 하는 것은 결코 현명한 판단이 아니다. 만약 여러분이 그때 기술주에 과도하게 투자한 사람 중 하나였다면 1999년에는 우쭐해졌을 것이다. 2006년에 에너지주에 투자한 사람이 그랬듯이 말이다. 하지만 1999년 또는 2000년 여러분의 기술주에 대한(또는 오늘날의 에너지 섹터이거나 앞으로 다가올 유망 섹터에 대해) 판단이 잘못된 것으로 밝혀졌을 때, 여러분은 알거지가 되었을 것이다(돈과 가정과 고객 등등을 모두 잃었을 것이다). 운에 의지하는 것은 자산을 관리하는 방법이 아니다. 조심을 기울이고 틀리기보다 자주 맞는 것이 시장을 이길 수 있는 방법이다. 자기가 가진 재주(hot-dogs)를 뽐내는 사람들을 볼 때마다 난 항상 그게 재주가 아니라 TGH에게 당하길 기다리고 있는 dog라고 말해주곤 한다.

알트리아(Altria)가 엄청난 주식이 될 것을 '알았다'거나 애플(Apple)이 소란스러워질 것을 '알았다'고 뽐내려고 할 때마다 폭락할 주식도 '알았었는지' 자문해보라. 그러지 못했을 것이다. 그렇지 않았다면 그 주식을 사지 않았을 것이다. 그런 긍지는 피하고, 후회는 쌓아나가라. 당신의 벤치마크를 존중하고 사후판단 편향은 피하라.

전체 vs 부분의 합

정리선호 현상에 빠져 있을 때, 실제로 중요한 것은 전체적인 수익률임을 기억하라. 아무도 여러분이 800%나 상승한 주식을 갖고 있건, 80% 하락한 주식을 갖고 있건 신경 쓰지 않는다. 여러분이 보유한 개별 종목들은 난폭하게 선회하며, 크게 봤을 때 그 주식이 저마다 속해 있는 카테고리의 움직임을 따라갈 것이다(예를 들면 기술주, 헬스케어, 대형주, 가치주, 일본주 같은 것). 스스로에게 말해보라. "난 800%나 상승한 종목을 보유하고 있어. 그래서 어떻단 말인가? 아마 운이 좋았던 것 같은데 어떻게 그럴 수 있었을까?" 포트폴리오를 전체로서 바라보고 어떻게 진행되는지 유심히 관찰하라. 그리고 (가장 큰 부분인) 개별 주식이 어떻게 움직이는지는 무시하라(나머지 부분은 나중에 다룰 것이다).

내 말은 각각의 주식이 그 주식이 속한 카테고리에 비해 상대적으로 어떻게 움직이는지 고려하지 말라는 얘기는 아니다. 너무 자주 해부학적으로 포트폴리오를 점검하지는 말아야 한다. 너무 자주 골똘히 개별 주식을 보다 보면 다른 인지적 실수뿐만 아니라 심각한 손실거부 현상에 직면하게 된다. 개별 종목을 점검할 때는 단순히 '올랐는지 내렸는지' 살펴보는 것이어서는 안 된다. 심지어 여러분의 전체적인 포트폴리오에 비해 어떤지도 체크해서는 안 된다. 만약 여러분의 포트폴리오가 전체적으로 연 25% 수익을 거두었는데, 몇몇 주식이 그보다 못한 수익을 거두었다고 해서 그 주식이 나쁜 것은 아니다. 만약 그 주식이 자신이 속한 카테고리와 유사한 수익을 기록했다면, 그 나름대로 역할을 한 것이다.

한두 달 동안 약간 아웃퍼폼하거나 언더퍼폼하는 것은 생각할 가치도 없다. 하지만 어떤 주식이 같은 카테고리의 주식보다 장기간에 걸쳐 확연하게 성과가 나쁘거나 좋다면, 그 원인이 무엇인지 생각해봐야 한다.

여러분의 벤치마크에서 특정 카테고리를 잘 대표하는 주식을 골랐다면, 그 주식이 어떻게 움직이는지 고민할 필요가 없다. 개별주와 그 카테고리 수익률 간 비교를 포함하여 어떤 베팅이든지 간에 그 기초가 되는 것은 다른 사람이 모르는 무엇인가를 당신이 알고 있다는 논리적인 사고와 당신이 틀릴 수 있다는 가정이다. 이는 베팅을 위해 끙끙 앓지 않는 것을 암시한다. 여러분의 포트폴리오가 전체적으로 봤을 때 벤치마크와 비슷하거나 좀더 나은(다시 말하지만, 한 주나 한두 달 또는 한 분기가 아니라 장기적으로 봤을 때) 성적을 보였다면, 잘하고 있는 것이다.

토끼냐, 코끼리냐? – 항상 상대적 규모를 고려하라!

인지적 오류에 빠지지 않는 또 하나의 방법은 상대적으로 사고하는 것이다. 투자와 관련된 것이건, 금융과 관련된 것이건, 뉴스와 관련된 것이건, 어떤 것이든지 항상 상대적으로 측정할 수 있다. 1장에서 다루었던 이라크전쟁을 기억하는가? 기자들은 전쟁에 소요된 연당 또는 누적 비용을 진지하게 말하길 너무나 좋아한다. 그들은 "이라크전쟁에 소요된 비용이 지금까지 3,200억 달러"[67]라고 말할 때, 여러분의 원시적인 두뇌에는 "어쩌구저쩌구 해서, 비용이 3,200만조경해"처럼 감당하기 어려운 엄청난 돈으로 들린다는 것을 알고 있다. 하지만 미국의 연간 GDP와 비교해 상대적으로 생각해보면, 경제적으로 더 작은 이벤트란 걸 알 수 있다. 이는 이 전쟁이 맞냐 틀리냐 하는 논쟁은 아니지만, 미디어가 여러분을 패닉상태에 빠지게 하려고 내보내는 뉴스에 대해 합리적으로 생각해볼 수 있는 방법이다.

우리의 석기시대 동료들은 토끼는 작고 코끼리는 크다는 것을 알고 있었다. 또한 코끼리는 무섭고 죽이기 어려우며 짓밟힐 수도 있다는 걸 알고 있었으며, 토끼는 작고 사랑스러우며 잡기 쉬우며 부드럽고 맛있다는 걸 알고 있었다. 큰 것은 무서운 것이고 작은 것은 맛있는 것이다(그리고 무섭지 않은 것이다). 하지만 선사시대 사람에게 H1 Alpha Hummer(미국 GM사에서 생산하는 대형 지프-옮긴이)가 코끼리보다 큰지 물어본다면, 그는 비교를 위한 근거가 없을 것이다. 높이에 대해 말하는 건지, 무게에 대해 말하는 건지, 입방인치인지, 코끼리력인지, (마력을 Horse Power라고 하는 것에 빗대 Elephant Power라고 했다-옮긴이) 공격하는 건지 달아나는 건지. 물론 그 당시 허머가 존재하진 않았다. (영화 '고인돌 가족'에서 플린스턴이 지프의 초기모델(Sand Rover)을 몰았던 것 같긴 하다.)

현대인이라면 항상 측정기준과 상대적으로 사고하는 방법을 배울 수 있다. 여전히 투자자들은 거의 측정기준에 의거하거나 상대적으로 생각하진 않는다. 큰 숫자를 접할 때 우리의 선사시대적 두뇌가 인지적 오류를 일으키는 것은 이렇게 측정기준을 두지 않아서다. 큰 숫자는 마치 발광해서 쇄도하는 코끼리처럼 무서워 보인다. 하지만 측정기준을 두면 큰 숫자도 올바르게 볼 수 있다. 부채, 적자, GDP, 일자리, 전쟁, 터키의 아픈 어린이들, 뭐가 됐든지 말이다. 뉴스를 읽을 때 측정기준을 두는 연습을 하라. 물론 ABC방송과 그 동료매체들은 의기양양한 금발미녀를 출연시켜 무역적자가 엄청나게 크다는 허황된 최신 뉴스를 전하겠지만, 여러분이 투자전망을 하는 데 그녀가 실제로 도움을 줄 수 있을까? 이 큰 숫자가 어떤 수치의 비중에 해당하는지 생각해보면 쉽게 해낼 수 있다. GDP도 좋고, 글로벌GDP면 더 좋다. 일반적으로 일단 상대적으로 사고하기 시작하면 걱정할 게 없다(이에 관해서는 나중에 자세히 살펴볼 것이다).

여기서 어떤 패턴이 나타나야 한다. 일단 세 번째 질문을 사용해서 두뇌가 고장 나 있다는 것을 인지하게 되면 많은 인지적 오류들은 피할 수 있다. 즉, 긍지는 피하고 후회는 쌓으며, 벤치마크를 이용하고, 전략을 보유하며, 상대적으로 사고하고 장기적 목표에 초점을 맞추면 된다.

첫 번째와 두 번째 질문은 베팅을 위해 다른 사람이 갖지 못한 이점을 제공해줄 것이다. 하지만 세 번째 질문 없이는 표류하게 될 것이며, 생존을 위협하는 것으로부터 당신을 지키려는 두뇌의 강력한 의도에 붙잡히고 말 것이다. 9장에서 3가지 질문을 통합하는 방법과 아주 빗나가 있을 때에도 여러분의 두뇌를 지속적으로 훈련시킬 수 있는 전략을 보여줄 것이다. 하지만 우선 4장에서 시장을 이기기 위한 시대를 초월하고 최신기술을 앞서는 기법을 만들기 위해 3가지 질문이 어떻게 함께 이용되는지 살펴보기로 하자.

| 4장

자본시장 기법들

이 책은 세 가지 질문을 통해 흔하게 퍼져 있는 미신을 깨뜨리고 놀라운 진실을 발견하는 방법을 보여주고 있지만, 단지 이 한정된 지면에서 제공하는 몇 가지 사례에서 멈춰선 안 된다.
핵심은, 몇 가지 재미있는 투자 이야기를 모으는 것이 아니라, 모든 의사결정에 항상 3가지 질문을 사용하는 것이다.

THE ONLY THREE QUESTIONS THAT COUNT

자본시장 기법을 실제로 사용하기

지금쯤이면, 여러분들은 3가지 질문들이 함께 작용해 다른 사람들은 모르고 여러분은 아는 것을 확인하는 데 도움을 준다는 것을 알고 있을 것이다. 이 책이 3가지 질문을 통해 흔하게 퍼져 있는 미신을 깨뜨리고 놀라운 진실을 발견하는 방법을 보여주고 있지만, 단지 이 한정된 지면에서 제공하는 몇 가지 사례에서 멈춰선 안 된다. 핵심은 몇 가지 재미있는 투자 이야기를 모으는 것이 아니라, 모든 의사결정에 항상 3가지 질문을 사용하는 것이다. 멈추어 질문해보라. "이 주식, 섹터, 펀드 등을 내가 왜 사려고 하는 것일까? 이게 좋은 행동이라고 생각하는 이유는? 다른 사람이 모르는 것을 알고 있는가? 여기서 틀렸다고 믿고 있는 것은? 내가 간파해낼 수 있는 것은?" 단순히 이런 질문을 하는 것만으로 여러분들은 대다수의 투자자들을 앞지르게 된다. 그러고 나서 다시 물어라. "내 머리가 나를 망쳐놓고 있진 않은가?" 이 책은 단지 그대로 따라 하는 투자방법을 설명하고 있지 않다. 그보다는 여러분들의 투자생활에서 다른 투자자들보다 우위에 있도록 해주는 3가지 단계를 항상 지켜나갈 수 있는 능동적 프로세스와 몇 가지 도구를 소개해주는 것이다.

3가지 질문에 대한 대답은 각각이건 함께이건 시장에 대한 새로운 접근방법을 제공해준다. 이는 반복적으로 실험하고 적용할 수 있는 기법과 같은 것이다. 여러분의 목표는 3가지 질문을 끊임없이 함으로써 오랜 시간에 걸쳐 자본시장 기법으로 채워진 능동적인 창고를 짓는 것이다.

우리가 지금 자본시장에 대해 알고 있는 것들은 앞으로 우리가 10년, 20년 또는 50년 동안 알게 될 지식에 비해 많지 않다. 다른 사람이 모르는 것을 아는 1가지 방법은 미래의 자본시장 기법을 현재에서 구현하는 것이다. 만약 여러분이 다른 사람들이 앞으로 5년, 10년 또는 20년간 모르고 있을 무언가를 알 수 있다면, 오랜 기간에 걸쳐 우위를 점할 수 있을 것이다. 자본시장의 기법들을 통해 전에는 전혀 이해할 수 없었던 투자세계의 부분들을 설명하는 데 도움을 받을 수 있을 것이며, 다른 과학적 기법들과 마찬가지로 여러분에게 유용하고 믿을 수 있는 도구를 제공 받을 것이다. 여러분이 만들어낸 기법들은 자유거래 시장과 섹터, 특정 카테고리, 심지어 개별 주식 분석에서도 좀더 정확한 예측과 베팅을 할 수 있도록 해줄 것이다. 더욱이 과학적 기법은 더욱 독특한 기법을 발견할 수 있도록 해준다.

역사는 일종의 실험실이다

투자에 대해 올바르게 접근하고자 한다면 (대장장이가 아닌 과학자 같은 접근) 반드시 여러분의 자본시장 기법을 테스트해야만 한다. 그리고 새로운 기법을 실험해보는 데 역사보다 좋은 실험실은 없다. 너무나 많은 투자의 미신들이 문서화되고 사고방식의 하나로 받아들여지고 있는데, 이는 이데올로기나 충동적인 이론, 정치적 경향, 가장 나쁘게는 인지적 오류에 기반하고 있다. 과거 데이터를 이용해 테스트하면 이런 것들은 간단히 산산조각 나게 된다. 마치 높은 P/E에 대한 미신이나 정부 재정적자에 대한 잘못된 두려움처럼 말이다. 어떤 것이 참이란 걸 증명하는 것은 어떤 것이 거짓이란 걸 증명하는 것보다 훨씬 엄격한 기준을 요구한다. 참이 아니라는 것을 증명하기 위해선 단지 상관관계가 지속적으로 형편없다는 것을 보여주기만 하면 된다. 만약 어떤 것이 합리적인 기대를 넘어선다면 과거 데이터를 통해 알아볼 수 있다.

과거 데이터를 통해서 볼 때 X가 Y와 밀접하게 연관되어 있지 않고, X가 Y 이외의 다른 것들에 연관되어 있다면, X가 갑자기 Y의 원인이 되기 시작한다는 데 베팅할 어떤 근거도 없다. 근거 자료도 없이 대중적인 이론에 엄격하게 집착하는 현상은 우리 문화에서 어떻게 미신이 굳건하게 자리 잡고 있는지 보여주는 것이다. 그리고 미신이 오랫동안 지속될수록 그것을 검증해보려는 사람은 점점 더 적어지게 된다.

다행인 것은 데이터에 접근하기 위해 블룸버그 단말기를 살 필요가 없다는 것이다. 수준에 따라 잘 정리된 엄청난 양의 데이터가 많은 웹사이트를 통해 공짜로 제공되고 있다. 유용한 웹사이트들을 다음 페이지에 정리해놓았다.

만약 다운로드하는 방법이나 엑셀을 통해 분석하는 방법을 모른다면, 1장의 사례를 참고하거나 고등학생을 찾아서 도움을 요청하면 된다. 요즘에는 대부분의 독자들이 최소한 인터넷은 편안하게 이용할 것이라고 확신한다.

이는 다시 말해, 여러분이 어떤 것을 증명할 때 사용하는 데이터들이 양적인 측면과 질적인 측면을 모두 갖출 수 있다는 의미다. 높은 P/E와 관련된 미신의 경우는 양적인 데이터를 통해 깨질 수 있었다. 여러분은 3가지 질문을 바탕으로 표준적인 데이터를 활용한 단순한 테스트를 통해 널리 받아들여지고 있는 이론이 잘못되었음을 밝혀내는 일이 얼마나 쉬운 일인지 확인했다.

하지만 그런 데이터를 입수하거나 측정하기 어렵다면 어떨까? 여러분의 자본시장 기법이 원초적으로 높은 퀄리티를 가질 수 있을까? 물론이다. 충분히 많은 사례를 분석하고 그것이 경제학적으로 설명이 된다면 말이다. 앞

운영기관	웹사이트	제공되는 데이터
Bloomberg	www.bloomberg.com	Global stock market news and quotes, calculators, other media
Bureau of Economics Analysis	www.bea.gov	GDP, current account balance, import/export
Bureau of Labor Statistics	www.bls.gov	CPI, unemployment, productivity, inflation
Centers for Disease Control and Prevention(CDC)	www.cdc.gov	Statistics: births, deaths, health trends and statistics, demographics, etc.
Department of Commerce	www.commerce.gov	Trade conditions
Energy Information Administration	www.eia.doe.gov	Energy source statistics, historical data
Forbes Magazine	www.forbes.com	Business and market news, personal finance
International Monetary Fund	www.imf.org	International economic and financial statistics
Lexis Nexis	www.lexisnexis.com	Comprehensive search engine of news, public records, information sources
Morgan Stanley Capital International	www.mscibarra.com	MSCI indexes, data, characteristics, performance
National Bureau of Economic Research	www.nber.org	Business cycles(recession timing)
New York Stock Exchange	www.nyse.com	New York stock exchange
Organisation for Economic Co-operation and Development	www.oecd.org	International economic and trade statistics
Real Clear Politics	www.realclearpolitics.com	Essential political news, headlines, blogs, polls, etc.
Russell index service	www.russell.com	Russell index data, characteristics, valuations
Standard & Poor's index service	www.standardandpoors.com	S&P indexes, data, characterstics, constituent
The Economist	www.economist.com	World financial and economic news, current events weekly
The Financial Times(UK)	www.ft.com	International stock market, business, and world news
Thomas/US Library of Congress	www.loc.gov	Legislative information
U.S. Census Bureau	www.census.gov	Statistics by region
U.S. Congress	www.house.gov	Representative sites, bills, laws, roll call
U.S. Department of Defense	www.defenselink.mil	Official news, reports
U.S. Federal Reserve	www.federalreserve.gov	Bank balance sheet, credit statistics, money stock, flow of funds
U.S. Government Official Web Portal	www.firstgov.gov/	Links to all government branches, departments, areas
U.S. House of Representatives Office of the Clerk	clerk.house.gov/	Legislative branch details, history, election statistics
U.S. Office of Management and Budget	www.whitehouse.gov/omb	U.S. Budget
U.S. Treasury	www.ustreas.gov	Texas, interest rates, social security, medicare
Wall Street Journal(US)	www.wsj.com	International stock market, business, and world news
Wilshire index service	www.wilshire.com	Wilshire stock indexes, valuations
World Health Organization(WHO)	www.who.int	Global health & burden of disease statistics, mortality, news, alerts

에서 살펴본 대통령 임기 사이클은 아주 좋은 사례다. 그 사이클은 숫자로 측정하기는 어렵지만 여전히 강력하다. 데이터 측면에서 보면, 여러분은 1926년 이후 모든 선거 사이클을 점검해볼 수 있다. 양적으로 많다고 할 수는 없겠지만, 분명한 패턴이 존재하며 그 이면에는 근본적인 논리도 있다. 물론 이 이론이 효과를 가지는 이유는 근본적인 논리를 사람들이 잘 이해하지 못하고, 그 패턴이 잘 받아들여지지 않으며, 대부분의 경우엔 놀림을 받고 있기 때문이다.

한편, 이런 증명의 결과는 기초적인 경제학적 논리가 통해야 한다. 만약 신뢰할 만한 패턴을 발견했더라도 인과적 설명을 할 수 없는 상관관계라면, 거기에 베팅해서는 안 된다. 1926년 이후 5로 끝난 해는 모두 플러스 수익을 기록했다는 사실을 알고 있는가?[68] 전 재산을 처분해서 다음 5의 해에 베팅하고 싶은 기분이 들지도 모른다. 하지만 절대 그러지 마라! 단순한 수비학(數秘學)일 뿐이다! 10년마다 플러스 수익이 되어야 하는 논리는 알려지지 않았다. 한편, 1955년 이후 5로 끝나는 해에는 다른 해에 비해서 육지로 상륙한 강력한 허리케인의 숫자가 더 많았다(더 이상 사용되지 않는 태풍 이름의 수로 증명 가능함).[69] 그래서 어쩌란 말인가? 나는 NOAA(미국해양기상청)가 '5의 해' 이론을 어떤 식으로든 기상 예측에 활용하고 있지 않은가 의심하고 있다. 그렇다고 강력한 허리케인이 5의 해에 주식시장 상승을 이끄는 원인이 된다고 논쟁을 벌일 수 없다. 이런 현상은 단지 통계적인 예외(자연의 일탈)일 뿐이다. 이는 동전을 50번 던져 모두 앞면이 나오는 행운과 같은 것이다. 실제로 이런 일은 일어날 수 있기 때문에 주의해야 한다. 다시 말하지만, 인과적 설명을 할 수 없는 상관관계는 베팅을 위한 근거가 될 수 없다.

또 말하지만, 여러분이 5의 해에 플러스 수익이 기록되는 이유를 설명할 수 있는 명쾌한 경제학적 논리를 밝혀낼 수 있을지도 모른다. 잘했다. 그러고 나면 여러분은 두 번째 질문, 즉 다른 사람이 간파해내지 못한 무언가를 간파해낸 것이다. 그렇게 할 수 있다면 베팅을 위한 근거를 갖게 된 셈이다.

일단 여러분이 새로운 자본시장 기법을 테스트해보고 실제로 사용하게 되면, 과도한 확신감에 빠져 들거나 같은 베팅을 할 때마다 항상 승리자가 될 것이라고 가정해서는 안 된다. 항상 효과가 있거나 완벽한 것이란 없다. X가 Y의 원인이 되는 경우가 70% 정도라고 가정하라. 그 정도면 상당히 괜찮은 것이다. 베팅할 만한 충분한 가치가 있다. 모든 경우에 말이다. 하지만 30% 정도는 Y의 원인이 다른 것일 수 있다. 따라서 Y의 원인이 X라고 베팅할 만하지만 여전히 30% 정도는 틀리게 될 것이다. 완벽한 것이란 존재하지 않는다.

지속되는 동안은 좋다

주가매출액비율(PSR 또는 P/S)은 내가 창시한 혁신적인 자본시장 기법으로서, 그 당시에는 강력했지만 지금은 그 정도로 강력하지 않은 대표적인 사례다. 나는 주가가 저평가되었는지 고평가되었는지를 말하는 데 아무도 사용해보지 않았던 방법을 발견했다. 그리고 1984년 《슈퍼 스탁스(Super Stocks)》란 책에 이런 사실에 대해 썼다. 벤 그레이엄(가치투자의 아버지, 워렌 버핏의 스승-옮긴이)이 가격과 매출의 관계가 잠재적으로 흥미 있을 것이라고 간략한 멘트를 한 적이 있지만, 이 둘의 관계에 대해 다룬 책을 내놓은 것은 내가 처음이었다. 나는 이 사실을 내가 초등학교 3학년 때 작성한 과테말라에 대한 리포트에 대해 느끼는 것처럼 아주 자랑스럽게 생각한다. 하지만 오늘날에는 이 둘 모두 주목할 만한 것은 아무것도 남아 있지 않다. 단지 추억일 뿐이다. 만약 25년 전에 여러분이 PSR이 낮은 주식들을 검색할 수 있었다면(물론 쉽지 않은 작업이다) 시장을 이길 수 있었을 것이다. 내 책이 발간되고 관심이 이어진 후, PSR은 널리 사용되었으며 심지어 CFA(미 공인재무분석사) 시험에도 가끔 필수 과목으로 등장했다. 오늘날 주식분석을 하는 대부분의 웹사이트는 PSR을 다루고 있다. 하지만 자본시장의 기법과 예측도구로서 PSR은 시장가격에 광범위하게 반영되게 되었으며 역사 속으로 사라졌다. 위대한 발견일지라도 대중적 인기를 얻고 시간이 지나가게 되면 쓸모없는 것이 되는 것이다.

초보자들도 PSR을 스스로 계산할 필요가 없어졌다. www.morningstar.com 같은 일반적인 사이트에서 주식의 P/E와 시가총액, 주당순이익(EPS) 등과 함께 PSR을 찾아볼 수 있다. PSR은 잘 알려진 회사가 아닌 경우, 그 회사의 매출 대비 주가를 말해준다. 이는 P/E와 비슷하지만, 당기순이익 대신 연간 영업수익이나 매출액을 사용하는 것이 차이점이다. 주당순매출이 25달러이고 주가가 25달러라면 그 주식의 PSR은 1이다. 아주 쉽다. 지금은 혁신적인 것처럼 들리지 않지만 그 당시에는 이런 생각을 한 사람이 없었다. (마치 누군가 과거에 "이봐, 주가를 이익으로 나눠보면 어떨까?"라고 말했던 것을 상상하는 것과 같다.) 이제는 모든 사람들이 항상 PSR을 사용한다. 그렇기 때문에 쓸모없게 되어버린 것이다. 이런 얘기를 여러분에게 하는 것은 어떤 발견에 매달려서는 안 된다는 얘기를 하기 위해서다. 그런 발견이 대중성을 가지게 되면, 그 힘을 잃게 된다. 다음 발견까지는 시간이 항상 작용한다.

PSR이나 내 첫 책인 《슈퍼 스탁스(Super Stocks)》를 심도 있게 논하는 것은 이 책의 목적과 맞지 않는다. 어쨌건 그 책은 4반세기나 된 오래된 책이다. 하지만 몇 가지 포인트는 언급해야 할 것 같다. 우선 책에 관한 것이다. 오래된 투자서적을 읽는 것은 자본시장의 기법들이 언제 어떻게 누구에 의해 발전되어 왔는지 학습하는 데 유용하다. 내가 쓴 옛날 책이건 다른 사람의 책이건 이 책들이 필요하다면 새 책을 살 필요는 없다. 더구나 그런 책들은 찾기도 어렵고 절판된 경우가 많다. 하지만 중고서적을 싼 값에 구할 수는 있다. 저렴한데다가 집까지 배달도 해주는 중고책을 사고 싶은 사람들에게 현재 가장 좋은 검색엔진은 www.ABEbooks.com로 American Book Exchange가 전신이다. 이 사이트를 한번 방문해보라. 이 사이트에서는 중고책 판매자들을 이어주고 있으며 저자, 제목, 가격 등으로 검색이 가능하다. 이 사이트는 어떤 검색엔진보다 많은 판매자들이 등록되어 있으며 여러분에게 폭넓은 선택을 가능하도록 해준다. 이 책을 쓰고 있는 시점에도 여러분은《슈퍼 스탁스(Super Stocks)》의 중고책 가격이 4.8달러부터 200달러 이상까지 있는 것을 확인할 수 있다. 200달러 이상 가는 책들은 내 명성 때문이 아니라 그 책을 전에 소장했던 유명인의 사인 때문이다. 여러분이 싸인 수집을 좋아할 수도 있다. 하지만 일반적으로 오래된 책을 찾을 때 나는 ABEbooks.com을 처음으로 찾아본다. 아직 방문해보지 않았다면 아주 인상적일 것이다.

이익 없는 곳에서 이익 찾기

어쨌건 주식으로 돈을 벌려는 사람은 어떤 주식이 '인기'를 얻기 전에 사고 싶을 것이다. 아이러니한 사실은 그 주식이 인기가 없어 보일 때 매수해야 한다는 것이다. 여기서 기술은 현재는 쓰레기처럼 보이지만 곧 인기를 얻게 될 주식이 어떤 것인지 알아내는 것이다. 어떻게 알아낼 수 있을까? 바로 이런 의문이 내가 처음 PSR에 관심을 갖게 된 계기였다. 내가 PSR을 발견하게 된 과정은 곧 자본시장 기법을 어떻게 생각할 것인가 하는 문제와 같다.

투자자들은 오랫동안 저평가된 주식을 찾기 위해 P/E를 사용해왔다. 100년도 넘는다! 하지만 막 떠오르는 기업들은 회계장부에 기록할 어떤 순이익도 없을 수 있다. 심지어 자리를 잡은 기업들도 경기 하강 사이클에서나 개별 기업의 위기가 발생했을 때는 순익이 없을 수 있으며, 바로 이런 때가 주식에 대해 흥미로운 생각을 해볼 시기다. 즉, 이들 주식이 인기가 없는 때다. 그런 시나리오에서는 P/E를 구할 수가 없다. 어떤 것을 0으로 나눌 수는 없기 때문이다. 때로 어떤 회사는 1,000배가 넘는 P/E를 갖는데 이는 이익이 거의 없어졌기 때문이다. 또 어떤 회사는 일시적으로 높은(지속될 수 없는) 이익 마진으로 인해 P/E 5를 기록하기도 한다.

하지만 어떤 회사가 순이익이 없다고 하더라도 여전히 매출은 발생한다(최소한 그래야만 한다. 그렇지 않다면 정말 큰 문제에 처한 것이다). 바로 이 부분이 내가 수십 년 전, 두 번째 질문을 떠올린 대목이다. 다른 사람이 간파하지 못한 것 중 나는 간파할 수 있는 것은 무엇일까? 어떤 주식이든지 직전 12개월 매출에 비해 상대적으로 낮은 가격을 보이고 있다면 그 주식이 상승할 것이란 생각은 타당해 보였다. 만약 그 회사의 미래수익이 현재 PSR을 낮은 P/E 비율로(또는 높은 미래 이익수익률) 해석할 수 있을 만큼 충분해진다면 얼마든지 가능한 얘기였다. 지금은 사람들이 좋아하지 않지만, 미래에는 좋아하게 될 것이다. 얼마나 간단한가? 사람들은 결국 이 저평가된 주식이 엄청난 매출을 올리고 있으며, 높은 미래이익 마진이 예상되고, 가격도 싸다는 것을 발견하게 될 것이고, 이 주식으로 몰려들어 가격을 끌어올릴 것이다. 따라서 합리적으로 생각한다면 여러분은 P/E 기준으로 보면 저평가된 주식이 아니더라도 회사의 매출에 비해 주가가 쌀 때는 주식을 매수하고 싶을 것이다. 시장에 비해서도 저평가되어 있지만, 더 중요한 것은 그 산업에서 저평가되어 있고 그 미래이익에 비해 저평가되어 있다는 것이다. 《슈퍼 스탁스》를 집필했을 때, 나는 저 PSR주를 어떤 회사의 시가총액이 그 회사의 전체 매출 대비 75% 이하인 주식이라고 정의했다. 또 고 PSR 주는 시가총액이 연간 매출액의 세 배가 넘는 주식이라고 정의했다.

세부 내용에 대한 이론은 있었지만, 결국 핵심은 그것이었다. 그 당시에는 지금처럼 PSR을 다루는 소스가 없었다. 데이터베이스도 없었다. 지금처럼 PSR을 깔끔하게 정리해놓은 Bloomberg.com이나 Morningstar.com 같은 사이트도 존재하지 않았다. 나는 공식적으로 접근 가능한 모든 데이터를 모으고 PSR을 계산하기 위해 나만의 데이터를 구축했다. 그 당시에는 데이터 자체가 드물고 비쌌기 때문에 이런 작업을 하는 데 실제 돈이 들어갔다. 오늘날 데이터는 근본적으로 공짜다. 여러분이 좀더 어리다면, 데이터를 입수하는 것이 얼마나 어려운 일이었는지 이해하기 어려울지 모른다.

1981년에 나는 단지 현재 PSR에 기반한 NYSE(뉴욕증권거래소)의 화면을 한 번 보는 데 골드만삭스에 2만 달러를 지불해야만 했다. 지금은 공짜로 얻을 수 있는 데이터가 그 당시에는 그렇게 비쌌던 것이다. 과거 데이터는 수작업으로 만들어야 했는데 그 작업은 원하는 걸 정확히 알지 않으면 굉장히 어려운 작업이었다.

나는 주식시장에서 과거 PSR 수치와 실제 이어진 수익률을 테스트해서 내 이론을 지지하는 결과를 얻을 수 있었다. 나는 예전 투자은행이었던 함브렛칫앤퀴스트(Hambretcht & Quist)가 정리한 1970년대 기술주 종목 유니버스부터 무디스(Moody's)의 데이터에 기반한 1930년대 일반 주식에 이르는 주식 유니버스 데이터를 통해 나만의 데이터를 수작업으로 구축했다. 저 PSR 주식들은 고 PSR을 가진 주식들보다 훨씬 좋은 수익을 기록했다. 모든 주식이 매번 그런 것은 아니었지만, 시장예측과 베팅을 위해 충분히 신뢰할 만한 지표를 제공해주는 것이었다. 다른 말로 하면, 저 PSR주식들은 우월한 주식들이었고 그것이 곧 내 책의 제목이 된 것이다.

《슈퍼 스탁스》를 집필하기 전에 나는 이 멋진 새로운 기법을 사용해 상당한 성공을 거두었다. 나는 PSR을 사용함으로써 여러 측면에서 효과적으로 내 커리어를 발전시켰다. 여러분은 또다시 왜 내가 나에게 이득이 되는 것을 대중적인 책에 광고하는지 의아해할지 모른다. 내가 PSR에 대해 알아냈을 때, 비밀스럽게 간직하고 유리한 위치를 유지해야 했었다고 생각할지 모른다. 그렇지 않다! 그건 잘못된 사고방식이다.

여러분이 가진 모든 유리한 점은 일시적인 것이다. 그 뒤에는 여러분이 발견한 것을 찾으려는 다른 사람들이 존재하게 마련이다. 내가 뭔가 멋진 것을 발견했다는 건 알았지만, 뭔가 마술을 부리거나 수학적으로 엄청나게 복잡한 작업을 한 것은 아니었다. 다른 사람은 할 수 없는 어떤 걸 한 것이 아니다. 단지 입수 가능한 데이터를(입수하긴 어려웠지만, 어쨌건 가능은 했다) 새로운 방식으로 보고, 과거 데이터를 통해 검증해보고, 기초적인 이론과 연관하여 생각해본 것뿐이다. 다른 사람들도 내가 본 것을 조만간 볼 수 있었을 것이다. 그래서 나는 다른 사람이 미끼를 무는지 보기 위해 계속 그 아이디어를 외부에 공개했다. 한동안은 아무도 그 미끼를 물지 않았다.

책을 출간 한 뒤, 결국 사람들이 이 이론을 받아들였지만 많은 시간이 걸렸다. 10년이 넘는 시간 동안, 나는 스스로도 PSR을 아주 잘 사용했다. 예를 들어, 1997년 제임스 오쇼네시(James O'Shaughnessy)는 일반적으로 사용되는 다양한 투자지표와 PSR 중 어떤 것이 실제 높은 수익률과 연관이 있는지 살펴보기 위해 기획한 《월스트리트에선 뭐가 통하는가?(What Works on Wall Street)》[70]라는 베스트셀러를 펴낸 적이 있다. 그는 PSR을 '밸류 팩터의 왕'이라 명명하고, 분석을 통해 PSR이 다른 어떤 비율지표보다 높은 사후 수익률을 발생시킨다고 주장했다. 짐이 직접 서명해 나에게 준 책에는 "이봐, 정말 훌륭한 지표를 제안했군! 만약 S&P가 시가총액 방식 대신 저 PSR주를 바탕으로 인덱스를 구성했다면 우리 불쌍한 머니매니저들이 얼마나 소름 끼쳤을지 생각해보게"라고 쓰여 있었다. 그의 책은 PSR의 사용을 촉진시켰고, 곧 PSR은 그 힘을 대부분 잃게 되었다. 가격에 반영되어 버린 것이다.

내 혁명적 발상이 널리 사용되고 완전히 가격에 반영됐기 때문에 내가 화가 났을까? 전혀 아니다! 사실 나는 신이 났다. 우선, 정말 그것이 좋은 것이었다면 (그런 결과는) 피할 수 없는 것이다. 최소한 이런 결과에 대해 나는 준비가 되어 있었다. 닷컴기업들의 경우 공개된 데이터를 통해 결국 누군가 PSR 개념을 접하게 될 것이고, 대중적이 될 수밖에 없었다. 나는 이 기법을 통해 쾌조의 운용실적을 이어갔지만 그 기법을 그만둘 때를 알 수 있었다. 그리고 그 무렵 나는 처음 PSR을 개발했을 때는 꿈도 꾸지 못했던 새로운 기법으로 옮겨가고 있었다. 나는 1970년대와 1980년대 초기에 내가 모든 투자자와는 차별화된 생각을 하고 있다고 가정할 만큼 그렇게 과도한 확신(인지적 오류)을 갖지는 않았다. 만약 PSR이 1980년대 초에 5.25인치 플로피

디스크를 장착하고 하드드라이브는 없었던 CP/M(DOS 이전의 컴퓨터 운영체제—옮긴이) 기반의 컴퓨터를 사용하던 세상에서 영리한 전략이었다고 한다면, 코모도어 64(320×240의 화면 해상도에 16컬러를 재생할 수 있는 개인용 컴퓨터. 1980년대 출시될 당시로서는 획기적인 기술로 PC 대중화에 기여했다는 평가를 받고 있다—옮긴이)를 개발한 친구 또한 굉장히 영리했다. 1980년대와 1990년대 이어진 전자기기의 물결은 정보의 가격을 하락시켜 버렸다. 이로 인해 PSR이 모든 사람에게 명확히 보이게 되었다. 시장은 진화하고 우리도 진화해야 한다.

만약 PSR의 효력이 더 이상 크지 않다면, 왜 내가 이걸 여러분에게 말하면서 잉크를 낭비하고 있는 것일까? 무엇보다도 몇몇 사람들은 아직도 이 고전적인 기법이 예전처럼 유효하다고 확신하고 있기 때문이다. 2006년 〈월스트리트 저널〉에 실린 한 기고문에서 잭 휴(Jack Hough)라는 신사 한 분이 PSR을 통해 수익률을 예측하는 그의 능력에 감탄하는 내용을 쓴 적이 있다.[71] 이같이 한때 인기가 있었던 비율지표는 때로 효과가 있기도 하고, 없기도 하다. 딱 사람들이 흥미를 가질 정도다. P/E나 배당수익률, 순장부가치 등등 모두 마찬가지다. 심지어 가장 말이 안 돼 보이는 비율지표도 초과수익을 기록했던 때를 찾아볼 수 있을 정도다. 단지 주당순현금이 가장 높은 기업들이 시장 초과수익을 기록하기도 한다. 또 반대로 그 비율이 가장 낮은 기업들도 초과수익을 기록할 때가 있다. 하지만 둘 중 어느 것도 시장을 장기적으로 이길 수 있는 능력과 관계가 없다.

지난 15년에 걸쳐, 저 PSR 주들은 저 P/E 주식이나 시장에 비해 다소 낮은 변동성을 보여왔다. 그리고 이제 위험 조정된 수익으로 보면 장기적으로 시장초과수익을 보여주지 못한다. 시장가격에 반영된 것이다. 하지만 가치주들이 성장주에 비해 수익이 좋을 때는 저 PSR 주식들이 시장이나 가치주 대비 수익률이 낮았다.

잠깐 쉬어 가보자. 내가 방금 얘기한 것이 뭐라고 생각하는가? 1장에서 3장까지 여러분이 방금 배운 사고방식에 따른다면 지금 이 지식을 활용해 무엇을 할 수 있는가? 내가 말한 것을 어떻게 합리적이고, 효과적인 베팅을 위해 써먹을 것인가? 최소한 그런 베팅이 대중적이거나 잘 알려질 때까지 말이다. 여기서 두 번째 질문을 사용해보자. 이 문제에 대해 다른 사람은 모르지만 여러분이 간과할 수 있는 건 무엇인가? 우리는 2장에서 언제 성장주가 상승하는지, 그 반대는 어떤 경우인지 살펴보았다. 나는 방금 가치주가 시장을 주도할 때는 PSR이 상대적으로 약간 더 매력이 있고 성장주가 주도할 때는 그렇지 않다는 얘기를 했다. 즉, PSR을 일종의 스크린 도구로 사용해서 언제 일시적인 초과수익을 기대할 수 있는지 없는지 말한 것이다. 여러분의 목표는 언제 가치주가 시장을 주도할 것인지 알아낸 다음 저 PSR 종목을 여러분의 주식 포트폴리오에 포함시키는 것이다. 성장주가 시장을 주도할 때는 고 PSR 종목을 포함시키고 싶을 것이다. 오늘날 PSR은 언제나 사용할 수 있는 도구는 아니지만, 다른 자본시장의 기법과 함께 일시적으로 사용할 수는 있다. 언제 가치주가 성장주보다 좋은 수익률을 보일지 알아내고, 저 PSR 종목을 포트폴리오에 포함시켜라. 그렇게 하면 시장을 이기는 데 도움이 되는 도구를 갖게 될 것이다. 그 기간 동안에 PSR이 낮은 주식들은 시장초과수익을 올릴 뿐만 아니라 P/E가 낮은 주식이나 다른 가치지표보다 더 '섹시' 하게 보이기 때문에 다른 가치분석 도구를 일시적으로 뛰어넘는 능력을 갖게 된다. 물론 가치주와 성장주의 수익이 역전되는 때를 알기 위해선 2장에서 살펴본 기술을 사용해야 한다. 그때는 저 PSR 주 대신 고 PSR 주식을 여러분의 포트폴리오에 포함시켜야 할 것이다.

주식시장이 망치는 아니지만 머리를 때릴 순 있다

이를 다른 방식으로 잠시 생각해보자. 어떤 섹터들이 5년간 시장초과수익을 기록했다. 그것이 무엇이건 간에 그 기간 동안 훌륭한 수익률을 기록한 이 섹터로 다수의 투자자들이 몰려든다. 하지만 그 섹터들은 이후 5년 정도 그런 성과를 이어가지 못하고 투자자들은 이 섹터들이 다시는 부활하지 못할 것이라 생각하게 된다. 투자자들은 그 섹터들이 다시 부활하지 못할 것이라 생각하기 때문에 실제로 이 섹터들이 좋은 수익을 올리지 못할 가능성은 매우 높아진다. 더 이상 투자자들의 예측이 가격에 반영되지 않으며 인지적 오류로 인해 그저 무시되고 만다. 바로 이런 일이 저 PSR이나 저 PER, 배당수익률 등에 일어나는 일이다. 그 섹터들은 오랫동안 수익을 내지 못하고, 따라서 오랫동안 무시 받게 된다. 그러고 나서 가치주에 대한 선호가 찾아오면 그 섹터들은 일시적으로 수익을 낸다. 전통적인 기술자들은 이런 종류의 실제 시장 현상을 싫어한다. 그들의 도구가 항상 똑같이 효과가 있기를 바라기 때문이다.

이런 사실은 지속적인 검증과 계속적인 혁신의 중요성을 더욱 부각시킨다. 나는 전략을 실행하기 전에 반복적으로 PSR 기법을 검증했고, 그렇게 함으로써 실제 PSR이 시장가격에 반영되어 쓸모없게 되었을 때 순진하게 그것에 의존하지 않을 수 있었다. 내가 PSR을 가장 우선적인 투자기법으로 사용하지 않은지는 오래되었다. 그리고 그 이후부터 다른 많은 자본시장 기법을 개발해오고 있다. 투자라는 게임은 이렇게 새로운 기법을 개발하는 것이 전부나 마찬가지기 때문이다. 하지만 여전히 PSR은 때때로 보조적인 기법으로는 유효하다.

물론 여러분은 3가지 질문을 몇 번 사용할 수 있으며 한두 번 정도는 다른 사람이 모르는 것에 마주칠 수 있다. 하지만 여러분이 3가지 질문을 여러분의 사고방식의 일부분으로 만들지 않는다면 결국 그것을 통해 발견한 어떤 유리한 정보도 잃고 말 것이다. 어떤 트릭을 발견하고 나면 다시는 혁신하려고 하지 않는 투자자들을 칭하는 '원-트릭 포니'(one-trick pony, 1가지 재주밖에 못 부리는 조랑말−옮긴이)라는 단어가 있다. 투자의 역사는 이런 사람들로 가득 차 있다. 서점의 진열대와 MSNBC(미국 케이블 뉴스 채널−옮긴이)는 그들에게 주어진 15분을 철이 지났거나 효과가 없는 조언들을 통해 평생 동안 늘리려는 '원-트릭 포니'들로 충만하다.

워렌 버핏에 관해 다른 생각을 한 번 더 해보자. 그는 내가 하는 행동들을 숙고해보지 않았을 것이며, 내 말들이 멍청하다고 얘기할 듯하다. 다시 말하지만, 다른 사람들이 날 어떻게 생각하는지는 내 관심사가 아니다. 하지만 나는 여러 가지 분명한 이유로 그에 대해 생각해왔다. 나는 로버트 해그스트롬(Robert Hagstrom)이 쓴 《워렌 버핏 웨이(The Warren Buffet Way)》 두 번째 판에 소개말을 쓴 적이 있는데, 이 책은 그의 전기 중 가장 많이 팔린 책이다. 그의 돋보이는 능력은 행태 바꾸기다. 만약 1960년대에 그의 글을 읽었다면, 그가 1970년대나 1980년대 초와는 아주 다른 얘기를 하고 있다는 걸 알게 된다. 초창기에 그는 단순한 통계적 기준에 입거해 싸구려 주식들과 전형적인 소형주들을 매집했다. 오늘날 스몰캡 종목으로 불리는 종목들이다(물론 스몰캡이란 용어가 1980년대까지는 존재하지 않았다). 그는 이후엔 소위 '프랜차이즈'라 불리던 종목을 사들였다. 그리고 나선 유명한 경영자들의 대형 회사(오늘날에는 대형 성장주로 불리는 종목)를 사서 장기투자하는 시기로 들어선다. 이는 많은 부분에서 내 아버지나 찰리 멍거(Charlie Munger, 버크셔 해서웨이 부회장-옮긴이)의 영향 때문이었다. 버핏이 코카콜라나 질레트를 매입했을 때, 아마 여러분은 그런 행동을 그가 20여 년 전에 했던 행동들과 조화시키기 어려웠을 것이다. 그리고 나서 놀랍게도 7년 전, 아주 정확한 시기에 그는 싸구려 주식들을 다시 사들이기 시작했다. 21세기 시작과 함께 가치주가 다시 수익을 내기 시작한 때였다. 이 책을 통해서 난 버핏에 대해 여러 가지 언급을 했지만, 여러분이 깨달았으면 하는 것은 그가 자신의 행동이나 목표의 핵심을 절대 잃어버리지 않으면서 능수능란하게 수십 년에 걸쳐 행태를 변형해왔다는 사실이다. 앞으로 몇 년간 그가 펼쳐왔던 전략 중 하나를 그대로 따라 했다간 절대 실제 그가 펼치는 전략에 가까워질 수 없다. 이런 행동에는 잘못될 것이 없다. 오히려 그렇게 해야만 할 정도다. 그가 자본시장과 관련된 기법을 개발하지 않는 것은 단지 그의 방식일 뿐이다. 왜냐하면 그는 주로 직관에 의존하고 있으며 그와 관련해 아주 드문 케이스이기 때문이다. 하지만 자본시장의 기법을 개발하건, 버핏처럼 직관에 의존하건, 변화하고 새로운 것에 적응하는 것은 성공에 이르는 초석이 된다. 정체는 곧 장기적으로 실패를 의미한다. 직관에 의지하는 방법을 모르기 때문에 나는 3가지 질문에 의지하고 자본시장의 기법들을 개발해나가는 것이다.

예측은 정확하게 하되, 프로 흉내는 내지 말 것

때때로 어떤 자본시장 기법은 처음 적용할 때 이미 시장에 반영되어 있지만 다른 장소에서는 유용한 것으로 증명되는 경우가 있다. 많은 사람들이 새로운 기법을 채택한다는 것이 그 기법을 정확하게 사용한다거나, 심지어 항상 사용한다는 걸 의미하는 것은 아니다. 또는 그들이 생각지 못했던 기법과 함께 사용될 수도 있다. 내가 감정기반 표준분포곡선예측이라 부르는 것이 한 예다. 이 기법은 내가 개발해서 수년간 사용하고 있는 것이다. PSR처럼 1990년대 내가 처음으로 소개한 이 기법은 현재 몇몇 시장가격에 광범위하게 반영되어 있다. 하지만 다른 시장에서는 아직도 효력을 갖고 있다. (잠시 후에 살펴볼 것이다.)

내가 어떻게 감정기반 표준분포곡선예측 기법을 개발하게 되었을까? 이제 우리는 모든 사람이 어떤 시장방향성에 대해 동의하게 되면, 실제로 그런 일이 일어나지 않는다는 것을 알고 있다. 하지만 어떤 가치 있는 기법을 발견할 수 있는 우회로로 우리를 이끌어줄 또 다른 단서로서 생각해보자. 앞서 언급했던, 투표 결과를 예측하기 위해 투자자를 대표하는 샘플 추출에 대한 유추법을 기억하는가? 여러분도 알다시피 이 기법은 오차 범위 내에서 대통령이나 주지사, 상원의원의 당선을 사전에 예측할 수 있을 만큼 충분한 기술이다. '5% 오차 한계 내에서 조(Joe)가 블로우(Blow)를 52 대 48로 이겼다'

같은 선거예측을 들어본 적이 있을 것이다. 이때는 누가 이길지 확실히 말하기 어렵다. 하지만 어떨 땐 5% 오차 범위 내에서 제인(Jane)이 조를 60 대 40으로 이겼다는 애기를 들은 적도 있을 것이고, 누가 이길지 확신할 수 있을 것이다. 이 기법은 완숙된 것이다. 여론 조사원들은 실제 투표자들의 집단에서 대표적인 샘플들을 추출하는 걸로 예측 작업을 시작한다. 샘플이 정확하게 추출되지 않으면 예측은 빗나가게 된다. 하지만 샘플이 모집단을 잘 대변한다면 사이즈가 클 필요도 없다. 정확하게 샘플링되었다면 한 주(州) 정도 규모의 선거도 500명 정도의 샘플로 예측할 수 있다.

이제 투자자들의 가상적인 샘플을 생각해보자. 가치주 맹신자들, 성장주 추종자들 그리고 그 나머지다. 그리고 다음 달(3월이라고 하자)에 시장이 어떻게 움직일지에 대해 이 사람들을 대상으로 설문을 한다. 그리고 그들이 시장이 3월에 치솟을 거라고 결론 내렸다고 하자. 우리는 실제 이런 일이 일어나지 않을 것이란 걸 알고 있다. 그들이 시장이 상승할 것이라고 압도적으로 생각하고 있다면, 그리고 모든 투자자들을 대표하고 있다면 어떤 주식을 매입하든지 3월 이전에 끝낼 것이다(또는 아주 오래 전에 끝냈을 것이다). 그리고 나면 주가 상승을 이끌 추가 매수세가 사라지게 된다. 그들의 믿음은 곧 가격에 반영되어 있고, 따라서 발생할 수 없게 되는 것이다.

슬프게도 모든 투자자들을 대표하는 정확한 샘플 구성법을 오늘날 우리는 알지 못한다. 이런 식의 기법에 도움이 된다고 주장하는 투자심리 유니버스가 있긴 하지만, 실제로 도움이 되지는 않는다. 이 중 일반적으로 사용되는 것은 소위 뉴스레터 저자들에 기반한 '투자자 정보 데이터(Investor's Intelligence Data)'라는 것이다. 또 다른 것으로는 미국 개인투자자 협회(American Association of Individual Investors)에서 회원들을 대상으로 실시하는 정기 조사다. 마이어 슈태트만과 내가 이 데이터를 자세히 살펴본 결과 많은 투자자들이 믿는 것과는 달리 실제 예측력이 없는 것으로 나타났다. (이 연구에 대해 자세히 알고 싶으면, 우리의 논문 "투자자 심리와 주식수익률(Investor Sentiment and Stock Returns)"을 참고하라.)[72] 이러한 도구들은 통계적 분석에 맞서지 못하며 전반적으로 허술하다.

  오늘날 정확한 샘플의 구성법을 우리가 모르는 데는 많은 이유가 있다. 일단 개인투자자들은 조사원들에게 그들의 시장예측에 대해 얘기해야 할 이유가 별로 없다. 내 성생활에 대해 당신에게 말할 이유가 없듯 내 돈에 대한 이야기도 할 필요가 없는 것이다. 게다가 같은 단어를 놓고 투자자들은 서로 다른 의미로 사용하는데, 이는 조사할 때 혼란스러운 결론으로 이어지게 된다. 투자자들은 실제로는 일반적인 언어로 얘기하지 않는다. 이런 사실은 포커스 그룹을 운영할 때 매우 분명해진다. 포커스 그룹이란 소비재를 만드는 회사(프록터앤드갬블 같은 회사)의 마케팅 분야에서 주로 이용되는 것이다. 세심하게 선정된 어떤 분야를 대표하는 10여 명 정도의 사람들을 구성해 사회자와 함께 회의를 하고 원웨이 미러(회의자들은 못 보고 관찰자 쪽에서만 회의자들을 관찰할 수 있는 거울—옮긴이) 뒤에서 관찰자가 이를 기록하는 것이다. 사회자는 그 10명이 어떤 제품에 대해(새로 나온 치약이 될 수도 있다) 토론하도록 만들고 거울 뒤의 마케팅 전문가는 상품의 개선이나 마케팅에 유용한 정보들을 수집하게 된다. 토론의 열기가 뜨거워지면 참가자들은 거울 뒤에 사람이 있다는 사실을 종종 잊게 되고, 여러분이 생각하는 것보다 훨씬 진솔한 토론이 된다. 내가 운영하는 회사는 투자업계에서 모든 유형의 투자자 포커스 그룹을 운영하는 몇 안 되는 회사로서, 그들은 마케팅 외의 영역에서 흥미로운 정보를 생산해내는데, 이는 시장에 대한 인간의 태도를 직접적으로 암시하는 것들이다. 하지만 포커스 그룹을 일반 고객 자산가들로 운영할 때 발견하게 되는 것은 같은 단어가 여러 가지 의미를 갖거나 모순되는 의미를 가져서 실제로 정확하게 조사할 수가 없다는 것이다.

  또한 개인투자자들은 그들이 누군지 조사원에게 열린 자세로 얘기하기를 주저한다. 이 문제에 관해 새로운 것은 없다. 이 문제는 잘 알려진 것이었고 1954년 대런 허프(Darren Huff)가 《통계학으로 거짓말하는 법(How to Lie with

Statitics)》[73]이라는 고전을 집필하기도 했다. 이 책은 지금까지 나온 비슷한 종류의 책 중에 간략하고 읽기 쉬워서 모든 사람들이 읽어보기를 추천하는 책이다. 만약 내 책에서 ABEbooks.com에 접속하는 것 말고는 아무것도 얻은 게 없다면 허프의 책을 구해서 읽어보라. 내 책 또한 읽을 만한 가치가 있을 것이다.

더 잘못되게, 더 심각하게, 더 길게

우리가 그런 투자자들의 샘플을 구축하게 되기 전까지 뭔가가 틈을 메울 수 있다. 전문투자자들은 정보에 대한 욕심이 많다. 그룹으로 봤을 때는 그들 역시 다른 투자자들과 똑같은 투자정보에 접근한다. 하지만 다행히도 (일반투자자에 비해) 그 숫자가 적기 때문에 통계적으로 다루기 좋고 카테고리화 하거나 정리하기 편하다. 또 그들은 자신의 시장 전망을 얘기하는 데 적극적이다(실제로 그런 얘기를 하면 보상이 따른다). 전문투자자들은 일반적으로 훈련된 언어로 얘기하기 때문에 개인투자자와는 다르게 상대적으로 일관적인 해석을 할 수 있다. 그리고 가장 좋은 점은 전문가들의 전망은 좀더 진심에서 우러나는 것이라는 사실이다. 그들은 자신의 지식에 대한 믿음이 있기 때문에 전망을 더 오래 고수하는 경향이 있다. 뭔가를 시장가격에 반영시킬 때 그들은 더 틀리게, 더 심각하게, 더 오랜 기간에 걸쳐 한다. 뭔가가 발생할 것이라는 데 그들이 모두 동의를 하면, 실제로 오랫동안 그런 일은 일어나지 않는다. 여러분이 만약 전문가들이 발생할 것이라고 믿는 것이 무엇인지 단정할 수 있다면, 무엇이 일어날지는 몰라도 무엇이 일어나지 않을지(즉, 전문가들이 예측한 것)는 아는 셈이다. 그리고 실제 무슨 일이 일어날 수 있을지 알아내는 데 있어 이 부분은 중요한 첫 단계가 된다. 여기 그 방법이 있다.

인간사회와 동떨어져 있지 않은 이상, 여러분은 연말연시에 전문가들이 강박적으로 쏟아내는 연간 주가예측을 접할 수밖에 없다. 1월에 주가전망이 집중되는 것은 정리선호 현상의 결과다(이 경우에는 사회적 관습 이상의 목적은 없다). 그리고 우리 두뇌가 고장 났을 때 보이는 또 다른 증상이다. 좋건 나쁘건, 맞건 틀리건, 매년 대부분의 투자기관들이 이 의식에 참여한다. 대형 증권사들은 예측을 담당하는 이코노미스트를 보유하고 있다. 펀드매니저도 마찬가지다. 좀더 작은 고객 집단을 책임지는 전문 머니매니저들은 분기마다 작성하는 리포트를 통해 출사표를 던지게 된다. 많은 수의 유명 전문가들은 여러분들에게 주가예측은 불가능하며, 나아가 그들이 생각하는 일이 발생할 거라고 말할 것이다. 블로거들에게도 그들의 생각을 말하지 말라고 할 수가 없다. 블로거들로 인한 오염현상은 어디에서나 존재한다. 모든 사람이 나름대로 의견이 있기 때문이다. 이게 잘못되었다는 건 아니다. 오랜 시간에 걸쳐 점점 더 많은 등장인물들이 공식적인 예측을 쏟아 내놓으면서,. 이제 우리는 엄청나게 많은 예측가들을 갖게 되었다.

하지만 그들 대부분은 틀린다. 그리고 이 사실은 여러분이 이미 알고 있는 것이다.

어떤 때를 불문하고, 맞히는 사람은 소수다. 그중엔 남들이 모르는 뭔가를 아는 사람도 있지만, 더 많은 쪽은 운이 좋은 사람들이다. 마치 동전을 50번 던져 모두 앞면이 나오는 사람과 같다. 하지만 그들 대부분이 맞히는 경우는 본 적이 없을 것이다. 그들이 예측에 이용하는 팩터들은 널리 알려진 것이거나 완전히 잘못된 것이며 이미 시장에 가격이 반영된 것이다. 그들이 정보에 대한 욕심이 많고 알려진 모든 정보들을 수집하기 때문에 이들이 동의하는 것은 이미 시장가격에 반영이 되어 있고, 따라서 발생하지 않는다는 것이다. ABC라는 회사의 머케티 먹(Muckety Muck, 보잘것없는 사람이란 뜻—옮긴이)이란 사람이 2008년 시장수익률이 XYZ%가 될 것 같다고 말할 때쯤에는, ABC회사는 이미 그들의 고객에게 최대한 그 방향대로 행동하게 한 후다. 자산운용회사나 뮤추얼펀드, 헤지펀드 그리고 나머지 회사들 모두 똑같다. 다양한 주가예측 조사들을 종합해볼 때 즈음엔 이미 그 예측이 시장가에 반영되어 있게 된다. 그리고 그 예측이 무엇이건 간에 일어나지 않을 것이란 걸 우린 알고 있다.

1990년대 초반에 나는 예측가 사이에 서로 차이가 얼마나 나는지 보고 싶었다. 그래서 가능한 한 오래 전 데이터를 입수할 수 있는 모든 공식 연간 주가전망을 찾아냈다. 그리고 그 각각의 전망치들과 실제 주식시장의 수익률을 그래프로 그렸다. 내가 발견한 1가지 사실은 이런 전망치들이 자연적인 정규분포곡선과 비슷하다는 것이다. 중간 부분에 많은 사람이 존재하고 그래프의 양 끝 쪽에 각각 강세장과 약세장의 극단론자들이 존재한다. 각각의 해에는 예외치가 몇몇 있긴 하지만 대부분 컨센서스 범위 주변에 전망치들이 몰려 있다.

그림 4.1은 1996년부터 2003년까지 컨센서스의 종형 그래프와 각 해의 실제 수익률을 보여주고 있다. (왜 자료를 2006년까지 보여주지 않았는지는 잠시 후에 설명한다.) 각각의 수치는 전문 예측가들의 자료를 의미한다. 종형 그래프의 중간이 이 전문가들이 동의한 예측치다. 여기서 확인할 수 있는 것은 각 해의 실제 시장수익률이 컨센서스 범위 내가 아니라 범위 밖이나 전혀 엉뚱한 곳에 위치한다는 사실이다. 몇몇 해에는 한두 명의 행운아들이 실제 수익률을 맞히기도 한다. 하지만 이런 행운아들은 매년 바뀐다. 또 몇몇 해에는 사람들은 강세장을 예측했으나 시장은 성적이 좋지 않았다. 또 사람들이 강세장을 예측했을 때도 이보다 훨씬 수익률이 좋은 해도 있었다. 나머지 해에는 시장이 뭔가 괴상하게 움직였거나 예상치와는 완전히 다르게 움직였다. 바로 이것이 2장에서 살펴본 바와 같이 전통적인 반대주의자들이 실패하는 이유에 대한 완벽한 사례다. 시장은 뭔가 다르게 움직이지만 꼭 사람들의 예측과 반대로 움직이지는 않는다는 것이다.

그림 4.1은 틀렸던 예측들의 지점과 그것들이 이미 가격에 반영되어 있었음을 증명해 보이고 있다. 시장 컨센서스는 수익률의 범위에 대해 동의했다. 이 범위는 대부분의 사람들이 실제 일어날 것으로 믿었던 수치이며, 따

그림 4.1 연간 시장예측 조사

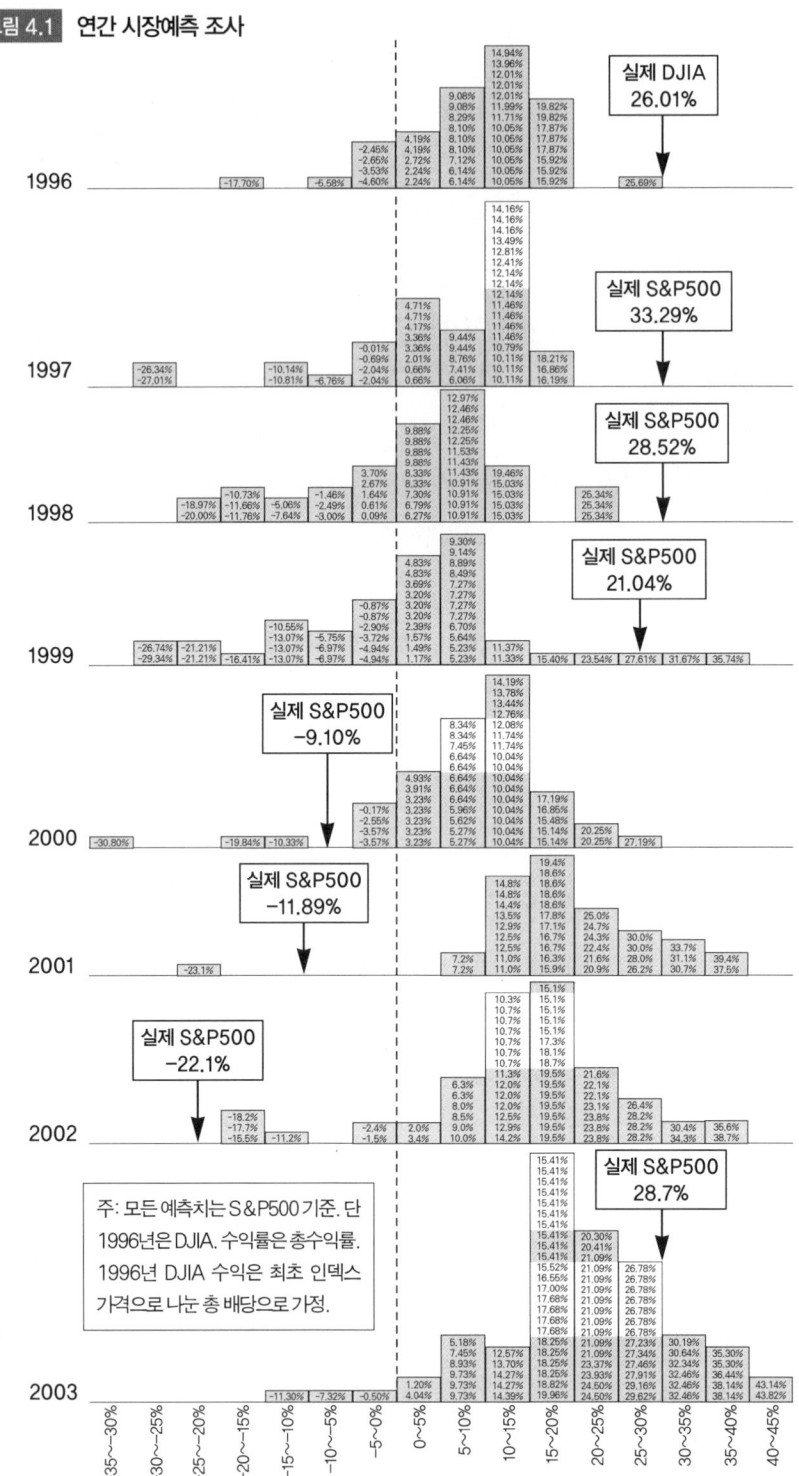

출처: 〈비즈니스위크〉, Fisher Investments

라서 일어나지 않게 된다. 이런 사실에서 나는 컨센서스를 이용해 뭔가 베팅할 수 있다는 결론을 내리게 됐다. (여러분 스스로 종형 그래프를 그린다면 내가 작업한 만큼 이해하기 쉽게 그리기 어려울 것이다. 하지만 매년 〈비즈니스위크〉 마지막 호에는 S&P500지수에 대한 전문가들의 다음해 예측치가 잘 정리되어 있다.)

이 기법에서는 특정 지수대의 제외를 통해 예측을 하게 된다. 컨센서스가 실제로 일어나지 않을 것을 알기 때문에 나는 양쪽 극단이나 컨센서스 범위 내에 비어 있는 구멍을 고려하게 된다. 또한 나는 4가지 상황 중 하나가 발생할 것이란 걸 알고 있다. 즉, 많이 오르거나, 조금 오르거나, 조금 하락하거나, 많이 하락하는 것 중 하나다(이 부분은 8장에서 자세히 다룬다). 따라서 나는 발생하지 않을 것 같은 시나리오는 제외했다. 그러면 내 예측치는 시장에서 가장 선호하는 시나리오가 어떤 것이건 간에 다른 사람의 예측치와는 다르게 된다. 이런 논리는 모든 알려진 정보는 시장가격에 할인되어 반영된다는 사실과 부합했고, 과거 데이터에도 부합했다. 그리고 두 번째 질문의 실제 예가 되었다. 즉, 다른 예측가들이 간과하지 못한 것을 간과해내는 것이었다. 그들 자신이 시장의 일부분이므로 집합적으로 게임에 참여시킬 수 있다.

이런 방식은 다르게 표현하자면, 연말에 다른 모든 사람들이 예측치를 내놓을 때까지 기다리면 최소한 다른 사람들이 예측한 예측치는 배제할 수 있다는 것이다.

1999년을 예로 들면, 시장 컨센서스는 Y2K에 대한 경계심이 가득했고, 이상하게도 플러스 수익을 기록해왔던 지난 10년간의 시장에 항복할 준비가 되어 있었다. 시장 컨센서스는 약간의 강세장이었다. 대부분의 예측가들은 시장이 두 자릿수 이상 상승해야 할 이유를 찾지 못했다. 그래서 나는 그럴 수 있다고 생각했다. 아닐 수 있지만, 그럴 수도 있다고 생각한 것이다. 또 아주 적은 수의 예측가들은 '아주 많이 하락한다'는 쪽으로 뚝 떨어져 있었다. 매일 저녁뉴스에서는 약세장을 염려하는 똑같은 얘기들이 이어졌지만, 당시 내가 보기에는 시장가격에 반영되지 않은 악재는 없었다. 그래서 나는 '아주 많이 하락한다'는 예측은 배제하기로 했다. 예측치 중에는 15~23% 사이에 빈 공간이 하나 더 있었다. 나는 대다수 사람들이 주가 상승을 유인할 수 있는 많은 요소들을 무시하고 있다고 봤다. 2장에서 논의한 바와 같이, 나는 Y2K가 별일이 아니라는 걸 확신했으며, 비상식량을 사재기해둔 사람들도 유쾌한 기분으로 놀랄 수 있을 것이라고 생각했다. 사람들은 또한 선거 사이클을 무시했다. 1999년은 클린턴 2기 집권 3년째 해였다. 아마 2장에서 읽었던 내용이 생각날 것이다. 임기 3년차에는 마이너스 수익을 기록하는 경우가 드물며 높은 수익을 기록하는 경우가 많다. 사람들은 각종 전문지들이 내놓는 전망에 시무룩해 있었지만, 나는 기업들의 이익이 깜짝 놀랄 만한 주가 상승을 일으킬 수 있을 정도로 지속될 것으로 생각했다. 내가 보기엔 1999년 미국 주식시장이 20% 이상도 가능할 정도로 많이 오를 것 같았다. 그래서 나는 1998년 12월 28일 〈포브스〉에 기고한 "99년에는 강세장을(Bullish for '99)"이라는 글에서 S&P500이 20% 상승할 것이라 예측했다. 그리고 실제로 1999년 S&P500은 21% 상승하면서 끝을 맺었다.[74] 내가 예측한 20% 상승이 실제 상승과 아주 근접했던 것은 정말 행운이었다. 하지만 1990년대 중반에 완벽히 구현한 종형 그래프 기법을 통해 내가 시장의 방향성을 맞게 판단한 것은 분명했다.

    1999년 거의 완벽한 예측을 해낸 나는 스스로 대단하다며 자신을 칭찬했을까? 글쎄, 아마 그랬던 것 같다. 나는 새해 첫날이면 늘 친구들과 함께 보냈던 저녁 파티에 참석해 축배를 들었다. 그 20%라는 숫자는 그날 밤 술 몇 잔을 더 들이켤 충분한 이유가 됐다. 또한 틀렸음이 분명해진 Y2K 문제 때문이기도 했다. 하지만 그 후에 절대로 사후편향 오류나 과도한 확신에 빠지진 않았다. 예측을 함에 있어 나의 목표는 실제 정확한 수치를 맞히는 것이 아니다. 나는 실제 정확한 수익률을 예측하는 것에는 조금도 관심이 없다(하지만 〈포브스〉의 편집자는 내가 그렇게 하길 바란다). 이보다 훨씬 중요한 것은 시장의 방향을 정확히 알기 위해 3가지 질문을 사용하는 것이다. 크기보다 방향성이 훨씬 중요한 것이다. 만약 방향성은 맞히고 정확한 수치는 틀렸더라도 여전히 수치를 맞힌 것처럼 행복할 것이다. (자세한 내용은 8장에서 다룬다.)

단 한 해에 해당하는 사례였지만, 무엇을 의미하는지는 알았을 것이다. 이 기법을 통해 1990년대 후반에서 그 다음 10년 초반까지 나는 항상 시장의 방향성을 올바르게 예측할 수 있었고, 2000년이나 2001년처럼 시장이 하락했을 때도 시장초과수익을 기록할 수 있었다. 〈포브스〉에 실리는 내 연간 예측치는 수년간 이 기법에 기반했으며 운 좋게도 그 당시 모두 맞힐 수 있었다. 나는 예측을 위해 다른 모든 사람들이 예측치를 내놓을 때까지 기다렸다. 그들이 먼저 지나가게 함으로써 그들을 이길 수 있었던 것이다. 멋지지 않은가? 마치 특효약같이 말이다. 그리고 한동안은 정말로 그랬다. 하지만 PSR처럼 이 기법은 더 이상 효과가 없게 되었다. 최소한 예전처럼만큼은 아니다.

이 기법은 한동안 아주 훌륭하게 효과를 발휘했고 과거 데이터를 통해 명확히 확인할 수 있다. 내가 이 기법에 대해 〈포브스〉나 〈리서치(Research)〉에 썼을 때 사람들은 이 기법이 부두교와 같다고 비웃었다.[75] 2000년 즈음에 이 부두교라는 비웃음이 사라지기 시작하면서 나는 약간 걱정스러워졌다. 그 때 즈음엔 다른 사람들도 이 기법이나 이와 비슷한 방법을 채택하고 있었다. 처음 종형 그래프가 역투자자들의 투자도구로 잘못 사용되는 것을 보고 나는 안심했다. 컨센서스가 강세장이었다면, 초창기 이 기법을 채택한 사람들은 자동적으로 약세장을 예상했고 그 반대도 마찬가지였다. 그들은 컨센서스가 엄청난 강세장을 예측했지만 실제로는 약세장이었던 2000년과 2001년을 목격했고, 그로 인해 역투자자들이 이 기법을 잘못 사용하는 현상이 촉발되었다. 그들은 이 기법을 잘못 사용했지만 행운이 따라주었고, 그런 행동을 지속하게 만들었다.

하지만 운이 따라주었어도 잘못된 것은 잘못된 것이다. 만약 올바르게 사용했더라면 컨센서스가 강세장을 예견했을 때 여러분 역시 강세장을 예측할 수도 있다. 1996년, 1997년, 1998년, 1999년 그리고 심지어 2003년도를 보라. 이해들의 컨센서스는 약간 강세장이었지만, 실제 결과는 훨씬 강한 강세장이었다. 그런 때에 종형 커브를 통해 약세장이 올 것이란 예측을 했다면 엄청난 수익을 놓친 셈이다.

결국에는 사람들이 이 기법을 올바르게 사용하기 시작했다. 그리고 리처드 번스타인이 메릴린치의 수석 투자전략가로 승진했을 때 나는 내가 난관에 처하게 되었음을 깨달았다. 번스타인은 1990년대 데이터에 적용했을 때 아주 잘 적중하는 기법을 개발했다. 마이어 슈태트만 교수와 나는 그의 데이터를 앞서 언급한 "투자자 심리(Investor Sentiment)" 논문에서 다루었다.[76] 번스타인의 모델은 과거 데이터로 봤을 때 유용한 예측력을 보여주고 있었다. 그가 잘나가게 된다는 것은 곧 그동안 효과가 있었던 내 종형 그래프 기법의 사망이 임박했음을 예견하는 것이었다. 결국 이 기법은 몇 년간 작동하다가 마침내 2004년 효과를 잃고 말았다. 그때쯤엔 내 원조 종형 그래프 기법을 모방하고 있거나 유사한 유형의 기법들을 인터넷에서 찾아볼 수 있었으며, 지금까지 이어져 오고 있다. 어떤 사람들은 오래된 내 기법을 그대로 사용하는 경우도 있다. 하지만 PSR과 마찬가지로 한때 참신했던 기법이 시장가격에 반영될 만큼 충분한 대중성을 갖게 되면 더 이상 못 쓰게 되어버리는 법이다.

2004년의 경우는 요행으로 한 번 맞췄을 수도 있다. 하지만 더 많은 전문 예측가들이 이 기법을 채택할수록 더 이상 효과가 없다는 것을 나는 알고 있다. 2005년 이 기법은 효과를 보지 못했다.

이제는 매년 전문 예측가들이 경쟁적으로 서로를 주시하면서 한 집단이 전망치를 내놓으면 그때 자신들의 전망치를 수정하고 있다. 이들이 처음 예측치를 내놓을 때 몇 년 전까지만 해도 있었던 엄숙함이 사라지고 말았다. 이제는 모든 사람들이 다른 사람의 예측을 자신의 예측에 이용하려고 눈치를 보고 있다. 따라서 이제 우리는 새로운 게임으로 옮겨가야 한다. 이 기법은 이제 가격에 반영되었으며 예측력은 사라지고 말았다.

미국 주식시장의 경우, 그렇다.

이 기법을 처음 개발하고 발견한 것은 이 기법이 충분히 많은 예측가들이 공식적인 전망을 내놓는 자유거래시장에서는 어떤 곳이든지 적용될 수 있다는 사실이었다. 우리는 나스닥 지수를 예측하기 위해 이 기법을 정기적으로 사용했는데, 1990년대에는 너무나 많은 예측치들이 범람하고 있었다. 사실, 이 기법은 부분적으로 내가 2000년 2월 기술주 섹터에 대해 약세장이라는 결론을 내리는 데 영향을 주었다. (2000년 3월 6일 발간된 〈포브스〉 칼럼 '1980년의 귀환(1980 Revisited)'[77]에서 기술주 버블에 대한 내 의견을 찾아볼 수 있다. 독자 여러분을 위해 7장에 실었다.) 일단 이 자본시장 기법을 미국시장의 주요 지수에 더 이상 적용할 수 없다는 것을 확인한 후 우리는 다른 국가의 경우에 이 기법을 사용할 수 있을지 판단하는 데 집중했다.

이 기법을 크로아티아의 2009년 주식시장 전망에 사용할 수는 없을 것이

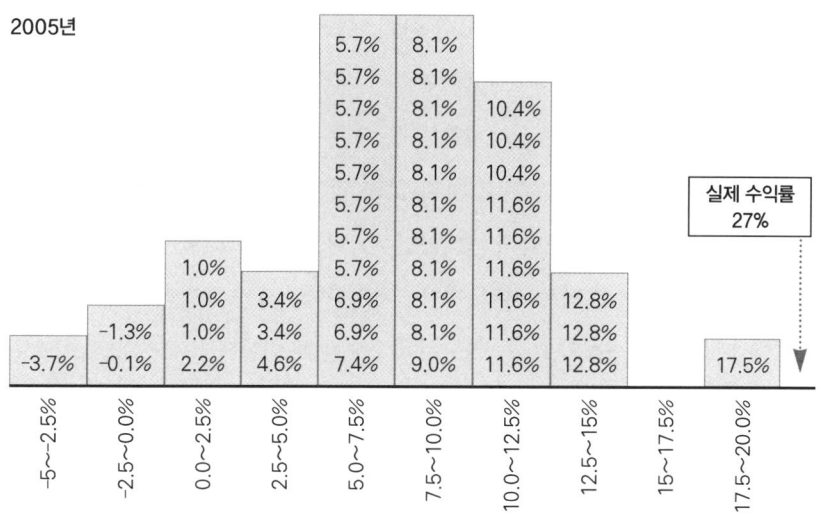

그림 4.2 DAX 지수의 종형 그래프

출처: Thomas Grüner, Fisher Investment

다. 종형 그래프를 그릴 만큼 충분한 공식적인 예측치들을 찾기 어렵기 때문이다. 하지만 아무도(내 독일인 동료 토마스 그뤼너를 제외하고) 독일의 DAX지수를 예측하기 위해 이 기법을 사용하고 있지 않다. 연말에 충분히 많은 주가 예측이 있음에도 불구하고 말이다. 만약 어떤 것이 미국시장에서 작동한다면 다른 국가에서도 작동해야 한다는 사실을 기억해보라. 그리고 그림 4.2에서 실증해 보이고 있듯이 실제로도 그렇다.

여러분이 글로벌하게 투자한다면 이 기법은 외국주식시장의 예측에 있어서 위력 있는 도구로 남아 있다. 미국을 제외하고 해당 지역에 충분한 주가 전망치가 있는 곳이라면 어디든지 이 기법을 사용할 수 있다. 내가 주로 사용하는 곳은 독일과 영국 시장이다. 다른 국가는 변동이 좀 있다. 어떤 때는 충분히 많은 지수 예측이 있는 반면, 아주 적을 때도 있다.

그림 4.2에서 독일시장의 컨센서스 모양을 보면 충분히 게임을 해볼 만하다는 것을 알 수 있다. 2005년의 사례에서는 실제 수익률이 컨센서스 범위를 벗어나 있다. 한편, '어떤 자유거래시장'은 주식시장만을 의미하는 것은 아니다. 이 기법은 S&P500지수 예측에는 더 이상 유효하지 않지만, 주요 환율은 물론 장기 금리예측에도 미국 내외에서 여전히 들어맞고 있다. 그림 4.3은 2002년부터 2005년까지 10년 만기 미국 국고채 금리 예측 종형 그래프와 실제 수익률을 보여주고 있다.

매년 컨센서스는 장기채권의 수익률을 잘못 예측하고 있지만, 전혀 과거의 실수로부터 무언가 배우려고 하지 않는 것 같다. 다행인 점은 여러분이 이제 이 기법을 항상 사용할 수 있다는 것이다. 종형 그래프를 작성하는 것은 아주 쉽다. 〈월스트리트 저널〉에서는 장단기 금리를 포함해 다양한 경제지표에 대한 전문가들의 예측치를 첫해 2주간 보도한다. (〈비즈니스위크〉에서도 같은 작업을 하지만 금리예측은 〈월스트리트 저널〉 쪽이 이해하기 쉽다.) 다시 말하지만, 내가 실행했던 샘플링 작업보다 포괄적이지는 않지만 이 기법을 통해 여러분의 동료보다 훨씬 유리한 위치를 점할 수 있다.

그림 4.3 | 10년 만기 미국 국고채 금리 예측 종형 그래프

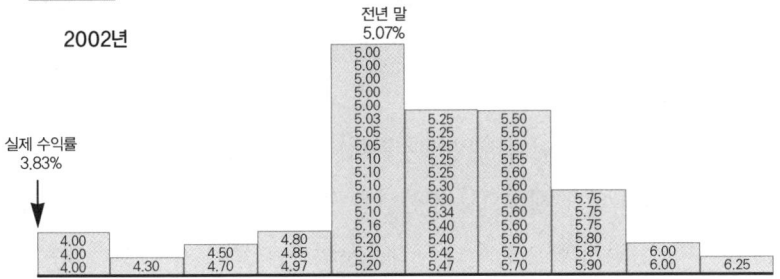

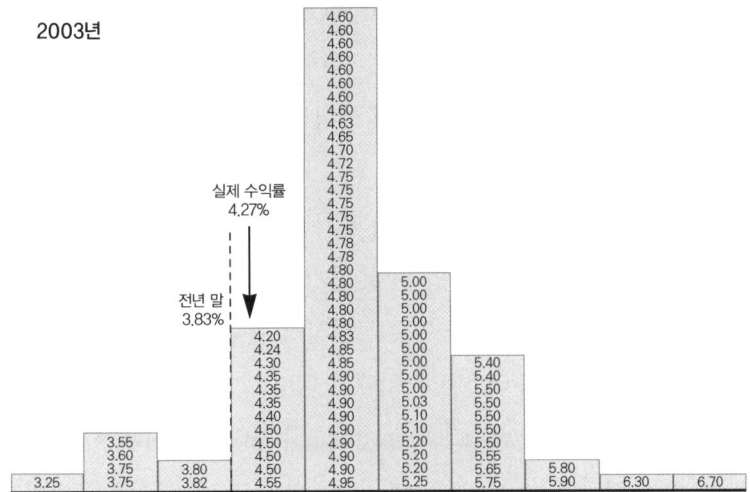

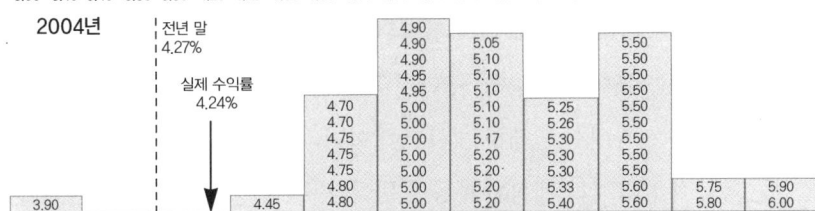

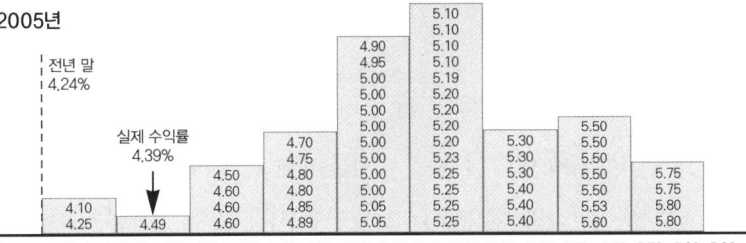

출처: 〈월스트리트 저널〉, Fisher Investment

이 기법이 시장의 방향 예측을 항상 올바르게 보장하지는 않는다는 것을 명심하라. 또한 매년 효과가 있는 것도 아니다. 어떤 해에는 뭔가 이상한 일이 발생할 수도 있다.

이 기법은 어떤 일이 일어나지 않을지 밝혀내고, 그리고 다른 가능성은 어떤 것이 있는지 명확하게 해줌으로써 선택할 수 있는 옵션을 몇 개로 최소화해주는 것이다. 이렇게 함으로써 다른 대부분의 사람들이 저지르는 실수를 피할 수 있게 된다. 만약 여러분이 어떤 일이 일어나지 않을지 알고 있다면, 발생 가능한 대강의 그림을 그릴 수 있게 되며 발생할 수 있는 몇 가지 대안을 정의할 수 있게 된다. 그중에 맞는 걸 선택하는 것은 여전히 여러분의 몫이다.

이 기법이 현재 장기채권금리 예측에 효과가 있다고 해서 연방기금금리에도 적용할 수 있다고 기대해선 안 된다. 단기금리는 자유시장의 금리가 아니다. 많은 사람들이 단기금리가 어떻게 변할지 예측을 내놓는다. 이 금리 예측을 가지고 www.tradesports.com에서 베팅을 할 수 있을 정도다(권하고 싶진 않지만 할 수는 있다. 트레이드스포츠닷컴(Tradesports.com)은 사람들이 많은 것들에 대해 어떻게 생각하는지 볼 수 있는 흥미로운 사이트다). 연방기금금리는 우리의 독재적인 중앙은행 시스템에 의해 결정된다. 따라서 어떤 컨센서스를 가지고 게임을 한다는 것이 불가능하다. 단기금리에 대한 컨센서스가 맞는지 안 맞는지 여부는 시장에서 발생하는 사건이 아니라, 금리를 마음대로 조정할 수 있는 독점적 공급자의 계획된 행동일 뿐이다. 이 종형 그래프 기법은 환율시장을 포함해 오직 자유거래시장에서만 작동한다.

여러분에게 이런 이야기를 하는 이유

여러분은 내가 왜 이렇게 많은 얘기를 하는지 또 한 번 의아해할 것이다. 이런 기법들을 말하지 않으면 더 오랫동안 사용할 수 있을까? 그렇지 않을 것이다. 아마 종형 그래프에 대해 발설하지 않았다면 몇 년 동안은 미국 주식시장에서 그 기법을 더 사용할 수 있었을지 모른다. 하지만 내가 말했건 안 했건 리처드 번스타인과 다른 사람들이 비슷한 기법에 접근하고 있었고, 결국 같은 효과를 갖는 기법을 창조해냈을 것이다. 미국 주식시장은 공식적으로 거래되는 세계시장의 50%를 차지한다(측정 시기에 따라 다소 차이는 있다). 따라서 미국시장에서 이런 예측도구를 잃어버린다는 것은 엄청난 일이다. 그런가? 이 질문에 대한 대답은 PSR의 경우와 똑같다. 나는 이 우월한 메리트가 언젠가 없어질 것이란 걸 알고 있었다. 이 기법을 책에 소개함으로써 사람들이 채택하게 하는 속도를 증가시켰을까? 그럴 수도 있다. 1990년대 중반 지수 예측치를 종형 그래프로 그리는 것은 내 회사에서 하던 독창적 리서치 기법이었고, 여러분은 다른 대부분의 곳에서 보기 힘들었다. 이런 기법들은 모두 3가지 질문으로부터 이끌어낸 것이다. 그렇다면 왜 이런 결과물과 발견들을 남들에게 주는 것일까? 2가지 이유가 있다. 첫 번째는, 우리가 끊임없이 혁신을 계속하고 있고, 또 그래야만 하는 것을 알고 있기 때문에 여러 기법 중에 한 조각을 잃는 것이 그리 두렵지 않기 때문이다. 두 번째는, 내가 알고 있는 훌륭한 기법들을 사람들이 계속 비웃는다면(마치 대통령 임기 사이클이나 P/E에 대한 나의 작업을 오래전에 비웃었듯이) 나는 내 이론이 여전히 효과가 있다는 걸 알 수 있기 때문이다. 나는 내 기법이 아주 오랜 기간 지속될 것이란 걸 알기 때문에 진실을 보지 못하는 세상 사람들의 인지적 오류에 기댈 수 있고, 그 기법은 유용하게 남는 것이다. 그러고 나면 다른 부분의 혁신에 노력을 집중할 수 있다. 다른 기법을 빨리 개발해야 하는지, 아니면 그 기법에 오랜 기간 의지할 수 있는지 알아보기 위해 어떤 기법을 공개하고 남들에게 가르쳐주는 것은 그만한 가치가 있다.

만약 종형 그래프 예측 기법이 나만이 가질 수 있는 무기였다면, 아마도 남들이 그 비밀을 가지지 못하게 하고 싶었을 것이다. 하지만 여러분이 3가지 질문을 사용해 자본시장의 기법을 지속적으로 구축해나간다면, 항상 그 다음 기법을 찾아 나설 것이고 옛날 기법을 잃는 데 두려워하지 않을 것이다. 3가지 질문을 하지 않고 나의 기법 한두 가지를 잃어버리게 된다면 아마 내 아내가 은퇴하라고 압박을 넣을지도 모른다. 하지만 3가지 질문과 함께 하면 질문마다 스릴을 느낄 수 있다. 지속적인 혁신을 통해 자산운용에서 가장 재미있는 부문과 마주하게 된다. 그리고 지금 이 시기와 나이에 혁신을 지속하지 않는다면, 다른 사람들을 위해 300억 달러를 운용할 자격이 없을 것이다.

이 게임에서 경쟁력을 갖추려면 항상 혁신해야 하지만 대부분의 사람들은 이를 좋아하지 않거나, 심지어 그런 혁신을 받아들이려 하지도 않는다. 유명한 증권사들에서 이런 현상은 두드러진다. 내 회사의 기업 역할모델에 대해 생각할 때, 그런 대형 증권사나 다른 월스트리트의 회사를 참고하진 않는다. 내 회사의 역할모델은 1970년대 초반의 인텔이나, 같은 시기의 샘 월튼(월마트의 창시자—옮긴이)과 월마트, 프록터앤드갬블의 마케팅, 그리고 경영 측면에서 GE를 들 수 있다. 이 기업들은 내 청장년기에 꿈같은 혁신자들이었다. 내 목표는 통합 회로의 공동 발명가이자 인텔의 공동 창업자, 그리고 고든 무어(인텔의 창업자—옮긴이)의 오랜 파트너였던 밥 노이스였다. 단순했던 세상으로 돌아가, 나는 밥 노이스를 만나고 알아야만 했다. 내가 혁신이 필요한지도 몰랐을 시절에 노이스는 그와 무어가 절대 멈춰서는 안 된다는 걸 알고 있었다. 큰 키는 아니지만(실제로 아주 작다), 그는 아주 높은 지성의 소유자여서 대부분의 사람들이 그 이후에는 실제적인 인텔이 없다고 가정할 정도였다. 여기서 그들이 놓친 것은 밥 노이스와 고든 무어의 정신 자세와 반도체를 만드는 것에 관해 그 당시 그들이 알고 있던 것이 다른 혁신가들이 곧 알게 될 것에 의해 위축될 것을 어떻게 그들 각각이 알고 있는지에 대한 것이었다. 그들의 목표는 경쟁자들보다 빨리 고든 무어의 학습곡선에 따라 이동하는 것이었다. 그들의 진짜 재산은 학습곡선과 혁신에 대한 믿음이었다.

그 역할모델은 나의 사고방식에 항상 존재해왔다. 내가 초점을 맞추고 있고, 맞춰왔고, 항상 맞추고 있을 것이 바로 지속적인 혁신이기 때문이다. 나는 내 회사가 메릴린치 같은 회사가 되길 바라지 않는다. 노이스와 무어의 시대였던 1975년의 인텔과 같기를 바란다. 따라서 내가 뭔가 멋지다고 생각하는 걸 개발했을 때 그 이론이 받아들여져 시장가격에 반영되고 결과적으로 쓸모없게 되면 어쩌나 하는 생각은 하지 않는다. 나는 그런 결과가 일어날 것을 가정하고 있다. 바로 그게 진보라고 부르는 것이다.

따라서 내 발견을 책으로 내면 그것이 시장가격에 반영되는 데 도움이 될지도 모른다. 독자들이 생각하기에 최소한 당분간은 아무도 비웃지 못할 것 같은 최고의 발견 말이다. 내가 첫 번째 책을 내고 난 후, PSR이 완전히 시장가격에 반영되기까지는 약 10년이 걸렸다. 이 책에 담겨 있는 아이디어도 가격에 반영되려면 마찬가지로 시간이 걸릴 것이다. 조금 더 걸릴 수도, 덜 걸릴 수도 있다! 더 많은 투자자들이 이 책을 살수록 덜 걸릴 수도 있을 것이다. 하지만 생각해보라. 이 책이 10만 권 팔린다면, 투자관련 서적으로서는 엄청난 성공을 거두는 셈이다. 이와 대조적으로 〈포브스〉 구독자 수는 그 수준의 15배 정도 되며, 나는 이런 얘기들을 〈포브스〉의 칼럼에서 오랜 기간 동안 해왔다. 그리고 〈포브스〉는 전 세계 모든 유형의 투자자들 중에 오직 일부만을 대변할 뿐이다. 만약 전체 글로벌 투자자들 중 작은 부분인 이 책의 독자들이 내 말을 믿는다면 그건 괜찮다. 하지만 대부분은 믿지 않을 것이다. 나는 오랜 기간 투자자들과 함께 일하면서 우리의 선사시대 마인드가 극복하기 어려운 것이며 대부분의 독자들이 저항할 것이란 걸 알게 되었다. 많은 투자자들이 이 책을 읽고 나서 소리 지를 것이다. "말도 안 돼! 재정적자가 나쁘지도 않고, 심지어 좋을 수도 있다는 생각은 위험한 저능아들이나 할 수 있는 거라고!" 또 투자자들은 이렇게 말할지 모른다. "저 피셔라는 놈은 저능아야. 도대체 P/E에 대해 뭘 안다고 저러지? 난 그것에 대해 모든 걸 알고 있고 매일 〈인베스터스 비즈니스 데일리(Investor's Business Daily)〉를 읽는데다가 CFA 자격증도 가지고 있다고. 그리고 이 업계에서 20년 동안 그렇게 해왔고, 무조건 저 P/E 종목만 살 거라고!"

나를 가장 강하게 거부하는 사람은 3가지 질문의 전체적인 핵심을 놓치고 있다. 5,000년 전 부족시대라면 그들이 훌륭하게 살아남았을 거라는 것은 확신할 수 있다. 하지만 여기서 제시된 단지 몇몇 사례(내가 내린 결론들)에만 의존할 필요는 없다. 여러분이 동의할 수도 있고 동의하지 않을 수도 있지만, 어떻게 하든지 상관하지 않는다. 앞으로 남은 여러분의 인생 동안 여러분은 자신만의 자본시장 기법을 개발하기 위해 방법론을 연구하게 될 것이다.

글로벌 벤치마킹을 통한 훌륭한 삶

내 회사에서 아주 완숙된 기법으로 자리 잡은 것은 이미 암시했듯이 글로벌 벤치마킹이다. 이 기법은 새로운 것도 아니고 내가 개발한 것도 아니다! 우리는 3장에서 석기시대 증상을 치료하기 위한 치료제로서 벤치마킹을 얘기했다. 인덱스를 선택해서 이를 따르고 성과를 측정하는 것을 기법이라고 한다면 비웃을지도 모르겠다. 너무나 단순하고 새로운 개념도 아니다. 어쩌면 너무 광범위하게 퍼져 있는 기법일지도 모른다. 그리고 누구나 할 수 있다! 그렇다. 이 기법은 단순하다. 그리고 누구나 할 수 있다. 하지만 대부분은 그렇게 하지 않고 그렇게 하더라도 벤치마크를 잘못 사용한다. 제대로 사용한다면 더 많은 성공을 거둘 수 있으며 일반적인 실수들을 최소화할 수 있다. 바로 이 점이 이 기법의 위대한 점이다. 벤치마크 대비 수익을 측정하고, 더 중요하게는 벤치마크 자체가 여러분을 관리하게 하는 것이다.

많은 미국 투자자들처럼 글로벌 투자는 꺼려지고 S&P500과 미국주식, 뮤추얼펀드에 집중하는 것을 더 좋아할지 모르겠다. 결국 여러분은 미국시장이 더 좋고 편안하다는 것을 알고 있다. 씬씨내티(Cincinnati)는 겁나지 않지만 탐피코(Tampico, 멕시코의 석유생산지 – 옮긴이)는 겁나는 것이다. 여전히 글로벌한 사고가 미국을 이해하는 일을 포함해 모든 것에 대해 사고하는 데 도움을 준다는 것은 사실이다. 글로벌 벤치마킹을 하는 가장 중요한 이유는 글로벌한 사고를 하기 위해서다.

예를 들어, 많은 사람들이 글로벌하게 생각할 필요가 없다거나 외국주식을 보유할 필요가 없다고 잘못된 주장을 펼친다. 해외시장에서 많은 매출을 올리고 있는 미국기업을 통해 글로벌한 투자를 하는 것과 같은 효과를 볼 수 있다고 생각하기 때문이다. 널리 퍼진 생각이지만 잘못되었다는 걸 쉽게 증명할 수 있다. 그 방법은 1장에서 이미 설명했다. 이제 여러분 스스로 해보면 된다. 만약 미국의 다국적기업이 해외투자와 동일한 효과를 준다면 그 주식들은 외국주식들과 밀접한 상관관계를 가져야 한다. 그렇지 않다면 여러분이 원하는 글로벌 투자의 효과가 없는 것이다. 하지만 미국이나 일본, 독일, 네덜란드의 다국적기업들을 살펴보면, 그 기업들의 주가는 각각에 대해 미치는 영향보다는 그 기업이 속한 나라와 더 밀접한 상관관계가 있는 것으로 나타난다. 즉 엑손, 코카콜라, 포드 등은 소니나 도요타, 히타치, 그리고 모건스탠리 Topix보다는 S&P500과 더 상관관계가 깊다는 말이다. 이런 상관관계는 미국의 다국적기업의 주식이 미국 내의 주식처럼 움직이며, 해외투자를 한 효과를 주지 않는다는 것을 의미한다. 그 이유는 물론 어떤 기업이 어느 곳에서 매출을 일으키느냐를 넘어 각각의 국가가 그 주식에 영향을 미치는 문화적인 효과가 있기 때문이다. 일본 회사는 일본인 직원들이 가장 많고, 일본 외의 법보다는 일본 법을 따르며, 일본 외부보다는 일본 내부에서 더 많은 자금을 조달한다. 하지만 답은 상관관계에 있다. 이 사례는 또한 글로벌한 사고를 하기 전까지는 미국의 다국적기업에 대해 진짜로 이해하지 못한다는 사실을 가르쳐준다. 이 점이 내가 기본적으로 말하는 포인트다. 오늘날의 미국을 더 잘 이해하기 위해서는, 글로벌 수익률 곡선을 통해서건 미국주식과 다국적기업 주식 간의 수익률 비교를 통해서건 글로벌하게 생각해야만 한다.

외국인 혐오자들은 여러분이 벤치마크로 선택한 인덱스가 어떤 것이건 장기간에 걸친 투자기간으로 보면 중요하지 않다는 사실을 이해하고 받아들이는 데 어려움을 겪는다. 믿기지 않겠지만, 제대로 계산된 모든 주요 주식 벤치마크들은 30년 정도의 시간이 지나면 같은 지점에 도달하게 된다. 단지 다양한 길을 통해서 도달할 뿐이다(뒤에서 자세히 설명하겠다). 하지만 합리적인 사람이라면 그 장기적인 주식 수익에 도달하기 위해 변동성이 가장 작은 인덱스를 선택함으로써 안정적인 투자를 할 것이다. 또한 합리적인 투자자라면 베팅해서 이길 수 있는 기회를 가능한 많이 주는 벤치마크를 선택할 것이고, 3가지 질문을 사용해서 가장 많은 것을 우리에게 가르쳐주는 벤치마크를 선택할 것이다. 그리고 그것은 바로 이 세계 전체가 될 것이다.

벤치마크는 절대적으로 중요하다. 여러분의 포트폴리오에 있어 로드맵이 되기 때문이다. 벤치마크 없이 투자하는 것은 마치 낯선 주에 있는 낯선 길을 낯선 차를 몰고 지도나 방향도 없이 배회하면서 왜 목적지에 가까워지지 않는지 의아해하는 것과 같다. 하지만 실제 그것을 보았을 때 인식하는 것을 제외하고는 어떤 것이 여러분의 목적지인지 정말 확신할 수 없게 된다. 벤치마크는 여러분의 로드맵으로서 포트폴리오에 어떤 것을 포함해야 할지, 어느 정도의 비중으로 해야 할지, 언제 해야 할지를 지시해준다.

여러분의 긴 여정에 있어 벤치마크는 로드맵이 된다

2001년 9월 11일 아침, 나는 내 동부지역 스태프들과 함께 워싱턴에서 필라델피아로 향하는 기차에 있었다. 워싱턴 DC에서 세미나를 마치기 전날, 내 고객과 우리들은 테러리스트들의 공격으로 일상이 산산조각 났을 때 필라델피아로 향하던 길이었다. 필라델피아에서 스태프들은 뉴햄프셔부터 플로리다까지 각자 가족들을 향해 모두 다른 방향으로 흩어졌다. 비행편을 이용할 수 없었기 때문에 나와 두 명의 동료는 밴을 렌트해서 캘리포니아를 향해 서쪽으로 차를 몰았다. 우리는 가능할 때마다 속도 제한을 어겼는데 거의 항상 그랬다. 캘리포니아로 가기 위한 행로는 크게 2가지였는데, 우리는 혹시 있을지 모르는 폭탄 테러에 대한 우려로 세인트루이스로 돌아가 좀더 오래 걸리는 남쪽 길을 택했다. 시카고를 통해 가는 북쪽 길은 테러의 목표가 되기에 더 좋았기 때문에 일반적으로 드물게 이용하는 길을 택한 것이다. 우리는 댈러스에 있는 집으로 가기 위해 야간열차를 타야 하는 한 친구를 세인트루이스에 내려줬다. 그리고 3시간마다 교대를 하며(옆자리 사람은 45분간 조용히 있다가, 90분간 자고, 45분간 깨어 있었다) 휴게소에 들러 연료를 채우고 식사를 하면서 운전을 하는 과정을 되풀이했다. 놀랍게도 우린 32시간 안에 미국을 횡단할 수 있었다. 정말 뭔가 하길 마음먹었다면, 쉬지 않고 질주하는 것이 가장 빠르다.

만약 우리에게 지도가 없었다면 절대 성공할 수 없었을 것이다. 지도를 통해 남쪽 우회로가 생각보다 많이 돌지 않으며 어쩌면 통행량이 적기 때문에 더 빠를 수 있다는 생각을 하게 되었다. 지도는 덴버 주위의 우회로를 통해 어떻게 주행로로 돌아올지, 덴버로부터 출발해 솔트레이크 시티와 도너 패스를 통한 북쪽 길을 택하든지, 모하비 사막을 통한 북쪽 길로 갈지(이때는 북쪽을 선택했다) 우리가 어디로 가야 할지 말해주고 있었다. 지도는 우리가 여행하는 길을 계획하고 관리하는 데 도움을 주었으며, 우리가 위험을 관리할 수 있도록 해주었다. 주식시장에서도 좋은 벤치마크는 이와 같은 혜택을 준다.

벤치마크는 성과를 특정하기 위한 측정자로서의 역할도 한다. 매년 여러분의 포트폴리오를 볼 때 얼마나 올랐는지, 아니면 내렸는지 측정해보는가? 만약 그렇다면 그해 성과가 좋았는지 나빴는지 어떻게 판단을 내릴 수 있는가? 20% 오르면 좋은 건가? 시장 전체가 35% 오른 걸 알았을 때도 그럴까? 5% 빠졌다면 나쁜 걸까? 시장 전체가 25%가 하락했을 때 여러분 포트폴리오가 단지 5%가 빠진 거라면 어떨까? 필라델피아에서 샌프란시스코까지 운전해 갈 때 속도 제한을 어기고 달릴 수 있는 길이 있는가 하면, 인내심을 가지고 기다려야만 하는 길도 있다. 시장도 그와 같다. 나는 참을성 많은 사람은 아니지만 필요할 땐 어떻게 그래야 할지 알고 있다.

많은 투자자들이 그들의 목표가 '시장'을 이기는 것이라고 주장하지만 그들이 말하는 시장이 어떤 시장인지, 그리고 어떻게 이길 것인지 명확히 알지 못한다. 그 시장은 미국 주식시장일수도, 전 세계 주식시장일지도, 채권시장일 수도 있다. 몇 년 동안 수많은 투자자들이 나스닥을 이기고 싶어 했다. 어떤 특별한 대상 시장을 선택하지 않는 이상, 합리적으로 이길 시장을 겨냥할 수 없다. 여러분이 선택한 시장이 바로 벤치마크가 되며 모든 의식적인 포트폴리오 조정의 의사결정을 이끌게 된다. 일단 벤치마크를 선택하면, 모든 것을 좁은 하위 주식 카테고리에 집어넣음으로써 이기기 위한 대상을 결정할 수 있다. 하지만 틀렸을 경우에 지는 위험은 엄청나다. 벤치마크는 여러분이 리스크의 유형을 정의하는 데 도움을 준다. 즉, 여러분의 로드맵에 비해 위험이 얼마나 집중되어 있는지 또는 분산되어 있는지 알게 해준다는 것이다.

S&P500, MSCI World, MSCI ACWI 같은 광범위한 주식 인덱스는 시장의 수익률을 잘 대변해주기 때문에 벤치마크 대상으로 삼아 결과를 측정하기에 좋다. 하지만 잘 구성되어 있다면 어떤 지수도 벤치마크가 될 수 있다. 예를 들어, 스몰캡 종목을 좋아한다면 러셀2000(Russel 2000)이 될 수 있다. 대부분의 영국 투자자들은 FTSE와 독일의 DAX를 사용한다. 기술주를 좋아한다면 나스닥을 사용할 수도 있다. 어떤 인덱스가 되었건 비교할 대상이 무엇인지, 포트폴리오의 성과는 어떻게 측정할 것인지, 투자활동을 어떻게 할 것인지 명확히 해야 한다.

아무 인덱스나 골라라(하지만 높은 변동성이 높은 수익을 올린다고 믿지 마라)

아마도 기술주 버블 붕괴에 대한 기억 때문에 여러분은 나스닥을 두려워할 것이다. 나스닥은 2000년, 2001년 그리고 2002년에 부진을 면하지 못했으며 전 세계 시장을 예외적으로 긴 약세장으로 이끌었다. 그렇다면 나스닥은 나쁘고 피해야만 하는 걸까? 나스닥은 그 자체로 나쁜 인덱스는 아니다. 사실 완벽하게 좋고, 적절히 구성된 인덱스다. 단지 아주 좁은 부분에 집중되어 있고, 따라서 변동성이 높을 뿐이다. 인덱스의 폭이 좁을수록 더 많은 변동성을 예상할 수 있는데 이는 굉장히 직관적인 사실이다. 나스닥에서는 어떤 주식들이 한 방향으로 움직일 때 그 반대 방향으로 움직여 전체 변동성을 줄이는 주식이 굉장히 적다. 최근 역사에서 확인할 수 있듯이, 기술주에 집중된 나스닥은 기술주의 운명에 따라 주가가 크게 요동친다. 하지만 두려워할 필요는 없다. 오랜 기간에 걸쳐 보면(20~30년 정도의 투자기간) 잘 구성된 모든 인덱스는 매우 다른 과정을 거쳐서 결국에는 매우 비슷한 수익을 기록하기 때문이다. 아마도 믿지 못하겠지만, 여러분을 확신시킬 수 있길 바란다.

하지만 만약 제대로 구성된 모든 주요 주식 벤치마크들이 결국 여러분을 동일한 장소에 이르게 한다면, 그 과정이 얼마나 평탄한지가 가장 중요한 관심사가 될 것이라는 건 납득할 수 있을 것이다. 그림 4.4는 시간에 걸쳐 수렴하지만 서로 다른 과정을 거치게 되는 다양한 인덱스나 벤치마크를 보여주고 있다. 이것들은 실제 지수는 아니고 서로 다른 유형을 대표하는 것이다.

인덱스 4는 꼭짓점에서는 다른 주요 인덱스보다 훨씬 수익률이 좋지만, 바닥에서는 훨씬 수익률이 낮은 변동성이 큰 벤치마크다. 이를 나스닥같이 상대적으로 폭이 좁은 인덱스라고 생각해보라. 인덱스 3은 초기엔 약간 수익률이 뒤처지다가 뒤로 갈수록 수익률이 좋아지는 것으로, 지난 30년간 미국시장의 인덱스와 비슷한 것이다. 인덱스 2는 외국의 인덱스라고 볼 수 있다. 즉, 초기에는 수익이 좋았다가 지난 15년간은 수익이 약간 약해지고 있는 모습이다. 합리적인 투자자라면 인덱스 1과 같이 변동성이 가장 낮은 평

그림 4.4 벤치마크와 투자기간

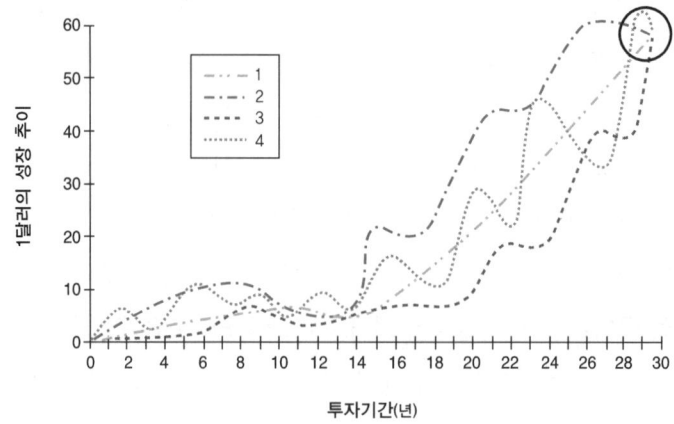

탄한 인덱스를 선호할 것이다. 가장 평탄한 곡선은 가장 광범위한 벤치마크가 될 것이다. 현재 이러한 인덱스는 글로벌 시장을 커버하는 MSCI World Index인데 개발도상국을 포함하고 있으며 오랜 역사를 가지고 있다. 그리고 이머징 마켓을 포함하고 있는 ACWI가 있다. ACWI는 상대적으로 역사가 짧으며 과거 데이터를 측정하는 데 불리하지만, 벤치마크로 아주 많이 받아들여지고 있다.

위험 VS 수익?

어떻게 변동성 높은 나스닥이 오랜 시간에 걸쳐 S&P500이나 그토록 광범위한 ACWI와 동일한 곳에 이르게 하는 것일까? 만약 나스닥의 변동성이 더 높다면 더 많은 수익을 얻어야 하지 않을까? 그런가?

금융을 공부한 많은 사람들이 이런 미신을 믿고 있고 널리 알리고 있다. 이는 전통적인 지혜(사실은 틀렸다)이며, 많은 교육을 받아 진실을 볼 수 있음에도 그렇지 못한 사람들에 의해 널리 퍼졌다. 사람들이 믿고 있는 것은, 더 높은 수익을 얻기 위해서는 변동성이라는 더 많은 위험을 져야 하며, 따라서 시장을 이기기 위해서는 더 변동성 높은 포트폴리오를 구성해야 한다는 것이다. 이런 생각은 주식 대비 채권, 현금 등의 수익으로 보면 맞는 얘기인데, 역사적으로 봤을 때 여기서 그런 믿음이 기인된 것이다. 하지만 주식으로만 본다면 역사적으로 측정해봤을 때 잘못된 사실이다. 이는 널리 받아들여지는 지혜가 정말 사실인지 테스트해보는 방법으로 역사가 왜 그토록 훌륭한지 보여주는 사례이기도 하다. 만약 그 지혜가 참이라면, 기술주는 장기적으로 봤을 때 변동성이 낮은 인덱스보다 높은 수익을 거두어야 했을 것이지만 실제로 그렇지 않다.

변동성은 인덱스를 구성하는 요소들이 단기적으로 봤을 때 얼마나 서로 음의 상관관계를 가졌는가 하는 것과 관계가 있다. 즉, 단기간에 얼마나 지그재그로 움직이느냐 하는 것이다. 근본적으로 변동성은 그 인덱스의 폭이 얼마나 좁은지, 즉 단기간에 인덱스의 모든 부분들이 같은 방향으로 얼마나 움직이는지 측정하는 것이다. 여러분도 어떤 순수한 주식 카테고리의 주식들만을 선택해서 단기간에 똑같은 방향으로 움직이는 폭이 좁은 인덱스를 만들어낼 수 있다. 이런 식으로 변동성을 얻을 순 있지만 장기적인 수익률과는 아무 관계가 없다(장기적인 주가는 공급 변화에 의해 일어난다는 내용을 7장에서 심도 있게 다룰 것이다). 만약 이것이 거짓이라면 광범위한 인덱스를 구성하는 하위 요소들, 즉 전체 인덱스보다 개별적으로 좀더 변동성이 높은 요소들은 그 인덱스 자체보다 더 높은 수익을 얻을 것이다. 하지만 그건 잘못된 논리다. 부분의 수익률이 어떤 수익률의 부분과 다를 수 없기 때문이다(즉, 부분의 합이 전체 수익률보다 클 수 없다는 것이다). 이런 사실은 간과하기 쉬운 사실이지만 대부분의 사람들은 전혀 주목하지 않는 것이다. 주식에 있어서는, 단기적인 변동성은 장기적인 수익률과 아무런 관계가 없다. 적절히 계산된 모든 주식 인덱스는 결국 30년 정도의 시간이 지나면 비슷한 수익률에 도달하게 된다. 처음에 좋은 수익을 내는 지수도 크게 앞서진 못하고 오직 요행에 의해서 그렇게 되며, 곧 역전되기가 쉽다.

잘 듣길 바란다. 많은 독자들이 내가 여기서 말하고 있는 것이 틀렸다고 배웠을 것이다. 하지만 이 가정이 잘못되었다는 것은 증명 가능한 사실이다. 바로 역사가 "그렇지 않다"고 말하고 있다. 역사는 아름다운 것이다.

그림 4.5는 '위험한' 나스닥과 그보다 넓은 카테고리를 포함하는 지수들의 수익률 관계를 보여주고 있다. 그림 4.5a는 나스닥과 영국 FTSE(1972년도에 시작했는데, 이때는 나스닥이 처음으로 완전한 1년을 시작한 때였다)를 보여준다. 선이 0% 위에 있으면 나스닥의 수익률이 좋은 것이고 0% 아래 있을 땐 FTSE가 수익이 좋은 것이다. 불규칙한 간격을 두고 두 지수의 상대적인 수익률이 달라지면서 큰 꼭짓점들을 만들고 있는 걸 볼 수 있을 것이다. 수익률에서 차이는 40%, 80%, 심지어 1970년대 중반에는 120%에 이르는 등 어떤 해든지 매우 크다. 1980년대에는 대부분 FTSE가 나스닥을 이기고 있지만 1990년대 후반에는 두 지수 간 퍼포먼스가 확실하게 반대 방향으로 돌아선다. 직관적으로 직선 밑의 회색 부분과 직선 위의 회색 부분이 비슷하다는 걸 알 수 있을 것이다. 1972년부터 2005년까지 FTSE는 연평균 11.7%(해당 국가 환율로 계산)의 수익을, 그리고 '위험한' 나스닥은 연 12.5%의 수익을 거두었다. 나는 이 두 수익률이 거의 동일하다고 말하고 싶다. 아마 여러분은 동의하지 않을 수 있다. 아마도 나스닥이 아웃퍼폼한 것은 그 변동성으로 인한 프리미엄이라고 생각할지도 모르겠다. 다시 생각해보라.

2가지 광범위한 인덱스인 MSCI 유럽·오스트레일리아·극동 지수(EAFE)와 S&P500 대비 나스닥의 수익률을 보여주는 그림 4.5b와 4.5c에서도 같은 현상을 발견할 수 있다. EAFE는 S&P500보다 변동성이 다소 높다. 여러 해에 걸쳐 각각의 지수 간에는 엄청난 수익률 차이가 존재하고, 때로는 수익률의 차이가 몇 년씩 연장되기도 한다. 여기서도 여전히 '위험'에 대한 추가 수익은 찾아볼 수 없다. 다시 한 번 직선 위의 회색 부분과 직선 아래의 회색 부분의 양이 동일하다는 것을 볼 수 있다. 같은 기간 동안 EAFE는 연 12.8%의 수익을, S&P500은 12.7%의 수익을 거두었다. 놀랍게도 나스닥의 연

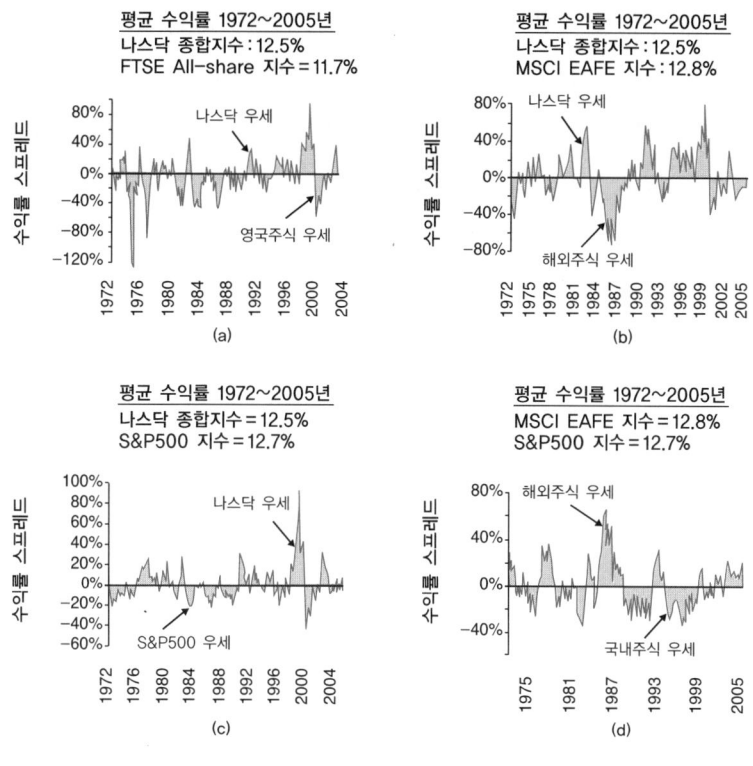

그림 4.5 12개월 수익률 스프레드

출처: Thompson Financial Datastream

12.5%와 거의 같다. 나스닥의 높은 변동성에 대한 초과수익은 도대체 어디서 찾아볼 수 있는 걸까?

적절하게 계산되었다면, 제대로 구성된 모든 주식 인덱스는 결국 장기간에 걸쳐 수렴하기 때문에 변동성 높은 카테고리를 선택했다고 해서 초과수익을 기대할 수는 없다. EAFE와 S&P500의 수익 비교를 보라(그림 4.5d). 이미 두 지수의 장기적인 평균 수익률은 동일하다는 것은 알고 있을 것이다. 하지만 매년 두 수익률 간의 차이가 얼마나 많이 나는지 주목하기 바란다. 한 지수가 앞서면 다른 지수는 뒤처진다. 때로 몇 년간 이런 상태가 이어진다. 하지만 장기적으로 봤을 때 그런 변동성은 문제가 되지 않는다. 결국에는 같은 장소에 도착하게 될 것이다.

　첫 번째 질문과 관련된 이 미신은 질기게 생존하고 있다. 우리의 잘못된 가정에 의심을 갖지 않고 그 이론이 맞았는지 확인해보기 위해 과거 데이터를 사용하지 않기 때문이다. 투자자들은 자신이 선호하는 카테고리에 편견을 가지고 있으며 확정 오류가 이런 편견을 더욱 탄탄하게 한다. 많은 투자자들이 스몰캡, 성장주, 에너지, 기술주, 대형 가치주, 이머징 마켓 등 무엇이 되었건 그들이 선호하는 카테고리가 원래 다른 카테고리에 비해 우월하다고 잘못 가정하고 있다. 이는 대체로 틀린 생각이지만, 일부러 이를 확인해보려는 사람은 아주 적다. 따라서 파헤쳐볼 만한 미신이 되는 것이다. 어떤 특정 카테고리가 지속적으로 수익률이 좋다는 어떤 증거도 확실히 없다. 어떤 카테고리를 좋아하는 사람이 A부터 L까지의 임의의 기간 동안 그 카테고리가 시장초과수익을 기록하는 것을 제시할 수는 있다. 하지만 그 시작점과 끝점을 바꾸면 그런 현상은 사라진다. 명사와 형용사도 어느 부분을 살짝만 잘라내더라도 그 의미가 사라져 버리게 된다.

　의도적이든 의도적이지 않든, 내 데이터를 누군가가 편리하게 잘라내서 그들의 주장을 증명해 보이는 데 사용할 수 있겠지만, 조금만 다른 데이터나 시 구간을 적용한다면 그런 주장은 들어맞지 않게 된다. 스몰캡 주식이 대형주보다 수익률이 좋다는 오래된 미신을 예로 들어보자. 역사적으로 봤을 땐 이 주장에 약간의 타당성은 있다. 1926년 이후 스몰캡 주식들이 평균적으로 대형주보다 수익률이 좋기 때문이다. 대부분의 관찰자들은 평균과 ① 가장 많이 일어난 일, 그리고 ② 현실을 혼동한다. 만약 여러분이 이 주장을 증명하기 위해 어떤 데이터 계열을 선택하고 그와 같은 기간을 가장 심했던 4번의 약세장(스몰캡 종목이 대형주보다 항상 수익률이 좋은 시기)인 1932~1935년, 1942~1945년, 1974~1976년 그리고 2002~2004년으로부터 취하고, 그 나머지 기간을 본다면 그 기간들은 모두 대형주들이 스몰캡 종목보다 수익률이 매년 2% 이상 좋았음을 확인할 수 있을 것이다. 스몰캡 종목들의 수익률이 좋았던 이유는 순전히 바로 이 몇 년 안 되는 기간의 영향인 것이다. 하지만 그 4번의 엄청난 약세장을 정확히 알아챌 수 있었다면 굳이 시장을 이기기 위해 소형주가 필요하지는 않았을 것이다(그렇지 않고, 유동성이 극도로 낮은 소형주를 선택해도 그런 수익률 우위의 효과는 사라진다).

내가 말하고 싶은 것은, 많은 사람들이 선전하고 있는 스몰캡 종목이 장기적으로 좋은 수익을 낸다는 주장이 내 데이터보다 나쁘다는 것이다. 그것은 모든 관찰자에게 있어 혼란의 구덩이 같은 것이다(TGH의 호의에 의한). 그렇지 않다면, 쉽게 말해 타당성이 없는 것이다. 2000년 이후 현재까지처럼 때때로 오랜 기간 동안 스몰캡 종목은 상대적으로 주목할 만한 수익을 내기도 한다. 하지만 그 외의 시간에는 또한 오랜 기간 동안 뒤처지게 된다.

다른 식으로 표현을 해본다면, 만약 제2차 세계대전 직후인 1945년 당시 35살이었던 사람이 투자를 시작했고 스몰캡 종목이 평균적으로 대형주보다 수익률이 좋을 것이란 걸 알았다고 치자. 그 사람은 은퇴 나이인 65세에 이르기까지 그 기간 동안 대형주가 소형주보다 수익이 좋은 것을 계속 목격하게 될 것이다. 뭔가가 손실을 보상해주기 위해 작용하고 있다고 설명하기에는 너무나 오랜 기간이다. 역사에서 그런 일은 잘 일어나지 않는다. 또는 여러분이 1973년 25살의 나이에 베트남전쟁에서 돌아와서, 정신과 상담을 5년간 받고, 30살이 된 1978년에 투자를 시작했다고 가정하자. 그러면 향후 20년간 대형주가 스몰캡 종목보다 평균적으로 수익률이 좋게 된다(처음 몇 년간은 수익이 괜찮을 것이고 확정 오류에 빠지게 될 것이다). 25년이란 시간은 평균 수익률이 역전되길 기다리기엔 너무나 긴 시간이다.

어떤 기간을 세심하게 선택하면 많은 것을 증명할 수 있는 것처럼 보일 수 있다. 하지만 대부분의 투자자들이 스스로 생각하는 것보다 훨씬 긴 투자기간을 가졌지만, 25년을 완전히 틀렸을 때 지탱해낼 수 있는 사람은 매우 적다.

만약 한 카테고리가 다른 모든 카테고리보다 우수하다면, 우리 모두는 그것을 알았을 것이고 거기에 모든 돈을 투자했을 것이다. 다른 모든 주식 카테고리들은 사라져버렸을 것이다. 우리 모두는 자본주의에 예속되어 있다. 주가도 수요와 공급에 의해 결정된다. 그리고 어떤 인덱스나, 크기나, 스타일이나, 카테고리도 영원히 우월한 것은 없다. 또한 다음 카테고리인 X가 시장을 주도하기를 25년씩이나 기다릴 여유 또한 여러분에겐 없다.

글로벌한 생각은 곧 좋은 생각과 같다

여러분이 더욱 글로벌한 포트폴리오를 구성할수록 더 많은 위험을 분산시킬 수 있다는 것은 타당하다. 어떤 국가도 수익률에서 지속적인 우위를 차지할 수 없다. 그리고 그 다음으로 수익률 우위를 차지할 국가가 어디인지는 아무도 모른다. 표 4.1은 매년 각 국가들 사이의 수익률 우위 현황을 보여주고 있다. 투자국가를 다양화하지 않음으로써 생기는 기회비용은 엄청나다. 여러분은 낯선 것을 두려워하는 대신, 외부로 확장함으로써 얻을 수 있는 커다란 기회를 잃는 것을 두려워해야 한다. 그리고 여러분들의 국가가 그 다음으로 닥칠 엄청난 리스크를 가지고 있는 국가가 아닐지 두려워해야 한다.

외국주식을 개별적으로 매수하는 게 편치 않다면, 낮은 비용의 인덱스펀드나 ETF(상장지수펀드)를 통해서 쉽게 글로벌 투자를 할 수 있다. 선진외국시장을 포함하고 있는 MSCI EAFE 지수는 오랫동안 저렴한 인덱스펀드로 이용할 수 있었다. 그러한 투자도구를 이용함으로써 여러분은 위험을 분산시킬 수 있다. 필요로 하는 글로벌 투자를 가능하게 하면서도 완벽하게 수동적인 셈이다. 주지할 것은 나는 일반적으로 뮤추얼펀드나 인덱스펀드의 팬은 아니라는 점이다(이어지는 〈포브스〉 칼럼에서 밝히듯이). 펀드들은 일반적으로 너무나 많은 비용이 들고 고액 자산가의 경우엔 너무나 많은 세제 혜택을 뺏어가 버린다. 하지만 작은 여윳돈을 굴리는 경우에는 분산투자 측면에서 도움이 된다. 그리고 다른 사람이 모르는 것을 알고 있지 않다면, 수동적인 자세가 항상 좋다.

표 4.1 주도국가는 항상 바뀐다

	1	2	3	4	5
1990년	영국 10.3%	홍콩 9.2%	오스트리아 6.3%	노르웨이 0.6%	덴마크 -0.9%
1991년	홍콩 49.5%	오스트레일리아 33.6%	미국 30.1%	싱가포르 25.0%	뉴질랜드 18.3%
1992년	홍콩 32.3%	스위스 17.2%	미국 6.4%	싱가포르 6.3%	프랑스 2.8%
1993년	홍콩 116.7%	핀란드 82.7%	싱가포르 68.0%	뉴질랜드 67.7%	스위스 45.8%
1994년	핀란드 52.2%	노르웨이 23.6%	일본 21.4%	스웨덴 18.3%	아일랜드 14.5%
1995년	스위스 44.1%	미국 37.1%	스웨덴 33.4%	스페인 29.8%	네덜란드 27.7%
1996년	스페인 40.1%	스웨덴 37.2%	포르투갈 35.7%	핀란드 33.9%	홍콩 33.1%
1997년	포르투갈 46.7%	스위스 44.2%	이탈리아 35.5%	덴마크 34.5%	미국 33.4%
1998년	핀란드 121.6%	벨기에 67.7%	이탈리아 52.5%	스페인 49.9%	프랑스 41.5%
1999년	핀란드 152.6%	싱가포르 99.4%	스웨덴 79.7%	일본 61.5%	홍콩 59.5%
2000년	스위스 5.9%	캐나다 5.3%	덴마크 3.4%	노르웨이 -0.9%	이탈리아 -1.3%
2001년	뉴질랜드 8.4%	오스트레일리아 1.7%	아일랜드 -2.8%	오스트리아 -5.6%	벨기에 -10.9%
2002년	뉴질랜드 24.2%	오스트리아 16.5%	오스트레일리아 -1.3%	노르웨이 -7.3%	이탈리아 -7.3%
2003년	그리스 69.5%	스웨덴 64.5%	독일 63.8%	스웨덴 58.5%	오스트리아 57.0%
2004년	오스트리아 71.5%	노르웨이 53.3%	그리스 46.1%	벨기에 43.5%	아일랜드 43.1%
2005년	캐나다 28.3%	일본 25.5%	오스트리아 24.6%	덴마크 24.5%	노르웨이 24.3%

출처: Thompson Financial Datastream

만약 뮤추얼펀드를 택했다면, 반드시 넓은 섹터를 효과적으로 커버하는 펀드나 펀드오브펀드에 가입해야 한다. 또한 비용을 체크하는 것도 잊지 말아야 한다. 대부분의 펀드는 너무 많은 비용을 부과한다. 여러분의 포트폴리오를 글로벌하게 분산시키는 것은 좋지만, 수수료로 인해 그런 혜택을 모두 잃을 정도로 하라는 것은 아니다.

진심으로 말하건대, 외국투자에 대해 두려워할 필요가 없다. 많은 외국주식들은 ADR(미국주식예탁증권) 형태로 되어 있어 쉽게 미국달러로 매수할 수 있다. 또한 친숙한 해외 회사들을 찾기 위해서는 단지 여러분의 냉장고나 약상자, 벽장, 작업대 또는 차고를 확인하기만 하면 된다.

나는 펀드가 싫다

이번 호 뮤추얼펀드 가이드는 이 말을 여러분들에게 하기 정말 좋은 기회다. '난 펀드를 그리 선호하지 않는다.' 따라서 여러분 대부분도 그래야 한다. 평균적인 〈포브스〉 독자(최근 집계로 순자산이 210만 달러)라면 펀드에 가입하기엔 너무나 부자라고 할 수 있다. 여러분들에게 펀드는 적절치 않다. 펀드는 분산투자 차원에서 적은 돈을 투자하려는 사람들을 위한 것이다. 하지만 비용 측면에서 보면 적지 않다.

수년간 난 글로벌한 접근법을 주장해왔다. 지금 그 얘기를 다시 꺼내진 않을 것이다(2000년 11월 27일 내 칼럼을 참고하라). 하지만 해외 국가 투자펀드와 글로벌 펀드는 비싸다.

평균적으로 글로벌 저비용 펀드는 포트폴리오 관리 및 일반 비용으로 연 1.8%의 수수료 비용을 징구한다. 거기에 더해 소프트 달러 비용이 들어간다. 이는 브로커리지 회사(증권사)가 펀드에 제공하는 리서치 정보 등 서비스에 대한 거래 수수료를 말한다. 평균적으로 펀드 고객에게 부과되는 소프트 달러 비용은 매년 자산의 0.3%다. 여러분을 벗겨 먹는 비용이지만 합법적인 것이다. 펀드는 전체 수익 중 일부를 리서치 비용으로 지불해야만 한다.

> "펀드는 시장 인덱스에 뒤처지며, 부당한 수수료를 부과한다. 그리고 불필요한 세금이 붙는다."

그리고 사람들은 너무나 많은 펀드들이 존재하고 분류하는 데 혼란을 겪기 때문에 어떤 펀드를 들어야 할지 조언해주기 위한 사람을 고용하거나 서비스를 이용하게 된다. 여기에 드는 비용이 매년 1%다. 이 3가지 수수료를 더하면 글로벌 포트폴리오를 보유하는 데 드는 비용이 연 3%에 달한다. 이런 수수료를 감안해 두드러진 수익을 내려면 정말 천재가 필요하다. 장기적으로 주식이 10% 수익을 내고 인플레이션이 평균 3%라면, 실제 수익률은 7%가 된다. 연간 3%의 수수료는 이 수익의 거의 절반을 앗아가 버린다. 주식과 비슷한 위험을 지고 결과적으로 채권과 비슷한 수익을 거둔 것이다. 정말 어리석은 짓이다.

그 다음 문제가 퍼포먼스다. 모든 사람이 평균적인 뮤추얼펀드가 시장수익률을 따라오지 못한다는 사실을 알고 있다. 사람들이 모르고 있는 것은 바로 그 이유다. 종목선택을 잘못 해서가 아니다. 보다 구조적인 문제점 때문이다. 이유는 다음과 같다.

펀드는 작은 기업이나 대형 기업 중 저평가된 종목 비중을 늘리는 경향이 있다. 이런 현상에는 여러 가지 이유가 있지만, 가장 큰 이유는 아마도 펀드매니저들이 그렇게 많은 수수료를 받으면서 잘 알려진 GE나 엑손 모빌 같은 대형 기업만을 편입하는 이유를 정당화하기 어렵기 때문일 것이다. 따라서 대형주가 소형주보다 아웃퍼폼했던 지난 10년과 같은 기간 동안, 펀드 수익률이 대형주로 이루어진 S&P500보다 언더퍼폼한 것은 피할 수 없는 일이었다.

여러분들은 이런 불균형의 양을 측정할 수 있다. 펀드 포트폴리오는 소위 가중평균 시가총액이라는 것을 가진다. 자산의 80%를 시가총액 100억 달러짜리 주식에 투자하고 20%를 시가총액 1,000억 달러짜리 주식에 투자한 포트폴리오는 280억 달러의 가중평균 시가총액을 가진다. S&P500을 추종하는 인덱스펀드의 경우 같은 식으로 계산하면 1,100억 달러에 달한다. 미국 주식형 펀드의 가중평균 시가총액의 평균은 240억 달러에 불과하다.

공격적으로 운영되는 펀드가 가중평균 시가총액이 1,100억 달러에 달하는 것은 굉장히 제한적이다. 그 정도 시가총액을 넘는 기업은 현재 15개 회사밖에 없다. 펀드는 그보다 훨씬 많은 기업들을 보유하고 있다.

그리고 언제 스몰캡 종목이 대형 종목보다 수익률이 좋은가? 펀드는 최소한 능동적인 매매를 하는 한 다시 한 번 실패하게 된다. 소형 종목들(즉, 시가총액이 50억 달러 미만인 기업들)은 주당 가격이 낮고, 호가 간 차이가 큰 경향이 있다. 만약 펀드가 시가 20달러에 매도 호가 20.5달러짜리 주식을 사고팔고 한다면 거래비용으로 2.5%를 잃게 되는 셈이다. 이 또한 3% 수수료만큼이나 악영향을 주는 것이다.

이런 이유 때문에 난 펀드를 그리 좋아하지 않는다. 공격적으로 거래하는 펀드의 경우 비용 부담이 더해진다. 수동적인 인덱스펀드는 훨씬 저렴하다. 물론 S&P500 펀드는 그 지수를 잘 추종할 것이다. 하지만 난 역시 둘 다 좋아하지 않는다. 바로 세금 때문이다. 펀드에 있어 세제상 유리한 점은 없다. 오직 불리한 점만 있을 뿐이다.

이 잡지의 편집장을 비롯해 펀드의 팬들은 인덱스펀드가 절세에 효과적이라는 사실을 크게 중요시한다. 즉, 힘없는 주주들에게 과세 가능한 자본이익의 분배를 강요하는 습관이 없어왔다는 얘기다. 하지만 크게 보면 인덱스펀드들은 이 게임에서 성공적이었는데, 지난 수십 년 동안 새로운 자금을 많이 끌어들였기 때문이다. 대량 환매가 일어나는 시기가 오면, 인덱스펀드들은 그들의 저비용 기반의 주식들을 팔아야 할 수 있으며, 이때 세금의 분배는 불가피해질 것이다. 또한 세제 효과적인 펀드라 하더라도 자본 손실을 주주들에게 전가할 수 없다는 사실을 주시해보라. 만약 여러분이 자본 손실을 납세 신고서에 이용할 수 있다면, 직접 주식을 보유하라.

대부분의 〈포브스〉 독자들에 해당하는 35만 달러 이상의 자산 보유자들은 직접 투자를 통해 펀드보다 좋은 성적을 거둘 수 있다. 이제, 이 칼럼이 주는 교훈을 말하려고 한다. 바로 글로벌 투자다. 〈포브스〉에서 매년 측정한 바에 따르면, 1%의 브로커리지 비용을 조정한 후에도 MSCI World와 EAFE, 그리고 S&P500보다 오랜 기간 좋은 수익을 올려온 것으로 나타났다. 비용도 거의 들지 않는다. 올해

> 는 어떠한가? 올해는 거의 현금만 들고 있었다. 하지만 강세론이라는 판단이 들
> 면, 주식을 추천하지 펀드를 추천하진 않을 것이다.
>
> 〈포브스〉, 2001년 8월 20일

다우 얘기는 하지 마라

나는 항상 여러분의 벤치마크가 '제대로 구성된' 인덱스여야만 한다고 말했지만, '엉터리로 구성된' 인덱스가 무엇인지는 언급한 적이 없다. 여기 아주 엉터리로 구성된 인덱스인 다우존스 산업평균지수(Dow Jones Industrial Average)가 있다. 많은 투자자들이 보통 '다우'로 숭상되는 다우존스 산업평균지수에 살고 죽는다. 사람들은 다우지수의 상승을 시장의 건강함, 강한 경제, 화창한 날, 풍작 등과 연결 지어 생각한다. 투자자들은 다우지수가 신뢰할 만한 지표라고 가정하지만, 현실적으로 보면 다우는 엉망으로 구성되었고, 지수로서 예측력도 거의 없으며, 벤치마크로 사용되어서는 안 된다. 나는 지난 10여 년간 다우에 어떤 주의도 기울이지 않았으며, 심지어 절대 수준조차도 말할 수 없을 정도다. 1999년 11월 19일 〈포브스〉 칼럼에서도 "다우 얘기는 절대 하지 마라"고 썼듯이[78] 나 자신을 그렇게 훈련해왔기 때문이다. 여러분에게 하고 싶은 조언은 여러분도 앞으로 다우지수를 무시하는 훈련을 하면 시장을 좀더 잘 볼 수 있게 될 것이란 사실이다. 다우를 언급할 때는 출판사나 화학회사 또는 동양의 철학(Tao(道)라고 쓴다, DOW와 발음이 비슷한 것을 빗댐—옮긴이)을 얘기할 때뿐이다. 절대로 다우존스 산업평균지수를 사용하지 마라.

가장 중요한 사항은 아니지만, 다우지수는 겨우 30개 대형 종목으로만 구성되어 있으며 이는 전체 시가총액이 16조 달러가 넘는 미국시장의 1/4에도

못 미친다는 것이다.[79] (즉, 미국시장을 대표한다고 보기 어렵다.) 다우지수를 구성하는 적은 종목들도 임의로 선정된 것이다. 어떤 종목들은 계속 포함되고 어떤 종목은 탈락한다. 탈락된 종목들은 다우 위원회가 선택한 종목으로 다시 채워진다. 다우지수는 주로 투자심리나 문화적인 이유로 대중매체에 실리면서 그 위상을 유지해나가고 있다. 이런 이유는 시장의 미신들이 수십 년간 지속되는 이유와 동일한 유형이다(또한 다우의 스폰서가 〈월스트리트 저널〉과 〈배런스〉를 소유하고 있기도 하다). 하지만 다우지수의 가장 큰 단점은 가격가중 인덱스라는 점이다. 절대로 가격가중방식의 인덱스에는 관심을 갖지 마라. 강조하기 위해 다시 한 번 말하겠다. 가격가중방식의 인덱스는 어떤 것에도 관심을 갖지 마라.

2006년 중반에 3M은 다우지수에 미치는 영향이 다른 어떤 주식보다 컸다. 그런데 당시 3M은 미국시장에서 겨우 80번째로 큰 주식이었다.[80] 왜 80위의 주식이 1위 주식보다 더 큰 영향을 미쳤을까? 가격평균방식의 세계에 온 걸 환영한다. 그렇다면 이건 어떤가? IBM이 미국에서 16번째로 큰 주식임에도 불구하고 다우지수에 미치는 영향력은 극히 작다.

다우와 같은 가격가중 인덱스에서는 주당 가격이 높을수록 지수에 미치는 영향력이 크다(일본의 니케이 지수도 이와 같은 방식이므로 쓰지 말기를 권한다). 가격가중방식의 인덱스에서는 100달러짜리 주식이 10달러짜리 주식에 비해 인덱스의 미래 움직임에 10배나 많은 영향을 준다. 10달러짜리 주식이 어떤 기준으로 보더라도 100달러짜리 회사보다 훨씬 크고 가치 있는 기업이라 할지라도 말이다. 미친 짓이다.

가격가중방식 인덱스는 근본적으로 문제를 갖고 있는데, 만약 주식이 분할되면 인덱스에서 차지하는 비중도 분할되는 문제가 있기 때문이다. 인덱스의 전반적인 수준에는 영향을 주지 않지만 인덱스 내에서 해당 주식의 영향력이 상대적으로 줄어들게 된다. 믿고 싶지 않겠지만(대부분의 사람들이 믿지 않는다) 사실이다. 그 반대 또한 사실이다. 드문 일이긴 하지만 주식이 다시 병합되면 영향력은 2배가 된다(예를 들어, 보유한 주식 2주당 1주로 병합해서 소유하게 되는 경우). 주식의 분할과 병합은 순전히 겉꾸미기이며 회사의 시가총액, 배당, 투자자의 순자산 또는 실제로 경제적 의미를 가지는 어떤 형태에도 전혀 영향을 주지 않는다. 하지만 가격가중 인덱스에서 주식분할은 어떤 주식이 지수에 충격을 줄지 여부에 영향을 준다. 주식분할을 예측할 수 있지 않는 한(그런 기술은 개발된 적이 없다) 심지어 1년 또는 2년간 가격평균 인덱스를 예측할 수 있는 어떤 합리적 근거가 없는 셈이다. 심지어 인덱스 내 모든 주식의 움직임을 예측할 수 있다고 해도 말이다. 이것은 사실이다. 몇 년 후엔 가는 어떤 주식이 분할되었는지 아닌지 여부에 따라, 다우지수는 실제 성과보다 10% 적거나 많게 나타나 있을 것이다. 10%보다 많다고 해서 11%를 얘기하는 게 아니다. 내 말은 20%의 오차가 생길 수 있다는 얘기다.

다우의 구조는 주식분할이 있을 때마다(자주 일어나는 편이다) 경제학적인 현실과는 다르게 비뚤어진다. 수학적으로 말해서, 매년 다우의 가치는 어떤 주식이 언제 분할될지에 따라서 기술적으로 완전히 임의적이다.

어떤 해든지 분할된 주식이 분할되지 않은 주식보다 수익률이 좋지 않으면, 인덱스는 평균적인 주식보다 좋은 성과를 내게 된다. 만약 분할된 주식이 분할되지 않은 주식보다 수익률이 좋으면 인덱스는 주식의 평균 수익률보다 낮은 성과를 기록하게 된다.

어떤 주식이 분할되는지 여부는 실제로 다우지수에 영향을 미친다. 미친 소리 같은가? 다르게 말해, 주당 가격이 높은 주식이 주당 가격이 낮은 주식보다 수익이 좋으면, 다우지수는 실제 주식들의 실제 수익보다 좋은 성과를 보인다. 반대로 주당 가격이 낮은 주식의 수익률이 주당 가격이 높은 주식의 수익률보다 높으면, 다우는 실제 수익보다 낮은 성과를 보인다.

이런 사실이 믿기지 않을 것이다. 다우지수에는 주식분할에 맞춰 지수를 조정하기 위한 '디바이저(divisor)'라는 것이 있다는 걸 들어본 적이 있을 것이다. 현실에 대한 여러분의 감각을 완전히 바꿔보자. 다우지수에 포함된 주식이 분할을 하면, 다우존스는 '디바이저'를 조정하기 위한 작업을 한다. 이는 가격가중방식 지수는 어떤 것이든지 마찬가지다. 이 디바이저는 지수에 변화가 생기기 전 전반적인 다우지수의 수준을 계속 유지할 수 있도록 하며, 따라서 겉으로 보기에 영속성을 이어나가는 것처럼 보이게 한다. 이 말은 주식분할이 발생했을 때 디바이저를 조정해서 다우의 전반적인 수준에 그 분할이 영향을 주지 않도록 하는 것을 말한다. 이 디바이저는 계속해서 수정된다. 이 글을 쓰고 있는 시점에서 디바이저는 0.125로 낮아져 있는데, 다우지수 30종목 중에 버크셔 해서웨이(최근 가격이 주당 9만 달러를 넘는다)를 조만간에 볼 수 없는 이유가 바로 이 때문이다. 버크셔 해서웨이 자체는 아무 문제없지만, 9만 달러에 달하는 주당 가격이 문제다. 만약 이 주식이 다우지수에 포함된다면 평균 계산에 있어 다른 주식을 압도하게 되기 때문에 전체 지수를 왜곡시킬 것이다. 또한 인덱스의 향후 움직임은 거의 완전히 버크셔 해서웨이의 주가에 의해 결정되며 다른 주식들은 거의 영향을 미치지 못하게 될 것이다. 버크셔 해서웨이가 문제가 되는 이유가 9만 가지는 될 것이며, 다른 29개 주식들이 문제가 되는 이유는 몇 천 가지에 불과 할 것이다. 이는 공정하다고 보기 어렵다.

2개의 주식으로 만든 인덱스

가격가중방식의 인덱스를 왜 피해야 하며 다우지수를 왜 이용하면 안 되는지 쉽게 살펴볼 수 있는 사례를 들어보자. 각각 가격이 100달러인 ABC와 XYZ라는 2가지 주식으로만 구성된 가격가중방식의 지수가 있다고 해보자. 이 지수는 다우와 같은 방식으로 움직이지만 작동원리를 쉽게 보기 위해 오직 2개의 주식으로만 구성되어 있다. 계산상의 편의를 위해 두 주식의 시가총액 및 다른 모든 양적 조건이 동일하다고 가정한다. 다른 것은 오직 두 회사의 이름뿐이다. 최초 시작 지수를 계산하기 위해서는 단지 ABC와 XYZ의 주가를 더해서 전체 주식수(2개)로 나누어주면 된다. 따라서 지수의 최초 시작치는 100이 된다. 아주 단순해서 계산기도 필요 없을 정도다.

월요일에 ABC의 주가가 10% 올라서 110달러가 되고 XYZ는 10% 내려서 90달러가 되었다. 110에 90을 더하면 200이 되고 다시 2(최초 시작 시 디바이저)로 나누면 여전히 100이 된다. 두 주식에서 10%씩의 움직임이 완전히 상쇄하는 효과가 났기 때문에 이치에 맞는 결과다. 아직까지는 아주 쉬운 산수여서 이상할 것이 없다. 월요일 늦게 다시 두 종목의 주가는 원상회복했고 인덱스는 여전히 100이 유지되었다.

하지만 화요일, 두 종목은 시초가 100달러에 거래되었는데, ABC사가 100 대 1의 주식분할을 발표한다. 대부분의 주식분할은 2:1이나 3:1이지만 명확하고 황당한 결과를 보여주기 위해 일부러 극단적인 수치를 사용하는 편이 좋다. ABC는 이제 주당 1달러에 거래된다. 물론 회사의 전체 가치는 변함이 없다. 주주 입장에서도 변한 게 없다. 이전에 100달러짜리 주식 100주를 소유했던 것이 1달러짜리 1만 주로 바뀌었을 뿐이며 둘 다 현금가치로 1만 달러에 해당한다. XYZ는 여전히 100달러다. 두 주식을 더하면 101달러가 되며 2로 나누면 50.50을 얻을 수 있다. 하지만 이는 옳은 지수 계산법이 아니다.

주식분할 외에는 아무것도 변하지 않았기 때문에 우리는 지수가 여전히 100이어야 한다는 것을 알고 있다. 이제 디바이저의 조정이 필요한 때가 왔다. 다우에서 하는 것처럼 말이다. 처음에 했던 것처럼 2로 나누는 대신 이제 질문을 해봐야 한다. "101을 나누어서 100으로 만드는 숫자는 무엇일까?" 중학교 때 배운 단순한 일차방정식이다. 답은 1.01이다. 이제 우리는 새로운 디바이저를 1.01로 맞춘다. 주식분할 전의 약 반 정도 된다. 인덱스는 여전히 100으로 유지되고 우리는 행복감을 느낀다. 이런 방식은 다우에서 하는 일과 똑같은 것이다. 주식분할이라는 겉모습만 빼고 아무것도 바뀐 게 없다면, 인덱스의 가치도 여전히 똑같이 유지되어야 한다. 그리고 이렇게 하기 위해 우리가 한 것처럼 디바이저를 조정해줘야 한다.

수요일이 되어서, ABC는 다시 10% 오르고 XYZ는 10% 하락했다. 하지만 이제 주식분할 전과는 다르게 지수가 유지되지 않고 뚜렷한 변화가 생긴다. ABC는 이제 1.10달러고 XYZ는 90달러다. 둘을 합하면 91.10달러가 되고 새로운 디바이저인 1.01로 나누면 90.20이라는 수치를 얻는다. 도대체 이게 무슨……. 인덱스는 두 종목의 주가가 서로 반대 방향으로 동일하게 움직인 것 말고는 아무 이유도 없이 거의 10%나 하락해버렸다. 어떻게 이럴 수 있을까? 이게 바로 가격가중 인덱스의 맹점이다. 경제학적으로 봤을 때 실제 회사의 수익률은 인덱스 시작 이후 조금도 변한 것이 없는데, 인덱스 그 자체는 확연하게 변했다. 회사의 가치가 같다면 인덱스에 미치는 영향도 동일해야만 하지만, 가격가중방식의 인덱스에서는 불가능한 얘기다. 심지어 가장 성스러운 다우존스 산업지수에서도 말이다.

여러분의 주목을 위해 다시 한 번 말하고 싶다. 어떤 해든지 분할된 주식이 분할되지 않은 주식보다 수익률이 좋지 않으면, 인덱스는 평균적인 주식보다 좋은 성과를 내게 된다. 만약 분할된 주식이 분할되지 않은 주식보다 수익률이 좋으면, 인덱스는 주식의 평균 수익률보다 낮은 성과를 기록하게 된다.

나는 대부분의 전문가들이 기술자 마인드에 집중하고 있으면서도, 일종의 기술과 같은 인덱스 구축에 있어 제대로 트레이닝을 받은 사람이 얼마나 적은지에 항상 놀라움을 느끼곤 한다. 거의 없다시피 하다! 그 이유는 알기 어렵다. 인덱스 구축에 대해 좀더 배워보고 싶은 사람은 5장에서 소개하는 프랭크 레일리(Frank Reilly)의 《투자분석과 포트폴리오 관리(Investment Analysis and Portfolio Manage-ment)》(Dryden Press, 1996)를 추천하고 싶다. 이 책은 내가 가장 좋아하는 투자서적 중 하나다. 그리고 프랭크는 내가 가장 좋아하는 학자 중 한 사람이며 아주 좋은 사람이다. 현재 ABEbooks.com에 프랭크의 책 191권이 검색된다. 가장 싼 것은 ABC사의 가격과 같은 1달러부터 시작한다.

제대로 구축된 인덱스는 바로 시가총액 방식의 지수로, 실제 가치가 높은 기업이 인덱스에도 더 큰 영향을 미치는 방식을 말한다. 시가총액이 3,700억 달러가 넘는 엑손(Exxon)은[81] 시가총액이 600억 달러[82]인 3M보다 S&P500과 ACWI 지수에 미치는 영향이 훨씬 크다. 그리고 그래야만 한다. 더 큰 주식이 인덱스에 미치는 영향이 더 커서는 안 된다고 따지는 사람은 거의 없을 것이다.

수익을 극대화하지 마라

이처럼 벤치마크는 시가총액 가중방식의 지수여야만 한다. 이 특별한 자본시장의 기법(글로벌 벤치마킹)은 수익을 예측하기 위해서라 아니라 여러분이 항상 글로벌한 생각을 할 수 있는 길을 제시하고 그렇게 생각하게 만들기 위해서다. 이는 선사시대적 두뇌를 정복하기 위한 필수 요소이면서 세 번째 질문을 마스터하기 위한 자기 조절력을 제공해준다.

적절한 벤치마크를 선택한 후에도 많은 투자자들이 수익을 극대화하려다 스스로 상처를 입곤 한다. 그들은 매년 큰 수익을 올리고 싶어 한다. 즉, 홈런을 치고 싶어 하는 것이다. 그리고 위험을 조절하기 위한 방법으로서 벤치마크의 수익률은 어떠했는지 점검하는 것을 잊어버린다. 정리선호 현상과 연관되어 사람들은 절대수익을 선호하기 때문에 상대수익률 대 절대수익률의 중요성을 무시해버린다. 그리고 그렇게 함으로써 위험에 대해선 완전히 잊어버리게 된다.

상대수익률은 여러분이 선택한 벤치마크 대비 올린 수익률을 의미한다. 예를 들어, 포트폴리오 수익률이 어떤 해에 5%였다면 그다지 성과가 좋지 않았다고 생각할지 모른다. 하지만 그해에 여러분의 벤치마크가 15% 하락했다면, 여러분은 시장 대비 20% 수익을 올린 것이다. 이 수치는 누구나 큰 수익이라고 생각할 만한 수치다(물론 의심할 것 없이 그런 수익을 올리기 위해 큰 리스크를 감수했을 것이다). 마찬가지로 포트폴리오 수익이 어떤 해에 15%였다면 굉장히 좋다는 생각이 들 수도 있지만, 그해 벤치마크가 30% 수익을 냈다면 15%나 뒤처진 셈이 된다. 이런 식으로 보면, 시장이 5% 올랐을 때 여러분이 15% 뒤진다면 결국 10% 하락한 셈이 되고 여러분은 상처를 입을 것이다.

일반적으로 여러분이 초점을 맞춰야 할 것은 절대수익률보다는 상대수익률이다. 즉, 벤치마크 대비 여러분의 수익률을 보는 것이다. 왜일까? 이미 알고 있듯이 장기간에 걸쳐 시장보다 조금만 더 좋은 수익을 내면 결과적으로 대부분의 투자자들보다 높은 수익을 올릴 수 있기 때문이다. 아주 단순한 원리다. 더욱 중요한 것은 벤치마크와 비슷한 수준의 이익을 올리는 데 목표를 맞춰야 한다는 것이다. 만약 벤치마크가 20% 올랐을 때 여러분이 23%나 25% 수익을 올린다면 굉장한 해를 보낸 것이다. 만약 20% 올랐을 때 여러분이 40% 수익을 올렸다면 우쭐한 느낌이 들면서 자신을 천재라고 생각할 것이다(긍지, 확신, 확증편향 오류의 축적을 경계하라). 하지만 벤치마크 대비 20%나 높은 수익을 거두기 위해 커다란 베팅을 했다면, 만약 그 베팅에서 틀렸을 때는 20%나 뒤처진 결과를 얻게 된다. 벤치마크가 20% 상승했을 때 아무런 수익을 얻지 못했다면 더 이상 본인이 똑똑하다는 생각은 들지 않을 것이다. 그만큼 손해를 봤을 때 괜찮지 않을 정도로 벤치마크 대비 수익을 올리려고 하지 마라. 이 문제에 대해선 3장에서 얘기했다. 하지만 이는 포트폴리오 리스크 관리의 핵심적인 사항이기 때문에 몇 번 반복해 얘기할 가치가 있다. 그 베팅에서 틀렸을 때 손해를 보는 수준이 편치 않다면 절대로 그 정도까지 베팅하면 안 된다.

벤치마크 대비 5% 이상 뒤처지지 않고 싶지만, 30% 이상 초과수익을 올렸다면 행운의 신을 향해 춤을 춰도 좋다. 하지만 다시 시도하지는 마라. 여러분은 그러한 결과를 얻기 위해 너무나 많은 리스크를 부담한 것이며 다음 번에는 그만큼 손해를 볼 수 있다는 사실을 알아야 한다. 홈런을 노리며 큰 스윙을 하는 타자는 평균적인 선수보다 스트라이크 아웃을 당할 확률이 높은 것과 마찬가지다. 수익을 극대화하려다가는 손실이 극대화될 수 있다.

아무도 그걸 좋아하지는 않는다.

이것이 의미하는 것은 일반적으로 벤치마크가 하락하면 여러분의 포트폴리오 역시 하락하는 것이다(잠시 후에 예외적인 경우를 살펴본다). 어떤 해에 벤치마크가 10% 하락했을 때 여러분은 5% 하락했다면 그렇게 나쁜 해를 보낸 것은 아니다. 벤치마크가 약간 하락하는 일은 흔히 일어나는 일이다. 실제로 여러분은 좋은 해를 보낸 것이며 벤치마크를 훌륭히 이긴 것이다. 다른 사람이 모르는 것을 앎으로써 평균적으로 매년 2%씩(아주 작은 수치다) 벤치마크를 이길 수 있다면, 장기간에 걸쳐 누적되어 결과적으로 95%의 사람들을 이길 수 있게 된다. 굉장한 것이다. 이제부터 상대수익률을 생각하고 절대수익률은 생각하지 마라. 리스크 관리를 잘하면 좋은 결과를 얻게 될 것이다. 포트폴리오 관리는 결국 위험을 관리하는 것에 다름 아니다. 너무 많은 리스크나 너무 적은 리스크를 지게 되면, 여러분의 목표를 달성할 수 있는 기회를 오직 한 해 동안에 날려버리게 된다. 벤치마크 대비 수익률이 아주 좋지 않았던 단 한 해가 여러분의 목표를 달성하는 데 있어 오랜 기간에 걸친 상처로 남을 수 있다.

가장 큰 위험

장기적으로 보면, 투자자로서 가지는 가장 큰 위험은 벤치마크 리스크다. 벤치마크 리스크는 여러분의 포트폴리오 수익이 벤치마크 대비 좋건 나쁘건 얼마나 차이가 나는 것이냐를 말한다. 여러분의 목표가 장기간에 걸쳐 시장수익과 비슷한 수익을 거두는 것이기 때문에 주식으로만 이루어진 벤치마크를 선택했지만, 좀더 안전하고 보수적으로 투자하기 위해 채권과 현금을 대부분의 시간 동안 보유하고 있었다면, 결국 여러분은 엄청나게 큰 리스크를 보유하고 있는 셈이 된다. 이는 여러분이 생각하는 변동성 위험과는 다른 것이다. 여러분이 베팅하고 있는 것은 결국 장기간에 걸쳐 주식이 채권이나 현금보다 수익률이 나쁘다는 사실이다. 결코 가당치 않은 예측이며 역사적으로 봤을 때도 잘못된 사실이다. 채권수익률 이상의 수익이 필요한 사람이 현금과 채권에 항구적인 자산배분을 하는 것은 엄청난 리스크이며 솔직히 바보 같은 짓이다.

여러분이 은퇴 후 원하는 라이프스타일을 위해 매년 평균 8% 수익(물론 장기간에 걸쳐)을 거두기 위한 리스크를 고려해보라. 그리고 현금과 채권에 너무 많은 자산배분을 해 그 대신 겨우 4~5% 수익을 거둔 경우의 위험에 대해 생각해보라. 목표를 달성하기 위한 투자기간이 길다면, 단기간의 변동성은 적절히 제어할 수 있다. 완벽히 자연스럽고 정상적인 것이다. 하지만 여러분이 지금 너무나 많은 벤치마크 리스크를 지고 있고 장기적인 수익률이 너무 낮기 때문에 20년이나 30년 후에 라이프스타일의 기대수준을 절반으로 줄이기는 어려울 것이다. 정말 뛰어난 투자자들은 이런 이유 때문에 정상적인 변동성에 대해선 무감각하게 스스로를 단련한다.

오랜 투자기간을 가진 투자자들은 현금과 채권이 '안전'하다고 잘못 생각하고 있으며, 그들이 가정할 수 있는 가장 큰 위험을 지고 있다는 것을 깨닫지 못한다. 주식과 비슷한 수준의 수익을 원한다면 주식으로 이루어진 벤치마크와 큰 차이를 두면 안 된다. 완전 주식형 벤치마크가 여러분에게 적합한지 아닌지는 9장에서 다룰 것이다.

벤치마크 리스크는 단지 주식 대 채권의 경우에만 적용되는 것은 아니다. 벤치마크 대비 어떤 카테고리에 너무 많은 비중을 둘 때도 이와 같은 리스크가 발생한다. 최근 기술주 버블에서 피해를 입은 투자자들을 생각해보라. 아마 여러분도 그중 하나일지 모르겠다. 만약 1999년에 여러분의 벤치마크에서 30%가 기술주였고[83] (당시 S&P500 내에서 기술주 비중과 유사) 실제 포트폴리오에서 기술주 비중을 50~60%(또는 80~90%)로 슬금슬금 높인 많은 사람들 중 하나였다면, 엄청나게 큰 벤치마크를 선택한 것과 같았다. 그렇게 상대적인 비중을 높이면, 기술주가 붕괴되었을 때 여러분의 포트폴리오는 산산조각 날 수밖에 없었다. 무엇이 그들을 쓰러뜨렸는지 알지 못하는 많은 사람들에게 실제로 일어났던 일이다. 무엇이 그들을 쓰러뜨렸을까? 바로 벤치마크 리스크를 조절하는 데 실패한 데서 발생한 위기관리의 부재 때문이었다! 벤치마크 리스크에 집중할 때는 기술주 폭락 같은 위험을 항상 예측에 포함해야 한다. 반드시!

투자자들은 기술주 붕괴에 대해 모든 사람을 비난했다. 버니 에버스(월드컴의 전 CEO-옮긴이) 같은 탐욕스러운 CEO, 부정직한 회계법인들, 잘못 행동한 투자은행들 등이다. 또한 부시-체니-홀리버튼으로 이어지는 악의 축(부시는 2000년 당시 사무실에 있지도 않았지만 기술주 붕괴에 대한 책임으로 여전히 비난 받고 있다. 왜일까? 비난하기 쉬운 대상이기 때문이다), 우리의 채무를 사들이고 있는 악마 같은 외국인들(이크, 중국인들!), SUV의 급증과 시외 도로 등. 하지만 진짜 범죄자는 너무나 많은 투자자들을 너무나 많은 벤치마크 리스크로 이끌고 잘못된 영역에 대해 맹목적인 확신을 가지도록 만드는 과도한 확신감이다.

과도한 확신은 다른 방향으로 벤치마크 리스크를 일으킬 수도 있다. 벤치마크의 특정 섹터에 너무 많은 비중을 두거나 아예 비중을 두지 않으면 소위 몰빵 투자자처럼 상처를 입을 수 있다. 이런 사례는 1995년 당시, 기술주에 대해 이해할 수 없기 때문에 절대로 투자하지 않겠다고 말하던 투자자들에게서 찾아볼 수 있다. 그 후로 5년 동안 기술주는 엄청난 수익을 올렸고 그 주식들을 소유하지 않은 사람들은 심각한 손해를 봤다. 그런 판단, 즉 이 세상의 큰 부분을 차지하고 있고 조금만 노력하면 쉽게 배울 수 있는 어떤 섹터의 주식을 보유하지 않겠다고 말하는 것은 "난 여자를 이해할 수 없기 때문에 어떤 여자하고도 엮이지 않겠어"라고 말하는 것과 비슷하다. 힘든 결정이며 바보 같은 선택이다! 너무나 많은 벤치마크 리스크를 가지는 것이며, 인생에 있어 너무나 많은 기회비용을 지는 것이다.

한편, 사후편향 오류로 인해 기술주에 과도한 비중을 두었던 많은 투자자들은 2002년 말 즈음에는 피곤에 지쳐갔으며 이중으로 손해를 본 느낌에 빠져 다시는 기술주를 사고 싶어 하지 않았다. 많은 사람들이 질투심에 가득 차서 기술주의 비중을 높여갔을 때와 마찬가지로, 그 귀찮은 섹터를 일거에 매도해버림으로써 다시 한 번 과도한 벤치마크 리스크를 지게 되었다. 러다이트주의(Luddism, 산업혁명 시대의 기계파괴 운동—옮긴이)에 마비된 이 투자자들은 2003년 무려 49%에 달하는 기술주의 폭등을 놓치게 되었고[84] 다시 한 번 벤치마크 대비 현저하게 뒤처지게 되었다.

어떤 섹터에 엄청나게 치중하거나 전혀 투자하지 않는 투자자는 세 번째 질문을 하지 않는 사람들이다. 그들은 과도한 확신감에 빠져 있으며 그들의 베팅이 틀릴 수 있다는 사실을 보지 못한다. 기술주의 붕괴 원인에 대해 다른 사람이 알지 못하는 무엇인가를 안다고 확신했음에도 불구하고 내가 2000년도에 기술주에 대한 비중을 작게 가져갔던 것도 그 때문이었다. 베팅을 할 준비가 되어 있었지만, 틀릴 수 있다는 것을 알았기 때문에 너무 극단적인 투자는 하고 싶지 않았다. 만약 벤치마크와 다르게 큰 베팅을 하고 틀리게 되면, 그 베팅을 하지 않았을 때 벤치마크가 얻을 수 있는 수익을 얻지 못하게 된다. 2000년도 기술주에 과도한 비중을 둔 투자자들은 틀렸고 그 값을 치렀다. 그리고 2003년에 바위 밑에 숨어 있던 투자자들은 또 한 번 기술주에 대해 잘못 판단했다. 그들은 벤치마크와 다르게 너무나 큰 베팅을 했고 틀렸기 때문에 뒤처질 수밖에 없었다. 벤치마크에 뒤처지면 따라잡기가 아주 어렵다. 치료법은 아주 간단하다. 다른 사람이 모르는 무언가를 알고 있다고 생각하지 않으면, 그저 벤치마크를 그대로 따라가면 된다. 다른 사람이 모르는 무언가를 알고 있다고 생각할 때는 거기에 베팅하되 너무 극단적으로 하지 마라. 틀릴 수도 있기 때문이다. 그리고 실제로 가끔 틀릴 것이다.

커다란 벤치마크 리스크를 지고 벤치마크와 심각히 다르게 투자하는 것이 적당할 때는 오직 딱 한 번뿐이다(하지만 우리는 아직 준비가 되지 않았다). 일단 3가지 질문을 경험하고 나면 진짜 약세장을 어떻게 인지하고 피할 것인지 8장에서 얘기해보기로 하자.

여러분 중엔 어떻게 하면 벤치마크를 따라 할 수 있을지, 벤치마크가 어떻게 보이는지 알고 싶은 사람들이 있을 수도 있다. 모든 주요 주식 인덱스들은 구성 종목들을 섹터는 물론 가중 비율까지 자세하게 소개하고 있는 웹사이트를 가지고 있다(예를 들어, www.standardpoors.com과 www.mscibarra.com이 있다). 일반적으로는 가치주에 좀더 투자할지, 성장주에 좀더 투자할지 판단할 때 도움을 주는 인덱스의 P/E까지 찾아볼 수 있다. 과도한 확신에 차 있는 선사시대의 두뇌가 아니라, 그런 섹터별 비중치가 투자를 이끌도록 하라. 그런 비중치에서 시작해서 다른 사람이 모르는 것을 안다고 판단될 때만 거기서 벗어나라. 이렇게 할 수 있을 때만 베팅하고, 그럴 수 없을 때는 수동적으로 벤치마크를 따라가라. 벤치마크는 장기적인 주식수익률을 향한 좋은 로드맵이다.

여러분도 시장을 이길 수 있다

시장을 이기는 일이 어쩌다 일어나는 행운이 되어서는 안 된다. 전문가와 학자들 중에는 시장이 너무나 효율적이기 때문에 여러분이 시장을 이긴다면 전적으로 행운 때문이라고 믿기를 바라는 사람들이 있다. 그런 사람들은 여러분들이 빌 밀러(Bill Miller, 지난 15년간 매년 S&P500지수를 이긴 유일무이한 펀드매니저-옮긴이)나, 빌 그로스(Bill Gross), 피터 린치(Peter Lynch) 같은 사람도 단지 운이 좋았다고 생각하게 만들 것이다. 말도 안 된다! 이들 사이에 공통점은 무엇일까? 그들은 다른 사람이 모르는 것을 알고 있었다. 여러분도 3가지 질문을 사용해 다른 사람이 모르는 무엇인가를 알게 되면 오늘부터 시장을 이겨나갈 수 있다. 어떻게 해야 하는지 궁금한가? 우선, 측정된 벤치마크 리스크를 부담하라. 이 아이디어는 여러분의 베팅이 맞으면 시장을 아웃퍼폼하는 것이고, 틀렸을 때는 너무 많은 상처를 받지 않는 것이다. 모든 베팅을 맞게 할 필요는 없다. 단지 너무 극단적으로 베팅하지만 않는다면, 평균적으로 봤을 때 틀릴 때보다 옳게 투자할 때가 더 많으면 된다.

3장에서 여러분이 배운 것을 떠올려보라. 만약 어떤 섹터가 정말 강세를 보일 것이라고 생각하고 벤치마크에서 그 섹터가 차지하는 비중이 10%라면, 여러분의 포트폴리오에서 그 비중을 13% 또는 15% 정도로 늘리는 소규모의 베팅을 고려해보라는 내용이었다. 만약 3가지 질문을 통해 다른 사람이 모르는 정말로 독특한 것을 발견했다는 확신이 들면 비중을 2배로 높여 20%가 되게 만들어라. 만약 베팅이 성공한다면 수익률 높은 섹터에 훨씬 많이 참여하는 것이 되고, 틀리더라도 크게 상처 받지는 않게 된다. 반대의 경우도 마찬가지다. 벤치마크의 10%를 차지하는 어떤 섹터가 형편없다는 생각이 들어도 그 섹터를 완전히 팔아버리진 마라. 그 대신 비중을 5%나 7% 또는 8%로 떨어뜨려라. 만약 예상이 맞았다면 귀찮은 섹터에 좀 덜 참여하게 되는 셈이다. 만약 판단이 틀렸고 그 섹터가 그해의 최고 수익업종이 되었더라도 전혀 그 섹터를 소유하지 않아 바보가 되는 일은 없을 것이다.

　여러분은 매년 각각의 베팅이 달려 있는 많은 결정을 잠재적으로 갖게 된다. 외국에 더 투자할 것인가, 미국에 투자할 것인가? 가치주인가, 성장주인가? 스몰캡인가, 대형주인가? 의료주인가, 기술주인가? 에너지, 소재, 텔레콤, 유틸리티? 끝도 없이 이어진다. 벤치마크 각 부분의 비중을 언제, 얼마만큼 더 줄 것인지 덜 줄 것인지 결정하라(항상 다른 사람이 모르는 것을 알고 있다고 생각하는 것에 한정해야 한다). 그 모든 카테고리에 대해 전문적인 의견이 필요한 것은 아니다. 텔레콤 섹터를 어떻게 분석해야 할지 모르겠는가? 그 카테고리에 대해 다른 사람이 모르는 것을 바탕으로 한 베팅을 할 수 없다면, 그저 벤치마크를 따라가면 된다. 아마도 분산투자를 위해 몇몇 텔레콤 종목에 2% 내지 3%를 투자하는 식일 것이다. 아니면 텔레콤 ETF(상장지수펀드, 어떤 섹터의 인덱스를 추종하며 주식처럼 자유롭게 사고 팔 수 있는 펀드—옮긴이)를 사라. 아주 쉬운 일이다.

　장기간의 투자기간에 걸쳐, 평균적으로 틀린 베팅보다 맞는 베팅을 더 많이 하게 되면 어느덧 시장을 이기고 있는 여러분을 발견하게 될 것이다. 위렌 버핏이 말했듯이, 투자란 여러분만 특별하게 알고 있는 공을 쳐내기 위해 기다리는 게임과 같은 것이다.

벤치마크를 이용하면 대부분의 사람들이 생각하는 것보다 시장을 이기는 것이 쉬워진다. 물론 모든 해 또는 2년에서 4년까지 연속으로 그렇지 못할 수도 있다. 하지만 장기적으로 보면 시장을 이기는 경우가 그렇지 못한 경우보다 많게 된다. 나도 베팅을 잘못해서 몇 년 동안 시장 대비 뒤처졌던 시절을 몇 번 겪었다. 하지만 벤치마크 리스크 조절을 통해서 크게 뒤처지지 않을 수 있었고, 마침내 약세장이 찾아왔을 때 그 차이를 만회할 수 있었다. 대부분의 투자 전문가를 포함해 너무나 많은 사람들이 실패하는 이유는 ① 다른 사람이 모르는 것을 알 때만 투자한다는 원칙을 지키지 않고, ② 리스크를 조절하기 위해 벤치마크를 사용하지 않아서 그 위험한 베팅이 그들을 덮쳐버렸기 때문이다.

어떤 사람들은 자신들이 벤치마크를 사용했으며, 실제로 매년 S&P500이 어떻게 움직이는지 확인한다고 주장한다. 하지만 그런 사람들 대부분은 벤치마크와 큰 차이가 나는 수익을 줄이기보다는 수익률을 극대화하는 데 초점을 맞추고 있다. 그들은 현재 진행 중이거나 앞으로 다가올 것으로 예상되는 벤치마크 리스크를 관리하지 않았다. 단지 그들이 얼마나 성과가 좋았는지 또는 나빴는지 말하기 위해 벤치마크 수익률을 사용했을 뿐이다. 상대수익률에 초점을 맞추는 투자자들조차도 종종 벤치마크를 잘못 사용한다. 그들의 포트폴리오를 그들 벤치마크의 섹터별 비중과 비교해보면, 각자 선호하는 섹터에 너무나 많은 비중을 두고 있으며 '좋아하지 않거나' '이해하지 못하는' 섹터에는 극히 적은 비중을 두고 있음을 발견할 것이다. 바로 이것이 적절한 글로벌 벤치마킹이 여러분이 당장 써먹을 수 있는 놀라운 세 번째 질문의 자본시장 기법인 이유다. 또한 이 기법은 아무리 많은 사람이 채택하더라도 그 장점이 사라지지 않을 것이다.

이머징 마켓과 GDP에 관한 미신

　글로벌 투자에 있어 가장 최신 단어인 이머징 마켓은 최근 몇 해 동안 수많은 신문기사를 생산해냈다. '이머징 마켓'을 언급하면 여러분의 반응은 2가지일 것이다. 투자자들은 그 시장을 잘 모르는 데서 오는 두려움에 마비되거나 이머징 마켓이 엄청난 부를 이루는 열쇠라고 생각한다. 이머징 마켓과 관련해서는 많은 사람들이 후회를 회피하고, 긍지를 쌓아가고 있다. 여러분들은 중국시장이 2000년에 136% 상승하고, 2001년에 92% 상승하면서 많은 투자자들에게 사랑스러운 투자국가가 되었다는 걸 기억할 것이다. 물론 그 후 2002년에 무려 28%나 하락했으며, 2003년에는 8%, 2004년에는 28% 그리고 또 한 번 2005년에는 18% 하락했다.[85] 2005에는 짐바브웨가 무려 38% 상승했다.[86]

　이머징 마켓은 여러분에게 위험해 보일 수 있다. 시장의 그런 상승은 모두 많은 리스크를 지고 있는 것이다. 하지만 여러분은 지금 벤치마크를 사용하고 있다. 이머징 마켓 투자에 관심이 있다면 한번 해보되 벤치마크에서 눈을 떼면 안 된다. 이 글을 쓰고 있는 시점에 이머징 마켓은 전체 세계시장의 약 8%를 차지하고 있다. 표 4.2는 ACWI 지수에 속한 모든 국가와 각각의 비중을 보여준다.

　가장 작은 비중을 가진 국가는 전 세계 인덱스에 미치는 영향이 아주 미미하다. 사람들은 중국이나 인도, 폴란드 같은 국가에 투자하는 것이 엄청나게 위험하다고 말할지 모른다. 그런 사람들은 틀렸다. 여러분의 벤치마크에서 기술주가 차지하는 비중이 20%일 때 기술주 60%를 보유하면 안 되듯이, 이머징 마켓이건 선진국 시장이건 어떤 나라에 지나치게 과도한 비중을 두면 안 된다. 솔직히 말해, 이머징 마켓에 전혀 투자하지 않는 것보다는 몇 %라도 투자하는 것이 덜 위험하다. 조금이라도 자산을 배분해주는 것이 실제 전체 세계의 인덱스에 조금이라도 가까워지기 때문이다. 여러분이 정말로 중국을 좋아한다면, 투자 포지션을 적게 제한하라. 중국은 전체 세계 주식시장의 1% 미만을 차지하고 있기 때문에 포트폴리오에서 2% 정도 차지하는 것은 합리적이라고 볼 수 있다(이 정도로는 여러분에게 심각한 상처를 입히지 못한다). 이 문제와 관련해서는, 만약 여러분이 영국 주식시장에 대해 다른 사람이 비웃을 정도로 강세장을 예측하고 있더라도, 역시 지나친 비중을 두어서는 안 된다. 이머징 마켓이 위험한 것이 아니라, 벤치마크 리스크가 위험한 것이다.

만약 여러분이 글로벌 벤치마크를 사용하지 않지만 이머징 마켓에 어느

표 4.2 MSCI ACWI 국가별 비중

국가	비중	국가	비중
미국	46.67%	덴마크	0.32%
일본	10.81%	그리스	0.29%
영국	10.65%	오스트리아	0.24%
프랑스	4.34%	이스라엘	0.20%
캐나다	3.57%	포르투갈	0.14%
독일	3.07%	폴란드	0.12%
스위스	3.01%	칠레	0.12%
오스트레일리아	2.33%	터키	0.11%
스페인	1.68%	헝가리	0.08%
이탈리아	1.67%	뉴질랜드	0.06%
네덜란드	1.45%	체코	0.06%
한국	1.32%	아르헨티나	0.06%
스웨덴	1.04%	이집트	0.05%
대만	1.01%	페루	0.03%
홍콩	0.73%	콜롬비아	0.02%
중국	0.69%	모로코	0.02%
남아프리카공화국	0.66%	파키스탄	0.02%
핀란드	0.65%	요르단	0.01%
러시아	0.64%	베네수엘라	0.01%
벨기에	0.51%	브라질	0.00%
인도	0.45%	인도네시아	0.00%
노르웨이	0.38%	말레이시아	0.00%
싱가포르	0.37%	멕시코	0.00%
아일랜드	0.35%	태국	0.00%

출처: Morgan Stanley Capital International(2006년 6월 30일 기준)

정도 투자하고 싶다면 어떻게 해야 할까? 장담하건대, 브라질은 S&P500에서 찾아볼 수 없다.

하지만 적은 규모의 벤치마크 리스크를 부담하고 벤치마크의 구성요소가 아닌 어떤 것을 약간 보유할 수는 있다. 국가의 경우나 주식 섹터의 경우 모두 마찬가지다. 예를 들어, 많은 주식 인덱스에서 부동산투자신탁(REITs) 섹터를 찾기 어려울 수 있다. 그러면 적당한 수준으로 (REITs를) 보유할 수 있다. 단, 확실하게 과도한 확신감을 자제하는 수준에서 행해야 한다. 여기에 더해 여러분의 벤치마크에 초점을 맞추면, 어디에 리스크가 있는지 또는 있지 않는지 보는 데 도움을 준다. 여러분은 어떤 벤치마크가 여러분에게 적합하다는 합리적 생각 하에 그 벤치마크를 선택한 것이다. (여러분에게 적합한 벤치마크 선택법에 대해 9장에서 분석한다.) 여러분이 여러분의 벤치마크에서 한발 벗어나면, 벤치마크 리스크를 선택하는 것이다.

선진국에 투자하건 이머징 마켓에 투자하건, 투자자들이 해외투자에서 범하는 주된 실수는 GDP가 성장하고 있는 국가의 주식이 수익률도 좋을 것이라고 가정하는 것이다. 같은 논리로, 사람들은 정체되어 있거나 마이너스인 GDP는 나쁜 주식수익률로 이어진다고 가정한다. 쉽게 틀렸음을 알아낼 수 있는 이 첫 번째 질문의 미신은 지난 몇 년 동안 투자자들이 중국에 관심을 갖는 주된 이유가 되어왔다. 중국경제는 급속도로 성장해왔다. 중국의 GDP성장률은 2003년 11.5%였고, 2004년 17%, 2005년엔 33%였다.[87] 이미 중국 주식시장의 수익률이 2002년부터 2005년까지 완전히 엉뚱했으며 전체적인 세계증시보다 훨씬 수익률이 나빴다는 사실을 알고 있을 것이다. 높은 성장률은 주식시장의 높은 수익으로 이어지기도 하고 그렇지 않을 때도 있다. (또한 언론의 자유가 없는 독재국가에서 정부가 발표하는 자료를 경계해야 한다. 그 데이터는 믿을 만한 것이 못 된다.) 주가는 공급과 수요의 변동으로 결정되며, GDP성장률이 높든지 낮든지, 아니면 존재하지 않는지 여부와는 상관이 있을 수도, 없을 수도 있다.

GDP 성장이 어떤 국가의 자본시장의 성장을 결정하는 요소는 아니다(7장에서 이 내용을 다룰 것이다). 따라서 중국의 GDP가 성장한다는 게 무슨 상관인가? 독일의 GDP성장률은 2003년과 2004년, 2005년에 각각 0.9%, 2.4%, 1.4%였다.[88] 모든 것을 고려했을 때 아주 평평한 수준이며, 확실히 미국의 건실한 성장에는 뒤처지는 수치다. 하지만 독일 주식시장은 해당 해에 각각 38%, 8%, 28%의 수익을 거두었다.[89] 일본은 어떤가? 일본의 GDP성장률은 2005년에 1.3%였다.[90] 중국의 맹렬한 경제성장에 비하면 평평한 수준이지만 2005년 일본시장은 무려 45%의 수익을 올렸다.[91]

이제 여러분은 3가지 질문을 알고 있으며, 시장을 예측하고 자신을 제어할 수 있는 어떤 도구를 만들기 위해 그 결과를 사용할 수 있게 되었다. 그리고 3가지 질문을 응용한 다양한 기법을 사용할 준비가 되었으며, 여러분의 동료 투자자들이 알지 못하거나 알 수 없는 어떤 것을 찾아내는 방법을 알게 되었다. 다른 말로 하면, 여러분은 시장을 이길 준비가 된 것이다. 앞으로 나아가라!

| 5장

거기에 거기라고
할 것조차 없을 때!

거트루드 스타인이 말한 "그곳엔 없다"라는 유명한 표현은 우리의 첫 번째 질문을 떠올리게 한다.
비록 잘못된 답을 찾았을지는 몰라도 그녀는 올바른 질문을 하고 있었던 것이다.
거기라는 것조차 없는 것에 무언가 있을 수 있을까?

THE ONLY
THREE
QUESTIONS
THAT
COUNT

존스홉킨스, 나의 할아버지, 인생수업, 그리고 거트루드에게 배우기

이번 장에서는 첫 번째 질문이 '모든 사람이' 알지만 굳이 사실을 확인해보려 하지 않는 잘못된 미신을 밝혀내는 데 어떻게 도움이 되는지 사례를 넓혀 살펴보기로 하자. 하지만 먼저 이러한 사례들을 살펴보기에 앞서 잠시 내 개인적인 얘기를 하는 데 양해를 구하고 싶다.

여러분과 마찬가지로 아버지 같았던 나의 할아버지는 내 어린 시절에 굉장히 중요한 존재였다. 외할아버지는 내가 태어나기 전에 돌아가셨지만 친할아버지는 아주 어린 시절부터 내 우상이었다. 할아버지도 나를 너무나 예뻐하셨다. 내가 8살이 되어 돌아가시기 전까지, 할아버지와 나는 단짝 친구였다. 지금도 항상 나는 할아버지의 사진을 가지고 다닌다. 할아버지는 내 영웅이었다. 할아버지처럼 나도 의사가 되고 싶었다. 다른 이유는 없었고 오직 할아버지를 우상이라고 생각했기 때문이었다. 나중에 의사 업무가 나에게 전혀 맞지 않는다는(특히 피와 관련된 것) 것을 알기 전까지는 난 깨닫지 못했다. 물론 의료행위가 필요하다고 생각한다. 단지 내가 그걸 하는 사람이 되고 싶지 않을 뿐이다.

하지만 할아버지는 정말 멋진 일을 했다. 아더 피셔(Arthure L. Fisher)는 1900년 존스 홉킨스 의대를 졸업하고 박사학위를 취득했다. 정확히 말하면, 홉킨스 의대가 첫 번째 졸업생을 내기도 전이었으며, 물론 그 명성도 쌓기 이전이었다. 그는 다른 사람들이 무엇을 해야 할지 알기 전에 무언가를 하고 있는 개척자였다. 그 분야는 굉장히 다르지만, 빌 게이츠가 마이크로소프트를 시작하면서 가졌던 신념의 도약과 비슷한 것이었다. 어쨌건 빌 게이츠 이전에도 컴퓨터와 소프트웨어는 있었다. 단지 빌게이츠는 개척자의 비전으로 모든 것을 바꾸어놓았을 뿐이다. 의학에서는 존스 홉킨스가 모든 것을 바꿔놓았다.

존스 홉킨스는 어떤 기준에서 보더라도 근대 미국의 첫 번째 의대였으며, 무수한 '최초'의 시도를 달성해 결국 표준적인 것에 포함시키는 업적을 이루어냈다. 예를 들어, 존스 홉킨스에서는 현재 '예과'라고 부르는 과정을 운영했다. 당시 다른 의대에서는 하지 않았던 것이다(할아버지도 학부 때는 버클리에서 화학을 전공했다). 또한 홉킨스는 우리가 현재 인턴이라고 부르는 실제 수련경험 과정의 중요성을 처음으로 강조했다. 즉, 실제 환자를 대하면서 선배의사들에게 조언을 듣는 과정을 중시한 것이다. 그 당시에는 대부분의 의사들이 실제 환자 진료 경험 없이 의사 면허를 취득했다.

또한 홉킨스는 그 당시에는 드물게 여성에게 모든 과목을 개방했다. 홉킨스는 수십 년간 근대 미국 의학을 정립했다. 홉킨스 이전에는 정말 훌륭한 의사가 되고 싶은 미국인은 유럽에서 공부를 해야 했다. 홉킨스가 설립된 이후에도 한동안 유럽 유학은 일반적인 절차였고 할아버지 또한 정형외과 전공을 위해(당시엔 진짜 전공이란 존재하지 않았다) 유럽에서 공부를 더 했다. 하지만 존스 홉킨스는 미국의 의과대학이 최신 의학의 발견과 전문된 의술을 어떻게 융화시켜야 할지 보여주는 초창기 모델이 되었다.

실제로 홉킨스에서 직접 만들지 않은 조직도 홉킨스의 영향을 크게 받기도 했다. 예를 들어, 의학에 큰 영향을 준 록펠러 대학은 1901년 록펠러 재단 의학연구소로 출발했다. 이 연구소는 존 록펠러의 비전과 철학이 탄생시켰지만, 실제 최초 운영을 이끈 사람은 볼티모어에 있는 존스 홉킨스의 윌리엄 웰치(Willam Welch)였다. 록펠러 스스로도 알고 있었고 다른 사람들도 그 일에 적임자는 웰치뿐이라고 조언했다. 할아버지도 당시 1900년에서 1902년 사이에 웰치 밑에서 록펠러가 후원하는 연구 작업을 하고 있었다. 할아버지는 록펠러에게 장학금을 받았는데, 나는 이와 관련해 웰치가 할아버지에게 준 자필 편지를 보물처럼 간직하고 있다. 할아버지는 아마도 의학 분야에서는 처음으로 록펠러 재단에서 장학금으로 학위를 딴 인물일 것이다. 실제 홉킨스 의대 자료실에는 할아버지의 자필 연구가 남아 있기도 하다. 홉킨스 의대는 미국이 21세기 초 거둔 의학 분야의 성공에 기폭제가 되었다. 1950년대 할아버지를 우상으로 섬기긴 했지만, 나는 할아버지가 초기 미국의 형태적 진화의 한 사례에 있어 핵심적 인물이었다는 사실은 잘 몰랐다. 이와 관련해 내가 좀더 최근의 자본시장과 각종 기법의 형태적 변화를 통해 발전해왔듯이, 사람들은 그런 가능성에 대해 거의 생각하지 않았지만, 나는 존스 홉킨스를 미국에서 과학과 기술이 어떻게 결합되는지 잘 보여주는 장기적인 모델로 생각해왔다.

지금쯤 되면, 여러분은 도대체 내가 이런 말을 왜 하고 있는지 궁금할 것이다. 홉킨스 의대 초창기에 할아버지와 함께 학교를 다닌 최초의 여성이 있었다. 이 여성이 바로 학교를 중퇴하고 나중에 세계적인 작가가 된 거트루드 스타인(Gertrude Stein)이다. 할아버지처럼 어린 시절 과학을 좋아했던 그녀는 독일계 유태인이었다(우리 가문도 독일의 부텐하임 출신인데, 리바이 스트라우스와 같은 동네였다. 사실, 내 고조부인 필립 피셔는 스트라우스의 수석 회계사로 1906년까지 일했다). 할아버지와 마찬가지로 스타인도 미국에서 태어났다. 그녀는 캘리포니아 오클랜드에서 자랐다. 당시 독일계 미국 유태인은 굉장히 배타적인 집단이었다. 할아버지보다 1년 먼저 학교에 다니고 있었고, 좁은 학교에 여성은 극히 적었기 때문에 그들은 자연스럽게 서로를 알게 되었고 친해질 수 있었다.

거트루드 스타인에게서 배울 수 있는 몇 가지 교훈이 있다. 처음 스타인에 대해 들었을 때, 나는 할아버지가 그녀를 알고 학교를 같이 다녔다는 사실을 몰랐다. 내가 처음 그녀에 대해 들은 건 내가 자란 캘리포니아 오클랜드의 동부해안 지역을 묘사한 "그곳은 그곳이란 것조차 없는 곳(There is no there, there)"이란 악명 높은 문장이었다. 엄청난 험담이자 그녀가 한 말 중에 아마도 가장 유명한 말이리라! 1902년부터 그녀는 단조로웠던 오클랜드의 어린 시절을 그녀 자신으로부터 분리시키기 위해 할 수 있는 모든 일을 했다. 물론 오클랜드에는 그곳이라 부를 만한 것이 있다. 하지만 그녀가 말한 "그곳엔 없다"라는 유명한 표현은 우리의 첫 번째 질문을 떠올리게 한다. 비록 잘못된 답을 찾았을지는 몰라도 그녀는 올바른 질문을 하고 있었던 것이다. 거기라고 할 것조차 없는 것에 무언가 있을 수 있을까? 여러분은 모든 것에 그와 같은 질문을 해볼 수 있으며 거트루드 스타인을 기억하면 그 말을 항상 마음속에 담아둘 수 있을 것이다. 바로 이것이 내가 투자와 관련해 거트루드 스타인에 대해 내린 결론이다.

거트루드 스타인에 대해 잘 알려지지 않은 사실은 그녀의 아버지가 굉장히 부유했다는 사실이다. 존스 홉킨스 재학시절과 나중에 작가로서 경력을 위한 재정은 모두 아버지 재산에서 나오는 소득을 통해 가능했다. 하지만 아버지가 죽게 되고 그녀는 현실 세계에는 도무지 관심이 없었다. 다행히도 그녀에게는 마이클이라는 오빠가 있었는데 그는 훌륭한 투자자였으며 일생동안 그녀와 그녀의 재산을 잘 관리해서 실제 생산적인 경제활동을 하지 않고도 마침내 그녀의 가장 유명한 작품인 《길 잃은 세대를 위하여(The Autobiography of Alice B. Toklas)》를 쓰기 전까지 그녀가 여느 예술가와는 다른 삶을 영위할 수 있게 했다. 나는 거트루드 스타인의 삶에서 배울 수 있는 투자 교훈을 여러분에게 10개 정도 말해주고 싶지만 최선을 다해도 6개 정도밖에는 알아낼 수 없었다. 할아버지 미안해요!

거트루드 스타인의 삶으로 본 6가지 투자 교훈

여섯 번째 교훈

부자 아빠와 많은 유산을 빨리 물려받을 수 있다면 굉장한 삶을 이룰 수 있다. 스타인도 그랬다. 아니면 그런 사람과 결혼을 해도 똑같다. 여러분이 그런 사람 중 하나였다면, 아마 이 책이 필요 없었을 것이다.

다섯 번째 교훈

스타인의 오빠 마이클처럼 전적으로 믿고 자산을 관리해줄 뛰어난 투자자가 있다면, 여러분이 어떤 바보 같은 짓을 했건 상관없이 이 책을 읽을 필요가 없다. 지금까지 시간 낭비한 셈이다. 원한다면 프랑스로 가서 돈을 낭비해도 좋다. 아무도 여러분을 막을 순 없다.

네 번째 교훈

만약 거트루드가 세 번째 질문을 활용했다면 좋은 결과를 얻었을 것이다. 두뇌가 뭔가 멍청한 짓을 하지 않도록 두지 마라. 그녀는 세계 변화의 시기에 존스 홉킨스를 자퇴했으며 그런 변화를 절대로 알지 못했던 것 같다. 그녀의 머릿속에 개구쟁이 악마라도 들어 있어서 그렇게 조정했을까? 존스 홉킨스에서 현실세계를 창조해낸 사람들의 방식이 1900년 초 그녀의 파리지앵 예술가 친구들보다 훨씬 멋졌다. 어떻게 보면 스타인은 인생을 거꾸로 살았다. 하지만 많은 투자자들이 세 번째 질문을 하지 않기 때문에 이와 같은 실수를 역시 저지른다. 존스 홉킨스의 사람들은 생명을 구하고 현대의학을 변화시켰으며 현대인의 생활을 영원히 바꿔놓았다(조류독감에 대해 얘기하면서 이와 관련된 얘기를 곧 해볼 것이다). 이는 거트루드의 친구들이 한 것보다는 어떤 면에서도 더욱 멋진 것이다. (그녀의 친구였던 어네스트 헤밍웨이는 제외한다. 그가 아주 멋졌다는 걸 인정한다. 결국 알코올중독자로서 자살하게 된 것은 그다지 멋진 일은 아니었지만.)

세 번째 교훈

뭔가 시작했다면, 끝을 보라. 왜 그렇게 하지 않는가? 뭔가 배울 게 더 있다면 중간에 그만두지 마라. 오직 빌 게이츠와 마이클 델만이 그런 일(중간에 그만두는 일)을 훌륭하게 할 수 있다. 여러분은 그런 사람이 아니며, 그랬다면 이 책을 읽지도 않았을 것이다. 스타인이 존스 홉킨스에 남아서 졸업했더라면 그녀의 공상적이고 예술적인 세계관으로는 간과할 수 없는 방식으로 현실을 변화시키는 실제를 알 수 있었을 것이다. 자본시장과 자본시장의 과학과 기법을 배우는 데는 많은 시간이 걸린다. 신입생이나 2학년생이 하는 것처럼 중도에 그만두지 마라. 아직 충분히 알지 못하기 때문이다. 지금 여러분은 이 책의 절반을 읽었다. 끝을 내라. 그만두고 싶다면, 그녀가 그랬듯이 항상 나중에 할 수 있다.

두 번째 교훈

주식시장을 생각할 때는, 스타인이 얻지 못한 것이 무엇인지 기억하라. 과학은 의심의 여지없이 예술보다 훨씬 중요하다. 사람들은 이렇게 말하곤 한다. "시장은 어떤 부분에서는 과학이고 어떤 부분에서는 예술이다." 자본시장을 과학으로 생각하라. 시장은 어떤 부분에서 진짜 과학이며, 어떤 부분에서는 실수 저지르기다. 이전에 알려지지 않은 무언가를 학습하라. 여러분이 1900년도에 존스 홉킨스에 있고, 이전에 알려지지 않은 것을 배우는 데 도움을 주는 것을 목표로 하고 있다고 상상해보라. 여러분에게 도움이 되는 것은 허구의 창작물이 아니라 다른 사람이 모르고 있는 것이다. 예술이 하고 싶다면, 파리로 가서 예술가가 되라. 시장과 관련해 뭔가 하고 싶다면, 자본시장의 과학자가 되라.

첫 번째 교훈

그곳엔 그곳이란 것조차 없을까, 아니면 있을까? 이 문장은 기본적으로 첫 번째 질문을 다시 말하는 것이다. 내가 머니매니저가 되기로 마음먹기도 전에, 거트루드 스타인이 다른 표현으로 첫 번째 질문을 세계적으로 유명한 문장으로 만들지 누가 생각할 수 있었을까?

오클랜드 얘기는 접고 조류독감에 대해 생각해보자

나는 사회나 문화적 이슈에는 전문가가 아니다. 그래서 오클랜드라는 곳을 비하한 거트루드 스타인의 말을 정말로 받아들이지 못한다. 오클랜드 같은 지역은 미국 곳곳에 있다. 그리고 미국은 역사상 가장 멋진 국가다. 이런 사실을 받아들이지 못하겠다면, 여러분은 미국의 성장기 동안 인간성에 기여하지는 못한 창조적인 파괴를 통해 이룬 자본주의의 혜택, 거대함 그리고 관용을 간파하지 못한 것이다. 어떤 국가도 미국처럼 지속적으로 자본주의를 성취해내지 못했다. 따라서 오클랜드가 미국의 하층사회를 대표하는 것이라면 좀더 많은 권한을 오클랜드에 줘야 한다. 말했듯이, 나는 이 사회적 문제에 전문가가 아니다. 따라서 내가 틀렸을 수 있다.

하지만 나는 첫 번째 질문에 있어서는 전문가이며 그 외에 나머지는 각자 열성 지지자들의 것이다. 예를 들어, 요사이 많은 사람들이 조류독감에 대해 걱정하고 있다. 어떤 사람은 건강과 관련한 이유로, 어떤 사람은 주식시장과 관련한 이유로 걱정한다. 모두 합당한 걱정이다. 전형적인 걱정은 거대한 조류독감이 전국적으로 퍼져 주식시장이 붕괴하는 원인이 될 것이란 사실이다. 2005년과 2006년 기관고객이나 개인고객 모두에게 얼마나 많은 조류독감과 관련된 질문을 받았는지 말할 수 없을 정도다. 항상 너무나 많은 방식으로 물어왔다.

일반적으로 그런 질문에 대한 나의 대답은 이렇다. 일단 그 방 안에 모인 굉장히 많은 사람들이 조류독감에 대해 들어봤다고 가정하고 실제 이에 관해 들어본 사람들은 손을 들라고 말한다. 일반적으로 대부분 손을 든다. 그러면 난 알려진 모든 정보는 시장가격에 반영되며, 시장은 그런 모든 정보를 할인하기 때문에 어떤 것이든 폭넓게 논의되는 사항에 대해서는 걱정할 것이 없다고 설명한다. 그러고 나서 나는 조류독감에 대해 1년 정도로 오랫동안 알아왔지 않느냐고 묻는다. 그럼, 그들은 고개를 끄덕이게 된다. 그리고 2장의 내용처럼, 오래된 정보는 새로운 정보보다 훨씬 할인되었기 때문에 시장에 미치는 영향력이 없다는 사실을 주지시킨다.

어떤 사람들은 만약 금융과 관련된 것이라면 그게 맞는 얘기겠지만, 금융계가 아닌 실제 이 세상에서 수많은 사람들이 죽는 것처럼 큰 사건이 발생하면 생존자들이 겁에 질리게 되고, 결국 시장의 할인 기제가 작용하지 않게 되지 않느냐고 말한다.

그러면 난 두 개의 사례를 제시한다. 첫 번째는 그들이 쉽게 그려볼 수 있는 것이다. 조류독감이 대대적인 것이 아니라면 어떤 일이 일어날까? 사람들은 이 경우엔 겁먹을 일이 아니라는 걸 쉽게 알 수 있다. 그리고 실제로도 크게 신경을 쓰지 않을 일이다. Y2K 문제로 많은 사람들이 오랫동안 겁을 먹고 시장가격에 반영되었던 때처럼, 결국 아무 일도 아닌 것으로 판명되면 시장은 크게 상승하게 된다. 따라서 많은 사람들이 어떤 일을 미리 겁내고 있다는 것은 결국 사람들이 그것을 아무 일도 아닌 일고 보게 되면 투자심리가(그러므로 수요가) 개선된다는 것을 의미하며 이는 주식에 도움이 된다. 이런 얘기에 이의를 제시하는 사람은 거의 없다.

그러고 나서 난 두 번째 사례를 제시한다. 나는 그들에게 거트루드 얘기를 한다. 스타인이 사실은 미국의 최고 의대에서 훈련을 받았다는 사실을 기억해보라. 그녀에게 만약 조류독감이 전 세계적으로 유행하게 되면 무슨 일이 일어날지 물어보라. 어떤 일이 일어날지 어떻게 알 수 있을까? 이는 아주 간단한 문제다. 답을 아는 사람은 거의 없지만, 거트루드와 나의 할아버지, 존스 홉킨스 사람들, 나 자신, 금융계에 종사하는 몇몇, 그리고 바라건대 지금쯤은 여러분도 그 답을 알고 있다. 여러분은 이 책을 충분히 읽었기 때문에 내가 여러분에게 어떻게 다가가는지 알 것이다. 조류독감이 전 세계로 퍼졌다고 가정해보자. 이런 대규모의 질병이 발생한 적이 있었을까? 만약 그렇다면 언제 어디였으며 그때 시장엔 어떤 일이 일어났을까? 그리고 그 다음은? 거트루드는 과학자가 되는 훈련을 받았기 때문에 아마 이 문제의 답을 알고 있을 것이다. 아주 단순하고 간단하다. "그곳에 그곳이라고 할 만한 것이 있는가?"란 질문은 대부분의 사람들이 하지 못하는 것이지만, 여러분은 할 수 있다.

1918년 전 세계적인 독감은 가장 좋은 사례다. 역사상 가장 큰 단일 사망원인이었던 이 끔찍한 전염병의 배경을 알지 못한다면 이 주제에 대한 쉽고 훌륭한 책을 소개한다. 《거대한 인플루엔자(The Great Influenza)》(Penguin Books, 2004). 이 책에는 조류독감에 대한 추가적인 언급도 포함되어 있다. 대단한 책이다! 1918년 독감에 대해서는 자세히 설명하지 않겠다. 만약 이 책을 읽기 싫다면 구글이나 야후에서 많은 정보를 즉시 찾아볼 수도 있다. 하지만 간단히 말해, 오늘날보다 훨씬 지구의 인구가 적었을 당시 그 독감으로 인해 24개월이 안 되는 기간 동안 1억 명이 죽었다. 거의 서구사회를 멸망시키는 수준이다! 이 전염병은 전 세계가 혼란스러웠던 제1차 세계대전 기간, 미국 중심부에서 발생한 것으로 보인다. 또한 베리가 쓴 책을 보면 이 전염병의 퇴치에 존스 홉킨스가 얼마나 큰 역할을 했는지 알 수 있다. 그 책에선 그 당시 질병에 대항하기 위한 방법이 어떻게 오직 홉킨스 대학의 지성들로부터만 나올 수 있었는지 자세히 설명하고 있다. 또 윌리엄 웰치와 다른 연구소의 수장들, 존 록펠러 등에 관한 얘기도 볼 수 있지만 스타인에 대한 얘기는 없다.

　스타인의 표현을 빌려 자문해보라. 주식시장과 관련해 "거기에 거기라고 할 만한 것이 있는가?" 무슨 일이 일어났었나? 간단히 말하면, 1918년을 통틀어 약간의 작은 조정을 제외하고 주식시장은 양호했다. 1918년 후반에 소폭의 조정을 거쳤지만 그뿐이었다. 그리고 독감이 퍼지고 있던 1919년 내내 시장은 천장까지 치솟았다. 엄청난 전염병의 기간이나 그 후에도 주식시장의 붕괴 같은 건 일어나지 않았다! 거기엔 거기라고 부를 만한 것도 없었다. 시장은 전염병의 발생 기간 내내 높은 수익을 냈다.

　확실히 시장이 1917년 제1차 세계대전 발발과 관련된 뉴스로 한 방 먹었기 때문에 전염병 소식이 도착하기 전에 한 번 기가 꺾인 측면은 있다. 전염병은 생명을 붕괴시킬 순 있지만 시장을 붕괴시키진 못한다. 심지어 오늘날 조류독감 공포와 같이 오랜 기간에 걸쳐 충분히 가격이 반영되지 않은 경우에도 그렇다.

　앞서 말했듯이, 나는 의학 전문가가 아니다. 하지만 본능적인 느낌은(물론 틀릴 수 있다) 절대로 현재 조류독감이 변이를 일으켜 인간 대 인간 전염으로 이어지지는 않을 것 같다. 결국 이 종은 오랜 시간에 걸친 기회가 있었음에도 불구하고 그런 변이를 일으키지 못했다. 여전히 가능성은 있지만, 만약 그렇지 않다면 여러분은 내가 제시했던 Y2K 같은 사례를 받아들여야 하며, 아무도 대규모의 조류독감 사태를 겪지 않을 것이고, 이는 곧 강세장을 의미하게 될 것이다. 만약 변이를 일으킨다면, 이와 같은 상황과 일치하는 1918년의 사례가 실제 '거기에 거기라고 부를 만한 것'이 있는지 보여줄 것이다. Y2K 때와 마찬가지로, 여러분들은 아무 걱정하지 말란 말보다는 많은 수의 '책임 있는 전문가들'이 사태를 재앙으로 규정하고, 따라서 주식시장에서 돈을 빼라는 말을 더 많이 듣게 될 것이다. 거기엔 거기라고 부를 만한 것이 없다. 자, 이제 거트루드 교훈의 사기꾼 버전을 살펴보자.

석유 VS 주식

투자자로서 우리는 존재하지도 않는 인과관계를 억지로 만들어 잘못된 투자의 '진리'를 만들려 하는 것 같다. 석기시대 두뇌가 이 혼돈스러운 세상에서 어떤 질서를 찾아내기 위해 노력할 때, 우리는 편향된 오류에 확신을 갖기 위한 데이터를 찾고 대립되는 증거는 무시한다. 그리고 또 다른 인지적 오류들을 저지르게 된다. 불행하게도 서로 관련이 없는 2가지 사건을 의도적으로 연관시키고 이것에 흥분하는 일은 멈출 징조가 안 보인다. 그래서 첫 번째 질문이 필요한 것이다.

첫 번째 질문을 하는 데 있어 여러분의 목표는 의사결정에 기반이 되는 변수가 잘못되었음을 밝혀내는 것이란 사실을 기억하는가? 첫 번째 질문을 통해 근거 없는 미신을 발견했을 때도 투자에서 다른 실수를 완전히 피한 것은 아니다. 일반적으로 여러분은 시장에 베팅하기 위한 판단 기준을 가지고 있을 것이다. 만약 모든 사람들이 자신이 믿는 어떤 것이 주가 상승 또는 하락의 원인이 된다고 떠들면, 그리고 그 인과관계가 거짓임을 밝혀낼 수 있다면 여러분은 그 컨센서스와 다르게 베팅하고 승리할 수 있다. 그들이 예상한 결과와는 다른 어떤 것을 발견하게 되는 것이다. 완벽한 예가 현재 대중들의 패닉의 원인이 되고 있는 유가(油價)다. 투자자들은 고유가가 주가에 부정적이라고 생각한다. 석유가격이 계속 오르면, 주식시장은 고통을 겪어야만 한다는 것이다. 이 논리에 이의를 제기하는 사람은 거의 없다. TV에서도 사람들이 출렁대며 끊임없이 이런 얘기를 하는 것을 들었을 것이다. 따라서 이 문제는 첫 번째 질문의 아주 좋은 후보가 된다.

석유가 광란의 원인이라는 것은 새로운 사실이 아니다. 주기를 두고 몇 년마다 되풀이된다. 1970년대 우리에겐 디스코와 지미 카터와 석유수출금지제도가 있었다. 그리고 1980년대엔 비즈니스맨들과 월스트리트의 찰리 쉰 (찰리쉰과 마이클 더글라스가 주연한 1987년 올리버스톤 감독의 영화 〈월스트리트〉를 말하며, 월가의 약육강식을 다루었다-옮긴이), 그리고 석유파동이 있었다. 1990년대 초반과 최근 또다시 오직 메소포타미아 지역의 폭군(후세인-옮긴이)에게서 석유를 뺏어오는 것이 목적이라는 얘기도 있는 몇 번의 전쟁이 있었다. 겉으로 보기엔 45만 명의 군인들이[92] 기름을 훔치는 그토록 나쁜 일을 저질렀고, 2003년에는 25만 명을 송환해야 했다.[93] 어처구니없다! 이런 도둑질이 얼마나 어려운 것인지 아는가? 그 훔친 석유와 거기에 동원된 군인들을 불러들여 좀더 나은 곳에 사용하라! 예를 들면, 캐나다를 침공하는 것이다! 아무튼 우리는 이라크나 사우디아라비아보다 캐나다와 멕시코에서 더 많은 석유를 얻는다.[94] 그리고 운송비용도 이곳 북아메리카가 훨씬 싸다. 정말 제대로 석유를 훔치고자 한다면, 차라리 오타와나 캘거리 그리고 탐피코에 발을 들여놔야 했을 것이다.

석유 약탈에 관한 미국의 끔찍한 기록은 잠시 제쳐두기로 하자. 투자자들이 주기적으로 환각상태에 빠지는 단골 원인 중에 하나가 바로 석유다. 가장 큰 걱정은 그토록 한정적인 자원에 대해 우리의 의존도가 크다는 것이다. 생각 없는 미디어들이 광범위하게 다루고 있는 기사를 읽다 보면, 우리의 미래에 석유 고갈이 기다리고 있다는 얘길 듣게 된다. 버클리와 캘리포니아 주민 모두의 이름을 걸고 말하는데, 그런 일은 일어나지 않는다. 석유는 유한한 자원이다. 하지만 우리는 이 희귀한 침전물을 지속적으로 찾아내고 있다. 사람들이 잘 모르고 있는 사실은 현재 우리가 1970년대 당시 파악한 것보다 실제로 더 많은 석유 매장량을 알고 있다는 사실이다.[95] 그렇다. 우리는 석유가 이미 오래전에 고갈될 것이라고 예측했었다. 마법을 써서 석유를 생산해내는 것이 아니다. 석유회사들은 더 훌륭한 유전발굴 기술을 위해 계속 투자하고 있으며 새로운 유전을 찾아내고 있다. 앞으로도 더 많은 유전을 찾아낼 수 있을까? 그렇다! 언젠가 석유가 고갈될까? 아니다. 여러분이 살아 있는 동안은!

우린 단지 모를 뿐

여러분은 내 말을 믿지 못할 것이다. 하지만 우리는 현재 석유의 총매장량을 알 방법이 없다. 앞으로도 그럴 것이다. 석유회사들은 끝없이 탐사를 하지는 않는다. 일단 비축량이 충분해지면, 더 이상의 탐사는 비용 대비 효과가 없기 때문이다. 그들을 제외하고는 누구도 탐사에 나서지 않는다. 대대적인 탐사는 몇 십 년마다 한 번씩 되풀이된다. 매 세대들이 더 이상 석유를 발견할 수 없을 것이라 생각했지만, 그 세대마다 더 많은 석유를 발견했다. 일단 석유가격이 충분히 높아지고 비축량이 줄어들면, 그들은 탐사를 시작하고 유전을 더 찾아낸다. 미래에도 그럴 것이지만, 실제 그 일이 일어나기 전까진 아무도 믿지 않는다. 얼마나 많을지 누가 알 것인가? 추측해볼 수는 있겠지만 그저 추측일 뿐이다. 그리고 그렇게 중요한 문제도 아니다.

공급 측면에서 큰 문제는 땅 속에 묻혀 있는 석유가 아니라 석유의 정제 또는 정제시설의 부족이다. 국회에 있는 님비(NYMBY, 자신의 거주지역에 공공 혐오시설이 들어오는 것을 집단적으로 반대하는 현상 또는 그런 사람들—옮긴이)들은 1976년 미국 영토에 어떠한 석유정제시설도 세울 수 없는 법을 제정했다.[96] 석유가 무한하다고 할지라도 우리가 가진 정제 능력은 수요를 따라가지 못하고 있다. 걸프 만에 자연재해같이 뭔가 예상치 못한 일이 발생하면 일시적으로 정제 용량에 커다란 문제가 생기고, 석유가격 상승으로 이어지게 될 것이다. 국내에 더 많은 정제시설을 짓는다면 자연재해나 전쟁, 의원들의 바보 같은 행동(말이 많아 미안하다), 그리고 공급 측면의 다른 혼란들이 발생했을 때 좀더 유연하게 대응할 수 있을 것이다.

최후의 심판일을 예견하는 사람들은 아무리 효율적으로 유전을 찾아내더라도 결국 우리는 석유 고갈을 피할 수 없을 것이라 주장한다. 하지만 가격 측면에서 보면 그 사람들은 완전히 틀렸다. 단기적으로 보면 증명이 안 되지만 장기적으로 보면 그렇게 될 것이다. 한편, 많은 사람들이 유가가 너무 높아져 자신의 픽업트럭에 주유도 못 하고, 직장을 잃고, 경제가 비틀거리고,

달은 핏빛으로 변하고, 하늘에서 두꺼비가 떨어질까 봐(마지막 구절은 내가 꾸몄다) 두려워한다. 아마도 이런 사람들은 수요와 공급을 설명하는 경제학개론 수업을 빼먹었을 것 같다. 석유는 상품시장에서 자유롭게 거래되는 물품이다. 이 우주 전체에 석유의 가격을 결정하는 것은 오직 수요과 공급뿐이다. 조지 부시도 아니고, 핼리버튼도 아니다. 오사마 빈 라덴도 아니고, 석유회사의 임원도 아니다. 오직 공급과 수요뿐이다.

우리가 선거로 뽑은 사람들은 우리를 전문적인 양육과 조언이 필요한 코흘리는 바보로 생각한다. 그들은 수요와 공급의 원리를 믿지 않는 것 같다. 그래서 때때로 우리의 '석유 중독증'을 '치유' 해주기로 결정한다. 그 수단은 세금을 통한 인위적인 석유가격의 인상이다. 오직 정치인만이 이런 명청한 아이디어를 만들어낼 수 있다. 이 문제로 워싱턴을 방문할 필요도 없다. 뉴욕에서 석유세는 갤론당 43.9센트이며 캘리포니아에서는 44.7센트다. 그런데 앨라배마에서는 20.3센트밖에 하지 않는다.[97] 어느 곳에서나 정치인들의 명청한 행각은 끊이질 않는다.

대부분의 전문가들은 잔존 석유량이 앞으로 50년 정도 남았다는 데 동의한다.[98] 이는 더 이상 유전을 발견하지 않고 어떤 효율성도 개선되지 않는다는 가정 하에 산출한 수치다. 아주 당연하게, 공급이 감소하고 수요는 줄지 않으면 유가는 올라간다. 어떤 세금이나 규제도 필요하지 않은 것이다. 그리고 이는 석유기업이 악하거나 탐욕스러워서가 아니라, 자유시장이 움직이는 방식이 그렇기 때문에 그런 것이다. 장기적으로 보면, 정치인들이 일부러 간섭하지 않아도 시장은 공급량이 변함에 따라 가격을 변화시킬 것이다. 유가는 대체에너지 소스가 공급압력을 감소시키든지, 수요를 감소시키기 시작하든지 또는 그 둘이 적절히 일어나게 되는 시점까지 오를 것이다. 절대 일어나지 않을 일은 어느 날 갑자기 석유가 바닥나서 깜짝 놀라게 되는 일이다. 석유가 점점 엄청나게 비싸지고 있긴 하지만, 대체에너지가 우리들의 차나 컴퓨터를 움직이게 될 것이다. 아마도 수소에너지, 태양열 또는 핵에너지가 될 것이다. 물론 스키틀즈나 과즙으로 움직이는 차가 나오진 않을 것이다. 하지만 초기 증기엔진 개발자들은 스키틀즈로 작동하는 엔진만큼이나 볼보자동차가 가솔린으로 움직일 것이란 걸 상상하지 못했다.

내가 경솔하다고 생각할지도 모르겠다. 하지만 종종 필요는 발명의 어머니가 된다. 진지하게 말하건대, 최후의 석유를 사용하면서 "아, 석유가 있던 시절이 좋았는데"라고 말할 일은 없을 것이다. 그리고 사회적으로도 훌륭한 것은 황무지로 흘러들어 자연스럽게 지구에 실재하는 목록에 자리를 잡게 된다. 증기기관차가 지금 괴상하게 보이는 것처럼 2110년쯤에는 가솔린으로 가는 SUV가 우리의 증증손자에게 그렇게 보일 것이다.

이 석유의 연극에 있어 뒤에 숨어 있는 것은 고유가가 경제와 주식시장에 파장을 준다는 사람들의 생각이다. 이런 생각은 잘못되었으며 쉽게 증명할 수 있다. 고유가는 경제나 주식시장을 망치지 않는다. 경제성장이 석유의 수요를 부르고, 그래서 가격이 올라가는 것이다. 투자자들은 원인과 결과를 거꾸로 생각하고 있다.

뉴스 헤드라인은 집요하다.

유가가 사상 최고치를 경신했습니다!
유가가 또 한 번 사상 최고치를 경신했습니다!
어제는 장난이었습니다. 오늘 유가는 정말 기록적인 최고치를 보였습니다!

신문들이 "인플레이션을 감안한"이라는 마법의 문구를 거의 사용하지 않는다는 것이 하나의 단서가 된다. 2005년부터 2006년까지 유가 사상 최고치 경신은 끊임없는 머리기사였다. 하지만 인플레이션을 감안하면 그 얘기들은 아주 평범해진다. 실제로 인플레이션을 감안하면 27년 전 유가가 지금보다 더 높았으며, 그럼에도 불구하고 서구사회는 훌륭하게 행진해왔고 현재 더 좋은 상황에 놓여 있게 되었다(곧 살펴볼 것이다).

사람들은 또한 고유가가 인플레이션이나 경제 부진 또는 악화를 불러온 다고 잘못 생각한다. 1979년경 과격한 환경주의자들의 생각을 시종일관 유지한다면 맞는 얘기 같아 보인다. 하지만 그렇지 않다. 여러분들은 1979년이 과격 종교주의에 기반한 신(新) 이란 정부가 들어선 때라는 걸 기억할 것이다. 실제인지 상상으로 만들어낸 것인지 모르겠지만(아마도 상상의 산물인), '거대 사탄(The Great Satan)'(미국을 의미—옮긴이)에 약간 화가 난 이란계 학생들이 66명의 미국인을 인질로 잡고 그중 52명은 444일간이나 억류했다. 이는 이란산 석유 금수 및 OPEC 생산량 제한 등 석유가격 폭등의 원인을 제공했고, 석유를 사기 위해 유정 앞에 긴 줄이 생기고, 심지어 배급제까지 생겼다. 오늘날의 이란 사태를 보고 데자뷰 현상에 어지럽다고 생각하기 전에 1970년대 대부분의 기간에 우리가 무서울 정도로 끔찍한 인플레이션 유발 정책을 사용했다는 것을 기억해보라. 미국 내외에서 끝없이 찍어내는 돈은 이미 활기 없는 경제에 더욱 악영향을 주었고, 석유와 장기금리를 포함해 그 외 모든 것의 가격을 높여놓았다. 물론 미국의 실업률까지도 9%까지 높아졌다.[99] 경제적으로 낙관적이지 않은 시기였으며, 대부분 정부의 실책 때문이었다.

콜로라도, 캐나다, 중국의 공통점

우리에겐 공급 측면의 문제는 없다. 가격 문제가 있을 뿐이다. 1973년 OPEC의 석유 수출 제한을 계기로, 포드 대통령은 에너지 정책 및 보존 법안(EPCA: Energy Policy and Conservation Act)을 도입하여 전략적 석유 저장고(SPR: Strategic Petroleum Reserve)를 제정했다. 거의 7억 배럴[100]에 달하는 SPR은 세계 최대 규모의 비상 원유저장고로서, 우리에겐 거대한 신 원유저장고가 된다. 1970년 후반 전략유 비축과정은 석유가격을 다소 오르게 했지만, 이를 알고 있는 미국인은 거의 없다. 전략유가 방출된 적은 딱 두 번이었다. 1991년 걸프전쟁 때 겨우 1,700만 배럴[101], 허리케인 카트리나 이후

1,100만 배럴[102]이 전부다. 2001년 전략유 비축을 늘리라는 조지 부시 대통령의 명령으로 2,800만 배럴이 추가되고 있고 이는 최근 유가 상승에 영향을 주고 있다. 이 석유가 비상시에 크게 쓰였다면 석유가격은 그렇지 않았을 때보다 현저히 떨어졌을 것이다. 석유가격의 변동은 바로 이런 이유였던 것이다.

하지만 고유가가 그렇게 나쁜 것일까? 첫 번째 질문을 해보자. 우선, 어떤 가격대가 되면 우리는 경제적 이유로 대체에너지를 찾게 될 것이다. 석유를 능가하는 것이 콜로라도와 유타, 와이오밍의 바위 밑에 있는 2조 배럴 규모의 오일셸(Oil Shale, 석유가 평균 10% 정도 함유돼 있는 수성암(水成岩)-옮긴이)이다.[103] 이는 현재 알려진 사우디아라비아 전체 석유 매장량보다 8배나 많은 것이다.[104] 그리고 캐나다의 사막에는 중동지역 전체 석유 매장량을 합친 것보다 몇 배나 많은 오일셸이 있다는 사실도 잊으면 안 된다.[105] 오일셸의 개발은 단지 비용의 문제일 뿐이다. 도대체 유가가 얼마가 되면 오일셸을 개발할 것인지에 대해 논의할 수는 있지만, 단순히 가격의 문제만은 아니다. 내가 보기엔, 현재 유가에서 2배 수준이 되면 개발의 가능성이 있다고 본다. 물론 단지 내 생각일 뿐이다. 하지만 그렇게 된다면, 석유 수출 제한에 따른 우리의 공포는 거의 없어지게 될 것이다. 유가가 어떤 수준이 되면 오일셸은 개발될 것이다. 유가가 오르면 오일셸이 그를 대체할 것이기 때문에 결코 석유가 모두 고갈되는 일은 없을 것이란 의미다. 경제적으로 아주 간단한 논리지만, 난 이 논리를 받아들이는 사람이 거의 없다는 사실에 놀라곤 한다.

여러분은 선택할 수 있다. 유가가 오르길 원하는가, 내리길 원하는가? 걸프만의 허리케인 발생과 같은 일시적인 외부의 공급 장애를 제외하고, 유가는 주로 팽창하는 경제로 인한 수요의 증가에 의해 영향을 받아왔다. 단지 미국 내부뿐만이 아니라 인도와 중국을 포함한 전 세계적인 현상이다. 석유가격이 높다는 것은 글로벌 경제가 건강하다는 증거다. 사람들은 여전히 중국의 미래 성장에 따른 충격이 에너지 수요와 가격에 충격을 줄 것이고, 결국 우리에게 악영향을 줄까봐 위축되어 있다. 중국은 앞으로 수십 년간 필요로 할 전체 에너지량보다 더 많은 석탄을 그들 영토에 보유하고 있다. 북미의 오일셸과 마찬가지로 석탄이 석유를 대체하게 될 가격의 문제일 뿐이다. 사실, 중국이 그들의 미래 에너지에 기반을 둬야 할 것은 석유가 아니라 석탄이란 사실은 명백하다(석탄을 통해 석유를 추출하거나 석탄 자체를 청정원료로 사용하는 기술이 지속적으로 개발 중이며, 10~20년 후에는 가능할 것으로 보고 있다—옮긴이).

유가가 올라가길 기도하라(떨어지게 해달라고 하지 말고)

우리가 엄청나게 큰 유전이나 급진적인 새 기술을 개발하지 않는 한, 유가가 크게 떨어진다면 그것은 경제가 나빠져서 수요가 급감했기 때문이다. 경제가 나빠지는 걸 원하지 않을 것이다. 고로 석유가격이 내리지 말고 오르길 기도하라. 농담이 아니다!

고유가는 우리에게 해를 끼치지 못한다. 우선, 여러분이 어떤 얘길 들었건 간에, 현재 우리는 그 어느 시대보다 석유에 대한 의존도가 낮다. 만약 여러분이 SUV를 운전하며 오디오북으로 이 책을 듣고 있다가 내 말에 놀라서 들고 있던 음료수를 아이팟에 쏟았다면 사과하겠다. 하지만 사실이다. 우린 25년 전보다 훨씬 덜 에너지 의존적이다. 1980년에 미국의 에너지 집중도 또는 GDP 달러당 전체 에너지 소비는 1달러당 1만 5,000Btu였다.[106]

이 수치는 에너지 집중도가 점차적으로 떨어지면서 현재는 달러당 1만 Btu 밑으로 떨어졌다. 우리의 GDP 구성비는 크게 변했다. 가장 빠르게 성장하고 있는 정보기술과 금융산업은[107] 제조업과 농업보다 훨씬 덜 에너지 집약적이다. 후자의 두 산업은 상대적으로 줄어들고 있다. 이것이 의미하는 것은 암울한 1970년대 이후로 우리가 훨씬 높은 효율성과 낮은 석유 의존성을 달성했다는 것이다. 유가가 높게 유지되고 계속 올라간다면, 우리는 여전히 더 높은 효율성을 달성하게 될 것이다(그림 5.1 참고).

심지어 석유가격이 솟구치더라도 전반적인 우리 경제에 주는 영향은 최소화될 것이다. 이는 쉽게 생각해볼 수 있는 문제다. 오늘날 석유와 석유관련 제품은 전체 GDP의 단지 2.5%를 차지한다.[108] 상상되지 않는가? 하지만 사실이다. 우리의 국가 수입에 오늘날 석유가 미치는 영향은 작다. 더구나 명목 GDP는 1980년 이후 연평균 6%로 성장하고 있다.[109] 미래의 성장은 석유의 중요성을 더 줄게 만들 것이다. 비에너지 집중 산업에서 주로 성장이 이루어지고 있기 때문이다.

그림 5.1 미국의 에너지 집중도

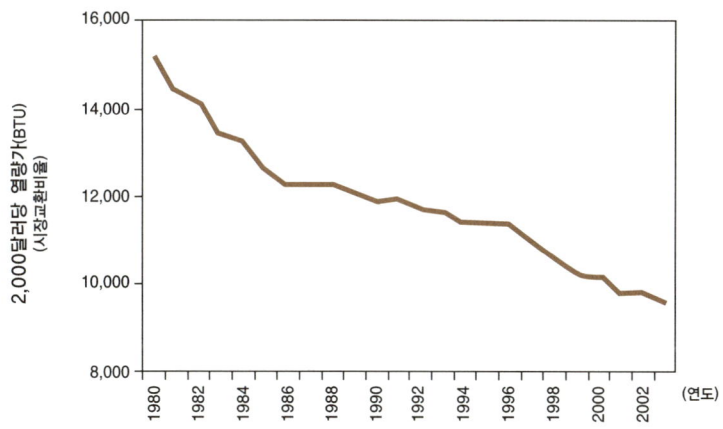

출처: Energy Information Administration

나 말고 주식시장을 믿어라 – 주가와 유가는 관련이 없다

나를 믿지 않을 거라면, 주식시장을 믿어라. 투자자들의 첫 번째 관심은 유가와 주가가 역의 관계를 가지고 있다는 것이다. 사람들은 유가가 오르면 주가는 떨어지고, 유가가 내리면 주가는 오른다고 생각한다. 유가 상승은 나쁜 것으로 본다. 그리고 나쁜 것은 주가에 반영된다는 것이다. 투자자들은 석유전쟁과 공급 감소, 자연재해 그리고 태연하게 허머(Hummer, 대형 지프 트럭으로 기름을 엄청나게 먹는다—옮긴이)를 운전하는 그들의 이웃을 걱정한다. 그들 모두는 이 모든 것이 유가를 높이고 주가 하락을 일으킬 것이라고 확신한다. 아무도 그걸 원하지는 않는다. 이런 시각을 뒷받침하는 것도 아주 많다. 어느 날이든지, 자주 들리는 웹사이트에 접속하면 "(주가가) 석유에 미끄러지다"[110] "유가 하락으로 주가 상승"[111] "사우디 증산으로 유가 하락, 주가는 상승"[112] "유가 상승으로 주가 하락"[113]과 같은 말들을 볼 수 있다. 이것들은 단지 예다. 구글을 검색해보면 유가와 주가의 역관계가 얼마나 자주 언급되고 있는지 볼 수 있다.

상식적으로 생각하면 맞는 것처럼 보인다. 석유가격이 올라가면 가솔린 가격이 올라갈 것이고, 사람들은 잡화나 비행기 티켓, 양말 등 다른 것을 사는 데 쓸 돈이 줄어들 것이다. 소비가 줄면 이와 관련된 제조사나 판매사들의 매출이 떨어지고 주주들은 겁을 먹게 된다. 유가가 오르면 주가가 떨어진다는 것이 이 얘기의 끝이다. 모든 사람이 아는 내용이다. 거트루드는 아니었다. 그녀였다면 거기에 거기라고 할 만한 것이 있는지 물었을 것이다. 석유와 주식이 역의 관계를 가지며, 진짜로 유가가 오르면 주가는 떨어진다는 것이 사실인가? 그 2가지 가격은 항상 존재하는 것이다. 따라서 거기에 거기라고 할 만한 것이 있다면, 측정해볼 수 있다.

그림 5.2에 여러분을 위해 데이터를 제시해놓았다. 하지만 직접 테스트해보고 싶다면 야후 파이낸스에서 과거 S&P500지수를 다운로드 받으면 된다. 과거 유가는 에너지 정보국(EIA: Energy Information Administration's) 웹사이트에서 얻을 수 있다.[114] 데이터 분석을 위한 엑셀 사용법을 모른다면 1장을 참고하면 된다. 그림 5.2는 1982년부터 2006년까지 과거 유가와 S&P500지수 추이를 함께 그려놓았다. 전체적으로 봤을 때, 이 두 변수가 시간이 지나면서 함께 상승하는 것처럼 보이는 것 말고는, 거기에 거기라고 부를 수 있

는 것이 그렇게 많지 않다는 걸 볼 수 있을 것이다. 대부분의 가격이 시간이 지나면서 인플레이션으로 인해 오르는 경향이 있다는 사실에 비춰보면 그리 충격적인 것은 아니다.

비과학적으로 보기에도 1장의 고 P/E 차트처럼 이 차트를 통해 이런 사실을 확신하기에는 좀 부족해 보인다. 좀더 결정적인 답을 위해서는 상관계수가 필요하다. 만약 두 변수가 동시에 같은 양만큼 오르고 떨어진다면 상관계수는 1이 될 것이다. 즉 1:1의 관계를 의미한다. 만약 강한 음의 상관관계, 즉 우리가 석유와 주식의 관계에 대해 생각하는 것처럼 서로 반대로 가는 변수가 있다면, 상관계수는 -1에 가까울 것이다. 상관계수가 0에 가까울수록 두 변수의 연관성은 거의 없어진다.

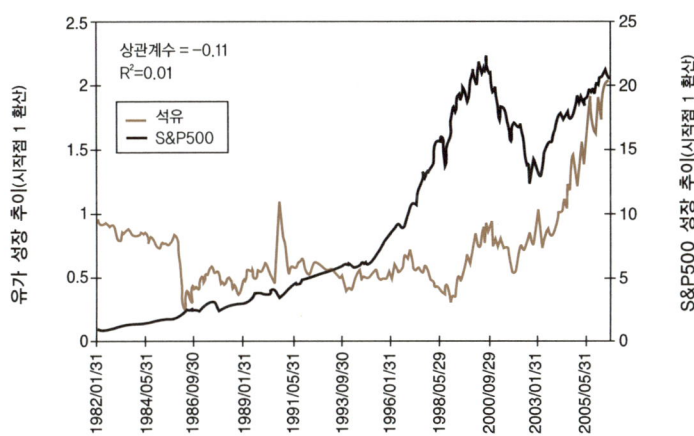

그림 5.2 고유가는 주식에 해가 된다. 정말일까?

출처: Global Financial Data

1%의 설명

유가와 주가의 상관계수는 마이너스 0.11이다. 음의 상관관계이지만 누구나 생각했던 것보다 작다. 두 변수가 서로에게 얼마나 많은 영향을 주고 있는지 알기 위해선 1장에서 보았듯이 R-squared 값을 구해야 한다(R-squared가 두 변수의 상대적인 관련성을 보여준다는 사실을 기억하라). 여기서 R-squared 값은 0.01이다. 이는 유가 변동을 주가 변동의 원인으로 단지 1%만 책임 지울 수 있다는 뜻이다. 겨우 1%다! 사고의 초점을 다른 99%에 맞춰라.

유가와 주가는 변화가 심하고 때로 시세가 단기적으로 분출하면서 서로 영향을 주기도 하기 때문에 이 문제를 다르게 보는 방법도 있다. 그림 5.3은 유가와 S&P500의 1년간 월별 순환 상관관계를 보여주고 있다.

그림 5.3은 상관관계의 고점과 저점을 확연하게 보여준다. 1980년에 유가 버블이 최고점에서 꺼지면서 큰 꼭짓점을 만들고 있는 것을 볼 수 있다. 또한 1900년과 1991년 경기침체 후에 찾아온 1990년대 초 마이너스 상관관계의 저점도 볼 수 있다. 이들은 모두 잠시 발생했다 사라지고 상관관계가

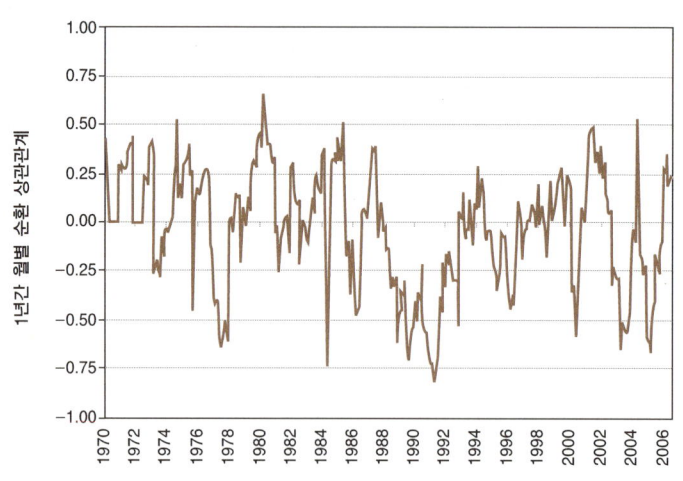

그림 5.3 유가 vs S&P500 : 1년간 월별 순환 상관관계

출처: Global Financial Data

존재하지 않는 평균(0)을 중심으로 회전한다. 이 문제를 살펴볼 수 있는 다른 방법은 각각의 변수가 서로 얼마나 많은 영향을 주는지 보여주는 순환 R-squared 값이다(그림 5.4에 제시).

1992년 후반에서 1994년 초반까지 주가 움직임의 20%가 넘는 부분이 유가와 관련이 있는데, 이는 이례적으로 높은 수치다. 그리고 그 당시에는 아무도 알아차린 사람이 없었다. 여러분도 마찬가지다. 거기엔 거기라고 할 만한 것이 약간이지만 잠시 동안 있었다. 그리고 우리 모두는 그걸 놓쳤다. 그 이전에도, 그 이후에도 유가가 주가에 그렇게 많은 영향을 준 적은 없다. 거기에 거기라고 할 만한 것이 없었다면, 오르지도 않고 내리지도 않았을 것이다. 여전히 사람들은 거기에 뭔가 있다고 생각한다. 멋지지 않나? 여러분과 나와 거트루드는 알고 있다.

이제 유가의 움직임이 주식에 그렇게 영향을 주지 않는다는 사실에 굉장히 안심이 될지 모른다. 하지만 어떤 것이 미국에서 참이라면 미국 이외의 대부분의 장소에서도 참이어야 한다는 사실을 기억하라. 그렇지 않다면 틀

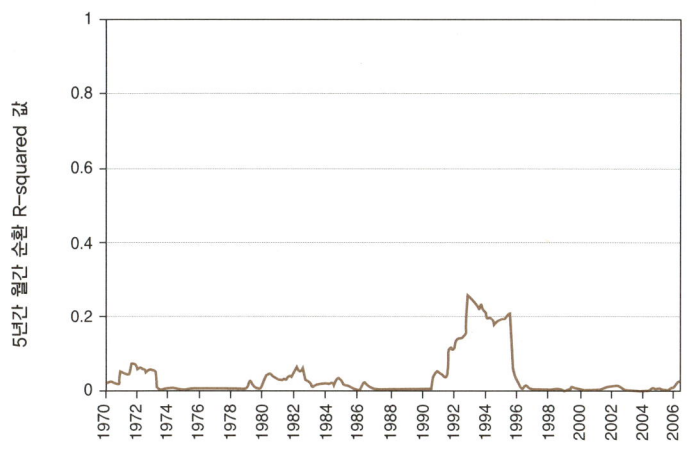

그림 5.4 유가와 S&P500 : 5년간 월간 순환 R-squared 값

출처: Global Financial Data

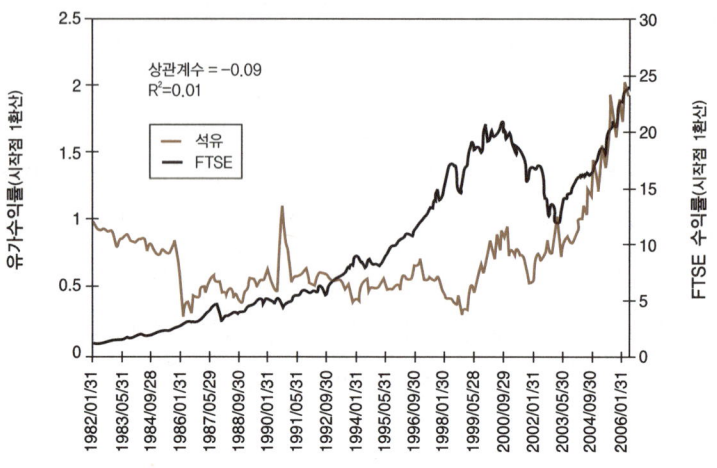

그림 5.5 유가와 FTSE All-Share 지수

출처: Global Financial Data

린 것이다. 가능할 때마다 확실한 증명을 하기 위해선 여러분이 내린 결론을 외국시장에서 검증해봐야 한다. 만약 어떤 것이 이곳 미국에서만 유효하다면, 그것은 특정한 국내 상황에서만 작용하는 것일 수 있거나(대통령 선거 사이클 같이), 그저 우연일 수도 있다. 비록 미국이 더 좋았다는 것을 알지 못했지만, 거투르드조차도 미국 이외의 지역을 생각했다. 그림 5.5는 영국의 유가와 주가의 관계를 나타낸 것이다.

영국시장에서도 거의 비슷한 결과를 얻게 된다. 상관계수는 −0.09이며 R-squared 값은 0.01이다. 거의 아무런 상관관계도 없는 수치지만, 영국인들도 미국인처럼 고유가가 주가를 떨어뜨릴까 봐 패닉상태에 빠진다. 사실, 내가 보기엔 영국인들의 걱정이 더 큰 것 같다(난 영국에 대해 많은 시간을 연구했다). 역시 다른 모든 외국의 주가지수와 비교해봐도 유가는 주가에 그리 큰 영향을 주지 않는다. 그림 5.6에서 보이는 상관계수는 0.05, R-squared는 0.00이다. 아무런 충격을 주지 않는다. 전혀! 하지만 여러분의 동료 투자자들은 둘 사이에 상관이 없다는 사실을 볼 수 없거나 보지 않으려 한다. 거기

그림 5.6 유가와 MCSI EAFE 지수

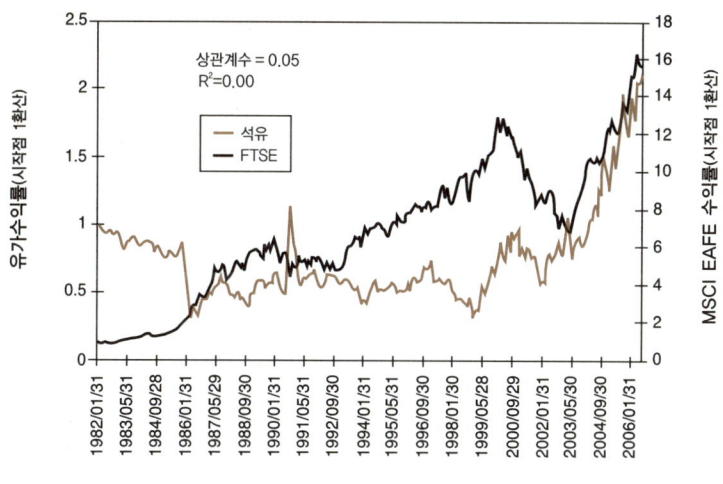

출처: Global Financial Data

엔 거기라고 할 만한 것이 없다.

그것이 확증편향 오류라고 확신할 수 있다

이는 확산되고 있는 미신에 대한 어쩔 수 없는 증거다. 그렇다면 왜 그렇게 많은 사람들이 그 미신을 고수하는 것일까? 세 번째 질문을 해보자. 두뇌는 확증편향 오류와 유동성에 대한 환상을 통해 여러분을 망친다. 우리의 두뇌는 우리가 사전에 가지고 있던 편견과 '일반적인 상식'을 확실하게 해주는 사례에 집착한다. 그리고 그와 반대되는 증거는 무시해버린다. 거트루드는 전 생애에 걸쳐 확증편향 오류를 겪었다. 오클랜드에 있건 볼티모어의 존스 홉킨스에 있건 지루한 미국인보다는 파리지앵의 삶이 훨씬 낫다고 생각한 것이 바로 이 때문이다. 그녀는 그녀가 보고 싶어 하는 것만 봤다. 대부분의 사람들이 그렇게 한다. 앞에서 말한 신문의 헤드라인들을 기억해보라. 헤드라인은 상식적인 것을 좋아하지만 "유가 상승, 주가 상승 견인!"과 같은 헤드라인을 본 적이 언제였는가? 절대 없을 것이다. 왜냐하면 좋은 뉴스 거리가 아니기 때문이다! 유가가 오를 때 주가가 하락할 확률은 측정 가능하며, 아마도 동전 뒤집기의 확률과 비슷할 것이다.

하지만 우리 두뇌는 그 문제를 그런 식으로 기억하지 않는다. 그리고 신문들 또한 그렇게 보려 하지 않는 게 확실하다. 신문들과 우리들은 우리의 편견을 확증하는 사례를 기억한다. 즉, 유가와 주가가 서로 반대로 움직인 날에만 초점을 맞춘다는 것이다. 이 책을 통해 간단한 상관관계를 어떻게 구하는지 가르쳐준다고 해서 인간의 확증편향 오류가 바뀌지는 않을 것이다.

그 반대가 참이고 유가와 주가가 함께 움직인다면, 투자자들은 문제의 재구조화(reframing)를 통해 변명하려 한다. 매일 매일의 유가와 주가 대신, 임의적인 기간을 정해 주장하는 것이다. 그들은 하루가 아니라 더 긴 시간을 통해서 봐야 한다고 주장한다. 일주일, 3개월, 1년 또는 극단적인 기간이다(물론 그렇다고 증명이 되는 것은 아니다). 그러면서도 편견에 부합하는 하루 단위의 가격 움직임이 있으면 마음속의 미신을 확증하고, 그와 반대되는 증거는 더 긴 기간이나 단위를 필요로 한다고 주장하는데, 실제로는 설명이 안 된다.

어떤 사람은 유가 상승이 주가 상승에 바로 영향을 미치는 것이 아니라, 약간의 시차를 두고 영향을 준다고 한다. 또 다른 재구조화다. 이런 사실을 주장하면서도 실제로 검증해보지는 않는다. 나는 이를 검증해봤지만, 아직 이런 시차가 실제로 어떠한 상관관계도 만들어내는 것을 보지 못했다. 또한 나는 그런 것이 존재한다고 믿지 않는다(해외시장의 경우도 마찬가지다). 3일, 일주일, 2.5주, 7개월, 7.82개월 등 어떠한 시차를 적용해봐도 결과는 비슷했다. 임의적으로 어떤 시차를 두더라도 유가와 주가의 움직임은 정상인이라면 베팅할 수 없을 정도로 상관관계가 없었다. 이러한 '시차'에 대한 주장은 데이터 마이닝(data-mining)이나, 재구조화의 또 다른 방법이며, 여러분의 확증편향에 종속되는 것이다. 이는 인간이 선사시대의 오류를 얼마나 잘 겪는지 보여주는 사례다. 여러분이 원하는 모든 데이터를 찾아도 유가와 주가 간에 믿을 만한 연관을 찾지 못할 것이다. 내가 틀렸고 여러분이 나보다 더 나을 수도 있다. 나는 받아들일 수 있다. 만약 그런 연관성을 밝혀내면 내게 알려달라. 하지만 그렇지 못할 것이다. 나는 이 책을 읽는 많은 사람들 중에(여러분은 아니다) 내가 틀렸다고 생각하면서도 스스로 상관관계를 구해보려고 하지 않을 사람들이 많다는 데 베팅할 것이다.

이는 비싼 장비나 복잡한 공식 없이 미신을 밝혀낼 수 있는 훌륭한 사례다. 어떤 가정을 증명하기 위해 복잡한 분석이 필요하다면, 그 가정은 틀린 것이기 쉽다. 이 문제에 대해 생각해보기 위해 가솔린에 대해 좀더 살펴보자.

가솔린펌프 퀴즈

고유가에 대한 히스테리를 완화시키기 위해 내가 제안하는 것은 모든 소비자들이 자동차에 가솔린을 채우기 전에 간단한 퀴즈를 풀어보는 것이다. 이 퀴즈에 통과하지 못하는 사람은 선거에 참여하기엔 너무나 멍청한 사람이다. 5개 문제 중 3문제는 맞춰야 한다.

1. 대부분의 자동차에 동력을 공급해주는 가솔린의 주원료인 원유는
    a. 악마의 도구다
    b. 텍사스에서 조작된 음모다
    c. 상품이다
    d. 지구온난화의 주범이다

2. 유가는 이것에 의해 결정된다.
    a. 조지 W. 부시
    b. 핼리버튼
    c. 수요와 공급
    d. a와 b 모두

3. 미국 정부는 이것을 통해 유가를 즉시 낮출 수 있다.

　　a. 규제 완화

　　b. 세금 완화

　　c. 셸(Shell)사의 사장을 딕 체니(Dick Cheney)와 함께 새 사냥에 가도록 한다

　　d. a와 b 모두

4. 미국에 가장 많은 석유를 수출하는 국가는

　　a. 이라크, 하지만 우리가 훔쳤다고 얘기하지는 마라

　　b. 사우디아라비아

　　c. 핼리버튼

　　d. 캐나다

5. 테러와의 전쟁은

　　a. 석유를 위한 또 다른 (끔찍한: Terror-able) 전쟁이다

　　b. 텍사스에서 조작된 (끔찍한: Terror-able) 음모다

　　c. 지구온난화의 (끔찍한: Terror-able) 주범이다

　　d. 이 중에 없다

　겁내지 마라. 이 테스트가 법으로 만들어지진 않을 것이다. 정치인들도 봐야 할 테니깐. 하지만 여러분은 베팅할 수 있는 소재를 갖게 된 셈이다. 유가가 올라서 주가가 폭락할 것이란 예측에 대부분의 사람들이 환각에 빠져 있을 때마다 그런 일이 일어나지 않을 것이란 걸 알기 때문이다. 우선, 그런 걱정이 이미 가격에 반영되어 있고, 그런 논리 자체가 완전히 틀린 것이기 때문이다. 아마도 2008년에는 여전히 고유가가 근심의 원인일 것이다. 무시하라. 이슈 없이도 주가는 오르고 싶은 만큼 오를 수 있다.

프랑스인이 잘할 수 있는 것이라면, 미국인은 더 잘할 수 있다

석유 얘기를 끝마치기 전에, 거트루드와 재미있는 프랑스인들, 부시 대통령, 평범한 텍사스 오일 맨 그리고 중국에 대해 몇 가지 소소한 얘기를 더 해보자. 우선, 만약 거트루드의 인생에서 배울 수 있는 일곱 번째 교훈을 찾는다면 "미국에서 사는 인생이 프랑스에서 사는 것보다 좋다"라고 하고 싶다. 정치적으로 옳지 못하지만 이와 같은 의미를 갖는 말은 "프랑스인들이 잘할 수 있는 일이라면, 미국인들은 더 잘할 수 있다"가 된다. 이 말은 캘리포니아 사람으로서 부분적으로는 캘리포니아 와인에 대해서 말하는 것이다. 유가가 배럴당 20달러로 떨어지는 것을 다시 보고 싶은가? 쉽고 확실한 방법이 있다. 기술적으로는 하찮은 것이다. 단지 현재 프랑스인들이 자신들이 필요로 하는 에너지의 절반을 핵에너지로부터 얻고 있으며, 오랫동안 그래왔다는 사실을 기억하면 된다. 조지 부시는 '핵'이라는 말을 두 문장 연속으로 사용할 수 없는 듯하다. 2006년 연설에서, 그는 대체에너지를 옹호하는 발언을 했지만 '핵'과 관련된 얘기는 전혀 하지 않았다. 확실히 그는 핵에너지를 대체로 해서 미국을 화석연료로부터 분리시키는 데 전혀 관심이 없는 듯하다.

만약 에너지 4대 소비국인 미국과 영국, 일본 그리고 중국 모두가 어떻게든 앞으로 10년에 걸쳐 현재 프랑스인들이 핵에너지로부터 얻는 수준만큼 각자의 핵에너지 용량을 늘리는 데 협약을 맺는다면, 텍사스 원유가격이 20달러가 되는 것은 여러분이 상상하는 것보다 빠를 것이다. 머리 쓸 필요도 없다. 버클리 사람들은 뚱뚱하고 부유한 텍사스 오일 맨들을 몰아내는 공상에 빠질 일이 없을 것이다. 이미 그런 일이 벌어졌을 테니 말이다.

30년이 넘는 기간 동안 미국에는 핵발전소가 건설되지 않고 있다.[115] 핵을 두려워하고 있었던 것이다! 그러한 정치적·사회적 결정은 오랫동안 지속되어 왔으며 흔들기 어렵다. 하지만 정치적인 결정은 그래도 나은 편이다. 내가 '핵'이라는 얘기만 해도, 이제는 백발이 성성한 1970년대의 환경 전사들이 프랑스인들이 잘 해오고 있는 것(대체에너지로 핵을 이용하는 것—옮긴이)을 미국에도 똑같이 허용한다는 생각에 몸을 움찔하는 것이 보인다. 거트루드를 기억하라. 거기에 거기라고 할 만한 것이 있었는가? 프랑스인들은 수십 년간 핵에너지와 함께 풍족하고 안전하게 살아오고 있다. 그리고 프랑스인들이 할 수 있는 것이라면, 우린 더 잘할 수 있다. 그리고 우리 친구들의 도움을 약간 받아, 그렇게 한다면 우린 50년이 아니라 수백 년간 석유를 사용할 수 있을 것이다. 거트루드가 이 문제에 대해 어떻게 생각했을지는 모르겠다. 하지만 내 할아버지라면 좋아했을 것이다. 투어링 카를 몰며 산맥을 탐험하길 좋아하셨기 때문이다.

위칭 이펙트가 없으면 1월 효과가 산타클로스 랠리를 망쳐놓을 것이다. 그러니 5월에 팔라

대중적으로 인기 있는 또 하나의 미신(들)은 내가 '5월에 팔라' 라는 카테고리로 한데 묶은 것이다. 5월에 팔라는 말은 오래된 격언인 "5월에 팔라, 그리고 떠나라"라는 말에서 따온 것이다. 이 말은 여름에는 수익률이 별로 좋지 않다는 뜻을 내포하는 것이다. 이런 종류의 미신은 어떤 달이나 어떤 요일, 특정 휴일과 관련된 미신들이 모두 포함된다. 산타클로스 랠리, 10월 효과, 월요일 효과, 금요일 효과, 섬머 랠리, 트리플 위칭, 월말 효과, 상현달 동안의 세 번째 목요일 효과, 야구 시즌 동안의 두 번째 목요일 효과 등. 좋다. 마지막 두 개는 내가 만들어낸 것이다. 하지만 다른 것들과 비교해 더 바보같이 들리진 않는다.

투자자들은 일반적으로 이 모든 걸 한 번에 다 믿지는 않는다. 어떤 건 믿고 어떤 건 믿지 않는다. 하지만 그 타당성을 검증해보지는 않는다. "도대체 어떤 바보가 금요일 효과 따위를 믿는단 말인가?" 어떤 투자자들은 이런 말을 하면서 산타클로스 랠리를 준비하기도 한다. 여러분은 본능적으로 이런 것들이 아주 쓰레기 같다는 것을 알아챘을지도 모르겠다. 하지만 미디어는 이런 것들을 우리에게 상기시켜 주면서 시장이 금요일에 그렇게 된 이유는 바로 이런 이유 때문이며, 따라서 월요일에는 이런저런, 아니면 또 다른 어떤 일이 일어나야만 한다고 주장한다. 이와 관련해서는 공식적으로 진행된 연구가 많다. 몇몇 학술잡지에 기고된 것도 있고, 대중매체에 보도된 것도 있다. X부터 Y라는 기간 동안 A라는 날에 사서 C라는 날에 팔면 시장초과수익을 거둘 수 있었다는 식의 연구다. 항상 이 시작점과 끝나는 시점을 바꾸거나 해외시장에 적용해보면 이런 효과는 완전히 사라지게 된다. 의도된 또는 무의식적인 자료 끼워 맞추기의 결과다.

아마도 최근의 가장 대중적인 미신은 "5월에 팔라, 그리고 떠나라"라는 말일 것이다. 마치 동전을 5번 던져 4번이 앞면이 나온 경우처럼 운이 따라줬기 때문이다. 이 격언은 수십 년 된 것으로 운의 기복에 따라 인기도 기복을 겪었다. 어떤 시점에서는 실제로 경제학적인 이치에 맞는 것처럼 보였을 수도 있다. 수억 년 전에는, 여름은 미국의 비즈니스가 다소 느슨해지는 시기였다. 농경 사이클이나 휴가 사이클 때문이었다. 지금도 많은 수의 유럽인들은 기본적으로 따듯한 달을 점검한다. 하지만 한때 그랬었다고 지금도 그럴까? 그것은 절대 실제 주식시장 사이클이 아니었다. 말도 안 되는 것이며 실제 증명해 보일 수 있다. 인스턴트의 시대, 무선통신의 시대, 24시간 커뮤니케이션의 시대인 오늘날, 여름이 되면 정기적으로 차익거래가 끊어진다는 게 가능한 얘기인가? 훌륭한 많은 투자자들이 여름엔 주식시장이 좋지 않다는 것을 진심으로 믿는다. 이는 첫 번째 질문으로 검증해볼 수 있는 또 하나의 쉬운 과제다. 표 5.1은 1925년 이후 매년 전체 수익률과 함께 6월부터 8월까지 시장수익률을 보여주고 있다.

표 5.1에서 6월부터 8월까지 평균 수익률은 4.7%인데, 이는 플러스 수익일 뿐만 아니라 현금이나 채권을 보유한 것보다 좋은 수익률이다. 물론 시장 자체가 일반적으로 마이너스일 때보다 플러스 수익을 기록하는 경우가 많

표 5.1 5월에 팔고 떠나라?

(단위: %)

연도	여름 수익률 (6~8월)	1년 수익률 (1~12월)	연도	여름 수익률 (6~8월)	1년 수익률 (1~12월)
1925	5.7	0.0	1966	-9.7	-10.1
1926	12.3	11.1	1967	5.9	23.9
1927	11.5	37.1	1968	0.9	11.0
1928	5.4	43.3	1969	-6.9	-8.5
1929	28.7	-8.9	1970	7.6	3.9
1930	-11.8	-25.3	1971	0.2	14.3
1931	7.9	-43.9	1972	2.2	19.0
1932	91.4	-8.9	1973	0.1	-14.7
1933	15.9	52.9	1974	-16.4	-26.5
1934	-3.9	-2.3	1975	-3.7	37.2
1935	19.3	47.2	1976	3.7	23.9
1936	12.1	32.8	1977	1.9	-7.2
1937	-0.1	-35.3	1978	7.5	6.6
1938	31.9	33.2	1979	11.8	18.6
1939	-2.4	-0.9	1980	11.5	32.5
1940	15.7	-10.1	1981	-6.2	-4.9
1941	12.2	-11.8	1982	8.5	21.6
1942	7.8	21.1	1983	2.3	22.6
1943	-1.3	25.8	1984	12.0	6.3
1944	5.1	19.7	1985	0.6	31.7
1945	4.5	36.5	1986	3.1	18.7
1946	-12.3	-8.2	1987	14.5	5.3
1947	7.7	5.2	1988	0.6	16.6
1948	-3.0	5.1	1989	10.5	31.7
1949	9.2	18.1	1990	-9.9	-3.1
1950	-0.1	30.6	1991	2.2	30.5
1951	10.0	24.6	1992	0.4	7.6
1952	6.5	18.5	1993	3.7	10.1
1953	-3.6	-1.1	1994	4.9	1.3
1954	3.5	52.4	1995	6.0	37.6
1955	15.0	31.4	1996	-2.0	23.0
1956	6.1	6.6	1997	6.5	33.4
1957	-3.8	-10.9	1998	-11.9	28.6
1958	9.3	43.3	1999	1.8	21.0
1959	2.4	11.9	2000	7.1	-9.1
1960	2.9	0.5	2001	-9.4	-11.9
1961	3.0	26.8	2002	-13.8	-22.1
1962	0.0	-8.8	2003	5.1	28.7
1963	3.2	22.7	2004	-1.0	10.9
1964	2.6	16.4	2005	2.9	4.9
1965	-0.7	12.4	평균	4.7	12.2

출처: Global Financial Data, S&P500 Total Returns

다. 주목할 것은 여름 동안에 수익률이 굉장히 좋았던 때가 매우 많았다는 것이다. 이런 사실은 "5월에 팔라, 그리고 떠나라"라는 전략이 손해를 보기 딱 좋은 전략이라는 것을 의미한다. 어떤 투자자들은 "5월에 팔라"는 말이 진짜 의미하는 것은 여름을 낀 반년이 겨울을 낀 반년보다 수익률이 나쁘다는 것이라고 주장한다. 즉, 5월부터 10월까지가 11월부터 4월까지보다 수익이 나쁘다는 것이다. 어처구니없다. 도대체 얼마나 데이터 짜 맞추기가 필요한가? 데이터를 점검해보자. 그렇다. 5월부터 10월까지 평균수익은 4.4%로, 11월부터 4월까지 수익률 7.4%보다 낮다. 이게 여러분한테 의미하는 것은 무엇인가? 현금을 들고 앉아서 더 적은 수익을 올리고 싶은가? 어떤 6개월이 다른 6개월보다 수익이 좋아야 하는 어떤 경제적 이유도 없다. 왜 5월부터 10월까지인가? "7월에 팔아라, 그럼 후회하지 않을 것이다"는 안 될까? 몇몇 해는 이런 편견을 더욱 확실하게 해주는 듯 보인다. 2006년 5월 주식시장의 급격한 하락은 사람들이 그런 전략을 확고히 믿도록 해주었다. 다시 한번 말하지만 이는 확증편향이며 유동성에 대한 환상이다. 이런 사람들은 동전 던지기에서 세 번 연속 앞면이 나와도 깊은 인상을 받을 것이다.

이 미신은 투자자들이 이미 갖고 있던 편견을 확증시켜 주는, 두 변수의 50 대 50의 확률이 존재하는 유가와 주가의 미신과는 조금 다르다(물론 이 미신을 믿는 사람들은 유동성과 확증편향을 모두 지니고 있지만). 만약 어떤 여름 기간의 수익률이 플러스라면, '5월에 팔라' 론의 지지자들은 단순하게 좀더 오랜 기간을 지켜봐야 한다고 말할 것이다(아니면 더 짧은 특정 기간일 수도 있다). 그들이 놓치고 있는 것은 시장이 여름 기간 동안에 마이너스였던 때보다 플러스였던 때가 많다는 명백하고 냉엄한 진실이다. 이를 알아보기 위하여 어려운 분석이 필요하지도 않다. 물론 격언을 따라 하면, 결과적으로 여름에 마이너스 수익을 올리게 되는 셈이다. 이는 어떤 계절이나 어떤 달에도 적용되는 진실이다.

계절과 관련된 다른 미신들은 어떤가? 이 미신들은 어떤 날이나 달, 휴일

등과 관련해서 우리에게 경고한다. 이 중에 진실은 있는가? 없다. 통계적 분석을 통해 모두 산산조각 나버리는 것들이다. 두 번째 질문에 기반해 떠올려 보라. 만약 어떤 것들이 연관관계가 있는 것처럼 보인다면 해외시장에서도 유효해야 하며, 왜 그렇게 되는지 기초적인 경제학적 논리로 설명할 수 있어야 한다. 계절 관련 미신은 이 중 어느 하나도 충족시키지 못한다.

하나만 택해서 월요일 효과가 진짜라고 해보자. 월요일 효과란 금요일 시장의 추세가 월요일에도 지속된다는 것이다. 금요일이 플러스였으면 월요일도 그럴 것이며, 마이너스였으면 월요일도 하락이 예상된다는 것이다. 이는 또 다른 대중적 미신인 '주말 효과'와 정면으로 배치된다. 주말 효과는 주가가 주말에 걸쳐 떨어진다는 의미다. 하지만 상관하지 마라. 지금부터는 월요일 효과가 실제로 들어맞는다고만 생각하기로 하자. 실제로 여러분이 틀리게 생각하고 있었다면 정말 효과가 있는 것처럼 보인다. 시장이 상승한 어떤 해에 금요일과 월요일 그리고 다른 요일들은 하락하는 날보다 상승하는 날이 많았을 것이다. 따라서 그런 해에는 금요일에 주가가 하락했건 올랐건 월요일에 주가가 상승하는 경향이 높다. 그리고 강세장이었던 해에는 금요일에 하락한 경우보다 상승하는 경우가 더 많기 때문에 월요일 효과는 들어맞는다. 약세장에서는 금요일이 어땠건 월요일은 상승보다는 하락하는 경우가 많았을 것이다. 이는 금요일뿐만 아니라 어느 요일이나 마찬가지다. 따라서 이번에도 효과가 들어맞는다.

하지만 이는 단지 여러분이 보고자 하는 것을 봤을 뿐이다. 강세장인 해에는 금요일에 하락했다고 월요일에도 하락할 것이라는 데 베팅하면 굉장히 많은 돈을 잃을 것이다. 약세장인 해에도 금요일 날 올랐으니 월요일도 오를 것이란 데 베팅하면 또한 돈을 잃을 것이다. 평균적으로 봤을 때 시장이 전체 기간의 2/3는 상승했다는 사실은 어떤 날이든지 그 전날보다는 오를 확률이 높다는 기본 법칙이 들어맞게 하는 바탕이 되지만, 만약 여러분이 이를 틀렸다고 가정하게 되면 여전히 돈을 잃게 되는 전략을 취하는 셈이다.

통계적으로 봤을 때 이런 미신들을 지지해주는 어떤 적절한 증거도 없다. 표 5.2는 1926년 이후 S&P500의 월별 평균 수익률을 보여주고 있다. 모든 월의 평균 수익률이 플러스로, 약간 마이너스인 9월이 커버되었다. 왜냐하면 시장이 마이너스보다는 플러스인 경우가 더 많기 때문이다. 계절과 관련된 미신 중 조금이라도 맞는 부분이 있었다면, 어떤 달은(또는 달들은) 다른 달보다 훨씬 수익률이 좋았을 것이다. 어떤 달들은 평균적으로 다른 달보다 좋아 보인다. 하지만 이 수치는 평균치이며 시장의 변동성과 때때로 따라주는 행운이 모두 반영된 것이란 걸 명심하라. 그렇기 때문에 매년 4월마다 1.50% 수익을 기대할 수 없으며, 또한 매년 11월마다 1.17% 수익을 기대할 수 없는 것이다. 과거의 평균 수익률은 미래에 어떤 일이 발생할 것인지 전혀 말해주지 못한다. 그 수치에는 과거의 우연한 행운이 포함되어 있는데 미래에도 이런 행운이 똑같이 재현되지는 않기 때문이다. 이러한 사실은 특정 요일이나 월, 계절 등에 관련된 심리적인 미신은 전혀 믿을 것이 못 된다는 것을 보여주는 것이다. 지금이 몇 월인지는 오직 시간을 맞출 때(서머타임으로 인한 시간 조정─옮긴이)나 옥수수를 심을 때 중요할 뿐이다.

표 5.2 S&P500 월별 평균 수익률

1926~2005년	월별 평균 수익률
1월	1.69%
2월	0.26%
3월	0.62%
4월	1.50%
5월	0.30%
6월	1.37%
7월	1.87%
8월	1.25%
9월	-0.80%
10월	0.62%
11월	1.17%
12월	1.78%

출처: Global Financial Data

이런 미신들 중 많은 수는 투자자들에게 잦은 매매를 유도해 수수료를 받으려는 목적으로 누군가 한때 선전했던 것들이다. 수수료로 한몫 잡겠다는 것이다. 물론 어떤 사람들은 좋은 의도로 이런 미신들을 옹호했겠지만 결국 분석은 잘못한 셈이다. 누군가 여러분에게 계절과 관련된 시장의 움직임이 곧 일어날 것이란 근거 없는 주장을 하며 주식 매매를 부추긴다면, 단지 증거가 되는 문서를 요구하면 된다. 그 사람은 여러분에게 계절적 주가 변동과 관련해서 자신의 회사에서 작성한 '리서치 리포트'나 다른 곳에서 구한 '세부 분석' 자료를 보낼 수도 있을 것이다. 하지만 거기엔 원래 데이터가 포함되어 있지 않을 것이다. 그 자료들은 임의로 맞춘 기간의 평균에 기반을 두고 편견을 확증시키는 것들이며, 하락보다는 상승하는 시장의 정상적인 경향에 맞춰진 것은 아니다.

인터넷 등을 통해 여러분 스스로 원 데이터를 얻을 수도 있다. 또한 엑셀도 있으니 거기에 거기라고 할 만한 게 있는지 알아보기 위해 직접 첫 번째 질문을 해볼 수 있으며, 그 사람 없이도 결론을 내릴 수 있을 것이다. 명확한 사실은 그런 분석을 해보면, 거기엔 거기라고 부를 만한 것이 없다는 것이다.

연환산 수익률 VS 평균 수익률

우리는 '연환산(annualized)' 수익률과 '연환산' 평균(average)이라는 말을 자주 사용한다. 그렇다면 연환산 평균이란 도대체 뭘까? 일반적인 '평균'과 무슨 다른 점이라도 있는 걸까? 그렇다.

일반적인 평균 또는 여러분의 통계학 교수가 산술평균이라 부르곤 했던 것은 연환산 평균(기하평균이라고 불린다)과는 다르다. 두 종류의 평균은 저마다 적절한 분석상의 용도가 있다. 하지만 수익률에 대해 얘기할 때는 항상 연환산 수익률을 사용한다. 왜일까? 산술평균은 실제를 반영하지 못하기 때문이다.

설명을 위해서, 극단적인 수익을 가진 인덱스가 있다고 하자. 첫해에 이 인덱스는 75% 상승한다. 두 번째 해에는 40% 하락한다. 3년째는 다시 60%가 오른다. 산술평균을 어떻게 계산하는지 알 것이다. 75%+(-40)%+60%를 하고 3으로 나눈다. 평균은 31.7%다.

하지만 연환산 평균의 경우(내 행동을 참아달라. 가소롭게 말하는 듯이 들릴 것이고, 실제로도 계산이 어렵지 않다), 각 해의 수익률에 1을 더해 서로 곱한 수치의 n제곱근을 구해야 한다. n에는 경과한 연도가 들어가며 이 경우엔 3이다. 이렇게 구해진 값에서 1을 빼면 연환산 수익률인 18.88%를 구할 수 있다. 엑셀을 통해 쉽게 구할 수 있는데 아래 공식처럼 생겼다.

	A	B	C	D	E
1					
2		0.188784			
3					
4					
5					
6					
7					

B2 =(1.75*0.6*1.6)^(1/3)-1

나는 각각의 해에 1을 더해서(75%는 1.75가, -40%는 0.6이 되는 식이다) 곱하고 1/3 자승을 구해서 1을 뺐다.

이제 2가지 평균을 다 구해보았다. 어떤 차이가 있는가? 산술평균은 31.7%이고, 연환산 평균은 18.88%이다. 둘 다 기술적으로는 옳지만, 연환산 평균이 훨씬 유용하며 실제에 가깝다.

만약 첫해에 1만 달러를 이 인덱스에 투자했다면, 3년째 말에는 16,800달러가 되어 있을 것이다. 여기엔 논란의 여지가 없다. 하지만 어떤 사람이 그 인덱스의 3년간 연평균 수익률이 31.7%였다고 한다면, 여러분은 22,843.22달러를 손에 쥐고 있어야 한다. 나머지 6,000달러는 어떻게 된 것일까? 돈을 잃은 것이 아니다. 연환산 18.88%의 수익이라는 표현이 실제 여러분의 자산에 일어난 일을 더 잘 표현해준다. 바로 계산해보라. 1만 달러를 18.88% 복리로 3년간 계산하면 16,800달러가 나온다.

왜 이것이 중요할까? 여러분은 포트폴리오의 성과를 정확히 계산할 수 있어야만

> 한다. 어떤 사람이 여러분에게 뮤추얼펀드를 가입하게 하려고 한다. 그는 지난 10년간 펀드의 평균 수익률이 19%로 벤치마크 지수인 연평균 10%를 비트했다고 말할지 모른다. 그가 거짓말을 하는 것은 아니다. 펀드의 수익률은 산술평균으로 벤치마크의 수익률은 연환산 수익률로 말했을 수도 있다. 그렇게 얘기해서 가입을 유도하려는 것이다. 펀드의 높은 산술평균 수익률은 평균을 끌어올린 한두 해의 높은 수익률에서 기인했을 수 있다. 그리고 연환산 수익률은 훨씬 낮을 수 있을 것이다. 항상 고려해야 할 것은 연환산 평균이다.

이제 숙제를 할 시간이다

이제 여러분은 몇 가지 사례를 살펴보았고 상관계수와 R-squared를 계산할 수 있다. 투자의 미신들을 스스로 검증해볼 수 있게 된 것이다. 시작하는 방법은 쉽다. 어떤 것이든지 첫 번째 질문을 던져보라. 어떤 것이든지! 너무나 확신해서 테스트가 필요 없다고 생각하는 것부터 시작하라. 아무도 여러분을 미쳤다고 생각하지는 않을 것이다. 설사 그렇게 한다 해도 여러분에게 해가 될 것은 없다. 또 해가 되지 않는 것이 무엇인지 알고 있는가? 실수를 적게 하고 더 많은 돈을 버는 것이다. 주변에 친구들이 여러분을 비웃으면 이렇게 말해줘라.

당장 첫 번째 질문을 연습해볼 수 있는 몇 가지 투자와 관련된 믿음을 소개한다. 이 중 어떤 것은 여러분도 믿고 있는 것이고, 모두 믿고 있을 수도 있으며, 전혀 안 믿을 수도 있다. 하지만 일반적으로 많은 사람들이 믿고 있는 것으로서 검증해보기도 쉽다.

- 많은 투자자들이 높은 실업률은 주식에 좋지 않고 낮은 실업률은 좋다고 믿고 있다. 정말일까? 나는 둘 다 어떠한 연관도 없다고 말할 것이지만 여러분 스스로 쉽게 검증해볼 수 있다(실업률은 노동 통계청에서 찾으면 된다.

www.bls.gov).

검증을 하는 동안, 실업률의 고저가 GDP에 영향을 주는지 체크할 수 있다. 대부분의 투자자들은 높은 실업률이 GDP에는 곧 재앙이라고 말할 것이다. 난 일자리가 성장을 만드는 게 아니라 성장이 일자리를 만든다고 생각하지만 직접 체크해보길 바란다.

- VIX(시카고 옵션 거래소 변동성 지수)는 S&P500의 하락을 예측하는 인기 있는 지수다. 사람들이 말하듯이 "VIX 지수가 높으면, 주식을 사야 할 때다!"라는 말이 정말일까? 상관관계를 구해보라. 그러면 VIX가 통계적으로 쓸모없다는 것을 발견하게 될 것이다.

- 높은 배당수익률은 오랫동안 높은 주식수익률을 예측하는 지표로, 낮은 배당수익률은 낮은 주식수익률의 예측치로 생각되어 왔다. 과연 이 미신에 베팅할 수 있을지 과거 배당수익률을 인터넷에서 찾아보라(힌트: 베팅할 수 없을 것이다).

- 전문가와 프로 투자자들은 낮은 소비자 확신지수와 이것이 GDP와 주식시장에 미치는 영향에 대해 한탄한다. 맞는 얘기인가? 소비자 확신지수와 관련해서는 거기에 거기라고 할 만한 것이 없다고 말하고 싶다. 내가 틀렸는지 확인해보기 위해, 컨퍼런스 보드에서 작성하는 2가지 소비자 확신지수를 확인해보라(http://www.conference-board.org/economics/consumerconfidence.cfm). 그리고 미시간 대학의 지수도 확인해보라 (http://www.sca.isr.umich.edu/).

- 특히 시기적으로 지금 당장 해봐야 할 것이다. 투자자들은 이란과 북한과의 외교적 불화음이 또 다른 전쟁으로 치닫지 않을까 걱정하고 있다. 나

역시 그렇다! 하지만 그것이 주식시장에 영향을 줄까? 아닐 것 같다. 이미 가격에 반영되었기 때문이다. 미국이 참전했던 전쟁 이후 주식시장이 어떻게 반응했는지 체크해보라. 그렇게 해보면, 전 세계적인 전쟁일지라도 주식시장에 큰 악영향을 주지 않았다는 걸 알 수 있을 것이다.

여러분은 첫 번째 질문을 사용하는 데 금방 전문가가 될 것이다. 하지만 첫 번째 질문을 사용하면서 느끼는 진짜 즐거움은 너무나 널리 퍼지고, 열렬히 사랑 받고, 되돌릴 수 없는 것처럼 보이며, 누구도 감히 이견의 입바람조차 낼 수 없는 미신을 발견했을 때다. 바로 그때가 투자자들의 믿음이 너무나 잘못되었으며, 완전히 그 반대가 참이라는 것을 발견하는 때다. 이제 이런 사례를 좀더 찾아보자.

| 6장

아니오,
정반댑니다

자, 어떤 나라가 되고 싶은가? 무역적자를 보유하고 활기찬 경제와 주식시장을 보유한 쪽인가?
아니면, 자랑스런 무역흑자와 황량한 경제성장률을 가진 쪽인가?
바보가 아니라면 적자와 성장 쪽을 고를 것이다.

THE ONLY
THREE
QUESTIONS
THAT
COUNT

여러분이 정말로 정말로 틀렸을 때

이번 장은 여러분에게 괴상하게 보일 수 있다. 하지만 그렇지 않다. 5장에서는 '모든 사람이' 믿고 있지만 굳이 확인해보려 하지 않는 잘못된 미신을 어떻게 밝혀낼 수 있는지에 대한 범위를 넓혀 살펴보았다. 투자에서뿐만 아니라 인생살이에서도 의구심은 여러분이 가진 가장 강력한 무기다. 이 질문들은 단지 투자에만 적용되는 것은 아니다. 결정을 내려야 하는 인생의 많은 순간들에서도 사용할 수 있다. 예를 들어, 여러분이 이혼 위기에 닥쳤다고 가정해보자. 아무도 그걸 원하진 않지만 비일비재한 일이다. 이혼은 재정적으로나 감정적으로 파산을 의미한다. 만약 여러분이 결혼을 결정할 때 3가지 질문을 사용했다면 아마도 그런 일에 휘말리지는 않았을 것이다. 여러분의 재산과 인생을 공유하게 되는 사람에게 3가지 과학적인 질문을 던져본다면, 문제는 아주 달라질 수 있다. 어떻게 그럴 수 있는지 살펴보자. 실제로 잘못된 것을 믿고 있진 않은가? 다른 사람은 간과하지 못한 걸 간과할 수 있는가? 내 두뇌가 나를 잘못된 방향으로 이끌고 있진 않나? 확증편향 오류를 저지르고 있진 않은가? 확실함에 대한 환상은? 과신하고 있진 않는가? 모두 똑같다. 하지만 일단 이혼이라는 바위 위에서 결혼하게 되면, 여러분은 정말로 정말로 잘못했었다는 것을 알게 될 것이다.

첫 번째 질문을 사용하면, 여러분은 더욱 많은 미신들을 밝혀내게 된다. 그토록 아무런 의심 없이 널리 받아들여지지만 사실은 정반대가 진실인 미신들을 발견하면 더욱 흥분하게 된다. 정부의 재정적자가 주식시장에 재앙이 아니라 주식시장의 상승을 이끈다는 사례처럼 미신이 정말 정말 잘못되고 그 반대가 진실인 경우처럼 말이다. 첫 번째 질문을 두 번째 질문과 연결지으면, 일반적으로 믿고 있는 미신의 정반대에 베팅할 수 있다는 사실을 알게 된다. 얼마나 멋진가? 단지 사람들이 굳게 믿고 있는 것은 어떤 것이든지 이런 방법을 시작할 수 있다. 주변 사람들에게 여러분이 이교도로 낙인찍힐지 모르지만 무슨 상관인가? (사람들이 당신을 어떻게 생각하느냐는 상관할 바가 아니라는 것을 기억하는가?) 그토록 많은 투자자들이 실패하는 1가지 이유는 미친 사람처럼 보일 수 있는 질문에 대한 두려움 때문이다. 미친 사람처럼 보이는 것을 두려워하지 마라. 두려움은 잘못된 사실에 기반한 투자를 만든다.

부채가 좋은 경우!

트랙터에서 러쉬 림보(Rush Limbaugh, 미국의 라디오 정치 토크쇼-옮긴이)를 듣고 있는 캔자스의 농부부터 "부시는 거짓말쟁이"라고 적힌 플래카드를 들고 있는 샌프란시스코의 채식주의자까지 모두 놀라서 야단을 치게 만들 주제부터 시작해보자. 바로 부채 얘기다.

1장에서 나는 여러분에게 정부의 재정적자가 주식시장의 하락보다는 상승의 원인이 된다는 것을 보여주는 데이터를 제시했다. 하지만 어떻게 그리고 왜 그런지는 얘기하지 않았다. 이를 알기 위해서는 부채와 적자에 대해 더욱 잘 이해해야 한다. 다른 사람들이 모르는 것을 알아내고 어떻게 사용되며, 오용되고, 잘못 이해되는지를 살펴봐야 하는 것이다.

어릴 때부터 우리는 부채가 나쁘다고 배웠다. 부채가 많으면 나쁜 것이며, 많은 빚은 곧 도덕적으로 올바르지 못한 것을 의미했다. 부채에 대한 거부감은 거의 절대적인 것이다. 기독교에서는 수십 세기 동안 대출에 대해 이자수익을 올리는 것을 죄악으로 여겨왔다. 사회적으로 소외된 사람을 위해 돈을 빌려주어야 한다는 것이었다. 정당생활 동안 한 번도 구속된 적이 없던 로마의 정치가 카토는 고리대금업을 살인과 동일시했다. 초기 기독교와 유대교, 그리고 이슬람교에서는 이자를 받고 돈을 빌려주는 것을 금지했다(유태인들끼리는 서로 이자를 받고 돈을 빌려주는 것을 금지하고 있다. 또한 이슬람교에서는 오늘날까지도 이자 자체를 금하고 있다). 현대사회(적어도 서구의 현대사회)에서는 셰익스피어의 소설에 등장하는 샤일록의 이미지를 그려내는 데 어려움을 겪겠지만, 엘리자베스 시대의 독자들은 대부업자를 나쁜 사람이라고 쉽게 생각했을 것이다.

투자자들은 우리의 부채와 재정적자를 거대한 경제적 유출이라고 생각한다. 우리의 자녀들과 자녀들의 자녀들, 그리고 그들의 자녀들, 자녀들의 애완동물들, 그리고 이 자녀들을 점령할 미래의 외계인들과 이 모든 것을 전복시킬 바퀴벌레들까지 결국 누군가는 갚아야 할 것이기 때문이다. 마치 우리를 구해줄 케빈 코스트너도, 멜 깁슨도 없는(아마 멜 깁슨도 대부업자를 싫어할 것이다) 영화 〈매드 맥스〉 포스트 제3차 세계대전 스타일의 세계에 말이다. 모두가 부채 때문이다!

모든 사람들은 우리의 부채가 과도하다는 것을 알고 있다. 어디서나 이런 말을 접할 수 있고 여러 번 여러 곳에서 되풀이되고 있다. 부인 못 할 사실로 받아들여지고 있는 것이다. 정부의 부채가 다음 빙하시대가 올 때까지 오랫동안 지속하지 않는다고 해도, 모든 사람이 누군가는 그 돈을 갚아야 한다는 데 동의한다. 그때가 되면 참으로 괘씸할 것이다. 주가가 이런 상황에서 오를 순 없지 않은가? 맞는가? 첫 번째 질문을 한번 해보자. 부채가 경제와 주식시장에 좋지 않다는 것이 사실일까? 어려움을 겪을 정도로 우리의 부채수준이 과도한 것일까?

이 문제에 있어서, 일단 우리의 부채가 실제로 얼마나 되는지 적절한 측정기준을 통해 알아야 한다. 그리고 나서 아무도 해본 적이 없는 아주 기본적인 질문을 해봐야 한다. 하지만 만약 여러분이 저녁뉴스에서 미국 정부가 거의 5조 달러의 부채를[116] 보유하고 있다는 얘기를 들었다면 기분이 상해 침을 뱉고 싶을 것이다. 5조라는 숫자는 어느 기준으로 봐도 절대적으로 많은 수치다.

1조는 10억의 1,000배다. 단 10억조차도 우리의 선사시대적 두뇌로는 개념 파악이 어렵다. 예를 들어, 10억 시간 전에 우리 조상은 글자 그대로 빙하시대에 살고 있었다. 10억 분 전에는 예수가 살고 있었다. 그러니까 5조라는 숫자는 정말 엄청난 것이다. 그렇지 않은가? 하지만 그게 나쁜 것일까? 대부분의 사람들이 그렇게 생각한다. 하지만 3장에서 얘기한 토끼와 허머(Hummer, 대형 지프차—옮긴이) 얘기를 기억하는가? 큰 숫자를 다룰 때는 항상 상대적으로 생각해야 하며 측정기준을 고려해야 한다. 이를 위해서 미국의 자산 대차대조표를 정확히 그려볼 필요가 있다(표 6.1 참조).

여러분이 내 회사의 고객이 아닌 이상, 표 6.1처럼 작성된 미국의 대차대조표를 한 번도 본 적이 없을 것이다(이 대차대조표는 미스터리 속에 가려져 있는 것이 아니다. 모든 데이터들은 공개되어 있다). 이 표는 일반 회사의 대차대조표처럼 미국의 모든 자산과 부채를 망라한 것이다. 이 표에는 모든 종류의 공적·사적 부채와 자산이 포함되어 있다. 왼쪽 자산 항목을 전부 합하면 미국의 총자산은 111조 달러가 된다(이 즉시 5조라는 숫자는 상대적으로 작아 보이지 않는가?). 오른편의 부채 항목으로 넘어가 보면, 총부채는 50조에 달한다. 다른 대차대조표와 마찬가지로 자산에서 부채를 빼면 미국의 순자본가치는 61조 달러가 된다(우리가 작성한 대차대조표에서는 계약상으로 일대일 상쇄가 되어버리는 자산과 부채, 예를 들어 보험증권과 준비금, 연금 보증채와 수령액 등은 다루지 않는다. 그것들은 완

표 6.1 미국의 총 유형자산 대차대조표

자산	십억 달러	부채	십억 달러
현금 및 현금등가물	$10,224	주택마련 모기지	$8,683
상장주식	15,542	신용카드 자동차 대출	2,178
(2005년 12월 31일 시가총액 기준)		비상업적 사업 부채	2,763
기타 기업주식	6,617	비금융적 사업 부채	5,350
비상업적 사업	9,305	금융권 부채	12,880
채권	34,625	저축/수표 계좌	11,918
총 금융 자산	**76,313**	정부 부채	4,702
		주립&로컬 정부 부채	1,851
주거용 부동산	21,648	**총 부채**	**50,325**
기타 부동산	13,091		
부동산(정부 소유 부동산 제외)	**34,738**	순 자본	60,727
		총 부채와 순자본	$111,051
총자산	**$111,051**		
미국의 수입(GDP)	12,766		

주: 일대일로 상쇄가 되는 다른 자산과 부채는 제외하였음. 생명 보험증권 및 준비금, 소파나 식기 세척기 같은 소비내구재, 연금보증채와 수령액 같은 것이다.
출처: Standard&Poors and Federal Reserve Flow of Funds Acounts(FYE 2005)

벽하게 서로를 상쇄하며, 그렇기 때문에 우리 분석에 영향을 미치지 않는다. 노인 의료보험제도나 사회보장 같은 보험도 포함되지 않았다. 이것들은 나중에 정치인들이 쉽게 삭감할 수 있는 것들이다).

물론 50조라는 수치는 부채로는 여전히 많아 보인다. 하지만 자산 111조 또한 큰 수치다. 부채를 정확히 보는 좋은 방법 중 하나는 기업분석 시 하는 것처럼 자본부채비율(dept-to-equity ratio)로 보는 것이다. 우리의 부채를 정확히 이해하고 그게 정말 '나쁜' 것인지 알아보기 위해 현재 부채를 자본으로 나누어보면 83%라는 수치를 얻게 된다. 이제 우리는 우리가 어떤 것을 다루고 있는지 알게 되었으며 자본부채비율 83%가 나쁜 것인지, 좋은 것인지 질문을 던져볼 수 있다(나중에 알아볼 것이다).

핵심질문 – 어떤 사회가 가지는 적절한 부채의 수준은?

더욱 핵심이 되는 질문은 두 번째 질문인 "한 사회가 보유하는 적절한 부채의 수준은 어느 정도일까?"라는 것이다. 적절한 양을 어떻게 알 수 있을까? 나는 이런 질문을 어떤 공식적인 자리나 글에서 한 번도 본 적이 없다. 이 질문은 마치 뉴턴이 했던 질문과 비슷한 질문이다. 그 근원이 그저 지금까지 생각해볼 수 없는 기본적인 것이기 때문이다. 한 사회가 가지는 모든 종류의 부채의 적절한 양은 얼마일까? 대부분의 사람들은 부채가 적을수록 좋고 아예 없는 것이 최고라고 생각한다. 하지만 터무니없는 생각이라는 것을 우리는 알고 있다. 기업을 보자. 기업들은 항상 기업활동을 위해 부채를 신중하게 활용한다. 조달비용보다 자산에 대한 수익을 높임으로써 기업의 자본가치를 극대화하려는 것이다. 부채가 전혀 없는 것은 최선이 아니다. 그렇다면 최선은 어떤 것일까? 어떻게 알아낼 수 있을까? 더 많은 것도 좋지 않고 더 적은 것도 좋지 않은 수준, 바로 그것이 적당한 양이다. 부채가 적을수록 좋은 것이라는 사람들의 편견 때문에 아무도 그 적당한 수준에 대해 질문해본 적이 없다. 여러분도 마찬가지였을 것이다. 하지만 첫 번째 질문을 통해 여러분이 틀릴 수 있는지 확인해봄으로써 큰 이득을 볼 수 있다. 이 문제에 관해 여러분이 틀렸다면, 그렇게 생각하고 있는 사람이 엄청나게 많을 것이기 때문이다.

적절한 부채수준이 얼마인지 알아내기 위해(또한 적절하지 않거나 '나쁜' 부채수준이 어느 정도인지 알아내기 위해) 기초적인 경제학과 금융이론을 다시 봐야만 하는데, 여기서는 부채가 그 자체로는 나쁘지도, 비도덕적이지도, 나약함의 표시라고도 여기지 않는다. 부채는 명백하게 자본주의에 있어 정당하고 필요한 도구이다. 또한 우리는 이미 자본주의를 태생적으로 옳은 것이라고 정의했다. 기업금융에 대한 초기연구는 회사의 적절한 자본구조를 계산하는 방법 또는 부채와 자기자본을 적절히 조합하는 방법에 관한 것이었다. 여러분이 CFO(최고재무담당임원)라면, 투자에 대한 수익의 극대화를 위한 최적의 자본구조를 계산해야 할 것이다. 이는 회사마다 서로 다르며, 심지어 산업 섹터별로도 다르지만, 최적의 부채비율이 절대 0이 되지는 않는다. 대부분의 회사들은 레버리지(부채를 통해 수익을 극대화하는 것-옮긴이) 없이 수익을 극대화할 수 없다. 따라서 부채가 전혀 없는 것은 사회에 있어서도 최선의 선택이 아니다. 자, 그렇다면 적절한 양은 얼마가 될까?

여러분이 1,000억 달러 규모의 회사를 운영하는 CEO건 5명으로 구성된 가족의 전업주부건 돈을 빌리는 데 드는 세후비용(즉, 이자)이 계획하고 있는 투자의 보수적인 기대수익률보다 충분히 낮다면 돈을 빌리는 것은 좋은 것이다. 이 부분에서는 여러분도 따질 게 없을 것이다. 아주 간단히 말하면, 바로 그 둘 사이의 차이가 수익이 된다. 부채와 자기자본의 적절한 비율은 바로 증감하는 조달비용이 그로 인한 수익과 같아지는 시점이 된다. "단지 같아지는"이란 말은 여러분의 신경을 거스른다. 하지만 우리 회사의 투자수익이 15%인데 돈을 빌리는 데 드는 비용이 세전 6%(즉 세후 4%)라면, 돈을 빌려서 공장에 투자하는 일에 화가 나지는 않을 것이다. 우리는 그 차이만큼 돈을 벌 것이라는 걸 알며, 여러분도 좋아할 것이다. 하지만 여전히 "단지 같아질 때"라는 말이 겁나기도 한다.

학교에서 미시경제학을 배운 적이 있는가? 그런 적이 없어도 괜찮다. 단지 뒤의 몇 문장만 참아주면 된다. 미시경제학을 배운 사람을 위한 내용이 약간 나오기 때문이다. 만약 미시경제학을 공부했다면, 경제학 이론 중 한계비용이 한계수입(매출)과 같아질 때 이익 극대화가 이루어진다는 내용을 기억할 것이다. 어떤 경제학 입문서에서도 볼 수 있는 내용이다. 여기서 이에 관해 자세하게 늘어놓지는 않을 것이다. 한계비용은 대출에서 발생하는 이자비용이라고 볼 수 있다. 배운 내용을 토대로 보면, 대출의 한계비용이 그 대출금에서 발생한 한계수익을 약간 초과할 때 최적화가 이루어진다는 것이다. 이익을 얻을 수 있는 한도까지는 최대한 돈을 빌릴 것이고, 그 이상은 아닐 것이기 때문이다.

바로 다음 문장에 답이 있다

한 사회가 가지는 적절한 부채의 양은 모든 유형의 대출 한계비용이 모든 자산의 한계수익과 같아지는 지점이다. 너무나 간단하고 이성적이며 경제학 이론에서 직접 유추한 것이다. 그럼 조금 확장해보기로 하자. 만약 한 사회의 자산수익률이 대출비용에 비해 매우 높다면 그 사회는 좀더 많은 돈을 빌려야 하며, 그 돈을 투자해 수익을 올리고 시민들이 더 부유해지도록 해야 한다. 여전히 빚과 관련된 도덕성에 매달리는 사람을 위해 말한다면 더 부유한 시민이 바로 도덕적인 것이며, 상대적으로 가난한 시민은 비도덕적인 것이다. 이해가 되는가?

결국 부채가 많을수록 좋은 것인지 아니면 적을수록 좋은 것인지는 자산의 수익률에 달려 있다. 수익률이 조달비용보다 높다면, 부채가 많을수록 좋고 적을수록 나쁜 것이다. 그 반대도 마찬가지다. 자산 수익률이 한계 조달비용보다 작다면, 부채가 적을수록 좋다. 그렇다면 어떻게 미국이 적정수준의 부채를 보유했는지 알 수 있을까? 간단하다. 총 조달비용에 대한 총 자산수익률을 살펴보는 것이다. 어떻게 하면 될까?

자금의 조달비용을 계산하기 위해 앞에서 살펴본 대차대조표의 부채 항목을 다시 한 번 살펴보자. 여러분은 각 부채의 유형별로 이자율이 어느 정도 되는지 대충은 알고 있다. 주택마련 모기지의 대부분은 세금공제가 되며, 따라서 조달비용은 생각보다 낮지만, 현재 30년 만기 기준으로 6.8% 수준을 맴돌고 있다.[117] 하지만 세후로는 이 절반 정도가 되며 굉장히 많은 사람들이 이보다 짧은 기간을 저리로 빌리고 있다. 신용카드 대출은 이자율이 굉장히 높다. 대차대조표에서 첫 달 이후 17%, 19%, 23%까지 유지된다. 하지만 그 액수는 그렇게 많지 않다(총부채 중 카드 부채가 차지하는 비중은 생각보다 작다. 실제로는 아주 작다). 자동차론의 경우 기본적으로 이자가 없으며 소비자 부분의 총부채는 이자율이 그리 높지 않다. 우리는 이 책에서 정부뿐만 아니라 기업의 대출이자를 다루었다. 그리고 세금이 없는 주(州)나 시(市) 부채의 경우 상대적으로 이자율이 낮다는 걸 직관적으로 알 수 있다. 이런 부채를 모두 합해서 볼 때 우리가 가진 부채의 평균 이자율은 5~6% 정도로 볼 수 있다. 약간은 차이가 있을 수 있다. 그리고 세후로 계산하면 4% 정도 될 것이다. 우리가 살펴보는 사례에서는 정확한 수치가 그리 중요치 않다는 것을 곧 보게 될 것이다.

서프라이즈!

정말 중요한 것은 미국의 자산수익률이지만, 이것을 어떻게 계산할 수 있을까? 이는 너무나 쉬운 문제여서 아무도 그것이 얼마나 쉬운지 생각하지 않은 것이다. 단지 기업분석에서 하는 것처럼 하면 된다. 전체 수입(GDP)을 전체 자산으로 나누는 것이다. 가장 최근 자료에 따르면, 미국의 GDP는 약 13조 달러다.[118] 여기서 GDP를 쓰는 이유는 국가의 수입일 뿐만 아니라 실제 모든 사람이 여기서 발생하는 혜택을 보고 있기 때문이다. 우리의 수입은 곧 우리의 '수익'이라고 할 수 있다. 이는 한 가정이나 기업이 수익을 계산하는 방법과 다르지 않다. 수입이 많을수록 국민들은 부유해진다. 그리고 당연히 그것이 목표가 된다. 더 많은 사람에게 더 많은 수입을! 그것이 바로 도덕적인 것이다. 그리고 여러분은 이런 식으로 생각하지 않겠지만, GDP는 세후수치다. 여러분의 수입에 대한 세금이 GDP에 포함되어 있기 때문이다. 따라서 GDP를 전체 자산으로 나누면 수익률 12%를 얻게 된다.

뭐라고? 놀란 가슴을 진정시키고 자산에 대한 우리의 수익률이 세후 조달비용인 4%보다 훨씬 높다는 사실을 지적해야 할 것 같다. 자산수익률이 조달비용보다 약 3배나 많다. 따라서 정의대로만 본다면 우리는 과도한 채무를 지고 있지 않다. 도대체 누가? 어떻게? 여러분이 화날 것이란 건 알고 있다. 그리고 평균 조달 이자율이 약간 벗어나 있거나, GDP나 전체 자산규모가 약간 다를 수는 있다. 정부의 자료라는 게 원래 개략적인 측면이 있기 때문이다. 하지만 그리 중요한 문제는 아니다. 우리가 얼마나 틀렸든 간에 자산의 수익률에 비하면 조달비용은 여전히 아주 작기 때문이다.

우선, 12%의 자산수익률은 매우 인상적이다. 다음으로, 최적화를 위해서는 조달비용이 높아지거나 자산수익률이 낮아져 두 비율이 서로 비슷해질 때까지 돈을 빌려서 어떻게든 투자에 나설 필요가 있다. 그때까지는 부채를 늘릴 필요가 있다. 지금은 부채가 부족한 상황이다. 나를 따라 말해보라. "우리의 부채는 과도하지 않으며 부채라는 늪에 빠져 있지도 않다. 우린 부채가 부족한 상황이며 더욱 많은 부채가 필요하다." 아이쿠! 이 말은 당신에게 상처가 될 것이다.

우리에게 부채가 충분히 많았던 적은 없다. 우리가 처한 상황에서는 부채가 많을수록 좋았을 것이며, 적을수록 나빴을 것이다. 부채로 인한 리스크를 많이 지지도 않았다. 충분히 많은 돈을 빌리게 되면 그것은 이자율 상승에 압력으로 작용할 것이다. 그리고 충분히 많은 자산을 사게 된다면 더욱 많은 한계활동을 일으키게 될 것이고, 자산에 대한 수익률은 결국 떨어질 것이다. 이 2가지 행위를 함께하는 것이 바로 경제학 이론에서 말하는 최적화이다. 이렇게 할 때 우리는 시민들의 이익과 부를 극대화할 수 있으며, 그렇게 하기 전까지는 과도한 부채를 진 것도 아니고, 최적화되었다고 할 수도 없으며, 도덕적으로도 옳지 못해 시민의식을 저하시키는 것에 다름 아니다. 단지 지금까지 배웠던 사실과 배치되기 때문에 믿고 싶지 않을 것이다. 하지만 잠깐만 기다려보라. 왜냐고? 첫 번째 이유는, 내 머릿속에는 여러분들이 이 책을 달리는 차창 밖으로 집어던지고 액셀러레이터를 밟으면서 이 문장의 단어들이 마치 도플러 효과처럼 서서히 사라져가는 장면이 그려지고 있기 때문이다. 두 번째는, 책을 내던지지 않았다면 아직 재미있는 얘기들이 남았기 때문이다.

즐거운 시간

가장 먼저 우리의 부채가 과도하지 않고 오히려 부족한 상태라면, 단지 그 생각만으로도 즐겁다는 걸 알 수 있겠는가? 우리 후손들이 〈매드 맥스〉처럼 암울한 세상에 놓일까 걱정할 필요가 없으며, 이런 생각 자체가 우리의 마음을 가볍고 즐겁게 해준다. 주목할 것은 아무도 우리가 가진 부채가 너무 작지 않은가 하는 의문을 가져보지 않았다는 것이다. 그 이유는 부채 축소라는 미신에 대한 사회적인 합의가 너무나 압도적이기 때문이다. 마치 의문을 제기하면 이교도로 보이게 되는 사회적 종교와 같다. 하지만 첫 번째 질문을 뒤집어 생각해보면 아마도 금융에서 접할 수 있는 최고의 재미를 느끼게 될 것이다. 실제로 뒤집어 보자. 정부의 부채가 많을수록 정말로 경제나 주식시장에 좋은 영향을 줄까? 이 질문은 어떤가? 우리의 부채수준이 낮다면 얼마나 많은 부채가 더 필요하며 그걸로 무엇을 할 수 있을까? 바로 여기가 두 번째 질문이 시작되는 부분으로, 여기에 대한 답은 다른 사람들이 간파하지 못한 걸 여러분이 간파해낼 수 있도록 할 것이다. 이를 알아보기 위해서는 일단 기업의 관점에서 시작해서 개인을 통해 정부의 부채까지 생각해봐야 한다.

S&P500 기업의 평균 자본부채비율은 172%이며,[119] 미국의 자본부채비율인 83%에 비해[120] 2배 이상 높은 것이다. 어떤 사람들은 GE를 세계에서 가장 경영을 잘하는 회사 또는 어느 모로 보나 훌륭한 기업으로 생각한다. 이 글을 쓰는 시점에서, GE는 세계에서 시가총액이 두 번째로 높은 종목이다. 그리고 GE의 자본부채비율은 339%다.[121] 만약 GE의 자본부채비율이 최적화 상태가 아니라 할지라도 최적화에 매우 가까운 수치일 것이다. GE는 물론 앞서 살펴본 회사들은 이익을 극대화하기 위해 부채를 활용해 자본구조를 최적화시키고 있다.

"이론적으로 기업의 경우 부채를 활용하는 것은 상관없다. GE가 돈을 빌려 공장을 짓거나 다른 기업들이 그렇게 하는 것은 합리적으로 돈을 쓰는 것이기 때문에 아무런 문제가 없다고 본다. 하지만 어리석은 소비자나 그보다 훨씬 어리석은 정부의 경우는 그렇지 않다"라는 얘기를 할지도 모르겠다.

여러분이 걱정하는 것은 마약중독자들이 더 많은 약을 구입하거나 애플 아이튠즈(i-Tunes)에서 핑크 플로이드의 음악을 구입하기 위해 카드빚을 내는 상황, 즉 얼마 안 되는 빚을 멍청한 짓을 벌이거나 끔찍한 약을 사는 데 모두 탕진해버리는 일이다. 이것은 정말 바보 같은 생각이다! 여전히 여러분 중 대다수는 정부의 부채보다는 마약중독자가 아이팟을 사용하기 위해 진 빚이 차라리 낫다고 생각할 것이다. 마약중독자가 기본적으로 정부보다 더 똑똑하고, 적절하게 돈을 쓸 것이라고 상상하기 때문이다. 정부의 총부채와 관련한 문제라면, 여러분은 자치단체의 부채를 주의 부채보다는 덜 멍청하다고 보고, 한 주의 부채는 연방정부의 부채보다 낫다고 본다(여러분이 캘리포니아에 살지 않는다는 전제 하에 그렇다. 캘리포니아에 사는 사람들은 연방정부보다 캘리포니아주를 더 한심하게 생각할 것이다). 이제, 만약 마약중독자나 여러분의 정부가 돈을 멍청하게 쓰지 않는다고 생각한다면, 이어지는 내용을 읽을 필요가 없다.

정부나 마약중독자의 부채를 좀더 정확히 보기 위해 기업의 부채부터 다시 살펴보자. 여러분이 S&P 신용등급 BBB인 평균 정도 되는 회사의 CEO라고 가정해보자. 2006년 중반에 여러분의 회사는 6%를 약간 넘는 이자에 10년간 돈을 빌릴 수 있었다.[122] 대출을 통해 추가 수입을 발생시키기 위해서는, 세후 순 조달비용보다 자산수익률이 더 높아야 한다. 기업 법인세가 33%라고 해보자. 그러면 조달비용 6%는 세후로 4%가 된다. 장기적으로 회사가 연 4% 이상 수익을 올리는 데 자신이 없다면 여러분은 CEO로서 자격이 없으며, 이사회에서 해고 당해야 할 것이다. 따라서 여러분이 공장을 짓거나 신상품을 출시하거나, 아니면 다른 무엇을 해서 올릴 수 있는 수익은 12% 정도 될지 모른다(어쨌건 4%보다는 훨씬 높다). 여러분은 더 많은 돈을 빌려 부를 창출함으로써 주주들에게(그리고 고객과 종업원, 즉 우리 사회의 일반적인 시민들에게) 확실하게 도덕적 의무를 다한 셈이다. 이런 상황에선 돈을 빌리는 행위는 도덕적이며 옳은 것이다.

부채와 기업의 도덕성에 관한 좋은 사례가 있다. 여러분이 CEO이고 회사 주식의 P/E가 16이라고 가정해보자. 이익수익률(P/E를 뒤집은 E/P)로는 6.25%가 된다. P/E가 세후수치이기 때문에 이익수익률 또한 세후수치다. (내가 무슨 말을 하려는지 이미 눈치 챘길 바란다.) 세후로 4%에 돈을 빌릴 수 있고 여러분 회사의 주식을 되살 수 있다면, 시장에 주식 유통 물량은 줄게 되고 주당이익은 높아지게 되며 2.25%의 스프레드는 이익으로 취할 수 있게 된다. 주주들에게 공짜로 돈을 주게 되는 셈이다. 회사의 이익이 떨어지지 않는 이상 결코 손해 보는 장사가 아니다. 그리고 여러분들이 CEO라면, 그런 사실을 가장 잘 아는 사람은 바로 여러분들이다. 그렇게 하지 않으면 다시 한 번 해고돼야 할 것이다. 이렇게 하는 것이 도덕적인 행동이며 그렇게 하지 않는 것은 비도덕적 행동이다. 하지만 꼭 그렇지 않을 수도 있다! 빌린 돈을 좀더 효과적으로 사용해서 15% 수익을 올릴 수도 있기 때문이다. 이것이 여러분에게 더 유리한 선택이며, 그렇다면 주식을 매입하는 대신 부채를 활용해 수익을 올려야 한다. 그렇지 않다면, 이 두 가지 모두를 할 수도 있다. 실제적으로 조달비용을 능가하는 높은 수익을 올릴 수 있는 기회가 주어진다면 계속 돈을 빌려야 한다. 여러분도 이것을 합리적이라 생각할 것이며, 우리 사회의 부채에 관해서도 필요 이상의 정신적인 아픔을 갖지 않게 될 것이라고 확신한다.

이런 식으로 부채를 활용하면 연구, 개발, 기업인수에 필요한 자본을 확보하고 주주의 가치 증대 및 기업의 장기적 발전 등에 도움을 주게 된다. 이에 대한 보답으로 회사는 더 좋은 상품과 서비스를 경쟁력 있는 가격에 내놓으며, 이는 소비자에게 이익이 된다. 그리고 성장으로 인해 더 많은 월급과 보험 서비스, 그리고 다른 혜택을 받게 되는 종업원들도 잊어서는 안 된다. 얼마나 아름다운 일인가!

승수 효과와 아이팟을 쓰는 마약중독자

이제 애플의 아이팟을 쓰는 마약중독자와 이와 비슷하게 멍청한 정부 얘기를 해보자. 대학에서 경제학 수업을 들은 사람이라면, 은행이 대출을 하게 되면 통화량이 는다는 사실을 기억할 것이다. 대출을 받은 사람이 누군지는 중요하지 않다. 대출규모만큼 통화량이 늘게 된다. 은행이 대출을 할 때는 실제로 허공에서 돈을 찍어내는 것과 같다. 여기서 자세히 설명하진 않겠지만 사실이라고 보면 된다(이에 관해 좀더 알고 싶다면, 거시경제학 서적을 참고하라). 간단히 말해, 모든 대출은 '승수(multiplier)' 효과를 일으킨다. 미국에서는 대출로 인해 발생한 신규자금이 첫 12개월 동안 평균 6회 사용된다(즉, 6번의 손 바뀜이 발생). 경제학에서 자금의 '유통속도'란 바로 이 손 바뀜이 얼마나 빨리 일어나는지를 의미한다. 경제학 수업을 들었다면 기억이 날지도 모른다. 한편, 우리가 여기서 얘기하고 있는 것은 은행 대출의 회전율에 관한 것이다.

따라서 여기에는 은행의 어리석은 대출 담당자가 등장한다. 구형 아이팟에 싫증 난 마약중독자에게 아이팟을 업그레이드하고 더 많은 헤로인을 사기 위한 돈을 대출해주는 것이다. 이 얼마나 멍청한 짓인가. 대출 담당자가 돈을 내주면, 그 마약중독자는 마약상에게 헤로인을 사고, 아이팟 딜러에게 신형 아이팟(iPod Nano)을 구입할 것이다. 아주 한심한 방향으로 돈의 손 바뀜이 일어난 것이다. 자, 아이팟 딜러는 아주 정상적이고 합리적인 사람이다. 마약중독자에게 받은 돈으로 세금도 내고 창고에 재고도 보충한다. 아주 정상적인 행동이며 애플에서도 좋아할 것이다. 그리고 나머지 돈도 아주 정상적인 방법으로 가족의 생계를 위해 쓰인다. 이런 과정은 여러분도 익숙한 것이며, 대출 이후 6번의 회전 동안 두 번째에 일어난 일이다. 대출 첫해가 지나기 전에 그 돈은 아직도 4번이나 더 회전된다. 그리고 첫 번째 멍청한 소비 이후엔 모두 지루할 정도로 합리적인 사람들과 기업에 의해 정상적이고 평범하게 사용된다.

처음에 마약중독자가 대출한 돈 중 아이팟 딜러에게 가지 않은 돈은 마약상에게 갔다. 여기서는 확실히 세금이 발생하지 않는다. 이 마약상은 그렇게 멍청하진 않다. 그렇게 멍청했다면 벌써 감옥에 가 있을 것이기 때문이다. 결국 바보같이 수감되는 사람은 거물 미국인 한 명이다. 거리에 남아 있는 사람들은 경찰을 피할 수 있을 만큼 똑똑한 사람들이다. 따라서 평균 이상으로 똑똑한 이 마약상들은 새로 번 돈을 아이팟 딜러와 같은 식으로 쓴다. 즉, 일부는 재고를 채우는 데 쓰고(당연히 GDP 계산에는 포함되지 않는다) 나머지는 가족들의 생계를 유지하는 데 정상적으로 사용한다. 예를 들어, 옷 가게에서 옷을 사고 그 옷 가게 주인은 또 정상적인 소비를 한다. 지역 유기농 농장에서 생산한 물품들을 살 수도 있다. 어쩌면 그 마약상은 부하직원을 고용하고 있을 수도 있으며, 월급을 지급하고 건강보험료를 지급할지도 모른다. 이런 모든 과정은 대출 첫해에 4회 이상 일어나는 정상적인 소비다.

심지어 마약중독자라 할지라도 어떤 사람이 대출을 받게 되면, 돈이 회전하면서 승수 효과를 일으키며 첫 번째 멍청한 소비 이후에는 정상적인 소비로 이어지게 만든다. 어떤 사람이(또는 어떤 기업이) 돈을 쓸 때는 단지 다른 유형의 수령인에게 전달하는 것이다. 그 대상은 기업체, 다른 사람, 정부 또는 자선단체가 될 수도 있다. 물론 일반적으로 자선단체에 기부하기 위해 돈을 빌리진 않지만 있을 수 있는 일이다. 바로 정부가 항상 하는 일이다! 하지만 자선단체도 이 돈으로 이유식을 사거나, 전구를 사거나, 책임보험에 가입하거나, 직업훈련 등에 쓰게 된다. 역시 첫 번째 소비 이후에는 정상적인 소비로 이어지는 것이다.

따라서 아이팟을 쓰는 마약중독자가 대출을 받아 돈을 쓸 때는 GE가 대출을 받아 사용하는 것만큼 좋지는 않지만, 첫 번째 소비 이후에는 나머지 소비들은 정상적이라는 측면에서는 완전히 똑같다. 여러분이나 내가 개인적으로 대출을 받아 사용하게 되면, 마약중독자의 경우보다는 약간 더 현명하고, GE가 대출을 받아 공장을 설립하는 데 투자하는 것보다는 약간 떨어지는 소비를 하게 되는 셈이지만, 그 차이는 오직 첫 번째 소비의 차이 또는 총 여섯 번의 회전 중 한 번의 차이일 뿐이다. 정부의 경우도 이와 똑같다.

단지 내 생각이지만, 나는 정말로 각국의 정부들이 근본적으로 평균보다 뒤처지는 소비자라고 생각한다. 그렇다고 정부의 멍청한 소비로부터 나오는 결과가 나쁘다는 말은 아니다. GE만큼 좋지는 않겠지만 여전히 나쁘지도 않다. 아직 5번의 소비가 남아 있기 때문이다. 만약 정부가 현명한 소비자가 된다면 멍청한 소비자가 되는 것보다 낫겠지만, 단언하건대 상대적으로 더 멍청한 정부라 해도 나쁘지 않다. 총 여섯 번의 소비 중 한 번만 멍청한 소비가 될 뿐 나머지는 평균적인 소비가 될 것이기 때문이다. 정부의 첫 번째 소비가 멍청했다고 해도 거기서 발생하는 경제적 활동이나 수익은 가장 적절하고 효과적으로 사용되었을 때보다 조금 적을 뿐이다.

그렇다! 정부가 그 돈을 500달러짜리 망치에 쓰건, 다리에 쓰건, 댐과 도로 건설에 쓰건, 또는 마약중독자를 위한 독한 술을 만드는 데 쓰건 여전히 몇 가지 방법으로 사용될 수 있다. 공무원이나 거래업체에 사용될 수도 있고 사람이나 기업, 자선단체 또는 다른 정부에 이전지출 될 수도 있다.

오직 예외적인 지출은 해외에 소비하는 것으로, 여러분들이 해외여행을 떠나 현지에서 소비하는 것과 같은 것이다. 그런 소비는 미국에서 돈이 유출되는 것일 수 있다. 하지만 글로벌한 시각으로 본다면 이 역시 글로벌 경제에 기여하고 있음을 알 수 있을 것이다. 주정부가 다른 나라 정부에 돈을 주는 주에 돈을 쓸 때도 똑같은 일이 발생한다. 모든 나라가 하는 일은 같다. 사람들, 기업들, 자선단체, 아니면 또 다른 정부에 지출을 한다. 다른 선택은 존재하지 않는다. 그러고 나면 그 돈을 받은 사람들은 나머지 5번을 정상적이고 평범하게 사용하게 된다.

따라서 어떤 사회의 부채가 부족한 상황이라는 것은 미국에서 그런 것처럼 조달비용보다 자산수익률이 훨씬 높다는 것을 의미한다. 그렇다면 부채가 늘어날수록 경제적으로 더 부유해질 것이다. 비록 첫 번째 지출이 평균보다 멍청했다고 하더라도, 완전히 멍청했다고 하더라도 말이다. 왜일까? 부채가 없었고, 따라서 그 멍청한 지출이 없었더라면 발생하지 않았을 그 다음 5번의 지출을 통해 경제적인 이득이 생기기 때문이다. 더 많은 돈이 사용되고, 교환되고, 투자되고, 회전될수록, 또한 그 첫 번째 지출이 얼마나 멍청했든지 간에, 결국에는 경제를 확장시키는 쪽으로 작용하며, 더 많은 사람에게 더 많은 부와 평균 이상의 주식시장수익률을 가져오게 된다.

이런 사실은 이미 1장에서 여러분에게 제시한 바 있다. 페이지를 되돌려 그림 1.6을 다시 보라. 정부의 재정적자가 발생한 다음 해의 수익률이 재정흑자가 발생한 다음 해보다 확연히 주식시장이 좋았다는 것을 기억할 것이다. 재정적자가 발생한 해에는 여전히 부채가 부족한 상황에 부채를 추가함으로써 최적의 부채수준에 더 가까워지고 있는 것이다. 따라서 미래수익과 부는 증가할 것이며, 시장은 이를 알고 가격에 반영하게 된다. 한편, 재정흑자가 발생할 때는 부채가 축소되며 최적의 부채수준에서 더욱 멀어지게 된다. 뒷걸음질 치는 것이다. 시장은 이 또한 알고 있으며, 이를 가격에 반영시키고, 시장수익률은 나빠진다. 시장은 우리가 부채 부족 상태라는 것을 알고 있으며, 정부의 부채 증감과 관련한 시장의 반응은 철저하게 합리적이다. 아마도 여러분의 친구들보다 훨씬 합리적일 것이다. 설사 정부의 멍청한 부채라 할지라도 시장은 더 많은 부채가 모든 사람을 위해 좋다는 것을 알고 있다.

아직도 확신이 가지 않는다면, 다시 한 번 1장의 표 1.2를 이용해서 미국 정부의 재정적자와 흑자폭이 정점에 달했던 때와 이어진 주식시장의 실제 수익률을 살펴보도록 하자.

이러한 사실들은 아주 명확하다. 그림 1.6 골짜기 부분에 나타난 것처럼 재정적자가 컸던 해를 따라가 보면 시장 평균 수익은 12개월 후 22%, 36개월 후 누적 36%에 달했다. 대폭의 재정흑자를 보이며 대차대조표에 균형을

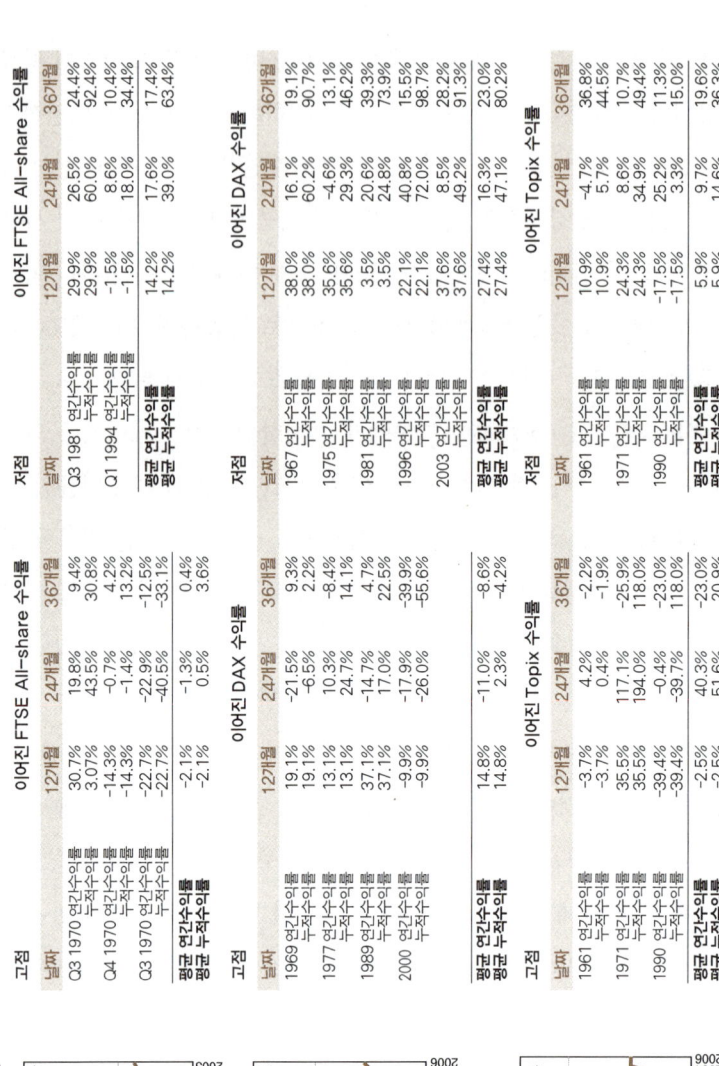

그림 6.1 재정적자는 주식시장에 좋다

출처: Thompson Financial Datastream, Office of National Statistics
영국 수치는 분기 기준, 독일과 일본은 연간치 기준

이루었던 해에는 훨씬 수익률이 나빴다. 12개월 후 수익률은 1%가 채 안 되고 36개월 후에는 단지 9%에 불과했다. 여러분은 보다 높은 수익률을 원할 것이다. 어쩌면 아닐지도 모르겠다. 프랑스인이거나 마약중독자, 아니면 그 둘 다 해당할지도 모른다. 최소한 나는 여러분이 그 둘 다 해당하는 사람이라고 생각하진 않는다.

정부의 재정적자가 미국 주식시장에 좋은 시그널이라는 것이 사실이라면, 다른 대부분의 서구 국가에서도 그래야만 한다는 사실을 항상 기억하라. 그리고 실제로 그렇다. 그림 6.1에서 볼 수 있듯이 다른 선진국에서도 대규모 재정적자는 주식시장수익률을 높이고, 대규모 흑자는 수익률을 낮춘다. 적자는 좀더 최적화된 자본구조에 가깝게 하고 흑자는 최적화에서 점점 멀어지게 만든다.

다시 다우지수 얘기다! 어이쿠!

이 문제를 또 다른 흥미로운 방식으로 생각해보자. 그리고 우리가 가진 최초의 의문, 즉 '부채는 나쁜 것인가?' 하는 문제로 돌아가 보자. 정부의 부채는 재정적자가 누적된 결과다. 우리 주와 자치단체의 부채도 마찬가지다. 가장 멍청하고, 가장 크고, 가장 미련한 정부부터 시작해보자. 바로 미국 정부다. 그리고 왜 미 정부의 적자가 주식시장의 상승으로 이어지는지, 재정 흑자는 그 반대인지 알아보자. 단순하게 미 정부가 이익을 추구하는 기업이라고 생각해보자. 아무도 성장을 위해 레버리지를 일으키자는 CEO에 반대하지 않는다. "GE가 낭비하고 있는 부채를 우리 손자들이 갚을 것이다!"라는 피켓을 들고 거리에서 시위하는 사람은 없다.

그림 6.2는 과거부터 현재까지 GDP로 나눈 총 정부 부채 현황을 보여주고 있다(사회 안전 시스템 비용 포함). 오늘날에는 이 비중이 GDP의 65% 수준이다.

우리 이론과 일치하게 오늘날과 비슷한 수준의 부채 비중을 보인 1942년,

그림 6.2 GDP 대비 미국 정부 부채

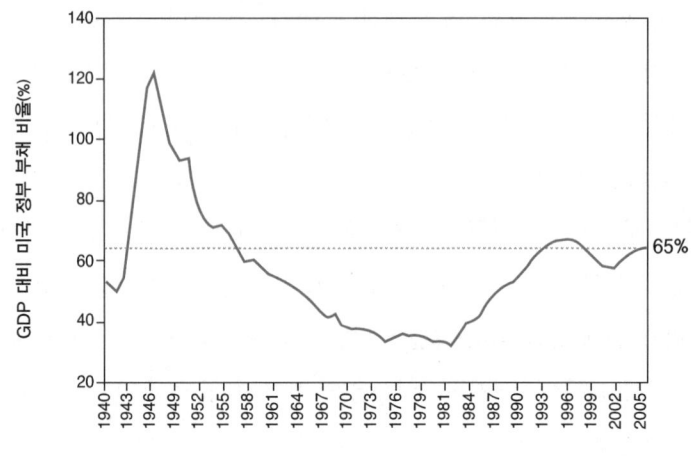

출처: 백악관

1956년, 1992년 직후에는 주식시장과 경제가 모두 완벽히 좋았다. 따라서 현재 부채수준이 과거에 겪었던 문제들을 암시하는 것이 아니란 걸 알 수 있다. 그 당시 할 수 있었던 것이라면 지금도 재현할 수 있는 것이다. 사실, 우리의 부채는 단지 제2차 세계대전 중반의 절반 수준밖에 안 된다. 우리는 그 후 정상적으로 빠져나왔다.

우리의 부채가 부족한 것인지, 과도한 것인지 알아보기 위해 뒤집어 생각해보자. 사람들이 끔찍한 주식시장으로 유명했던 1965년부터 1981년까지의 17년에 대해 얘기하는 것을 들어본 적이 있는가? 사람들은 흔히 가상의 정보를 듣고 시장이 1965년부터 1981년까지 수익이 거의 발생하지 않았다고 주장한다. 하지만 이는 사람들이 수익률 계산을 할 때 무식하게도 다우존스 산업평균을 사용했기 때문이다(이미 4장에서 이 지수가 경제적 실제와는 완전히 다르다는 사실을 다뤘다).

만약 S&P로 수익률 계산을 했다면, 그 기간 동안 연평균 수익률은 7.7%다.[123] 물론 평균을 밑돌긴 하지만 어쨌건 플러스 수익률이며, 생각한 것보다는 그렇게 평균보다 낮지 않은 수치다. 그렇다고는 해도 대부분의 투자자들에게 그 기간은 평균을 밑돈 수익률을 기록하는, 거의 20년에 달하는 고통의 기간이었다. 부분적으로는 자본수익보다 배당수익이 더 많았기 때문이며, 따라서 시장이 어디로 가는지 알 수 없게 느껴졌기 때문이다. 그 고통스러웠던 평균 이하의 수익률은 GDP 대비 부채수준의 추이가 그 기간 동안 최저수준이었다는 것을 확인해보면 이유가 명확해진다.

경제규모에 비해 부채수준을 낮추는 것은 좋은 일이 아니다. 부채 부족 상태는 나쁜 것이며, 시장은 이를 알고 정확히 가격에 반영하기 때문이다.

미국 정부가 전혀 부채를 지지 않았을 때가 있었을까? 여러분은 부채가 20세기의 창조물이라고 생각할지 모른다. 많은 사람들이 그렇게 생각한다. 하지만 그렇지 않다. 우리는 1830년대 중반 앤드류 잭슨(Andrew Jackson, 미국의 7대 대통령-옮긴이)이 서부지역 매각으로 얻은 금으로 빚을 갚았을 때 딱 한 번을 제외하고는 항상 부채를 보유해왔다. 그 불행한 일에 대해서는 내가 쓴 책 《월스트리트 왈츠(The Wall Street Waltz)》를 참고하길 바란다.[124] 잭슨 대통령이 빚을 갚은 건 재앙이었다. 이 일로 인해 1837년의 악명 높은 패닉과 1837년부터 1843년까지 경제 침체가 이어졌다. 이는 미국 역사상 가장 크고, 길고, 심했던 세 번의 침체와 주식시장 붕괴 중 한 번이었다(나머지 두 번은 1873년에서 1920년 사이에 발생). 부채를 모두 갚으면 주식시장과 경제에 좋지 않은 영향을 미치게 된다. 부채가 여전히 모자란 상황에서 반대로 가는 행동이기 때문이다.

1장의 표 1.2로 다시 돌아가 클린턴 대통령이 정부의 부채를 갚기 시작했을 때 무슨 일이 일어났는지 살펴보라. 우리는 미국 역사상 네 번째로 심했던 3년의 약세장을 겪어야 했다. 아이러니하게도 이런 행동을 하는 나라가 우리뿐만이 아니다. 그 당시 모든 유럽 국가에서도 이런 일이 일어났다. 이는 20세기에 두 번째로 큰 규모의 글로벌 약세장으로 이어졌으며 미국보다 훨씬 큰 규모였다.

내가 부시 대통령 때문에 신경이 쓰일까? 물론이다! 그는 대통령이고 정치인이다. 사실, 대통령은 어떻게 국민들을 착취할지 가장 잘 알고 있는 이 정치인들의 우두머리다. 그래서 당연히 신경이 쓰인다. 정치인들은 항상 그렇다. 하지만 부시 정권의 부채 때문에 내가 두려워하고 있을까? 아니다! 우리의 부채가 아직도 부족한 상황이란 것을 알고 있기 때문이다. 대통령이 이런 사실을 알고 있는지는 모르겠지만 시장에서 그게 중요한 것은 아니다.

누군가 이 빚을 갚아야 할까? 아니다

여전히 수십 년간 빚 불안증에 두뇌가 무감각해진 사람들은 머리를 저으며 우리가, 미래 세대가 언젠가 갚아야 할 빚으로 탐욕스럽게 부를 누리고 있다고 걱정한다.

여기서 또 다른 질문을 한번 던져보자. 언젠가 빚을 갚아야만 한다는 것이 사실일까? 과거 우리가 그렇게 했던 때를 돌아보라. 결코 좋지 않았다! 빚을 낼 수 있고 자산에 대해 높은 수익을 올릴 수 있다면, 빚을 줄이기 위해 현금흐름을 낭비할 필요가 전혀 없는 것이다. 오래된 빚은 롤오버하고, 성장이 지속될수록 빚을 더해간다. 앞서 말했듯이, 부채가 부족한 상황에서는 전반적인 순자산을 증가시키기 위해 부채를 늘려야만 한다. 우리는 회사가 이렇게 하는 것에는 믿음을 가지고 있다. 그리고 비록 우리 정부가 돈을 멍청하게 쓴다고 해도 승수 효과로 인해 나머지 대부분의 소비는 평균적으로 그렇지 않다는 것을 알고 있다. 따라서 우리의 질문에 대한 답은 이것이다. 즉, 부채는 주식시장이나 경제에 나쁘지 않다는 것이다. 사실 정반대다. 부채는 좋은 것이며, 옳은 것이며, 중요한 것이다. 또한 우리는 최적의 부채수준에 아직 도달하지 않았다. 미국 정부의 부채는 겁낼 것도 아니고, 죄악시할 것도 아니며, 의도적으로 줄일 필요도 없다.

이제, 날 오해하지 마라. 난 작은 정부를 좋아하며 정부의 소비형태를 조금도 좋아하지 않는다. 난 GDP 대비 정부의 지출이 확연히 줄기를 원하고 있다. 이미 말했듯이 난 정부가 아주 멍청한 지출자라고 생각한다. 실제로 나는 기본적으로 굉장히 반정부적이지만, 절대 그들이 우리의 부채를 줄이려고 해서가 아니다! 전반적으로 정부가 대부분의 일에 있어 반자본주의적이기 때문인데, 나는 모든 좋은 일이 궁극적으로 자본주의에서 발생한다고 믿고 있다. 따라서 정부의 활동이 줄어들면 반자본주의적 활동도 줄어들게 되며, 그것이 좋은 것이다. 하지만 이 책을 여러분이 산 이유는 내 사회적 철학 때문은 아니다.

자, 우리 사회의 부채가 과도하지 않고 부채 부족 상태라면, 얼마나 더 많은 부채가 있어야 할까? 이 문제는 정확한 단서 없이 대략적인 추측만 해볼 수 있을 뿐이다. 자금의 조달비용이 상승하고 자산수익률은 떨어져 그 둘이 거의 근접하게 되는 시점이 바로 그 부채의 적절한 양이 되는 것이다. 하지만 그 절대적인 액수는 과연 얼마일까? 앞의 대차대조표로 돌아가 보면 현재 우리의 부채수준은 50조 달러. 각 항목의 비중이 동일하다면, 내가 생각할 때 현재 수준의 2배 정도는 우리가 쉽게 다룰 수 있을 것 같다. 정부의 부채도 2배, 기업의 부채도 2배, 개인의 부채도 2배가 되면 조달비용 및 자산수익률은 둘 다 8% 정도에 근접할 것이다. 하지만 정확한 계산은 아니다. 실제 적절한 부채의 수준은 수십조 달러가 더 많거나 적을 수도 있다. 단지 어림짐작일 뿐이다.

일단 그 정도가 적절한 부채수준이라고 가정하고 50조 달러의 추가자산으로 뭘 할 수 있을지 상상해보라. 아주 재미있을 것이다. 이 문제에 대해선 여러분에게 숙제를 주기보다는 내가 할 수 있는 최고의 조언을 해주고 싶다. 바로 두 번째 질문을 사용하라는 것이다. 정말 재미있을 것이다.

저축률 감소와 인간성의 퇴보

언론이 좋아하는 또 하나의 미신은 '낭비하는 소비자'다. 낭비하는 소비자의 이미지는 뚱뚱하고, 게으르고, 자기 마음대로이며, 과도한 부채를 지고 있고, 카드빚에 시달리며, 저축을 완강히 거부하고, 끊임없이 파산 직전에서 비틀거리는 전형적인 미국인을 묘사하기 위해 사용된다. 부끄럽지만 프랑스인이 미국인을 보는 시각이 바로 이렇다. 미국인이 그런 비난을 들어 마땅할까? 첫 번째 질문을 통해 알아보자.

이제 만연하고 있는 신용카드 부채에 대한 걱정은 여러분이 쉽게 파헤칠 수 있는 문제다. 앞으로 돌아가 미국의 재무제표를 다시 한 번 보자. 국가적으로 개인부채는 2조 달러이며, 이는 다시 자동차 할부대출과 신용카드 부채로 나뉜다. 사람들은 일을 하기 위해 자동차를 필요로 한다. 그리고 자동차 할부대출은 현재 실제적으로 금리가 제로다. 이 문제에 대해선 초조해하지 말자. 항상 큰 수치를 접할 때는 측정기준을 고려하고 상대적으로 생각해야 한다. 개인 부채는 미국 총부채의 단지 4%를 차지한다. 나머지는 기업부채와 모기지 부채 또는 여러분의 개인 재정에 영향을 주지 않는 다른 형태의 부채들이다. 더군다나 개인의 총부채는 미국 총 순자산의 3.6%에 불과하다. 이 정도 수치를 가지고 "빚에 빠져버렸다"고 하기는 어렵다. 여러분의 옷장을 니만 마커스(Neiman Marcus, 미국의 고급 백화점—옮긴이) 표 옷들로 채우고 신용카드 빚을 극대화하라고 강요하는 것은 아니다. 다만 신용카드 부채가 우리 경제를 잘못되게 할 거라는 걱정은 접어두어도 좋다.

하지만 게으른 미국인들이 저축을 하지 않는 것은 상대적으로 더욱 심각한 문제다. 저축 없이 어떻게 소비하고, 투자하고, 경제와 시장이 앞으로 나아갈 수 있단 말인가? 미국 상무부(Commerce Department) 자료에 따르면, 지난 20년간 개인 저축률은 계속 감소해왔다.[125] 최근에는 저축률이 실제로 마이너스로 전환되었다(이 사실을 잠재적인 재앙이 임박했다는 징조로 들었을 것이라는 걸 확신할 수 있다). 이는 미국인들이 저축하지 않고 예금을 인출하고 있다는 것을 의미한다. 저축률이 낮거나 마이너스일 때 대출 수준까지 높다면 결국 우리는 벼랑 끝에 몰리게 된다. 그리고 저축하지 않고 인출만 한다면 주식시장은 폭락할 것이다. 맞는가? 만약 아무도 저축하지 않는다면 아무도 투자할 수 없다는 것이다. 정말 그런가? 아니다! 이 논리는 완전히, 완전하게 틀렸다.

첫 번째 질문을 다시 사용해볼 기회가 왔다. 즉, "개인 저축률이 낮으면 주식시장에 나쁜 영향을 미칠까?"라는 것이다. 두 번째 질문도 이어진다. 정부에서 계산한 저축률이 중요한 것이거나 어떤 일을 예측할 수 있는 지표가 될 수 있을까? 더욱 중요한 것은 정부가 계산한 방식으로 측정된 저축률이 낮거나 마이너스라면, 정말로 주식시장에 나쁘거나 또는 그 정반대일 수도 있는 것일까? (이쯤에서 여러분들 각자가 베팅을 위한 더욱 많은 질문들을 스스로 던져볼 수 있길 바란다.)

저축률 측정과 관련된 이슈를 시작하기 위해 우리가 가장 좋아하는 트릭을 사용해보자. 바로 글로벌한 사고다. 미국이 기업과 개인 순자산에서 폭발적인 성장을 거둔 지난 20년 동안 '저축'을 소모하고 있었던 데 반해, 일본은 같은 기간 굉장히 높은 저축률을 기록했지만 경제와 주식시장은 오랜 기간 정체 상태에 빠져 있었다. 어떤 사람은 단지 이 단순한 관찰을 통해 저축률과 발전의 상관관계에 뭔가 문제가 있다는 결론을 내릴지도 모른다. 일본은 저축했고 허우적댔다. 미국은 저축하지 않았고 번영했다. 무엇을 의미하는가?

우선, 개인 저축 관련 데이터는 엉터리이며 비현실적이라는 것이다. 정부의 데이터를 믿고 너무 많은 주식을 투자하면 안 된다. 대부분 정부의 거시경제 데이터는 매우 부정확하다(GDP, CPI, PPI, 실업자 수 모두). 정보의 수집 방법론과 인덱스 구성 테크닉은 미진한 부분이 많다. 아주 기초적인 자료지만, 수많은 가정과 심한 일반화가 포함되어 있으며, 회계 테크닉 또한 부정확한 기업의 회계 테크닉이 굉장히 정확하다고 느낄 만큼 엉성하다. 이는 명확하지 않은 현실을 찍은 흐릿한 스냅사진보다 나을 것이 없으며(하지만 그래서는 안 된다), 수치가 발표된 이후에도 실제로 최종 확정되기까지 수차례의 수정이 발생한다. 그리고 나서도 여전히 그 수치는 정확하지 않게 된다. 정부가 발표하는 경제 데이터를 액면 그대로 믿는 것은 좋지 않다. 위험하다.

여기 적절한 사례가 있다. 공식적으로 발표되는 저축률은 괴상한 '잔여(殘餘)' 계산법을 따른다. 즉, 정부가 가정하는 '개인의 가처분 소득'(세후 수입)에서 '개인의 소비지출'을 차감한 것이다. 이 수치가 어떻게 구해지며, 왜 비웃을 수밖에 없는지 알아보자.

너무나 이상하고 괴상한 4가지 사실

우선, '개인 수입'에는 고용자가 부담하는 종업원 연금과 보장 기금은 포함되어 있지만, 그러한 기금으로부터 받는 혜택은 빠져 있다. 은퇴한 사람들은 연금 수입이 발생하지만, 미국 정부는 개인 수입을 측정할 때 이 수입은 포함시키고 싶지 않은 것 같다. 이렇게 큰 부분을 차지하는 개인 수입이 공식적인 저축률 산출 시 제외되어야 하는 어떤 타당한 이유도 없다. 단지, 포함되지 않을 뿐이다. 어떤 것에 지출을 하면 저축은 감소하게 된다. 돈을 돌려받을 때는 수입으로 치지 않는다. 이것이 바로 정부의 회계처리 방식이다. 이것이 괴상한 첫 번째다!

두 번째로, 개인소비지출에는 '자가 거주 비농업 주거 공간 임차료' 항목이 포함된다. 쉽게 설명하면, 주택 소유자가 자기 스스로에게 지불하는 임차료를 추측한 것이다. 이게 도대체 무슨 말인가? 그야말로 상상 속의 계산이 아닐 수 없다. 하지만 이런 계산으로 인해 2005년 저축액은 9,630억 달러가 '감소'했다.[126] 이라크전쟁에 든 비용의 몇 배에 해당하는 수치다. 이와 대조적으로 실제 미국에서 임차인들이 지불한 금액은 겨우 2,570억 달러에 불과했다.[127] 일반적으로 주택 소유자가 자신의 수입을 자신 소유 주택에 임차료로 지불하는 일은 없기 때문에, 정부가 측정한 것보다는 분명히 저축할 수 있는 현금이 더 많을 것이다. 두 번째 괴상한 점이다!

그 다음으로 가장 놀라운 것은 공식적인 저축액에 자본소득이 포함되지 않는다는 것이다. 자본소득은 미국인의 중요한 저축 수단이다. 개인 저축률이 점점 하락해 제로가 되는 동안, 가계의 총 순자산은 지속적으로 증가해 사상 최고치를 갱신해왔다. 이는 주식과 부동산의 가치상승이 주원인으로, 정부의 데이터상으로는 개인들이 현재 수입을 거의 저축하지 않는 것으로 나타났음에도 불구하고 가계는 더욱 부유해져 왔다. 그림 6.3은 저축률이 하락하면서 개인당 순자산은 증가하고 있는 추이를 보여주고 있다. 분명하게도, 낮은(또는 마이너스) 저축률은 미국의 순자산에 부정적인 영향을 주지 않았다. 세 번째 괴상한 점이다!

이 문제를 좀더 기초적인 방식으로 생각해보자. 미국인들이 주로 '저축'하는 방법은 자본이득을 통해서다. 가장 많이 저축한 개인인 빌 게이츠는 전 세계에서 가장 부자로 알려져 있다. 그의 재산은 500억 달러가 넘으며, 2006년 〈포브스〉 400대 부자와 글로벌 억만장자 명단에서 1위를 차지하고 있다. 기본적으로 그의 재산은 한때 아무도 그 가치를 몰랐지만 이제는 엄청난 가치를 지닌 마이크로소프트를 설립하면서 시작되었다. 저축률 데이터에 따르면, 빌 게이츠는 그의 인생을 통틀어 이렇다 하게 저축한 것이 없다. 마이크로소프트에서 받은 배당금과 (상대적으로) 보잘것없는 연간 60만 달러

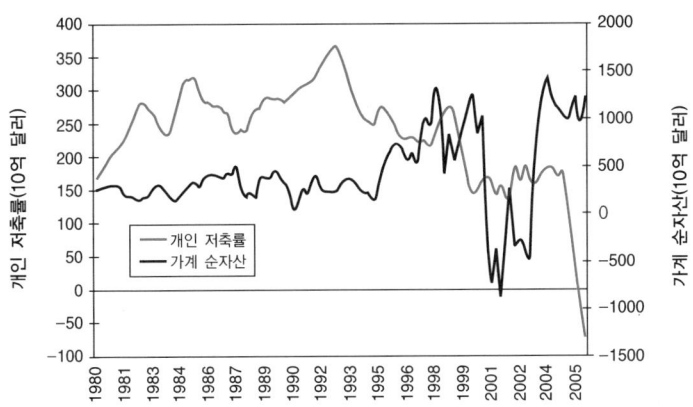

그림 6.3 개인 저축률과 가계 순자산 추이

출처: Federal Reserve, 미 경제분석국

의 월급 정도가 저축액에 포함될 것이다.[128] 50억 달러에 해당하는 그의 자산은 결코 저축되지 않은 것이다.

그가 자선단체에 기부를 할 때도 공식적으로는 저축한 적이 없는 돈을 쓰는 셈이다. 또한 전혀 '저축' 한 적도 없이 세계 최고의 부자 자리에 도달한 것이다. 그는 회사를 설립하고 이익을 재투자해서 미래의 성장을 위해 현금이 쓰이도록 했다(이는 대부분의 사람이 저축이라고 생각하는 것이다). 하지만 그가 회사를 경영하고 있다 하더라도, 이런 일을 그가 아니라 회사가 한 것이기 때문에 공식적인 개인 저축액은 없다는 것이다.

나는 빌 게이츠에 비하면 초라한 일꾼에 불과하며, 재산은 그의 1/50보다 조금 많은 수준이다. 하지만 역시 저축률 자료에 따르면, 나 역시 저축액이 전혀 없다. 월급도 적은데(빌 게이츠보다 적다) 모든 이익을 회사의 성장을 위해 재투자하고 있기 때문이다. 다시 말하지만, 대부분의 사람들은 '재투자'를 저축으로 여길 것이다. 하지만 정부는 그렇게 생각하지 않는다.

어떤 사람이 1956년에 캘리포니아에서 1만 달러짜리 집을 구입해서 그 가치가 150만 달러가 된 2006년까지 보유하고 있을 때도, 공식적으로는 아무것도 저축하지 않은 상황이다. 실제로 미국은 많은 돈을 저축했으며 아마 저축률도 세계에서 가장 높을지 모른다. 하지만 대부분 자본이득에 초점이 맞춰져 있기 때문에 정부에서 집계한 괴상한 공식 데이터에는 절대 나타나지 않는다. 언론에서는 이런 사실을 절대로 여러분에게 설명해주지 않을 것이다. 언론이 좋아하는 '나쁜' 뉴스거리가 아니기 때문이다. 네 번째 괴상한 점이다!

이제 베이비붐 세대가 은퇴하게 되면 조만간 장기적인 저축률 하락이 나타나게 될 것이다. 하지만 이것이 어떤 경고는 아니며, 그들을 부양하기 위해 돈을 더 벌어야 한다는 것을 의미하는 것도 아니다. 이것이 의미하는 것은 개인 저축률이 실제 우리가 원하는 것을 측정하지 못하고 있으며, 단지 언론사 편집국에서 너무나 좋아할 만한 패닉 수준을 만드는 것 이상의 역할을 못 하고 있다는 사실이다. 사실, 미 정부가 측정한 것처럼 낮은 저축률은 책임감 있는 시민들이 자본이득을 통해 저축하고 있다는 신호라고 볼 수 있다. 이제 낮은 저축률 때문에 걱정하는 사람을 보게 되면, 단지 그 이유만으로 강세장을 기대해도 좋을 것 같다. 잘못된 미신에 대한 두려움은 항상 강세장의 신호였기 때문이다.

무역적자를 맞바꿔보자

자, 그렇다면 부채와 재정적자는 괜찮은 것일지 모른다. 어쩌면 우리에겐 더 많은 부채가 필요할지도 모르겠다. 그리고 사람들은 진짜로 저축을 하고 있을 수도 있다. 하지만 여전히 신문의 헤드라인으로 등장하고, 투자자들을 질리게 하며 패닉 상태에 빠지게 하는 적자가 있다. 바로 무역적자와 경상수지적자다. 경상수지적자는 주로 무역적자에서 발생한다. 따라서 먼저 무역적자에 초점을 맞춰보자. 2005년 무역적자는 7,170억 달러에 달한다.[129] (어머나! 수없이 많은 가젤 무리구나.) 특히 달러 약세를 걱정하는 사람이라면 이 수치에 흥분하게 된다. 무역적자에 대한 불만과 그 반대에 대한 열망은 극도로 넓고 열렬하게 받아들여지고 있다. 두 적자에 대해 걱정할 필요가 없다는 글은 어디에서도 읽어볼 수 없을 것이다. 그런 말을 공개적으로 했다가는 비웃음을 사게 된다. 자, 그렇다면 첫 번째 질문을 적용해볼 절호의 찬스다. 무역적자가 경제나 주식시장, 그리고 달러에 나쁘다는 것이 사실일까? 그 질문을 유지하면서 두 번째 질문을 던져보자. 무역적자가 나쁘지 않고 좋은 것일 수 있을까? 만약 그렇다면 어떻게 그럴 수 있을까?

다시 한 번 말하지만, 이와 관련한 걱정들도 상식에 의한 분석, 확증편향, 측정 척도에 대한 오해 등에서 유발된 것으로 보인다(이런 모든 오류들은 세 번째 질문을 통해 제거할 수 있다). 무역적자는 우리가 수출로 벌어들인 것보다 수입하는 데 더 많은 비용을 사용하고 있으며, 따라서 자금이 유출된다는 신호처럼 보인다. 무역적자에 대해 흥분하는 사람들은 무역을 마치 제로섬게임처럼 생각한다. 즉, 플러스보다 마이너스가 많으면 패하는 게임으로 생각하는 것이다. 그런 논리에 의해서 무역적자가 지속되면 파산에 이르기 때문에 경제에 좋지 않다는 것이다. 미국을 굉장히 큰 공구가게라고 가정한다면, 무역적자의 지속은 분명 나쁠 수 있다. 여러분은 미국이라는 가게가 자신들이 사는 물품(컴퓨터, 출퇴근 체크기, 직원 휴게실에 놓을 간식거리)보다 더 많은 제품(너트, 볼트, 드릴비트 등)을 팔기를 바랄 것이다. 그렇지 않으면 파산하게 될 것이니 말이다.

하지만 이런 사고방식은 몇 가지 오류를 보이고 있다. 우선, 일반적인 처방으로 글로벌한 시각을 가져보길 바란다. 그렇게 생각해보면, 무역적자에 대한 걱정이 글로벌 관점에서는 무의미하다는 걸 깨닫게 될 것이다. 아무도 몬타나가 미국의 나머지 주들과의 거래에서 무역적자가 발생했다고 걱정하지 않는다는 사실에 주목하라. 캘리포니아나 뉴욕도 마찬가지다. 확실한 것은 전 세계적인 관점에서 봤을 때 무역적자나 무역흑자가 발생하는 것은 불가능하다는 것이다. 이 관점에서는 균형을 이루게 된다. 선진국들에서는 무역적자와 흑자가 실제로 전반적인 글로벌 주식시장에 미치는 중요성이 몬타나 주와 뉴욕 주간의 무역수지 균형보다 더 크지 않다. 받아들이기 어려운 사실이지만, 결국 받아들일 수밖에 없을 것이다.

이 문제를 명확하게 보는 핵심 포인트는 무역적자가 발생하고 있는 미국과 선진외국시장이 유사하게 움직인다는 사실이다. 이 시장들은 같이 오르거나 같이 내리는 경향이 있다. 때로는 미국시장의 수익이 좀더 좋을 때도 있고, 때로는 다른 나라의 수익이 좋을 때도 있다. 이런 경향이 비슷한 적자와 흑자를 보이는 나라에 모두 적용된다. 미국은 대규모의 무역적자와 경상적자, 재정적자 그리고 부채를 보유하고 있다. 어떤 나라는 이 중 어떤 것도 보유하고 있지 않고, 또 어떤 나라는 대규모의 흑자를 기록하기도 한다. 적자가 나쁜 것이라면, 미국의 주식시장과 다양한 해외주식시장들은 수익률에서 지그재그의 모양을 보여야 한다. 해외시장이 평이하거나 크게 오를 때 미국의 주식시장은 크게 하락해야 한다는 것이다. 하지만 실제로는 그렇지 않다.

이 문제를 생각해보자. 1926년 이후 미국시장이 상승했던 해는 47번 있었는데, 이때 해외시장도 역시 상승했다. 미국시장은 크게 하락하고(10% 이상) 해외시장은 상승했던 적은 몇 번 있었을까? 많지 않다. 단 세 번이다. 그리고 25년 전에 무역적자와 경상적자가 엄청나게 컸던 적이 언제였을까? 없었다! 아주 오래전에는 각국의 주식시장들이 서로 연관되어 있지 않았다. 하지만 최근 10여 년 동안에는 이런 적자들이 크게 증가하긴 했지만, 시장은 서로 다른 나라를 더욱 비슷하게 다루어 왔다. 시장의 방향성에 대해 말한다면, 서로 다른 방향보다는 전체적으로 같은 방향으로 움직이는 경우가 많은데, 그림 6.4에서 확인할 수 있다.

그림 6.4는 미국과 해외시장의 움직임을 명확하게 보여주고 있다. 완전히 동일하지는 않지만 확실히 방향성에 있어서는 같으며 때로는 변동폭까지도 동일하다.

이렇게 되는 논리를 잠시 생각해보자. 일단 미국시장이 다른 해외시장보다 다소 수익이 좋거나 나쁠 수 있지만 확연히 다른 방향으로 움직이지 않는다는 사실을 염두에 두면, 무역수지가 글로벌 주식시장에 중요하지 않다는 것을 알게 된다. 만약 적자가 문제된다면, 그리고 미국이 전 세계와의 무역에서 큰 적자를 졌다면 왜 전 세계 주식시장들은 서로 제각각 움직이지 않고 상관관계를 보이는 것일까? 미국의 무역적자가 미국과 미국의 주식시장에 악영향을 준다면, 반대로 무역흑자는 미국과 미국의 주식시장에 좋은 영향을 줘야 한다. 그래야 공평하지 않은가? 무역흑자가 미국과 미국의 주식시장에 좋다면, 다른 서구 국가에서도 마찬가지여야 한다. 이는 해외 다른 나

그림 6.4 미국과 해외주식시장의 움직임

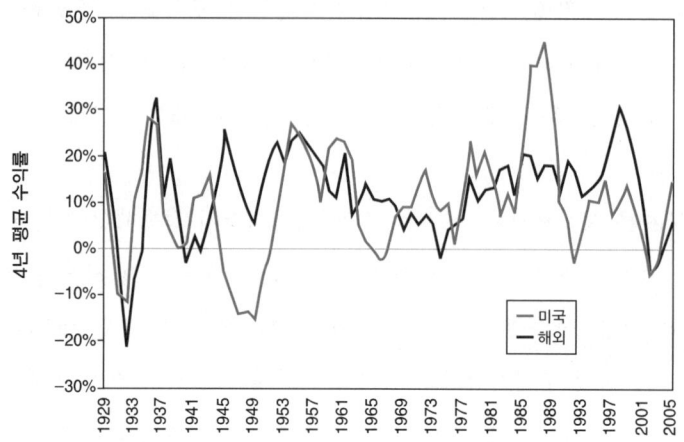

출처: Global Financial Data

라의 무역흑자를 내포하는 미국의 무역적자가 해외주식시장에 좋은 영향을 주어야 하며, 그 둘은 서로 완벽한 상쇄효과를 주어 전 세계적인 관점에서 보면 아무런 영향도 줄 수 없다는 것을 의미한다(시가총액 기준으로 미국시장이 전 세계의 거의 절반이라는 사실을 기억해보라). 말이 되는가? 사람들은 그렇다고 생각한다. 하지만 그게 사실이라면, 미국과 미국 외의 주식시장은 양의 상관관계가 아니라 음의 상관관계를 보여야 한다.

　이런 생각은 여전히 무역적자가 미국 주식시장에 나쁘다는 것을 전제로 하는 것이며, 나는 인정할 수 없다. 아직 첫 번째 질문은 끝나지 않았다. 이런 논리는 글로벌 시장으로 시각을 넓히면 바로 깨져버린다. 우리 모두 글로벌한 시각에서 무역수지를 납득할 수 있다. 미국의 무역적자가 글로벌 시장의 하락의 원인이 된다는 얘기를 설득력 있게 하기 위해서는 무역흑자의 긍정적 측면보다 무역적자의 부정적 측면이 더 크다는 것을 입증해야 한다. 현재까지 그런 얘기를 공식적으로 꺼낸 적이 없으며, 그런 주장에 대한 경제학적 정당성은 거의 없다. 거기까지 생각하는 사람도 없다. 글로벌한 수준에서는 사람들이 무역적자나 흑자라는 개념이 있을 수 없다는 결론에 도달하기 전, 단지 "하늘이 무너지고 있다"는 말 앞에 멈춰버리고 만다.

대규모의 무역적자가 우리 생활에 어떻게 영향을 미치는지 생각해보라. 우리의 무역적자가 정말로 미국의 주식시장과 경제에 나쁜 것인가? 여기서 투자자들이 큰 수치를 다룸에 있어 척도를 고려하지 않은 데 따른 또 하나의 인지적 오류가 발생한다. 미국의 무역적자는 크지만, 미국의 경제규모 또한 세계에서 가장 크다. 그림 6.5는 1980년대 이후 미국 무역수지를 GDP 대비 비중으로 표시한 것인데, 바로 이것이 올바로 생각하는 방법이다. 미국에서는 항상 무역적자가 발생했는데, 그 규모는 불규칙하게 변해왔다.

현재는 5.8% 수준이다.[130] 이제 한 걸음 더 나아가 보자. 이 수준의 무역적자가 미국의 경제와 주식시장에 너무나 크고 나쁜 것일까? 아니라면 두 번째 질문의 해답을 구해보자. 대규모의 무역적자가 미래의 재정적 파멸을 나타내는 것이 아니라, 건강한 경제와 건전한 금융 시스템을 의미하는 것일까?

무역적자가 1980년대 이후로 확연하게 커진 것은 맞다. 또한 지난 25년 간 미국은 세계적으로 가장 건강한 경제를 보유한 국가 중 하나였으며, 거의

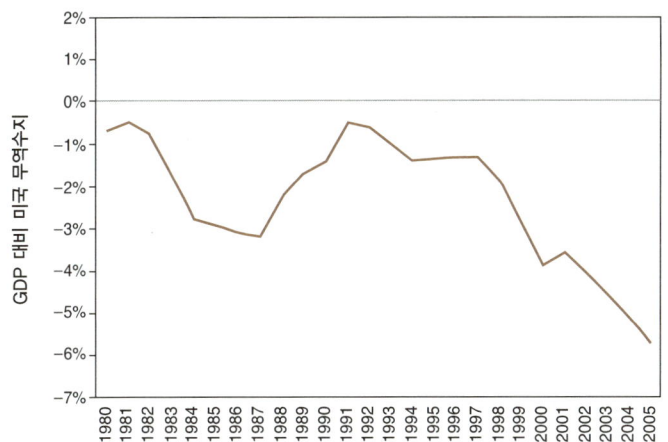

그림 6.5 GDP 대비 미국 무역수지

출처: 미 상무부 산하 센서스국

항상 성장해왔다. 사실 이 기간 동안 미국경제는 세계 선진국들 대부분보다 빠르게 성장했다. 1980년 이후 미국에는 항상 무역적자가 발생했기 때문에 연환산 3%의 실질 GDP 성장과[131] 13%의 연환산 시장수익률[132]을 즐길 수 있었다. 만약 무역적자가 나쁜 것이었다면 평균보다 나빴어야 하며, GDP 성장률도 세계에서 가장 높은 수준이 될 수 없다. 경제가 그토록 좋았기 때문에 다른 선진국들의 강한 질투를 받았던 것이다. 어쩌면 양도할 수 없는 평생의 권리를 주장하며 거리에서 시위를 벌이고 있는 프랑스 대학생들이나 흐리멍덩한 공무원들은 부러워하지 않을지도 모르겠다. 하지만 프랑스는 지난 4반세 기간 동안 더욱 느려지고 활기를 잃은 그들 경제의 증거로 자본주의를 지목하지는 않는다.

따라서 무역적자는 우리가 뭔가 잘하고 있을 때 발생하는 것일지도 모른다. 정말 그럴 수 있을까? 비평가들은 몇 가지 논쟁을 벌인다. 우선, 무역적자가 '아직'은 우리에게 해를 주지 않았지만, 결국 미래의 어느 순간 한꺼번에 여러분의 앞마당에 금융대란을 발생시킬 것이란 주장이다. 좋다. 그렇다면 그런 일이 발생하는 무역적자 수준 또는 누적적자 수준은 얼마인가? 아직까지 나는 그런 수준을 정확히 말한 것을 들어본 적도 없고, 더욱 중요한 것은 왜 그런 수준이 되어야 하는지 펀더멘털을 가지고 접근하는 것을 본 적이 없다. 두 번째로, 어떤 사람들은 무역적자가 우리의 GDP 성장을 마이너스로 만들거나, 0으로 만들 정도로 충분한 영향은 주지 못하지만, 무역적자가 없었다면 GDP 성장이 어떠했겠느냐고 반문한다. 무역적자의 영향이 아니었다면 더 높은 성장률을 기록하지 않았겠냐는 것이다.

영국을 예로 들어보자. 영국시장은 그동안 좋은 수익을 보여왔다. 또한 파운드는 달러보다 강세를 보여왔다. 사실, 파운드는 최근 수십 년간 주요 선진국 통화 가운데 가장 강세를 보여왔다. 미국의 무역적자가 영국의 그것보다 더 많은 악영향을 주었는지는 실제로 확인해봐야 알 일이다.

이런 생각은 아주 틀린 것이다. 영국은 실제로 무역적자 등 모든 적자 문제에 있어서 미국과 비슷한 수준의 비중과 거의 비슷한 경제상황을 가지고 있기 때문에 미국의 경제적 조건들을 실험해보는 리트머스 종이의 역할을 할 수 있다. 영국은 1980년대 초반 이후 자국 경제 대비 무역적자가 차지하는 비중이 미국과 거의 유사한데 그림 6.6에서 확인할 수 있다. 현재 영국의 무역적자는(미국과 같은 방식으로 계산함) 영국 GDP의 약 5.5% 수준으로[133] 미국보다 아주 약간 작다. 그리고 영국의 경제와 주식시장은 미국과 마찬가지로 강세를 보여왔다. 영국 주식시장은 무역적자가 발생하기 시작한 1984년[134] 이후 미국과 같은 연환산 13%의 수익을 올렸다. 경제 또한 건강한 모습을 보여주었는데, 같은 기간 동안 연환산 GDP성장률 2.7%로, 미국보다 아주 약간 낮았다(그림 6.6 참조).

다른 적자들도 GDP 대비 비중으로 보면 미국과 유사하지만 파운드는 미국보다 강하다. 이것이 무엇을 뜻할까? 무역적자에 관해 무엇을 말하고 있는가? 바로 무역적자가 통화에 충격을 주지 못한다는 것이다. 만약 파운드가 강세를 보여왔고 무역적자가 통화에 충격을 줬다면, 어떻게 미국과 비슷

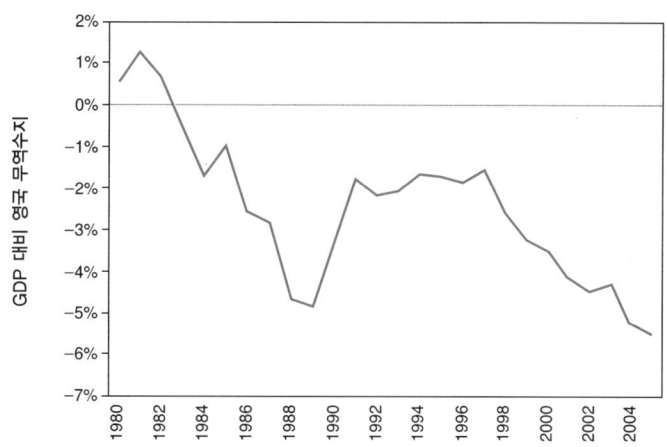

그림 6.6 GDP 대비 영국 무역수지

출처: Thompson Financial Datastream

한 수준의 영국 무역적자가 파운드에는 좋은 영향을 주고, 미국의 무역적자는 달러에 나쁜 영향을 준단 말인가? 비평가들은 "단지 올해 무역적자만 가지고 얘기할 순 없다"고 말할지도 모른다. 하지만 차트를 다시 보라. 전체적인 진행이 유사하다. 이 기간 동안 미국의 누적 무역적자는 눈대중으로 파악이 어려운데, 계산해보면 5,096조 달러다. 이를 미국의 경제규모인 13조 달러로 나누면 39.2%가 된다. 영국도 같은 방식으로 구해보면 38.8%가 나온다. 이 둘은 사실상 통계적으로 동일하다고 할 수 있다. 미국과 동일한 규모의 재정적자와 누적적자 규모를 보유한 영국은 어떻게든 이로 인해 파운드의 강세를 야기했는데, 미국의 재정적자 규모는 너무 커서 미국에서는 달러의 가치를 떨어뜨리고 있다고 주장할 수 없을 것이다. 오직 바보만이 그렇게 생각할 것이다. 달러의 상대적인 강세나 약세를 일으키는 다른 원인이 있을까? 물론이다. 하지만 이 문제는 7장에서 생각해보자. 무역적자로 인한 약세장을 주장하는 어느 누구도 이런 식의 생각을 해본 적이 없다.

"어느 나라가 되고 싶어?" 게임을 해보자

이 문제를 다른 방식으로 생각해보자. 만약 무역적자는 나쁜 것이고 무역흑자는 좋은 것이라면, 대규모 적자와 대규모 흑자를 보유한 선진국들의 예에서 몇 가지 질문을 해볼 수 있다. 그저 어느 나라가 되고 싶은가 하는 질문 외에 다른 아무런 분석도 하지 말고, 그림 6.5와 6.6을 다시 보자. 현재 '대규모'의 무역적자를 가지고 있고 점차 그 비중이 증가하고 있는 국가들이다. 대규모 무역적자를 가졌지만, 지난 25년간 견고한 GDP 성장과 높은 주식시장수익률을 보인 영국이나 미국을 택할 것인가? 아니면, 지속적으로 무역흑자를 기록한 나라를 택할 것인가? 뛰어난 자동차와 정확한 시간을 지키는 기차로 유명한 똑똑한 독일은 어떤가? 그들은 지난 25년간 무역흑자를 기록했다(그림 6.7 참조).

불행하게도 이들의 자랑스러운 무역흑자는 악명 높은 경제 부진과 세계

그림 6.7 GDP 대비 독일 무역수지

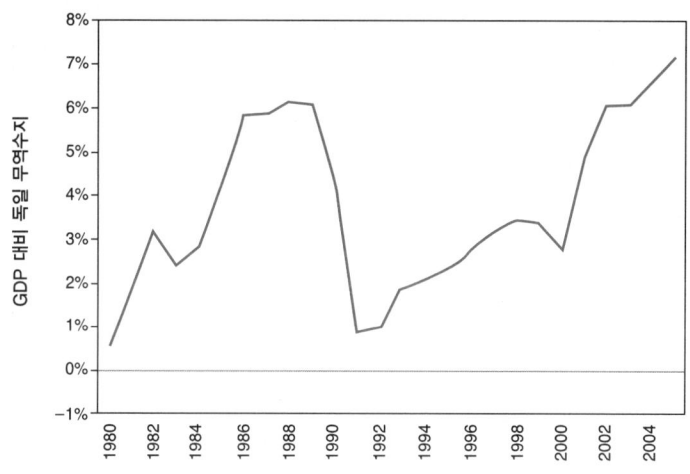

출처: Thompson Financial Datastream

평균을 약간 하회하는 주식시장과 비교되고 있다. 그리고 불쌍한 일본이 있다! 지난 25년간 일본이 기록한 대규모의 무역흑자는 그들이 경제와 주식시장에서 글로벌 평균과 같은 성과를 거두도록 하는 데 아무런 도움을 주지 못했다(그림 6.8 참조).

자, 그렇다면 어떤 나라가 되고 싶은가? 무역적자를 보유하고 활기찬 경제와 주식시장을 보유한 쪽인가? 아니면, 자랑스런 무역흑자와 황량한 경제성장률을 가진 쪽인가? 바보가 아니라면 적자와 성장 쪽을 선택할 것이다. 다시 말하지만, 우리의 무역적자는 우리 경제가 왕성하며 빠른 성장을 보이고 있다는 징후이며 공격 받을 만한 정치적인 문제가 아니다. 이와 다르게 생각하는 사람은 무식한 사람들이다.

앞서 말했듯이 경상적자는 주로 무역적자로 이루어져 있다. 무역적자가 주식시장과 경제를 하락시킬 것이라고 걱정하지 않을 수 있다면, 경상적자에 대해서도 걱정할 필요가 없다. 하지만 사람들은 걱정할 것이다.

경상적자에서도 무역적자에 사용한 대부분의 논리가 거의 똑같이 적용되

그림 6.8 GDP 대비 일본 무역수지

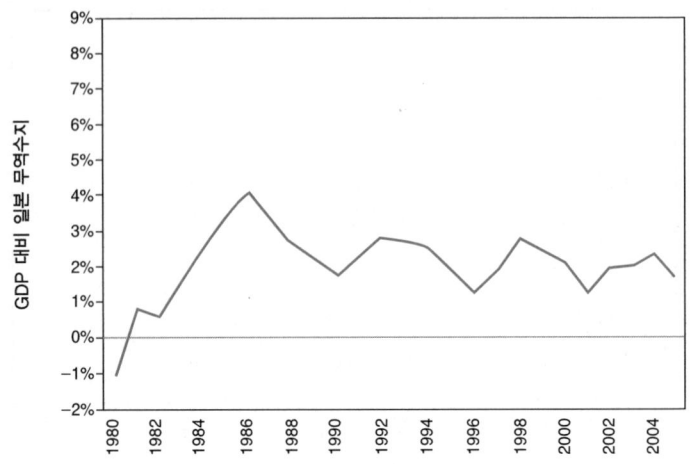

출처: Thompson Financial Datastream

는데, 글로벌한 시각에서 봤을 때 경상적자라는 것은 존재할 수 없다. 더욱이 정의상으로 경상적자는 자기금융(self-financing)이다. 경상적자는 자본계정의 흑자를 보완하는 것이다. 경상계정에 대한 혼란의 대부분은 대차계정의 원인과 결과가 종종 뒤바뀌기 때문이다. 경상계정은 자본계정을 조정하지 않는다. 미국은 무역적자를 '메우기' 위해 자본을 '수입'해 오지는 않는다. 그보다는 외국인들이 자발적으로 주식이나 다른 형태의 직접투자 수단으로 미국시장을 선택한다(다른 선진국과 비교해 평균 이상의 성장률과 풍부한 기회가 있기 때문이다). 외국인들이 미국과 미국의 주식시장에 투자하는 자본유입은 미국인들이 해외상품과 서비스에 더 많은 돈을 쓸 수 있게 해주는데, 이에 따라서 무역적자가 증가되며, 경상계정 적자의 대차계정을 증가시킨다. 하지만 평범한 미국인들은 더 많은 해외상품을 살 수 있으며 또한 경상계정 적자를 상쇄하게 된다. 이런 식으로 균형은 이루어지며 여기에 대해선 걱정할 게 없다. 가장 무서운 것은 이런 과정에 내제한 단순한 아름다움을 볼 수 있는 사람이 극히 적다는 것이다.

상업주의자는 공산당원만큼 나쁘다

 진짜 문제는 독일과 일본, 많은 유럽 국가에서 발생하고 있는 무역흑자다. 이들은 왜 무역흑자를 보유하고 있으며, 왜 문제가 되는 것일까? 바로 무역흑자를 보유한 나라들이 무역적자를 보유한 나라보다 경제성장이 확연하게 느리기 때문이다. 왜일까? 상품과 서비스를 창조하는 수단으로서 미국과 영국에서 자본주의가 진화하기 전에는 상업주의가 더 앞서 있었다. 요즘 사람들은 상업주의에 대해 잊었다. 기초 경제역사학 서적을 찾아 읽어보라. 내가 좋아하는 책은 더글라스 노스(Douglas.C.North)가 쓴 《과거 미국의 성장과 번영(Growth and Welfare in America's Past)》(Prentice Hall, 1966)이다. 이 책에는 다른 많은 소스들도 언급되어 있다. 진정한 자본주의는 미국의 탄생과 함께 나타나기 시작했다. 자본주의에 있어 독창적인 저서인 아담 스미스의 전설적인 《국부론(The Wealth of Nations)》이 미국 건국 연도에 출간되었다는 사실을 기억하라.

 당시에는 상업주의가 훨씬 극단적인 역할을 하긴 했지만, 현재 일본과 독일이 하고 있는 것과 비슷하다. 이들 국가는 무역흑자가 그들의 경제에 도움이 될 것이라는 이론 하에 무역흑자를 의도적으로 발생시키기 위해 정부에서 주도하는 경제적 조절장치들을 사용했다. 그들은 마치 우리의 무역적자가 나쁘다고 얘기하는 사람과 같이 생각한다. 흑자는 도움이 되고 적자는 해가 된다고 생각하기 때문에 정부 차원에서 소비를 통제하고 수출을 추진하는 방법으로 일부러 무역흑자를 만들어내고 있다. 하지만 어떤 것을 만들어내기 위해 자유시장과 순수자본주의에 해를 주면서 강제적으로 집행하는 정책은 결국 불완전한 시장과 낮은 성장으로 이어진다. 항상 그렇다! 왜 그럴까?

 성장을 극대화하기 위해서는 자본주의가 야생적으로 움직이게 두어야 한다. 이것이 바로 지난 200년간 얻은 가장 기초적인 경제학적 교훈이다. 무역적자로 인해 약세시장이 발생한다고 생각하는 사람들은 좋고 나쁜 것을 보는 눈이 너무나도 똑똑해서 아담 스미스가 말한 보이지 않는 손의 혜택을 알지 못한다. 그 사람들은 '정책의 손'으로 간섭하고 싶어 하지만 결국 성장을 억압하게 할 뿐이다. 우리가 베팅해야 할 곳은 자본주의와 성장이다. 우리의 성장으로 인해 무역적자를 뒷받침해주는 자본유입이 창출된다. 우리가 빠른 성장을 지속하는 동안 경상적자와 무역적자는 높은 수준이 될 것이며, 우리는 행복할 것이다. 우리의 성장이 느려지거나 끝나게 되면, 그 쌍둥이 적자도 그렇게 될 것이다. 그게 전부다.

요약하면, 첫 번째 질문에 이어 두 번째 질문을 사용해서 우리는 부채와 3가지 적자(재정, 무역, 경상)가 대부분의 사람들이 믿는 것처럼 부정적이지 않다는 사실을 배웠다. 어떤 실제적 증거도 없으며, 적자와 부채가 이 세계를 꼼짝 못 하게 할 것이라는 주장을 펼치기 위한 미신적인 주장만 있을 뿐이다. 사실, '일정 수준 이상이 되면 문제가 터질 것'이란 주장을 하는 사람들이 이와 관련해서 어떤 부채나 적자가 너무 높은 것인지 누구도 훌륭한 설명을 한 적이 없다. '너무나 많은' 또는 '지속될 수 없는' 적자나 부채를 이유로 시장 하락을 경고하는 드럼소리가 들리면, 그 잘못된 사실에 대한 공포가 곧 강세장을 뜻한다는 것을 알아야 한다. 여러분은 시장이 하락한다는 의견과 반대로 베팅할 수 있다. 나를 따라 말해보라. "난 미국이 재정흑자, 경상흑자, 무역흑자를 내지 않았으면 좋겠다. 난 급속한 성장과 적자가 좋다." 이 말을 다음 칵테일파티 때 해보라. 누군가 얼굴에 술을 끼얹었을지 모른다. 그런 반응은 이 진실이 아직 유효한 파워를 가졌다는 것을 의미한다.

새로운 금본위제도

첫 번째 질문의 또 다른 사례를 위해 윌리엄 제닝스 브라이언(William Jennings Bryan) 얘기를 해보자. 그를 기억하는가? 그는 멋진 목소리와 그 유명한 '황금 십자가' 연설, 그리고 1900년

이 다가오면서 은본위제도로의 전환운동으로 유명한 대중적 정치인이다.

미국은 금본위제도를 1971년에 버렸지만, 금이 포트폴리오 헤지를 위한 궁극적 수단이라는 믿음이 널리 퍼지면서 새로운 표준으로 떠오르고 있다. 여러분은 2006년, 주식이 하락할 때 금값은 오르며 주식이 상승하면 금값은 떨어진다는 얘기를 끊임없이 들었을 것이다. 포트폴리오의 하락 변동성에 대비하여 적절한 헤지를 위해 금 자산을 편입하라는 것이 일반적인 조언이었다. 사람들은 자본주의 시장이 어쩔 수 없이 무너질 때 금이 보호해줄 것이라는 생각을 오랫동안 해왔다.

이 미신과 함께 따라다니는 것은 금 가격이 인플레이션을 예측하는 훌륭한 지표라는 견해다. 금 가격 상승은 주식투자자들에게는 나쁜 뉴스가 된다. 주가가 떨어지고 인플레이션이 발생함에 따라 성장이 둔화될 것이기 때문이다. 하지만 정말 그럴까? 금 자산에 대한 선호도는 기복이 있지만, 금 가격이 잠시 상승할 때는 선호도가 자연스럽게 높아진다. 2005년과 2006년처럼 금 가격이 급격하게 상승하면(지난 25년간 가장 높은 수준이다), 인플레이션에 대한 우려가 극에 달하고 투자자들은 주식시장에 두려움을 갖게 된다.

자유롭게 거래되는 여느 주식처럼 금 자산에도 추종자들이 있다. 금 1온스 가격이 500달러에서 600달러로, 그리고 700달러로 높아지면 갑자기 300달러 이하에서는 금 생각도 안 하던 사람들이 금을 필요로 하게 된다. 그러면 금에 투자하는 상품들이 자연스럽게 출시된다. 라스베이거스에서의 금 투자 세미나나 TV의 금 기념주화 선전도 마찬가지다. "역사의 한 부분을 소유하세요! 여러분의 소중한 자산을 오즈의 마법사의 한 장면이 각인된 순금 동전으로 지키세요!" (우리의 친구 윌리엄 제닝스 브라이언이 이 소중한 영화를 통해서 영원하게 되었다는 사실을 아는가? 오즈의 마법사와 관련해 내가 쓴 글을 참고하라.) 심지어 금 열풍 현상에서 돈을 벌기 위해 금 자체를 살 필요도 없다. 금 채굴 관련 주식이나 리츠(Reits) 투자를 할 수도 있다. 이메일 뉴스레터를 구독한다면, 금 자산을 보유하라는 훈계가 담긴 편지를 받게 될 것이다. 사이트의 운영자들이 구독자들의 명단을 서로서로 팔고 있기 때문이다.

오즈의 마법사와 황금의 오즈

프랑크 바움(L. Frank Baum)이 《오즈의 신기한 세계(The Wonderful World of Oz)》(1900년에 출간되었으며, 나중에 쥬디 갈란드, 레이 볼거, 버트 라 등이 출연한 영화로 만들어져 영원히 남게 되었다)를 집필했을 때, 아동용 마법 소설을 쓰려 했던 것이 아니었다는 사실을 알고 있는가? 그가 의도한 것은 1890년대의 경제적 논쟁과 정치인들에 대한 날카로운 정치적 풍자 및 통화정책과 관련된 비유였다.

숨겨진 의미를 찾으려 영화를 분석할 필요는 없다. 1939년에 발표된 영화는 어두운 시기에 가벼운 마음으로 볼 수 있도록 만들어진 영상물이었다. 그 대신 누구나 도로시가 신은 구두의 의미를 알 수 있었던 원래 작품으로 돌아가 보자(컬러 영화에서는 빨간색이 보기 좋았을 것이다). 'Oz'가 금의 무게를 표시하는 온스(ounce)를 의미한다는 생각이 바로 들 것이다. 작가가 의도했던 바는 다음과 같다.

1890년대부터 20세기 초반까지, 통화제도로서 금본위제도를 주장하는 사람과 이를 폐기하고 금은 양본위제나 심지어 은본위제를 주장하는 사람 간에 논쟁이 벌어졌다. 미국이 1879년 금본위제로 회귀한 후에 참혹한 디플레이션이 뒤를 이었다. 물가와 임금이 전국적으로 떨어졌다. 국내외에서 다양한 정책적 실수들은 1893년 공황에서 최고조에 달했고 전 세계적인 경기침체로 이어졌다. 사상 최고는 아니었지만, 대수롭지 않은 수준도 아니었다. 어디를 보나 우울한 시기였다. 그런 사태를 초래한 원인이 하나가 아니며, 미국이 겪은 경제적 어려움은 전 세계적인 트렌드의 한 부분이었다는 것을 지금은 알고 있지만, 당시 미국에서는 금본위제도가 한 원인으로 비난 받았다.

이에 따라 은화 발행에 대한 규제 철폐 의견이 갑자기 열렬한 지지를 얻었다. 윌리엄 제닝스 브라이언은 탁월한 언변으로 '은화 자유주조' 운동의 중심에 서게 되었다. 비평가들은 이 운동이 근본적으로 인플레이션을 유발할 것으로 본 반면,

지지자들은 인플레이션 발생이 적절하다고 봤다. 대중매체에서는 이 싸움을 대중(은본위제도와 인플레이션 상황에서 혜택을 볼 사람들)과 정치인들(현재 상황에서 이득을 볼 사람들)을 포섭한 동부의 저축 이자 시스템과의 싸움으로 봤다. 이런 비유는 굉장히 단순화한 것이지만 일반적으로 맞는 얘기라고 볼 수 있다. 덧붙여 말하면, '보통 사람'과 '대기업'과의 싸움 얘기는 오늘날에도 유효한 것이다. 세상의 어떤 일들은 절대 바뀌지 않는다는 것이 재미있다.

바움은 은화주조 운동과 그로버 클리블랜드 대통령, 윌리엄 맥킨리 그리고 전 세계의 동지들에 대한 인민당의 혐오에 지지를 보내기 위해 이 소설을 창작했다. 그가 창조한 모든 캐릭터들은 모든 독자들에게 친숙할 것이다.

가난하지만 꿋꿋했던 캔자스 불모지(인민운동이 시작된 곳) 출신의 시골소녀인 도로시는 평범한 국민의 역할이다. 그녀는 활기차며 미국의 중심가치(순수하고, 긍정적이며, 젊고, 열정적이며, 희망적이다)를 나타내고 있다. 오즈(Oz)는 금의 측정 단위인 온스(ounce)를 돌려 언급한 것이며, 오즈의 도시는 미국, 특히 금과 사랑에 빠져 있고 금본위제도를 옹호하는 동부 맨해튼을 의미한다. 물론 노란 벽돌색 길도 있다. 노란색 벽돌이 무얼 의미하는가? 물론 금이다!

동쪽 마녀는 금본위제도를 찬성하는 전 민주당 대통령 그로버 클리블랜드를 의미한다. 인민당이 보기엔 적절한 악역이었다. 1892년에 대통령으로 선출되었으며(두 번째 당선이었다. 그는 1885년부터 1888년까지 대통령을 한 차례 역임했으며, 1888년에 해리슨 대통령에게 패했다), 1893년의 공황 당시에 대통령직에 있었기 때문이다. 또한 금본위제도를 지지하는 공화당을 민주당이 반대해야 한다고 인민당이 생각했을 때, 그는 금본위제도를 지지하는 민주당원이었기 때문에 악역을 맡아야 했다. 클리블랜드 대통령이 정치적으로 파산한 것처럼 폭풍(은본위제도 운동)이 도로시의 집을 동쪽 마녀의 집 위에 떨어뜨려 버리고, 은 마법구두만 남게 된다. 오즈의 동부 변두리에 살고 있던 복종심 많던 먼치킨(오즈의 마법사에 나오는 난장이족-옮긴이)들은 당연히 은 구두의 힘을 알지 못했다. 먼치킨들은 심지어 지도에서 캔자스를 찾지도 못했다. 따라서 동부의 촌사람들이었던 그들은 도로시를 마법사에게 보내게 된다.

도로시는 처음에 허수아비를 만나게 된다. 이는 당시 과소평가되어 있던 서부의 농부를 의미하는데 실제로 이들은 아주 눈치가 빨랐다. 오즈의 사람들은 은과 관련한 논쟁에서 그들을 무시해왔는데 그렇게 복잡한 문제를 이해하기엔 이들이 너무 단순하다고 생각했기 때문이다. 즉, 도로시와 그녀의 마법구두가 그를 자유롭게 해주기 전까지는 말이다. 다음은 양철 나무꾼이다. 인정 없는 동부 사람들은 이익을 위해 일반 노동자들을 기계로 대체했다. 즉, 이들의 기술을 훔친 것이니 심장을 훔쳤다는 얘기다. 1890년대와 같이, 한때 활기차고 건강했던 많은 노동자들이 실직했다(녹이 슬어 도끼를 들 수 없다). 마지막으로 은본위제도 운동에 참가하게 되는 겁쟁이 사자는 다름 아닌 윌리엄 제닝스 브라이언으로 그는 1896년과 1900년에 민주당 대선 후보였으며 두 차례 모두 윌리엄 맥킨리에게 졌다. 브라이언은 실제로 위엄 있는 목소리를 가졌지만, 결국 패자였으며 사자의 능력이나 용기를 갖지 못했다. 1890년대 후반에 경제가 발전하면서, 그의 지지자들은 분열됐다. 어떤 사람들은 그가 다른 정치적 현안에 초점을 맞추었어야 한다고 생각했으며, 다른 사람들은 여전히 은본위제도 투쟁의 기수로 남아주길 바랐고, 최소한 동부의 이권에 맞서주길 바랐다. 그는 용기를 잃게 되었으며, 사자의 심장을 차지하지 못했다.

마법사가 살고 있는 에메랄드 궁전은 백악관으로, 순종적인 관료들로 채워져 있다. 마법사는 우호적이며 도와주고 싶어 하는 것처럼 보이지만, 이 네 친구들을 사악한 서쪽 마녀의 소굴로 보낸다. 또한 이들의 목적에 우호적이지도 않다. 여기서 마법사는 현실 세계의 마커스 알론조 한나를 뜻한다. 많은 사람들이 그를 맥킨리 대통령을 '막후에서 조정한' 사람으로 보았다. 오하이오 출신의 마커스 알론조 한나는 미국 역사상 최고의 막후 정치가였다. 그는 1890년대 공화당의 정치인들과 크게는 맥킨리 대통령에게까지 영향력을 행사했다. 실제 힘은 없고 환상만 일으키는 마법사의 역할은 현실 세계의 정치인들을 우화적으로 표현한 것이다.

서쪽의 사악한 마녀는 역시 오하이오 출신의 윌리엄 맥킨리 대통령이다. 어떻게 오하이오 출신이 서쪽의 사악한 마녀가 될 수 있을까? 간단하다. 바움의 시각에서는 모든 것이 뉴욕에 기반한 사악한 은행들의 이권에 의해 조정되는 것이었기 때문에 뉴욕 허드슨 강 서쪽으로 있는 모든 것은 '서쪽'이 되는 것이다. 그 시절에는 미네소타와 위스콘신을 '북서부(Northwest)'의 일부분으로 보는 것이 일반적이었다. '노스웨스트 에어라인(Northwest Airline)'이 미네소타에 기반을 두고 있는 것도 이 때문이다. 오늘날에도 오하이오는 중서부로 불린다. 이와 상반되는 '중동부(mid-east)'라는 말은 미국에 없다.

맥킨리 대통령은 금본위제도 찬성자였으며, 관세주의자였다(나쁜 정치인들!). 그리고 인민당이 보기에 클리블랜드보다 더 나쁜 사람이었다(푸에르토리코, 괌, 필리핀, 하와이 등을 영토에 추가한 덕분에, 그를 탐욕스러운 제국주의자로 보던 정적들이 약간은 그를 좋아하게 되었다). 이 마녀는 도로시가 마법 은 구두의 진정한 힘을 알아채기 전에 뺏기 위해 걱정한다. 또 몇 번의 시도를 통해(앞서 언급한 영토 확장 및 스페인-미국 전쟁) 그녀를(은본위제도 운동) 죽이려 하는 것은 네 명의 친구들을 갈라놓고 그들이 하나가 되었을 때 가지는 힘을 없애려 하는 것을 의미한다. 남쪽의 선한 마녀 글린다는 마법의 지팡이로 네 사람의 문제를 해결해준다. 이는 인민주의 운동을 지지했던 남부의 지원을 의미한다. 그리고 도로시는 은 구두 없이 다시 캔자스로 돌아오게 된다.

이 이야기는 정치와 통화정책에 관련된 더 많은 풍자로 가득 차 있다. 날아다니는 원숭이, 노예가 된 윙키들(Winkies, MGM의 영화버전에선 등장하지 않는다), 양귀비밭(금빛), 심지어 마법사가 우리의 영웅에게 선사한 선물까지도(완전한 금주주의자인 사자에게 액체로 된 '용기'를 선사한다—브라이언은 유명한 금주주의자였다) 독자들은 그 의미를 알고 있었다.

내 말이 믿기지 않는가? 이와 관련해 휴 락오프(Hugh Rockoff)가 1990년에 쓴 "통화에 대한 비유로 본 오즈의 마법사(The 'Wizard of Oz' as a Monetary Allegory)"[135]라는 논문이 있는데 주변 도서관에서 찾아볼 수 있을 것이다. 저자는 이야기에 등장하는 캐릭터와 내러티브에서 경제, 통화, 정치적 분위기 등에 관한 좀더 자세한 분석을 했다. 이 논문을 읽어보고 바움의 원작을 다시 읽어보라. 새로운 시각을 갖게 될 것이다. 때로는 어렸을 때 읽은 가장 좋아하는 동화가 곁에서 보는 것과 다를 수 있다. 역시 첫 번째, 두 번째, 세 번째 질문이 필요하다.

황금빛 헤지

자기방어적 성격을 가진 다른 투자의 속설들과 마찬가지로 금으로 포트폴리오를 헤징할 수 있다는 믿음은 상식적으로 아주 타당해 보인다. 금은 상품이다. 무게가 나가며, 보고, 느끼고, 소유할 수 있다. 주식은 그저 종잇조각이다. 최근에는 그마저도 거의 아니다. 그저, 끊임없이 가치가 변하는 어떤 회사의 한 조각을 소유하고 있다는 이메일 한 통이 전부다. 이렇게 판이하게 다른 두 자산이 서로 다르게 움직인다는 것은 상식적으로 보인다. 그리고 미국뿐만 아니라 세계적으로 정부가 통화가치를 금에 페깅해온 오랜 역사 때문에 심리적으로 금을 소유하는 것이 가치 있게 느껴졌다.

하지만 정말 그럴까? 우리의 믿음과 일치하는 오래된 정부의 정책을 들으면 들을수록 나는 더욱더 회의적인 느낌이 든다. 특히 금본위제도가 상업주의가 지배하던 시절에 시작되었다는 것을 생각하면 더욱 그렇다.

첫 번째 질문을 사용해보자. 금이 좋은 헤지 수단이라는 것이 정말일까? 만약 그렇다면 주식과 음의 상관관계를 가져야 할 것이다. 단기와 장기에 걸쳐 생각해보자. 2006년 중반 현재 글로벌 주식시장은 아마도 아주 정상적으로 보이는 조정을 겪었다. '아마도'라고 한 것은 2006년 5월 9일 시작한 하락세가 일반적인 강세장에서의 조정과는 다르게 너무나 갑작스럽고 낙폭이 컸기 때문이다. 어쨌든 글로벌 주식시장은 그 당시 10% 하락했다. 만약 금이 좋은 헤지 수단이었다면, 주식이 하락했을 때 금 가격은 지속적으로 올랐어야 했다. 아니면, 최소한 가격 변동이 없어야 했다. 그림 6.9는 연초부터 2006년 중반까지 S&P500과 금 가격을 보여주고 있다.

명백히 금은 헤지 수단으로 작용하고 있지 않다. 이 기간 동안 금은 주식시장과 역이 아니라 강한 양의 상관관계를 보여주고 있다. 시장은 급격히 하락했고, 금값 역시 그렇다. 만약 하락 변동성을 금이 보호해줄 것이라고 바랐다면, 그 대신 손해가 두 배로 늘었을 것이다. 금 가격은 시장의 방향대로 움직였을 뿐만 아니라 그 변동성도 시장과 비슷하다. 만약 어떤 자산을 역사

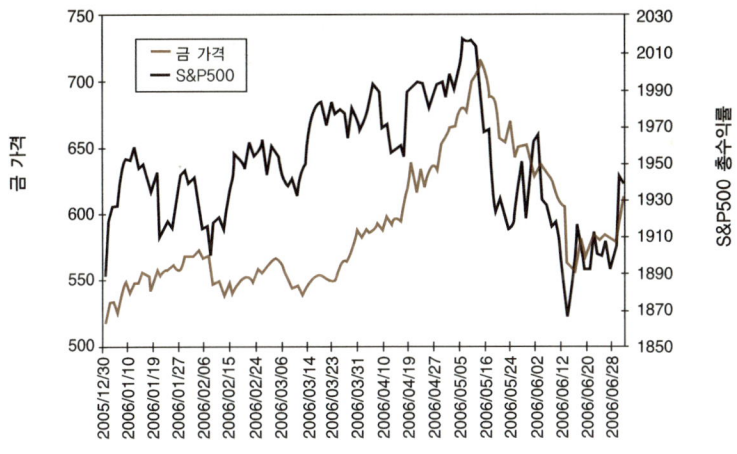

그림 6.9 금 가격과 S&P500

출처: Global Financial Data

적인 고점에서 매수한다면, 그리고 여러분이 아는 거의 모든 사람이 그 자산에 열광하고 있다면, 여러분은 엄청난 인지적 오류를 저지르는 셈이다.

만약 주식의 헤지 수단으로서 금이 의미가 없다면, 장기투자 수단으로는 가치가 있을까? 인플레이션 조정치로 봤을 때, 금 가격이 지난 25년간 최고치를 기록하고 있지만, 그 수익률은 비참하다. 지난 25년간 주식이 명백히 더 좋은 투자 수단이었다. 1926년 이후 수익률을 봐도 얘기는 똑같다. 금에 투자하면 침대 매트리스 밑에 돈을 묻어놓는 것보다는 낫지만, 주식은 물론 채권 투자에도 비교할 수 없을 정도다.

금을 좋아하는 사람들에겐 믿기 힘든 사실이다. 심지어 현금등가물 중 어떤 것은 장기수익률에서 금을 앞지르기도 한다. 현재 금 열풍은 선사시대적 사고방식에서 비롯된 무분별한 추종과 다를 바 없다. 금값은 계속 오를 수도 있고, 그렇지 않을 수도 있다. 하지만 어떤 식으로든 성장을 목표로 하고 있다면, 금을 헤지 수단이나 투자 수단으로 활용해서 그렇게 할 수 있는 가능성은 거의 없다. 금 투자를 잘하려면 치고 빠지기에 능숙해야 한다. 그것이 여러분의 계획이라면 자문해보라. 주식에서 치고 빠지기를 잘못한다면 금 투자에서 그렇게 할 수 있을 것이란 근거는 무엇인가? 다른 것들과 마찬가지로 이 질문에 대한 답은 다른 질문으로 이어진다. 금에 대해 다른 사람은 알지 못하는 무엇인가를 알고 있는가?

금, 인플레이션, 그리고 206년 만기 장기채권

만약 금 가격이 인플레이션의 방향성에 대해 뭔가 말해줄 수 있다면, 금 가격 곡선은 유용하게 사용될 수 있다. 1926년 이후 금 가격과 S&P500을 나타낸 그림 6.10을 보자. 금 가격은 인플레이션 조정치로 봤을 때 실질적으로 변동이 없다. 금 가격이 기본적으로 인플레이션 상승률에 따라 오른다면, 인플레이션 예측치로 유용할지도 모른다. 금 가격이 오르기 때문에 급격한 인플레이션이 다가올 것이라는 얘기도 많이 있다.

유감스럽게도 첫 번째 질문은 이 또한 미신이라는 것을 보여준다. 인플레이션이란 통화정책이 얼마나 엄격하게 또는 느슨하게 운영되는지와 관련 있는 통화적 현상이며, 중앙은행이 조절한다. 사회가 상품과 서비스를 생산하는 것보다 중앙은행이 더 많은 돈을 창출하면 인플레이션이 발생한다. 인플레이션이 반드시 나쁜 것은 아니다. 낮은 인플레이션율에 두려움을 느끼는 사람은 거의 없지만 높은 인플레이션율에는 모두가 두려움을 느낀다.

1970년대처럼 급격히 상승하는 인플레이션은 문제가 된다는 것에는 아무도 이의를 제기하지 않는다. 급격한 인플레이션의 극단적 사례를 생각해보면 이해하기 쉽다. 독일의 바이마르(Weimar) 공화국 시절을 기억해보라. 중앙은행은 너무나 많은 돈을 발행하는 느슨한 통화정책을 취했으며, 돈은 그 가치를 잃었다. 돈을 상자로 가져가도 석탄이나 땔감을 살 수 없었기 때문에 독일 국민들은 돈을 태워 연료로 사용했다. 오래지 않아 나치가 정권을 잡게 되었으며, 따라서 극단적인 인플레이션이 나쁘다는 것을 알 수 있다. 하지만 낮은 수준의 인플레이션은 그리 무섭지 않다. 적당한 수준의 인

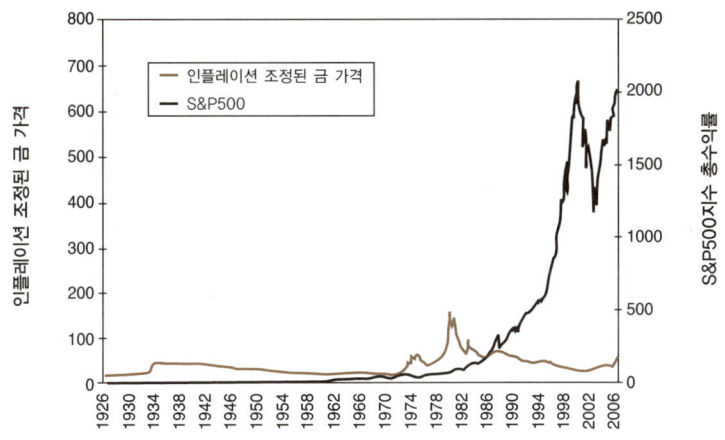

그림 6.10 인플레이션 조정된 금 가격과 S&P500지수 추이(1926~2006년)

출처: Global Financial Data

플레이션과 디플레이션 중 여러분은 어느 쪽이 더 좋은가? 비록 통계적으로는 이 둘이 검의 양날 같겠지만, 아마도 인플레이션을 더 선호할 것이다. 디플레이션은 새로운 상품이나 서비스보다 더 적은 돈을 창출함으로써 가격을 떨어뜨리고, 대량실업이나 경기후퇴 같은 문제를 불러일으킨다. 전혀 재미없는 것이다!

자, 그렇다면 이 모든 것이 금이랑 어떤 관계가 있을까? 아무런 관련이 없다. 금은 상품이며 공개시장에서 자유롭게 거래되고 있다. 밀턴 프리드만(Milton Friedman)이 말한 유명한 말처럼 인플레이션은 '언제 어디서나' 화폐적 현상이다. 단지 금 가격이 인플레이션율과 비슷하게 가치가 매겨진다고 해서, 금을 통해 인플레이션의 향방이 어떻게 될지 알 수 있다고 결론지어서는 안 된다. 이는 오랜 기간에 걸쳐 보면, 금 투자자들이 아주 낮은 수익을 올렸다는 얘기이며, 대부분의 상품 투자에서 기대되는 수익률과 같다는 것을 직관적으로 알 수 있다. 너무나 쉬운 얘기다!

하지만 금 가격 상승이 인플레이션 상승을 예측하는 것이라는 인식이 아직 남아 있다. 그림 6.9를 다시 보자. 금 가격(그리고 S&P500도 나타나 있지만, 지금은 신경 쓰지 말자)은 마치 인플레이션에 따라 상승한 것처럼 보인다. 그리고 금 가격은 하락했다. 금값 상승이 인플레이션 상승의 신호라는 것이 참이라면, 금 가격 하락은 디스인플레이션(가격 상승률의 하락)의 신호가 되어야 한다.

공식적으로 집계된 2003~2006년까지의 인플레이션은 그다지 눈에 띄는 변화를 보이진 않았다. 이 기간 동안 금 가격은 상승했고 공식적인 인플레이션 수치는 평범했다. 어떤 사람들은 공식적인 인플레이션 수치가 실제 인플레이션을 정확히 반영하지 못한다고 말할 것이다. 이 문제는 이후에 자세히 다룰 것이다. 대부분의 금 선호자들은 대규모의 인플레이션이 임박했다고 말할 것이다. 금 가격 인상 때문이라는 것이다. 정말 이런 일이 곧 다가올까? 그럴 수도 있고, 그렇지 않을 수도 있다. 하지만 분명히 금은 이와 관련해 어떤 정보도 주지 않는다. 이론적 발전과 축적된 경험, 과학적 기법으로 인해 우리가 1970년대 및 그전에 겪었던 정도의 통화정책상 실수를 반복할 것 같지는 않을 것으로 보인다. 하지만 이 말이 때때로 높은 수준의 인플레이션이 발생하지 않거나 발생할 수 없다는 얘기는 아니다. 그럼, 그런 일이 일어날 수 있을지 어떻게 알 수 있을까? 금에 대한 미신을 깨끗이 버리고 나면, 인플레이션의 예측치로 어떤 것이 더 좋은지 두 번째 질문을 사용해볼 수 있다. 아주 간단하다.

무엇이 그것이고, 무엇이 그것이 아닌가?

이 두 번째 질문을 위해서는 글로벌적인 사고를 하라는 세 번째 질문이 필요하다. 하지만 우선 문자 그대로 무엇이 인플레이션이며 무엇이 인플레이션이 아닌지 생각해보기로 하자. 인플레이션은 여러분의 생활비에 발생하는 일이 아니며, 사람들은 이를 인플레이션과 자주 혼동한다. 인플레이션은 새롭게 생산되는 상품(goods)과 서비스의 평균 가격이며, 여러분이 그것을 구매하는지 구매하지 않는지와는 상관이 없다. 금은 물론 다른 어떤 상품

(commodity)의 가격과도 관련이 없다. 그 유무에 따라 가격이 극단적으로 움직임에도 불구하고, 인플레이션은 예술 컬렉션의 가격과도 상관이 없다. 중고차 가격도 인플레이션에 영향을 받지만 이 역시 마찬가지다. 인플레이션은 새롭게 생산되는 모든 상품과 서비스의 평균이며, 단순히 그 평균적인 것을 사기 위한 돈의 가치가 반영된 것이다.

어떤 물건의 가격은 크게 오르고 어떤 것은 적게 오를 수 있다. 또 어떤 것은 조금 하락하고 어떤 것은 크게 하락한다. 가솔린 값과 의료보장 서비스비는 크게 올랐다. 전자제품들은 크게 내렸다. 브로커리지 수수료는 약간 내렸다(서비스). 신발가격도 약간 내렸다! 인플레이션 0%의(정확히 계산되었을 때) 완벽한 세상에서는 모든 가격이 제자리에서 변하지 않을까? 아니다. 그런 세상에서는 가격의 반은 올랐고, 반은 내렸을 것이다. 그 둘이 동시에 일어나는 경우가 그렇지 않은 경우보다 가능성이 높을 것이다.

건강관리와 손자들의 사립학교비, 대학교육비에 많은 돈을 지불하는 미국의 노인들은 인플레이션이 맹렬한 기세를 보이고 있으며, 현재 인플레이션 지수가 과소평가되어 있다고 자주 생각한다. 나는 이런 얘기를 내 개인고객들로부터 항상 듣는다. 이들은 그들이 구매하는 것과 인플레이션을 혼동하고 있는 것이다. 나는 현재 집계되는 인플레이션 지수를 신뢰하지는 않는다. 앞서 말했듯이 정부에서 발표하는 많은 경제지표들이 매우 부정확하기 때문이다. 여러분에게 인플레이션을 보는 더 좋은 방법을 가르쳐주겠다. 하지만 소비자가격지수(Consumer Price Index)가 인플레이션을 정확히 반영하고 있는지 아닌지는 여러분이 구입하는 물건이 평균적인 물건을 반영하는 것이며, 따라서 인플레이션을 반영하는지 아닌지와는 상관이 없다. 평균적인 소비자는 거의 없다. 소비자들의 구매 습관은 매우 다양하다. 젊은 사람들이 노인 커플과 같은 구매 행동을 보인다면 굉장히 이상할 것이다. 그리고 중년층과도 마찬가지로 다를 것이다.

좀더 깊게 생각해보자. 1990년에는 여러분이 구입하는 대부분의 것들이 미국에서 생산되는 것이었다. 더욱 글로벌화된 오늘날에는 많은 물건들이 세계 곳곳에서 들어온다. 미국에서 생산되는 많은 물품들도 부분적으로만 미국에서 생산되는 경우가 많다. 오늘날에는 어떤 유형의 상품이 가격이 높다 하더라도, 해외에서 들어온 다른 유형의 값싼 상품으로 인해 그 비싼 가격이 완전히, 또는 부분적으로 상쇄된다. 인플레이션도 글로벌적인 측면을 띠는 것이다. 지난 15년 동안 우리는 미국의 인플레이션을 목격해왔다. 반면, 일본과 많은 아시아 국가는 디플레이션을 겪어왔는데, 창출된 돈보다 더 많은 상품을 생산했기 때문이다. 그리고 그들이 생산한 유형의 상품들은 가격이 하락하는 경향이 자주 있었다. 하지만 여전히 그런 디플레이션의 와중에서도 어떤 물건의 가격은 올랐을 것이며, 어떤 것은 내렸고, 다른 어떤 것은 그보다 더 내렸을 것이다. 인플레이션의 개념은 항상 평균치다. 당시 일본의 디플레이션에는 일본 현지에서 생산되어 미국에 팔린 물건들의 가격도 포함되어 있으며, 이는 대체품이 없었으면 높았을 미국의 인플레이션을 지속적으로 낮은 수준으로 내리는 데 도움을 주었다. 어떤 수준에서 미국은 그들에게 인플레이션을 수출했고, 일본은 디플레이션을 미국에 수출함으로써 서로 부분적인 상쇄효과를 봤던 것이다.

여러분이 구매하는 것이 반드시 인플레이션이 반영된 것이 아니라면, 미국이 평균을 내는 것 또한 반드시 모든 것에 인플레이션을 반영해 구할 필요는 없다. 인플레이션을 보다 정확하게 보는 방법은 글로벌한 시각으로 보는 것이다. 글로벌하게 생각하면 걱정을 덜 수 있다. 글로벌화 하면 한 국가에 집중된 인플레이션 효과를 감소시켜 주기 때문이다. 글로벌 경쟁으로 인해 전문기술과 노동인력이 어느 때보다 많이 증가했고, 한 국가에서의 단기적인 초과생산 역량은 다른 국가에서의 부족분을 메워주게 되었다. 해외에서 경쟁하고 있는 많은 상품과 서비스의 미국 내 가격은 실제로 하락하고 있다. 일상 소모품인 튜브 삭스부터 장난감, 자동차, 잡화 등은 인플레이션 조정치로 보면 몇 년 전보다 가격이 하락했다. 이는 다소 당황스러운 이야기다.

TV에서는 유가 상승과 관련된 이야기가 더 그럴싸하게 들리기 때문이다. 언론매체는 소비자들이 유가와 철 가격의 상승에 초점을 맞추도록 만들어, 연료를 채우고 있는 자동차는 실제로 가격이 더 싸졌다는 생각을 못 하게 만든다. 유가 상승이 골치 아픈 만큼 차 가격 하락은 좋은 것이다.

그런데 인플레이션이 상승한다면 이를 알 수 있는 신호 같은 것이 있을까? 글쎄, 여러분의 소비습관도, 몬태나 주 사람들의 소비습관도 그것이 될 수는 없다. 심지어 미국의 소비습관도 실제로 그것이 될 수는 없다. 그런 신호가 되어야 하는 것은 전 세계에 걸쳐서 돈의 가치를 측정할 수 있는 무엇이어야 한다. 인플레이션이라는 것의 정의가 바로 그렇기 때문이다. 이 문제를 깊이 생각해보기 위해 두 번째 질문을 사용하자. 돈의 가치를 잘 측정할 수 있는 것은 무엇인가? 오늘날 돈의 값어치는 얼마인가? 내일의 가치는 어떻게 될 것인가?

우리는 오늘 돈을 빌릴 수 있고, 따라서 내일 돈을 갖고 있을 수 있다는 사실을 알고 있다. 또한 그렇게 돈을 빌리는 데 드는 비용이 얼마인지도 알고 있다. 장기적으로 봤을 때 돈을 빌리는 데 드는 비용은, 다른 말로 하면 장기이자율이다. 예를 들어, 10년 만기 국채(10-year Treasury bond)의 이자율은 미국에서 장기 자금대출비용을 측정하는 한 방법이다.

빌리는 사람의 입장에서는 급격한 인플레이션의 파괴행위는 자금 차입에 아주 민감한 문제다. 돈을 빌려주는 사람은 높은 인플레이션 리스크를 보상받기 위해 높은 이자율을 받고 싶어 한다. 미국은 세계적인 구매경향을 똑같이 겪지 않을지도 모르지만, 글로벌 장기이자율은 글로벌 장기 인플레이션 우려에 반응하게 된다. 따라서 글로벌 장기이자율은 인플레이션 예측 변동에 가장 민감하다. 이와 관련해서는 여러분에게 글로벌 장단기 금리에 대해 처음 소개했던 2장을 다시 참고하길 바란다. 여러분에게 제시했던 글로벌 장기이자율은(Bloomberg.com이나 Yahoo.com을 통해 조회할 수 있는 GDP 수치와 이자율로 여러분 스스로 구해볼 수 있다) 글로벌 인플레이션이 상승하고 있는지 아닌지를 볼 수 있는 완벽한 방법이다. 이 글을 쓰고 있는 시점에선 확실히 인플레이션 상승이 일어나고 있지 않다. 문제가 될 정도로 인플레이션이 상승한다면 글로벌 장기이자율도 상승해야만 한다. 또 문제가 될 정도로 하락한다면 글로벌 이자율은 그것을 반영하게 될 것이다. 기억할 것은 글로벌 이자율은 돈을 빌리는 데 드는 가격이라는 것이다. 그림 6.11은 글로벌 기반 또는 각국에 기반한 돈의 가치를 보여주고 있다. 이 차트는 글로벌 자유거래시장이 관련 문제를 아주 정확하게 반영하고 있음을 보여주고 있다. 글로벌 장기이자율이 최근 평이한 수준을 보여주고 있는 것은 인플레이션의 상승이 시작되지 않았다는 것을 보여준다. 지난 몇 년간 미국의 이자율이 상대적으로 약간 높은 것은 미국 내에서 약간의 인플레이션 문제가 있었지만 해외에서 상쇄된 것이 더 많았다는 것을 의미한다. 여러분은 방금 대부분의 사람들이 간파하지 못한 사실을 간파해낸 것이다. 더욱 중요한 것은 역사적으로 장기채권 이자율이 인플레이션 문제에 매우 민감하게 움직였으며, 따라서 훌륭한 측정치로 사용될 수 있다는 것을 확인한 것이다.

그림 6.11은 1980년대 들어 중앙은행이 자유무역과 세계화에 힘입어 1970년대의 인플레이션 전쟁에서 꾸준히 우세를 차지하고 있음을 보여주고 있다. 이는 또한 글로벌 장기이자율이 역사적으로 높았던 수준에서 하락하도록 했다. 2005년 현재 10년 만기 국채수익률은 몇 차례의 인플레이션 쇼크를 겪은 후 과거 평균 수준으로 돌아왔다.

어쩌면 여러분들은 이런 식으로 기억하지 않을지도 모른다. 그림 6.11은 확실히 모든 10년 만기 국채가 장기간에 걸쳐서 다소 꿈틀거리며 하락하고 있는 것처럼 보인다. 그렇다면 어떻게 인플레이션을 예측하는 지표가 될 수 있단 말인가?

더욱이 최근에는 전문가들이 25년간 지속되어 온 금리하락 추세가 반전될 것이라고 믿는 경향이 있다. 하지만 4장으로 돌아가 보면, 전문가들이 장기채권 수익률 예측에 있어 항상 틀렸다는 것을 알게 된다. 그동안 우리

그림 6.11 | 글로벌 장기 채권

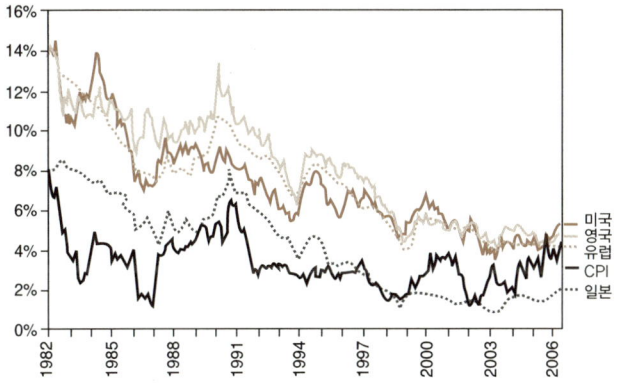

출처: Global Financial Data

가 겪어온 시기는 특별한 하락기가 아니라, 역사적인 평균점으로 회귀하는 것이었다. 그림 6.12는 1800년 이후 미국의 장기채권 이자율을 보여주고 있다.

그림 6.12는 장기채 이자율을 조망해볼 수 있도록 해준다. 우선 투자자들은 오늘날의 10년 만기 국고채 이자율을 '역사적으로 낮은' 것이라고 생각하는 경향이 있다. 하지만 그렇지 않다! 1970년대의 장기채 이자율은 기형적으로 높았다. 투자자들은 그들이 젊었던 1970년대처럼 더 이상 10년 만기 국채를 13% 쿠폰에 살 수 없는 데 좌절할지도 모른다. 하지만 이들은 당시 주식시장수익률이 형편없었고, 경제는 정체에 빠졌으며, 엄청난 인플레로 인해 13%의 수익도 쓸모없었다는 사실은 잘 기억하지 못한다. 1970년대에 대한 향수는 비지스(Bee Gees)에게나 가지는 게 좋다.

두 번째는, 장기이자율은 진저리 나는 통화정책상의 실수로 인한 피해와 회복, 그리고 1970년대의 엄청난 인플레이션과의 상관관계를 명확하게 보여준다는 것이다. 왜 그럴까? 장기 채권은 오픈 마켓에서 자유롭게 거래되며, 시장의 진정한 인플레이션 기대치를 정확하게 대변하기 때문이다. 단기

그림 6.12 | 미국 10년 만기 국채수익률

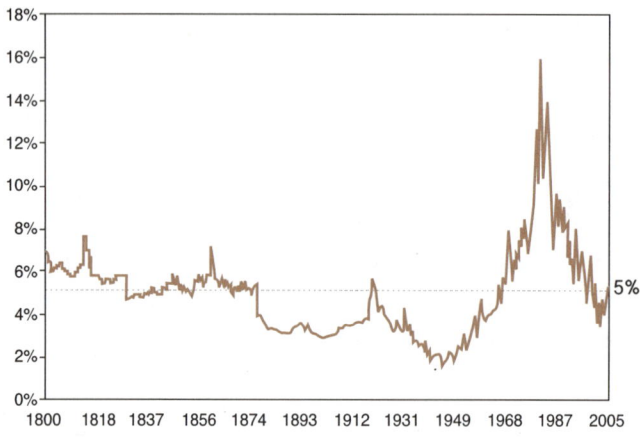

출처: Global Financial Data

이자율에는 초점을 맞추지 마라. 단기이자율은 중앙은행에 의해 독점적으로 결정된다. 반면, 장기이자율은 어느 것에 의해서도 조정되지 않는다. 대신, 자유거래시장에서 결정된다. 따라서 중앙은행의 조치에 대한 시장의 기대를 반영하며, 최소한 현재로서는 시장이 미래 인플레이션을 어떻게 평가하고 있는지 알아볼 수 있는 훌륭한 지표가 된다.

이제 여러분은 첫 번째 질문을 통해 미신을 타파하는 법을 이해했으며, 두 번째 질문을 이용해 사람들이 무시했거나 발견하지 못했던 새로운 패턴을 찾아내고, 베팅의 근거로 활용하는 작업을 시작할 수 있다. 7장에서 좀더 다양한 사례를 소개하기로 한다.

7장

충격적 진실

투자자들은 수요와 공급에 대해 얘기한다. 그리고 직관적으로 수요와 공급이 가격을 움직인다는 것을 안다. 하지만 이런 개념을 주식과 채권, 상품에 적용하지 않는다. 또한 그렇게 한다고 해도 수요와 공급에 대해 정확히 생각하지 못한다.

THE ONLY THREE QUESTIONS THAT COUNT

수요와 공급, 그게 전부다

이 책은 부분적으로 다른 사람들이 간파하지 못한 정보의 처리와 이를 위한 새로운 자본시장 기법의 개발을 통해 다른 사람들이 알지 못하는 무언가를 아는 것에 대한 이야기다. 만약 정보가 우리의 두뇌에서 어떤 방식으로 제대로 처리되지 못한다면, 앞서 P/E를 E/P로 뒤집어 생각한 것처럼, 이를 유용한 다른 방법으로 재구성해보라. 반으로 잘라 새롭게 관찰해보라. 어떤 연관성이 보이는가?

단편적인 사실에서 어떤 결론을 이끌어내기 위해 두 번째 질문을 사용할 수 있다면 뉴스는 유용한 정보로 가득 차 있다. 단지 창조적인 발상으로 의문을 가져보면 된다. '이것이 어떤 의미를 가질 수 있을까? 그냥 바보 같은 생각일까?' 2002년 이후 최근 활발히 나타나고 있는 현상은 기업의 M&A 활동 증가다. 기업이 확대를 할 때는 M&A가 자연스러운 현상이다. 현금이 풍부한 기업은 추가적인 시장점유율과 비슷한 상품라인, 수직적 통합, 새로운 핵심 경쟁력, 새로운 상품군 또는 단순히 다양화를 추구하게 마련이다.

어떤 측면에서 이런 행동은 지극히 평범하다.

하지만 이런 활동이 주식시장에 뭔가 의미하는 게 없을까? 진부한 교훈은, M&A 열풍은 주식시장의 하락을 불러온다는 것이다. 이는 부분적으로 M&A가 경제가 어느 정도 발전된 후에 일어나기 때문이기도 하다. 즉, 어느 정도 발전된 후에는 때때로 경기침체가 찾아온다는 얘기다. 그렇기 때문에 사람들이 M&A 열풍을 약세장의 징조로 보는 이유는 간단하다. 1990년대 후반에 기술주의 IPO(기업공개) 광풍과 함께 일어난 M&A들을 보자. 타임워너의 AOL 인수 같은 대형 딜이 이어진 후에 우리는 심각한 약세장과 경기 후퇴를 겪었다.

경영권 취득이 자주 기대에 어긋나는 결과를 불러온다는 얘기는 타당해 보인다. 결국 파는 쪽은 일반적으로 외부인인 매수자보다 그 사업을 구석구석 잘 알고 있으며, 그들이 팔고 있는 것에 대해 매수자보다 더 많이 알고 있다. 따라서 파는 쪽보다 사는 쪽이 불리하다는 것이 사실이지 않을까? 실제로 매도자는 나중에 더 낮은 가격에 찬성하고, 매수자와 그 주주들은 뭔가 속았다는 걸 깨닫게 되는 것이 아닐까?

나는 내 두 번째 책인 《월스트리트 왈츠》에 이와 같은 점을 지적했다. 하지만 나는 잘못 생각했다. 역사적으로 이런 논의에는 어느 정도 타당성이 있지만, 나는 특정한 기간에 너무 집중해서 생각했고 다른 기간은 충분히 보지 못했다. 내가 내린 결론은 1920년대와 1960년대 후반의 경영권 인수에 집중적으로 해당되었다. 당시 내 말에는 의도적이지 않은 데이터의 임의선별과 확증편향 오류가 많았다. 이제 나는 당시엔 내가 잘못 생각했으며, 경영권 인수의 성공 여부는 50 대 50이라고 말하고 싶다. 그 여부는 해당 딜의 성격에 따라 다르며 이럴 수도, 저럴 수도 있다. 그 시기에 따라 다르다.

현금, 주식 또는 혼합형?

1990년대 및 1960년대 후반, 1920년대의 기업합병 방식과 2002년 이후

딜과는 중대한 차이점이 있다. 2003년, 2004년, 2005년, 2006년에 발생한 대부분의 기업합병은 현금거래 방식이었다. 반면, 앞서 말한 3개 기간 동안 이루어진 딜은 주로 주식으로 거래되었다. 전자의 경우는 인수지분에 대해 매수자가 해당 대금을 지급한다. 후자의 경우는 매수자가 인수비용을 마련하기 위해 간단히 주식을 새로 발행한다. 이제 두 번째 질문을 해보자. 이 두 방식이 잠재적으로 주식시장에 서로 다른 영향을 줄까? 이 상황에서 다른 사람이 보지 못하는 것을 볼 수 있는가? 대부분의 사람들이 간과하지 못한 어떤 것을 간파해낼 수 있는가?

A회사가 B회사를 현금으로 매수할 때는 B회사의 주식과 현금을 교환한 후 그 주식을 소각해버린다. 딜이 끝난 후 A회사의 주식 수는 딜 전과 변동이 없으며, B회사의 주식은 없어진다. 이제 A회사는 자신이 벌어들인 이익과 B회사가 벌어들인 이익을 모두 보유하게 되며 주당순이익은 올라가게 된다. 아주 간단하다! 이 논리는 B회사가 연간 순이익을 내고, 그 이익이 A회사가 B회사를 인수하기 위해 차입한 대금의 이자보다 높다는 가정 하에 성립된다. 하지만 합병으로 이익규모가 즉각적으로 커지고 주식이 소각되면, 다른 조건들이 같다는 전제 하에 매수자의 주당순이익은 급격히 올라간다. 이 경우 합병되는 회사의 주식이 소각되기 때문에 유통주식의 공급량은 줄어들게 된다. 수요는 그대로이고 공급이 줄어든다면 가격은 오를 것이다. 현금 기반의 합병은 주가 강세로 이어지는 경향이 있다.

전부 주식으로만 거래되는 경영권 인수의 경우는 다르다. 인수 후에는 일반적으로 매수자의 주당순이익이 떨어지게 된다. 더 많은 주식이 시장에 쏟아지면서 가치가 희석되기 때문이다. 이런 식으로 생각해보자. 회사 A의 가치가 X, 회사 B의 가치가 Y라고 해보자. B사를 인수하기 위해서는 A사는 B사의 가격을 올려 불러야 한다. 아마도 A사는 B사의 가치인 Y보다 25% 높은 1.25Y를 제시할 것이다. 이 추가적인 25%는 A사가 새롭게 주식을 발행해 조달하는 비용으로 충당한다. A사는 B사의 기존 가치와 추가적인 25%를 모두 커버하기에 충분한 주식을 발행한다. 따라서 딜이 끝난 후에는 실제로 이전보다 주식 수가 증가하게 된다. 이제 만약 1.25Y라는 가치를 가진 B회사가 A회사보다 P/E가 높다면, A사의 주당순이익은 딜이 끝나고 난 후 하락하게 된다. 1920년대와 1960년대 후반, 그리고 1990년대에 이루어진 대부분의 딜이 이런 방식이었다. AOL 타임워너(AOL Times Warner) 딜도 이 방식이었다. 이 방식은 주식의 공급량을 증가시키고, 주식의 가치를 희석시키며 주당순이익을 하락하게 만든다.

기업인수에는 또 다른 방식이 있다. 회사 A가 회사 B를 인수할 때 현금과 신주발행을 섞어서 하는 방법이다. 이런 하이브리드 방식은 일반적이며 양쪽의 장점을 다 가지지만 완전 주식인수방식보다 현금인수방식에 더 가깝다. 왜 그럴까? 이 유형의 딜에서는 인수자가 B사를 인수하기에 충분한 현금을 빌리지 못하기 때문에 부족 부분은 주식을 발행해 자금을 조달한다. 일반적으로 이 방식의 딜이 상대적으로 규모가 크다.

A회사의 가치가 100억 달러고 B회사의 가치가 200억 달러라고 가정해보자. A회사가 B회사를 인수한다. 상대적으로 작은 A사가 자신보다 큰 B사를 인수한다는 사실은 돈을 빌려주는 쪽을 섬뜩하게 만들 수도 있다. 따라서 이들은 겨우 140억 달러만 빌려줄지 모른다(왜 그 금액인가 하는 것은 이 사례에서 중요하지 않다). 딜 이전에는 A사와 B사를 합해서 300억 달러 상당의 주식이 존재한다(100억 달러+200억 달러=300억 달러). B회사를 매수하기 위해서 A사는 B사의 가치보다 20% 높은 240억 달러를 제시한다. 140억 달러는 빌린 돈을 이용하고 나머지 100억 달러는 새롭게 발행한 주식으로 충당한다. 딜이 끝나고 나면 200억 달러의 주식이 존재하게 된다. 딜 전의 300억 달러에서 줄어들게 된 것이다. 주식의 공급량은 100억 달러가 감소하게 된다. 회사 전체를 차입을 통해 매수한 경우보다는 아니지만, 어쨌든 주식의 공급량은 줄어들게 되었다. 주식과 현금을 함께 사용하는 인수방식은 거의 대부분 주식의 공급량을 줄이며 수익도 증가시킨다(완전 현금인수방식만큼은 아니다).

이 논리는 근본적으로 새로운 아이디어는 아니다. 회계학 또는 경제학 개론 수업을 들은 사람(그만큼 많은 사람을 뜻함)이라면 누구나 증가식(accretive)과 희석식(dilutive)의 차이를 알아야 한다. 또한 여러분은 어떤 기업이 경영권 인수를 시도하고 있는지, 그것이 증가식인지 희석식인지 쉽게 알아볼 수 있다.

기업활동이 강력한 규제를 받는 우리 사회에서는 어떤 회사가 인수나 합병, IPO, 신주발행, 석유를 약탈하려는 음모 등 다양한 활동을 개시할 때 이를 쉽게 알 수 있다. 우리는 관련 딜이 언제 일어날지, 가격은 얼마인지, 어떤 방식으로 이루어지는지 알고 있다.

신주발행을 통해 이루어진 합병은 주식의 공급량을 증가시키고 주가 약세를 유발한다. 현금 기반의 합병 열풍은 주식 공급량을 감소시키며 이는 주가 상승을 의미하는데, 현금인수방식이 많이 이루어진 이후에는 다른 조건이 같다면, 높은 주식수익률을 기대할 수 있다는 얘기다. 하지만 이런 차이점을 알아채는 사람은 거의 없다.

주가 변동의 진짜 원인

현금방식의 합병이 주식시장에 미치는 영향에 대해 여러분이 무엇을 알 수 있는지 논하기 전에 우리는 주가를 움직이는 진짜 원인이 무엇인지 깊이 파고들어 봐야 한다. 이 문제는 첫 번째 질문과 두 번째 질문을 결합해야 한다. 사람들이 주가를 움직이는 원인으로 생각하는 것에는 수많은 미신들이 있는데, 이는 첫 번째 질문을 통해 쉽게 거짓을 밝혀낼 수 있다. 하지만 두 번째 질문, 즉 다른 사람이 간파하지 못한 주가 변동의 원인을 간파해내는 것 또한 쉬운 일이다.

이 넓고, 경이롭고, 괴상한 세상에서 주가 변동을 야기하는 변수는 오로지 2가지뿐이다. 언제 어디서건 간에 주가는 오직 수요와 공급의 변동에 따라 움직임이 결정되었다. 책의 처음부터 끝까지 이런 얘기를 해도, 때로는 가장 간단한 개념이 인간의 마음이 받아들이기에 가장 어려울 때가 있는 법이다. 수요와 공급은 일반적으로 잘 알려진 개념이지만, 이를 주식의 가격에 적용시킬 생각을 하는 투자자들은 거의 없다. 대학에서 경제학을 배운 대부분의 사람들은 기말시험이 끝나자마자 가능한 빨리 수요와 공급에 관해 잊어버리고, 주가와 관련해서는 수요과 공급을 전혀 연관 지어 생각해보려 하지 않는다. 경제학 박사학위를 가진 사람들도 많은 교육을 받았지만, 일반적으로 주가와 관련해서는 수요와 공급을 생각하지 않는다.

무수히 많은 증권사에서 내놓는 '리서치' 리포트는 시황분석을 하고 있지만, 수요와 공급 변동에 기반한 분석을 하는 곳은 거의 없다. 여러분의 뉴스앵커나 정치인, 주식중개인 또는 테니스 파트너는 주가를 움직이는 원인이 경제나 기술적 지표와 관련된 어떤 수치나 대중적인 관심사, 정치적 음모 또는 자기만족적 예언이라고 여러분이 믿기를 바란다. 자주 들리는 웹사이트에 접속하면 다음과 같은 말을 볼 수 있을 것이다.

  금리가 주가를 받쳐주다
  실업보고서 주가를 하락시키다
  유가공포 주식시장 위협

"오늘날 주식의 공급은 안정적인 상태이지만, 수요는 우리가 단지 추측할 수밖에 없는 어떤 원인으로 인해 증가하고 있으며, 이 때문에 주가는 상승하고 있다"라고 말하는 사람을 본 적이 없을 것이다. 이런 식의 얘기는 따분하다. 주식의 수요와 공급 얘기는 TV광고를 따낼 수도 없고, 정치적·사회적·경제적 분쟁에 있어 특정한 방향으로 여러분에게 영향을 줄 수도 없다. 언론이 이를 언급하지 않는 합리적인 이유는 없다. 이 2가지 압력(수요와 공급)의 싸움이 우리가 매수하는 모든 것의 가격을 결정한다. 규제의 증가나 외계인의 침공같이 눈에 보이는 압력은 단지 수요와 공급에 약간의 영향만 더 줄 뿐이다. 외계인의 침공은 주식 수요를 감소시키기 쉽고, 규제의 증가는 주식의 공급을 줄일 것이다.

수요와 공급의 변동은 사람들이 왜 비틀즈의 오리지널 레코드나 르 코르뷔제(Le Corbusier, 스위스의 전설적인 건축 거장—옮긴이)의 의자 또는 스타워즈 한정판 포스터 등에 거액을 지불하는지 설명해준다. 하지만 아무도 오래된 평범한 클립에 거액을 지불하지는 않는다. 그 이유는, 우선 책상 서랍 어디에서든지 아무도 신경 쓰지 않는 클립들은 무수히 많다. 두 번째는 클립이 떨어져 문방구로 달려가기 귀찮으면 집게나 고무줄을 쓰면 그만이기 때문이다. 이를 대체물이라고 부른다. 쉽게 대체할 수 있는 물건들은 대체할 수 없는 물건처럼 절대 프리미엄이 붙지 않는다. 세 번째로, 클립은 쉽게 만들 수 있다. 앤디 워홀이 적절히 구부려 마를린 먼로처럼 만든 특별한 클립이 아닌 이상, 클립에 많은 프리미엄이 붙을 순 없다.

대학교 경제학 수업에서, 여러분의 교수는 수요와 공급이 모두 욕망과 관련된 것이라는 얘기를 했을 것이다. 욕망은 감정적인 것이다. 수요는 소비자들이 어떤 것을 다양한 가격에 구입하는 데 얼마나 감정적으로 욕망적인가를 말한다. 일반적으로, 항상 그렇지는 않지만, 가격이 높을수록 소비자들은 사고 싶은 욕망이 줄어든다. 당연하다! 한편, 공급은 공급자가 어떤 물건이나 서비스를 다양한 가격에 생산하고 싶은 욕망의 정도를 묘사하는 개념이다. 일반적으로, 항상 그렇지는 않지만, 공급자는 가격이 높을수록 더 많이 생산하고 싶어 한다. 가격이 충분히 낮다면 그들은 전혀 생산하고 싶지 않을 것이다.

재미있기 시작하는 때는 생산자나 소비자가 모두 같은 가격에 더 공급하고 싶거나 더 소비하고 싶어질 때다. 만약 생산자는 더 공급하고 싶어 하지만(즉 공급이 늘어나면), 소비자는 더 이상 소비하고 싶지 않게 되면 시장은 공급이 넘치고 가격은 하락한다. "공급자들이 왜 그런 행동을 하겠는가?"라고 말하고 싶을 것이다. 아마도 새로운 기술이 생산비용을 낮추고 그들의 욕망을 자극했을 수 있다. 마치 무어의 법칙이 반도체의 학습곡선을 통해 수십 년간 가격을 하락하게 하면서 전자회사들이 어느 때보다 낮은 가격에 더 많이 생산하려고 했던 것과 같다. 반대로 소비자들의 욕망이 커지지만(수요가 올라가면) 생산자들이 늘어난 수요에 맞춰 생산을 늘리지 않는다면, 가격은 올라간다.

사고자 하는 욕망 또는 공급하고자 하는 욕망은 다양한 변수들로부터 야기된 심리적 원인에 의해 변화될 수 있다. 결국 욕망은 감정이고, 감정은 심리적인 것이다. 그리고 시장은 심리적인 것이다. 내가 방금 한 말은 아주 간단한 것이며 여러분이 경제학 수업에 들은 것을 축약한 것이다. 조금도 반박의 여지가 없다.

하지만 수요와 공급을 주식에 적용해볼 때는 몇 가지 측면에서 다소 차이가 있다. 여러분이 대학원에서 아주 특별한 연구를 하지 않은 이상, 주식에 대해 수요와 공급을 다룬 대학의 연구를 본 적이 없을 것이다. 주식에 대한 수요는 존재하고 있는 주식을 소유하고 싶은, 또는 소유하고 싶지 않은 욕망에 관한 것이다. 여러분은 채권이나 앤디 워홀의 마를린 먼로 클립보다 GE의 주식을 더 보유하고 싶어 하는가? 그런 마음이 어떤 이유 때문에 바뀌었나? GE 주식과 화이자(Pfizer) 주식을 보유하는 데 어떤 차이점을 느끼는가? 주식에 대한 총수요는 우리 인간의 감정 폭 내에서 아주 빠르고 자유롭게 변할 수 있다. 기분이 예민해지거나 영화를 보고 갑자기 울거나 웃게 되는 것과 완전히 같은 방식이다.

10년 후의 주가는 오직 지금으로부터 7·8·9년 후 공급에 어떤 일이 일어날지에 달려 있다. 2007년 현재 그런 예측을 할 수 있는 어떤 자본시장 기법이나 노하우도 없다. 일반적으로 주식은 하락하기보다는 상승하는 경향이 있다. 그런 일반적인 것을 제외하고는 그 누구도 12개월이나 24개월 후를 예측할 수 없다. 다르게 말하면, 수요의 변동은 단기적으로 더 영향력이 크고, 공급의 변화는 일반적으로 장기적으로 더 큰 영향력을 갖는다. 때때로 여러분은 다른 사람은 보지 못하는 12개월이나 24개월 후 전망의 근거가 되는 수요의 변화를 볼 수 있다. 하지만 그보다 더 먼 시점의 예측은 그저 안개 속을 들여다보는 것이다. 아주 장기간에 걸쳐 보면, 수요는 아주 낮은 수준에서 아주 높은 수준으로 많은 횟수에 걸쳐 반등할 것이다. 하지만 펀더멘털한 힘에 예속된 공급은 증가하거나 감소할 수 있는 적절한 조건만 갖추면 무한대로 늘어나거나 줄어들 수 있다.

주식의 공급은 상대적으로 단기적으로는 고정되어 있기 때문에 대부분의 시간에 투자자로서 여러분들이 해야 할 것은 수요를 측정하는 것이다. 수요의 방향을 알아내면 곧 단기예측을 할 수 있다는 얘기다(일반적으로 그렇다. 어떤 때는 공급을 고려해야 한다. 이 문제는 후에 다룬다). 이 문제는 여러분 주변의 투자자들이 명확히 보고 있지 못하는 것이며, 일반적으로 보려고 하지 않는 방법이다. 그리고 그렇게 하지도 않을 것이다. 내가 이 책을 썼기 때문이다. 언론에서 들은 것, 친구에게서 들은 것, 소위 전문가들이 말하는 기술적·기본적 투자방법 등 다른 모든 것은 제외하라. 그리고 수요에 영향을 미치는 것이 무엇인지에 초점을 맞춰라. 이를 위해서는 3가지 질문이 유용하다. 크게 구분했을 때 투자자들의 수요에 영향을 주는 것은 경제적·정치적·심리적인 3가지 힘이다.

수요와 공급 곡선

지금부터 여러분에게 보여주려고 하는 것은 이 세상에서 아무도 본 적이 없는 것이다. 이것은 아주 재미있으며, 주가에 있어 수요와 공급의 힘을 여러분 스스로 시연해볼 수 있는 방법이다. 다음 왼쪽 그림은 주식의 공급을 나타내고 오른쪽 그림은 수요곡선을 나타낸다.

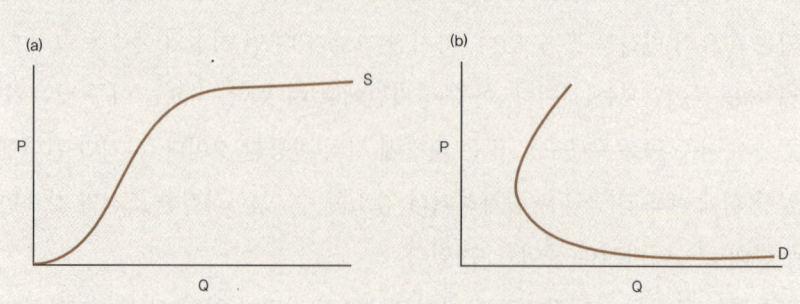

공급곡선은 S자 모양으로, 가격이 올라가면서 총공급이 증가하는 모습을 보인다. 가격이 아주 낮을 때는 공급도 낮아지는 경향을 보인다. 당연하지 않은가? 다른 물건과 마찬가지다. 주가(P)가 충분히 낮으면, 회사는 새 주식을 발행하고 싶지 않게 된다. 여러분이 CEO라면, 상대적으로 싸게 언제든 돈을 빌릴 수 있다면 주가수익배율 4배(E/P로는 25%)에 신주를 발행하고 싶지는 않을 것이다. 반대로 어떤 분기점이 되면, 주가가 높을수록 회사는 더 많은 주식을 발행하고 싶어 한다. 왜일까? 주가가 오를수록 자본확충비용은 그에 비례해 낮아지기 때문이다. 어떤 가격 수준에서는 공급자가 실제로 주식을 무한정 발행하려고 한다. 자본조달비용이 0이라면 회사는 신주를 발행하고 싶은 무한한 욕망을 갖게 된다. 실제로 P/E가 1,000(E/P는 1/1,000)으로 세후 연간 자본조달비용이 0.1%인 회사를 생각해보자. 조달비용이 이 수준에 불과하다면 신주를 무한정 발행하지 않을 이유가 뭔가? 여러분은 그렇게 하고, 그 자금으로 국고채를 매입해서 주당순이익(EPS: earnigns per share)를 거의 무한대로 올릴 수 있다. 따라서 공급곡선은 수량(Q)이 무한대로 나아가면서 평평해지게 된다.

수요곡선은 후방굴절형 쌍곡선 모양이다. 여러분이 경제학을 공부했다면, 대학원 과정까지는 후방굴절형 수요곡선을 볼 일이 없을 것이다. 주가가 충분히 낮은 한쪽 끝단에서는 수요량이 100%가 된다. 이미 파산해서 20달러에 살 수 있는 회사를 생각해보라. 내 말은 주당 가격이 20달러가 아니라 회사 전체 가격이 20달러라는 것이다. 합명회사와 마찬가지로 회사는 주주에게 손실을 전가할 수 없으므로 회사

전체를 사도 손해 볼 게 없다. 제정신인 사람이라면 회사 전체를 살 것이다. 경영에 참여하고 싶으면 그렇게 할 수 있고, 그냥 무시하고 있고 싶으면 그렇게 할 수도 있다. 뭔가 좋은 일이 일어난다면 여러분은 이익을 보게 될 것이다. 좋은 일이 일어나지 않더라도 여러분한테 전혀 영향은 없다. 25달러면 어떤가! 여전히 그 회사를 살 것이다. 거래가 끝난 후 하는 맥주 한 잔 값 정도가 더 나갈 뿐이다. 가격이 올라도 여전히 회사 전체를 사겠지만, 그 욕구는 가격이 상승하면서 조금씩 감소하게 된다. 어떤 가격이 되면, 이제 모든 일을 합리적으로 생각하게 된다. 대학에서 배운 것과 똑같이 가격이 높을수록 원하는 마음은 줄어든다. 가격이 20% 상승할 때는 여전히 회사를 소유하고 싶겠지만 그보다 낮은 가격에서만큼은 아니다.

어떤 가격을 넘게 되면, 갑자기 이상한 일이 일어나기 시작한다. 이 지점은 가치기업이 더 이상 가치기업으로 여겨지지 않고 성장기업으로 인식되기 시작하는 지점이다. 이제 가격이 높아질수록 이 회사의 주식을 보유하는 데 따른 프리미엄이 부각되기 시작한다. 주가가 오를수록 그 주식을 보유하고자 하는 열망은 더 커진다. 그리고 어떤 가격이 되더라도 주식에 대한 수요량은 증가한다. 1990년대 마이크로소프트와 1999년 야후 주식이 바로 이런 경우다. 이는 자기도취적인 수요를 상징하며, 버블이 정점에 달했을 때 목격할 수 있는 현상이다. 어떤 사람들은 성장주라는 말 대신 이런 주식들을 '글래머(Glamour)' 주라고 부르기도 한다. 가격이 오를수록 수요 또한 증가한다. 매력적이기 때문이다. 가치주 투자자들은 이를 비이성적으로 본다. 예를 들어, 1995년부터 2000년까지 기술주 버블이 터지기 전에 기술주들의 가격이 오르면서 수요 또한 증가했다. 퀄컴, 아마존, 이베이 그리고 나머지 모든 주식들, 이 주식들은 투자자들이 보유해야 한다고 느꼈던 주식들이다. 그리고 가격이 높아질수록 사람들은 더 그렇게 느꼈다. 최근 구글 주식에 대한 투자자들의 느낌도 이와 같다. 바로 이 영역 안에서 버블이 생긴다. 더 높은 가격은 실제로 더 많은 수요를 불러왔다.

다음을 한번 따라 해보라. 같은 축적으로 그린 각각의 곡선을 투명한 종이에 복사한다. 수요곡선을 공급곡선 위에 포개어 각 좌표축을 정렬한다. 두 커브의 교차점은 현재 가격을 나타내며, 다음과 같은 그림을 얻게 된다.

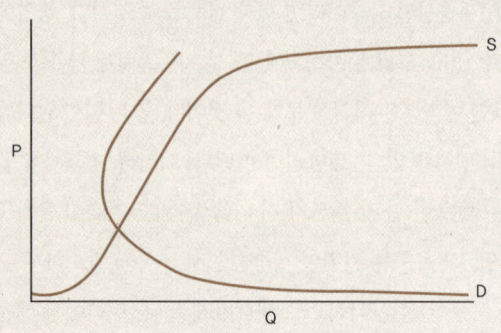

대학 경제학 개론 시간에 배운 수요와 공급 그래프가 기억나는가? 증가는 곡선 전체가 오른쪽으로 움직이는 것을 의미하며, 좌측으로 움직이는 것은 감소를 의미한다. 우측으로 이동(수요의 증가)하는 것은 모든 가격에서 사람들이 더 많이 사고자 하는 것을 의미한다. 수요의 감소는 왼쪽으로 이동하는 것이며, 사람들이 모든 가격에서 그 물건을 덜 원하는 것이다. 공급의 증가는 오른쪽으로의 이동을 뜻하며, 어떤 가격에서도 더 많이 공급하고자 하는 것이다(아마도 새로운 기술 때문이거나 법령의 변화로 인해서). 그리고 공급의 감소는 곡선 전체가 좌측으로 이동하는 것이며, 모든 가격에서 공급자가 덜 공급하려고 하는 것을 뜻한다. 그런데 지금 그린 곡선을 움직여보면 갑자기 이상한 일이 생긴다.

수요곡선을 오른쪽으로 약간만 움직여보자. 이는 단기적으로 총수요의 증가를 나타낸다. 이렇게 하면 논리에 맞게 가격은 올라간다. 다시 왼쪽으로 약간 움직여보면(수요의 감소) 가격은 떨어진다. 이제, 수요곡선을 오른쪽으로 충분하게 움직여 공급곡선이 수요곡선의 굴절된 부분을 지나치게 해서 수요곡선의 후방굴절 부분 위쪽으로 닿게 해보자. 이렇게 되면, 수요와 공급 곡선은 어떤 가격대에서 겹치게 보이며, 비선형적 가격이 나타나게 된다. 가격은 폭발적으로 상승한다. 이 겹치는 부분에서는 모멘텀 투자가 인기를 끌게 되며, 가격은 극적으로 상승한다. 마치 1999년 많은 닷컴기업들이 그랬던 것처럼 말이다.

만약 약간의 수요 감소 상황을 반영해 곡선을 왼쪽으로 아주 조금만 움직이거나 총공급의 증가를 반영하기 위해 공급곡선을 오른쪽으로 움직이면, 이 '글래머' 한 주식들의 가격이 얼마나 빨리 하락하는지 볼 수 있을 것이다. 이 주식들은 급격히 오른 만큼 급격히 하락한다. 2000년에 인기 있던 닷컴기업들이 얼마나 빨리 무너졌는지 기억해보라. 이때 일어난 일이 바로 이와 같은 것이다. 같은 영역에서 공급의 증가가 수요를 앞질러 버블이 꺼지고 수요는 하락하며 기술주들을 바닥에 팽개쳐버렸다. 이런 식으로 그래프를 조작해보면, 수요와 공급의 변화에 따라 자연스럽게 발생하는 주가의 상승과 하락을 볼 수 있다. 이상한 가격 추이를 목격할 때마다 이 간단한 실험을 해보면 이해하는 데 도움이 될 것이다. 장기적으로 보면 가격은 거의 공급에 의해 결정되지만, 단기적으로 가격에 가장 큰 영향을 미치는 것은 수요다. 그래프를 조작해서 여러 가지 상황을 경험해보라.

주식 수요의 3가지 동인(動因)

경제적 동인

GDP 성장이나 기업의 수익, 기술적 진보, 재정적자, 통화환경 같은 것들은 모두 경제적 동인이다. 기술을 제외하고는 이 중 어느 것도 실제 기업의 체력이나 이들 기업의 주식가치에 직접적인 영향을 미치지 못한다. 미국이 강한 GDP 성장의 시기를 즐기고 있다고 해서 어떤 회사가 다소 생산적이거나 가치 있다는 것은 아니다. 또한 회사를 가치 있게 만드는 혁신적인 상품이나 훌륭한 경영기법을 창조한 회사도 수익에 있어서는 주기적인 소강상태를 보일 수도 있다. 만약 GDP가 빠른 양상으로 성장하고 기업의 이익이 예상을 초과하면, 사람들은 일반적으로 경제적 미래에 낙관적인 느낌을 가지며 주식투자의 리스크를 좀더 지려는 성향을 보인다(모든 것이 너무 완벽해서 앞으로 나빠질 수밖에 없다고 생각하지 않는 한, 실제로 이런 일이 가끔 일어난다). 만약 경제가 침체에 빠져 있고 CEO들의 부정이 잇따른다면, 투자자들은 주식시장에 투자하기를 꺼릴 것이다.

투자자들은 여기서 곤경에 빠진다. 그들이 가진 정보가 경제 뉴스를 잘못 해석하게 하기 때문이다. 더욱이 투자자들은 잘 알려진 정보에 초점을 맞춘다. 깜짝 놀랄 만한 실업률 통계가 나와도 그걸 기준으로 행동하기엔 너무 늦다. 좋은 뉴스건 나쁜 뉴스건 간에 시장은 뉴스보다 앞서 움직이거나 그와 동시에 움직이지, 뉴스가 퍼진 후에 움직이진 않는다.

정치적 동인

정치적 통제의 변동이라 할 수 있는 선거는 세제에 영향을 주는 새로운 규제를 암시하며, 바로 이런 것이 정치적 동인의 사례다. 2장의 내용을 떠올려 보라. 새로운 규제에 따른 위협, 특히 재산권을 위협하는 것은 대대적인 손실거부와 정치적 강탈행위에 대한 두려움을 일으킬 수 있다. 정치인들은 그들의 자아도취적인 작은 두뇌로 생각하는 것보다 훨씬 더 많이 시장의 위험회피 현상에 영향을 준다.

때로는 규제와 아무런 관계가 없을 때도 있다. 레이건 대통령이 '미국의 아침(Morning in America)' 광고 캠페인을 시작했을 때, 그는 미국인에게 미국을 광고한다고 인정하지 않았을지 모른다. 그 광고는 마법같이 미국인들이 미국에 대해 좋은 느낌을 갖게 하고 기분을 북돋아주었다. 이로부터 리 그린우드(Lee Greenwood)의 1984년 히트곡 'God Bless the U.S.A(신이여, 미국을 축복하소서)'가 탄생했는데, 역시 레이건의 광고와 동일한 작용을 했다. 때로 훌륭한 가두연설 하나가 정치적 동인이 되기도 한다.

일반적으로 자본시장은 변화를 두려워하는데, 이 때문에 대통령 임기 사이클과 관련한 자본시장 기법이 유효한 것이다. 시장은 정치인이 과격파인지, 사기꾼인지, 진짜 사기꾼인지, 아니면 저능아인지 절대 확신하지 않는다. 일반적으로 가장 좋은 것은 1990년대 후반에 본 것 같은 정체상태다. 적은 변화를 의미하기 때문이다. 1994년 4월 선거부터 2000년까지 정치적 정체상태와 함께 시장이 높은 수익을 보인 것은 우연이 아니다. 시장은 공화당이 약간의 표 차이로 통과시키는 많은 법령이나, 다수의 스캔들에 휩싸이고 투표 수의 망상에 사로잡힌 민주당 대통령에게 그렇게 신경 쓰지 않았다.

여러분이 베팅에 활용할 수 있다는 걸 알고 있는 첫 번째 질문 유형의 정치적 미신은, (많은 사람들이 믿듯이) 세금 인하는 재정적자로 이어지고, 이는 경제에 악영향을 미친다는 것이다. 신문의 특집기사와 언론은 세금 인하로 인한 재정 부채가 정부의 정상적인 운용에 절대적으로 필요한 자본을 약탈해가고, 이는 경기후퇴, 약세장, 높은 실업률 그리고 사람들을 의기소침하게 만든다는 논리를 여러분이 믿도록 만들며, 정치적인 아젠다를 추진해나가는 논리적인 사람들로 넘쳐난다. 말도 안 되는 얘기다. 이런 사람들은 6장에서 다루었던 내용, 즉 부채는 활발한 GDP 성장과 주식시장 강세로 이어진다는 사실을 이해하지 못하는 사람들이다. 가장 중요한 것은 정부가 제대로 운영하는 것은 아무것도 없다는 사실이다. 국회나 행정부가 공화당인지 민주당인지는 상관 없다. 포드 대통령의 "정부가 맥주를 만들면, 50달러나 되는 식스팩(6개들이 한 묶음—옮긴이)에다 맛도 없을 것"이란 말도 같은 얘기다.

투자자의 심리

세 번째 동인인 투자자의 심리는 완전히 감정적인 것이다. 주 단위로, 일 단위로, 심지어는 초 단위로 심리는 항상 변화한다. 모든 것이 투자자의 감정에 영향을 미친다. 많은 면에서 앞서 말한 파티의 예와 크게 다르지 않다. 파티는 여러분을 흥분시키지만, 다음 날 아침이면 그렇지 않다. 그리고 모레쯤에는 다시 기분이 나아질 것이다. 이는 부분적으로 우리가 극단적인 감정을 계속 유지할 수 없기 때문이다. 하지만 일시적으로는 인위적으로 그런 감정을 만들 수 있다.

비관의 장벽

신문의 헤드라인들이 너무나 가혹하고 동료들이 비탄에 잠겼을 때, 여러분은 나중에 이들의 기분이 나아질 것이며, 심리도 개선될 것이라는 걸 확신할 수 있다. 가장 걱정에 빠져 있던 사람들과 확증편향 오류에 빠져 주식을 저가에 팔아 치웠던 사람들은 점점 자신감을 회복하고 다시 주식 매수에 나선다. 가격이 높아지면서 처음에 보이는 반응은 환희다. 다시 높은 가격에 대한 두려움으로 인해 그런 감정의 폭은 중간 정도로 되돌아간다. 신 고가는 사람들을 겁에 질리게 한다. 그 정도까지 오를 것이라고 예상하지 못했기 때문에 이제는 하락에 대한 두려움을 느끼게 된다. 예상되는 투자수익에 대한 기쁨보다는 손실에 대한 두려움이 더 크기 때문에 사람들은 가격 상승에 대해 걱정을 하게 된다. 바로 이것이 잘 알려진 상승장에서의 '비관의 장벽(Wall of Worry)'이라는 것이다. 가격이 높아질수록 이를 예측하지 못했던 사람들이 느끼는 걱정은 커진다. 왜 오르는지를 알지 못하기 때문에 왜 떨어져야 하는지도 알지 못한다. 이득에 대한 선호보다는 손실에 대한 거부가 크기

약세장 이후 주식시장수익률

약세장 저점	S&P500 저점 이후 12개월 수익률
1932년 7월 8일	171.2%
1938년 3월 31일	29.2%
1942년 4월 28일	53.7%
1947년 5월 19일	18.9%
1949년 6월 13일	42.1%
1957년 10월 22일	31.0%
1962년 6월 26일	32.7%
1966년 10월 7일	32.9%
1970년 3월 26일	43.7%
1974년 10월 3일	38.0%
1982년 8월 12일	58.3%
1987년 12월 4일	21.4%
1990년 10월 11일	29.1%
2002년 10월 9일	33.7%
평균	45.4%

출처: Global Financial Data

때문에 하락에 대한 두려움이 심리를 지배하게 된다.

이런 현상을 잘 보여주는 것이 약세장이 끝난 후 이어지는 첫해의 수익률이다. 사람들은 가장 큰 시장 리스크를 접하고 있다고 가정하면서 정작 가장 리스크가 낮은 기간은 보지 못한다. 제대로 된 약세장이 끝난 후 이어지는 첫해의 수익률은 왼쪽의 표와 같이 평균치보다 훨씬 뛰어나다.

4장에 나왔던 종형 그래프가 주식시장에 잘 들어맞는 이유는 그것이 투자심리를 잘 측정하고 있기 때문이다. 종형 그래프는 투자심리가 어디로 가고 있는지가 아니라, 특정 시점에 그것이 어떤 지점에 있는지 보여준다. 이런 사실을 알고 받아들인다면 미래의 주가 향방에 대해 게임을 해볼 수 있다. 예를 들어, 1990년대 후반 미래 주가 향방에 대한 컨센서스는 그리 낙관적이지 않았다. 당시 수요는 너무 낮아서 높아질 수밖에 없었기 때문에 시장은 상승했다. 투자자들의 심리를 측정하는 데 있어 종형 그래프는 훌륭한 자본시장의 기법이다.

공급의 원리

공급은 끝이 없이 늘어나거나 수축할 수 있는 아코디언과 같다. 시장이 포용할 수 있는 용량은 IPO나 재발행을 통해 얼마나 많은 주식이 발행되든지 또는 경제상황에 따라 얼마나 많은 채권이 발행되든지 제한이 없다. 또 자사주 매입이나 현금 기반의 경영권 인수를 통해 얼마나 많은 자사주가 소각되는지 제한도 없다.

새로운 공급으로 시장이 넘칠 만큼 충분한 인센티브가 있는 경우, 결국 가격은 하락하게 되며 어떤 수요도 압도해버린다. 이것이 시장의 원리다. 1990년대의 기술주처럼 잘나갔던 섹터를 생각해보자. 주가가 급격히 오르면 모든 사람들이 뭔가 액션을 취하고 싶어 한다. 참신한 제품을 만드는 A라는 회사의 시가총액이 10억 달러라고 가정해보자. 이 회사는 경영권에 미치는 영향은 작으면서 많은 자금을 모을 수 있는 높은 가격에 주식발행을 추진

한다. 이들은 신주발행을 통해 2억 5,000만 달러를 조달하면서, 경영권은 단지 20%만 포기하면 된다. 이전에 존재했던 80%의 지분은 그대로 남아 있다. 실제로 이를 통해 기존 10억 달러였던 회사 가치는 증가한다. 딜이 끝나면, 이 돈으로 인해 시가총액은 12억 5,000만 달러가 된다. 처음엔 유동성이 낮은 주식을 보유하고 있던 회사의 창업자와 최초 주주들은 이제 매일 주가가 매겨지며 그들을 백만장자로 만들어줄 상장주식을 보유하게 된 셈이다. 이들은 행복하다. 딜을 주관한 투자은행도 2억 5,000만 달러의 7%인 1,750만 달러를 수수료로 챙겨가며 짜릿함을 맛본다!

욕심 많은 관찰자들은 신주상장 후 가격 상승을 보며, 시장이 이와 비슷한 다른 회사의 추가 상장도 소화해줄 것이라 희망하게 된다. 그래서 그들은 기업가나 벤처캐피털, 그리고 비상장 기업인 B를 찾아 나선다. 이 회사는 A와 비슷하게 보이는 회사다. 이들은 B사가 쉽게 돈을 긁어모을 수 있도록 투자은행이 상장을 추진하게 부추긴다. 아마도 B사와 같은 기업들은 1990년대 많은 닷컴기업들처럼 단지 미래에 대한 계획만 있을 뿐 매출은 발생하지 않을지 모른다. B의 기업공개가 순조롭게 진행되면, 다른 누군가가 C, D, E, 심지어 F라는 회사까지 이런 식으로 기업을 공개하려고 시도할 것이다. 이런 현상은 A-2, B-2, C-2라는 회사에도 같은 식으로 일어날 수 있다.

A사는 이제 이러한 과정의 원조회사로서, 더 많은 신주발행을 통해 자본을 끌어들일 수 있다는 사실을 깨닫는다. 이 회사는 경험 없는 신생기업이나 상장을 원하는 기업들에 비해 회사 가치에 더 많은 프리미엄을 획득할 수 있다는 사실을 안다. 이번엔 3억 5,000만 달러를 추가로 모집하지만, 신주발행으로 인한 A사의 경영권 손실은 17.5%에 불과하다. 이제 A사의 시가총액은 20억 달러가 되었다.

전통적인 성숙기업으로 시가총액 1,000억 달러인 X사는 이런 최신 트렌드에 참여하지 못하는 데 따르는 리스크를 더 이상 부담하지 않기로 결정한다. 이들은 A사를 인수하기 위해 발행한 신주를 통해 30억 달러를 제시한다. 이제 A사의 주식은 소각되고, 이전 A사의 시가총액이었던 20억 달러보다 10억 달러가 더 많은 30억 달러의 X사 주식이 그 자리를 차지한다. 즉, A사의 주주들은 보상을 받았지만, 갑자기 더 많은 신주가 존재하게 된다. 이익규모는 이전과 같다. 그러나 주식발행을 통한 대부분의 M&A와 마찬가지로 이는 이익을 희석시킨다. 이익규모는 동일하지만 주식 수는 더 많아진 것이다. 신규상장되었거나 증자된 주식들이 인기 있는 업종에 넘쳐나게 되며, 결국 공급이 수요를 잠식하게 되고 가격은 급락하게 된다. 수요가 떨어지면 가격은 붕괴된다.

2000년 3월[136] 광란의 기술주 IPO가 정점에 도달하기 직전 시장이 맞이한 상황이 바로 이랬다. 수요는 글로벌 시장이 최종 저점에 도달했던 2002년과 2003년까지 계속 하락했다.[137] 기술주 '버블에 의한 희생양들은 많았다. 사람들은 테크 기업들의 고평가 현상을 비난했다. 그게 무슨 뜻이었는지 확신할 수는 없지만, 기업의 가치라는 것은 사람들이 어떤 시점에 그 회사에 지불하는 비용을 말한다. 만약 투자자들이 차별화된 사업전략도 없는 멍청한 회사에 높은 가격을 지불한다면, 그것은 투자자의 잘못이지 회사의 잘못이 아니다. 탐욕스런 CEO들도 역시 비난을 받았다. 기업의 회계 규정은 느슨했거나 충분히 개방적이지 못한 것으로 간주되었다.

진실은, 시장이 수요와 공급의 밸런스를 유지할 수 없을 만큼 넘쳐흘렀기 때문에 기술주 버블이 터졌고 주가가 하락했다는 것이다. 이것이 유일한 이유다. 어떤 사람은 투자은행을 비난할 것이다. 하지만 그들에 대해 어떻게 느끼든지 간에 적절치도 않고 공정하지도 않은 비난이다. 투자은행들은 더 많은 공급을 원하는 투자자들의 욕망(=수요)에 반응했을 뿐이다. 진짜 범죄자는 (나를 따라 말해보라) 무차별적으로 한 섹터에 과도한 자산을 분배하도록 만든 투자자의 과신에 빠진 두뇌다. 투자자들은 너무나 큰 욕망에 빠져 있었다. 즉, 수요가 너무나 높았다. 그런 수요가 없었다면 투자은행이나 주식 발행사들은 시장이 공급에 넘치게 할 수 없었을 것이다.

여러분은 잘나가고 있는 '최신 섹터'의 IPO와 관련해 과도한 도취감에 빠지는 것을 항상 경계해야 한다. 투자의 역사를 통틀어, 투자자들은 잘나가는 업종을 볼 때마다 "이번엔 다르다"고 주장했다. 하지만 절대로 그렇지 않다. 그저 지엽적인 주장일 뿐이다. 수요를 초과하는 공급이 가격을 떨어뜨린다는 사실과 관련해서는 전혀 다를 게 없다. ("이번엔 다르다"는 말이 왜 틀린지 더 많은 증거를 보고 싶으면, 다음에 이어지는 2000년 3월 6일 〈포브스〉 기고문 "1980년의 귀환"을 참고하라. 1980년의 에너지 버블과 유사한 이유로 기술주 붕괴를 예측한 글이다.)

1980년의 귀환

기술주가 버블의 최종 단계에 진입했다. 연말에는 버블이 터질 것이다. 난 보통 극단주의자들이 과장스럽게 자주 표현하는 '버블'이란 말을 좋아하지 않는다. 하지만 이런 버블을 19년 전 목격한 바 있다. 또한 어떻게 끝났는지도 보았다. 지금의 기술주는 1981년 초반 석유 관련 주식들의 양상과 똑같다.

1980년대 에너지 관련주들의 기세가 얼마나 대단했는지 기억해보라. 그때는 높은 인플레이션의 시기였고, 상품 가격이 폭발적으로 올랐으며, OPEC는 카르텔을 성공적으로 운영하였고, 이란-이라크 전쟁도 발발했다. 1980년 후반에 유가는 배럴당 33달러였으며, 4년 내에 100달러까지 오를 것으로 모두가 전망했다. 아무도 유가의 하락을 상상하지 못했다.

이런 일이 다시 한 번 일어나고 있다. 이번엔 4년 내에 3배가 늘 것으로 예상된 것은 유가가 아닌 인터넷 이용자 수의 증가다.

뭔가 불안한 유사점들이 보인다. S&P500에서 기술주의 비중은 1992년 6%에서 1998년 19%, 1999년 30%로 증가했다. 에너지주의 경우 S&P에서 차지하는 비중은 1972년 7%에서 1980년 말에는 28%로 급등했다. 기술주가 엄청난 수익을 올렸다는 것은 여러분도 알고 있다. 1998년 44%, 1999년엔 130%였다. 1979년

에너지주는 68%, 1980년엔 83%였다.

그리고 버블은 터져버렸다. 에너지 섹터의 비중은 1981년 말에 23%로 폭락했다. 이 중 대부분은 1981년 하반기에 일어났다. 에너지주는 21% 하락했고, S&P500은 4.5% 하락했다. 1982년 S&P500은 21% 상승한 반면, 에너지주는 다시 19% 하락했다 1980년 이후 에너지 섹터는 연 9%씩 상승했으나, 이는 S&P500 중 두 번째로 나쁜 수익률을 기록한 업종보다 연 3%가 낮은 수치다. 하지만 에너지 소비는 꾸준히 증가해왔다.

시가총액 순으로 미국에서 가장 큰 종목 30개를 체크해보자. 이 주식들은 미국 주식시장의 36%를 차지한다. 이 중 정확히 절반이 기술주다. 1980년 말에도 30개 대형주의 정확히 절반이 기술주였다. 물론 기술에 대한 수요와 미래를 확신한다면, 오늘날 이런 비중은 납득할 수 있을지 모른다. 하지만 주식의 공급 측면에서 보면 그렇지 않다.

> "1980년 에너지주와 오늘날 기술주 사이의 공통점은 소름이 끼칠 정도다."

또 다른 기분 나쁜 유사점도 있다. 당시 에너지주는 S&P 평균 PBR(주가자산비율)의 2배였는데, 오늘날 기술주는 시장 PBR의 2.5배를 기록 중이다.

1980년 기업공개 현황과 지금을 비교해보라. 1980년은 에너지주가 전체 공모의 20%를 차지한 분주한 해였다. 이로 인해 미국 주식시장의 주식 수는 2% 증가했다. 1999년 기술주가 전체 공모에서 차지하는 비중은 21%로 역시 전체 주식수를 2% 증가시켰다. 어쩌면 이 수치가 그렇게 크게 보이지 않을지도 모르지만, 신규상장된 기업들의 현금흐름이 바닥나면, 그때가 바로 버블이 터지는 시점이다.

대부분의 에너지 기업 상장은 비밀스러운 에너지 기술이나 괴상한 장소의 유전 탐사를 위해 추진되었다. 이들 회사는 엑손(Exxon)처럼 유전 추출, 정제, 판매의 통합 수직구조를 갖춘 회사가 아니었다. 또한 규모도 작았다. 1980년의 50개 대형 에너지주 중에 1979년 또는 1980년도에 상장한 회사는 없었다. 결국 대부분이 파산했다. 한편, 현재 대형 기술주 50개 중 11개가 1998년이나 1999년에 상장한 회사들인데, 만약 이들 회사가 파산하면 그 충격은 훨씬 클 것이라는 걸 의미한다.

대부분의 신규 기술주들은 1980년도에 상장된 에너지주처럼 해당 사업 분야에서 영향력이 얕은 회사들이다. 인터넷에서 누가 가장 많은 매출을 올릴까? 아마존(Amazon)일까? 아니다. 칩을 판매하는 인텔은 1999년 모든 닷컴기업들을 합친 것보다 온라인 비즈니스에서 더 많은 매출을 올렸다. 페더럴 익스프레스(Federal Express: FedEx, 미국의 택배회사-옮긴이)도 아메리카 온라인(America Online: AOL, 미국에서 가장 많은 회원을 확보하고 있는 PC통신망의 하나-옮긴이)보다 더 많은 비즈니스를 웹에서 수행하고 있으며, 야후보다는 17배나 많다.

대부분의 인터넷 회사들은 단지 명확하게 정의되거나 증명 가능한 전략이 없는 마케팅 회사일 뿐이다. 대부분의 회사들은 매출에 대한 실제 마진이 없다. 그리고 이런 점 때문에 올해 말 즈음 재앙이 일어날 것으로 보인다.

1980년도 에너지주의 상장 때와 마찬가지로, 이 새로운 기술주 회사들은 기업공개를 통해 획득한 현금을 소진해버리고 만다. 올해 말 정도에 20년 전에 일어났던 것과 마찬가지로 수십 개 회사들의 현금이 고갈 될 것이다. 현재 현금공급 여력이 12개월이 채 안 되는 기업이 140개가 있다. 그때가 되면 사람들은 다음엔 어떤 기업의 현금이 바닥날 것인지 걱정하게 될 것이다. 또한 소형주부터 대형주까지 기술주에 대한 매도 공세가 일어나며, 견실한 기술주까지 피해를 보게 될 것이다.

어떤 회사가 첫 번째가 될지는 모르겠다. 어떤 회사들은 추가 상장을 통해 생명을 좀더 이어갈 것이다. 하지만 생존 가능한 비즈니스 모델이 없는 회사들이 주가폭락의 첫 번째 후보군이 될 것이다. 지금 당장은 이런 회사를 미리 알 수 없지만, 2000년도 하반기에는 확실해질 것이다.

지난달에 난 2000년도에 기술주가 15% 하락하고 S&P500는 보합세를 보일 것이라고 예측했다. 이 예측을 유지한다. 시간이 지날수록 가장 견고하고 큰 회사들은 보유하되 기술주에 대한 비중을 줄여야 할 것이다. 올해는 미국 주식시장에 대한 기대수익률을 낮추고 해외시장에 관심을 가져야 할 때다.

〈포브스〉, 2000년 3월 6일

M&A 열풍

주식의 공급은 무한대로 증가할 수 있지만(장기적 관점에서는 주가에 그렇게 좋지 않다), 자사 주가가 너무 싸다고 생각한 기업이 자사주 매입을 실시하면 감소할 수도 있다. 6장에서 말한 자사주 매입 및 현금 기반의 경영권 인수를 통해 공급은 무한히 감소할 수 있다. 이제 두 번째 질문을 사용하자. 우리는 현금 기반의 M&A 열풍 이후엔 주식시장의 수익률이 좋아야 한다는 사실을 알고 있다. 수요가 동일하지만(또는 더 클 때도) 공급이 감소하면, 가격은 올라야 한다. 2007년 현재 이것이 의미하는 바는 무엇일까? 주식 소각이 대규모로 꾸준히 진행되어 왔기 때문에 2007년은 활황장을 맞을 것이며, 공급이 다시 증가하지 않는다면 2008년 또한 강세장이 될 것이란 얘기다. 2002년 미국에서 1년간 일어난 현금 기반의 경영권 인수가 10억 달러 미만이었던 데 반해, 2006년에는 500억 달러가 넘었다. 미국 이외의 국가에서도 마찬가지다. 다른 모든 조건이 동일하다면, 대규모의 공급 감소는 수요를 일으키는 데 도움이 되고 가격을 오르게 한다. 당연히 이것만 가지고 강세장을 예측할 수는 없지만, 약세장을 걱정하지 않아도 되는 데는 중요한 문제가 될 수 있다.

여러분이 이 책이 처음 나왔을 때 구입하지 않았다고 해보자(즉, 2007년이나 2008년 이후). 이 두 번째 질문의 진실을 아는 것이 어떤 도움이 될까? 간단히 말해, 주식 기반의(희석식) 합병과 현금 기반의(증첨식) 합병의 차이를 염두에 두라는 것이다. 기업의 IPO가 크게 증가하고 주식 기반의 합병이 더 많이 발생하고 있는가? 그렇다면 약세장을 걱정해야 한다. 반대로 현금 기반의 합병이 많이 일어난다면 아마도 사람들이 제대로 예측하지 못했던 깜짝 활황장이 일어날 것이다. 사람들은 이런 뉴스를 어떻게 활용해야 할지 잘 모른다.

현금 기반의 경영권 인수가 주식시장에 호재가 된다는 사실을 알면, 시장의 큰 방향을 예측하는 데 도움이 된다. 하지만 이것이 어떤 섹터에 더 비중을 두어야 할지, 그리고 어떤 회사의 주식을 매수해야 할지 판단하는 데 추가적인 통찰력을 줄 수 있을까? 물론이다! 합병이 일어나고 있는 섹터를 관찰하고 탑다운 방식을 통해 매수할 대상을 선정하라. 이 중 몇 개를 맞힌다면, 실제 합병소식이 발표되었을 때 엄청난 수익을 올릴 수 있을 것이다. 아주 쉬우며 거의 공짜 돈이나 다름없다. (어떻게 해야 할지 잘 모르겠다면, 다음 내용이 매수기업을 선택하는 데 도움이 될 것이다.)

M&A 파도 타기

기업의 이익수익률(E/P, P/E의 반대)이 해당 기업의 세후 대출비용보다 높으면, 이들은 싸게 돈을 빌려 자사주를 취득하거나 경쟁기업을 인수하는 데 강한 매력을 느끼게 된다. 싸게 돈을 빌려 경쟁기업을 인수하면, 인수된 회사의 이익을 효과적으로 흡수할 수 있고 주당순이익(EPS)도 높아지게 된다. 자사주 매입도 같은 효과가 있다. 공짜 돈이다!

인수합병대상기업 찾기

인수합병대상이 되기 좋은 기업을 찾아냄으로써 여러분은 M&A의 파도를 탈 수 있다. 인수 시 주주들에게 지불되는 프리미엄은 종종 높은 주가 상승과 이어진다. 인수합병되기 좋은 기업은 아래와 같은 특징이 있다.

- 저평가된 주식
- 높은 현금흐름
- 견실한 재정상태
- 우수한 브랜드
- 강력한 지역 기반
- 상대적으로 높은 시장점유율

- 상대적으로 작은 규모
- 강력한 판매 네트워크
- 지배적 주주에 집중되어 있지 않음

좋은 소식이라면, 이런 특징들을 기업의 웹페이지에서 공짜로 구할 수 있는 주주 보고서를 통해 확인할 수 있다는 것이다. 여기 두 기업의 사례가 있다. 내가 〈포브스〉의 칼럼에서 합병대상기업으로 예상한 기업들이다. 이들은 실제 합병이 발표되었을 때 높은 수익을 거두었다.

MBNA(KRB)

난 2005년 5월 9일 〈포브스〉 칼럼[137]에서 MBNA에 관해서 썼다. MBNA는 비자나 마스터 카드, 아메리칸 익스프레스 같은 친숙한 카드를 발급하는 세계 최대의 신용카드 회사로 조합이나 금융기관 등 적절한 고객 그룹에 초점을 맞춘 성공적인 전략을 펼친 회사였다. 여러분이 이런 카드 중 한 장을 소유했다면(안 그런 사람이 있을까?) 이 회사를 알건 모르건 아마도 MBNA에서 발급되었을 것이다. 신용카드 외에도 이 회사는 개인대출 및 주택담보대출에 견실한 사업을 보유 중이었다. 이 회사는 완벽한 합병대상으로서 모든 조건을 갖추고 있다. 즉, 강력한 브랜드 파워, 견실한 재정상태는 물론 주가는 추격수익(trailing earnings)의 12배에 불과해 아주 쌌다. 뱅크오브아메리카(BOA) 역시 그렇게 생각했다. 이들은 2005년 6월 30일 MBNA 인수 의사를 발표했으며 이날 MBNA의 주가는 24% 상승했다.[138] 만약 내가 추천한 날에 매수했다면, 30% 수익을 맛볼 수 있었을 것이다.[139]

CP Ships(TEU)

너무나 많은 미국인들이 손해를 볼까봐 해외투자를 꺼린다. CP Ships는 2005년 4월 18일 〈포브스〉 칼럼[140]에서 언급한 훌륭한 M&A대상 후보였다. 이 컨테이너선 회사는 영국에 근거지를 두고 있지만(영국인은 유럽인들보다는 미국인들과 사고방식이 비슷하지만, 어쨌건), 사업활동의 80%는 북미 지역에 집중되어 있었다. 80여

> 척의 선단으로 이 회사는 해당 항로 대부분에서 선두자였다. 2005년, 이 조그만 영국 주식은 해운업이 경기순환적인 사업이라는 이유로 간과되었다. 하지만 해운업은 성장하는 사업이며, 이 주식은 2005년 수익의 13배라는 싼 가격에 거래되고 있었고, 실제 매출도 37억 달러에 달했다. 여행 및 해운 분야에서 잘 분산된 사업 포트폴리오를 가진 독일계 대형 회사인 TUI AG는 2005년 8월 22일 해운 분야의 빠르고 비용절감적인 사업 확장을 위해 CP Ships를 인수한다고 발표했다. CP Ships의 주주들은 그날 8%의 수익[141]을 올렸다. 하지만 내가 추천했을 때 매수했더라면, 56%의 수익을 거둘 수 있었다.[142]

인수자의 세전 장기 차입비용에 비해 높은 이익수익률을 내는 싼 주식이 있다면, 현금 기반의 합병이 많이 발생할 것이란 사실을 이제 여러분은 명확하게 알고 있다. 평균적인 기업의 차입이자(BBB등급 10년 만기채)가 6%이며, 평균 법인세가 33%라고 가정해보자. 따라서 세후 차입비용은 4%다. 합병 대상이 되는 기업들은 아마도 25% 정도의 가격 프리미엄이 발생한 이후에도 이익수익률 4% 이상이 되기가 쉽다. 따라서 대부분의 합병대상기업들은 딜이 발표되기 이전에 이익수익률 5%를 가질 것이다. 이는 P/E가 20배 이하라는 뜻이다. 인수하는 회사가 이 딜로부터 주당순이익을 높이려면 이익수익률이 높을수록 좋다. 대부분 현금 기반 합병의 대상 주식은 P/E가 낮은 (높은 이익수익률) 가치주인 경향이 있다. 현금 기반 합병 열풍에서 돈을 벌려면 그런 유형의 주식을 찾아라.

항상 우월한 주식은 없다

주식가격을 결정하는 유일한 요소가 수요와 공급(그리고 주식의 소각과 발행이 잠재적으로 거의 무한하다는 것)이라는 사실은 올바르게 계산한 어떤 인덱스, 주식 스타일, 국가, 특정 카테고리도 항상 우월할 수 없는 이유가 된다. (4장에서 본 그래프를 기억하는가?) 특정 유형의 카테고리(스몰캡 가치주, 라지캡 성장주, 일본주, 바이오테크 주 등)를 집중매수하는 사람들은 그들이 선호하는 카테고리가 항상 더 우수하다고 믿지만, 실제 그렇지도 않고 그럴 수도 없다.

하지만 특정 카테고리를 선호하는 사람이 그 카테고리가 항상 우월하다고 주장하는 얘기를 듣는다면(이들은 항상 그런다), 그것은 스스로 시장을 이해하지 못한다는 얘기를 하는 것과 같다. 충분한 시간과 적절한 환경이 주어지면, 공급은 무한히 탄력적이 된다. 그리고 수요는 단기에서 중기에 걸쳐 끊임없이 회복된다. 어떤 카테고리의 공급이 제한되어 있다거나 재매입되어 소각되지 못한다는 증거는 없다. 또한 장기적으로 공급량을 예측할 수 있는 방법도 없다. 만약 어떤 카테고리에 대한 수요가 있다면 투자은행은 이런 사실을 알게 될 것이다. 이들은 투자자들이 어떤 특정 카테고리가 장기적으로 더 우월하다고 생각하는지 상관하지 않는다.

2000년 이후, 스몰캡 가치주는 큰 인기를 끌었다. 간단한 팁을 가르쳐주겠다. 라지캡 성장주의 수익률이 좋지 않을 때는 항상 스몰캡 가치주의 수익률이 좋다. 이 둘은 서로 반대로 움직인다. 어느 한쪽의 수익률이 좋다는 것은 곧 다른 한쪽이 나쁘다는 것과 같다. 최근 스몰캡 가치주가 영원히 수익률이 더 좋을 것이라고 말하는 투자자들이 있다. 나는 스몰캡 가치주에 대한 분석을 30년 전부터 해왔다. 스몰캡이란 단어가 존재하기 한참 전이었다. 내가 처음 펴낸 책 《슈퍼 스탁스》는 PSR에 관한 것이었는데, 특히 다른 사람은 모르고 있던 스몰캡 가치주를 찾기 위해 PSR을 어떻게 사용할지를 다루고 있었다. 그때도 스몰캡이란 단어조차 존재하지 않았다. 이 용어는 1980년대 초반 스몰캡 가치주들이 좋은 성적을 보이자 1980년대 중반이 되면서 생겨났다. 이때는 마치 지난 6년과 같았다.

1989년 기관투자가(주로 확정급부형 퇴직연금)를 주 고객으로 하는 메이저 컨설팅 사였던 캘런 어소시에이트(Callan Associates)는 매니저의 성과 측정에 사용하려는 목적으로 기관투자가들에게 처음으로 스몰캡 가치주 그룹을 소개했는데, 12명에 불과했다. 그들은 순수하게 스몰캡 가치주를 운영하는 다른 매니저들을 찾을 수 없었다. 20년 전에는 그 정도로 이 카테고리가 생소한 분야였다.

오늘날 나의 회사는 대형 기금, 재단, 확정급부형 퇴직연금을 위해 수십억 달러를 이 카테고리에서 운영하고 있다. 스몰캡 가치주는 훨씬 광범위한 포트폴리오에 포함되기에 완벽하게 효과적인 부분이다(앞서 말한 기관투자가들이 이렇게 하고 있다). 하지만 어떤 카테고리든지 수익률이 좋을 때가 있고, 아주 실망스러울 때도 있다. 많은 사람들이 이런 사실을 잊고 있다. 그중엔 다른 사람들보다 더 많이 알아야 마땅할 사람들도 많다.

미국에서 아주 유명한 학자 중 한 사람인 어떤 뻔뻔스러운 스몰캡 팬은 2006년 6월 14일 〈월스트리트 저널〉의 오피니언난에 글을 기고했다. 그는 스몰캡 가치주가 오랜 역사에 걸쳐 항상 더 좋은 수익률을 기록했다고 강조했다. 하지만 그는 틀렸다! 스몰캡 가치주가 장기적으로 좋은 수익률을 올렸다는 주장은 통계에 대한 일종의 자의적 해석이다. 데이터상으로는 그렇게 보이지만, 4장에서 이미 살펴봤듯이 실제로 그런 수익률을 거둘 수 없다는 의미다. 여러분이 미쳐버리기 충분할 만큼 오랜 기간 동안 스몰캡 가치주의 수익률이 시장에서 최악일 수도 있다. 만약 어떤 카테고리의 상대적인 수익률이 좋아지는 때를 맞기 위해 20년을 기다려야 한다면, 현실적으로 의미가 없다.

1928년(스몰캡 가치주의 주가가 측정된 가장 오래전) 이후 스몰캡 가치주의 수익률은 대형주나 시장 전체보다 좋은 수익을 보이고 있지만[14] 스몰캡 가치주가 기록한 수익률은 대부분 극히 작은 종목들에서 나온 것이다. 이 종목들은 너무 작아서 유동성 문제나 포트폴리오 위험이 너무 컸다. 아무도 이에 대해선 언급한 적이 없다. 또한 이 회사들은 초기에 호가 차이가 아주 컸다. 1930년대 및 1940년대로 돌아가 보면, 이 소형 종목들의 호가 차이는 매수가격의 20~30%까지 되는 경우가 빈번했으며, 그런 호가 차이는 수익률 계산에 고려되지 않았다. 이런 호가 차이는 수익률의 대부분을 잡아먹게 되는데 거래비용으로 전혀 계산되지 않았다.

　나는 스몰캡 가치주, 대형주 또는 시장 전체를 보유하는 것에 부정적인 의견을 말하고자 하는 것이 아니다. 단지 내가 말하고 싶은 것은 어떤 카테고리가 아주 오랜 기간에 걸쳐 수익을 낸 것처럼 보일 때는 인내하고 기다려야 하는 오랜 고통의 기간이 존재한다는 사실이다. 또한 이 기간은 너무나 길어서 여러분을 포함한 모든 사람들이 다른 방향으로 움직일 수밖에 없다는 것이다. 5년이나 10년 또는 20년이란 기간은 시장 및 그 하위 카테고리의 수익을 결정하는 공급의 변화를 야기할 수 있는 기간이다. 아주 오랜 기간에 걸쳐 보면, 정확히 계산된 주요 카테고리들은 매우 유사한 수익률을 갖게 된다. 어떤 카테고리와 영원한 사랑에 빠졌다고 해서, 다른 카테고리보다 더 높은 수익을 영원히 기대할 수는 없는 것이다.

약달러, 강달러 – 무엇이 중요할까?

　수요와 공급에 대한 지식을 자유롭게 거래되는 어떤 증권에 거시적으로 적용할 수 있을까? 물론이다. 달러 가격에 이런 지식을 적용해보면 (많은 미신들을 밝혀냄과 동시에) 아직도 많은 사람들이 모르고 있는 두 번째 질문의 진실을 발견할 수 있다.

　최근 많은 사람들이 달러약세를 비판하고 있다. 달러약세는 곧 우리 경제를 파멸의 길로 이끌 것이라 생각하는 것이다. 이런 견해에 대한 사람들의 확신은 거의 종교적이다. 투자자들이 잊고 있는 것은, 1990년대 후반에는 모든 사람들이 너무 강한 달러 때문에 외국인들이 우리와 무역을 꺼리게 되고 결국 경제를 파멸시키지 않을까 걱정했다는 사실이다. 이런 논리대로라면, 도대체 우리 경제를 파멸로 이끌지 않는 것이 무엇인가? 아마도 다른 모든 나라의 통화에 대해 최적으로 맞춰진, 우리가 달성하길 바라는 환율이 존재할지 모른다. 난 그런 환율이 어느 수준인지, 또 자유시장에서 그런 수치를 유지하기 위해 어떤 노력을 해야 할지 알지 못한다. 그리고 나는 생애 어떤 날이 되었건, 정부의 간섭보다는 자유시장을 택할 것이다. 하지만 투자자들은 그런 참견이 존재한다고 생각해야만 한다. 우리 경제를 지옥으로 빠뜨릴 달러의 향방에 대해 불평하고 싶어 하기 때문이다.

워렌 버핏은 달러 하락에 베팅하는 것으로 유명하다. 불행하게도 평균적으로 그의 달러 투자 타이밍은 그다지 대단하지 않았다. 버핏은 엄청나게 똑똑한 사람이지만, 시장 전반이나 금리, 상품 가격(그렇다! 착각하지 말자. 통화도 일종의 상품이다)에 대한 예측은 그리 잘하지 못했고 이와 관련해 특별한 교육을 받지도 않았다. 2003년 11월 10일 〈포브스〉에 기고한 글에서 버핏은 무역적자가 미국달러를 (영원히) 약화시킬 것이며 우리 경제에 치유할 수 없는 상처를 줄 것이라고 경고했다.[145] 장기적으로 봤을 때 그는 명백히 틀렸다. 6장에서 밝혔듯이 우리의 무역적자는 줄어들지 않고 증가하고 있다. 하지만 우리는 그의 무시무시한 선언 이후에도 연평균 3%의 실질 GDP성장률을 즐기고 있으며, 주식시장도 반등하기 시작한 2002년 이후 플러스 수익률을 기록하고 있다. 또한 2004년과 2006년 달러는 약세를 보였지만 2005년엔 이 두 해를 합친 것보다 더한 강세를 보였다. 2004년 1월부터 2006년 6월 30일까지 거래가중한 달러가치는 정확히 1.96% 하락했다.[146] 어떤 측면에서 봐도 흥분하기에는 적은 수치다. 결국 버핏의 예언대로 되지 않았다.

지금쯤이면 6장에서 배운 내용을 바탕으로 대규모의 무역적자는 건강한 경제의 징후라는 걸 알고 있을 것이다. 따라서 이들은 달러약세나 강세와는 그다지 관련이 없다. 여기서 두 번째 질문을 해보자. 약달러나 강달러가 중요하기는 한 걸까? 너무나 간파하기 어려운 사실일까? 달러는 통화적인 지표이지만, 수요를 움직이는 경제적 요인이 된다. 달러의 미래 향방과 주식시장에 미칠 영향을 알면 다른 투자자보다 유리한 위치에 설 수 있다. 또한 훌륭한 두 번째 질문이 될 수 있다. 무엇을 통해 달러의 향방을 이해할 수 있을까? 하지만 우선 첫 번째 질문을 해결해야 한다. 통화의 가격 움직임을 결정한다고 믿는 것 중 잘못된 건 어떤 것일까? 흔한 미신들을 살펴보자.

5가지 미신, 그리고 수요와 공급의 증가

첫 번째 미신 – 달러가치는 계속 하락 중이다

이 글을 쓰고 있는 2006년, 투자자들은 달러가치가 지금까지 하락해왔으며 영원히 그럴 것이라고 생각하는 경향이 있다. 달러의 상대적인 약세에 대한 오해가 널리 퍼져 있다. 친구(직장 동료, 가족 또는 골프 친구)들에게 달러가치 추세가 어떤지 물어보라. 일반적으로 그들은 달러가 지난 몇 년간 또는 몇 달 전부터 같은 추세를 이어오고 있다고 느낄 것이다. 많은 전문가들이 달러가 계속 약세를 보일 것이라는 가정 하에 2006년과 2006년 시장예측을 했다. 이들이 놓치고 있는 것은 달러가치가 전혀 한 방향으로 진행되지 않는다는 사실이다. 2004년 약세를 겪은 후에 2005년에는 엄청난 강세를 보였다. 2006년 중반 즈음엔 다시 역전되었는데, 2004년에 비해선 적게 하락했다.[147] 명심하라. 이 모든 기간 동안엔 달러가치의 상승과 하락이 모두 존재했다. 통화는 자유시장에서 거래되는 다른 증권들과 같다. 즉, 변동성이 있다는 것이다. 그럼에도 불구하고 달러가 약세를 보이고 가치가 지속적으로 떨어질 것이라고 믿는 사람들이 있다.

이는 아주 간단한 첫 번째 질문에 해당된다. 달러가치가 항상 약해지고(또는 강해지고) 있다는 것이 정말일까? 표 7.1에 있는 데이터를 살펴보자.

표 7.1은 달러, 유로, 파운드의 환율을 각각 서구 선진국의 통화와 대비해서 나열해놓은 것이다. 달러가 약세를 보인 해는 음영으로 처리되어 있으며, 강세를 보였을 때는 하얗게 되어 있다. 숫자가 아닌 음영에 초점을 맞춰보면, 달러가 항상 한 방향으로 움직이지 않았다는 것을 명확히 볼 수 있다.

표 7.1 통화의 3년 규칙

통화	1990	1991	1992	1993	1994	1995	1996	1997	1998	1999	2000	2001	2002	2003	2004	2005
USD/EUR	(12.2%)	1.7%	10.7%	8.5%	(9.3%)	(6.4%)	4.9%	13.5%	(5.4%)	16.4%	6.8%	5.4%	(15.2%)	(16.8%)	(7.2%)	14.6%
USD/GBP	(16.4%)	3.2%	23.4%	2.4%	(5.5%)	0.8%	(9.3%)	3.7%	0.5%	2.7%	8.0%	2.8%	(9.6%)	(9.9%)	(6.9%)	11.4%
USD/JPY	(5.5%)	(8.1%)	0.0%	(10.6%)	(10.8%)	3.8%	12.0%	12.7%	(13.1%)	(10.0%)	12.0%	14.5%	(9.3%)	(9.7%)	(4.3%)	14.9%
USD/오스트레일리아	2.3%	1.6%	10.5%	1.3%	(12.4%)	4.3%	(6.4%)	22.2%	6.2%	(6.7%)	17.4%	9.1%	(8.8%)	(25.5%)	(3.5%)	6.6%
USD/캐나다	0.2%	(0.4%)	10.0%	4.1%	6.0%	(2.7%)	0.4%	4.4%	7.0%	(5.6%)	3.8%	6.5%	(1.5%)	(17.7%)	(7.1%)	(3.3%)
USD/뉴질랜드	1.0%	8.9%	5.0%	(8.1%)	(12.6%)	(2.0%)	(7.6%)	21.3%	10.4%	1.0%	17.8%	6.5%	(20.6%)	(20.1%)	(8.7%)	5.2%
USD/스위스	(17.3%)	6.4%	8.0%	1.3%	(11.9%)	(11.8%)	16.1%	9.1%	(6.1%)	16.0%	1.3%	3.0%	(16.7%)	(10.4%)	(8.0%)	15.4%
EUR/JPY	7.2%	(9.3%)	(10.1%)	(17.3%)	(1.8%)	8.2%	9.1%	(0.6%)	(7.5%)	(22.4%)	4.6%	8.9%	6.3%	8.3%	2.9%	(1.5%)
EUR/GBP	(5.0%)	1.9%	11.0%	(5.5%)	3.9%	5.4%	(11.9%)	(8.3%)	6.3%	(12.2%)	1.2%	(2.8%)	6.4%	8.2%	0.3%	(2.8%)
EUR/오스트레일리아	15.9%	(1.4%)	(2.2%)	(8.8%)	(3.5%)	11.9%	(10.6%)	4.6%	14.4%	(20.0%)	10.3%	2.9%	7.1%	(10.2%)	3.6%	(7.3%)
GBP/JPY	12.9%	(10.7%)	(19.1%)	(12.6%)	(5.5%)	2.6%	24.0%	7.7%	(12.3%)	(12.1%)	3.4%	11.8%	0.2%	0.4%	2.5%	3.0%
GBP/오스트레일리아	22.5%	(1.5%)	(10.5%)	(1.1%)	(7.5%)	3.5%	3.2%	17.2%	7.4%	(9.2%)	9.1%	5.8%	0.6%	(16.9%)	3.1%	(4.4%)
GBP/캐나다	19.9%	(3.5%)	(10.6%)	1.3%	12.0%	(3.5%)	10.8%	0.4%	8.5%	(8.5%)	(4.1%)	3.5%	9.5%	(9.0%)	(0.6%)	(12.8%)
GBP/스위스	1.1%	(3.0%)	14.3%	0.9%	7.3%	14.6%	(22.3%)	(4.3%)	5.0%	(11.4%)	6.6%	0.2%	8.6%	0.5%	1.4%	351.0%

출처: Thomson Financial Datastream

다른 선진국 통화도 마찬가지다.

　이 표의 통화 가격 움직임을 관찰하면, 주요 서구 선진국 통화는 다른 통화에 대해서 강세와 약세를 한 번에 2~4년의 기간으로(4년까지 가는 경우는 드물다) 주기적으로 반복하고 있는 것이 명확해 보인다. 나는 이 현상을 3년 규칙(Three Year Rule)이라고 부른다. 이 규칙에서 어긋나는 경우가 몇 번 있었는데, 우선 1993년부터 1996년까지 미국달러는 뉴질랜드달러 대비 4년 연속으로 약세를 보였다. 하지만 이는 소위 키위달러가 주요 통화로서 확장하는 데서 기인한 것일지 모른다. 당시 뉴질랜드가 콜로라도 수준으로 인구가 늘어나고 있었기 때문이다. 엔/유로 및 엔/파운드 환율을 보면, 4년이나 5년 주기도 몇 차례 볼 수 있지만 엔은 완전한 서구 통화가 아니라 아시아의 통화다.

　대체적으로 이 규칙은 서구 통화끼리 비교했을 때 들어맞는다. 서구의 통화들은 3년 이상 같은 방향을 유지하지 않는 것으로 보인다. 따라서 '3년 규칙'이라는 이름이 되는 것이다. 2004년 말부터 2005년까지 대부분의 전문가들은 달러의 폭락으로 인해 주식시장이 약세를 보일 것으로 전망했다. 다른 것을 모른다고 해도, 이 규칙 하나만으로도 터닝 포인트가 그리 멀지 않음을 나는 알 수 있었다. 또한 나는 2005년 국내 및 글로벌 시장이 상승할 것이라고 생각했는데(2005년 1월 31일 〈포브스〉 칼럼에서 예측했듯이), 이는 전적으로는 아니지만, 부분적으로 뜻밖의 달러강세로 인한 효과가 발생할 것이라고 봤기 때문이다. 달러 강세 그 자체는 시장의 상승요인이 되지 않는다. 하지만 많은 사람들이 달러가 약세를 보일까봐 두려워 하고 있을 때 실제 결과는 강세를 보인다면, 이는 투자심리를 개선하게 될 것이고 주식에 대한 수요를 불러일으킬 것이었다(이 모든 것은 주식에 대한 수요와 공급의 논리에서 기인한다). 2005년, 가격에 반영되어 있지 않았던 달러강세와 악재의 소멸로 인해 깜짝 강세장이 펼쳐졌다. 이렇게 단순한 것이다.

두 번째 미신 – 재정적자로 인해 미국달러가치가 하락할 것이다

지금쯤이면 여러분은 적자와 관련된 문제에 프로가 되어 있기 때문에 이런 미신이 우습다는 걸 벌써 알고 있을 것이다. 하지만 재정적자는 달러약세의 또 다른 원인으로 꼽힌다(다시 말하지만, 달러약세가 나쁘고, 강한 달러는 좋다는 가정). 하지만 이런 정신병자 같은 생각은 외국인들이 우리가 재정 문제에 잘 대처하지 못할 것을 염려하게 만들고, 따라서 달러에 대한 수요를 감소시킬 것이라는 생각에 호소하는 것이다.

우선, 6장에서 다루었듯이, 미국에서 재정적자는 경제나 주식시장에 악영향을 주지 않는다. 오히려 돈의 유동성과 부채(나쁜 것이 아니라 좋은 것이란 걸 알고 있을 것이다)를 증가시켜 주고 사적인(여러분과 나, 심지어 아이팟을 사기 위해 돈을 빌린 헤로인 중독자까지) 계층에 더 많은 돈이 흘러가게 하기 때문에 좋은 것이다. 1장에서 봤듯이, 역사적으로 정부의 재정적자가 꼭짓점에 도달한 후에는 경제와 주식시장 모두 좋았다. 반대로 재정흑자 후에는 그다지 상황이 좋지 못했다.

두 번째로, 재정적자는 재정상의 문제인 데 반해 환율은 통화적인 현상이라는 것이다. 이 둘은 완전히 관계가 없다. 어느 한쪽이 다른 쪽을 유발하지 않는다. 그 어떤 연결 메커니즘도 없다. 물론 만약 중앙은행이 재정적자로 발생한 손실을 메우기 위해 통화를 발행한다면 달러약세에 영향을 줄 수도 있을 것이다. 하지만 통화 창출 그 자체의 영향에 초점을 맞추면 어떨까? 결국 부채가 있건 없건, 새로운 통화의 창출은 달러약세를 유발할 수 있다.

세 번째로, 미국은 1980년부터 1990년대 초반까지 거대한 규모의 재정적자(GDP 대비 비중으로 봤을 때 현재보다도 큰 수준)를 보유했었다는 사실이다. 1992년부터 1993년처럼 이 시기에는 달러가치가 급상승한 때가 많았다. 6장에서 봤듯이, 오늘날 영국, 독일, 일본도 재정적자를 보유 중이다. 재정적자가 미국달러에 악영향을 준다면, 파운드나 유로 그리고 엔에는 왜 나쁘지 않단 말인가? 달러가 약세라면, 앞서 말한 통화 대비 환율도 약세를 보여야 할 것이다. 만약 이들 국가의 재정적자가 역시 각국의 통화를 약하게 한다면, 도대체 무엇에 대비해 약하다는 것인가? 말레이시아의 링깃(ringgit) 대비인가? 진실은, 주요 서구 국가의 재정적자나 흑자는 각국 통화의 상대적인 강세와 아무런 연관이 없다는 것이다.

세 번째 미신 – 경상적자로 인해 달러가치가 하락할 것이다

이 역시 틀렸다는 느낌이 들 것이다. 이 문제에는 크게 시간을 낭비하고 싶지 않다. 6장에서 살펴봤듯이, 무역적자와 관련된 미신이 잘못된 것과 같은 이유로 이 미신도 잘못되었다는 걸 알 것이다. 논리는 똑같다. 딱 2가지 포인트다. 미국은 1981년 이후 태평스럽게 경상적자를 보유 중이다. 하지만 이 기간 동안 달러강세와 약세를 모두 겪었다. 만약 GDP 대비 경상적자의 비중과 달러가치 간에 상관계수 분석을 해본다면, 지난 25년간 일간이건, 주간이건, 월간이건, 분기간이건 기본적으로 0이라는 수치를 얻게 될 것이다.[148]

2002년, 2003년, 2004년까지 뉴질랜드와 호주 달러 그리고 파운드는 모두 미국달러 대비 강세를 보였다. 하지만 이들 국가 모두 당시 대규모의 경상적자를 기록 중이었다. 아무도 다른 나라의 경상수지 적자가 그들 국가의 통화에는 좋은 영향을 미치는 반면, 우리의 그것은 달러에 나쁜 영향을 주는지 설명한 적이 없다. 이는 아마도 이 둘 사이에 어떠한 연관성도 보이지 않기 때문일 것이다. 또한 사람들이 뉴질랜드나 호주가 경상수지 적자를 보유 중인 것에 관심이 없기 때문일 것이다. 여러분이 전혀 관심을 갖지 않았을 것이라 확신한다!

네 번째 미신 – 환율은 무역수지와 외교정책, 국제적 선호도 등에 의해 결정된다

이와 관련해 무역수지적자는 6장에서 광범위하게 다뤘다. 영국이나 호주, 뉴질랜드의 무역적자는 그렇지 않은데 미국의 무역적자는 유독 달러에 나쁜 영향을 준다고 말할 수 없을 것이다. 무역적자는 절대로 '갚아지지' 않는다. 6장에서 본 것처럼. 이는 250년이나 된 상업주의자의 시각이다. 여전히 세상에는 영원한 상업주의자들이 존재한다. 나는 이들이 우리를 따라올 수 없기 때문에 항상 존재할 것이라 생각한다. 하지만 여러분이 그들 중 한 사람이어서는 안 된다. 요즘은 애플사가 메모리칩과 다른 싸구려 부품들을 해외에서 수입해서 무역적자를 발생시키는 세상이다. 하지만 애플은 흑자 전환했고, 최신 아이팟을 (헤로인 중독자와 보통 사람들에게) 팔아 무려 50%의 이익 마진을 남겨(마케팅 회사인 iSupli의 자료에 따름)[149] 주당순이익을 늘려 가는데, 이는 곧 주주가치 향상으로 이어진다. 만약 상업주의자들이 무역적자와 함께 만인의 이익이 증가하는 세상을 상상한다면 그들의 머리는 폭발하고 말 것이다. 하지만 바로 그게 우리의 아름다운 세상이다.

무역적자와 경상적자 모두와 연관된 미신은 외국인들이 우리의 달러를 '받쳐주고' 있다는 것이다. 이는 '외국인들의 친절함에 의존적인'이라는 말로 자주 언급된다. 나는 외국인들의 친절함에 대해 어떤 증거도 가지고 있지 않다. 미국인들이 상대적으로 더 친절하다는 건 확실하다. 미국은 다른 모든 국가를 합친 것보다 훨씬 광범위하게 해외 원조에 참여하고 있으며, 개인적인 기부금도 모든 국가를 합친 것보다 많다. 그런데 친절한 외국인이라니? 여러분이 아는 어떤 외국인이 그렇게 행동하는가? 더 좋은 질문은 왜 외국인들이 여러분과 다르게 행동할 것이라고 생각하는가? 투자를 할 때는 수익을 올릴 가능성이 가장 높은 곳 또는 가장 수익률이 좋을 것이라고 생각하는 국가에 투자하지 않는가? 가장 도움이 필요한 국가는 어디인가? 외국인들은 미국의 어떤 것도 '받쳐주지' 않는다. 상업주의자들은 외국인들이 '쓰러질 때까지 받쳐줄 것'이라고 생각한다. 제대로 생각하는 사람이라면 외국인들이 '최고의 투자처라고 생각하는 곳에 투자할 것'이란 걸 알고 있다. 외국인들이 우리에게 투자하는 이유는 그들이 생각하기에 다른 대안보다 이곳에 투자하는 것이 더 수익률이 좋다고 생각하기 때문이다.

이렇게 생각하지 않는다면, 다른 투자처를 찾을 것이다. 이 이상 합리적인 설명은 없다.

다섯 번째 미신 – 달러약세는 주식시장에 좋지 않다

달러가치가 하락할 때 외국주식을 보유하고 있다면, 그 주식이 더 높은 수익을 올리는 것처럼 보이게 된다. 반대의 경우도 마찬가지다. 상대적으로 통화가 약세인 국가에 투자한 주식은 나중에 환전할 때 수익률이 그리 좋지 못하다. 글로벌 투자를 위해 명심할 것은 달러를 유로나 엔, 링깃 등으로 환전하지 않아도 된다는 것이다. 외국에 상장된 주식을 그 나라의 통화로 매수하는 것은 개인투자자들에게 어려울 수 있다. 또 해당 국가에 관리 계좌도 개설해야 할지 모른다. 이런 노력은 기울일 필요가 없다. 미국인이라면 미국주식예탁증서 (ADRs), 즉 미국달러로 거래되는 해외주식을 매수하면 된다.

통화는 매우 순환적인 것이기 때문에 장기적으로 보면 통화로 인한 효과는 0에 가까워진다. 1970년 이후, 달러를 이용한 글로벌 투자로 인해 미국 투자자들의 수익은 누적수익률로 총 27% 감소했다. 반면에 MSCI World Index는 누적으로 2,000% 상승했다. 36년 넘는 기간으로 볼 때, 27%의 누적수익률 차이는 그리 크지 않다. 연 0.7% 정도의 영향을 준 것인데, 특히 거래비용을 감안했을 때 헤지할 가치가 없다고 볼 수 있다. 여러분이 해외투자를 달러로 했다면 괜찮은 수익을 올렸을 것이다. 그렇지만 기뻐서 춤을 정도는 아닐 것이다. 36년간 여기서 더 욕심을 부렸더라면 몇 번 정도는 속도위반 딱지를 떼었을지도 모르는 일이다.

자, 그래서 환율의 충격은 전혀 없다는 것이 확실해졌다. 그럼, 달러의 가치가 주식시장의 향방에 대해 무엇을 말해줄 수 있을까? 강한 달러가 미국 주식시장에 도움이 되고, 그 반대 경우는 악영향을 끼칠 것이라는 논리는 그럴듯해 보인다. 실제 이런 논리가 맞는지 체크해볼 수 있다. 달러가 약세를 보이면, 주식수익률은 이와 유사하게 약세를 보일 것이다. 하지만 그림 7.1

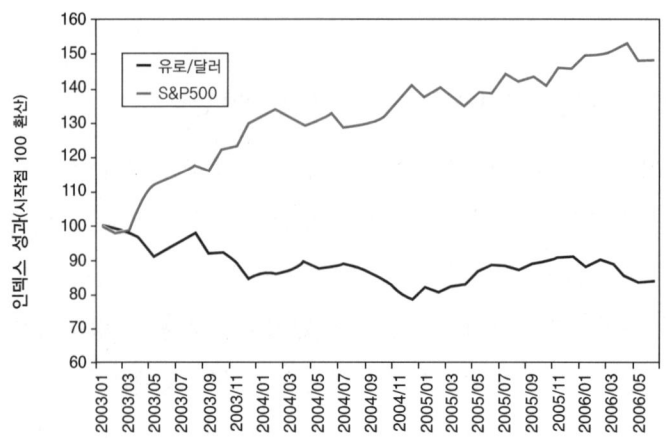

그림 7.1 통화의 약세가 주식시장 약세를 의미하는 것은 아니다(미국)

출처: Thompson Financial Datastream

에서 보듯이, 달러가 약세를 보여도 주식시장은 매우 강세를 보일 수 있다.

이런 현상은 미국뿐만 아니라 전 세계적으로 공통된 현상이다. 환율은 주식시장의 향방을 예측하지 못하며 그 반대도 마찬가지다(그림 7.2 참고).

강한 달러가 주식시장의 상승으로 이어진다고 생각할 어떤 근거도 없다. 달러를 통해 미국 주식시장, 글로벌 주식시장, 폴란드 주식시장, 그 어느 것도 예측할 수 없다. 달러가 약세건 강세건, 그 자체로는 초조해할 필요가 없다.

이제 세 번째 질문으로 넘어가 미국의 경상적자와 미국 주식시장 대비 전 세계 주식시장의 수익률에 대해 생각해본 방식으로 달러에 대해서도 생각해보자. 글로벌 주식시장이 크게 상승할 때는 아마 미국 주식시장도 상승할 거라 생각할 것이다. 어떤 때는 미국시장이 다른 나라보다 많이 오르고 어떤 때는 덜 오르기도 한다. 어쨌건 실제로 어떤 추세가 있을 때 이 둘은 같은 방향으로 움직이는 경향을 보인다. 그리고 미국 주식시장은 전 세계 주식시장의 거의 절반을 차지한다. 따라서 달러 하락이 미국 주식시장에 나쁘다면,

비달러 통화의 가치상승은 미국을 제외한 시장에 좋지 않을까? 이 둘은 서로 상쇄하는 관계다. 하지만 글로벌 수준의 통화가치 하락은 있을 수 없다. 오직 글로벌 수준의 인플레이션만 있을 뿐이다. 글로벌 수준의 무역적자나 경상적자가 발생할 수 없는 것과 마찬가지다. 하지만 사람들은 이런 말을 명확히 언급하지 않은 채, 적자가 흑자보다 더 큰 영향력을 가진 것처럼 행동한다(명확히 언급하진 않으면서도, 이를 기초로 행동에 옮기는 사람도 있다. 단기손실에 대한 거부감 때문이다). 상업주의자들이란!

달리 말하면, 미국은 전 세계 GDP의 38%를 차지하고 있으며 나머지 국가는 62%를 차지하고 있다. 달러가치 하락이 미국경제에 악영향을 준다면, 비달러 통화의 상승은 나머지 62%에는 좋은 것이 아닐까? 이는 미국의 경제침체를 상쇄하고도 남을 만큼 비달러권 경제의 활황을 가져오지 않을까? 슬프게도 아무도 이런 글로벌한 사고를 하지 않았으며, 따라서 이런 식으로 문제를 생각할 수 없었다. 상업주의자들은 1960년대가 아니라 1690년대의 사고방식을 고수하고 있는 듯하다.

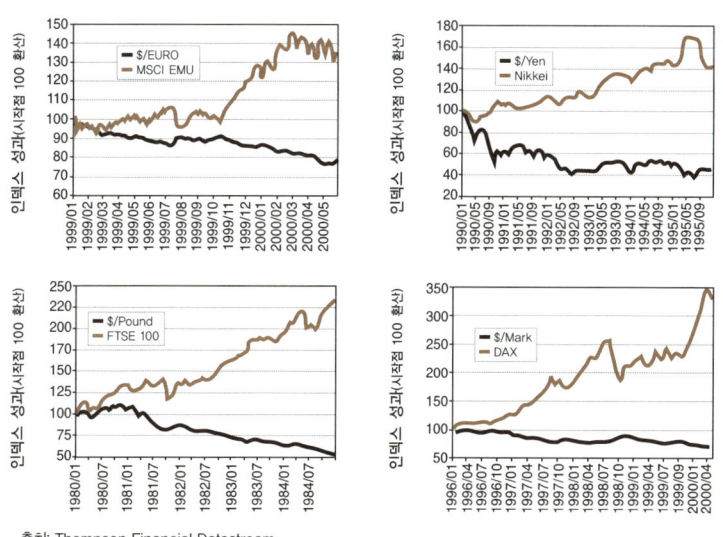

그림 7.2 통화의 약세가 주식시장 약세를 의미하는 것은 아니다

출처: Thompson Financial Datastream

수요와 공급이 통화 가격을 결정한다

통화의 다양성은 단지 발행자(중앙은행)와 뱅킹 시스템별로 특징지어지는 돈의 맛과 같은 것이다. 통화는 자유롭고 개방된 시장에서 거래되는 상품과 같기 때문에 다른 자산과 마찬가지로 수요와 공급에 따라 상대적인 가치가 결정된다.

환율은 한 통화의 다른 통화에 대한 상대적 가치를 반영한다. 완전히 상대적이며 이외에 다른 의미는 없다. 각각의 특정 환율은 두 통화 각각의 복잡한 수요와 공급의 조합에 의해 결정된다. 어떤 통화의 상대적인 수요 증가와 공급의 감소는 통화의 가치를 상승시킨다. 반대의 경우도 마찬가지다.

통화 공급

기본적인 통화의 공급은 오직 발행기관인 중앙은행에 의해 결정되며, 그 하위은행들에 의해 촉진된다. 중앙은행은 통화의 창출과 소멸에 있어 독점적인 힘을 행사한다. 중앙은행은 적당한 수준의 통화 증가와 함께 상대적으로 안정적인 가격을 유지하고 싶어 하는데, 이는 낮은 수준의 인플레이션을 유발한다. 이 중앙은행들이 책임감 있게 행동한다면, 주요 통화들은 단기적으로는 당연히 변동성이 있더라도 장기적으로는 매우 안정적인 환율을 가져야만 한다.

하지만 책임감 없는 중앙은행이나 자국의 중앙은행을 지배하는 정부는 선진국으로서의 위상을 스스로 손상시킬 수 있다. 독일의 바이마르(Weimar) 시대를 기억하는가? 이 시대는 근대 역사에서 거의 유일한 사례인데, 이들은 엄청난 인플레이션을 야기한 통화의 초과창출 때문에 1920년대 초반 독일의 통화를 완전히 없애버리다시피 해야만 했다. 1990년대 초반의 브라질 같은 개발도상국은 중앙은행의 독립성이 유지되지 못하는 경우가 잦으며 대부분 통화가 점점 약해지는 추세로 오랜 기간 유지될 수 있다. 하지만 강대국들은 우리에게 Fed(연방준비제도이사회)가 있는 것처럼 합리적이고 독립적인 중앙은행을 보유하고 있으며, 따라서 통화의 움직임도 한 방향으로만 영구히 진행되지는 않는다.

통화에 대한 수요는 몇 가지 변수에 의해 결정된다. 대원칙은 해당 통화(예를 들어, 댈러스의 슈퍼마켓에서는 엔이 아니라 달러가 쓰인다)로 수행되는 경제적 활동의 양이다. 특정 통화가 경제적 활동에 더 많이 쓰일수록 그 통화에 대한 수요는 더 많아진다. 또 하나의 수요 유발 요인은 '가치의 저장(Store of Value)'이란 개념이다. 투자자들이 어떤 통화로 발행된 자산이 다른 통화로 발행된 자산보다 그 가치가 더 많이 상승할 것이라고 믿는다면, 해당 통화에 대한 수요는 늘어나게 된다.

주식의 경우와 같이, 장기간에 걸쳐 보면 통화의 상대적인 강세나 약세를 결정하는 것은 공급이다. 중앙은행이 실제 경제적으로 필요한 양보다 더 많은 통화를 창출하도록 하면, 초과된 공급으로 인해 통화의 가격이 떨어지고 인플레이션이 유발된다. 자산의 양은 같은데 돈이 늘어나게 되면, 해당 통화의 저장 가치는 떨어지게 된다. 중앙은행이 통화 창출에 너무 엄격하면 그 반대의 경우도 마찬가지로 일어난다. 통화가 지나치게 강세를 유지하는 것도 목표는 아니다. 투자자들이 이 독재적인 중앙은행 시스템에 할 수 있는 일은 단지 이들이 너무 많은 실수를 하지 않도록 바라는 것 말고는 아무것도 없다. 또한 장기적으로 공급을 예측할 수 있는 어떤 방법도 없다. 다만 우리의 중앙은행이 최근에 점점 잘 해내고 있다는 사실을 명심하자. 1929년에서 1932년 사이의 Fed는 재앙이었다. 최악의 타이밍에 통화량을 30% 축소시킴으로써 대공황을 필요 이상으로 악화시켰을 뿐만 아니라, 그것의 원인이 되기도 했다. 확실히 이때는 Fed 최악의 시기였다. 그때 이후로 Fed가 항상 훌륭했던 것은 아니지만, 평균적으로 점점 좋아지고 있다.

전통적으로 Fed의 이전 의장들은 경제 운용상의 많은 실수로 인해 비웃음을 샀었다. 윌리엄 맥케스니 마틴 주니어(William McChesney Martin Jr.), 아서 번스(Arthur Burns), 윌리엄 밀러(G. William Miller). 이들은 모두 임기 이후 광범위한 비난을 받았다. 번스는 의장이 되기 전에 마틴을 끝없이 비난했다. 마틴은 1951년부터 1970년까지 Fed 의장을 맡았기 때문에 번스가 공격할 시간은 아주 많았다. 번스는 마틴이 저질렀던 실수를 모를 정도로 어리석지는 않았을 것이라고 주장했다. 마틴은 번스에게 만약 당신이 Fed 의장이 된다면, 당신이 알고 있던 모든 것을 잊게 만드는 알약을 먹어야 할 것이며, 그 약의 효과는 Fed의 의장으로 있는 내내 유효할 것이라고 말했다. 실제 Fed 의장이 된 후 그 자신이 공격 받는 상황에 놓이자 그는 '마틴이 말한 알약'을 먹었다고 주장하기도 했다. 이들은 모두 비판 받았다. 많은 실수를 저질렀기 때문에 당연한 것이었다. 하지만 시간이 지나면서 이런 실수들은 줄어들었다. 이전의 실수로부터 교훈을 얻었기 때문이다.

폴 볼커(Paul Volcker)는 비록 인플레이션을 극복한다는 명분으로 1980년부터 1982년까지 경기침체를 유발시키긴 했지만, 후에 크게 욕먹지 않은 첫 번째 Fed 의장이었다. 어떤 사람들은 이를 지나친 간섭이었다고 하겠지만, 전반적으로 봤을 때 그 이전의 어떤 Fed 의장보다 잘 해냈다. 그린스펀(Greenspan)이 그 뒤를 이었으며, 이보다 더 잘 해냈다. 역시 과거의 실수로부터 더 많은 것을 배울 수 있었기 때문이다. 이들의 선배 의장들도 확실히 바보는 아니었다(밀러는 정치적으로 바보였을 수는 있다. 하지만 다른 면까지 고려하면 바보는 아니다). 그들은 최선을 다했었다. 다만, 오늘날의 기준에서 볼 때 아주 원시적인 자료수집 능력과 전산분석 능력을 가지고 있었으며, 광범위하게 검증되지 않은 이론들에 배신 당했을 뿐이다. 오늘날엔 발전된 테크놀로지와 실시간 정보가 있기 때문에, 잘못된 정책이 끔찍한 결과를 불러오기 전에 Fed의 수장이 다양한 이론을 테스트해보고 상관관계(예를 들어, 첫 번째 질문과 관련된 것)를 체크해볼 수 있는 것이다. 또한 이들은 빠르게 움직일 수 있으며 전임자들의 실수에서도 많은 것을 배울 수 있다. 결과적으로 우리는 최근 십수년간은 정책상의 실수가 줄어드는 것을 목격하고 있다.

여전히 실수는 발생한다. 1999년 그린스펀이 Y2K 발생 가능성에 대한 두려움으로 너무 많은 통화를 창출해 경제 호황을 유발한 것처럼 말이다. 이후 Y2K가 별 문제가 없다는 것으로 밝혀지자 2000년에 그는 다시 그 통화를 거둬들였다. 이로 인해 1999년과 2000년의 호불황 차이가 커졌다. 하지만 주기적이거나 대규모인 실수는 볼커 시대 전보다 점점 줄어들고 있다. 그린스펀이 저지른 최악의 실수도 과거에 저지른 실수에 비하면 좋을 정도다. 해외의 경우도 마찬가지다. 내 생각에는 향후 중앙은행이 향상된 정보 흐름과 과거로부터 축적된 교훈으로 인해, 평균적으로 실수를 저지르긴 하겠지만 그 수는 줄어들고 그렇게 심각하지도 않을 것 같다. 주요 선진국의 중앙은행이 저지르는 실수가 줄어들수록 장기적으로 통화의 변동성은 과거 수준에 비해 줄어들지도 모른다(이렇게 되면, 앞서 말한 3년 규칙의 정확성은 더욱 커지게 된다).

통화 수요

통화 수요에 단기(몇 분에서 몇 달까지)적인 영향을 주는 것에는 정부나 중앙은행의 고위관료가 '압박'(환율이나 이자율에 대해 우호적 또는 비우호적인 발언)을 가할 때도 포함되는데, 이는 단기적 투자심리와 수요에 영향을 줄 수 있다. 이런 발언은 순간적인 충격을 준다. 때로 통화시장을 몇 분에서 몇 개월까지 움직이게 한다. 그린스펀이 난해하기로 유명한 코멘트(웅얼거리고, 혼란스러우며, 투덜거리고, 어물거리며, 겸손하게 들리는 말)를 했을 때 시장에 무슨 일이 일어났는지 생각해보라. 시장은 그의 의도를 이해했다고 생각하고 일시적으로 흔들린다. 보통 다음 날이 되면 시장은 다시 정상적으로 돌아온다.

또한 중앙은행의 임의적인 '공개시장 조작'(중앙은행이 한 통화를 매입해 다른 통화로 교환)은 단기적인 영향을 줄 수 있다. 하지만 어떤 은행도 환거래를 통해 통화시장에 영향을 주는 다른 모든 변수를 능가할 정도의 자본력을 가지고 있지 않다. 종종 악마로 묘사되는 투기적 투자자들도 작지만 일시적으로 통화 수요와 통화의 상대적 가격에 영향을 줄 수 있다. 하지만 이들이 미치는 영향은 중앙은행보다도 훨씬 작다. 수십 년 전에 조지 소로스(George Soros)

가 영란은행(Bank of England, 영국중앙은행-옮긴이)을 파산시킨 적이 있지만, 이때는 외환 초기시장으로 그 은행이 그럴 만한 상황에 있었기 때문이다. 그리고 소로스는 같은 일이 요즘과 같은 시대에 다시 일어나는 일은 절대 없을 거라고 수차례 말한 바 있다. 더욱이 투기적 투자자들의 영향은 이들이 일반적으로 일정한 성향을 가지고 투자하지 않기 때문에 분산되고 만다. 이들은 서로 다른 방향으로 움직이는 다른 통화에 투자하기 때문에 어느 정도는 그 충격을 상쇄하고 있다.

주식과 마찬가지로 통화의 움직임은 단기적으로는 극도로 변동이 심하다. 하루 또는 한 달까지도 통화의 움직임에 대해 그리 큰 신경을 써서는 안 될 것이다(단, 환율에 직접 투자하지 않는 이상. 이는 다른 상품 투자와 마찬가지다).

통화 수요를 유발하는 진짜 요인

이제 또 다른 두 번째 질문을 해볼 때다. 다른 사람은 알 수 없고, 여러분만 알 수 있는 통화의 흐름과 그 수요를 유발하는 요인은 무엇일까? 통화의 수요와 공급에 단기적으로 영향을 미치는 요인들은 명백하다. 첫 번째는 중앙은행의 의도적인 조작행위다. 페그(peg)제를 운영하는 국가가 자국통화를 해외통화에 맞춰 조절하려 할 때(예를 들어, 미국달러에 대한 중국 위안화 조절) 중앙은행은 두 통화의 관계를 유지하기 위해 해외통화를 사거나 팔아야 한다. 두 번째로, 한 나라의 경제가 다른 국가보다 빨리 성장할 때, 그 국가에 대한 통화 수요는 증가하게 된다. 해당 통화가 사용되는 거래가 늘어나기 때문이다. 이 둘은 간파하기 쉽다. 두 번째 질문이 필요 없을 정도다. 그렇다면 이외에 통화의 수요를 유발하는 요인은 무엇일까? 여러분은 어떤 것을 간파해낼 수 있을까?

방향성 투자자들(speculator)은 매일 매일 소위 '캐리 트레이드(carry trade)'라는 것을 통해 환율에 베팅하고 있다. 캐리 트레이드란 한 통화로 단기자금을 대출해 다른 통화로 바꾼 다음, 바뀐 통화로 단기채권을 매수하는 것이다(장기채권을 통해 장기적인 베팅을 할 수도 있다). 즉, 저금리로 돈을 빌려 더 높은 금리를 주는 채권에 투자하는 것이다. 단, 투자기간 동안 채권금리가 하락해서 대출금리보다 낮아지지 않을 거라는 전제 하에서다. 두 금리 간 차이는 거저먹는 돈이다. 공짜 돈 싫어할 사람이 어디 있겠는가?

핵심은 돈을 묻어둘 고금리의 통화 대비 현저한 가치상승이 일어나지 않을 통화로 돈을 빌려야 한다는 것이다. 이는 두 번째 질문의 훌륭한 대상이 된다. 빌린 통화를 팔아서 투자할 통화를 사야 하므로 만약 많은 사람들이 이런 식의 거래를 동시에 한다면 투자한 통화의 가치가 상승할 것이기 때문이다. 그렇게 되면 금리 차이에 의한 스프레드뿐만 아니라, 환차익까지 올릴 수 있다. 그야말로 대성공인 셈이다.

높은 금리로 돈을 빌려 낮은 금리의 채권을 사는 것은 완전히 비이성적인 행동일 것이다. 공짜 돈의 반대인 셈이다. 따라서 A국가의 단기금리가 B국가의 그것보다 낮다면, 투자자들은 A국가에서 돈을 빌려 B국가에 투자할 것이며, 이는 A국가의 통화에는 하락 매도 압력으로, B국가에는 상향 매수 압력으로 작용할 것이다. 이런 상황에서 캐리 트레이드가 대규모로 매일 일

그림 7.3   2004년 1월 글로벌 수익률 곡선

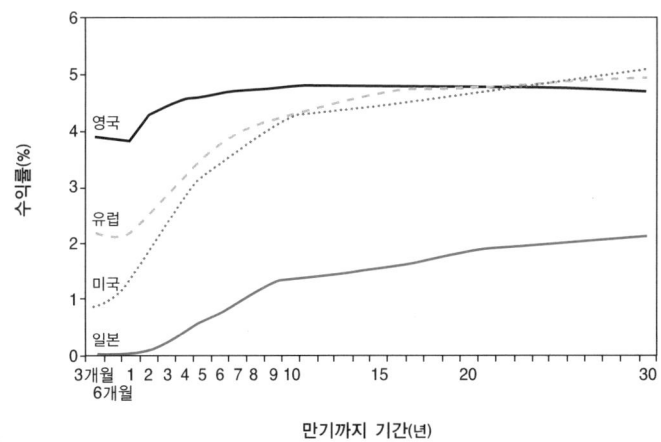

출처: Bloomberg

어나면 통화의 가치는 어느 정도 예측 가능하게 된다.

이론적으로는 그럴듯하지만, 실제로도 그런지 실제 시나리오를 점검해보자. 그림 7.3은 2004년 초 미국, 영국, 유로, 일본의 채권수익률 곡선을 보여주고 있다. 곡선의 앞쪽(단기 기간)에서 미국의 수익률 곡선은 영국이나 유로보다는 낮지만 일본에 비해서는 높다. 이런 이유로 2004년 내내 달러는 약세를 면치 못했다. 투자자들이 미국에서 돈을 빌려 해외의 단기자산에 투자함으로써 달러약세는 더욱 심화되었다. 만약 미국에서 6개월에 1% 금리로 돈을 빌려 2%가 넘는 유럽대륙에 투자했다면, 유로화의 가치가 떨어지지 않는 이상 손쉽게 그 스프레드를 수익으로 취할 수 있었다. 많은 사람들이 일시에 이런 식의 투자를 하면서 달러를 팔고 유로를 매수했기 때문에 달러 가치는 하락하고 유로화의 가치는 올라갔다.

만약 영국에 투자했다면 더욱 짜릿한 수익 기회를 맛볼 수 있었는데, 바로 이런 이유로 파운드는 매우 강세를 유지했다.

그림 7.4 2005년 1월 글로벌 수익률 곡선

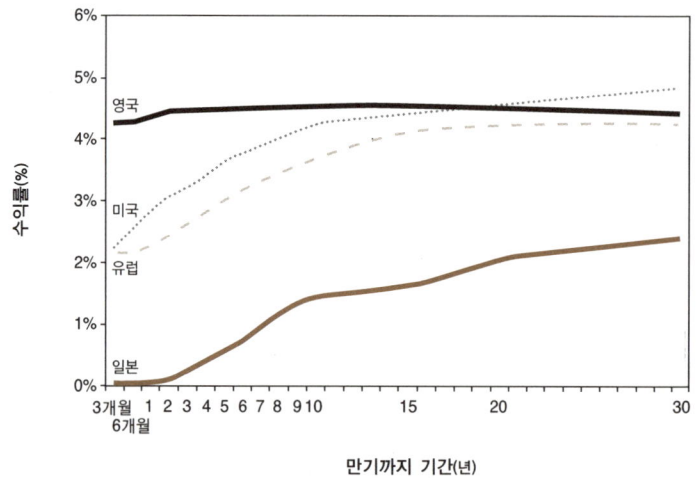

출처: Bloomberg

그림 7.5 이자율과 유럽통화 대비 달러의 가치

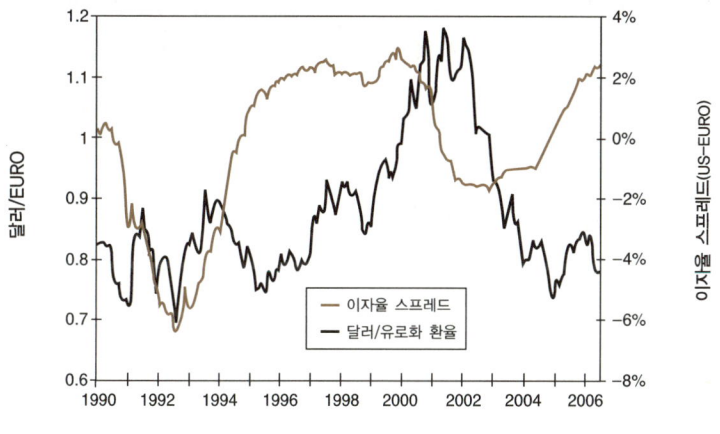

출처: Bloomberg

　Fed가 수차례에 걸쳐 기준금리를 인상한 후, 2005년에는 미국의 단기수익률 곡선이 독일이나 일본보다 높아졌으며, 영국과의 격차도 상당히 줄어들었다. 달러는 2005년 동안 캐리 트레이드가 기존의 역방향으로 진행되면서, 세계 주요 통화 대비 상당한 강세를 유지하게 되었다. Fed는 단기금리를 올림으로써 달러가치를 하락시키던 캐리 트레이드를 효과적으로 중단시킬 수 있었다(그림 7.4 참조).

　실제 수치로 봐도 이런 논리가 맞지만 좀더 점검해보자. 그림 7.5는 지난 20년간 미국과 유럽대륙의 단기금리 간의 스프레드와 함께 달러의 상대적인 가치를 보여주고 있다(유로화 도입 전인 1999년 이전 수치는 GDP 가중 유럽 통화 바스켓으로 대체했다). 금리 스프레드가 증가할 때는(미국의 단기금리가 다른 국가보다 높아진다는 의미) 일반적으로 달러가 유로 대비 강세를 보인다. 그리고 단기금리가 낮아지면 달러는 약세를 보인다. 단, 모든 해에 다 적용되지는 않는다. 다른 공급 압력도 작용하고 있기 때문이다. 그렇지만 뭔가 신뢰할 만한 지표로서는 충분하다.

하지만 금리가 낮은 국가가 조만간 금리를 올릴 것이며, 따라서 캐리 트레이드가 중단될 것이라는 사실을 시장이 어떻게든 사전에 알게 되면, 이런 현상은 일어나지 않는다. 그 상황에서는 통화 흐름이 중앙은행보다 먼저 일어나지만, 일반적으로 통화의 움직임은 미래 금리 스프레드 차이에 기반한 방향성 투자나 금리 스프레드 차이 그 자체에 의해 결정된다.

다소 예외가 있긴 하지만, 서구 선진국에서는 단기금리를 지속적으로 높게 유지하는 국가의 통화가 강세를 보인다. 또 기대 이하로 낮은 금리를 유지하는 국가의 통화는 약세를 보이는 경향이 있다. 이 패턴은 어쩔 수 없는 것이다. 그리고 캐리 트레이드라는 명쾌한 경제적 논리에 기반한 것이다. 다른 방식으로 표현하면, 적절한 수익률 곡선의 이동으로 국가들 간의 금리 차이가 발생하면 사람들은 해당하는 통화를 보유하려는 욕망이 커지게 되고 그 통화에 대한 수요와 가격은 올라가게 된다는 것이다. 파운드가 그렇게 오랜 기간 동안 강세를 유지하는 것이 바로 이런 이유다. 영국은 금리를 다른 국가보다 높게 유지하고 있다. 아주 간단하다. Fed가 2005년 금리를 올렸을 때, 사람들은 미국에서 돈을 빌려 해외에 투자하는 행동을 멈추고 그 반대 행동을 하기 시작했다. 그리고 달러는 강세를 보였다. 통화에 대한 수요는 대개 중앙은행이 자국통화에 대한 수요가 늘어나도록 할 때 증가하는데, 이는 공급물량 조정과 관련이 있다. 지금 여러분에게 말하고 있는 것은 잘 알려지지 않은 사실이며 알고 있는 사람은 극히 드물다. 또한 그걸 믿는 사람은 더 적으며 바로 이 때문에 수년 동안 이 전략이 유효한 것이다. 이 정보는 앞에서 밝혀냈던 잘못된 미신에 근거한 통화강세 전망을 바로 보는 데 이용할 수 있다. 또한 베팅을 위한 합리적인 근거로 사용할 수 있다.

잘못된 사실에 대한 두려움은 강세장을 뜻한다

만약 내년 정도의 달러 향방을 알 수 있다면 뭘 할 수 있을까? 우선, 다른 상품과 마찬가지로 통화에 직접 투자할 수 있다. 다른 사람이 모르는 것을 알 수 있다면 그걸 바탕으로 베팅할 수 있다. 두 번째로, 달러의 향방을 알 수 있다면 이를 통해 주식시장에 대해 확실히 알 수 있는 건 무엇일까? 아주 좋은 두 번째 질문이다. 이제 여러분은 달러의 상대적인 가치가 주가예측에 사용될 수 없다는 것을 알고 있다. 하지만 2005년처럼 전문가들이 예상 달러가치에 기초해서 주식시장 전망치를 내놓을 때는 중요한 문제가 될 수 있다. 전문가들이 달러가치 폭락으로 인해 주식시장 역시 급락할 것이라고 예상한다면, 이제 여러분은 뭔가 베팅할 수 있는 근거가 생긴 셈이다. 잘못된 요인에 대한 공포는 곧 강세장을 의미한다. 실제로 2005년처럼 현재 모든 사람들이 약달러가 약세장을 유발할 것이라고 걱정하지만, 여러분은 그 정도로 달러가 약해지지 않을 것이란 걸 알 수 있다. 이는 투자심리 차원에서 강세장을 유발할 수 있는 깜짝 뉴스이며 주식 수요를 불러일으키는 데 도움을 준다. 펀더멘털과 관련된 아무런 연관 없이도 말이다.

투자자들은 수요와 공급에 대해 얘기한다. 그리고 직관적으로 수요와 공급이 가격을 움직인다는 것을 안다. 하지만 이런 개념을 주식과 채권, 상품에 적용하지 않는다. 또한 그렇게 한다고 해도 수요와 공급에 대해 정확히 생각하지 못한다. 이제 여러분은 주식의 가격이 언제 어디서나 수요와 공급의 결과라는 사실을 알고 있으며, 정말 중요한 것에 집중할 수 있게 되었다. 그리고 좀더 믿을 만한 12개월 전망을 할 준비가 되었다. 바로 이것이 다른 사람은 모르고 여러분만 아는 어떤 것이다. 하지만 예측을 어떤 방법으로 할 수 있을까? 시장의 예상 움직임을 어떻게 알 수 있을까? 이를 위해서는 8장으로 가야 한다.

| 8장

위대한 능멸자와
석기시대 두뇌

시장을 여러분이 가진 최후의 한 푼까지 빼앗기 위해 무엇이든지 하려고 하는 본능에 사로잡힌 위험한 야수라고 생각하라. 이를 알고 받아들이는 것이 TGH의 지배에서 벗어나는 첫걸음이다. 목표는 너무 많이 능멸 당하지 않고 TGH에 참여하는 것이다.

THE ONLY
THREE
QUESTIONS
THAT
COUNT

예측 가능한 시장

시장이 항상 여러분을 잡아먹으려고 노리고 있다고 가정해보자. 나는 그렇게 놀라지 않을 것이다. 실제로 시장이 그렇기 때문이다. 아무런 이유 없이 내가 시장을 '위대한 능멸자'(TGH: The Great Humiliator)라고 부르는 게 아니다. 시장을 여러분이 가진 최후의 한 푼까지 빼앗기 위해 무엇이든지 하려고 하는 본능에 사로잡힌 위험한 야수라고 생각하라. 이를 알고 받아들이는 것이 TGH의 지배에서 벗어나는 첫걸음이다. 목표는 너무 많이 능멸 당하지 않고 TGH에 참여하는 것이다. 이번 장에서는 시장을 이길 수 있는 전략도출 방법을 알아볼 것이다. 하지만 이에 앞서 시장이 어떤 원리로 작동되는지 알고 더 이상 능멸 당하지 않기 위해 첫 번째 질문을 정확히 어떻게 사용할지 얘기해보자. TGH는 무질서한 패턴으로 움직임으로써 여러분을 혼란에 빠뜨린다. 시장은 장기간에 걸친 데이터로 보면 연평균 10% 정도의 수익을 올린다는 사실을 우린 알고 있다.[150] 많은 투자자들이 자신들이 원하는 건 단지 매년 연 10%의 절대수익을

표 8.1 평균 수익률은 일반적이지 않다. 극단적인 수익률이 일반적이다(미국)

S&P500 연간 수익률 범위	1926년 이후 발생한 횟수	빈도	
> 40%	5	6.25%	높은 수익률 38.75%
30% ~ 40%	13	16.25%	
20% ~ 30%	13	16.25%	
10% ~ 20%	14	17.50%	평균 수익률 32.50%
0% ~ 10%	12	15.00%	
-10% ~ 0%	13	16.25%	마이너스 수익률 28.75%
-20% ~ -10%	5	6.25%	
-30% ~ -20%	3	3.75%	
-40% ~ -30%	1	1.25%	
< -40%	1	1.25%	
높은 수익률	80		
평균 수익률		10.0%	
마이너스 수익률		9.8%	

출처: Ibbotson Analyst

올리는 것이라고 말한다. 하지만 TGH에 맞서 이런 수익을 올리는 것이 쉬운 일은 아니다. 1926년 이후, 실제 주식시장이 10~12% 수익을 올린 해는 겨우 5번이다(1926, 1959, 1968, 1993, 2004년).[151] 보통 시장은 평균 수익률과는 다른 수익을 기록했다. 이런 사실은 표 8.1에서 쉽게 확인할 수 있는 첫 번째 질문의 진실이다.

이렇게 수익률이 다양하게 나타나는 현상은 글로벌 시장에도 적용된다. 글로벌한 사고를 가지고 다른 시장도 확인해보라. 바로 이것이 시장이 움직이는 방식이다. 영국에서는 그림 8.2처럼 TGH가 YOH(Ye Olde Humiliator, 영어 고어를 사용한 유머. 현대어로 표현하면, 'The Old Humiliator' - 옮긴이)라는 이름으로 나타난다(독일은 DGD(Der Gross Demuetiger)라고 부를 수 있다). 매년 수익률은 아주 다양한 형태로 나타난다.

이런 무질서 때문에 여러분의 두뇌는 어떤 해든지 시장이 오직 다음의 네 가지 유형 중 하나에 속한다는 사실을 알아채지 못한다.

시장의 4가지 시나리오는 다음과 같다.

1. 아주 많이 오르거나
2. 약간 오르거나
3. 약간 내리거나
4. 아주 많이 내리거나

투자자들은 "하지만 시장에는 후퇴와 랠리, 샛길로 갔다가 다시 뒤틀어지기도 하고 세 번, 네 번 뒤집어지기도 하지 않는가?"라고 침을 튀기며 얘기할 것이다. 시장이 그처럼 무질서하게 움직이는 것처럼 보이긴 하지만, 실제 결과적으로는 위 4가지 중 하나로 귀결된다. 찾아볼 수 있다면 그렇지 않은 해가 있었는지 한번 찾아보라. 이런 4가지 조건은 가능한 결과를 단순화시켜 주고, 시장을 명확하게 볼 수 있게 해주며, 좀더 훈련된 의사결정을 내

표 8.2 평균 수익률은 일반적이지 않다. 극단적인 수익률이 일반적이다(영국)

영국 FTSE All-Share 연간 수익률 범위	1926년 이후 발생한 횟수	빈도	
> 40%	7	8.75%	높은 수익률 35%
30% ~ 40%	5	6.25%	
20% ~ 30%	16	20.00%	
10% ~ 20%	18	22.50%	평균 수익률 40%
0% ~ 10%	14	17.50%	
-10% ~ 0%	12	15.00%	
-20% ~ -10%	5	6.25%	마이너스 수익률 25%
-30% ~ -20%	2	2.50%	
-40% ~ -30%	0	0.00%	
< -40%	1	1.25%	
높은 수익률	80		
평균 수익률		10.0%	
마이너스 수익률		9.7%	

출처: Global Financial Data

릴 수 있게 도와준다. 또한 여러분의 행동(분명 기술이 아닌 행동이다)에 대한 자기조절 능력을 발휘할 수 있는 방법을 제시해주며, 이는 3가지 질문을 스스로 할 수 있는 핵심적인 요소이다.

TGH에 대응하는 여러분의 두뇌는 시장수익률이 몇 %가 될 것이라고 여러분을 설득하려 한다. 하지만 초점을 맞춰야 할 것은 한 해 동안 시장이 많이 오를지, 조금 오를지, 조금 떨어질지, 많이 떨어질지 여부다. 이 사이에 있는 모든 것들은 여러분을 산만하게 만드는 TGH다. 단 4가지다! 약간 오르거나 약간 떨어졌는가? 또는 폭락했거나 폭등했는가? (투자자들은 대부분 폭등에 대해선 잘 생각하지 않지만, 이는 폭락만큼 중요한 것이다.)

중요한 것은 양이 아닌 방향

이 4가지 시장상황에 초점을 맞추면, 포트폴리오에 가장 중요한 영향을 주는 자산배분을 결정하는 데 도움이 된다. 또한 여러분의 행동을 이끌어주고 나쁜 길로 빠지는 것을 막아준다. 시장을 전망하는 데 있어 가장 중요한 것은 그 양이 아니라 방향을 정확하게 예측하는 것이다(대부분의 투자자들에게 정말 어려운 과제다). 왜 그럴까? 정확한 시장 시나리오를 가지고 있으면, 시장의 방향을 계속 정확히 예측할 수 있기 때문이다. 만약 폭등이나 소폭 상승, 심지어 소폭 하락을 예측하더라도 나는 주식에 자산 100%를 투자할 것이다. 시장이 8% 수익을 올릴 것인지, 88%를 올릴 것인지 생각하는 것은 중요하지 않다. 어떤 경우든지 자산은 주식에 배분될 것이다. 물론 포트폴리오의 섹터 비중은 폭등이냐, 소폭 상승이냐 하는 예상에 영향을 받을 수 있겠지만, 비록 그 모든 예측이 다 틀렸다고 해도 시장방향만 맞게 예측했다면 올바른 자산배분을 통한 수익을 맛볼 수 있을 것이다. 즉, 주객이 전도되어서는 안 된다는 얘기다.

소폭 하락이 예상됨에도 불구하고 자산을 전부 주식에 두는 것에 대해 거부감을 느낄 수 있을지도 모른다. 하락을 피해 모두 현금으로 바꿔야 할까? 다른 사람이 모르는 것을 정말로 확신(과신이 아니라)할 때는 그렇게 해도 좋다. 그렇지 않으면 아주 작은 이익을 위해 너무나 큰 잘못을 저지르는 것과 같다. 소폭 하락하는 해를 피하려고 하는 것은 과도한 확신에 의해 두뇌가 우리를 정복하는 완벽한 사례다. 소폭 하락을 예상하더라도 여러분은 상대적인 수익률에 집중해야 한다. 비록 절대수익이 마이너스라도 시장을 이긴다는 것은 시장 대비 좋은 수익을 올리는 것이다. 만약 시장이 소폭 하락할 것이라 예상한다면 세 번째 질문을 던져보라. 우선, 단기 수익거부 현상을 겪고 있는 것은 아닌지, 그렇다면 '후회를 쌓아야만' 할 것이다. 두 번째로, 여러분이 틀릴 수도 있다는 사실을 명심해야 한다. 시장이 예상과는 다르게 소폭 상승하거나 폭등할 수도 있다. 우연히 맞힌 연 5% 상승과 5% 하락의 차이는 연말에 보면 그저 심리적인 만족감을 줄 수는 있다. 하지만 그렇다 하더라도 주식이나 펀드를 매도함으로써 발생한 거래비용, 이익에 대한 세금 부과, 근본적인 치고 빠지기 작전의 타이밍 실수 등은 그 5% 하락시장을 피했을 때 얻을 수 있는 이익을 심각하게 축소시킬 수 있다.

자문해보라. 만약 시장을 빠져나갔다면 언제 돌아와야 할지 알고 있는가? 정확한 타이밍에 들어올 수 있을까? 아마도 그렇지 못할 것이며, 정확한 타이밍은 더더욱 아닐 것이다! 시장수익과 비슷한 수익을 원한다면, 장기적으로 시장 평균 수익률에는 마이너스 수익인 해도 포함되었다는 것을 명심해야 한다. 그리고 장기수익률은 몇 번의 마이너스 수익에는 큰 영향을 받지 않는다. 시장이 7% 하락하고 여러분의 포트폴리오가 5% 하락했다면, 잘못된 건 없다. 장기적으로 봤을 때 목표를 달성하는 데 지장은 없을 것이다. 자본주의에 대한 믿음을 가져라. 더 좋은 시간이 앞에 기다리고 있다는 것을 알아라.

투자자들은 시장이 하락할 때 수익률이 상승하는 포트폴리오를 좋다고 생각한다. 하지만 그런 포트폴리오는 시장이 상승할 때는 수익률에서 뒤처지는 경향이 있는데, 사실 시장이 상승할 때가 더 중요한 시간이다. 시장이 하락할 때보다 상승할 때가 더 많다면(실제로 그렇다), 그리고 시장과 거꾸로 가거나 상승 수익을 희생하면서 하락 손실을 막는 포트폴리오를 운영한다면 평균적으로 행복하지 못할 것이다.

(주식을 처분하고) 현금을 보유하고 있는 것은 굉장히 큰 벤치마크 리스크를 지는 것이란 사실을 항상 명심하라. 만약 여러분이 정말로 정말로 틀려서 '폭등'이 발생했다고 생각해보라. 여러분은 거래비용과 세금을 이미 지불했고 아마 상대적으로 25%나 그 이상의 수익을 잃었을 것이다. 이는 향후 25년간 매년 1% 초과수익에 해당하며, 만회하기 아주 어려운 것이다. 시장의 주요 역사적 저점에서, 시장에 남아서 '모든 것이 명확해질 때'를 기다릴 것인지 선택할 수 있었을 때 대부분의 사람들이 했던 행동이 바로 이와 같았다. 소폭 하락의 가능성을 피하는 대가로 폭등시장을 포기한 것이다.

아래를 보라!

네 번째 시나리오인 '폭락'은 주식 대신 현금이나 수비적인 포트폴리오를 통해 커다란 벤치마크 리스크를 져야 하는 유일한 때다. 목표는 무지막지한 TGH와 수비적 포트폴리오를 조화시키는 것이다. 이때야말로 시장을 크게 이기기 위해 시도해야 할 유일한 때이기도 하다. 오직 이때만 상대수익 대신 절대수익에 초점을 맞춰야 한다. 하지만 이런 판단이 옳다면 어떤 추가비용 없이 상대수익도 거둘 수 있을 것이다. 시장이 20% 이상 크게 하락할 것 같으면(40%나 심지어 50%까지도) 현금이나 채권에서 얻을 수 있는 안전한 한 자릿수 수익률을 원하게 된다. 5% 수익은 그리 커 보이지 않지만, 시장이 폭락했다면 상대적으로 시장을 완전히 이긴 셈이다.

이런 일은 매우 드물어야 하며, 오직 다른 대부분의 사람들이 모르는 것을 여러분이 알고 있을 때만 추진되어야 한다. 결코 직관이나 두려움 또는 이웃의 의견에 따라서 이렇게 행동하면 안 된다. 3가지 질문도 해봐야 한다. 그리고 그 결과는 엄청날 수 있다. 30년 동안 단지 수동적 인덱스펀드에만 투자했지만, 25% 하락한 해를 피하고 그 대신 5% 수익을 올렸다면, 30년 동안 매년 1%씩 시장을 이긴 셈이다. 또한 단지 한 번의 정확한 베팅으로 모든 프로 투자자들의 90% 이상을 이긴 것이다. 성공적으로 수비하면, 완벽하지 않았다고 하더라도 크고 오래 지속되는 수익효과를 준다.

강세장의 정점에서는 절대 약세론자로 돌아서거나 '시장 타이밍에 맞춰'서는 안 된다는 조언이 넘쳐난다. 그렇게 하면 강세장의 높은 수익을 놓치게 될 것이라는 얘기다. 2000년도에 많은 사람들이 이런 충고를 했다. 금융업계에서는 어떤 전문가든지 약세론자로 돌아서면 사기꾼이나 돌팔이라고 아주 심하게 몰아붙였다. 그런 충고는 단지 TGH가 사람들이 거의 모르는 불규칙한 하락 추세로 움직이며 여러분을 약세장으로 빨아들이는 수작에 지나지 않는다. 실수를 저지르지 마라. 때때로 약세장을 올바로 간파했을 때 받게 되는 보상은 약세장에 대비한 체력을 갖추기에 충분한 것이다. 물론 이런 전략을 쓰는 경우는 아주 드물어야 한다는 것을 알아야 한다.

약세장이 지나간 후에는 '시장 타이밍에 맞춘' 사람과 약세론자로 돌아선 사람들이 영웅이 된다. 이들 중 많은 수는 강세장의 정점에 도달하기 수년 전 너무 일찍 약세론으로 돌아서 버리고 말 것이다. 즉 '영원한 약세론자'로 남아 있게 되는 것이다(시계는 끔찍한 수익률에 멈춰 있지만, 단기적으로는 언론에서 영웅시된다). 한편, 방어적 전략을 택했던 사람들을 영웅시하고, 그 반대로 행동한 사람을 악인으로 규정하는 것은 투자자들을 미래보다는 과거에 집착하게 하는 또 하나의 TGH다.

모든 약세장의 마지막에서는 미디어가 처음 약세론을 주장했던 사람을 신성화하게 된다. 또한 마켓 타이밍을 포착해주는 서비스가 유행하게 되는데, 이때는 이미 몇 년 동안 그런 서비스가 필요 없을 때다. 이런 일은 매번 일어난다. 중요한 것은, 사용하지 않더라도 약세장의 타이밍을 포착하는 기술을 항상 연마하는 것이다.

내가 약세장을 예측하고 수비적인 포트폴리오로 바꿔 탄 것은 오직 세 번뿐이다. 1987년 중반, 1990년 중반 그리고 2000년 후반이었다. 그때마다 난 굉장히 운이 좋았다. 다음번에는 실수를 저지를지도 모르겠다(이런 장면을 떠올리면 과도한 확신에 빠지는 것을 줄여준다). 그런 약세장의 폭락을 피해 간 것은 내 커리어에 엄청난 도움을 줬다. 큰 폭의 약세장을 피해 가는 것은 몇 해에 걸쳐 초과수익을 얻는 것과 같다. 강세장의 꼭짓점에 시장에 들어가 시장 대비 약간 낮은 수익을 거두었다면, 약세장을 한 번 피함으로써 손해 본 수익률을 만회하고 시장 대비 초과수익을 달성할 수 있게 된다. 투자인생에 있어 단지 몇 번 사용하게 되는 기술을 지속적으로 연마하는 것은 어려운 일이다. 대부분의 사람들이 그렇게 하지 않으며, 따라서 여러분이 그렇게 해야 하는 이유다. 사람들은 10년에 한 번 쓸 기술이 아니라 매일 쓰는 기술을 연마하고 싶어 한다.

많은 사람들이 이런 데서 잘못을 저지르고 있다. 2000년에도 그랬다! 내 회사와 나는 약세장을 예상했고 고객의 투자자산을 현금이나 현금등가물로 전환했다. 그리고 시장은 폭락했다. 너무나 잘 맞아떨어진 것이다. 이때 내놓았던 투자의견이 매년 새로운 고객을 끌어들이는 역할을 하고 있다. 어떤 고객들은 우리가 다시 시장에 들어가기 1년 전에 우리와 거래를 시작했다. 이 고객들의 자산은 그대로 현금으로 유지된 상태였다. 또 시장에 들어가기 몇 주 전에 우리와 거래를 시작한 고객들의 자산 역시 마찬가지였다. 앞서 말했듯이, 우리는 2002년 시장에 너무 일찍 들어갔고, 포트폴리오는 시장과 함께 하락했다. 그리고 이때 이들 중 몇 명은 거래를 해지했고 몇 명은 그대로 유지했다. 우리 서비스를 중단한 사람들은 우리가 그들의 돈을 잃게 했다고 생각했다.

한번 생각해보자. 나나 나의 회사는 모두 시장 타이밍을 완벽하게 잡을 수 있는 능력이 있다고 한 번도 주장한 적이 없다. 만약 그랬다면 우리는 금세 세계를 지배할 수 있었을 것이다. 우리가 약세장으로 의견을 돌렸을 당시 여러분이 우리의 고객이었다면, 앞서 말한 것처럼 비록 완벽한 시장 타이밍에 맞추진 못했더라도 시장과 어느 정도 거리를 두려 했을 것이고, 이는 여전히 장기적인 목표를 달성하는 데 도움을 주었을 것이다. 우리가 너무 일찍 시장에 들어가기 직전에 고객이 되었더라도, 여전히 여러분의 장기 목표, 즉 주식시장과 유사한 수익률을 거두되 장기적으로는 약간의 추가수익을 얻는 것에 큰 차질을 주진 못했을 것이다. 하지만 그 시점에 '당신들이 내 돈을 까먹었지'라고 생각하며 우리 서비스를 해지한 사람들은 장기적으로 도움이 되지 못하는 근시안적 수익에 벤치마크의 초점을 맞추었다. 이들은 까먹은 수익을 만회할 2003년의 급반등장을 놓쳤다. 또한 연속해서 플러스 수익을 올린 2004년과 2005년의 시장도 마찬가지다. 2002년에 시장을 들락거렸던 사람들은 이 모든 것을 놓친 것이다. 이처럼 사람들이 가장 나쁜 타이밍에 시장을 빠져나가게 하면서, 무슨 일이 벌어졌는지 절대 이해 못 하게 하는 것이 TGH 최고의 능력이다. 그들이 세 번째 질문을 해봤더라면 큰 도움이 되었을 것이다.

중요한 것은 시장을 떠나는 타이밍이 아니라 시장에 남아 있는 시간이다

S&P500 일별 수익률
1982년 1월 1일 ~ 2005년 12월 31일

연환산 평균 수익 = 10.6%

가장 많이 상승한 날을 놓쳤다면?

상승률 상위 거래일을 놓친 횟수	연환산 수익률은 아래와 같이 하락
6,261 거래일 중 10일(0.16%)	8.1%
6,261 거래일 중 20일(0.32%)	6.2%
6,261 거래일 중 30일(0.48%)	4.6%
6,261 거래일 중 40일(0.64%)	3.1%
6,261 거래일 중 50일(0.80%)	1.8%

출처: Global Financial Data

시장이 얼마나 빨리 움직이는지 절대 잊어서는 안 된다. (표에서 볼 수 있듯이) 상승폭이 큰 단 며칠 동안 연간 수익률이 달성될 수 있다. 그날이 언제가 될지 알 수 있는가? 30년이 넘게 프로 투자자로서 자금을 운용해온 나도 그날이 언제인지는 정확히 모른다. 시장이 내일 또는 며칠 후 어떻게 움직일지 아는 사람은 아무도 없다. 또한 올해 여러분의 수익이 결정되는 날이 언제일지 아무도 말하지 못한다. 시장과 유사한 수익을 거두고 싶다면, 결국 시장에 남아 있어야 한다.

2005년을 보라. 주요 지수 대부분이 플러스였지만(거지 같은 다우지수만 빼고) 그리 인상적인 수익을 올린 해는 아니었다. MSCI World Index 기준으로 글로벌 시장은 9.5% 상승했다.[152] S&P500은 5% 미만 상승했다.[153] 그리 대단하지 않았다! 2005년 말이 되자 언론은 시무룩해졌다. 많은 투자자들이 이 방향 없이 흘러가는 시장에 진절머리가 나 있었다. 그런데 2006년 첫 2주 만에 시장은 4% 상승했다.[154] 단지 2주 만에 전년도 전체 수익의 절반을 올린 것이다! 별 수익이 없는 시장에 질려 시장을 떠난 사람들은 결국 기다리던 것을 얻지 못했다. 그들을 기다리고 있던 것은 TGH와 그렇게 행동하도록 만든 그들의 석기시대 두뇌였다. 잠시 멈춰 세 번째 질문을 해본다면 따분한 장세 때문에 겪을 수 있는 많은 인지적 오류들을 줄일 수 있다.

방어적 포트폴리오 구축하기

3가지 질문을 사용해서 내년 시장이 폭락(진정한 약세장)할 것이라는 결론을 내렸다고 하자. 그럼, 어떻게 할 것인가? 방어적 포트폴리오는 어떻게 생긴 것일까? 이는 상황에 따라 다르다. 이런 식의 얘기를 듣고 싶지 않겠지만 사실이다. 약세장이라고 다 같은 약세장이 아니다. 어떤 약세장에서는 어떤 섹터는 훌륭하게 생존하기도 한다. 하지만 그런 섹터가 코앞에 보이게 될 때까지는 실제 어떤 섹터가 그렇게 될지 모를 것이다.

약세장에서는 포트폴리오 대부분을 현금으로 채우면 가장 안전하다. 핵심은 유동성이다. 즉, 일단 강세장으로 전환되면 시장이 빠르게 움직이기 때문에 항상 시장에 돌아올 준비가 되어 있어야 한다는 것이다. 포트폴리오의 유동성이 떨어진다면 시장이 저점에서 치고 올라오는 큰 기회를 놓치게 될 것이다. MMF나 단기 국채를 이용하면 좋다. 즉시 팔아 치울 수 있는 것이 아니라면 만기가 긴 상품은 매수하지 말아야 한다. 일정 기간 동안 여러분을 인질로 잡아놓는 은행 CD도 좋지 않다. 시장에 돌아갈 때가 되었을 때 방해가 되기 때문이다. 방어적이되 유동성을 갖춰야 한다.

시장 중립

2000년에서 2002년까지 약세장 동안 난 현금과 비슷하게 움직이면서 현금보다는 수익률이 좋은 포트폴리오를 원했다. 하락 변동성에는 면역력을 가지면서 유동성이 높은, 따라서 필요할 때 시장으로 재빨리 돌아갈 수 있어야 했다. 또한 세금부문에서도 효과적이어야 했다. 그리고 다른 사람이 모르는 무엇인가를 이용해 특정 섹터의 비중은 늘리고 다른 섹터의 비중은 줄임으로써 유리한 위치에 서고 싶었다. 기술주가 약세를 보일 것이라 예상했고, 이 예측을 하기 위해 많은 자원을 투입했기 때문에 뭔가 결실을 맺고 싶었다. 그렇게 하기 위해선 시장 중립적 포트폴리오를 갖춰야 했다. 즉, 특정 섹터의 주식은 보유하되 실제로는 전혀 주식을 보유하지 않은 효과를 가져야 했다. 이게 무슨 의미일까?

난 이런 모든 목표를 달성하기 위해 '합성 현금'(Synthetic Cash, 우리나라 금융가에서는 대체로 Synthetic을 합성으로 번역하지만, 뜻으로만 보면 '유사 현금'이 더 적절하다-옮긴이) 포트폴리오를 만들어냈다. 이 기간 동안 내가 한 자산배분은 실제 포트폴리오의 130% 가치를 가지게 되었다. 여기에 그 방법을 소개한다.

- 우선, 자산의 30%는 대형 블루칩 중심으로 미국과 유럽의 지수방어주(대형 제약사, 은행, 소비 식료품 회사 등)에 투자했다. 이런 투자는 어떤 면에서 보아도 '방어적'이라고 생각되었다. 따라서 경기의 영향을 많이 받는 주식들은 투자에서 배제되었다. 내가 원한 회사들은 수요가 비탄력적인 제품들을 판매하는 회사들이었다. 약세장 동안 사람들은 지출을 과거 수준으로 줄이는 경향이 있기 때문이다. 포트폴리오에 편입된 회사들은 1990년도 후반에 사들인 시가총액 최상위 종목들로 팔 필요가 없었기 때문에 수익 실현도 하지 않은 종목들이었다. 이런 식으로 생각하면 효과적이다. 합성 현금 포트폴리오를 구성해야 할 때가 오면 차익을 실현하지 못한 주식은 팔아라. 그리고 약세장이 와서 주가가 하락할 때 그 차익을 잃지 않도록 앞서 짧게 언급했던 인덱스 숏(index-shorting, 지수 공매도)을 하면 된다.

- 다음으로, 난 38%를 유동성을 갖춘 미국 국채에 투자했다(그렇게 위험하지 않다).

- 2%는 S&P500에 연계된 1년 만기 인덱스 풋(put)을 매수했다. 인덱스 풋은 복권과 같다. 잘 됐을 때(시장의 정점)는 싸게 들 수 있는 보험이고, 나쁘게 되었을 때(시장의 저점)는 큰 보험금을 받을 수 있다. 마치 지수 폭락이라는 사고에 대한 보험과 같다. 만약 그런 일이 일어나면 상당한 수익을 얻을 것이고, 그렇지 않다면 그냥 만기가 되어 쓸모없게 될 것이다. 그 정도 작은 투자라면 손해 볼 게 없다. 풋으로 수익을 못 올려도 2% 정도의 손실은 채권수익을 통해 대부분 커버될 것이다. 하지만 풋을 통해 수익이 발생한다면 포트폴리오는 상당한 성과를 거둘

것이다. 시장이 가라앉을 때마다 풋 가격은 치솟는다.

• 그러고 나서 30%는 나스닥100과 러셀2000 지수 숏을 매도했다(각각 20%, 10%). 그리고 그 금액은 현금으로 보유했다. (즉, 30%+38%+2%+30%+30%=130%가 된다. 이런 식으로 130%를 만들었다.) 개인투자자들은 아마도 숏 매도 시에 현금을 지급하는 거래 증권사 대비 충분한 레버리지를 갖지 못할 것이지만, 이 부분은 내가 어떻게 도울 수 있는 길이 없다. 내가 베팅한 것은 나스닥과 러셀 지수의 조합이 내가 보유하고 있는 주식보다 더 많이 하락할 것이라는 예측이었다. 그래서 인덱스를 빌려 숏을 매도하고, 그 지수들이 하락했을 때 상대적으로 낮은 가격에 재매수하면 그 가격 차이가 모두 수익이 될 것이란 바람을 가졌던 것이다. 물론 이 수익은 내가 보유한 주식의 손실 폭보다 크다. 예측이 틀렸을 경우를 대비해 인덱스 숏으로 생긴 금액은 재투자하는 대신 현금으로 보유하기로 했다. 하지만 그 현금 자체도 수익을 발생시킨다.

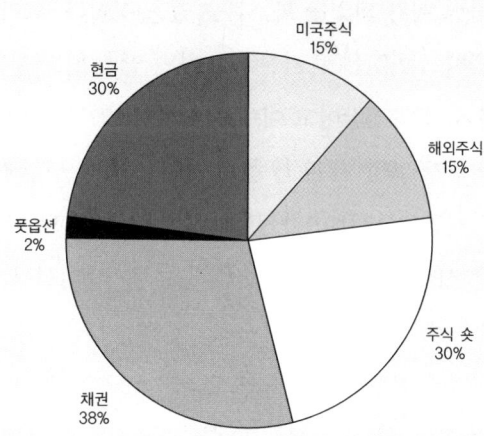

가상의 방어적 포트폴리오 자산배분

이번엔 틀리지 않았다. 시장은 그 약세장 기간 동안 크게 하락했다. 이 포트폴리오는 그런 상황에서 아주 잘 견뎌냈다. 나스닥100 숏이 러셀2000보다 훨씬 성과가 좋았지만 어쨌건 이 둘 모두 보유했던 주식이 하락할 때 가치가 오르며 훌륭히 역할을 해냈다. 다음 약세장에는 어떻게 포트폴리오를 구성할지 지금은 모른다. 하지만 그때가 오면 그때 상황을 고려하여 변동성이 낮고, 유동적이며, 세제에서 유리하고, 어떤 섹터나 주식에 대한 비중은 허용하는 합성 현금 포트폴리오를 구축하게 될 것이다.

거품의 해부

앞서 잠깐 언급했듯이, 나는 지난 세 번의 약세장(1987년, 1999년, 2000년)을 정확히 예측했다. 그리고 이런 말을 듣고 싶지 않겠지만, 다음 약세장이 언제일지는 전혀 모르고 있다. 숙련되고 운이 따라준다면 때가 되었을 때 알 수 있을 것이다. 그리고 여러분도 3가지 질문을 사용하고 미신에 빠지지 않는다면 알게 될 것이다.

지금부터 어떤 것이 약세장이고 어떤 것이 아닌지 구분 짓는 방법을 여러분에게 말해주려 한다. 하지만 우선 무엇 때문에 다른 사람과 달리 2000년에 기술주가 주도하는 약세장이 발생할 우려가 있다고 당시 생각했는지 설명해보겠다. 다른 사람이 놓치고 있는 무서운 무엇인가를 볼 수 있는 것이 성공적인 약세장 예측의 기본이다.

전문가들은 1996년, 1997년, 1998년 그리고 1999년에 마이너스나 한 자릿수 수익률을 예측하는 등 너무나 약세론적이었다. 하지만 TGH는 각각 20% 넘는 수익을 올렸다. 투자심리를 기초로 작성한 종형 그래프의 측정치에 따르면(당시는 이 그래프가 아직 효과가 있었다), 마침내 2000년 시장 컨센서스가 10% 이상 상승을 예측하는 강세장으로 돌아섰다. 그림 8.1은 2000년 종형 그래프다.

0% 상승에서 20% 상승까지 컨센서스 그래프 하에 있는 어떤 수치든 제외할 수 있었다. 따라서 대폭 상승 및 약세론 쪽의 소폭 하락 또는 대폭 하락에 집중하게 되었다. 단지 역투자자가 되기 위해 약세론 쪽을 선택할 수는 없었다. 하지만 나는 역수익률 곡선이 걱정됐다. 아무도 그것에 대해 얘기하지 않았기 때문이다. 여러분도 알듯이, 역수익률 곡선은 약세장과 경기침체를 예측하는 신뢰할 만한 예측치다(이 사실에 주목하는 사람이 거의 없을 때). 그리고 이런 현상은 글로벌하게 나타나고 있었다. 하지만 아무도 이를 언급하는 사람이 없었고, 따라서 두려워하는 사람도 없었다. 이와는 대조적으로 1998년에는 경제신문들이 미국의 채권 역수익률 곡선에 대해 떠들어대느라 정신이 없었다. 하지만 2000년에는 전혀 없었다. (경제신문들은 2005년에 이 얘기를 하고 있었다. 아마도 2000년 역수익률 곡선 발생 시 아무도 얘기하지 않았기 때문일 것이다.) 더불어 미국과 영국 그리고 다른 많은 나라들에서 약세장의 징조인 재정흑자가 발생하기 시작했다. 채권수익률은 이익수익률에 비해 매우 높았다(1장의 그림 1.5 참조). 또 주식 기반의 경영권 인수가 다수 발생했다. 강세장이 될 것이라고 예측할 만한 것은 오직 그해가 대통령 임기의 4년째라는 것뿐이었다.

그리고 그때는 두려워하는 어떤 분위기도 없었다. 〈비즈니스위크〉의 2000년 1월 판은 '신경제(The New Economy)'[155]를 찬미하는 커버스토리를 게재했다. 이 글은 뒤늦게 조롱거리가 되었는데 웹사이트에서 찾아볼 수 있을 것이다(〈비즈니스위크〉가 나에게 뭐라고 했는지도 찾아보라. 역시 웃기는 일이다). 그 글을 쓴 저자는 미국과 세계경제의 상황을 묘사하는 데 있어 애정 어린 표현을 충분히 익히지 못한 듯하다. 하지만 〈비즈니스위크〉만 나를 공격한 건 아니다. 영원한 약세론자를 제외하곤 극소수만이 엄청난 약세장을 느끼고 있었지만 이를 숨기고 있었다. 우리 모두가 알고 있듯이 사람들은 겨우 1년 전에 Y2K가 세상의 종말이라고 생각했었다. 그보다 2년 전에는 러시아 루블

표 8.1 투자심리 그래프가 우측으로 이동했다 (2000년 S&P500지수 예측)

	-35~-30%	-30~-25%	-25~-20%	-20~-15%	-15~-10%	-10~-5%	-5~0%	0~5%	5~10%	10~15%	15~20%	20~25%	25~30%	30~35%	35~40%
	-30.4%														
				-19.5%											
					-10.0%										
						-3.2%	0.2%	5.3%	10.4%	15.5%	20.6%	27.6%			
						-3.2%	3.6%	5.6%	10.4%	15.5%	20.6%				
						-2.2%	3.6%	5.6%	10.4%	15.9%					
							3.6%	6.0%	10.4%	17.2%					
							3.6%	6.3%	10.4%	17.6%					
							4.3%	7.0%	10.4%						
								7.0%	10.4%						
								7.0%	10.4%						
								7.0%	12.1%						
								7.8%	12.1%						
								8.7%	12.5%						
								8.7%	13.1%						
									13.8%						
									14.2%						
									14.6%						
응답자 수	1	0	0	1	1	1	3	7	13	16	5	2	1	0	0
응답자 비중	2%	0%	0%	2%	2%	2%	6%	14%	25%	31%	10%	4%	2%	0%	0%

실제 S&P500 −9.10%

출처: 〈비즈니스위크〉

화 위기와 2위권 헤지펀드의 도산이 세계를 위험에 빠뜨릴 것으로 생각했다. 이 모든 과정을 거치면서 사람들은 다소 낙관적인 결론을 선택하게 되었다. 투자심리 하나만 놓고 보면, 수비적 전략을 구사하는 것을 심사숙고해 볼 필요가 있었다. 하지만 이는 약세장이라는 결론을 내리기 위한 첫 단계에 불과했다.

아무도 보지 못한 심각한 문제가 있었다. 기술주들의 IPO가 몇 년간 이어진 후, 공급이 수요를 잠식할 정도로 위험한 수준에 이르렀다. 1990년대 후반의 기술주 붐은 1980년대 에너지주의 수요-공급 불균형 현상과 구조적으로 소름 끼칠 만큼 거의 동일했다. 나는 이에 관해 2000년 6월 〈포브스〉의 칼럼에서 '1980년의 귀환'이라는 제목으로 기고했다(7장에 관련 글이 실려 있다). 이 글이 미국시장에서 기술주가 정점에 도달하기 며칠 전에 출간되었다는 것은 완전한 행운이었다. 이 예측이 그렇게 완벽한 타이밍에 맞아떨어질지는 나도 몰랐다. 2000년이 시작하면서 나는 고객들의 기술주 비중을 벤치마크의 절반으로 줄였는데, 이로 인해 3월까지는 시장 대비 낮은 수익률을 기록했다. 1~2월은 기술주가 가파르게 상승했기 때문이다.

우리가 기술주 비중을 줄였을 때 많은 고객이 우리와 거래를 중단했다. 영원히 잘나갈 것 같은 새로운 섹터에서 철수하는 데 많은 고객들이 화를 냈다는 사실은 이제 기술주에서 빠져나갈 때가 되었다는 내 믿음을 더욱 확고히 해주었다. 비록 다소 일렀더라고 해도 말이다.

진짜 버블은 항상 새로운 패러다임이었다

칼럼에서 말했듯이, 나는 '버블'이란 단어를 사용하는 데 주저하고 있었다. 버블을 잘 이해하지 못하는 많은 사람들이 너무나 많이 버블이란 말을 사용했기 때문이었다. 이 글을 쓰고 있는 2006년, 세상은 주거용 부동산 버블이 터지길 지난 4년 동안 바라고 있다. 미국뿐만 아니라 런던, 파리 그리고 유럽 대륙의 대부분 국가들이 그렇다. 무려 4년간이다! 왜 버블이 터지지 않는 것일까? 맨해튼의 싸구려 아파트에 살고 있는 저널리스트는 기뻐 날뛰며 "내가 뭐랬어! 내가 뭐랬어!"라고 말할 수 있길 기쁜 마음으로 기대하고 있다. 이들은 과거에서 시계를 멈춘 사람들이다! 어찌 되었건, 진짜 버블은 극히 드물다. '버블'이란 단어는 절대 가볍게 사용해서는 안 된다.

주거용 부동산 버블에 대해 잘 모르고 있는 사실이 있다. 세계 역사에서 버블이 터지기 전에는 그것이 버블이라고 불린 적이 절대 없다는 사실이다. 진짜 버블은 터지기 전에 항상 새로운 패러다임, 새로운 영역, 과거의 규칙이 더 이상 적용되지 않는 과거와는 근본적으로 다른 것, 따라서 적은 리스크 또는 아무런 리스크 없이 높은 수익을 올릴 수 있는 곳으로 인식되었다. 이번에는 다르다고 생각하기 때문이다. 1990년 일본 버블이 붕괴되려 하기 직전에, 일본인들은 서구사회는 달성할 수 없었던 우월한 경영인으로 보였다. 기술주가 버블이었을 때 사람들은 "신경제라고, 이 바보야(New Economy, Stupid)"라고 말했다. 하지만 어떤 것이 아직 터지기 전 버블이라고 불릴 때는 주거용 부동산의 사례처럼 가격이 아주 많이 올랐다는 것을 의미하며, 가격이 하락하게 되면 많은 사람들이 두려워하게 될 것이다. (여기서 높이에 대한 우리의 사고방식이 다시 적용된다.) 그런 두려움은 이미 시장에 반영되어 있으며, 두려움이 있다는 것만으로도 많은 리스크가 감소되는 것이다.

어떤 것이 진짜 버블일 때는 사람들은 그것을 버블이라고 부르지 않고, 두려워하지도 않는다. 1997년, 1998년 그리고 1999년, 전국 규모의 어떤 언론에서도 기술주를 버블로 부르지 않았다. 토니 퍼킨스(Tony Perkins)는 1999년 후반에 인터넷 관련주를 버블로 묘사한 책을 썼지만 그렇게 많이 팔리지 않았다. 내가 〈포브스〉에 기고한 글은 전국 규모의 매체로서는 기술주에 '버블'이라는 표현을 쓴 최초 기사 중 하나였다. 만약 모든 사람이 어떤 것을 버블로 인식한다면, 그것은 버블이 아니다. 하지만 2000년 초 내가 본 것은 1980년 에너지 섹터에서 목격했던 것(특정 섹터에서 시작된, 엄청난 약세장의 징조)과 소름 끼칠 정도의 유사점을 가지고 있었다.

1980년 당시 에너지 섹터의 질주가 얼마나 멈출 수 없는 것이었는지 생각해보라. 1970년대 글로벌적인 중앙은행들의 총체적 통화정책 실수 덕분에 인플레이션은 치솟고 상품가격은 폭발했다. OPEC은 이란-이라크 전쟁이 거세지며 막강한 힘을 가졌다. 유가는 배럴당 33달러였으며 시장 컨센서스는 4년 내 100달러까지 상승한다는 것이었다. 유가 하락을 전망하는 사람은 아무도 없었다. 2000년 초에도 이와 똑같았다. 시장 컨센서스는 4년 내에 인터넷 인구가 전 세계적으로 4배 증가할 것으로 보았다. 그리고 〈비즈니스위크〉뿐만 아니라 대부분의 사람들이 '신경제' 도래를 얘기하고 있었다. 기업의 이익은 중요하지 않았다. 새로운 패러다임이니까! 명심하라고, 브릭(Brick)이 아닌 클릭(Click!)이라고!(전통산업=벽돌, 인터넷 사업=클릭을 비유해 하는 말—옮긴이)

에너지와 기술 섹터에는 아주 많은 유사점들이 있었다. 해당 섹터의 빠른 성장, 총 주식 수 대비 시장에 신규상장된 주식 수, 과도한 공급, 단조로운 비즈니스 모델 등이 그랬다. 2000년 3월, 미국의 30대 대형 기업이 미국 주식시장 시가총액의 49%를 차지하고 있었고[156] 이 중 절반이 기술주였다. 1980년으로 돌아가 보면, 30대 대형 기업이 미국 시가총액의 30%를 차지하고 있었고, 이 중 절반이 에너지주였다. 실제로 기술주의 주식 수요공급 곡선은 1980년대 기술주의 그것과 거의 동일했다. 따라서 나는 1980년과 크게 다르지 않은 결과가 발생할 것이란 사실을 간파할 수 있었다. 1980년 에너지주의 시장 대비 상대 가치평가 승수는 2000년도의 기술주와 비슷한 수준이었다. 너무나 많은 유사점이 존재했지만, 어느 누구도 알아채고 있지 못하는 듯 보였다. 다음 박스에 내가 면밀히 검토한 두 섹터 사이의 유사점을 정리해놓았는데, 이는 기술주 비중을 줄여야 한다는 내 결정에 지대한 영향을 미쳤다.

두 버블의 탄생과정

1999년과 2000년 초 기술주의 폭발적인 IPO는 시장 전체를 약세장으로 몰고 갔던 1980년 에너지 버블의 끔찍한 기억을 떠올리게 했다. 난 기술주의 경우도 같은 일을 발생시킬 수 있다는 것을 간파했다. 아무도 언급하지 않았던 두 번째 질문을 통해 나는 두 섹터 사이의 공통점을 얼마나 많이 찾을 수 있을지 시도해 봤다.

주가는 언제 어디서나 공급과 수요에 의해 결정된다는 것을 알고 있었기 때문에 과잉공급이 주가를 휘청거리게 할 수 있다는 사실부터 시작했다. 다음의 표는 각각 1970년대 후반과 1990년대 후반 각각 발생한 IPO 붐으로 주식이 빠르게 증가하고 있는 것을 보여주고 있다. 1980년의 경우 미국기업의 기존 주식 및 신규 주식의 시가총액 증가분 중 거의 절반이 에너지 섹터에서 발생했다. 한편 1999년에는 거의 모든 증가분이 기술주에서 발생했다.

두 버블의 탄생과정

미국 에너지주	12/31/79	12/31/80	변화	미국 기술주	12/31/79	12/29/99	변화
미국 기술주	229	301	72	에너지기업 수	1,460	1,652	192
시가총액(천 달러)	$189,795	$324,629	$134,833	시가총액(천 달러)	$2,307,384	$4,930,559	$2,263,175
미국시장 전체	12/31/79	12/31/80	변화	**미국시장 전체**	12/31/79	12/29/99	변화
기업 수	4,291	4,417	126	기업 수	8,656	8,785	129
시가총액(천 달러)	$1,024,832	$1,325,489	$300,656	시가총액(천 달러)	$12,881,072	$15,748,729	$2,867,657
신규상장 기업 수 중 에너지주 비중			20.3%	신규상장 기업 수 중 기술주 비중			21.2%
전체 상장 기업 수 중 에너지주 비중			1.7%	전체 상장 기업 수 중 기술주 비중			2.2%
시장 시가총액 에너지주 시가총액 증가비율			44.8%	시장 시가총액 에너지주 시가총액 증가비율			91.5%
PBR(에너지주)			2.6x	PBR(기술주)			13.9x
PBR(S&P500)			1.3x	PBR(S&P500)			5.6x
에너지 vs S&P500 PBR 비율			2:1	기술주/S&P500 PBR 비율			2.5:1

출처: Standard & Poor's Research Insight

1999년 전체 주식 중에서 신규상장 기술주가 차지하는 비중과 1980년 버블 때 에너지주가 차지했던 비중이 유사한 점에도 주목해보라. 또 각 섹터의 시장 대비 주가순자산 가치(Price-to-book value)도 주목하자. 각 섹터는 시장 배수의 약 2배에 거래되고 있었다. 오늘날 누가 1980년대 에너지주식이 성장주 같은 가치평가를 받았다고 기억할까? 정말 무서운 시기였다. 핵심은, 아무도 이런 사실을 보지 못했거나 언급하지 않았다는 사실이다.

이제 다음 표에 있는 두 섹터의 상대적인 비중을 보자. 위쪽의 표는 버블 기간이었던 1979년, 1980년도와 버블이 터진 1981년도 각각 S&P500 대비 에너지주의

S&P500 경제 섹터 버블의 역사

1979년 12월		1980년 12월		1981년 12월	
기초소재	9.64%	기초소재	8.88%	기초소재	8.58%
자본재	10.28%	자본재	10.82%	자본재	10.03%
통신서비스	6.05%	통신서비스	4.62%	통신서비스	6.53%
필수소비재	10.90%	필수소비재	9.23%	필수소비재	10.58%
경기민감소비재	9.86%	경기민감소비재	8.00%	경기민감소비재	8.84%
에너지	22.34%	에너지	27.93%	에너지	22.80%
금융	5.79%	금융	5.34%	금융	6.01%
헬스케어	6.42%	헬스케어	6.54%	헬스케어	7.42%
기술	10.86%	기술	10.69%	기술	10.33%
운송	2.17%	운송	2.89%	운송	2.95%
유틸리티	5.70%	유틸리티	5.07%	유틸리티	5.92%
	100.00%		100.00%		100.00%

1998년 12월		1999년 12월		2000년 12월	
기초소재	3.11%	기초소재	2.99%	기초소재	2.41%
자본재	8.07%	자본재	8.40%	자본재	9.01%
통신서비스	8.33%	통신서비스	7.93%	통신서비스	5.47%
필수소비재	14.89%	필수소비재	10.88%	필수소비재	11.35%
경기민감소비재	9.13%	경기민감소비재	9.14%	경기민감소비재	7.56%
에너지	6.22%	에너지	5.43%	에너지	6.45%
금융	15.59%	금융	13.20%	금융	17.22%
헬스케어	12.07%	헬스케어	9.05%	헬스케어	14.10%
기술	18.54%	기술	30.02%	기술	21.85%
운송	0.93%	운송	0.70%	운송	0.67%
유틸리티	3.11%	유틸리티	2.28%	유틸리티	3.91%
	100.00%		100.00%		100.00%

출처: Standard & Poor's Research Insight, Thomson Financial Datastream

> 비중을 보여주고 있다. 그리고 밑의 표는 같은 기준으로 기술주의 1998년, 1999년, 2000년 비중을 보여준다.
>
> 에너지주와 기술주의 상대적인 비중에서 보이는 유사성에 주목하라. 1980년 꼭짓점에서 에너지주는 미국시장의 28%를 차지했다. 하지만 기술주의 몰락은 훨씬 뚜렷했다. 1992년에 비중 5%에서 시작해서 1999년 30%를 넘어섰다. 내가 볼 때 기술주는 하락할 여지가 더 많았다. 하지만 에너지주로 인한 1980년부터 1982년까지의 약세장만큼 하락할 필요는 없었다(오늘날 기술주는 S&P500 기준으로 봤을 때 미국 주식시장의 15%를 차지하고 있다).[157] 이런 관찰을 통해서 난 2000년 기술주 시장이 고점을 찍을 것이라고 결론 내릴 수 있었다.

어떤 면에서 나는 기술주가 유가 버블보다 훨씬 심할 것이란 걸 간파할 수 있었다. 1980년에는 대형 에너지주 50개 중에 직전 수년간, 즉 1978년이나 1979년에 상장된 주식이 없었다. 1978년부터 1980년까지 기업공개가 많기는 했지만 상대적으로 규모는 작았다. 2000년도 대형주 상위 50위 종목 중 11개가 1998년과 1999년 기업공개된 회사들이었다. 이는 리스크를 증가시켰다. 가장 우려되었던 것은 아무도 이 기술주 열풍과 20년 전 섹터 버블의 유사점에 대해 주목하지 않았다는 것이다. 어떤 식으로건 에너지주 붕괴를 목격한 금융시장 참가자가 나 혼자만 있었던 것은 아니다. 또한 이런 데이터를 비교할 수 있는 사람이 나밖에 없었던 것도 아니다. 나보다 먼저 이런 유사점을 알 수 있었던 사람은 많았다. 하지만 누구도 그러지 못했으며, 그것은 소름 끼치는 일이었다. 캠프파이어에 둘러앉아, 그들은 다른 곳에 주목하고 있었던 것이다(앞 장에서 원시인들이 침입자가 아니라 돌멩이 소리가 난 곳으로 시선을 돌린 것에 비유한 것이다 – 옮긴이).

기술주가 붕괴하고 시장이 폭락할 것이라고 내가 확신했을까? 아니다. 하지만 논리적으로는 그래야 했다. 우선, 1980년대와의 모든 유사점을 모든 사람이 볼 수 있었다. 두 번째로, 다른 사람이 매수하지 않았던 주식을 누가 매입하는지 의문을 가져봐야 했다. 누가 TGH의 신선한 먹잇감으로 남겨질 것인가? 투자심리와 수익률 곡선, 재정흑자, 주식 기반의 경영권 인수, 에너지 버블과의 유사점에 기반해서 나는 폭등 및 소폭 상승의 시나리오를 제외할 수 있었다. 그리고 대폭락 또한 일어날 것 같지 않았다. 1981년 상황을 관찰한 결과 에너지 섹터 폭락이 다른 섹터로 파장을 넓혀가는 데는 많은 시간이 걸렸다. 한 섹터의 붕괴는 다른 섹터의 붕괴로 빨리 이어지지는 않는다. 따라서 내가 내린 결론은, 처음에 기술주가 폭락하겠지만 그로 인해 시장 전체가 하락하기에는 시간이 걸린다는 것이었다. 따라서 전반적인 시장 붕괴까지는 기다릴 필요가 있었다. 마지막으로, 나는 강세장이 한 번에 사라지는 것이 아니라 등락을 거듭하며 사라진다는 것을 알고 있었다. 기본적인 규칙이다! 일반적으로 강세장에서는 드라마틱한 꼭짓점이 존재하지 않고 등락을 거듭하며 서서히 빠지게 된다. 2000년 꼭짓점에서는 세계 주식시장의 등락폭이 9% 내외로 유지되는 기간이 10개월이 넘었다(그림 8.2 참조).

그림 8.2 **강세장은 한 번에 사라지지 않고 서서히 사라진다**

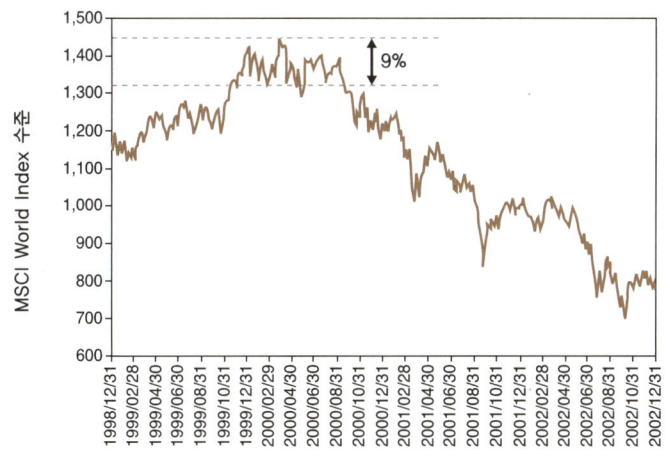

출처: Thompson Financial Datastream

나스닥이 29%, S&P500이 9% 하락하며 2000년이 끝나갈 때도[158] 전문가들과 일반투자자들은 여전히 강세장을 전망했다.

마침내 나는 완전히 약세론 쪽으로 돌아설 때가 가까이 왔다는 결론을 내렸다. 단지 기술주뿐만 아니라 시장 전체에 대한 약세장이 예상됐다. 그때쯤에는 기술주 버블의 붕괴가 진행 중이었다. 추가적으로 나는 1980년대 에너지기업들이 그랬던 것과 거의 같은 비율로(다음 박스에서 상술함) 새로운 IT 회사들이 현금을 빠른 속도로 소진하고 있다는 사실을 확인할 수 있었다. 만약 이들 회사가 자본시장에서 추가로 돈을 끌어오지 못한다면 이들 기업이 현금을 완전히 소진하는 데 얼마나 걸릴지 우리는 측정할 수 있었다. 즉, 회사가 붕괴되든가, 아니면 주식공급 물량이 많아지든가 둘 중 하나인데 어느 쪽이나 주가에는 악영향을 끼치는 것이었다.

IT기업의 현금소진율(Internet Burn Rate)

2000년 9월, 나스닥이 고점 대비 16% 하락하고 S&P500이 그해 4% 하락한 이후, 비록 나는 시장이 장기적인 하락세에 접어들었다는 것을 알고 있었지만 투자자들은 여전히 강세론 쪽에 서 있었다. 투자심리와 확증편향 오류를 점검하는 쉬운 방법 중 하나는 오래된 잡지의 커버스토리와 기사를 점검해보는 것이다. 투자심리는 여전히 도취적인 분위기가 널리 퍼져 있었다.

난 이미 기술주에 대한 버블 사인을 보냈고 내 회사는 지난 9개월간 기술주에 대해 수비적인 포트폴리오를 유지 중이었다. 우리는 시장 전체가 약세장으로 전환되고 있다고 생각하고 있었다. 이런 생각에 더욱 확신을 준 것은 기술주 IPO 붐 동안 시장에 봇물처럼 진입한 새로운 기업들에 대한 조사결과였다.

새로운 기술주들은 불을 밝히고 컴퓨터를 돌리기 위해 자본시장에 의존하고 있었다. 이 회사들은 스스로 현금을 창출하지 못했기 때문에 투자은행을 찾아가 계속 자본을 확충해달라고 요청했다. (투자은행들은 엄청난 수수료 때문에 행복해 했을

IT기업의 현금소진율

	종목기호	회사명	시가총액	총부채	1분기 현금	2분기 현금	1999년 4분기	2000년 1분기 순수익	2000년 2분기	소진율
1	ONEM	ONEMAIN.COM INC	282.12	30.45	17.06	1.42	-32.73	-39.84	-35.88	0.04
2	FLAS	FLASHNET COMMUNICATIONS INC	52.3	8.61	0.23	-	-11.42	-4.96	-	0.05
3	GENI	GENESISINTERMEDIA.COM INC	86.98	33.15	0.35	0.41	-6.66	-5.13	-7.34	0.06
4	HCOM	HOMECOM COMMUNICATIONS INC	8.14	0.48	0.08	-	-2.3	-1.49	-	0.06
5	3EFAX	EFAX.COM INC	16.07	1.5	1.6	0.18	-10.14	-5.38	-2.56	0.07
6	CLAI	CLAIMSNET.COM INC	23.19	0	2.49	-	-2.39	-1.93	-9.31	0.27
7	NETZ	NETZEE INC	120.52	16.22	1.33	5.41	-18.85	-15.67	-17.77	0.3
8	LUMT	LUMINANT WORLDWIDE CORP	235.83	6.79	9.44	-	-24.47	-29.65	-29.12	0.32
9	3ESYN	ESYNCH CORP	83.41	0.11	0.5	-	-2.14	-1.49	-	0.33
10	RMI	RMI NET INC	66.39	3.78	3.26	-	-12.24	-7.4	-8.41	0.39
11	DGV	DIGITAL LAVA INC	26.88	0.27	2.59	0.68	-2.25	-1.54	-1.74	0.39
12	ECMV	E COM VENTURES INC	22.18	54.42	2.91	-	-0.13	-6.62	-	0.44
13	ZDZ	ZDNET	135.59	0	0.02	1.21	2.05	-1.57	-2.64	0.46
14	MRCH	MARCHFIRST INC	2679.63	20	369.83	176.43	8.36	-117.33	-374.45	0.47
15	GEEK	INTERNET AMERICA INC	48.92	0.73	3.3	1.72	-0.9	-1.58	-3.27	0.53
16	ROWE	ROWECOM INC	51.25	6.96	9.29	10.13	-1.61	-15	-19.16	0.53
17	PRGY	PRODIGY COMMUN CORP -CL A	677.28	109.56	21.13	20.73	-29.76	-34.91	-38.95	0.53
18	WAVO	WAVO CORP	22.19	3.37	10.23	4.77	-14.42	-3.51	-8.91	0.54
19	ELTX	ELTRAX SYS INC	150.96	17.7	14.2	-	-1.66	-5.24	-26.34	0.54
20	KANA	KANA COMMUNICATIONS	5575.49	1.72	35.67	162.84	-	-14.45	-284.94	0.57
21	ATHM	AT HOME CORP	7578.71	873.23	502.28	388.73	-723.01	-676.52	-668.26	0.58
22	PILL	PROXYMED INC	30.88	1.75	7.91	7.38	-	-5.72	-10.48	0.7
23	AHWY	AUDIOHIGHWAY.COM	14.36	0.46	8.34	3.47	-5.86	-4.01	-4.78	0.73
24	BFLY	BLUEFLY INC	10.77	2.87	3.91	3.93	-5.69	-5.67	-5.3	0.74
25	ELIX	ELECTRIC LIGHTWAVE -CL A	941.85	710.4	25.99	-	-35.02	-35.14	-34.96	0.74

출처: Standard & Poor's Research Insight

거란 사실을 떠올리자!)

이 회사들은 언젠가 단순히 버블 이상의 회사가 되길 바라며 돈을 써대고 있었다. 문제는 이들이 더 이상 돈을 끌어오지 못하면, 이 중 많은 닷컴회사들은 파산이라는 벽에 부딪힐 것이라는 사실이었다. 이들 회사가 할 수 있는 선택은 더 많은 주식을 발행하거나 없어지는 것이었다. 전자는 약세장을, 후자는 죽음을 의미한다.

측정을 위해서 우리는 찾을 수 있는 데이터를 동원해 신규 IT기업들의 '현금소진율'을 계산했다. 소진율은 어떤 회사가 새로운 현금유입이 없을 때 얼마나 빠른 시간에 현금이 바닥나는지를 의미한다. 이를 측정하기 위해서 우린 2000년 2분기에 해당 회사들의 현금규모와 순손실규모를 비교했다(이 계산을 했을 때가 9월이었기 때문). 이 회사들이 더 이상 외부에서 자금공급을 받지 못한다는 가정 하에 우리는 당시 현금규모를 2분기 손실로 나누었다. 예를 들어, 와보(Wavo Corp, 이 회사를 기억하는가? 기억하지 못한다고? 나도 마찬가지다. 기억 속에 사라진 회사가 되어버렸다) 즉, 표 18번에 나와 있는 이 회사는 2000년 6월 30일 기준으로 470만 달러의 현금을 보유하고 있었는데, 해당 분기 순손실액은 890만 달러였다. 현금을 순손실로 나누어 계산한 소진율은 0.54분기다. 이는 와보가 당시와 같은 비율로 현금을 지출하고 신주발행을 통해 새로운 자금을 만들어내지 못한다면, 한 분기의 절반 정도밖에 쓸 현금이 남아 있지 않다는 것을 뜻했다. 와보가 아니라 와코(Whacko, '이상한' 이라는 뜻—옮긴이)라고 불러야 할 지경이었다!

우리는 시장에서 거래되는 총 223개 회사가 이와 같은 상황에 처해 있음을 발견했다. 표에는 이 중 가장 심한 25개 회사가 나와 있다. 단 한 분기 안에 이 유형에 드는 회사의 시가총액은 1,400억 달러에서 3,120억 달러로 치솟았다. 문제는 이것이 주가 상승에 기인한 것이 아니라 이들 기업이 벽을 향해 치닫는 과정에서 생겼다는 것이었고, 아무도 그런 계산을 하고 있지 않았다는 것이었다. 시장은 수익 없는 기업들이 계속 공급하는 주식으로 범람하고 있었다. IPO 마켓이 차가워지면 이들 중 대부분은 12개월 후에 사라지게 될 운명이었다. 버블이 막 붕괴되려 하고 있었다.

이 표를 만드는 작업은 아주 간단해서 여러분도 스스로 만들어볼 수 있다. 우리가 사용한 세부 자료들은 모두 공개된 것이었다. 조사해볼 섹터와 인터넷만 있으면 된다.

2000년 초 S&P500에서 기술주가 차지하는 비중이 30%였다는 데 주목하자. 만약 30%를 차지하는 섹터가 39% 하락하고(2000년 나스닥이 그랬듯이) 다른 모든 섹터들의 등락이 없었다면, 시장 전체로는 11.7%가 하락해야 한다. 하지만 2000년 S&P500은 단지 9%만 하락했다. 따라서 기술적으로는 기술주를 제외한 시장의 나머지 부분은 약간 오른 것이다. 즉, 한 섹터의 파산이 아직 다른 섹터에까지 영향을 미치지 않은 것이다.

돈에 굶주린 IT회사들의 IPO와 추가 발행으로 인한 공급과잉을 해소해 줄 만한 어떤 것도 아직 없었다. 나는 공급이 결국 수요를 축소시킬 것이라는 사실을 알고 있었다. 닷컴기업들은 차례대로 현금이 고갈될 것이고, 이는 한 섹터에서 시작된 전 세계적 주가 하락으로 이어져야 했다. 기술주나 수익률 곡선에 대한 두려움이 시장에 조금이라도 존재했다면, 2001년에는 단지 시장이 조금 하락하는 데 그쳤을 거라 예상했을 것이다. 거의 모든 사람들이 두려워하지 않을 때가 정말 두려움을 가져야 할 때다. 워렌 버핏의 경이로운 격언을 소리 내어 따라 해보라. "사람들이 두려워할 땐 욕심을 내고, 사람들이 욕심을 낼 땐 두려워하라." 2000년 말에 이르러 나는 2001년 시장의 폭락을 막아줄 어떤 매수 압력도 존재하지 않는다는 것을 간파할 수 있었다.

동정매도

약세장에서는 어떤 섹터가 먼저 폭락하는 경우가 자주 있다. 매도공세는 내가 '동정매도(Sympathy Selling)'라고 부르는 과정을 통해 다른 섹터로 퍼져간다. 그 과정은 이렇다. 여러분이 일반적인 기술주 펀드매니저라고 해보자. 여러분은 소규모 닷컴기업과 안정적인 대형 기술주를 보유하고 있다. 갑자기 보유 중인 몇몇 닷컴기업이 폭락하면서, 동시에 환매 압박을 받게 된다. 그리고 환매에 필요한 현금 마련을 위해 어떤 주식을 팔아야만 한다. 어떤 주식을 매도하겠는가? 심각하게 하락한 소형 닷컴 주식들을 팔 수는 없을 것이다. 해당 주식은 그 정도의 유동성도 없을뿐더러, 여러분은 다시 반등하길 기대할 것이다. 따라서 매도하게 되는 주식은 인텔, 마이크로소프트, 오라클 등이다. 매도할 수 있는 주식이 이것들밖에 없기 때문이다. 이런 매도세는 해당 주식에 충격을 준다. 그리고 다른 모든 테크펀드에서도 이와 같은 일이 발생한다.

그런데 이때 기술주, 제약주, 소비재주 등을 보유한 몇몇 성장주펀드에서는 다음과 같은 일이 발생한다. 인텔, 마이크로소프트, 오라클 같은 회사들의 주가가 급락하면서 펀드매니저들은 환매에 응하기 위해 주식을 팔아야 한다. 따라서 (이렇게 급락한 주식이 아니라) 머크(Merck)나 프록터앤드갬블(Procter & Gamble) 등을 매도하게 된다. 이런 식의 파장은 펀드에서 펀드로 이어지며 최초로 시작된 펀드에 가장 큰 영향을 주지만, 결국 전부는 아니더라도 시장의 거의 대부분에 충격을 주게 된다. 2000년부터 2003년까지 이런 충격을 피해간 유일한 섹터는 소형 저평가주들로, 초고성장 기술주와 정반대에 있던 것들이었다.

그래서 나는 2000년 기술주 비중을 줄였고, 연말에는 현금 및 현금등가물로 100% 전환한 완벽한 방어적 포트폴리오로 전환했다. 그리고 그 상태를 18개월간 유지했다.

몇 가지 기본 규칙

약세장이 지속되는 기간이 매우 다양하긴 하지만, 대부분은 1년에서 18개월 정도 간다. 근대 역사에서 2년 또는 그 이상 지속되었던 경우는 아주 드물었다. 이런 경우에 베팅해서는 안 될 것이다. 약세장이 길어질수록 시장의 복귀를 위해 너무 많이 기다리는 것일 수 있다. 2000년에서 2002년의 약세장은 아주 드문 경우다. 그런 경우를 정상으로 생각해서는 안 된다. 그 정도 규모의 약세장은 대공황 이후 전례가 없던 것이다.[159] 아마도 당분간은 3년이나 이어지는 약세장을 볼 수 없을 것이다. 수십 년 동안 그럴지도 모른다. 만약 그런 약세장이 조만간 다가오더라도, 18개월을 최대로 보는 것이 어떤 식으로든 여러분에게 유리하게 작용할 것이다. 그보다 오래 약세론자로 남아 있게 되면, 다음 강세장 초반에서 거의 항상 발생하는 폭등장을 놓치게 될지도 모른다. 그런 장을 놓치는 데 따르는 비용은 엄청나다.

더욱이 성공적으로 폭락장을 피하고 시간이 지나가면서 시장을 빠져나온 것이 성공적이라는 사실이 증명되면, 여러분의 석기시대 두뇌는 앞에서 말한 강세장 초반의 폭등 때까지 시장을 떠나 있고 싶게 만든다. 따라서 치열한 싸움을 하지 않고는 다시 시장에 복귀할 수 없을 것이다. 시장을 벗어나 있으면 마음이 편하다. 사람들은 올바른 판단 쪽에 더 오래 있고 싶게 되는데, 특히 강세장 초기의 폭등세가 사실이 아니라고 확신하고 있다면 더욱 그렇다. 여러분의 두뇌는 성공적으로 시장을 탈출했던 자긍심을 쌓고 싶어 한다. 다시 강세론자로 돌아선다는 것은 틀릴 수 있다는 것이고, 그렇게 된다면 사람들의 조롱을 사게 될 것이다. (날 믿어라. 2002년 난 너무 일찍 시장에 돌아온 대가로 엄청난 놀림거리가 됐다. 그때 TGH가 날 제대로 엿 먹였다. 고맙다, TGH!)

약세장은 여러분이 성공적으로 빠져나갔을 때 생각했던 것처럼 오래 지속되지 않는다. 사람들은 "장기적인 약세장 속에서의 주기적 강세장"이란 과장된 얘기를 많이 한다. 반짝 수익을 낸 해는 전체적으로 하향을 보이는 큰 장에서의 일시적 변동이라는 주장이다. 말도 안 되는 소리다! 이런 사람들은 모두 TGH에 당했던 사람들이다. 2002년 이후 이런 이야기를 지속적으로 들어왔겠지만, 어떤 식으로 측정하건 2003년부터 시장은 매년 상승해왔다. 강세장이 정상이 아니라 예외적인 것이라고 주장하는 사람들은 종말론을 중지해야 한다. 어린이용 파자마를 갈아입고, 종말의 날에 대비해 비상식량을 갖춰놓은 그들 부모의 안전가옥을 당장 떠나야 한다!

약세장의 본질을 이해하면, 시장 재진입의 설계를 미리 정의해놓는 것이 왜 좋은지 명확해진다. 역사적으로 봤을 때, 약세장 손실 중 1/3은 전체 약세장 기간의 최초 2/3 기간 정도에 발생한다. 나는 이를 '2/3 1/3 규칙'이라고 부른다. 다소 개략적인 일반화지만, 손실의 2/3는 약세장의 거의 후반까지 발생하지 않는다. 그림 8.3에 나와 있듯이 1973년부터 1974년까지의 약

그림 8.3 2/3 1/3 규칙

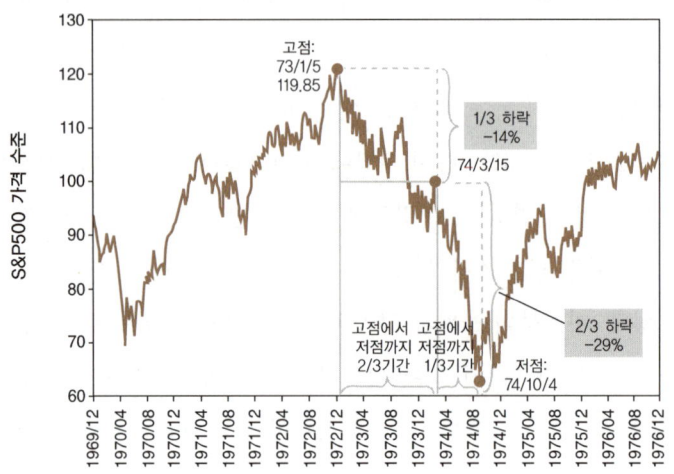

출처: Thompson Financial Datastream

세장이 아주 좋은 예다.

여러분은 시장 재진입 타이밍을 완벽하게 맞출 수 없었을 것이다(가장 최근에 그러지 못했을 거라 확신한다). 그러니 이겨내야 한다. 약세장 후반이 그토록 잔인한 것은 새로운 강세장 초반의 폭등장에서 당신을 배제하려는 TGH의 방식이다.

이 규칙의 이면은 이렇다. 즉, 약세장의 시작은 급격하지 않다가 후반으로 갈수록 깊어진다는 것이다. 고점 이후 10~20%의 기간 동안은 시장이 서서히 미끄러진다. 그림 8.2가 완벽한 사례다. 모든 나라에 이 규칙이 적용되지는 않는다. 작은 나라에서는 고점에서 폭락장이 일어날 수도 있다. 하지만 미국시장, 해외시장 전체, 세계시장 전체로 보면 아주 잘 들어맞는다. 따라서 메이저 마켓을 볼 때 고점 도달 전에는 어떤 예측을 할 필요가 없다. 고점 이후 조용한 기간까지 기다리면서, 미래를 예측하기보다는 지금까지 어떤 일이 발생했는지에 주목하라. 실제로 아무것도 발생하기 전에 예측하는 것보다는 뭔가 발생한 이후에 시장 꼭짓점을 확인하기가 쉽다.

시장의 바닥에서는 이 반대 현상이 일어난다. 강세장의 고점은 뾰족하지 않지만, 약세장의 바닥은 V자나 W자를 그린다. 그림 8.4같이 V자처럼(또는 이중바닥을 가진 W자처럼) 생긴 시장 저점을 생각해보라. 만약 여러분이 수비적인 포트폴리오를 구축하는 데 성공했다면, V자 모양의 어느 쪽에서 시장에 복귀하는지가 중요할까? 실제 그렇지 않다. V자 그래프의 왼쪽에서 들어가건, 오른쪽에서 들어가건 (너무 일찍 들어간 데 따른 약간의 이익 손실을 조정하면) 결국 같은 지점에 도달해 있을 것이다.

TGH는 여러분들이 손실혐오와 확증편향 오류에 빠져, 실제 시장의 랠리가 시작될 때까지 기다리기를 바란다. 일단 (약세장 직전에) 성공적으로 탈출하고 나면 관성이 자리 잡는다. 정확한 타이밍에 빠져나간 것은 본능이고, 다시 돌아가는 것은 고통스럽게 느껴진다. 18개월 규칙은 이럴 때 필요한 훈련과 자기통제에 도움이 된다. 18개월 규칙을 깨고 싶다면 상관없다. 하지만 사전에 20개월이건 22개월이건 자신만의 제한선을 만들고 이를 고수하라. 여러분의 규칙과 내 규칙을 한데 엮는 1가지 방법은 일단 18개월 규칙

그림 8.4   모든 약세장 후에는 강세장이 찾아온다

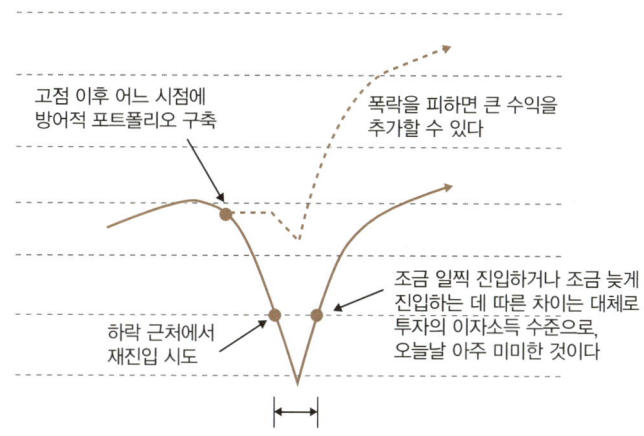

을 지키면서 현재 위치를 점검하는 방법이다. 만약 18개월 후에도 시장이 더 하락해야 하는 이유에 대해 다른 사람이 모르는 것을 알고 있다고 생각한다면, 그냥 그렇게 두라. 한 달 후에 더 이상 하락하지 않는다면 다시 시장으로 복귀하라. 만약 시장이 계속 하락한다 하더라도 18개월 수준으로 회복된다면 다시 시장으로 돌아오라. 이때 여러분은 V자 그래프의 오른쪽에 위치한 것이다.

어떤 전략을 택하든 간에 이를 준수하고 여러분의 두뇌와 TGH가 이를 어기지 않도록 한다면, 아주 유사한 결과를 얻게 될 것이다.

약세장의 시작 타이밍을 완벽하게 포착하지 않아도 되는 이유는 또 있다. 우리가 조사한 미국과 글로벌 시장의 모든 약세장은 한 번만 제외하고는 고점부터 바닥까지 가는데 월평균 하락률의 폭이 1.25~3%였지만, 2% 정도가 적절한 전체 평균이었다. 또다시 1973년과 1974년이 좋은 사례다(그림 8.5 참조). 예외는 1987년으로, 약세장이 아주 짧아서 시장에서 비중을 줄였을 즈음엔 시장이 다시 회복하였고, 여러분은 아주 바보가 된 느낌이었을 것

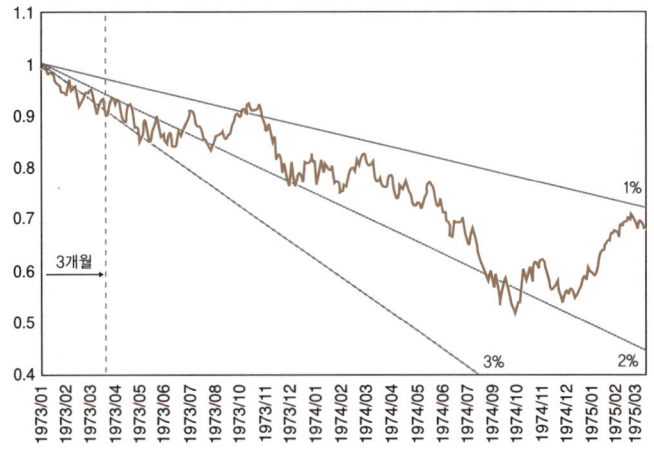

그림 8.5 **2% 규칙**

출처: Thompson Financial Datastream

이다. (TGH!!!)

약세장에 있다면, 인내심을 가지고 관찰하라. 시장이 월평균 2%를 넘게 하락한다면, 빠져나가기 전에 다시 반등할 때까지 기다려라. 단지 조정을 겪는 것일 수도 있다. 하지만 전형적인 약세장에서는 다시 월평균 2% 범위 내에서 더 높은 가격으로 곧 반등하는 것을 볼 수 있으며, 이때를 이용해 시장을 빠져나가면 된다. 여기서는 인내가 미덕이다.

조 굿맨(Joe Goodman)은 현명한 사람이었으며 〈포브스〉 역사에서 네 번째로 오랜 기간 동안 칼럼을 운영했다. 내 생각엔 역대 〈포브스〉의 칼럼니스트 중 그가 최고인 것 같다. 그는 1940년대와 1950년대 독자들에게 시장의 고점을 너무 빨리 단정 짓지 말라고 충고했다. 그는 일단 고점이라고 생각이 되면 약세장으로의 전환을 단정 짓기 전에 3개월 정도 기다리는 것을 추천했다(앞의 그림에서 보여주고 있듯이).

강세장이 요란하게 사라지는 것이 아니라 조용히 흐느끼며 사라진다는 사실, 2/3 1/3 규칙, 2% 규칙, 그리고 굿맨의 3개월 규칙을 인지하고 있으면 주가 조정 시 너무 빨리 탈출하지 않도록 막아줄 것이며, 그러고 나면 치솟는 강세장을 보게 될 것이다. 만약 진짜 약세장이라면 고점에서부터 들쑥날쑥하며 하락하기 때문에 최대 6~10% 정도의 손실만 입고 시장을 빠져나올 수 있는 기회가 아주 많을 것이다. 손절매하고 강세장에 제때 들어갈 수 있다면 약간의 손실은 괜찮다.

일단 시장에서 나오면, 다시 시장에 진입하지 않기 위한 자기 합리화가 끝도 없이 생긴다. 투자자로서 우리는 과거의 사건과 그에 대한 반응을 왜곡해서 기억한다(확증편향 오류). 따라서 우린 그런 문제에 과거보다 잘 대처할 수 있다고 생각하게 된다. 우리는 지나친 흥분상태에 자주 빠져, 과거 국가적인 재앙과 그외 역사적 사건이 발생했을 때 스스로 냉정하게 대처했다고 생각한다. 우리는 1998년 7월과 8월에 시장이 거의 20% 하락했을 때[160]를 생각하면서도, 단지 조정이었다는 것을 '알았고' 침착하고 분별력 있게 대응

표 8.3 숨 쉴 새 없이 바쁜 시장

연도	사건	S&P500
1934	경기불황; 첫 증거금제도 도입; 히틀러 본인이 독일의 미래라고 선언	-1.4%
1935	스페인 내전; 이탈리아 북아프리카 침공, 히틀러 베르사이유 조약 거부	47.7%
1936	경제 고전, P/E 신 고점 기록, 히틀러 라인지방 점령	33.9%
1937	자본 지출 및 산업 생산의 심각한 감소; 경기침체	-35.0%
1938	세계대전의 먹구름 드리움; 월 스트리트 스캔들 폭로	31.1%
1939	유럽의 전쟁 소식이 헤드라인을 도배; 독일-이탈리아 10년 군사조약 체결	-0.4%
1940	프랑스 히틀러에 굴복; 영국 전투; 미국 징병 실시	-9.8%
1941	진주만 공격;독일의 소련 침공;미국 일본, 이탈리아, 독일 상대로 전쟁선언	-11.6%
1942	전시 가격통제 ; 미드웨이 해전	20.3%
1943	미국 소고기, 치즈 배급제 실시; 루즈벨트 가격 및 임금 동결	25.9%
1944	소비재 물품 부족사태; 연합군 노르망디 상륙작전	19.8%
1945	전후 경기침체 전망;이오 지마 침공; 루즈벨트 사망; 일본 원폭투하	36.4%
1946	1946 고용헌장 통과;철강 조선업 노동자 파업	-8.1%
1947	냉전 시작	5.7%
1948	베를린 봉쇄; 미국 정부 파업방지 위해 철도 장악	5.5%
1949	러시아 핵폭탄 폭파; 영국 파운드화 절하	18.8%
1950	한국 전쟁; 맥카시와 "적색공포"	31.7%
1951	초과이득세	24.0%
1952	미국, 파업을 막기 위해 철강공장 장악	18.4%
1953	러시아 수소 폭탄 폭파; 경제학자들 1954년 경기불황 예측	-1.0%
1954	Dow 고점 300, 주가수준 너무 높다는데 공통된 인식	52.6%
1955	아이젠하워 병환악화	31.6%
1956	이집트 수에즈 운하 장악	6.6%
1957	러시아 스푸트닉 발사;험프리 재무장관 경기후퇴 경고, 아이젠하워 동의	-10.8%
1958	경기후퇴	43.4%
1959	카스트로 쿠바 정권 장악	2.0%
1960	러시아 U2정찰기 격추; 카스트로 미국 유정 장악	0.5%
1961	베를린 장벽 설치; 그린베레 베트남 파병; 피그만 침공 실패	26.9%
1962	쿠바 미사일 위기; JFK 철강 가격 전격 단속, 월가를 위협	-8.7%
1963	케네디 대통령 암살; 남 베트남 정부 전복	22.8%
1964	통킹만 사건; 뉴욕 인종차별 폭동	16.5%
1965	시민 권리 행진; 린든 베이스 존슨 대통령 심장 이상설; 재무부 금 투기 경고	12.5%
1966	베트남 전쟁 확대, 미국 하노이에 폭탄 투하; 주가/부채비율 10년 내 최고치 기록	-10.1%
1967	인종차별 폭동 뉴욕과 디트로이트에서 발발; 린든 베이스 존슨 대규모 국방비지출 서명	24.0%
1968	푸에블로 호 납치; 베트남 구정공세(Tet Offensive); 마틴 루터킹&로버트 케네디 암살	11.1%
1969	긴축 통화-시장 폭락; 최저대출금리(prime rate) 최고치 기록	-8.5%
1970	미국 캄보디아 침공, 베트남전 확산; 통화 공급 감소; Penn Central 파산	4.0%
1971	임금 동결; 미국달러가치 평가절하	14.3%
1972	미 역사상 무역적자 최대치 기록; 미국 베트남 항에 기뢰 설치	19.0%
1973	중동지역 석유 담합, 에너지 위기; 워터게이트 스캔들; 애그뉴 부통령 사임	-14.7%
1974	지난 40년간 가장 큰 시장 폭락; 닉슨 사퇴; 엔화 가치절하; 프랭클린 내셔널뱅크 파산	-26.5%
1975	뉴욕시 부도; 경제에 먹구름	37.2%
1976	경제 회복 둔화 ; OPEC 유가 인상	23.8%
1977	시장 침체 심화 ; 사회보장 세 인상	-7.2%
1978	이자율 상승	6.6%
1979	유가 폭등; 쓰리 마일 섬 원전누출사고; 이란 미국 대사관 장악	18.4%
1980	고금리 지속; 뉴욕 지하수 오염사건; 카터 대통령 소련에 곡물 수출 중단	32.4%
1981	급격한 경기침체 시작; 레이건 피격; 에너지 섹터 붕괴 시작; AIDS 최초 발견	-4.9%
1982	최악의 경기침체, 기업 이익 40년 내 최고 폭락; 실업자 파업	21.4%
1983	미국 그라나다 침공; 베이루트 미국 대사 폭사; WPPSS 역사상 최대 채권 부도	22.5%
1984	재정적자 신기록; 연방예금보험공사 Continental Illinois은행 구제, AT&T 독점 파기선언	6.3%
1985	미국 소련 군비경쟁 시작; 오하이오 은행 영업중지; 미국 세계 최대 채무국 등극	32.2%
1986	미국 리비아 폭격; 이반 보스키 내부자 거래로 체포; 챌린저호 폭파; 체르노빌사태	18.5%
1987	주식시장 일일 최대 폭락기록; 레이건 이란-콘트라사건 책임으로 비난	5.2%
1988	First Republic Bank 파산 ; 미국 노리에가 숙청	16.8%
1989	미국 저축대부조합 사태시작; 천안문 사태; 샌프란시스코 지진; 미국 파나마 배치	31.5%
1990	이란 쿠웨이트 침공 걸프만 사태 발발; 소비자 확신지수 폭락; 실업률 상승	-3.2%
1991	경기침체; 이라크 공군전 개시; 실업률 7%로 상승	30.6%
1992	실업률 상승 지속; 경제상황 공포분위기; 긴축 통화 공급; 치열한 선거전	7.6%
1993	세금인상; 경제 회복 불확실-이중 불황 공포	10.0%
1994	내셔널 헬스케어 제도 도입시도	1.3%
1995	약달러 패닉	37.5%
1996	인플레이션 공포	22.9%
1997	기술주 10월 "소규모 폭락", "환태평양 위기"	33.3%
1998	러시아 루블화 위기; "아시아 독감"; 롱텀 캐피털 매니지먼트 사태	28.6%
1999	Y2K 편집증 및 시장 조정	21.0%
2000	닷컴 버블 붕괴 시작	-9.1%
2001	경기침체, 9 11 테러	-11.9%
2002	기업 회계부정 스캔들, 대 테러 공포, 이라크 긴장 고조	-22.1%
2003	뮤추얼펀드 스캔들, 이라크 사태 발생, 사스	28.7%
2004	약달러에 대한 우려 확산, 미국의 "삼중 적자"	10.9%

출처: Global Financial Data

했다고 '기억한다.' 2006년 이라크전쟁이 베트남전쟁이나 한국전쟁보다 더 큰 재앙이라고 생각하거나, 미국이 알카에다 같은 적을 만나본 적이 없다거나, 미국이 '정치적으로 이렇게 나뉜 적이 절대 없었다' 거나 등은 모두 이와 유사한 사고방식이다.

표 8.3에 나와 있는 역사적 사건들을 보라. 그리고 정직하게 쿠바 미사일 사태나 JFK암살 때 어떻게 느꼈었는지 기억해보라. 아니면, 이란 미국대사관 점령 사태나 Y2K 때도 좋다.

이 사건 리스트는 인류의 파멸이라는 감정을 느껴보라고 만든 것이 아니다. 그보다는 시장이 어떻게 회복되는지 보여주기 위해 만든 것이다. 집단 히스테리에 여러분을 맡겨서는 안 된다. TGH가 원하는 것이 바로 그것이다.

강세장이 약세장의 옷을 입었을 때

TGH는 모든 강세장을 실제로는 변장한 약세장이라고 여러분이 생각하도록 시도할 것이다. 그래서 TGH는 새롭게 다가오는 강세장이 '장기적인 약세장'이라는 옷을 입고 다가오도록 음모를 꾸민다. 강세장은 태연한 척 옷을 바꿔 입은 크로스 드레서(Cross-dresser, 이성의 옷을 입은 사람—옮긴이)다. 나는 완벽한 약세장의 옷을 입고 파티에 오는 강세장을 보진 못했다. 불행하게도 대부분의 투자자들이 이 크로스 드레서를 찾으려 하지 않는다. 이들이 알고 있는 것이라곤 파티에 느지막히 도착해 약세장과 함께 담소를 나눴다는 것뿐이다. 이들은 강세장 초반 50%에 달하는 폭등을 놓치고 만다. TGH가 편견을 갖게 만들었기 때문이다.

여러분은 이 '크로스 드레서'와 약세장의 조정을 구분하는 법을 익힘으로써 THG에 대항하는 무기를 갖춰야 한다. 이 둘 사이의 가장 큰 차이점은 그 양과 지속 기간이다. 조정은 짧은 기간 동안 일어나는 10~20%의 공포스러운 글로벌 폭락장이다.

조정은 짧고 예리하며, 명확한 고점과 앞으로도 더 하락할 것이란 이야기를 여러분이 믿도록 하는 환상적인 얘기와 함께 찾아온다. 그리고 하락할 때만큼이나 빠르게 신고점을 향해 치솟으면서 끝나고 만다. 일반적으로 한 달에서 넉 달까지 하락하고 다시 회복한다. 4개월 후에는 시장에 퍼진 소문이 어리석다는 것을 알게 되지만, 그 소문을 처음 접했을 때는 거부하기 어려울 것이다.

1998년 중반처럼 20% 정도의 조정은 흔하며, 공식적으로 약세장과 같은 것으로 여길 수 있다고 생각할지 모르겠다. 하지만 중요한 단어는 '짧고 예리하게'다. 즉, 우리의 2% 규칙과는 상이한 급락 추세를 의미한다. 강세장에서 조정은 흔하다(매년 평균 1~2회). 또한 그 타이밍을 맞추기가 정말 어렵다. 여러분도 타이밍을 이용한 투자를 해선 안 될 것이다. 하락에서 상승까지가 매우 빠르기 때문이다. 조정장에서 성공적인 타이밍을 맞추려면 양쪽 끝단을 모두 맞춰야 한다. 하지만 시장에서 나가는 타이밍과 다시 진입하는 타이밍 중 하나 또는 그 둘 모두 놓치기 쉽다. 신경 쓰지 마라. (자산운용업계 역사상 그 누구도 단기 시장하락 타이밍 예측에서 장기적으로 성공한 사람은 없다. 만약 그것이 가능하다면, 최소한 그런 실적을 쌓은 사람이 한 명은 있었을 것이다. 하지만 아무도 없다. 여러분이 그렇게 할 수 있었다면 이 책을 읽고 있지도 않을 것이다.)

하락 시나리오와 비슷하게, 엄청난 행운과 정확한 조정장 예측을 통해 얻을 수 있는 수익은 세금과 거래비용으로 상당부분 감소할 수 있다. 그냥 흔들림 없이 자리를 지키면서, 언젠가 강세장의 기쁨을 맛볼 것이란 사실을 명심하라. 그러면 인내심에 대한 보상을 받게 될 것이다.

약세장이 강세장의 옷을 입었을 때

하지만 약세장의 시작은 전혀 조정처럼 느껴지지 않는다. 그저 괜찮아 보일 뿐이다. 강세장에서 고점은 갑자기 하락하며 스스로 고점임을 드러내지 않는다. 일반적인 규칙에서 벗어났던 1987년을 제외하고는 시장 꼭짓점이 확연히 나타난 적이 없다. 약세장의 옷을 입은 강세장 대신, 이제 여러분은 강세장의 옷을 입은 약세장을 만나게 된다. 앞서 언급했듯이 강세장은 천천히 흐느끼며 하락하고, 약세장의 분위기라곤 찾아볼 수 없다. 어떤 신호도 없을 것이고, 하락장에 들어서 있다는 '느낌'도 없을 것이다. 사실, 여러분은 분산된 포트폴리오가 지루하다고 생각하고 개별 주식이나 섹터에 집중 투자해서 수익률을 튀기고 싶다고 '느끼게' 될지 모른다.

역사적으로 시장이 플러스 수익을 보인 기간이 전체의 71%라고 한다면[161], 그리고 마이너스였던 해도 약간만 하락한 해라고 한다면 정말 무시무시한 약세장은 거의 보지 못했을 것이다. 1980년 이후 이런 약세장은 단지 4번에 불과했다.[162] 따라서 너무 자주 볼 수 있길 기대해서는 안 될 것이다. 앞으로도 크게 다르지 않을 것이다. 만약 20년 내에 3~4번 이상 약세장을 목격하게 된다면 그것은 여러분이 시장을 과장되게 평가한다는 것을 의미한다. 인간으로서 우리는 수익에 대한 선호보다 손실에 대한 회피가 더 크다는 것을 떠올려보라. 만약 여러분의 두뇌가 금방이라도 약세장이 발생할 것 같다고 말한다면, 여러분의 두뇌는 틀린 판단을 하는 것이다. 성공적으로 약세장을 보기 위해서는 사실상 완전히 혼자가 되어야 한다. 다른 사람과 함께가 아니라 혼자서 움직여야 한다. 하지만 3가지 질문과 함께 한다면, 절대 외롭지 않을 것이다.

정말 잘못된 것

약세장을 정확히 잡아내는 것은 단지 전투의 절반에 불과하다. 일단 방어적 포트폴리오를 갖췄다면, 언제 다시 돌아갈지 결정해야 한다. 우리의 석기시대 두뇌는 빠져나갈 때보다 시장에 다시 들어오는 결정을 해야 할 때 훨씬 많은 위험을 고려한다. 시장에서 나갈 때 이용할 수 있는 고정 지표가 없듯이, 언제 돌아가야 할지 알 수 있는 비법은 없다. 앞서 언급했듯이 만약 내가 2002년 10월에 시장으로 복귀했다면, 글로벌 시장의 타이밍을 완벽하게 잡았을 것이다. 시장 저점에 완벽하게 타이밍을 맞출 것이라 기대하진 않지만, TGH가 폭락으로 이끌기 직전에 시장에 복귀하는 것은 절대 유쾌하지 않은 일이다. 바로 이런 일이 나에게 일어났다.

다음에 제시되는 내용은 2002년 5월 우리가 시장에 돌아가기로 한 이유들이다. 비록 다소 잘못된 판단이었고 이른 감은 있었지만, 이 이유들이 합리적이고 3가지 질문에 기초한 적절한 결정이었다는 걸 알 수 있을 것이다.

- 18개월 규칙에 따라, 난 2002년 6월에 다시 주식시장에 연동되는 포트폴리오를 구축하려 하고 있었다. 주식시장과 비슷한 수익을 올리려는 고객에게 18개월 이상 주식시장을 떠나 있게 하는 것은 마음이 편치 않았다.
- 약세장이 시작한 이후 처음으로 컨센서스가 약세장으로 모아졌다. 따라서 난 폭락 시나리오는 가장 가능성이 낮다고 봤다. 12개월 후 결과를 보면, 글로벌 시장은 하락하긴 했지만, 소폭 하락에 그쳤다. 내가 보기엔, 향후 몇 개월간 시장이 어떻게 움직일지 예측하는 것은 불가능했다. 이번엔 시장이 연말에 크게 하락해 있지 않을 것이란 건 맞았지만, 그러고 나서 시장이 급격히 폭락했다. 마이너스 수익을 좋아할 사람은 없겠지만, 나는 앞의 3가지 시나리오(폭등, 소폭 상승, 약간 하락)를 기대하고 주식시장에 들어가기로 했다.
- 하락장에 맞게 설계된 뮤추얼펀드 등 약세장에 투자하는 상품들이 넘쳐나고 있었다. 또 약세장과 관련된 뉴스 리포트가 넓게 퍼졌고 그 글의 저자들은 합리적인 현인으로 인정 받고 있었다.
- 지난 2년 반 동안 경기침체 및 기업이익 하락, 잠재적 부도 가능성, 테러리스트의 공격 및 전쟁 임박, 회계 부정(엔론, 월드컴) 등 나쁜 뉴스들이 널리 알려졌고 가격에 반영되어, 이 뉴스들의 '서프라이즈' 효과가 사라져버렸다.
- 그 당시, 2001년 9월(뉴욕 9·11 테러 직후)에서 2002년 5월 저점 사이에 이중바닥이 형성된 것처럼 보였다.
- 통화 상황이 일반적으로 우호적이었다. 광범위한 통화 성장이 인플레이션 비율보다 컸고, 단기 유동성은 상승하고 있었으며, 미국과 글로벌 시장의

채권수익률 곡선이 가파른 상황이었다(즉, 장단기 금리 차가 크게 벌어짐-옮긴이). 가장 중요한 것은 이를 주시하고 있는 사람이 거의 없었다는 사실이다.
- 처음으로, 미국 주식시장보다 해외 주식시장의 퍼포먼스가 좋았는데, 이는 잠재적으로 글로벌 약세장이 막을 내린다는 신호였다(비록 2003년 TGH의 복수가 시작될 때 이런 현상이 다시 사라져버렸지만).
- 우리가 개발한 RSI(Run Strength Indicator, 활황지표)는 시장이 과매도 상태이며, 상승할 준비가 되었음을 보여주고 있었다. 불행하게도 우리가 이 지표의 개발에 사용한 데이터는 모두 제2차 세계대전 이후 상대적으로 소규모의 약세장에 기반한 것이었다. 그리고 실제 처녀 여행에 나선 이 지표는 현실을 충분히 반영하지 못했다.

활황지표

활황지표(Run Strength Indicator)는 투자심리의 피로도를 측정한다. 내 회사가 두 번째 질문을 사용해 개발한 대표적인 자본시장 기법 중 하나다. 이 지표는 단기 주가 결정에 중요한 영향을 미치는 단기 투자심리를 측정한다. 이 지표는 기본적으로 장이 언제 오를 것인지 또는 내릴 것인지, 추세를 지속할 수 있을지 알기 위해 다양한 변수를 조합해 정교한 알고리즘을 만든 것이다. 0부터 100까지 수치로 표시되는데, 우리는 다양한 지수들이 하락했을 당시 이 지수가 20 미만임을 확인했고, 이는 앞으로 강세장이 펼쳐질 것이란 걸 의미했다. 반대로 이 지표가 80 이상으로 오르면, 시장은 과매수 상황이며 주가는 일반적으로 하락하게 된다는 것을 의미했다. 우리는 과거 데이터를 통해 이런 사실을 검증했으며, 잘 들어맞았다.

2002년 5월, 이 지표는 아주 낮은 수준으로 떨어졌다. 당시 수치는 20보다 한참 아래였는데 극단적인 과매도 상태를 나타내는 것이었다. 우리는 이런 현상을 대부분의 주요 지수에서 목격했다. 그 정도의 과매도 상황은 지난 10년간 전무한 수준으로, 앞으로 10년 동안에도 발생하지 않을 것으로 보인다. 당시 그 수준에서도 지표를 활용하지 않는다는 것은 조만간 그 지표를 쓸 일이 없다는 것을 의미했다. 하지만 이 지표를 전에 써본 적이 없었다. 과거 데이터를 통해 철저히 검증했지만, 실제 상황에서는 테스트해볼 수 없었던 것이다. 중요한 것은, 시간은 필수적 요소라는 것이다. 실제로 RSI는 그처럼 극단적인 약세장까지는 계산에 포함되어 있지 않았으며, 그 대신 일반적인 약세장만 포함되어 있었다. 일반적인 기준으로 보면, 투자심리는 극도로 저조한 상태였다. 지나고 나서 보니, 그 투자심리가 훨씬 더 나빠질 수 있다는(실제로 나빠졌다) 것을 볼 수 있었다.

6월 말 즈음, 우리는 이 지표가 확실히 타이밍을 예측하는 도구로서 제대로 작동하고 있지 않다는 사실을 알 수 있었다. 하지만 다른 규칙들을 적용해 분석했을 때 다시 시장을 빠져나갈 합리적 이유는 없었다. 난 후회를 쌓고 좋은 교훈을 얻었다(TGH를 극복하기 위한 작은 방법).

이렇게 드문 극단적 현상을 위한 자본시장 기법을 개발하기 위해서는 이와 유사한 과거 상황의 데이터가 필요하다. 하지만 그런 데이터에 오류는 없을까? 난 오래된 데이터들이 알기 어려운 방식으로 끊임없이 오염된 경우가 많다는 것을 알고 있었지만, 이 과정을 통해 더 잘 알게 되었다. 당시 경험으로 난 오래된 데이터의 유효성을 철저히 검증해야 한다는 사실을 다시 한 번 뼈저리게 느꼈다. 결과적으로 우리는 어떤 가정의 유효성을 확신하기 위해 오래된 데이터를 현실과 최대한 가깝게 확인할 수 있는 더욱 엄격하고 정확한 방법을 찾게 되었다. 더욱 극단적이고 드문 현상일수록 더 확신할 수 있어야 한다. 전혀 오염되지 않은 데이터는 거의 불가능하다.

내가 얻은 중요한 교훈은 또 있다. 난 고객들의 목소리에 더 귀 기울여야 한다는 사실을 깨달았다. 하지만 여러분이 생각하는 그런 것이 아니다. 2002년 5월 다시 투자를 재개했을 때, 우린 실제로 우리와 싸우려는 고객이 아무도 없다는 것을 알았다. 그들은 자신의 자산을 현금과 주식시장에 완전히 노출된 합성 현금으로 바꿨던 결정에 대해 엄청나게 만족하고 있었다. 처음 기술주에 대한 비중을 줄였을 때 그들은 필사적으로 우리와 싸웠다. 시장을 빠져나갔을 때도 그랬다. 어떤 고객은 우리와 거래를 중지했다. 시장을 빠져나온 이후 단기적으로 5~10% 정도 시장이 상승했기 때문이었다. 그들은 그리고 나서 기술주를 보유하고 시장에 남는 쪽을 선택했다. 하지만 2002년 5월 시장에 다시 복귀했을 때 고객들은 전혀 우리와 싸우려고 하지 않았다. 사실, 남아 있던 고객들은 더 많은 돈을 우리에게 맡기기도 했다. 회상해보면 확실히 낙관주의는 적절치 못하다.

당시 우리는 우리 고객이 다른 투자자들 전체를 대변한다고 생각하지 못했다. 그동안 대부분의 약세장을 피해왔기 때문에 우리에게 강한 믿음을 갖게 되고 주식시장을 무서워하지 않게 된 것이라 생각했다. 한 달이 채 되지 않아 시장이 하락하고 고객들이 다 위축되면서, 우린 그 생각이 사실과 다르다는 것을 알게 되었다.

결과적으로, 우린 고객의 투자심리에 기반한 실시간 측정 기법을 개발하게 되었다. 우리 고객은 미국의 고액자산 투자자 전체를 대변하기에 충분하며, 따라서 투자심리를 점검해볼 훌륭한 실험 장소가 된다. 우리 고객들이 두려움을 느끼지 않는다면, 다른 투자자들도 마찬가지일 것이다. 현재 우리는 고객들이 우리와 싸우려는 정도를 수치화해서 매일 점검할 수 있게 되었다. 앞으로 주가 사이클이 반복되면서, 이는 투자심리를 측정하는 훌륭한 도구가 될 것이다.

물론 나는 몇 가지를 놓쳤다. 2002년 6월로 예정되어 있던 사베인-옥슬리법(Sarbanes-Oxley legislation, 내부 비리와 분식회계를 방지하는 회계시스템 도입을 의무화한 법으로, 당시 월스트리트의 우려를 샀다-옮긴이)의 파장을 예상하지 못했다. 나는 2002년 후반에 이 법으로 인해 미국 사회가 일시적으로 '모든 CEO들은 사기꾼'이라는 인식을 갖게 되는 상황을 과소평가했다. 예를 들어, 그해 7월에는 미디어를 중심으로 잭 웰치가 비도덕적인 사람이며 GE가 제1의 엔론이 될 것이란 소문이 파다하게 퍼져나갔다. GE가 나쁘다면, 다른 모든 회사도 나빠질 수 있다. 이 모든 것은 단지 투자심리에 관련된 것이었지만, 난 그런 상황이 오리라고는 생각조차 못 했다. 하지만 강세장이나 약세장의 마지막 단계에서 투자심리가 꼬이는 것을 발견하기는 어려운 일이며, 그래서 잘못 판단하게 되는 경우가 많다. 그리고 이때 난 단지 너무 일찍, 그리고 잘못 시장에 들어간 것이다. 일찍 들어간 것은 큰 잘못이었지만, 때때로 아주 크게 틀리더라도 틀린 횟수보다 맞은 횟수가 더 많다면, 장기적으로는 여전히 시장을 이길 수 있다. 또한 결국 게임의 진짜 목표는 바로 그것이다. 내가 시장에 복귀했을 때도 여전히 난 시장과 함께 움직이고 있었다.

70-30 규칙

2006년 동안, 시장예측 정확도를 평가하는 독립 웹사이트인 CXO 어드바이저리 그룹(CXO Advisory Group)은 2000년부터 시작한 〈포브스〉 칼럼에 근거해 나를 가장 정확한 장기 예측가로 선정했다(내 〈포브스〉 칼럼은 훌륭하지만, 내 회사가 고객들에게 제시하는 투자전략을 대변하는 것은 아니다). CXO의 분석자료와 어떤 방법으로 분석했는지는 www.cxoadvisory.com에서 확인할 수 있다. 내가 말하고 싶은 것은 나의 예측 정확도를 70%라고 주장하며 최고로 뽑은 그 랭킹 자체가 굉장히 의심쩍다는 것이다. 그들의 계산에 따르면, 30%는 틀린 셈이다. 대단한 성과다. 70%가 맞았다는 것은 엄청난 것이다. 만약 여러분이 70%를 맞혔다면, 최고의 자리에 오르게 될 것이다. 장기간에 걸쳐 이렇게 할 수 있다면, 여러분은 슈퍼 히어로나 어쩌면 전설이 될 수도 있을 것이다. 이 말은 틀린 30%에 대해서는 편안한 마음을 가져도 좋다는 것을 의미한다. 만약 70% 적중하고 30%는 틀리는 계약이 있다면, 난 당장 사인하고 절대 그 이상의 승률에 투자하지 않을 것이다. 물론 때때로 시장방향과 완전히 틀린 베팅을 할 때도 있겠지만, 장기적으로 틀린 기간보다 맞은 기간이 더 많으면 결국 승리하는 것이다.

그럼, 2002년 내가 시장에 너무 일찍 돌아왔을 때 난 화가 났을까? 그렇다. 다시 돌아갈 수 있다면, 그 결정을 바꾸고 싶다. 하지만 그렇게 할 수 없기 때문에 앞을 보고 나아가야 한다. 다만 너무 일찍 들어가는 것과 너무 늦게 들어가는 것 중 하나를 선택하라면, 난 언제든지 일찍 들어가는 쪽을 택하겠다. 단기적으로는 다소 충격이 올지라도, 약세장 바닥에서의 반등은 결코 놓치고 싶지 않은 것이다.

약세장을 발생시키는 요인은 무엇인가?

'약세장을 발생시키는 요인은 무엇인가?'에 대한 간단한 해답은 없다. 통화 조건, 수익률 곡선, 흑자, 특정 섹터의 몰락, 초과 수요의 정상 복귀, 또는 재산권에 영향을 주는 나쁜 규제 등 다양하다. 하지만 같은 이유가 연속해서 약세장 발생 요인이 되지는 않는다. 같은 이유로 연이어 약세장이 발생하는 경우는 매우 드문데, 대부분의 투자자들이 지난번 약세장을 유발했던 원인을 집중적으로 점검하고 대비하기 때문이다. 가장 최근의 약세장은 기술주 붕괴가 원인이었다. 다음에 오는 약세장은 이와 다른 원인으로 발생할 것이다. 어떤 섹터의 붕괴가 전혀 원인이 되지 않을지도 모른다.

어쩌면 단지 강세장이 너무 길게 지속돼서 약세장이 발생할 것이라고 생각할지도 모르겠다. 첫 번째 질문을 해보자. 강세장이 지속되는 '적당한' 기간이 존재할까? 아니다! 강세장이 지속되는 '적당한' 기간은 없다. 강세장의 지속 기간이 평균보다 길어지게 되면, 단지 너무 오래 지속되었기 때문에 이제 끝나야만 한다고 말하는 사람들이 끊임없이 생겨난다. 옳지 못한 말이다. 강세장은 각각 끝나는 원인이 다르지만, 그중에 '기간이 오래되어서'라는 원인은 없다. 1994년, 사람들은 단지 6년간 지속된 1990년대의 강세장이 너무 오래된 것이라고 말하기 시작했다. 1996년에는 '비이성적 과열(Irrational exuberance)'이란 말이 처음 언급되었는데, 이 역시 이른 판단이었다. 강세장이 끝나는 시기가 따로 정해진 것은 아니다.

이를 검증하기 위해서 3가지 질문을 활용해보라. 각자 선호하는 지표 몇 개를 찾아, 그 지표가 약세장을 사전에 신뢰할 수 있는 수준으로 예측하는지 확인해보라. 그 자체로는 약세장의 시작을 예측하는 어떤 펀더멘털 지표도, 기술적 지표도, 묘책도 없다는 것을 발견할 것이다. 또한 여러분에게는 언제 시장을 빠져나와야 할지 알 수 있는 '느낌'도 없다. 난 수많은 독자와 투자자들에게서 '설명할 순 없지만' 시장이 어느 방향으로 진행할지 '그냥 알 것' 같은 '재미있는 느낌을 갖고 있다'고 하는 얘기를 듣는다. 그게 바로 TGH다. 그게 아니라면, 아스피린과 위장약을 먹고 병을 이겨내길 바란다. 그리고 이 문제에 대해 3가지 질문을 해보길 바란다. 여러분에게 정말 필요한 것이기 때문이다. 만약 과거에 이 '재미있는 느낌'이 맞아떨어졌다고 믿고 있다면, 정말 그랬을 수도 있다. 때로는 행운이 따라주게 마련이다. 하지만 여러분은 일종의 확증편향 오류를 겪고 있는 것이며, 그 '재미있는 느낌'이 완전히 틀렸던 때는 잊고 있는 것이다.

오사마 빈 라덴, 카트리나, 포그혼 레그혼(닭 만화 캐릭터), 그들이 바에 들어온다

어떤 사람들은 "하지만 우리가 살고 있는 세상은 다르지 않나? 테러리스트의 공격으로 시장이 망가질 수 있지 않는가?"라고 물을지 모른다. 좋은 질문이다. 2001년 9월 11일 끔찍한 테러 공격은 이미 지속되고 있던 약세장과 경기침체의 2/3 정도 지점에서 발생한 것으로, 아마도 시장의 재기를 지연시키는 역할을 했던 것으로 보인다(사실인지 아닌지 측정할 방법이 없긴 하지만). 그렇다면 첫 번째 질문을 유추해보자. 9·11 사태가 시장에 지속적이고, 파괴적인 충격을 끼쳤을까?(그림 8.6a 참조)

미 주식시장은 그날 폐장 이후 9월 17일이 돼서야 재개됐고, 월스트리트의 사람들은 뿔뿔이 흩어졌었다. 시장이 다시 열렸을 때 S&P500지수는 폭락해 11월 21일까지 11.6%가 하락했다.[163] 하지만 경이롭게도 단지 19일 만에 미국 주식시장은 9월 10일보다 높은 수준에서 거래되고 있었다. 테러 공격이 있기 훨씬 전부터 글로벌 경제와 주식시장이 침체에 빠져 있었기 때문에 우리는 이런 사실을 좀 다르게 기억하고 있다. 그 공격이 상황을 악화시켰을까? 그랬을지도 모른다! 하지만 다음 문구를 한번 따라 해보라. "공격 전 수준으로 시장이 복귀하는 데 단지 19일이 걸렸고, 그 후 지수는 더 높은 수준에서 한 달간 머물렀다." 시장이 이 모든 공포와 탄저균 테러에도 불구하고 이전보다 더 높은 수준을 유지하고 있었음에 주목하라. 탄저균 테러를 기억하는가? 시장은 그 테러에 영향을 받지 않고 지속적으로 올라 9월 10일 수준 이상으로 유지되었다. 더 파고들어 가, 글로벌한 관점에서, 최근 서구 국가에 대한 테러리스트의 공격이 시장에 어떻게 영향을 주었는지 살펴보자(그림 8.6b 참조).

　2004년 3월 10일, 알카에다 단원들은 마드리드에서 대규모 열차 폭탄 테러로 다시 한 번 이름을 떨쳤다. 스페인은 이 사건을 '우리의 9·11'로 불렀다. 다른 말로 하면, 이 '놀라운' 일은 국가적인 참사였다. 하지만 S&P500은 그날 1.5% 하락하고 채 5거래일이 안 돼 테러 공격 이전으로 복귀했다.

　2005년 7월 7일, 이들은 런던 지하철에 폭탄 테러를 자행했는데(그림 8.6c 참조), 내 회사 직원들이 살고 있는 곳에서 그리 멀지 않은 곳이었다. 런던 사무소에서 안전을 확인해주기까지 우리는 많은 걱정을 했다. 하지만 시장은 이들의 안위에 대해 별로 무감각했던 것 같다. 이날 S&P500은 플러스를 기록했다. 시장은 그 공격에 무심했고, 테러리스트들은 그 싸움에서 패했다.

　테러는 그 후에도 계속 이어졌다. 중동과 아프리카 지역만이 예외였다. 그리고 2006년 8월 10일 런던에서 미국으로 출발 예정이었던 비행기에 액체 폭탄 테러를 감행하려던 한 무리의 테러리스트들이 체포되었다. 이 여파로 미국과 유럽을 오가는 비행기들의 안전 수칙이 강화되었는데, 이로 인해 탑승자 수하물 검사에 있어서의 불편함과 비행 지연이 증가했다. 시장은 별 반응이 없었다. 그 후 이틀 정도 약간 하락하더니 그 다음 주 3% 상승 랠리를 보였다. 시장이 테러리즘에 무감각해진 것이다.

　미래에 발생할 테러 공격이 모두 시장가격에 할인되어 반영되었는지, 아닌지는 논쟁의 소지가 있다. 지금까지는 9·11 이후 성공적인 테러 공격은 없었던 듯하다. 이 테러리스트들은 커터 칼로 기장을 위협해 세계 어디든 갈 수 있었던 자였다는 사실을 기억하라. 하지만 그 이후로는 테러로 인한 시장의 패닉은 없었다. 어떻게 투자자들이 이토록 테러에 무심할 수 있을까? 우

그림 8.6 두려워 말라 : 시장은 두려워하지 않는다

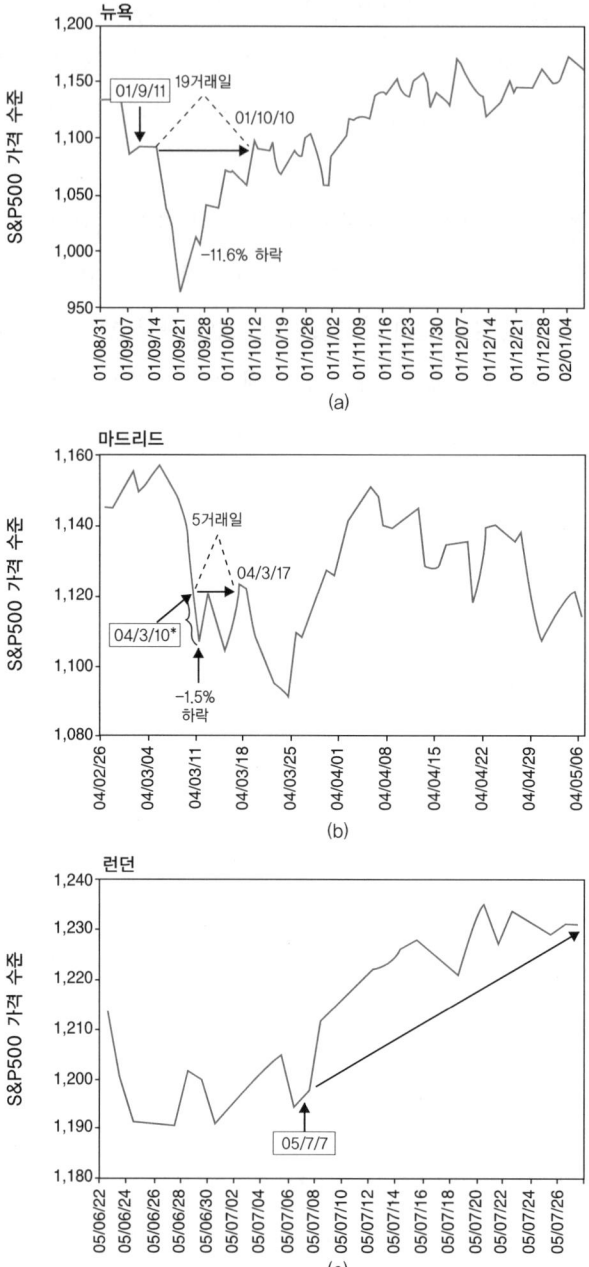

출처: Thompson Financial Datastream

표 8.7 두려워 말라 : 시장은 두려워하지 않는다(역사적 관점)

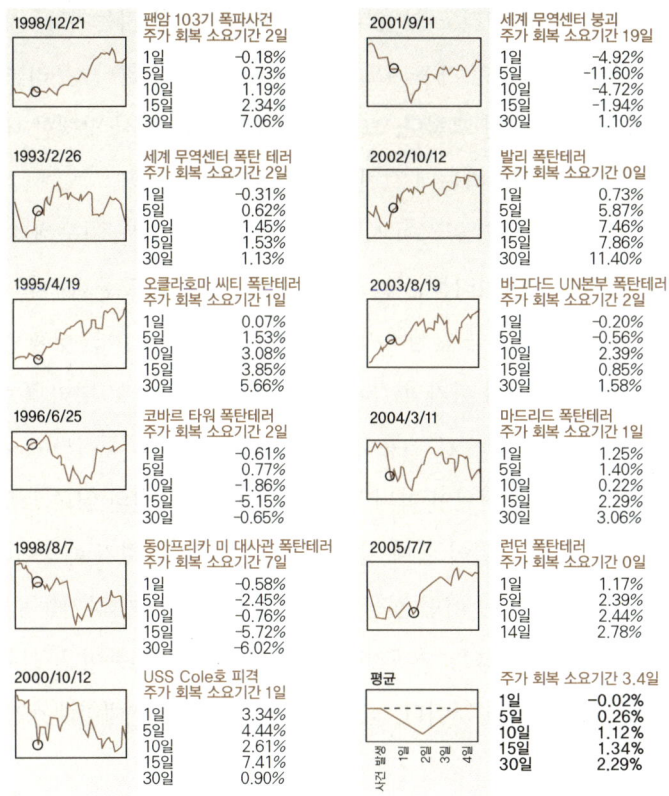

출처: Thompson Financial Datastream

리가 어디서 살고, 일하고, 여행하든지 이런 테러는 새롭고 끔찍하고 아주 현실감 있는 위협이 되며, 우리 스스로와 친구를 지켜야 한다. 그런데 정말 그럴까? 그동안 미국에서는 많은 테러가 발생했었다. 2000년 USS Cole호 폭파사건이 있었고, 1996년에는 코바르 타워(Khobar Tower) 폭탄테러가 발생했다. 또 1993년에는 쌍둥이 빌딩(Twin Towers)에 첫 번째 공격이 있었으며, 1983년 레바논 해병대 기지 습격과 팬암 103편 테러도 발생했다. 이스라엘은 역사 전체가 테러이며, 영국에는 아일랜드공화국군(IRA)도 있다. 영국인들은 거의 영원히 테러와 함께 살고 있는 듯 보이지만, 시장은 괜찮았다.

제1차 세계대전도 테러리스트의 공격으로 시작되었다. 바르바리(Barbary) 해적과 트리폴리(Tripoli) 사건도 있었다. 내가 무슨 얘기를 하는지 알 것이다. 테러리즘은 인류에게 있어 새롭지도 않고 파괴적이지도 않다. 우리는 충격에서 회복하고, 시장 또한 그렇다. 그림 8.7은 최근 역사에서 발생한 테러 공격의 횟수와 시장이 회복하는데 걸린 시간을 보여주고 있다.

그렇다면 대규모의 테러 공격이 시장을 망가뜨릴까? 우선, 자문해보라. 테러 공격이 또 일어나면 여러분은 놀랄 것인가? 그럴지도 모른다. 아직 미국 본토에 대한 대규모 테러는 발생하지 않았다. 2001년 9월 10일 상황으로 돌아가 보자. 만약 누군가가 다가와 칼과 박스 커터로 무장한 19명의 폭력배들이 비행기와 승객을 폭탄으로 이용하는 합동 공격을 계획 중이라고 얘기한다면, 여러분은 그것을 현실이 아니라 브루스 윌리스 주연의 영화 스토리라고 생각할 것이다. 그런 일이 실제 일어나리라 생각할 수 없기 때문이다.

오늘날 테러리스트들이 어떤 짓을 하든지 우리를 놀라게 하기는 어렵다. 물론 시장에 부정적 영향을 주겠지만, 어떤 것이든 여러분이 두려워하는 것보다 적게 영향을 미칠 것이다. 심리적으로 지난 5년간 대비해왔기 때문이다.

미국 주요 도시가 파괴되면 어떨까?

만약 테러리스트들이 미국의 주요 도시를 파괴하면 어떨까? 물론 끔찍한 일이 될 것이다. 그렇다면 시장에는 얼마나 큰 영향을 줄까? 다시 말하지만, 여러분이 생각하는 것보다 작을 것이다. 이런 사실은 뉴올리언스를 덮쳤던 허리케인 카트리나 사례에서 부분적으로 확인할 수 있다.

뉴올리언스와 멕시코만 일부는 허리케인 카트리나와 리타의 원투펀치에 초토화되었다. 멕시코만에 있던 유정 대부분은 작동을 멈춰버리게 되었다. 텍사스와 루이지애나, 미시시피에서 수십만 명이 집을 잃었다. 경제활동도 멈추면서 실업자들이 생겨났다. 그러나 시장은 이 불쌍한 사람들의 곤경에 무심했다. 카트리나가 루이지애나를 강타했던 2005년 8월 29일 시장은 0.6% 상승했다.[164] 홍수와 혼돈에도 불구하고 너무나도 평범한 하루였다. 그리고 2005년 4분기 GDP성장률은 1.8%를 기록했고[165], S&P500은 2.1% 상승했다.[166] 허리케인은 경제성장에 전혀 타격을 주지 못하는 것이었으며, 많은 전문가들이 예측했던 경제나 시장상황과 다른 것이었다. 이런 식으로 생각해보자. 2005년 4분기에 글로벌 시장은 3.1% 상승했고[167], 따라서 미국시장은 카트리나에도 불구하고 전 세계 성장률에 크게 뒤처지지 않았다. 그리고 시장은 9월부터 12월까지 실제로 상승했고 2006년 첫째 주까지 상승을 이어갔다. 물론 카트리나 사태가 일어나지 않았다면 더 올랐을지도 모른다. 하지만 누가 이걸 증명할 수 있을까?

GDP가 멕시코만의 원유 정제업무 중단과 경제활동 중단으로 크게 영향을 받아야 하지 않을까? 실제 뉴올리언스에서는 많은 사람이 죽었다. 이 문제는 두 번째 질문을 적용하기 좋은 문제다(일단 시작하면, 점점 더 쉬워지는 걸 느낄 수 있을 것이다). 뒤집어 생각해보자. 왜 그런 대규모 자연재해 후에 GDP성장이나 주식시장이 좋으면 안 되는 것일까? 항상 스케일을 생각하라!

루이지애나에 사는 모든 사람이 두 번의 태풍으로 모두 실직자가 되었다고 생각해보자. 실제 그렇진 않았지만, 상상할 수 있는 최악의 시나리오를 가정해보는 것이다. 루이지애나의 인구는 450만 명이다. 루이지애나의 1인당 소득은 역사적으로 미국 평균의 단지 3/4 수준에 불과했다.[168] 따라서 루이지애나의 인구수를 미국 전체 3억 인구 중 1%라고 바꿔 생각해보라. 루이지애나의 모든 사람들이 허리케인 때문에 GDP 성장에 전혀 기여를 못 한다고 하더라도 GDP성장률은 단지 1%가 줄어들 것이다. 그것도 한 번뿐이다. 단지 1년만 4% 성장 대신 3% 성장을 하는 것이고, 다시 정상으로 복귀하게 된다. 가장 최악의 시나리오가 이렇다. 루이지애나 사람들이 비생산적이거나 중요하지 않다고 얘기하려는 것이 아니다. 경제 전반에 미치는 영향이 작기 때문에 놀랄 필요가 없다는 것이다. 미국은 거대한 국가다. 미국 GDP에 큰 영향을 주기엔 루이지애나는 너무 작다. 또한 명심해야 할 중요한 것은 글로벌 시장과 글로벌 경제라는 것이다. 미국은 단지 전 세계 GDP의 38%를 차지한다.[169] 따라서 글로벌 경제성장에 미치는 영향은 더 작을 것이다. 아주 간단한 비교법이다.

피셔 할아버지를 기억하는가?

적절한 역사적 사례도 있다. 카트리나 사태가 발생했을 때 내가 처음 한 것은 보유주식의 차트를 살펴본 것과 내 고향을 초토화시켰던 자연재해를 떠올리기 위해 역사책을 집어 든 것이었다. 1906년 4월 18일 화재와 지진이 샌프란시스코를 덮쳤을 때, 남아난 것은 거의 없었다. 피셔 할아버지(5장 참조)는 할머니와의 결혼식을 다음 해로 미뤄야 했다. 할아버지와 가족들은 골든 게이트 파크의 캠프 텐트에서 생활해야 했다. 의학 수련도 몇 달간 중단해야 했다. 부상자 치료를 위한 자선봉사활동에 나섰기 때문이었다. 그 재해는 실로 엄청났다. 하지만 시장은 무너지지 않았다. 미국 주식시장은 4월에 약간 하락했는데, 어떤 이유로든지 일어날 수 있는 정도의 수준으로, 꼭 이 재해 때문이 아니라 다른 원인일 수도 있었다(정확한 건 나도 모른다). 하지만 5월과 6월에는 그전보다 더욱 상승했고 그해에 하락하지 않았다. 시장이 붕괴된 것은 그 다음 해인 1907년이었다. 뉴욕에서 시작된 은행 패닉으로 시장은 정상에서 골짜기로 49%나 떨어졌다.[170] 1906년의 샌프란시스코는 미국에게 2005년 루이지애나보다 더 중요했다. 당시 샌프란시스코 사태가 1906년 시장 붕괴를 불러오지 않았다는 사실은 카트리나 역시 크게 걱정할 필요가 없다는 사실을 가르쳐주는 훌륭한 역사의 가이드라인이다.

'약세장'의 원인으로 생각되던 다른 사건들에도 3가지 질문과 이런 방법론을 사용할 수 있다. 사스, 조류독감, 에볼라, 한타 바이러스, 탄저균, 천연두, 꿀벌이 그런 예다(마지막은 혹시 졸고 있을까봐 한 농담이다). 사스는 2003년 큰 문제였지만 이젠 잊혀진 지 오래다. 2005년과 2006년엔 변형 조류독감의 인간 감염에 대한 우려가 만연했다. 그런 일이 일어날 수 있을까? 그럴 수도 있다고 본다. 하지만 조류독감 후에도 공포를 불러일으키는 또 다른 사건들이 생겨날 것이고, 여러분은 매번 3가지 질문을 사용할 수 있을 것이다. 어떤 지정학적 사건이건, 자연재해건, 질병 위기건, 우리 모두가 걱정하고, 대비하고, 수다를 떨고, 뉴스에서 듣는 것이 시장을 움직이게 만들 수 있는지 검증하기 위해 3가지 질문을 사용하라. 결국 이 중 어느 것도 약세장 예측을 위한 해결책이 되지 못한다는 것을 알게 될 것이다.

이제 여러분은 시장이 움직일 것 같은 방향을 인지할 수 있는 3가지 질문이란 도구를 갖게 되었고, 진짜 약세장이 어떻게 보이는지(또는 보이지 않는지) 이해할 수 있다. 더 이상 TGH에 능멸 당하지 않을 준비가 되었고, 3가지 질문을 사용할 준비가 되었으며, 시장을 이길 준비가 되었다. 이제 여러분의 인생 내내 써먹을 수 있는 진짜 전략을 수립할 준비도 되었다. 계속 읽어주기 바란다.

9장

모두 한데 모으기

나는 여러분이 전략을 갖고 잘 훈련되어 있길 바란다. 또한 자본시장의 기법이란 과학을 더 발전시키고, 그런 기법들의 학습곡선을 단축시키는 사람이 되길 바란다. 3가지 질문을 완전히 습득하고 항상 사용하라. 그 질문들을 TGH를 향해 휘둘러라.

THE ONLY THREE QUESTIONS THAT COUNT

자신의 전략을 고수하고 그것에 맡겨라

이번 장은 전반적으로 포트폴리오 운영과 종목선택, 흔한 실수 피해가기와 관련된 조언을 다룬다. 3가지 질문을 이용해 다른 사람이 모르는 것을 알아내기와 관련된 것이 아니다. 지금쯤이면, 3가지 질문이 효과적으로 작동한다는 사실을 충분히 봤을 것이다. 오랜 세월에 걸쳐 이 질문들을 통해 내가 알게 된 사례들을 여러분에게 제시했다. 5장에서 8장까지가 이 3가지 질문에 대한 실제 사례를 보여준 것이다. 이제 여러분이 다른 사람이 모르는 무엇인가를 가지고 투자를 개시할 수 있었으면 한다. 나 역시 모르는 무엇이라면 좋겠다.

하지만 아직 끝나지 않았다. 3장에서 힌트가 나왔지만, 3가지 질문을 지속적으로 훈련하고 야비한 두뇌를 지속적으로 체크하는 한편, TGH에 능멸 당하지 않기 위해서는 의사판단을 위한 종합적인 전략을 가져야 한다. 단지 3가지 질문만 사용해도 훌륭하다! 하지만 전략을 가지면 3가지 질문을 적용할 기반과 틀을 가지게 되는 것이며, 여러분의 목표를 달성하도록 해주는 크고 작은 베팅을 할 수 있게 된다.

　어쩌면 이미 좋은 전략을 가지고 있다고 생각할 수도 있다. 충분히 그럴 수 있다. 하지만 전략을 갖고 있다고 생각하는 많은 투자자들은 실제로 전술과 전략을 혼동하고 있다. 예를 들어, 낮은 수수료와 함께 시장과 유사한 수익을 올리고 싶어 하는 어떤 투자자들은 무보수 뮤추얼펀드(no-load mutual fund)에 가입하는 '전략'을 택한다. 그건 전략이 아니라 철학이다. 전략 없이 그런 식으로 운영한다면, 10년 후에 수수료는 한 푼도 지불하지 않았겠지만 높은 수익률은 놓치게 되었을 것이다. 전략은 어떤 펀드를 선택하고, 왜, 어떻게 바꿔야 할지에 대한 계획을 포함하는 것이다.

　또 하나의 잘못된 전술은 정적인 자산배분이다. 정적 자산배분이란 주식과 채권, 현금의 고정된 분배비율을 고수하는 것을 의미한다. 증권사의 브로커와 언론에서는 수십 년 동안 정적 자산배분을 설교해왔다. 마치 여러분이 스스로 할 수 없을 때 누군가가 식단을 조절해주는 것처럼, 자기 통제력이 부족한 사람들에게는 괜찮은 방법이다. 하지만 정적 자산배분은 기회가 찾아왔을 때 3가지 질문이 주는 혜택을 누릴 수 없게 만든다.

　투자자들은 또한 손절매와 달러평균법(dollar-cost averaging, 정기적으로 일정한 금액을 주식, 펀드 등에 투자해 매입 평균비용을 낮추는 방법—옮긴이)을 사용하고, 옵션과 커버드콜을 매수하거나 매도하며, 파생상품을 이용한 전술을 펼친다. 이들은 전술에 시간을 낭비한다는 사실은 깨닫지 못한 채 효과적으로 작용하는 전략을 가졌다고 굳게 믿고 있다. 어떤 전술은 괜찮고 어떤 것은 그렇지 않다. 하지만 그저 전술일 뿐이다. 시끄럽기만 하고 효과적이지 못한 전술은 전략이 될 수 없다. 필요한 타이밍에 적절한 전술을 구사하는 것에는 아무런 잘못이 없다. 하지만 망치 같은 연장이 집을 위한 청사진이 아닌 것처럼 이 역시 전략이 될 수는 없다. 더욱이 다른 사람이 모르는 것을 알지 못하는데, 전술이 무슨 소용이 있단 말인가? 단지 망치라는 연장이 전략을 달성하기 위해 옳은 수단일 때 그걸 사용해야 하는 것이다. 전략 없는 전술을 통해 조금씩 돈을 잃기보다는 다른 사람이 모르는 것을 알기 위해 3가지 질문을 사용하고, 이를 통해 얻은 지식을 활용해 부를 얻을 수 있을 것이다.

인기 있지만 문제 있는 것들

전술과 관련된 많은 미신들은 문제가 있으며 비용을 낭비하게 하는 소모적인 것이지만, 우리의 장님 같은 두뇌에 강하게 어필하기 때문에(굉장히 옳게 보인다) 그 인기가 유지되고 있다. 또 우리는 대부분 그 문제를 어떻게 생각해야 할지 잘 모른다. 때로는 손절매같이 거래를 증가시키고 거래 수수료를 늘려주기 때문에 증권회사들이 수십 년 동안 권장해오고 있는 것들도 있다. 첫 번째 질문과 세 번째 질문은 실제 이런 기법들이 효과가 있는지 확인해볼 수 있고, 왜 우리 두뇌에는 합리적으로 보이는지 알아낼 수 있기 때문에 도움이 될 것이다. 여기 2가지 예가 있다.

손절매라고? 오히려 이익절매다!

손절매(stop loss)라는 개념은 그 이름부터 너무 그럴듯하기 때문에 그것이 왜 인기가 있는 책략인지 금방 알아차릴 수 있다. 손절매는 임의의 하락 한계를 정해놓는 것을 의미한다. 주가가 그 수준에 도달하면 그 투자는 실패로 인식하고, 매도하여 더 좋은 주식을 다시 매입한다. 예를 들어 여러분이 항상 15% 하락을 손절매 수준으로 지킨다면, 15% 이상 하락한 주식을 보유하는 일은 절대 없게 된다. 엔론 사태 같은 재앙을 피하는 것이다. 보기엔 멋지다. 15%가 아니라도 10%나 20%, 12.725%처럼 어떤 수치든지 임의로 정할 수 있다. 이는 일종의 조절 메커니즘이다.
하지만 손절매는 투자자들이 바라는 그런 효과가 없다. 평균적으로 돈을 벌기보다는 잃게 만드는 전술이다. 좋게 느껴지지만 나쁜 것이다. 왜 그럴까? 주가는 자기상관(自己相關, serially correlated) 되어 있지 않기 때문이다.

통계학자는 주가를 '자기상관' 되어 있지 않다고 보는데, 이는 주가가 어떤 방향으로 움직일 때 그 방향을 계속 유지할 것인지, 아니면 반대 방향으로 움직일지의 확률이 50 대 50이라는 의미다. 주가 그 자체로는 미래의 주가 움직임을 예측할 수 있는 어떤 근거가 되지 못한다는 사실은 실제 역사적 주가 데이터를 이용한 광범위한 학술 연구를 통해 밝혀졌다. 주가가 어느 정도 하락했다고 해서 이를 근거로 향후 어떻게 움직일지는 전혀 알 수 없다는 얘기다.

만약 주가가 자기상관 되어 있다면, 단지 주가가 오르고 있는 종목만 사면 된다. 즉, 모멘텀 투자자들이 하는 것처럼 하락하는 종목은 매도하고 오르는 종목만 매수하는 것이다. 장기적으로 주가가 자기상관 관계를 보인다면 모멘텀 투자자들은 역사적 평균 수익률보다 높은 수익을 거둬야 했을 것이다. 하지만 실제로는 그렇지 않다.

나의 설득에도 불구하고 굳이 손절매 원칙을 지키고자 한다면, 그 하락 수준은 얼마로 하겠는가? 사람들은 일반적으로 10%나 20% 수준으로 설정하며, 그 이상은 내려가지 않는다. 손절매가 효과를 보이려면 왜 20%보다 30%를 좋아하겠는가? 실제로, 왜 15%가 아니라 20%인가? 이런 식의 생각을 1%까지 줄여가면서 해볼 수 있다. 주가가 하락해 여러분이 설정한 손절매 수준에 도달했을 때, 이 주식이 계속 떨어질지 다시 오를지의 확률은 각각 50%다. 동전의 양면 같은 상황에 투자하고 있는 것이다.

어떤 개별 주식의 손절매를 −20%로 설정했을 때 그 주식이 50%로 폭등하기 전 22% 하락했다면 여러분에게 어떤 일이 생긴 것일까? 20% 손실을 확정 지었고, 거래비용을 지불했으며, 대안종목을 찾아 나서야 한다. 손절매 종목 대신 매입한 종목이 오를 것이라고 보증할 수 있나? 그 주식도 떨어지면 어떻게 할 것인가? 빈 털터리가 될 때까지 20% 하락하는 종목만 살 수도 있다. 역사적으로 봤을 때 10%건, 20%건, 30%건, 53%건, 어떤 손절매 수준을 설정하더라도 이를 통해 시장 초과수익을 올릴 수는 없다.

또 다른 시나리오도 있다. 보다 명확하게 보기 위해 재구성을 해보자. 에이미는 어떤 주식을 50달러에 매수했다. 이 주식은 100달러까지 올랐다. 슈는 이 주식을 100달러에 매수했는데 곧 80달러로 하락했다. 고점에서 20% 하락한 셈이다. 이 둘 모두 80달러에 매도해야 할까? 아니면 더 많은 비용을 지불한 슈만 매도해야 할까? 과거 주가 동향이 미래 가격 동향을 예측하지 못하기 때문에 옳은 답은 없다.

어떤 사람들은 매도한 주식을 같은 산업의 유사한 주식으로 대체하는 것을 제안한다. 하지만 이렇게 하면 좋은 점이 도대체 뭘까? 만약 그 섹터의 주가가 오르기 시작한다면, 두 주식 모두 오를 가능성이 있다. 어떤 주식을 매수 또는 매도하는 결정은 주가의 임의적인 변동이나 목표치에 의해서가 아니라, 그 주식의 향후 전망에 근거해야 한다.

또 어떤 이들은 매도 주식의 대체 없이 손절매만 함으로써 약세장을 피해갈 것을 제안하기도 한다. 그러면 강세장에서의 일반적인 조정에서는 손절매로 인해 대부분의 주식을 상대적으로 낮은 가격에 팔게 될 것이다. 싸게 사서 비싸게 파는 게 우리가 해야 할 일이 아닌가? 절대적 손절매와 연계된 결과는 완전히 예측 불가능이다. 다른 말로 하면, 손절매는 아무 효과가 없다.

손절매의 유일하고 확실한 효과는 거래비용의 증가다. 이 무작위적인 과정에서, 이런 사실 때문에 손절매 전략이 돈을 잃게 만드는 것이다. 주식 브로커들은 손절매를 사랑하며, 오늘날까지 적극 권장하고 있다. 주가에는 변동성이 따르고, 손절매 가격에 도달하게 되면 두 종류의 수수료가 발생한다는 사실을 알고 있기 때문이다. 하나는 팔 때 내는 수수료, 다른 하나는 재투자할 때 내는 수수료다.

달러평균법(DCA) - 수수료는 높이고 수익은 낮추고

대부분의 투자자들은 투자원금을 시간에 걸쳐 넓게 분산시키는 달러평균법(DCA: dollar cost averaging)을 위험을 줄이고 기대수익률도 높이는 훌륭한 전략이라고 아무 의심 없이 받아들이고 있다. 여러분이 401(k)나 다른 퇴직연금에 주기적으로 투자금을 불입하고 있다면 기본적으로 달러평균법을 사용하고 있는 셈이다.

퇴직연금에 정기적으로 자금을 불입하는 것은 완벽하게 합리적이다. 우선, 많은 투자자들이 매월 받는 급여로는 자신의 401(k)나 403(b) 또는 다른 퇴직연금에 한 번에 자금 전액을 납부할 수 있는 현금이 없기 때문이다. 두 번째는, 많은 회사들이 개인의 퇴직연금 납부 시 같은 금액만큼 매칭해서 납부해주고 있는데 이는 여러분 계좌가 어떤 위험도 없이 늘어나는 것을 의미하기 때문이다. 난 항상 공짜 돈을 좋아한다. 세 번째는, 퇴직 후 필요한 자금을 위해 항상 가능한 모든 수단을 최대한 활용해야 하기 때문이다.

이외에는 다른 어떤 형태의 달러평균법도 비용 낭비다. 달러평균법은 직관적으로 보면 굉장히 그럴듯하다. 투자자들은 자신이 매수하는 날이 상대적으로 고점이 아닌지 걱정한다. 따라서 투자 타이밍을 늘리면 '나쁜' 날에 투자자금을 모두 쏟아 부을 수 있는 위험을 줄일 수 있을 것이란 생각을 하게 된다. 만약 '나쁜' 날에 모든 자금을 투자한다면, 많은 후회를 하게 될 것이다. 사람들은 후회를 꺼린다.

1990년대처럼 시장수익률이 좋을 때는 언론에서 달러평균법을 거의 언급하지 않는다. 이럴 때 달러평균법의 혜택을 찬미하는 사람은 오직 주식 브로커뿐이다. 달러평균법은 브로커들에게는 축복이다. 왜 그럴까? 증권업계에서는 일반적으로 거래금액이 클 때보다 작을 때 더 높은 수수료율을 부과하기 때문이다. 여러분이 돈을 여러 개로 잘게 쪼갤 때, 브로커에게 지급하는 총자산에 대한 총 수수료는 확연히 올라간다. 브로커들은 고객에게 이 비용이 리스크 관리에 필요한 것이라고 주장하며, 고객들은 잘 알아채지 못한다.

하지만 데이터를 살펴보면 달러평균법은 포트폴리오의 리스크와 수익률 특성에 악영향을 주는 것으로 나타난다. 버펄로 대학(University at Buffalo)의 마이클 로제프 교수는 10여 년 전에 달러평균법과 일반 거치식(lumo-sum) 투자의 수익률 비교연구를 수행했다.

로제프는 S&P500에 투자했다고 가정하고, 1926년부터 1990년까지 매년 거치식 투자와 12개월 분산투자의 결과를 비교했다. 그 결과는 아주 단정적이다. 2/3

에 해당하는 해에서 거치식 투자가 달러평균법보다 수익도 높고 변동성도 적은 것으로 나타났다. 더욱 중요한 것은 전체적으로 봤을 때 거치식 투자가 달러평균법보다 평균 1.1% 높은 수익을 거둔 것으로 나타났다는 사실이다. 소형주로 구성된 포트폴리오에 적용했을 때, 거치식 투자의 이점은 더욱 드라마틱하다. 달러평균법 전략보다 무려 3.9%나 좋았던 것이다.[171]

내 회사에서도 비슷한 연구를 했는데 역시 결과는 같았다. 평균적으로 달러평균법보다 거치식 투자의 성과가 좋았는데, 이는 시장이 하락하는 경우보다 상승하는 경향이 더 높기 때문이다. 항상 그렇진 않았지만, 달러평균법이 비합리적이란 사실을 밝히기엔 충분했다.

달러평균법이 좋지 못한 투자전략이라는 사실을 밝히는 데는 어려운 수학지식이나 분석이 필요 없다. 그리고 그 결과는 강력하다. 이 미신이 계속 지속되는 이유는 세 번째 질문을 통해 알 수 있다. 개념은, 수익을 올렸을 때의 즐거움보다 돈을 잃었을 때 느끼는 고통이 2배는 크다는 것이다.[172] 한 번의 큰 잘못을 저지를 가능성을 제거해주기 때문에 투자자들은 달러평균법같이 열등한 전략에 마음이 기울게 마련이다. 그런 실수를 저지르면 큰 후회를 하게 될 것이고, 어쩌면 집사람이 바보라고 생각할지도 모른다(아마 이미 그렇게 생각하는지도). 사람들은 달러평균법이 위험을 줄여준다고 생각하며, 따라서 현명한 책략으로 여긴다. 실제로는 달러평균법은 위험을 증가시키며 미래 수익률을 감소시킨다. 장기적으로 얼마만큼의 수익기회를 놓치든 간에, 대부분의 투자자들이 포기한 이익에 대해 느끼는 아픔은 돈을 잃었을 때 느끼는 고통의 절반일 뿐이다.

간단히 정리하자. 달러평균법은 효과가 없다. 단지 브로커에게 높은 수수료만 제공할 뿐이다. 잘못되게 느껴질지는 몰라도 달러평균법을 사용하지 않고 부자가 될 수 있다. 여러분의 감정은 이 대목에서 또 한 번 적이 되고 만다. 항상 존재하는 이 감정은 TGH가 사용하는 방법이며, TGH를 이겼다고 생각하는 순간조차 여러분은 이용당하고 있는 것이다.

커버드 콜―뭘 커버한다는 말인가?

오랜 기간 동안 증권사들은 고객에게 주식을 매수하고 콜을 매도하는 커버드 콜(Covered Call) 전략을 제시해왔다. 투자자들이 이 전략을 좋아하는 이유는 2가지다. 우선, 바로 수익을 거둘 수 있고(콜옵션 매도 시 받는 프리미엄), 옵션으로 위험이 제한되기 때문에 안전하다고 생각하기 때문이다. 이런 전략을 구사하는 투자자들은 커버드 콜이 안전하고 '보수적'이라는 데 동의하고 있다.

그렇다면 커버드 콜은 정확히 무엇일까? 수익구조를 그래프로 그려보면 정확히 알 수 있다. 다른 모든 옵션과 마찬가지로 이익 및 손실이 발생되는 구간은 사전에 정해진다. X축은 행사 일의 주가를 나타내며, Y축은 이 포지션에서 이익이나 손실을 의미한다. X는 옵션의 행사 가격을 나타낸다.

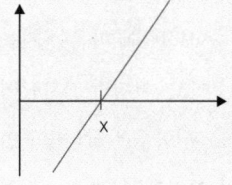
(a) S라는 주식의 수익구조. 이익에는 제한이 없고 잠재 손실은 매수가와 같다.

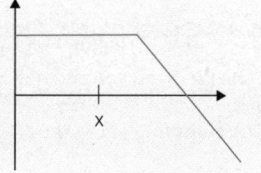
(b) 콜옵션 매도의 수익은 프리미엄에 국한되며, 주가가 오를수록 손실은 무한정 늘어난다.

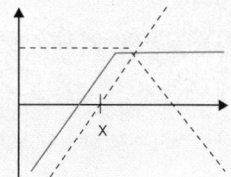
(c) X보다 높은 가격에 주식 S와 콜옵션 매도를 조합하면, 이익은 고정된다. 하지만 S의 주가가 하락하면 여전히 손실 가능성이 있다.

따라서 커버드 콜은 실제로 오를 때는 고정된 수익만 올리면서(따라서 상승 시 이익이 제한된다) 최초 수취한 프리미엄만큼만 제외하고는 주식 하락에 대한 리스크는 여전히 존재한다.

이제 더 이상 커버드 콜이 매력적으로 보이지 않는다. 사실, 커버드 콜의 수익구조는 풋옵션(naked put) 매도와 완전히 같다! 어떤 차이도 없다. 또 금융이론에 따르면 동일한 수익구조를 가진 주식은 사실상 같은 주식이다.

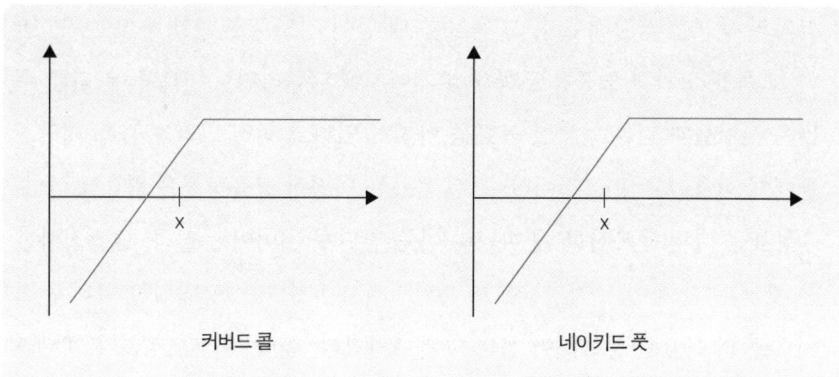

커버드 콜   네이키드 풋

물론 대부분의 투자자들은 네이키드 풋을 매도한다는 생각에 눈살을 찌푸리겠지만, 커버드 콜 전략을 구사할 때 실제로 똑같은 방법을 쓰고 있는 것이다. 따라서 커버드 콜이 안전한 전략이라는 생각은 그저 생각일 뿐이다. 풋옵션 매도와 커버드 콜은 같은 것이기 때문에 같은 전략으로 여겨져야 한다. 이 경우가 바로 투자자들에게 동일한 정보가 제공되었음에도 그 정보를 구성하는 데서 혼동을 겪는 아주 좋은 케이스다. 하지만 현실에서는 너무나 위험하다는 이유로 절대 풋옵션 매도를 안 할 때처럼, 안전하다는 생각으로 커버드 콜 전략을 채택하곤 한다. 문제의 재구조화에 농락 당하는 셈이다. 따라서 누군가 다음번에 커버드 콜 전략을 권한다면, 그들에게 풋을 매도하라고 말해야 할 것이다. 똑같은 것이니까!

전략이란 여러분의 모든 결정을 이끌어주는 계획이다. 길을 벗어나려 할 때 자제할 수 있도록 해주는 것이다. 시장은 단순하게 직관적이지 않으며, 이런 이유 때문에 많은 사람이 실패한다. 일반적으로 틀리게 느껴지는 것은 옳으며, 옳게 느껴지는 것은 맞는 경우가 많다. 이런 이유 때문에 여러분의 두뇌가 제대로 돌아가게 하기 위해 전략과 질문들이 필요한 것이다.

전략에 대해 생각하기 전에, 여러분이 달성하고자 하는 것에 대해 몇 가지 기본 규칙을 세워보자. 어떤 사람에게든지 그들의 투자목표가 무엇인지 물어보게 되면, 혼란스런 답변이 너무나 많다는 것을 알게 될 것이다. 여러분

각자의 목표를 생각해보라. 그 목표를 네 단어 정도로 표현할 수 있는가? 만약 그 목표가 관련 도표를 포함해 10페이지에 달한다면, 여러분들은 다른 수많은 사람들과 다른 독특한 목표를 가지고 있다고 믿길 바라는 금융 세일즈맨에게 휘둘리고 있는 것이다. 그런 목표는 다양한 금융상품을 필요로 한다.

목표는 그렇게 복잡한 게 아니라 아주 간단한 것이어야 한다. 금융회사들은 오랜 기간 동안 투자자들에게 혼란스럽고 모순되는 광범위한 범위에 걸쳐 그들의 목표를 분류해야 한다고 가르쳐왔다. 만약 주식 브로커나 재무관리사를 만나게 된다면, 그들은 아마도 여러분의 '리스크 감내 수준'이 어느 정도 되는지 물어볼 것이다. 대부분의 투자자들은 그 수준을 알지 못하며, 자신의 리스크 감내 수준을 정량화 하는 훈련을 받지 못했다. 강세장이 끝난 후와 오랜 약세장을 겪고 난 후, 자신의 리스크 감내 수준에 대한 판단은 각각 매우 다르다. 질문자가 여러분의 투자유형을 알아보기 위한 질문지 작성을 요구할 수도 있는데, 사실은 그날 감정상태가 그대로 반영되는 것이다. 여러분이 '성장형' 투자자나 '공격 성장형' 투자자라고 생각하는가? 알록달록한 파이 그래프들 중에서 뭔가 선택하거나 1-7이나 1-10 또는 1-37 단계로 구분된 측정표에서 순위를 매기라고 할지도 모른다.

여기엔 추악한 비밀이 있다. 소위 위험 순위라는 것은 아무것도 의미하지 않는다. 단순히 현실을 반영하지 못하는 것이다. 어떤 사람의 '리스크 감내 수준'은 그 사람이 어떤 상황에 처해 있는가에 따라 매우 다양하다. 1999년에 자신은 리스크 감내 수준이 높고, 매년 20%가 넘는 수익을 추구한다고 응답한 사람이 2002년과 2003년에는 자신이 리스크 회피적이며 저수준의 안전한 절대수익을 추구한다고 응답한다. 복부에 강펀치를 맞아보지 못한 대부분의 사람들이 펀치를 맞고 난 후 어떤 느낌이 올지 알 수 없는 것처럼, 대부분의 사람들이 복싱 선수처럼 그런 일이 여러 번 다양한 방법으로 실제 일어나기 전에는 자신의 리스크 감내 수준을 측정한다는 게 불가능하다. 나는 한때 복싱 선수였고 그런 사실을 경험으로 알고 있다.

나는 실제로 리스크 감내 수준을 잘 조절하는 투자자를 거의 만나보지 못했다. 대부분의 사람들은 어떤 정보 없이 그저 당시 기분을 표현할 뿐이다. 리스크 감내에 대한 그들의 느낌은 최근에 읽은 정보나 겪은 일, 얘기를 해준 사람, 그리고 그런 질문에 어떻게 대답해야 할지 스스로 생각하는 것 등에 의해 형성된다. 그런 느낌은 그들이 부인이나 자식들과 함께 있는지 아닌지 여부에 따라서도 달라지는 경우가 많다. 부인과 함께 있을 때보다 혼자서 해적 영화를 볼 때 푸른 바다에서 해적질을 하며 전리품을 챙기는 해적의 인생을 동경하기 쉬운 법이다. 남자들에게 리스크 감내 수준을 물어보면, 자신은 굉장히 리스크를 즐기며 변동성을 잘 다룰 수 있다는 얘기를 굉장히 자주 한다. 나중에 그 사람의 부인을 만나서 그런 얘기를 전하면 웃음을 터뜨릴 것이다. 여러분을 놀리는 것이 아니다. 이런 일은 항상 일어났다. 남편이 잘못된 것인가? 아니면 부인이? 사실 모두가 틀렸다. 사람들은 리스크를 단면적인 것으로 생각하기 때문이다. 실제로 그런 것이 아니다!

마이어 슈태트만 교수와 내가 "평균 분산 최적화 퍼즐: 주식 포트폴리오와 음식 포트폴리오(The Mean Variance Optimization Puzzle: Security Portfolios and Food Portfolios)"[173]라는 논문에서 밝혀냈듯이, 리스크는 다양한 측면을 가지고 있으며, 어떤 순간에 어떤 사람의 리스크를 완전히 이해한다는 것은 불가능하다. 여러분의 두뇌는 투자 리스크를 음식이나 섭생(攝生) 문제와 같은 방식으로 다룬다. 음식을 먹을 때나 투자를 할 때 사람들은 최소한 6가지를 동시에 원한다. 어떤 순간에 그들이 느끼는 리스크는 현재 그들이 가지고 있는 것을 갖지 못했다면 어떻게 느꼈을까 하는 생각 없이, 그들이 처음부터 가지지 못했던 것과 연관되어 있다. 여러분의 두뇌는 동시에 그 둘을 모두 고려할 수 없다. 두뇌는 가지지 못한 것에 고정되며, 바로 그것이 여러분이 느끼는 리스크가 되는 것이다.

앞서 말한 논문을 여기서 완전히 펼쳐놓고 싶지는 않다. 하지만 투자자들은 수익을 원하면서도 다른 사람들에게 지지 않으려 하거나 초과 기회비용을 지불하지 않게 되길 바란다. 바로 이것이 오직 연 10% 수익만 올리면 된다고 생각하는 사람이, 시장이 35% 오르고 자신은 20% 수익을 올렸을 때 화를 내는 이유다. 바로 이것이 리스크다. 투자자들은 변동성 또한 두려워하며 리스크로 인식한다. 변동성은 리스크가 맞다. 금융이론들은 변동성을 리스크 측정치로 묘사하는 데 지나치게 열중해왔다. 하지만 변동성은 수많은 리스크 중 하나일 뿐이며 다른 리스크보다 투자자들을 등쳐 먹는 데 많이 사용된다. 물론 투자자들은 가격을 매기고 싶어 한다. 투자자들은 서로 가격을 다르게 추정하지만, 그 가격이 자신들의 생각과 다르면 리스크로 인지하게 되는 것이다. 투자자들이 원하는 것은 패키징이다. 패키징은 다른 모든 리스크로 퍼져나가지만 프레젠테이션, 사용의 용이함, 모든 마케팅의 필수 요소인 안전함과 저위험을 암시하는 확신감을 포함하는 것이다. 또한 투자자들은 명성을 원한다. 이 명성에는 브랜드(자신만이 특별한 존재라는 느낌에 소구하는 것)나 일반적인 안전감 또는 품질에 대한 신뢰로운 인식, 타사 대비 상류사회의 느낌을 주는 것 등 다양한 것을 포함할 수 있다. 이 문제는 '특권에 대한 자랑(bragging rights)'으로 생각해볼 수도 있는데, 이는 "난 구글의 IPO에 참가했지만 넌 그러지 못했지" 같은 표현이 그런 예다. 하지만 그런 명성을 제거하고 나면, 그런 사람들에겐 그것이 갑자기 리스크로 느껴진다.

그리고 나면 이들은 '정리선호(order preference)'를 원하게 된다. 모든 사람에게 정리선호 현상이 얼마나 중요한지 아는 사람은 거의 없지만, 음식 섭취와 관련된 2가지 방식을 통해서 간파할 수 있다. 그 하나는 왜 아침 음식은 아침에 먹고 저녁 음식은 저녁에 먹는가 하는 것이다. 왜 바꿔 먹지 않을까? 똑같은 칼로리지만, 다른 사람이 보고 있지 않더라도 대체로 사람들은 그렇게 바꿔 먹지 않는다. 두 번째는 사람들이 함께 먹는 음식으로 실험을 하지 않는다는 사실이다. 왜 샐러드드레싱을 커피에 넣거나, 샐러드나 스테이크에 크림을 넣어보려고 하지 않는가? 어떤 맛이 날지도 모르면서 말이다. 맛이 더 좋을 수도 있지 않은가? 이유는 정리선호를 위반하기 때문이다.

그리고 이런 짓을 대중 레스토랑에서 했다가는 같이 식사를 하는 사람들이 당신을 미쳤다고 생각할 것이기 때문이다.

내가 말하고자 하는 핵심은, 어느 순간에건 여러분이 인지하고 떠들어대는 리스크란 여러분이 가지지 못한 것과 관계가 있다는 사실이다. 또한 여러분의 두뇌는 그 외에 여러분이 가진 모든 것과 그것을 가지지 못했을 때는 어떻게 느끼고 있을지(어떻게 리스크를 경험하고 있을지) 깨닫지 못한다는 사실이다. 미래에 어떤 리스크를 접하게 되었을 때 자신이 어떤 감정을 느끼게 될지 단서를 가지고 있는 사람은 거의 없다. 이와 관련해서는 국내에서나 해외에서나 의미 있는 방법으로 측정된 적은 없지만, 내 추측으로는 단지 5% 미만의 사람들만이 그들 자신의 리스크 감내 수준에 대한 단서를 가지고 있으며 나 또한 나머지 95%에 속한다고 기쁘게 말할 수 있다. 여러분 또한 95%에 속할 것이라고 장담할 수 있다.

성장이냐 수입이냐, 아니면 그 둘 다인가?

여러분 각자가 독특하고 놀라운 사람이라는 데 의심은 없다. 하지만 다른 모든 사람도 마찬가지다. 즉, 통계적으로 특별한 사람은 아니라는 얘기다. 통계적으로 봤을 때 특별하다는 것은 어떤 특성을 나타내는 종형 분포에서 양쪽 끝에 위치해 있다는 의미다. 여러분이 정말 특별하다면, 기술적으로는 아주 괴상하다고 할 수 있다. 특별하다는 것은 곧 괴상함을 의미한다. 대부분의 투자자들은 자신을 특별하다고 생각하고 싶어 한다. 하지만 괴상하게 보이고 싶어 하진 않는다. 여러분은 아마도 인류의 98%와 거의 비슷한 투자 목적을 공유하고 있을 것이다.

여러분에게 특별하게 느껴지는 투자목적도 거의 대부분이 다른 사람들과 아주 비슷하다는 것은 확실하다. 자신이 특별하다고 확신하는 사람들 대부분은 나르시스트다. 나르시스트들은 항상 자신이 특별하다고 당연하게 생각하지만 사실은 그렇지 않다. 단지 인지적인 오류일 뿐이다. 하지만 우리

사회는 항상 모든 사람이 특별하다고 말한다. 듣기 좋은 말이고 정치적으로 옳은 말이다! 금융회사들은 그런 사실을 영업에 활용해서 여러분을 위한 특별한 상품이라고 생각되는 상품들을 출시한다. 여러분이 괴상하지 않은 이상 특별하지도 않다. 사람들이 가지고 있는 실제적이고 일반적인 투자의 목표는 아주 단순한 것이며, 따라서 그걸 알아내기 위한 질문지나 그래프도 필요 없다. 여기 그 목표가 있다.

최우선 목적 대비 최종 가치를 극대화한다

여러분이 포트폴리오를 키우고자 하는 이유는 은퇴에 대비하거나, 지금 또는 미래에 무엇인가를 구입하기 위해서(주로 집이나 대학 교육비 또는 보트)이거나, 사랑하는 사람들 또는 자선단체에 돈을 남겨주기 위해서다. 이런 목표를 '성장'이라고 생각할 수도 있다. 하지만 '최종 가치의 극대화'가 반드시 주머니에 큰돈이 쌓이게 하는 것은 아니다. 매년 투자수익보다 많은 돈을 인출할 수도 있다(계획적인 재산 감소). 그렇더라도 여전히 자산을 사용할 수 있는 기간을 늘릴 필요는 있을 것이다. 예를 들어, 어떤 사람에게 투자의 최우선 목적이 무엇인지 물었을 때 일반적인 대답은 여생 동안 자신과 배우자를 돌보는 것이라고 하자. 이 목적은 총자산의 성장이나 단순한 기간 연장을 모두 포함할 수 있지만, 어느 투자자에게나 가장 흔한 목적일 것이다. 아주 현실적이며 기본적이다!

현금흐름

많은 투자자들은 자산운용의 목적이 생활비를 충당하기 위한 '수입'이라고 말한다. 어떤 수준의 수입이나 현금흐름을 현재 또는 미래에 원하는 것이다. 극단적인 사례지만, 아빠가 죽으면서 남긴 보장된 수입에 너무나 행복해하는 사람들의 경우 투자에 대해 말할 필요도, 자산을 어떻게 투자하는가 하는 지식도 필요치 않을 것이다. 거트루드 스타인처럼 말이다. 잔치를 벌

여라!

물론 이 팔자 좋은 상속자는 '수입'이란 말의 기술적 정의와는 실제 관계가 없다. 그녀가 원하는 것은 예측 가능하고 안전한 현금흐름이다. 당연한 말이다. 금융이론에 따르면, 우리가 세금 및 위험 조정 후 현금흐름에 대해서는 어떤 타입을 선호하는지 알 필요가 없다. 예를 들어 세후로 봤을 때, 우리는 우리의 현금흐름이 배당에서 오는 것인지(위험할 수도 있고, 위험하지 않을 수도 있다), 시세차익에서 오는 것인지(위험할 수도 있고, 위험하지 않을 수도 있다) 신경 쓰지 말아야 한다. 수입의 흐름은 전체 수익을 발생시키는 데 있어 자본차익보다 좋거나 나쁘지 않다. 우리가 신경 써야 하는 것은 세금과 리스크 조정 후의 총수익이다.

현금흐름에 대한 니즈는 투자자들에게 매우 중요하다. 너무나 많은 투자자들이 이 문제에 대해 적절히 생각하는 법을 배우지 못했다. 그렇기 때문에 내 회사에서는 이 부분이 고객 교육의 핵심적인 부분이 되고 있으며, 다른 기관에서도 그래야만 할 것이다. 현금흐름에 대해 생각하는 법을 가르치는 것은 고객의 니즈와도 일치한다. 이전에 배운 경험이 없기 때문이다.

최종 가치냐, 현금흐름이냐? 바로 이 문제다! 대부분의 투자자들은 전형적으로 이 중 하나를 추구하거나 이 둘의 적절한 조합을 추구한다. (비록 이 목표 사이에는 굉장히 다양한 소규모 목표가 있기는 하다. 예를 들면 '내가 죽은 후 가능한 많은 재산을 물개 살리기 운동에 기부하고 싶다'와 같은 목표다. 이는 기부 목적을 위해 최종 가치를 최대화하겠다는 뜻이다.) 맞는 것 같은가? 예를 들어, 나이 50살의 어떤 투자자는 투자의 최우선 목표가 자신과 배우자의 여생을 보살피는 것이지만, 두 번째 목표로는 자식과 자선단체에 어느 정도 재산을 남기려고 한다. 이 투자자는 목적 달성의 가능성을 높이기 위해 생애 마지막에 최종 가치를 극대화하려고 한다. 그렇게 하면 아이들과 물개들에게 선물을 남겨주면서 그들 자신의 라이프스타일도 유지할 수 있는 현금흐름이 발생된다. 대부분의 투자자들이 최종 가치와 현금흐름 또는 그 둘 모두를 적절히 조합한 어느 지점에 목표를 설정한다. 정말 독특하고(또는 괴상하고) 싶다면, 이런 스펙트럼을 벗어나야만 한다.

한편, 세 번째의 목표도 존재할 수 있는데, 바로 자본의 보존이다. 진정한 자본 보존이란 여러분의 자산가치를 보존하기 위해 절대적으로 아무런 리스크를 지지 않는 것을 의미한다. 투자자들은 자신들이 원하는 것이 자본 보존이라는 주장을 자주 하지만, 이런 주장은 영원히 진실과는 다른 주장이다. 장기적인 목표로서 자본 보존은 의미가 없다. 장기적 관점에서 진정한 자본 보존은 여러분이 필요한 돈보다 훨씬 많은 돈을 소유하고 있다는 사실을 알 때만 적합하다. 이때는 돈을 더 벌 필요를 못 느끼며, 투자의 최우선 목적도 혼란 요인에 대한 걱정을 최소화하는 것이다. 그럴 때는 (자본의 보존이라는 목표가) 의미가 있지만, 그럴 수 있는 사람은 극히 적다.

단기적 관점에서, 만약 여러분이 젊고 6개월 후에 주택 계약금을 지불해야 할 상황이라면 이런 목표도 의미가 있다. CD(양도성 예금증서)처럼 리스크가 낮은 대상에 투자해서 현금을 보존하는 것이 아주 적절한 전략인 것이다. 하지만 일반적으로 이 책을 구입한 사람이라면, 매트리스 밑에 돈다발을 숨겨 놓은 사람이기보다는 뭔가 장기적인 투자목적이 있는 사람일 것이다. 자본 보존과 성장은 서로 극과 극이다. 투자자들이 동경해 마지않으며, 금융회사들이 항상 마케팅하고 있는 '자본 보존과 성장'이라는 말을 여러분은 자주 듣는다. 이를 꿈꾸는 대부분의 사람들은 마치 지방 없는 스테이크를 바라는 것과 같다. 생각해보라. 나도 그걸 좋아하지만, 불가능하다는 것을 알고 있다. 그 2가지가 동시에 가능하다는 얘기는 듣지도 마라. 그 둘은 동시에 가능하지 않다.

왜 자본의 성장과 보존을 동시에 이룰 수 없는 것일까? 성장을 위해서는 어느 정도의 리스크를 부담해야 하기 때문이다. 자본 보존이란 리스크의 부재를 뜻한다. 이 2가지 조합은 무위험 수익을 의미하며 이는 불가능하다. 이제 여러분의 목표가 성장이고, 지금부터 20년 후에 원금을 3배로 불렸다면

(만약 주식 말고 다른 인덱스를 벤치마크로 삼았다면 불가능할 것이다), 원금도 성공적으로 불리고 최초 자본도 보존한 셈이 될 것이다. 물론 그 20년 동안 여러분의 계좌는 시장에 따라 등락을 반복했을 것이다. 하지만 무슨 상관인가? 변동성과 다른 리스크를 감내한 결과 성장이란 과실을 성취하지 않았는가? 여러분은 오랜 투자기간을 설정했고 그 마지막 날에 주식과 유사한 수익을 올린 것이다. 하지만 목표가 진정 자본 보존이었다면, 20년이 지나도 여전히 원금 외에는 아무것도 가진 게 없을 것이다.

만약 금융기관에 종사하는 어떤 사람이 여러분에게 '자본의 보존과 성장'을 제안한다면, 그들 스스로도 무슨 말을 하는지 모르는 것이거나 여러분을 속이고 있다는 것을 알아야 한다. 그것이 무식하건 음흉하건 모두 위험하다. '자본의 보존과 성장'이란 말은 '욕심 없는 정치인'이나 '늙은 아이' '사랑과 강간' 등과 같다. 그 둘 사이에 아무런 연관이 없는 것이다. 금융회사들은 자본 보존과 성장이란 말을 너무나 좋아한다. 마치 귀여워 안아주고 싶은 강아지처럼 따듯하고 편안하며 보들보들하게 느껴진다. 자신의 소유물을 보호하면서 동시에 성장하게 만들고 싶지 않은 사람이 누가 있겠는가? 그리고 누가 귀여운 강아지를 사랑하지 않을 수 있겠는가? 바로 이런 점이 자본의 보존과 성장이란 개념이 속임수가 되는 이유다.

실수하지 마라. 대부분의 투자자들은 어느 정도의 성장이 필요하다. 그렇지 않았다면 애당초 주식이나 채권 또는 리스크와 관련 있는 어떤 것이든지 그 문제로 성가셔하지 않았을 것이다. 만약 여러분의 목표가 동전 한 푼이라도 잃지 않는 것이라면(완벽한 자본 보존) 이 책을 산 돈조차 쓰지 말고 매트리스 밑에 깔아놔야 할 것이다. 물론 오직 돈을 잃지 않는 것이 투자목적이라 해도, 장기간에 걸친 인플레이션 효과 때문에 매트리스 밑에 돈을 숨겨놓는 것이 최고의 방법은 아니다. 인플레이션 리스크는 자본 보존을 추구하는 사람들이 가진 취약점이다. 인플레이션이 발생하면 어떻게 리스크 없이 자본을 보존할 수 있겠는가? 모든 리스크를 피한다는 것은 불가능하지 않다 할지라도 정말 어려운 일이다.

지키기 어려운 최고의 부자!

　최고의 부자들 얘기를 해보자. 1982년 이후 매년 가을마다 〈포브스〉 매거진은 미국 400대 부자 명단을 발표했다. 여기 오른 사람들은 시간이 지나면서 많이 바뀌었다. 그 리스트에 남아 있기란 쉬운 일이 아니다. 새로운 인물들이 밑에서 치고 올라온다. 리스트에 있던 사람들은 불운을 맞이하면서 탈락하기도 한다. 리스트의 하위 50명은 끊임없이 바뀐다. 2005년 판 〈포브스〉 400 리스트에서 가장 자산 순위가 낮은 사람의 자산은 9,000만 달러였다.[174] 실제로 이 수준에서는 17명이 동률을 이루었다. 하지만 1982년(내 칼럼이 시작한 지 채 2년이 안 되었을 때) 〈포브스〉 400 리스트의 최하 자산가는 750만 달러였다.[175] 그 리스트에 23년간 남아 있으려면 1982년 당시 가장 가난했던 꼬맹이 부자가 자산을 적어도 매년 11.5%씩(세후로) 성장시켰어야 했다. 무시무시하다. 단지 〈포브스〉 400 명단에 남아 있기 위해서는 극소수만이 할 수 있는 S&P500 수준의 (세후)수익을 올려야 했던 것이다. 1982년 〈포브스〉 400 명단 중 오직 10%만이 아직까지 순위에 남아 있다. 시장을 이기는 프로 투자자가 거의 없는 것과 상당히 일맥상통하는 부분이다. 물론 몇몇은 사망으로 인해 명단에서 빠졌지만, 대부분은 경쟁자들과 수준을 맞출 만큼 높은 성장을 이루지 못했기 때문이다. 결코 쉬운 일이 아닌 것이다.

　투자 목표로서 현금흐름은 어떨까? 기업연금의 인기가 사그라졌기 때문에, 많은 투자자들은 은퇴에 대비해 401(k)나 다른 수단을 통한 저축에 의존해야 한다. 하지만 85세의 나이에 다시 일터에 복귀해야 하지 않을 정도의 리스크를 지면서, 여러분의 자산이 어느 정도의 현금흐름을 창출할 수 있을 것이라고 기대하는가? 불완전하지만, 어림잡아 4% 내외일 것이다. 이는 다소 일반화한 것으로, 만약 그 자산으로 버텨야 할 기간이 짧다면 더 많이 소비할 수 있을 것이며 그 반대라면 더 적을 것이다. 하지만 라이프스타일을 유지하기 위해 현재 달러가치로 5만 달러가 필요하고, 버텨야 할 기간도 길다면, 적어도 125만 달러(역시 현재 가치로)는 가지고 은퇴해야 한다. 그조차도 미래수익률이 낮거나 인플레이션 상승률이 평균 이상이라면 부족할 수 있다. 보장이란 단어는 존재할 수 없다는 사실을 명심하라. 리스크는 항상 존재한다.

자산에서 4% 이상의 현금흐름이 필요할지도 모른다고 생각하는가? 필요수익률이 오를수록 여러분의 돈이 빨리 바닥날 확률도 높아진다. 상속인이 없거나 여러분이 유럽 여행을 하고 있을 때 집에서 맥주 파티를 벌인 자녀들을 아직 용서하지 않은 상황이라면, 자산이 그런 식으로 감소하는 것이 큰 걱정거리가 아닐 수도 있다. 그런 사람들이 말하듯이, 마지막 수표가 부도 나게 하자는 전략이다.

여러분의 종자돈이 라이프스타일을 계속 유지시켜 줄 수 있을지 알아보는 간단한 테스트는 몬테 카를로 시뮬레이션(Monte Carlo simulation)이다. http://www.moneychimp.com/articles/volatility/montecarlo.htm에 방문하면 이 방법을 시도해볼 수 있다. 일반적으로 자산수익률 4% 정도가 최선의 선택일 것이다. 이보다 높은 수치라면 퇴직 시에 불리한 조건의 발생 가능성을 낮추는 대신, 기술을 더욱 연마하게 될지도 모른다.

4가지 중요한 규칙

이처럼 목표는 최종 가치의 극대화냐 현금흐름이냐, 아니면 그 둘 다냐 중 하나다! 그런데 이런 목표를 어떻게 달성할 것인가? 또한 어떻게 악순환의 고리를 끊고 이기는 투자를 할 것인가? 3가지 질문을 사용하기 위해 고등학위나 수습과정이 필요 없듯이 전략을 수립하는 데도 내가 매일 자산운용에 사용하고 있는 4가지 규칙만 따르면 된다.

- 첫 번째 규칙 : 적절한 벤치마크를 선택한다.
- 두 번째 규칙 : 벤치마크의 구성요소를 분석하고, 예상 위험과 수익률을 정한다.
- 세 번째 규칙 : 기대수익률 대비 적절한 리스크 수준을 위해 상관관계가 없거나 역상관 관계에 있는 주식을 섞는다.
- 네 번째 규칙 : 틀릴 수 있다는 것을 항상 명심한다. 따라서 앞의 3가지 규칙에서 너무 벗어나면 안 된다.

이 4가지 규칙들을 좀더 자세히 살펴보도록 하자.

첫 번째 규칙 – 적절한 벤치마크를 선택하라

벤치마크가 성공에 절대적이라는 것은 여러분도 잘 알고 있다. 또한 벤치마크가 어때야 하고(잘 구성되어야 한다), 어때서는 안 되는지(다우 같은 가격가중 방식) 알 것이다. 이렇게 중요한 만큼, 벤치마크는 여러분에게 적합한 것이어야 한다. 벤치마크는 변동성 및 기대수익률, 심지어 포트폴리오의 최종 결과까지 결정을 짓게 된다. 여러분에게 포트폴리오는 로드맵이자 측정도구다. 그리고 투자금의 최우선 목적을 변경해야 할 만큼 정말 극단적인 일이 일어나기 전에는 변경하면 안 된다. 예를 들어, 배우자와 아이들이 모두 죽고 기적적으로 여러분만 살아남았거나 더 이상 자선단체에 기부할 필요를 못 느끼는 경우다. 이처럼 여러분에게 적합한 벤치마크를 선택하는 것은 절대적으로 중요하다.

여러분의 벤치마크는 (앞서 논의했듯이) 전부 주식이거나, 전부 채권이거나, 또는 이 둘의 혼합일 수 있다. 벤치마크의 선택은 오직 4가지 조건에 따라 결정된다. 잠꼬대 같은 '리스크 감내 수준' 따위는 창밖으로 던져버려라. 여러분에게 적합한 벤치마크가 무엇인지 결정하는 요소는 오직 4가지다. ① 투자 예상기간, ② 현금흐름이 언제 얼마나 필요할지, ③ 기대수익률, ④ 만에 하나 괴상하지만 강한 충동을 갖게 되는 경우(프랑스에 대한 혐오 또는 여러분이 싫어하는 물건을 생산하는 회사 주식에 대한 비선호(나의 경우는 두부)).

첫 번째 결정요소 - 투자기간

투자기간이 기대수명과 같을 수도 있지만, 그보다 길 가능성이 더 높다. 배우자를 증오하지 않는다면, 그의(그녀의) 기대수명 또한 고려해야 하기 때문이다. 이로 인해 투자예상기간이 늘어날 수 있다. 또한 사랑하는 아이들을 위해 뭔가 남겨주고 싶다면 이 또한 투자기간을 연장시킨다. 간단히 정의하면, 투자 예상기간이란 여러분의 자산이 얼마나 오랜 기간 지속해야 할 필요가 있는지의 문제다. 은퇴나 상속이 발생하기 전까지는 투자기간이 얼마나 될지 결정되지 않는다. 너무나 많은 투자자들이 투자기간에 대해 완전히 잘못 생각하고 있다. 이 문제를 명확히 보기 위해 첫 번째 질문과 두 번째 질문을 사용하지 않기 때문이다. 금융업계조차 고정된 자산배분 가이드나 부적절하지만 기분은 좋게 느껴지는 상품들을 팔기 위해 잘못된 생각으로 투자자들을 호도하고 있다.

사람들은 "이제 은퇴했으니, 보수적으로 자산을 운용하고 리스크를 지지 말아야지"라는 얘기를 너무나 많이 한다. 수많은 사람들이 이렇게 말하지만, 보통의 경우 틀린 말이다. 여러분이 65살이고 부인은 60살이며 90살까지 살 것 같다고 해보자(아주 흔한 경우다). 그렇다면, 여러분은 부인 인생의 3분의 1에 해당하는 30년의 투자기간을 가진 셈이며, 이 경우는 리스크를 부담하고 주식과 같은 벤치마크를 택하는 편이 좋다. 그렇지 않으면 여러분의 배우자는 노년에 생활고를 겪게 될 것이다. 이제, 여러분이 배우자를 증오하고 노년에 생활고를 겪게 하고 싶다고 해보자. 지금 한 대 때리는 것보다 장기적으로 훨씬 잔인한 짓이 될 것이다. 내 말을 이해했을 것이다. 하지만 나는 어린 부인과 사는 많은 남편들이 마치 부인을 증오하는 것처럼 보이는 짓을 하고 있다는 사실은 깨닫지 못한 채, 부인보다는 자신의 기대수명에 맞춰 투자기간 결정에 나서는 것을 목격해왔다. 때때로 나는 그들에게 부인을 증오하는지 묻곤 하는데, 그럴 때면 항상 날 미친 사람 취급한다. 여러분 마음속엔 언제쯤 자산으로 삶을 영위할지, 그리고 있는 합리적인 때가 있을 수도 있지만, 돈이란 것은 여러분의 인생 전체 또는 그 이상으로 계속 유지되어야 한다. 그렇지 않으면 여러분 또는 여러분이 사랑하는 사람들은 고통을 겪게 될 것이다. 따라서 그 모든 기간이 투자기간이 되어야 한다.

몇 가지 이유로 상대적으로 짧은 투자기간을 가졌다고 생각할지도 모른다. 예를 들어, 3년 후에 동전 한 닢까지 모두 생애 첫 주택마련에 사용해야 하는 32살의 투자자인 경우다. 하지만 대부분의 경우, 투자자들은 자신의 투자기간을 과소 추정하는 경향을 보인다. 나의 경우는 아버지가 96살에 돌아가셨을 때 어머니가 87살이었고, 이 두 분을 보살피고 있었기 때문에 오랜 투자기간을 설정하는 데 어려움이 없었다. 사람들에게 돈이 필요한 시기는 인생의 후반부다. 어떤 의료보험으로도 커버할 수 없는 노인관련 케어 서

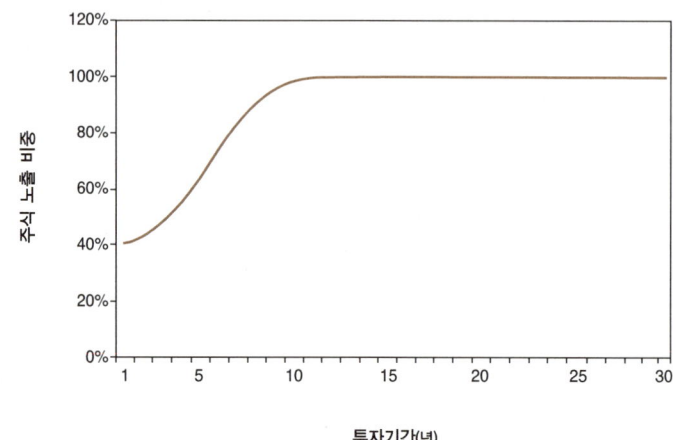

그림 9.1 벤치마크와 투자기간

비스가 아주 많기 때문이다.

그림 9.1은 투자기간이 벤치마크와 어떤 관계가 있는지 보여주고 있다. 투자기간이 길수록 벤치마크에서 주식이 차지하는 비중이 커야 한다.

주식 아니면 채권? -929%의 질문

투자기간이 15년이 넘는다면(이 책을 읽고 있는 사람이라면 아마 그럴 것이다) 대부분의 경우 완전 주식형 벤치마크가 적합할 것이다. 장기간에 걸쳐 볼 때, 주식은 가장 훌륭한 유동성 자산이며 채권수익률을 능가할 가능성이 아주 높다. 1926년 이후 15년 간격의 투자기간은 총 66번 존재했다. 이 중 61번은(92%) 주식이 평균 481% 수익을 기록한 반면, 채권은 150% 수익을 기록해 주식이 채권수익률을 앞질렀다.[176] 3.2배나 앞지른 것이다. 채권이 주식을 앞지른 것은 5번에 불과했는데 그 수익도 2.3배에 불과했다.

만약 투자기간이 20년(또는 그 이상. 아마 여러분의 경우도 해당될 것이다)이라면, 완전 주식형 벤치마크의 우월함은 더욱 커진다. 1926년 이후 전체 61번의 20년 단위 투자기간 중 60번은 주식이 채권을 큰 차이로 앞선다.[177] 전체 기간의 98%가 넘는 수치다. 20년에 걸친 투자수익률은 평균 929%인 반면, 채권은 240%였다. 나머지 한 번은(1929년 1월 1일에서 1948년 12월 31일까지) 채권수익이 주식수익률을 앞질렀는데, 채권수익률은 115%, 주식수익률은 84%였다.[178] 그 단 한 번의 기간에는 전 세계적인 대공황과 세계전쟁이 포함되어 있다(미 증권감독국 설립, 블루스의 등장, 알 카포네, 거트루드 스타인의 출세, 스탈린 등은 언급할 필요도 없다). 향후 20년도 채권이 주식수익률을 앞지를 가능성이 거의 없기 때문에 채권에 투자하면 재미를 못 보게 될 것이다. 우세한 패를 받아들이고 월등한 수익을 올리는 것이 더 좋다는 건 확실하다.

너무 과도한 주식투자 홍보를 하고 있다고 생각할지도 모르겠다. 사실 그렇다. 장기적으로 월등한 수익을 가져다주기 때문에(그리고 다른 많은 이유 때문에 난 자본주의가 가져다주는 광대한 축복을 찬양한다. 그리고 주식 없는 자본주의는 없다)

난 주식을 사랑한다. 물론 주식 수익이 좋지 않기 때문에(약세장에서) 폭락장을 피해 현금을 들고 있는 것이 훌륭한 책략이 되는 때도 있다. 하지만 그걸 전략이라고 할 수는 없다.

두 번째 결정요소 – 현금흐름

어떤 때는 100% 주식 벤치마크가 적절치 않을 수 있다. 바로 벤치마크 선택의 두 번째 결정요소인 현금흐름 때문이다. 만약 자산수익률로 연 3% 정도가 필요하다면, 혼합형 벤치마크보다는 완전 주식형 벤치마크가 가장 적합할 것이다. 완전 주식형 벤치마크는 필요로 하는 현금흐름(인플레이션 조정된)을 제공하는 동시에 오랜 시간에 걸쳐 가치를 쌓아가야만 한다. 만약 매년 4%가 꼭 필요하지만(비록 추천하고 싶진 않지만 그 이상일지라도) 가능한 한 투자기간 동안 자산의 성장에도 관심을 가지고 있다고 가정해보자. 이런 경우라도 완전 주식형 벤치마크를 선택해야 한다.

이제 곧 은퇴를 고려하고 있다거나 다른 이유 때문에 자신의 포트폴리오에서 정기적으로 돈을 인출해야 한다고 가정해보자. 100만 달러를 401(k)와 IRA, 그리고 세금이 부과되는 계좌에도 일부 적립한 상황이다. 이제 3년이나 5년 후, 어쩌면 다음 달에 일이 시작될지도 모르는데, 생활수준을 유지하기 위해 매년 4만 달러가 필요하다고 해보자. 또한 자식이나 손자에게는 한 푼도 남겨주지 않을 계획이다. 망설이지 말고 그들을 '배은망덕한 변질자들'이라고 불러라. 최우선 목적은 매년 4만 달러를 확실하게 획득하는 것이다. 물론 인플레이션을 감안한 가치다. 이때 벤치마크에 고정 수익형 자산을 일부 편입하는 것이 적절할 수 있다. 70% 주식과 30% 채권 같은 예다.

실제로 나는 이런 혼합형 벤치마크에 대해 다소 부정적인데, 잘 알려진 '구두쇠 효과(curmudgeon factor)' 때문이다. 나는 그동안 투자자들을 도우면서 엄청난 구두쇠들을 봐왔다. 나 또한 여러분 못지않은 구두쇠라고 자부한다. 구두쇠들을 보면, 나이를 먹을수록 그 '배은망덕한 변질자들'에 대해 점점 여린 마음을 갖게 되고, 결국엔 더 많이 남겨주고 싶은 마음에 진작부터 투자기간을 높게 잡고 더 높은 수익을 올리지 않은 것을 후회하게 된다. 생각해보자.

주식 60%, 채권 40%이건 주식 70%, 채권 30%이건, 일시적으로 방어적 포트폴리오를 구축하기 위해 현금 100%를 들고 있어야 할 때가 올 수 있다. 또한 고정된 자산배분에 대한 잘못된 생각을 가져선 안 된다. 여러분의 벤치마크는 로드맵이지만 항상 그대로 보유하고 있어야 하는 어떤 것은 아니다. 대규모 약세장에서도 고정된 자산배분을 유지한다면 손해를 보게 될 것이다. 때로는 우회도 필요한 법이다. 아니면 배당이 필요할 수도 있다!

자가 배당

투자자들이 은퇴 시에 어렵게 번 자산을 채권이나 고배당 주식에 쏟아 붓는 것은 고정 수입을 위한 이자수익이나 배당이 필요하다고 생각하기 때문이다. 이들은 어느 정도 수입이 발생하기 시작하면 포트폴리오가 알아서 은퇴에 대비해줄 것이라 생각한다. 앞서 말했듯이 이는 수입과 현금흐름을 혼동하고 있는 것이다.

이 미신을 파헤쳐 보기 위해 첫 번째 질문을 사용해보라. 채권과 고배당주로 구성된 포트폴리오가 은퇴에 대비한 충분한 수입을 발생시킬까? 그럴 수도 있다! 여러분의 재산이 1,000만 달러 규모이고 1년에 오직 5만 달러 정도 수입으로 만족한다면 말이다. 어쩌면 인플레이션 조정된 수입을 유지하기 위해 더 이상 자산을 크게 키울 필요가 없을지도 모른다. 어쩌면 재투자 리스크에 따른 자산 감소나 고배당주의 주가 하락도 크게 신경 쓰이는 일이 아닐 수도 있다.

하지만 대부분의 사람들은 은퇴 이후에 자산이 정체되어 있거나 심각하게 감소하는 것을 감당할 능력이 없다. 1997년 매수한 9% 채권이 만기상환되었는데 2007년에 매입할 수 있는 채권이 저리스크의 5%짜리밖에 없다면? 또 8% 배당을 하는 고배당주의 주가가 40% 급락했다면? 주식의 시장가치가 40%나 하락하면서 8% 수익을 얻는 것은 여러분이 목적한 바는 아닐 것이다. 또 인플레이션 문제는 어떤가?

채권이자와 배당이 포트폴리오에서 수입을 이끌어내는 '안전한' 방법이라는 애기는 완전히 틀린 애기다. 그럼, 어떻게 현금을 만들어낼까? 완전 주식형 벤치마크를 가진 상태에서 현금흐름이 필요하다고 해서, 주식을 팔고 싶진 않을 것이다. 그렇지 않나?

지난 수십 년 동안 "절대로 원금만큼은 사용하고 싶지 않다"고 얼마나 많은 투자자들이 말했는지 이루 말할 수 없을 정도다. 도대체 무슨 까닭으로 안 된다는 것인가? 이 문제는 포트폴리오에 현금흐름을 부여하면서도 견조한 성장을 유지할 수 있는 방법을 찾기 위해 두 번째 질문을 사용했던 문제로, 나는 이를 '자가 배당(Homegrown Dividends)'이라고 부른다.

백만 달러 규모의 포트폴리오를 가지고 있고, 매년 4만 달러가 매월 3,333달러 정도의 현금 형태로 필요하다고 해보자. 그렇다면 그 금액의 2배 정도를 항상 포트폴리오 내에 보유하고 있어야 한다. 매달 몇몇 하찮은 주식들을 급하게 팔지 않기 위해서다. 그렇게 하고 나면, 어떤 주식을 언제 팔지 좀더 전략적으로 결정할 수 있게 된다. 하지만 항상 한 달 내지 두 달간 필요한 자가 배당금을 위해 어떤 주식을 팔아야 할지 찾아내야 한다. 이익을 실현하는 데 따르는 세금 상쇄를 위해 하락한 주식을 팔 수도 있다. 또는 비중이 과도했던 주식을 줄일 수도 있다. 아마도 현금을 추가하기 위해서는 배당 주식을 항상 약간은 보유해야 할지도 모른다. 하지만 이는 올바른 주식을 선택하는 과정에서 파생되는 것이다. 자가 배당은 세제 면에서도 유리하고, 운용비용도 적게 들며, 투자목적도 온전하고 이를 적절하게 지켜나갈 수 있도록 해준다.

세 번째 결정요소 – 기대수익률

적절한 벤치마크를 선택하기 위한 세 번째 결정요소는 기대수익률이다. 여러분이 50세이고, 5년 후 은퇴를 계획하고 있으며, 라이프스타일을 유지하기 위해 연 50만 달러가 필요하고, 급작스러운 일에 대비해 200만 달러를 가지고 있다고 해보자. 이 경우 여러분의 기대수익률은 거의 미친 수준이다. 꿈꾸고 있는 미래 언젠가 1,000만 달러 정도가 폭포처럼 쏟아지길 기대하지 않는 이상, 매년 8만 달러 정도의 기대수익에 맞춰 투자계획을 짜고 극복해야 한다. 아니면 일을 계속하고, 이 일을 여러분의 배우자에게 어떻게 설명할지 당장 생각해보라.

이제 제인이라는 투자자를 상상해보자. 그녀는 은퇴에 대비해 믿을 만한 수입원을 마련해두었다(연금과 어쩌면 약간의 임대수입까지). 그리고 남편이나 자신을 위해 자산이 더 이상 불어날 필요를 느끼지 않고 있다. 자녀들에게 재산을 물려줄 계획이지만 '최종 가치의 극대화'에는 관심이 없다. 그보다는 변동성에 대한 걱정이 더 크며, '밤새 안심하고 잘 수 있는(sleep-at-night)' 투자를 원한다. 이런 경우라도 나는 여전히 완전 주식형 벤치마크와 약간의 우유를 권해주고 싶다.

왜 그럴까? 제인에게는 오랜 투자기간이 있고 수입이 필요 없기 때문이다. 제인은 스스로 '리스크 회피형' 투자자라고 생각할지도 모른다. 하지만 명심할 것은 어떤 투자자가 제어할 수 있는 리스크의 양은 그들이 사전에 가지고 있는 감정과는 관계가 없다는 것이다. 앞서 말했듯이, 자신의 리스크 성향을 정확히 알고 있는 투자자들은 거의 없다. 다시 한 번 말하지만, 감정과는 상관이 없는 것이다. 금융업계 사람들은 감정과 관계가 있다고 믿게 만들고 싶어 하지만 이는 진실이 아니다. 몇 년만 지나게 되면 제인은 변동성에 익숙해질 것이다.

네 번째 결정요소 – 개인적 취향

단지 대부분의 투자자들이 비슷한 목표를 가지고 있고, 스스로 생각하는 것처럼 독특하지는 않다고 해서 저마다 취향이 다르지 않다는 것은 아니다. 이는 해외투자나 헬스케어 관련주, 기술주, 이머징 마켓 등에 대해 '불편한 마음'을 가지는 것과는 다르다. 이것들은 개인적 취향보다는 더욱 완고한 것들이기 때문이다. 여기서 말하고자 하는 것은 개인적 신념에서 비롯된 어떤 특정 회사나 특정 업종에 대한 강한 감정이다. 여러분의 괴상한 개성을 반영한 벤치마크를 만드는 것은 상관없다.

프랑스인을 정말 싫어해서 프랑스 주식을 절대 보유하고 싶지 않다고 가정해보자. 만약 그렇다면, 나 같으면 차라리 그들의 자산을 싸게 사서 나중에 비싸게 파는 쪽을 택할 것이다. 싫어하는 사람에게 합법적으로 할 수 있는 가장 잔인한 짓이기 때문이다. 하지만 여러분은 다르게 생각할 수도 있다. 즉, 절대로 프랑스 관련 주식은 사고 싶어 하지도 않는다는 것이다. 아니면, 담배 관련 물품을 생산하는 회사나 두부를 만드는 회사일 수도 있다. 뭐든지 될 수 있다! 개인적 취향은 모두 다른 것이다. 프랑스를 제외한 벤치마크를 가지는 것은 별 문제가 없다. 프랑스와 두부를 동시에 제외한 벤치마크도 마찬가지다. 그 외 모든 괴상한 것들도 상관없다. 모든 주요 카테고리들은 장기적으로 유사한 수익률을 갖기 때문에 그 정도의 작은 변수에 따른 수익률 변화는 거의 중요하지 않다. 또 개인적 취향에 따라 그런 종목을 배제하는 것이 기분을 좋게 만들고, 따라서 지금 하고 있는 것을 지속적으로 하게 하는 데 도움이 될 것이다. 아이오와(Iwoa) 주를 제외한 자신만의 벤치마크를 채택했다고 해서 그렇지 않은 경우보다 나쁜 투자성적을 가졌다고 후회하는 투자자는 없을 것이다. (아이오와 출신의 배우자와 이혼한 경험이 있는 사람에게 해당할 얘기지만, 어쨌건 나는 아이오와 주식을 더 싸게 매입하는 걸로 복수를 할 것이다.)

무엇이건 간에, 어떤 특정 주식이나 아주 작은 섹터를 제외한 벤치마크를 구성해야 할 강한 감정을 가지고 있을 수 있다. 하지만 전체 섹터에 대해 이런 감정을 갖기 시작한다면 조심해야 한다. 그런 감정은 개인적인 취향이라기보다는 손실혐오나 확증편향 오류에서 기인했을 가능성이 높기 때문이다. 아주 많은 투자자들이 2002년 이후 기술주에 대해 심한 거부반응을 가지게 되었다고 결론을 내렸었다. 이는 개인적 취향이 아닌 인지적 오류의 문제다.

이렇듯, 여러분이 조절할 수 있는 리스크의 양은 다음 4가지와 관계가 있다. 소리 내어 따라 해보라. ① 투자기간, ② 수입의 필요여부, ③ 기대수익률, ④ 극단적인 개인적 취향. 제인은 지금 자신이 리스크 회피형 투자자라고 생각하겠지만, 1999년에는 스스로 공격적인 투자자라고 생각하며 기술주에 과도한 비중을 두었다. 이제 그녀는 뭔가 교훈을 얻었다고 생각한다. 하지만 또다시 다르게 생각할 수도 있다. 아마도 에너지주에 공격적으로 투자할지도 모른다. 감정이라는 것은 빠르게 변화한다. 따라서 별로 중요하지 않은 것이다. 정말 중요한 것은 여러분의 자산이 얼마나 오랜 기간 동안 유지되어야 하고, 얼마나 많은 현금흐름이 필요한가의 여부다. 물론 지금 담배에 대해 강한 도덕적 반감을 가지고 있다면 앞으로도 그럴 가능성이 높을 것이다. 그런 감정은 담배 연기 속으로 사라지는 것이 아니다. 하지만 위궤양을 일으키면서(혹은 악화시키면서)까지 완전 주식형 벤치마크를 보유해야 한다고 말하는 것은 아니다. 내가 말하고 있는 것은 그 위궤양의 원인이 뭔가 다른 것일 수도 있다는 것이다. 검진을 한번 받아보라.

인기주 따라잡기 – 옮길 것인가, 말 것인가?

일단 선택하고 나면 아주 오랜 기간, 어쩌면 자산이 지속되는 전체 기간 동안 사용될 수 있기 때문에 벤치마크는 신중하게 선택해야 한다. 표면적인 벤치마크 변경은 재난에 대비한 방법이다. 실질적인 벤치마크 변경을 '인기주 따라잡기'라고 부르기로 하자. 어떤 사람이 벤치마크를 1999년 나스닥에서 2005년 러셀2000으로 변경했다면 이 사람이 당시 수익률이 좋았던 종목들에 벤치마크를 맞추고 있는 것이라는 사실을 알 수 있다. 쉽게 말해, 인기주 따라잡기다. 사람들은 더 나은 수익률을 올리기 위해서 인기주를 쫓는다. 거래비용이나 세금은 잊은 채, 늘 상대적으로 뒤처져서 들락날락을 반복한다. 또한 앞으로 수익이 오를 종목보다는 그동안 수익이 좋았던 시장으로 뛰어듦으로써 수익률은 시장에 뒤처지게 된다.

이제 여러분들은 제대로 구성된 모든 벤치마크가 아주 장기적으로 보면 같은 곳에 도착하게 된다는 사실을 알고 있다. 급하게 벤치마크를 바꾸고 싶은 충동을 느낀다면, 스스로 점검하고 세 번째 질문을 떠올려보라. 벤치마크의 변경은 후회 기피와 긍지 쌓기의 직접적 결과다. 또한 아마도 정리선호 현상과 과도한 확신이 작용한 결과일 것이다. 여기에 굴복하면 안 된다. 만약 변경하게 된다면, 보통 인기주 따라잡기로 끝나고 수익률도 놓치게 될 것이다. 남는 것은 고통뿐이다.

이 규칙의 예외는 딱 2가지 경우뿐이다. 하나는 투자기간을 포함, 돈의 최우선 목적을 급격하게 변화시키는 사건의 발생이다. 단명하는 집안 출신으로 건강이 좋지 않은 75세의 남편과 장수하는 집안 출신의 건강한 부인이 살다가 갑작스런 차 사고로 부인이 사망하는 경우가 여기에 해당한다. 자녀도 없고 기부할 계획도 없다. 그리고 이 남자의 투자 지속기간은 방금 무너져 버렸다. 이런 일이 발생했다면 좀더 짧은 투자기간에 적합한 벤치마크로 변경하는 좋은 이유가 된다. 반대 경우도 있다! 인생 느즈막에 더 젊고 건강한 사람과 재혼을 하게 되어 투자 지속기간이 늘어날 수도 있다. 그때도 역시 더 적합한 벤치마크로 변경하는 것은 문제없다.

삶의 근본적인 변화 외에 벤치마크를 변경할 수 있는 두 번째 사유는 현재 여러분의 주식 유니버스와 같은 종목 풀로 만든 미래의 벤치마크가 현재 벤치마크보다 더 잘 구성되어 있을 경우다. 이는 순수하게 전술적인 문제다. 예를 들어보자. MSCI World Index는 훌륭하고 광범위한 벤치마크이지만, 소위 말하는 이머징 마켓은 포함되어 있지 않고 선진국 증시에 제한되어 있다. 그래서 MCSI에서는 ACWI라는 인덱스를 만들었다. 같은 방식으로 만들었지만 더 광범위한 지수로, 전 세계 시장을 이해하는 데 좋은 지수다.

어떤 벤치마크를 사용해야 할까? 난 어떤 것을 쓰건 큰 문제는 아니라고 생각하며, 벤치마크를 변경하지 않을 것 같다. 어떤 벤치마크가 다른 벤치마크보다 현격히 좋다고 말하기 어렵기 때문이다. 현대 MSCI World를 사용 중이라면, ACWI가 더 오래되고 이머징 마켓이 안정된 이후일 것이다.

MSCI World와 ACWI의 비교 문제는 미국 횡단에 있어서 북부의 80/90번 도로를 이용할 것인지, 아니면 남부의 70/44/40번 도로를 이용할지의 문제와 같은 것이다. 둘 다 좋은 벤치마크이며 동부에서 서부까지 잘 데려다줄 것이다. 하지만 좀더 향상되고 확실하게 세계시장을 잘 반영하는 새로운 지수가 등장한다면, 역시 벤치마크를 변경하는 합당한 이유가 될 것이다. 내가 말하고 싶은 것은 벤치마크 변경을 합당화하는 것은 정말 실제적인 근거를 요구한다는 사실이다.

두 번째 규칙 – 벤치마크의 구성요소를 분석하고, 예상 위험과 수익률을 배정하라

포트폴리오 운용의 두 번째 규칙은 여러분의 포트폴리오에 정확히 어떤 종목이 언제 얼마큼 있어야 하는지 결정하는 데 도움을 준다. 이 규칙은 보는 것처럼 복잡하지는 않다. 여러분의 벤치마크는, 특히 광범위한 벤치마크라면, 4장에서 논의한 바와 같이 다른 종류의 구성요소들로 이루어져 있을 것이다. 나스닥의 경우는 아주 쉽다(올해 기술주가 어떨 것이라 생각하는가?). 하지만 수익률의 불규칙함을 추구하는 것이 아니라면, 여러분은 나스닥을 벤치마크로 사용하지는 않을 것이다.

여러분이 어떤 벤치마크를 선택하건, 그것은 포트폴리오를 구성하는 가이드라인이 된다. 벤치마크가 미국주식의 60%라면, 3가지 질문을 사용해 다른 사람이 모르는 것을 알기 전까지는 미국주식의 60%를 따라가게 되는 것이다. 또 벤치마크가 10%의 에너지 섹터라면 역시 질문을 통해 타인이 모르는 것을 알기 전까지는 에너지 10%를 지켜야 하는 것이다. (만약 다른 사람이 모르는 것을 알게 된다면, 에너지 섹터를 전혀 보유하지 않거나, 5%로 낮추거나 20%로 늘릴 수도 있다.) 다른 사람이 모르는 것을 알지 못한다면 벤치마크를 지키는 것이, 그리고 무엇인가 안다면 그보다 좋은 수익을 올리는 것이 바로 여러분의 목표다. 물론 다른 사람이 모르는 것을 더 많이 알게 될수록 베팅 규모는 커질 것이고, 벤치마크와의 차이는 더욱 커질 것이다. (벤치마크의 '구성요소'에 대해 잘 모르겠다면, 4장으로 돌아가 참고하라.)

잘하고 있는 것인지 초조한가? 그럴 필요 없다. 투자금액이 20만 달러 미만이라면, 아마도 여러분은 어쨌건 펀드에 가입하게 될 것이다. 여러분이 고를 수 있는 인덱스펀드는 너무나 많다. 예를 들어, S&P500이 벤치마크라면 S&P500 인덱스펀드에 투자함으로써 멋지게 커버할 수 있다. MSCI나 ACWI를 인덱스로 사용하는 경우라면? www.mscibarra.com을 체크해보면 전 세계 대비 미국의 대략적인 비중을 조회할 수 있다(50 대 50 정도에서 변화해오고 있다). 자금의 반은 앞서 언급한 S&P500 인덱스펀드를 매수하고, 나머지 반은 MSCI EAFE(유럽, 호주, 극동아시아) 인덱스펀드를 매수하라. 시장을 이기고 싶은가? 펀드로 투자할 때 선택의 폭이 상대적으로 좁다면 더 어려운 일이 될 것이다. 바로 이 때문에 많은 구성요소로 되어 있는 보다 광범위한 벤치마크가 시장을 이길 수 있는 기회를 더 많이 주는 것이다. 해외와 미국의 투자비중 조절을 위해 3가지 질문을 사용할 수 있다. 또한 규모가 작은 포트폴리오에서는 개별 주식 보유를 통한 벤치마크 추종이 어렵지만, ETF(상장지수펀드)를 통해 어떤 섹터나 스타일에 베팅할 수도 있다.

만약 여러분이 부자라면, 개별 주식을 매수해야 한다. 돈이 많을수록 주식에 직접투자하는 비중이 높아져야 한다. 뮤추얼펀드를 포함해 어떤 펀드나 ETF, 다른 어떤 형태보다도 비용이 적게 들기 때문이다. 주식의 1가지 장점은 매수비용이 적게 들고 보유가 자유롭다는 점이다. 하지만 어떤 ETF나 개별 주식을 매수해야 할까? 이제 개별 주식과 하부 섹터에 좀더 주의를 기울

표 9.1 MSCI World 비중

섹터	비중
금융	25.6%
임의 소비재	11.2%
공업	10.8%
정보 기술	10.4%
에너지	9.9%
헬스 케어	9.6%
필수 소비재	8.0%
원자재	6.1%
통신 서비스	4.2%
유틸리티	4.1%
총계	**100%**

국가	비중
미국	49.5%
일본	11.5%
영국	11.3%
프랑스	4.6%
캐나다	3.8%
독일	3.3%
스위스	3.2%
오스트레일리아	2.5%
스페인	1.8%
이탈리아	1.8%
네덜란드	1.5%
스웨덴	1.1%
홍콩	0.8%
핀란드	0.7%
벨기에	0.5%
노르웨이	0.4%
싱가포르	0.4%
아일랜드	0.4%
덴마크	0.3%
그리스	0.3%
오스트리아	0.3%
포르투갈	0.2%
뉴질랜드	0.1%
총계	**100%**

출처: Thompson Financial Datastream(2006년 6월 30일 기준)

여보라. 모든 정보는 해당 인덱스의 웹페이지에 자세히 소개되어 있다. 예를 들어, 벤치마크의 구성요소와 각각의 비중은 표 9.1과 같은 모양인데, 이 경우는 2006년 6월 30일 현재 MSCI World Index의 국가별, 섹터별 비중을 보여주고 있다.

인덱스 구성요소에 변동 상황은 없는지 정기적으로 점검해야 한다. 여러분의 포트폴리오나 벤치마크가 단지 몇 퍼센트 정도 바뀌었다고 해서 억지로 리밸런싱할 필요는 없다. 작은 부분에 너무 많은 노력을 할 필요는 없다. 어떤 섹터나 국가에서 주요한 움직임이 있거나 다른 사람이 모르는 것을 갑자기 알게 되었을 때를 제외하고는 일 년에 한 번에서 두 번 정도만 리밸런싱을 생각하면 된다. 그렇게 하면 실수도 줄이고 수수료도 아낄 수 있다. 너무 잦은 매매는 과도한 확신의 부차적 결과물이다(실제로 그렇지 않음에도 베팅을 위한 근거를 가지고 있다고 생각하는 것).

벤치마크의 구성요소를 파악하고 나면, 기대 위험과 수익률을 배분하는 차례다. 이 작업은 생각보다 쉽다. 여러분이 ACWI를 사용한다고 해보자. 이 지수는 미국을 포함해 48개국으로 이루어져 있다.[179] 올해 어떤 국가의 수익이 좋고 어떤 국가의 수익이 나쁠까? 이 문제를 생각하는 1가지 방법은 어떤 국가가 큰 변동성에 쉽게 영향을 받는, 폭이 좁은 경제를 가지고 있을까 생각해보는 것이다. 미국은 굉장히 폭넓은 경제를 보유하고 있으며, 경제의 큰 부분을 노키아의 운명에 의지하고 있는 핀란드보다는 훨씬 변동성이 적을 것으로 예상된다.

섹터에도 똑같은 논리가 적용된다. 섹터들이 시장상황에 따라 어떻게 반응하는지 관찰해보라. 기술주나 임의 소비재, 금융 같은 섹터는 경제 팽창기에는 수익률이 좋은 경향을 보인다. 이 섹터들의 생산품은 굉장히 수요 탄력적이다. (물론 이 상황은 일반적으로 그렇다는 것으로, 실제 2004~2006년에는 경제가 팽창했지만 기술주는 시장 대비 낮은 수익률을 보였다. 여전히 다른 사람들이 모르는 무엇인가를 알아야만 하는 것이다.) 경기가 좋으면 평면 TV를 사려는 사람들이 더 많지 않겠는가? 물론이다. 기업들도 미뤄놓았던 컴퓨터 업데이트와 다른 장비들의 교체에 더 많은 돈을 쓰지 않겠는가? 역시 그럴 것이다. 그렇다고 사람들이 평소보다 2배나 많은 치약이나 심장약을 구입할까? 새로 돋아나는 이가 있다거나 동맥 교체수술을 받지 않은 이상 그럴 일은 없을 것이다. 헬스케어나 필수 소비재처럼 비탄력적 수요를 가진 섹터는 일반적으로 경제가 느리게 성장할 때 수익이 더 좋다. 물론 다시 말하지만 항상 그런 것은 아니다. 경제 때문에 칫솔질을 중단하거나 심장약을 끊지는 않을 것이다. 이 때문에 헬스케어는 '방어적' 섹터로 자주 분류되곤 한다.

목표는 벤치마크 대비 위험을 잘 제어하면서 벤치마크 수익률을 능가하거나 이와 비슷하게 가는 것이다. 벤치마크를 구성하는 각각의 섹터와 국가에 예상 위험과 수익을 배정하라. 이 판단은 온전히 여러분의 것이다. 결국 그 결과는 맞거나 틀린 것이겠지만, 이것을 실행하는 것은 다른 사람이 아니라 여러분에게 달렸다. 복잡한 공식이 필요한 것도 아니다. 3가지 질문을 사용해 다른 사람이 모르는 어떤 것과 무시해도 되는 것을 알아내야 한다. 그렇게 알아낸 것을 이용해 각 섹터와 국가가 (글로벌하게 투자를 한다면) 어느 정도의 변동성을 가지게 될지 높은 것부터 낮은 순으로 순위를 매기고, 그 변동성을 리스크로 가정한다. 리스트를 만들고 '리스크' 요소를 각각의 카테고리에 1부터 10까지 배정을 한다(10이 가장 높은 리스크다). 이것보다 복잡할 필요가 없다. 그리고 나면, 어떤 카테고리가 가장 좋을지 순위를 정한다. 이 작업을 할 때, 내 회사의 연구원들이 필요한 것은 아니다. 중요한 것은 여러분의 평가다. 나중에 전반적인 리스크를 낮추고(세 번째 규칙 참조) 포트폴리오를 섞기 위해 이 순위를 다시 사용할 것이기 때문이다. 표 9.2가 이렇게 작성한 리스트의 예다. 이 사례의 순위에 영향 받지는 마라. 단지 사례로 제시한 임의적인 수치일 뿐이다.

특정 섹터와 국가에 대한 시장상황 예측은 그에 따른 포트폴리오 내 비중을 결정할 수 있게 해준다. 여러분은 3가지 질문을 통해 어떤 국가나 섹터가

표 9.2 선호하는 카테고리의 순위표를 작성하라

리스크	수익률	섹터
6	3	임의 소비재
8	10	필수 소비재
1	1	에너지
5	2	금융
4	9	헬스케어
9	8	공업
2	4	정보기술
10	6	원자재
3	5	통신 서비스
7	7	유틸리티

상대적으로 수익이 좋을지 예측할 수 있는가? 그렇다면 해당되는 곳에 7%나 8% 정도의 높은 수익률 순위를 배분하고 비중을 늘림으로써 적절한 벤치마크 리스크를 지게 됨을 알 수 있다. 상대적으로 수익이 나쁘게 본 부분도 마찬가지다. 낮은 수익률을 배분하고 비중을 줄이는 것이다. 특히 강세를 예상할 수 있는 어떤 섹터가 있는가? 그 섹터엔 가장 높은 수익을 배분하고 좀더 확실하게 비중을 늘려라. 어쩌면 그 섹터는 글로벌 기준으로 7% 정도의 비중을 가졌을 것이고, 여러분은 14%까지 늘릴 수도 있을 것이다. 과신이 아니라 확신하기 때문이다.

다른 사람이 모르는 정보를 알아내지 못했고, 어떤 섹터나 국가에 대해 예측하는 것이 불안하다면 어떻게 해야 할까? 요다(스타워즈에 나오는 제다이의 스승—옮긴이) 선생이 뭐라고 했나? 바로 벤치마크를 따라야 한다는 것이다. 그 부분에 대해선 중간 정도의 랭킹을 부여한다. 3가지 질문을 사용하지도 않았고 다른 사람이 모르는 것을 알지도 못한다면, 단지 벤치마크를 따라가는 것만으로도 부자가 될 수 있다. 중요한 것은 틀릴 때보다 맞을 때가 많아야 한다는 것이다.

이 리스트의 목적이 의미 없는 연습은 아닐 것이다. 이 리스트는 여러분의

분석을 명확하게 표현해주고 의사결정 과정을 단순하게 해준다. 의사결정의 순간마다 끊임없이 예전 생각을 다시 하고 싶진 않을 것이다. 하지만 2와 5를 어떻게 비교할지, 8과 10을 어떻게 비교해야 할지 알고 있지 않은가? 이렇게 리스트를 작성하면 세 번째 규칙을 적용할 준비가 된 것이다.

세 번째 규칙 – 기대수익률 대비 적절한 리스크를 위해 상관관계가 없거나 역상관관계의 주식을 혼합한다

이 규칙은 벤치마크 대비 리스크를 관리하는 방법에 관한 것이다. 대부분의 투자자들은 심지어 투자를 처음 해보는 사람조차도 분산이 리스크를 줄인다는 사실을 직관적으로 이해한다. 그들의 401(k)를 전부 엔론 주식에 투자했던 불쌍한 엔론 직원들을 기억하는가? 분산투자를 했다면 이 같은 비극을 막을 수 있었다. 회사들이 파산하는 이유는 많다. 주가가 붕괴되는 이유는 그보다도 훨씬 많다. CEO는 아무 잘못이 없을 수도 있다. 단지 무시무시한 경쟁자들과 경쟁할 수 없었던 것일지도 모른다. 완전히 견조한 회사의 주식도 아무런 가시적 이유 없이 주가가 침체에 빠질 수 있다. 바로 이런 이유 때문에 한 회사의 주식을 너무 많이 보유하면 안 되는 것이다.

나의 아버지는 집중 포트폴리오의 지지자였다. 워렌 버핏도 항상 그래왔다. 하지만 집중 포트폴리오는 오직 다른 사람이 모르는 것을 아주 많이 안다는 무한한 믿음이 있지 않고는 해서는 안 되는 것이다. 결코 과도한 확신에 의해서는 안 된다. 과신이 아니라는 확신을 가질 수 있어야 한다. 다른 사람이 모르는 것을 많이 알지도 못하면서 집중 포트폴리오를 운영한다면, 그것은 단지 과신일 뿐이며 리스크를 증가시킬 뿐이다. 그리고 한 주식에 대한 보유 비중이 5% 미만이어야 한다는 것은 단지 계좌 하나에 해당하는 얘기가 아니다. 401(k)나 IRA, 과세되는 증권 거래계좌를 보유 중이라면, 그 모든 계좌를 통틀어 한 주식의 비중이 5%를 넘어서는 안 된다.

"부자가 되려면 집중하고, 부를 지키려면 분산하라"라는 말을 들은 적이 있을 것이다. 주식 한 종목 또는 두 종목이나 열 종목으로 부자가 된 사람은 운 좋은 바보일 뿐이다. 그렇다. 한 종목만 보유한다면 엄청난 주가 상승을 경험할 수 있다. 또한 미친 듯한 하락도 경험할 수 있다. 이런 식으로 운 좋게 성공하는 사람들은 긍지를 쌓고 자기 자신이 똑똑하다고 가정할 것이다. 하지만 그 사람의 성공에 대해 더 잘 알고 있는 사람은 오히려 그의 부인이나 자녀일 것이다. (물론 내가 하는 말은 여러분이 창업하고 지휘하고 있는 회사의 단일 주식을 말하는 것은 아니다. 세계 제일의 부자인 빌 게이츠나 다른 거물급 부자들이 부를 이룬 방법이 바로 이 방법이다. 이들은 회사를 창업하고 경영한 것 외에는 한 일이 없지만 어마어마한 부자가 되었다. 내가 말하고자 하는 것은 여러분이 제어할 수 없는 1가지 또는 몇 종류의 주식에 집중적으로 투자하는 경우다.)

분산투자의 마법

언제나 우월한 성과를 유지하는 주식은 없기 때문에(첫 번째 질문을 사용해 다시 한 번 검증해볼 수 있는 사실이다) 분산투자는 국가와 산업 그리고 기업 간의 리스크를 분산시키는 데 도움이 된다. 또한 위기(전쟁이나 석유 고갈 등)가 왔을 때나 예상치 못한 일이 발생했을 때(이익 급락, 회계 부정, 자연재해 등), 아니면 이 둘이 모두 찾아왔을 때 여러분의 베팅을 헤지해준다.

리스크의 유형은 정말 많지만, 표준 금융이론에 따르면 리스크는 수익률의 표준편차나 분산(variance)으로 측정되는 변동성으로 정의할 수 있다. 대부분의 투자자들은 시장이 오르면 괜찮고, 주가가 하락하면 변동성이 크다고 생각한다. 하지만 변동성이란 양날의 칼과 같은 것으로 항상 존재하게 마련이다. 바람직한 질문은 "이 카테고리 또는 주식이 비슷한 유형의 다른 카테고리 또는 주식과 비교해 변동성이 더 클까, 아니면 더 작을까?"와 같은 것이어야 한다. 분산투자는 전반적인 보유종목에 대한 변동성을 줄여주고, 따라서 리스크를 감소시킨다. 현대 포트폴리오 분석에 따르면, 무작위로 포트폴리오를 섞어도 한 카테고리에 투자하는 것보다 훨씬 낮은 변동성을 보인 것으로 나타났다.

포트폴리오가 상이한 마켓 시나리오에서, 각자 다르게 움직이는 요소들을 보유하고 있는지 확실히 하라. 이는 충분히 광범위한 벤치마크를 따르고 있다면 자연스럽게 일어나는 일이다. 벤치마크 내 각각의 섹터와 국가들은 서로 다르게 움직인다. 세 번째 규칙을 따르고 서로 낮은 상관관계나 역상관관계를 가진 섹터와 주식을 항상 보유한다면, 비록 여러분이 그 주식들이 포트폴리오 내 가장 우수한 종목이 아니라고 생각할지라도 전반적인 변동성을 낮추게 될 것이며, 따라서 장기적인 성과 또한 개선될 것이다.

수요 탄력적 종목과 비탄력적 종목(각각 기술주와 헬스케어주)에 대한 논의를 떠올려보라. 이 두 섹터는 아주 좋은 예다. 단기적으로 음의 상관관계를 가지기 때문이다. 하나가 오르면 다른 하나는 떨어진다. 그림 9.2를 보면 이 두 주식의 움직임은 2000년 거의 거울상(mirror image) 같았다.

서로 다른 요소들을 섞으라는 세 번째 규칙은 수익률 대비 리스크를 관리하는 것과 관련이 있다. 리스크 측정치인 각 섹터의 표준편차는 2000년도에

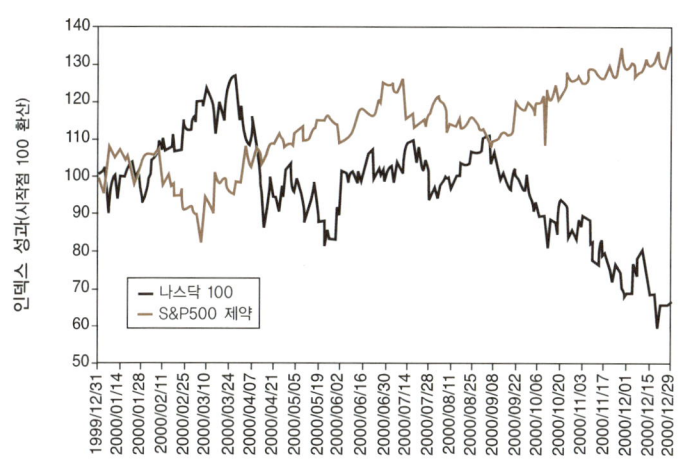

그림 9.2 제약주 vs 기술주

출처: Thomson Financial Datastream

기술주 3.5%, 헬스케어주 2.5%였다. 하지만 이 섹터로 반반씩 포트폴리오를 구성했다면(좋은 생각은 아니지만, 설명을 위해 가정해보자) 그 포트폴리오의 표준편차, 즉 리스크는 실제 2.0%가 된다.[180] 단지 음의 상관관계를 가진 두 종류의 주식을 보유함으로써 리스크를 낮춘 것이다.

다시 말하지만, 여러분은 3가지 질문을 사용해 어떤 섹터가 상대적으로 좋을 것이란 강한 확신을 갖게 될 수 있다. 반드시 그 섹터의 비중을 높이고 다른 섹터의 비중은 낮추어라. 두 번째 규칙에서 작성한 리스트가 도움이 될 것이다. 단지 벤치마크의 모든 구성요소가 포함되어 있는지 확인하면, 제대로 혼합된 포트폴리오를 보유하게 될 것이다. 비중 조절을 어떤 규모로 할 것인지 결정하기 위해 그 리스트를 사용하라. 또한 3가지 질문을 통해 작성된 순위표에 따르라. 하지만 완벽한 확신이 드는 경우가 아니라면, 역상관관계의 포지션을 포트폴리오 내에 두는 것은 마치 잘못되었을 때 보상 받을 수 있는 보험을 드는 것과 같다. 단, 이런 보험효과는 단지 포트폴리오가 음의 상관관계를 가진 구성요소들로 되어 있을 때만 효과가 있는 것은 아니다. 음의 상관관계건, 낮은 상관관계건, 상관관계가 없건, 비슷하지 않은 카테고리를 혼합하면 장기적으로 위험은 낮추고 수익은 개선된다. (이 사실을 검증하기 위해 첫 번째 질문을 사용하라. 2개에서 6개 정도의 주식을 서로 다른 카테고리에서 선택해서 장기간에 걸친 성과를 살펴보라.)

네 번째 규칙 – 항상 틀릴 수 있다는 것을 명심하라. 그러니 앞의 3가지 규칙에서 너무 벗어나지 마라

아마도 4가지 규칙 중 가장 중요한 네 번째 규칙은 여러분의 행동을 제어하는 것에 관련된 규칙이다. 이 규칙은 3가지 질문을 포함해 다른 규칙들을 안전하게 지키는 것이다. 이 규칙 없이는, 여러분은 인지적 오류에 휩쓸리고 말 것이다. 네 번째 규칙은 여러분이 후회를 쌓고 긍지는 회피하도록 만든다. 네 번째 규칙을 지킴으로써 과도한 확신에서 오는 리스크를 줄일 수 있다. 앞의 3가지 규칙을 무시하고 3가지 질문보다는 군중심리나 석기시대 두뇌에 기반한 의사결정을 하려 할 때마다 네 번째 규칙은 여러분이 규칙에서 벗어나지 않도록 해준다. 얼마나 확신하고 있는지와 관계없이 모든 의사결정에는 항상 틀릴 수 있는 가능성이 있다. 일단 이를 인정하면 너무 치명적인 시도는 하지 않게 될 가능성이 커진다.

네 번째 규칙은 여러분이 벤치마크를 훈련용 강아지 목줄처럼 사용할 수 있도록 한다. 짧은 목줄을 이용하면, 강아지가 너무 많은 문제를 일으키지는 않을 것이다. 같은 강아지라도 목줄이 길다면 정원을 파헤쳐놓고, 사나운 개에게 달려들며, 차에 치거나 도둑고양이를 쫓아 시내를 질주할 것이다.

예를 들어, 올해 기술주가 상승할 것이라 확신한다고 해보자. 벤치마크에서 기술주 비중은 15%지만, 20%나 25%로 비중을 늘리는 것으로는 만족하지 못한다. 기술주가 단연 최고가 될 것이란 걸 '알고' 있기 때문이다. 이러한 확신으로 인해 보유 중인 모든 헬스케어 주식을 팔아 치우고, 그 대신 기술주 비중을 크게 늘리려고 하게 된다. 기술주가 잘나갈 때 헬스 케어섹터는 일반적으로 수익이 좋지 않다는 것을 알고 있기 때문이다. 포트폴리오에 변화를 주기 전에, 자문해보라. "만약 내가 틀렸다면?" 그렇게 큰 베팅의 결과에 대비가 되어 있는가?

코어 전략 VS 카운터 전략

이 규칙 때문에 나는 돈을 운용할 때 코어 전략과 카운터 전략을 동시에 구사한다. 코어 전략이란 다른 사람이 모른다고 믿고 있는 사실에 기반해 실행한 베팅(즉, 벤치마크 대비 비중확대)을 뜻한다. 예를 들어, 미국시장이 해외시장보다 좋을 것이라는 예상, 기술주가 헬스케어를 아웃퍼폼할 것이라는 예상, 임의소비재가 필수 소비재를 아웃퍼폼할 것이라는 예상이 되면 해당 섹터의 비중을 벤치마크 대비 확대하는 걸 말하는 것이다. 그런 것들이 바로 코어 전략이다.

한편, 나는 비중을 축소한 섹터에는 카운터 전략을 수립한다. 이 섹터들은 수익률이 좋지 않을 거라고 생각하는 것들이다. 그럼에도 이렇게 하는 이유는 '만약 틀린다면?' 하는 생각 때문이다. 나도 많은 실수를 저지른다. 운 좋게도 실수보다는 적중한 적이 더 많았지만, 그동안 많은 실수를 해왔고 앞으로도 계속 그럴 것이란 걸 알고 있다. 각각의 카운터 전략들은 내가 내린 코어 전략들이 실패할 경우 좋은 수익을 낼 것으로 기대되는 것들이다. 만약 기술주에 대해 틀렸다면 헬스케어는 상대적으로 좋은 수익을 보일 것이다. 미국이나 해외주식 중 하나가 주도주가 될 것이기 때문에, 잘못된 판단을 내렸을 때 놓치게 되는 경우를 막고자 하는 것도 같은 논리다. 나는 항상 자문한다. "수익률이 좋을 것이라고 생각했던 섹터가 예상치 못한 이유로 성과가 나쁘게 된다면, 수익률이 좋은 섹터는 어떤 것이 될까?" 이 부분 역시 놓치고 싶지 않은 것이다. 대부분의 투자자들은 절대 이런 식으로 생각하지 않는다.

카운터 전략을 가지고 있다는 것은 항상 '하락'하거나 '뒤처지는' 주식을 보유하고 있다는 의미다. 여러분의 예상대로 된다면, 카운터 전략으로 보유했던 주식은 하락하거나 상대적으로 수익이 나빠야 한다. 만약 카운트 전략의 주식이 하락한다면, 그것은 코어 전략이 성공해 높은 수익을 올리고 있다는 것을 의미하며, 전체 포트폴리오 수준에서 봤을 때 훌륭한 성과를 거둔 것이다. 카운터 전략의 주식이 하락하는 것은 나쁜 일이 아니다. 이 주식들은 만약 여러분의 판단이 틀렸을 때 충격을 줄여주는 것이다. 즉, 리스크를 관리해주는 것이며 좋은 것이다. 그동안 내 경력에 있어서 다행이라고 생각하는 것은, 비록 틀린 판단을 내리고 상대적으로 수익률이 뒤처진 적도 있지만, 그 정도가 아주 심하지 않았다는 것이다. 그 이유는 바로 카운터 전략을 수립했기 때문이다.

기술주와 헬스케어를 사용해 코어 전략과 카운터 전략을 수립하는 실제 예를 들어보기로 하자. 다른 모든 섹터는 벤치마크와 같고 기술주와 헬스케어만 다르다고 해보자. 이 섹터들에 모두 3가지 질문을 사용하기엔 낯선 분야이기 때문에, 일단 헬스케어부터 시작한다고 친다. 여러분은 헬스케어 섹터의 활황에 대해 다른 사람이 모르는 어떤 정보를 알아냈다고 믿고 있다. 어쩌면 지난 주말 국회의원들이 모두 머리를 다쳤을지도 모른다. 또한 여러분은 계류 중인 의약품 규제에 관한 투표를 화요일에 하게 된다는 것도 알고 있다. 이들은 두통을 가라앉게 해줄 새로운 진통제가 필요하고, 따라서 늘 내리던 결정과 반대되는 결정을 내리기로 한다. 즉, 정부의 규제를 줄이는 것이다. 그렇게 되면, FDA는 비정상적으로 잘 듣는 모든 종류의 약에 대해 안전하다는 조치를 내리게 될 것이다(다만 가정이다). 그리고 아무도 이런 사실을 모르고 있다. 다른 사람들은 국회의원들이 두통 때문에 피로하고 멍청해질 것이기 때문에 시장에도 좋지 않은 영향을 줄 것이라고 생각하고 있다. 하지만 여러분은 상황을 더 잘 알고 있다. 즉, 이미 그들이 바보라는 걸 알고 있는 것이다.

이런 독특한 발상을 바탕으로 이제 헬스케어에 대한 비중을 늘리기로 한다. 두 번째 규칙을 사용한 리스트를 만들었을 때, 헬스케어는 기대수익률 8위였으며, 따라서 기존 벤치마크 10%였던 비중을 15%로 늘리기로 결정한다. 이는 기존보다 50% 비중을 늘린 것으로, 바로 코어 전략이 된다.

이제 여유자금을 추가로 활용하지 않는 이상 총자산은 105%가 아니라 여전히 100%가 되어야 하기 때문에, 다른 섹터에서 비중을 5% 줄여야만 한다. 어디서 줄여야 할까? 기술주의 벤치마크 비중이 12%라고 가정해보자. 만약 제약주의 수익이 좋지 않다면, 기술주에 대한 12% 비중은 그 충격을 완화해줄 것이다. 하지만 제약주 투자에 대해 아주 확신하고 있다면, 앞서 말한 5%를 기술주에서 줄여 12%였던 비중을 7%로 만들면서 카운터 전략을 최소화하고 실제 베팅 규모는 크게 가져갈 것이다. 여전히 기술주에 7% 비중은 가지고 있지만, 5%를 다른 섹터에서 줄였을 때보다는 작은 카운터 전략이 되는 것이다.

　3가지 질문을 통해 이 문제를 생각해본 결과, 여러분은 대부분의 투자자들이 기술주의 P/E가 낮기 때문에 저평가되었다고 생각한다는 사실을 알아냈다. 또한 달러가 최근 강세를 보였고(단지 논의를 위한 가정이다) 사람들은 이런 추세가 지속될 것이며, 따라서 미국 주식시장도 강세를 보일 것이라고 생각하고 있다. 모든 사람들이 미국이 전 세계 경제를 주도했고 기술주도 활황을 보였던 1990년대를 기억하고 있다.

　하지만 여러분은 낮은 P/E가 곧 저위험 고수익이 아니라는 것을 알고 있다. 또 지난해 달러가 강세를 보였다고 해서 올해도 그럴 것이란 법이 없다는 것도 알고 있으며, 강달러로 인해 미국 주식시장이 해외 주식시장을 이길 것이란 법도 없다는 걸 알고 있다. 기술주에 대한 거의 절대적인 강세예측을 인지하고, 여러분은 완벽한 카운터 전략이 필요치 않다고 결론 내리게 되며, 기술주 비중을 5% 축소하기로 한다. 코어 전략이 실패하더라도 여러분을 도울 수 있는 카운터 전략은 여전히 보유 중이다. 만약 헬스케어 섹터에 대한 예측이 맞는다면, 아마도(반드시 그렇지는 않지만) 기술주에 대한 전망도 들어맞을 것이고, 인기 있는 섹터에 더 많은 자산을 투자한 셈이 될 것이다. 단지 하나의 코어 전략과 하나의 카운터 전략을 맞게 수립함으로써 시장초과수익을 올린 것이다(코어 전략의 비중은 최대화, 카운터 전략의 비중은 최소화했을 경우).

　더 극단적인 경우도 생각해볼 수 있다. 제약주에 대한 비중을 10%에서 22%로 높이고 기술주는 12%에서 0%로 낮추는 것이다. 만약 예상대로 된다면, 엄청난 성공을 거두게 될 것이다. 하지만 여러분은 그렇게 하지 않았고, 기술주에 대한 7% 비중을 유지하고 있는 상태였다.

　헬스케어 섹터에 대한 예측이 틀렸다고 해보자. 국회의원들의 두통이 그리 대단하지 않았을 경우다. 이 정치인들은 아스피린을 제외한 모든 약물을 금지시킨다. 아무도 그런 예상은 하지 못했다. 따라서 헬스케어 관련 주식은 폭락하고 사람들은 다시 잘나가는 섹터(기술주처럼)를 찾아 몰려가게 된다. 두 섹터에 대한 예측이 틀린 것이다. 활황 섹터에는 비중이 적었고, 하락 섹터에는 비중이 컸다. 벤치마크보다 처지게 된 셈이다. 하지만 그렇게 심각한 정도는 아니다. 활황 섹터의 비중을 완전히 줄이지 않았고, 하락 섹터에 완전히 자산을 쏟아 부은 것은 아니기 때문이다. 한 해 정도 벤치마크 대비 몇 퍼센트 뒤처졌다고 해서 큰 문제가 되지는 않는다. 벤치마크 수익이 20%였을 때 16%나 17%를 거둘 수도 있다는 말이다. 결국 투자라는 것은 단 한 해 발생한 약간의 차이가 그렇게 중요한 영향을 주는 게임이 아니다. 약간 뒤처진 수익을 기록한 몇몇 해는 얼마든지 만회가 가능하다. 남은 인생 동안 틀린 횟수보다 맞은 횟수가 많으면 되는 것이다.

코어 전략이 많이 맞아떨어지는 해에는 벤치마크 수익을 올리거나, 이를 초과하게 된다. 나도 코어 전략의 대부분이 틀린 해도 있었지만, 그보다 큰 결정(채권이나 현금보다는 주식을 보유한다는 결정)에서 옳았기 때문에, 벤치마크 대비 낮긴 했지만 나중에 만회할 수 없을 정도는 아니었다. 왜 그랬을까? 나는 초과수익 목표를 잡을 때, 만약 그만큼 하락하면 어떨지를 고려해 마음이 편하지 않으면 그 이상으로 수치를 높여 잡지 않기 때문이다.

목표 수치를 그 이상으로 정하고도(즉, 굉장히 큰 벤치마크 리스크를 부담하는 것) 마음이 편한 때는 오직 시장이 폭락할 것으로 예측되는 때다. 그때 나는 폭락장을 피함으로써 벤치마크 대비 높은 수익을 올리려는 시도를 한다. 이는 내가 자산운용 시 고객에게 할 수 있는 가장 위험한 행동이지만, 장기간에 걸쳐 벤치마크 평균 대비 적절히 높은 수익을 올리고, 때때로 폭락장을 피할 수 있다면, TGH와 상당한 격차를 벌릴 수 있을 것이다. 그때야말로 엄청난 벤치마크 리스크를 포용할 수 있는 유일한 때이다.

드디어 공개! 무조건 이기는 주식 고르기

위 제목은 여러분을 놀리려고 한 말이다. 무조건 오르는 주식을 어떻게 골라낼지 나는 알지 못한다. 많은 사람들이 그 방법을 안다고 주장한다. 하지만 실제로 성공하는 사람은 없다. 지금까지 누구도 보지 못했다. 주식 선택에 있어 목표는 오직 2가지뿐이다. 첫 번째는 매수하려는 카테고리를 잘 대표하는 주식을 찾아내는 것이고, 두 번째는 그 카테고리들보다 수익률이 더 좋을 가능성이 가장 높은 주식을 찾아내는 것이다. 내가 "가장 많이 상승할 것 같은 주식을 찾으라"고 말하지 않았다는 사실에 주목해야 한다. 나는 "그 카테고리보다 수익이 좋을 가능성이 가장 높은 주식"이라고 말했다. 목표는 각 카테고리의 특성을 잘 반영하고 여기에 약간의 '가장 가능성 높은' 주식을 더하는 것이다.

포트폴리오를 구성할 때는 대부분의 중요한 의사결정 시 3가지 질문을 사용하는 데 가장 많은 시간을 들여야 한다. 또한 가장 중요하지 않은 작업(개별 주식 선택)에 정신을 뺏겨서는 안 된다. 개별 종목 선택이 포트폴리오 성적에 미치는 영향은 경이로울 만큼 작다. 이 충격적인 사실이 신성모독으로 느껴질지도 모르겠다. 어쩌면 여러분은 종목선택을 잘할 수 있길 바라며, 이 책을 구입했을지도 모르겠다. 그런데 지금까지 수백 페이지를 지나오는 동안 그런 얘기는 없었다. 여기에는 몇 가지 이유가 있다. 우선 종목선택이 그렇게 중요하지 않다는 것이다. 학계의 상당한 연구 결과에 의하면, 포트폴리오 수익률에 가장 큰 영향을 미치는 요소는 개별 종목 선택이 아니라, 어떤 해에 어떤 유형의 주식을 보유할 것인지, 채권을 보유할 것인지 아니면 현금을 보유할 것인지와 관련된 자산배분이었다. 얼마만큼 큰 영향을 미치는지에 대해서는 학자들도 얼버무리고 있지만, 몇몇 연구에 따르면 수익의 90% 이상이 자산배분과 관련이 있었다. 이보다 적다고 주장하는 연구도 있다. 내가 볼 땐 '거의 대부분' 이 자산배분에서 나온다.

내 연구에 따르면, 장기적으로 70% 이상의 수익이 자산배분(주식, 채권, 현금)에서 비롯되며, 20%는 그 하위 자산배분(어떤 유형의 주식을 보유할 것인가 하는 결정)과 관련이 있었다. 즉, 해외 또는 국내 시장 중 어느 쪽에 비중을 확대(또는 축소)할 것인지, 가치주 대 성장주 비중은 어떻게 할지, 크기나 섹터 등은 어떻게 할지와 관련된 것들이다. 전체 포트폴리오 수익에 있어 개별 종목 선택이 작은 부분을 차지한다는 데 동의하지 않는 연구 결과는 거의 없다. 단지 차선의 또는 차차선의 문제일 뿐이다.

이런 식으로 생각해보자. 1990년대 후반 만약 대형 성장 종목을 고르기 위해 다트를 사용했다면, 아주 잘한 것이다. 머크(Merck)를 선택했건, 글락소스미스클라인(GlaxoSmithKline)을 선택했건 그건 그리 중요하지 않았다. 두 종목 모두 비슷한 주가 추이를 보인 대형 성장 의약주였다. 투자자들은 머크의 유통경로와 글락소의 이익, 재무제표와 90일 이동 평균선 등을 분석하느라 고통스런 시간을 보냈지만, 그에 따른 추가적인 이득은 거의 없었다. 1990년대에 이 두 회사의 주식은 각각 머크가 552%, 글락소가 534% 상승하며 아주 비슷한 움직임을 보였다. 머크나 글락소에 대해 다른 사람이 모

그림 9.3 같은 섹터, 같은 성과

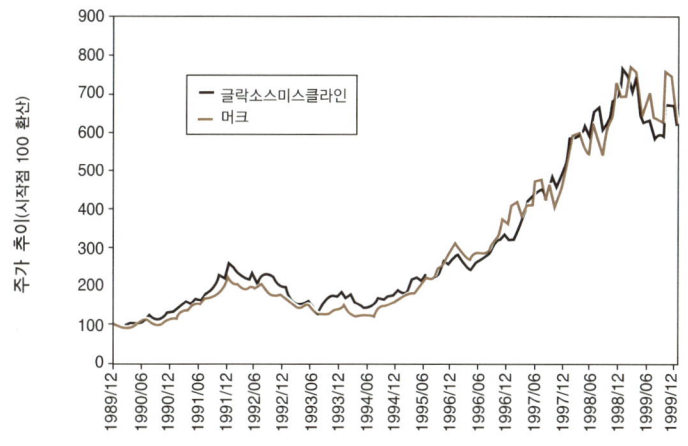

출처: Thompson Financial Datastream

르는 것을 알기 위해 3가지 질문을 어떻게 사용할 수 있었을까? 헬스케어 전체에 대해 무언가 알아내기가 더 쉽지 않았을까? 아니면 대형주나 성장주에 대해 알아내기가 더 쉬웠을까? 또는 미국 대 영국에 관한 것? 그런 분석을 했다면, 이 주식을 둘 다 보유하는 것이 좋다는 결론을 내렸을지 모른다. 완벽한 결론이다(그림 9.3을 보라).

다시 2000년에서 2002년으로 돌아가 보자. 이 기간 동안 가장 좋은 결정은 방어적 포트폴리오를 갖추고 채권과 현금을 보유하는 것이었다. 그렇게 할 수 없었다면 소형 가치주가 대안이었다. 만약 그 외에 시장의 어떤 섹터에서 개별 종목을 선택했더라도 결국은 잘못을 저지른 꼴이 되었을 것이다. 결국 수익률을 결정한 것은 주식을 보유할지 말아야 할지 어떤 유형의 주식을 보유해야 할지였지, 개별 종목의 선택은 아니었다.

사람들은 종목선택에 대해 굳은 믿음을 가지고 있다. 종목 추천가들은 영웅이다. 어떤 뮤추얼펀드의 광고건 간에 사려 깊어 보이는 애널리스트가 안전모를 착용한 채 필기도구를 들고 비행기나 전신주 따위를 조사하는 장면이 등장한다. 그 양복쟁이들이 공장 한복판에서 무슨 짓을 하고 있는 건지 의아한 생각이 든다면, 제대로 생각하고 있는 셈이다. 내 말뜻을 오해하진 마라. 종목선택은 중요하다. 제대로 된 주식을 선택하면 당연히 장기간에 걸쳐 가치가 증대한다. 그렇지 않다면 나는 모든 사람들에게 운용 수수료를 내는 대신 인덱스펀드나 ETF를 사라고 권할 것이다. 또한 다른 모든 투자결정과 마찬가지로, 전 투자기간에 걸쳐 항상 최고의 주식만 골라낼 필요도 없다. 다만 틀린 횟수보다 맞은 횟수가 많으면 되며, 나머지는 벤치마크에 맡겨두면 된다.

자, 그렇다면 투자에서 가장 많은 시간을 들여야 할 부분은 어디일까? 수익률의 70%, 심지어 90%까지 관련이 있는 의사결정일까, 아니면 10% 정도 관련이 있는 결정일까?

종목선택은 이미 설명했다!

좋다! 나는 이미 종목발굴에 대해 설명한 적이 있다. 바로 내가 처음 출간한 책《슈퍼 스탁스》얘기다. 지금은 그때와 같은 방법을 쓰지 않고 있지만, 당시는 최첨단의 기법이라 부를 만했다. 그 문제를 생각해보면, 25년 전처럼 지금도 유용하게 쓸 수 있는 건 거의 없다. 만약 그렇다면 굉장히 당황스러울 것이다. 나는 지금부터 10년 후에는 지금 하고 있는 것을 바꾸게 만드는 어떤 지식을 알고 있길 바라고 있다. 진화적 관점에서 변화는 바로 그 (진화라는) 게임의 이름이며, 나의 목표는 새로운 것을 개발하고 끊임없이 변화하는 것이다. 그렇다면 지금 내가 하는 방식은 어떤 걸까?

여기 방법을 제시한다. 그 방법이란 일종의 제거 프로세스다.

그림 9.4처럼 깔때기 모양의 포트폴리오 구축 프로세스를 상상해보자. 이

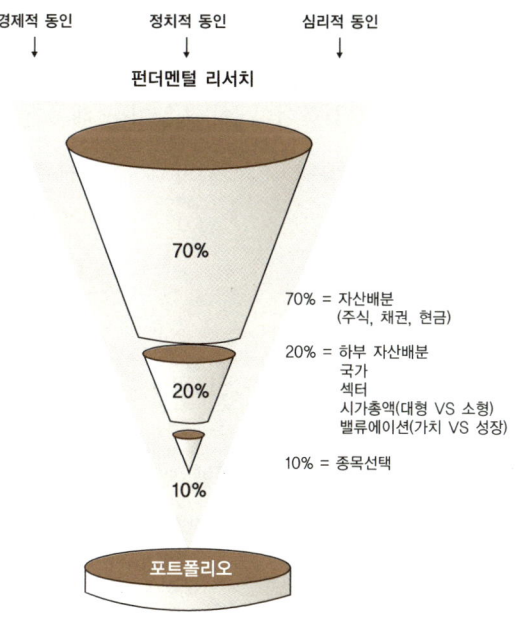

그림 9.4 포트폴리오 제조 깔때기

깔때기에 전 세계의 모든 증권(주식, 현금, 채권 등 모든 것)을 부어 넣는다. 이때 각 레벨을 통과한 주식들만이 바닥으로 내려간다.

우선, 올해에 주식을 보유할 것인지 아니면 방어적 포트폴리오를 구축할 것인지 3가지 질문을 사용해 결정한다. 시장상황이 어떻게 될 가능성이 가장 높을지 결정하기 위해 경제적 · 정치적 · 심리적 동인을 점검한다. 이렇게 결정된 시장상황은 3가지(폭등, 소폭 상승, 소폭 하락) 중 하나일 가능성이 가장 높을 것이다. 이제 할 일은 간단하다. 즉, 벤치마크대로 주식에 완전 노출된 포트폴리오를 구성하는 것이다. 전 세계 모든 주식이 다음 단계로 통과한 것이다.

이제 두 번째 스크린은 하부자산 배분이다. 역시 3가지 질문을 사용해 국가와 섹터의 비중을 벤치마크 대비 어떻게 조절할 것인지 결정한다(이 책의 초반부에서 실제 사례를 들었다). 이 단계에서는 수립된 코어 전략과 카운터 전략에 따라 비중을 확대할 주식, 비중을 축소할 주식을 스크린한다. 깔때기의 중간에 해당하는 이 과정에서는, 개별 주식은 고려하지 않고 비중을 결정한다. 앞서 다뤘던 여러 가지 사례를 응용해보도록 한다. 이 과학적인 질문과정의 마지막에 도달하면, 이제 여러분에게 남은 것은 단지 어떤 국가와 섹터 및 그것들의 적절한 비중이 될 것이다. 이 하부자산 배분 결정에 따라 다음 단계로 넘어가는 주식들이 결정되고, 오직 이때가 되어서야 개별 종목에 대한 선택을 할 준비가 된 것이다.

크지만 작은 것처럼 움직이다 — 달러가중평균법

이 문제는 세 번째 질문과 관련된 문제 때문에, 여러분이 알아채고 있지 못하는 진실이다. 투자자들은 그들이 대형주라고 생각하는 대부분의 주식이 사실은 스몰캡 종목처럼 움직인다는 사실을 깨닫지 못한다. 투자자들은 그 '대형' 주식들에서 어떻게 소형주 효과가 나타나는지 알지 못한다. 이는 인간이 가지고 있는 스케일링에 대한 문제 때문에 정확한 규모를 간파해내지 못하기 때문이다.

대형주 활황과 마찬가지로 소형주 활황 시장을 정확히 예측하면 큰 수익을 올릴 수 있다. 하지만 많은 투자자들은 대형주 효과와 소형주 효과를 정확하게 이해하지 못하고 있는데, 이는 규모를 잘못 파악하고 있기 때문이다. 우선, 어떤 투자자들은 소형 기업들이 근본적으로 가지고 있는 잠재적인 문제 때문에 소형 종목을 피한다. 만약 스몰캡이 주도하는 시장에서 수익을 올리고 싶다면, 잘못되었을 때 곤혹을 치를 수도 있는 보잘것없이 작고, 유동성도 낮은 생소한 회사를 찾아다닐 필요가 없다.

두 번째 질문과 관련된 흥미 있는 패턴을 통해, 우리는 보통 대형주라고 생각하는 종목이 스몰캡 종목과 같은 퍼포먼스를 보인다는 사실을 알 수 있다. 페덱스(FedEx)와 갭(Gap)이 스몰캡 종목처럼 보이지 않을 수도 있지만, 이 주식들은 여러분이 생각하는 것보다 훨씬 스몰캡 종목처럼 움직인다. 우리의 연구에 의하면, S&P500 종목 중에서도 시가총액이 S&P의 달러가중평균 시가총액보다 작은 종목은 S&P500 인덱스보다는 스몰캡 인덱스와 더 유사하게 움직이는 것으로 나타났다. '달러가중평균(Dollar-Weighted average)'이라는 통계 용어가 혼란스럽게 느껴질 수도 있다. 이는 중앙값(median)이나 일반적인 평균(mean average) 시가총액과는 다른 유형의 평균으로, 시장의 실제 움직임을 더 잘 표현해주는 평균값이다. 즉, 시장은 달러가중평균 시가총액과 유사하게 움직인다는 것이다.

스몰캡이 대형주와 같은 퍼포먼스를 보인다?

놀랄 필요는 없다. S&P500을 구성하는 상위 10개 종목은 덩치가 매우 커서, 이들의 총 시가총액이 S&P500 총 시가총액의 50% 정도를 차지한다. 다음 표는 매년 S&P500 상위 10개 종목의 시가총액과 이 시가총액과 같은 규모가 되기 위해 얼마나 많은 스몰캡 종목이 필요한지 보여주고 있다. 또 각 그룹의 퍼포먼스와 S&P500 전체, 그리고 스몰캡 러셀2000 인덱스의 퍼포먼스를 비교해놓았다.

대부분의 해에서 S&P500의 시가총액 하위 종목들은 스몰캡 종목과 매우 유사한 움직임을 보였는데, 이는 인덱스의 정확한 평균치에 비교했을 때 상대적으로 작기 때문이다. 상위 10개 종목은 S&P500의 수익에 엄청난 영향을 준다. 이 주식들의 총 시가총액이 '하위 종목' 300개나 400개를 합친 것만큼 크기 때문이다. 대형 종목들의 시가총액은 시장의 실제 평균보다 크기 때문에 소형 종목들의 평균을 끌어올리게 된다.

단지 S&P500의 전반적인 수익률을 관찰하는 것만으로는 S&P의 '소형' 주식들을 한 그룹으로 봤을 때 실제로는 스몰캡 인덱스와 유사한 수익을 올린다는 사실을 추적해낼 수 없다. 시장은 시장의 달러 가중 시가총액과 유사하게 움직이고, 그보다 시가총액이 작은 종목들은 비록 우리가 느끼기엔 큰 회사처럼 느껴져도 스몰캡과 유사한 성질을 내재하고 있다. 하지만 단순히 S&P500의 수익률만 봐서는 이런 사실을 알 수 없는 것이다.

	시가총액 (단위: 십억 달러)		퍼포먼스			(단위: %)
	상위 10개 주식	S&P 하위 종목 (해당 주식수)	상위 10개 주식	S&P	S&P 하위 종목	러셀 2000
1992	595	593(334)	-1.2	7.6	17.8	18.4
1993	579	579(310)	1.7	10.1	16.7	18.9
1994	581	580(288)	2.2	1.3	0.7	-1.8
1995	596	594(292)	40.2	37.6	26.5	28.4
1996	812	813(293)	29.5	23.0	16.9	16.5
1997	1,051	1,052(306)	35.0	33.4	25.0	22.4
1998	1,386	1,387(304)	40.0	28.6	9.2	2.6
1999	2,053	2,050(304)	34.3	21.0	19.2	21.3
2000	3,122	3,112(403)	-26.9	-9.1	12.7	-3.0
2001	2,680	2,688(370)	-7.6	-11.9	5.1	2.5
2002	2,544	2,540(371)	-24.7	-22.1	-16.0	-20.5
2003	1,844	1,839(362)	14.5	28.7	47.1	38.8
2004	2,337	2,331(347)	-0.2	10.9	19.4	18.3
2005	2,397	2,379(325)	-0.2	4.9	2.6	4.6

출처: Standard&Poor's Research Insight.

여러분의 두뇌는 코끼리는 크고 토끼는 작다고 생각한다. 또한 시가총액이 100억 달러나 200억 달러에 달하는 종목은 거대하다고 생각한다. 하지만 현실에서는, 2006년 중반 시장의 달러가중평균 시가총액은 860억 달러에 달하며[181], 시장은 860억 달러의 시가총액을 가진 주식처럼 움직이고 있다. 시가총액 100억 달러짜리 주식은 시장 대비 단지 12% 크기에 불과하며, 그에 비교하면 훨씬 소형 종목처럼 움직이는 것이다.

그럼, 좋은 소식은 무엇일까? 바로 수익률을 높이려 잘 알려져 있지 않은 소형 종목을 찾기 위해 온갖 금융 정보지를 뒤지지 않아도 된다는 것이다. 단순히 유동성도 풍부하고 이름도 널리 알려진 S&P500의 시가총액 하위 종목을 보유함으로써 스몰캡 종목과 같은 수익을 올릴 수 있다. 그런 회사들은 여러분에게도 낯설지 않은 회사들이다. 블랙&데커, 클로록스, 다우존스&Co., 이스트만 코닥, H&R 블록, 스탠리 웍스, 뉴욕타임스, 월풀 등이 그런 예다. 이들은 단지 몇 가지 예에 불과하다.

그렇다면 나쁜 뉴스는 뭘까? 시가총액 100억 달러나 200억 달러, 심지어 500억 달러가 넘는 종목으로도 대형주에 투자하는 효과를 볼 수 없다는 것이다. 그런 효과를 보려면, 시장의 달러가중평균 시가총액인 860억 달러보다 큰 주식에 투자해야 할 것이다. 안타깝게도 이 글을 쓰고 있는 시점에서 그런 종목은 미국에 25개밖에 없다.[182] 매수하기는 쉽지만 선택의 폭은 너무 좁다. 실제로 스몰캡보다 대형주에 투자할 때 분산투자 효과를 얻기가 더 어렵다.

한 번에 하나의 카테고리만 선택한다. 이런 식으로 종목선택을 공략하는 것이 훨씬 쉽고 분명하다. 어렵게 주식의 세계를 헤쳐나가는 대신, 단지 여러분이 필요한 특정 카테고리 각각에 해당하는 주식만 살펴보면 된다. 좋은 주식 몇 개를 얻기 위해 1만 5,000개에 달하는 종목을 살펴보는 것이 아니라, 각 카테고리마다 15~20개 정도의 종목을 검토해서 이 중 3~4개를 추려낸다.

앞서 행한 의사결정 과정에서 미국의 스몰캡 섹터 비중을 늘려야 한다는 결론을 내렸다고 해보자. 여러분은 카테고리 전체와 비슷하거나 그보다 수익이 좋을 것 같은 주식들을 골라내야 한다. 방법은 동종 업종 내 다른 주식보다 상대적으로 저평가된 종목을 찾는 것이다. 더욱 중요한 것은 수익을 낼 것으로 예상되는 스토리를 찾아내야 한다는 사실이다. 내가 말하는 건 〈월스트리트 저널〉의 첫 페이지에 나오는 그런 종류의 얘기가 아니라 3가지 질문을 사용해볼 수 있는 무언가를 말하는 것이다.

사례를 들어보자. 2005년 시작과 함께 나는 미국의 스몰캡 가치주들이 상승세를 이어갈 것이라 예상했다. 2005년 초 〈포브스〉 칼럼에서 이와 관련해 언급한 종목은 플라워서브(Flowerseve)[183]였다.

그런데 나는 보통 고객 포트폴리오에 편입한 종목에 관해서는 〈포브스〉에 쓰지 않는다. 내 전략을 비밀스럽게 간직하려는 게 아니라 내 고객들이 범죄에 연관되는 것을 원치 않기 때문이다. 나 자신 또한 범죄자가 되고 싶진 않다. 만약 내 고객들이 내가 〈포브스〉에 추천한 주식을 보유하고 있다면, 이들이 선행 매매로 구속되거나 내가 보수를 받고 그런 일을 해준 죄목으로 구속될 수 있다. 그 논리는 다음과 같은 것이다. 내가 고객을 위해 종목을 편입시켜 주고, 그 종목을 〈포브스〉에서 강하게 추천해서 사게 한다. 그리고 난 고객을 위해 다시 그 종목을 매도해서 이익을 취한다. 이런 일은 범죄행위다. 내부자 거래의 일종으로 중죄에 해당한다. 나는 언제나 이런 행위를 증오했다! 인생을 살며 오랫동안 간직해온 철학이 "범죄는 안 된다"였다. 음침한 곳을 벗어나 법을 준수하기 위해 나는 완벽하게 훌륭한 주식에 대해 〈포브스〉에 글을 썼지만 그 주식을 고객 포트폴리오에 편입시키지는 않았다. 앞서 말했듯이 종목선택은 포트폴리오 수익의 아주 작은 부분에 영향을 미치기 때문에 〈포브스〉에 추천한 주식과 고객 포트폴리오에 편입한 종목이 달라도 전혀 상관이 없었다. 추천할 종목은 많다. 나의 고객과 〈포브스〉 독자들이 까다로운 문제에 휘말리지 않게 할 수 있을 만큼 충분히 많다. 완벽한 정보공개를 위해 나는 이런 사실을 가끔씩 독자들에게 환기시킨다.

어쨌건 다시 플라워서브 얘기로 돌아와 보자. 이 회사는 정유화학 산업, 음식물 처리 산업 등에서 다양한 액체(예를 들어 부식성 액체)별로 다양한 펌프와 밸브를 제조하는 회사다. 멋지지 않은가? 내 말은 여러분이 매일 아침 일어나 부식성 액체가 흐르는 펌프와 밸브를 생각하느냐는 얘기다. 어떻게 이렇게 멋진 일을 하는 회사에 투자해 수익을 올릴까 생각해본 적이 있는가? 수많은 밸브의 눈금만 봐서는 이런 회사의 주식을 발견할 수 없다. 카테고리 분석을 통해서만이 이런 주식을 찾을 수 있다.

왜 산업기계 부문의 훌륭한 스몰캡 회사인 케너메탈(Kennametal)이나 아이덱스 코프(Idex Corp)가 아닌 플라워서브일까? 틀린 얘기는 아니지만, 나는 다른 사람이 플라워서브에 대해 다른 사람이 모르고 있는 것을 간파했다고 생각했다. 2005년이 시작되면서, 투자자들은 회계 '부정'에 대해 극도로 민감해져 있었다. 2004년 후반에 플라워서브는 새 CFO를 임명했는데, 이는 굉장히 의심을 살 만한 행동이었다. 며칠 후 수석 회계담당 임원이 사임했고, 바로 며칠 후 이를 번복했다. 한편, 당시 이 회사는 3분기 실적에 대한 미 증권감독원(SEC) 보고를 연기하고 있었다. 이 모든 일이 어딘가 수상쩍어 보였고, 주가는 이런 일련의 사태에 맞춰 이상하게 움직이고 있었다. 만약 여러분이 펀더멘털 투자자라면 크게 겁을 먹었을 것이다. 이 회사의 재무제표가 그리 인상적이지 않았고, 주가 또한 직전 12개월 순익 기준 26배에 거래되고 있어 그리 싸게 보이지 않았기 때문이다.

투자자들이 주식을 매도할 모든 이유는 다 모아놓은 셈이다. '고평가'된 주가를 동반한 의심쩍은 회계가 곧 문제가 된다는 사실은 모두가 알고 있었다. 하지만 이 주식은 쌌다. 연간 매출 기준으로 이 주식은 약 60% 정도에 거래되고 있었다. 만약 이 회사의 영업마진이 일반적인 제조업체 수준으로 개선된다면, 이익이 크게 늘어날 잠재력이 있었다. 어떤 뉴스건 회사와 관련된 긍정적 뉴스가 나오면 깜짝 놀랄 상승이 있을 것이다. 가격에 나쁜 뉴스만 반영되어 있기 때문이었다. 또한 앞으로 계속해서 나쁜 뉴스가 있을 것이고, 가격 또한 하락할 것이라는 기대가 가격에 반영되어 있었다. 따라서 어떤 것이건 좋은 뉴스가 나오면 주가 강세의 원인이 될 터였고, 해당 카테고리 내에서도 훌륭한 성적을 올릴 터였다.

세 번째 질문을 사용해 난 과도한 확신이나 다른 인지적 오류에 빠져 있지 않다는 데 확신을 가졌다. 또 스스로 자문도 했다. 만약 틀린다면? 주가가 예상대로 오르지 않는다면? 만약 그렇게 된다면 그 주식이 동종 업종의 비슷한 주식 수준으로 반등하길 기대해야 했을 것이고, 그 상승폭은 그리 크지 않았을 것이다. 나는 그 카테고리 또한 아주 수익이 좋을 것으로 보았기 때문에, 플라워서브의 수익이 다소 뒤처지더라도 크게 실망하지 않을 것이라고 생각했다.

내가 텍사스에 있는 플라워서브의 본사에 찾아가 안전모를 쓰고 공장 주변을 시찰하지 않았다는 사실에 주목하라. CEO를 만나지도 않았고, 회사 고위층으로부터 다른 사람이 모르는 정보를 캐내기 위해 스파이를 침투시키지도 않았다(이 또한 불법이며 비웃음을 살 일이겠지만, 부르스 윌리스 주연의 재미있는 산업 스파이 영화 소재는 될 것이다). 나는 여러분도 쉽게 찾을 수 있는 공개된 정보를 읽었을 뿐이다. 그러고 나서 개별 종목을 살펴볼 때 항상 하는 일을 했다. 우선 자문했다. "모든 사람들이 걱정하고 있는 것은 무엇인가?" 그리고 그 문제를 내던지고 다시 자문했다. "정보의 행간에서 내가 읽어낼 수 있는 것은 무엇인가? 깜짝 상승이나 하락을 일으킬 수 있는 요인은? 그런 일이 일어날 가능성은?" 마침내 호머 심슨이 그랬듯이 나는 "괜찮다, 내 머리야. 넌 날 좋아하지 않지? 나도 널 좋아하지 않아"라고 말하고 얼마나 많은 나의 편견과 자존감으로 인해 잘못된 판단을 내리게 될지 알아냈다. 그렇다! 바로 이런 절차가 항상 이길 수 있는 종목을 고르는 방법이다. 잠깐 농담을 했다. 이런 절차는 틀리기보다는 맞을 확률이 높을, 그리고 비슷한 유형의 주식보다 수익이 좋을 그런 종목을 선택하는 방법이다.

만약 당시 〈포브스〉를 읽고 추천 당시에 플라워서브를 매수했더라면, 아주 행복했을 것이다. 2005년 그 주식은 44%나 상승했다.[184] 동일 기간 해당 섹터 2%[185], S&P 5%, 글로벌 마켓은 9%[186] 상승했다. 플라워서브는 훌륭한 종목선택이었다. 해당 카테고리보다 수익이 월등히 좋았기 때문이다. 이 주식이 미국 스몰캡 산업 기계 주식 중에 가장 많이 올랐던 주식이었을까? 그렇지 않았다. JLG 인더스트리(JLG Industries Inc.)는 133%, 조이 글로벌(Joy Global Inc.)은 109%를 각각 기록했다.[187] 이 주식 또한 탑다운 방식의 프로세스를 통해 선택될 수 있다. 그 두 주식이 플라워서브 대신 여러분의 포트폴리오 깔때기 속으로 들어왔을 수도 있는 것이다. 하지만 그렇게 하려면 무얼 했어야 할까? 다른 사람이 보지 못하는 것을 알아내야 했을 것이며, 그렇게 하려면 주식시장 전체에서 찾기보다는 깔때기의 바닥에 남아 있는 작은 주식 풀에서 찾는 편이 쉬웠을 것이다. 일단 큰 결정을 맺게 하면, 플라워서브나 JLG 인더스트리 또는 조이 글로벌 같은 주식을 선택할 수 있는 확률이 높아진다. 어떤 국가나 유형의 주식을 보유할지 먼저 고민하지 않고, 독일 주식시장의 스몰캡 가치 유틸리티 주식을 연구하는 데 웹사이트와 CNBC를 검색하며 시간을 쓰고 있다면, 그건 시간과 지력의 낭비일 것이다.

이런 프로세스를 여러분의 모든 주식 카테고리에 반복해 적용해보라. 그러면 벤치마크를 잘 대표하는 주식을 보유하게 될 것이다. 또 항상 최고의 종목만 선별해낼 수 없다는 사실도 명심하라. 당장 이런 사실에 익숙해져야 한다. 항상 포트폴리오에서 3~5개 종목에 대해선 낙담하게 될 것이다. 세계 최고의 펀드매니저들도 상승하는 종목만 골라내지 못한다.

하부자산 배분과 관련해 올바른 판단(정확한 규모, 스타일, 국가, 섹터 등)을 내리는 데 성공했지만, 최종적으로 선택한 주식이 수익이 좋지 않거나, 회계 부정을 저지르거나, 정치 문제에 휘말리거나, 동종 주식보다 훨씬 못한 수익을 낼 수도 있을까? 물론이다.

이미 분산투자에 대한 필요성은 이야기했다. 에너지 섹터가 포트폴리오의 10%를 차지한다면, 그 카테고리에서 3~7개까지 서로 다른 주식을 보유해야 한다. 한 종목 정도는 잘못되더라도 그 상처가 아주 크지는 않을 것이다(네 번째 규칙). 내가 플라워서브를 선택한 이유는 엄청난 상승이 기대 되어서는 아니었다. 단지 해당 카테고리보다 상승률이 높을 것으로 예상되었기 때문이다. 해당 카테고리에서 3~7개 정도의 주식을 보유하고 있으면, 이 경우의 플라워서브처럼 어떤 주식은 굉장한 수익을 올리게 된다.

카테고리를 이길 가능성이 가장 높은 주식들을 분산하는 데 초점을 맞추라는 것이, 종목선택 자체를 포기했다는 의미는 아니다. 하지만 그렇다고 카테고리를 대표하는 종목으로 하나만 선택하고 나서 그 주식이 나중에 잘못되었을 때는(즉, 해당 카테고리는 상승하는데 선택한 종목은 그렇지 못한 경우) 여러분의 포트폴리오가 해당 카테고리의 상승효과를 전혀 누리지 못하게 된다. 탑다운 방식으로 접근하지 않은 종목선정은 대부분의 투자자들이 결국 눈앞에서 승리를 놓치게 만드는 요인이다. 이런 방식을 받아들이지 못하는 사람들은 대개 두뇌보다 자존감이 더 큰 사람들이다.

상대적으로 작은 카테고리나 섹터에 대한 종목선택은 어떨까? 여러분이 이머징 마켓에 2~3% 정도 자산배분을 하고 싶어 못 견디고 있다고 해보자. 이머징 마켓은 여러분 벤치마크의 작은 부분을 구성하고 있지만, 굉장히 정확하고 잘 조절된 베팅을 하려고 한다. 단지 한 종목만 매수하고 싶지는 않지만, 이머징 마켓의 카테고리를 다양화하기는 어려울 것이다. 그러면 어떤 주식을 선택하겠는가? 짐바브웨의 주식? 칠레? 하지만 그 작은 자산배분을 위해서 분산시키기 충분한 정도의 주식을 매수한다면, 이상한 주식을 사게 되는 것은 물론 엄청난 거래비용까지 지불하게 된다. 1가지 방법은 저렴한 수수료의 ETF를 매수하고 끝내는 것이다. 나는 펀드를 좋아하진 않지만, 목적에 부합할 수 있다. 내 말은 과연 여러분이 정말로 다른 사람이 모르는 무엇인가를 알고서 짐바브웨나 칠레의 주식 또는 동 페타고

니안 후추 회사와 중앙 클루 운송 회사의 주식을 매수할 수 있겠느냐 하는 뜻이다.

언제 주식을 팔아야 하는가?

종목선정은 싸움의 반일 뿐이다. 언제 팔아야 할지 어떻게 알 수 있을까? 주식을 매수하는 것과 마찬가지로 매도 결정도 탑다운(top-down) 방식에 의거해야 한다. 가장 쉬운 때는 여러분이 내년 시장 시나리오가 폭락이라는 사실을 간파했을 때다. 그때는 보유 중인 대부분의 주식을 파는 것이 좋지만, 이런 경우는 드물다. 진정한 약세장을 제외한 때는 어떻게 해야 할까? 언제 황급히 도망쳐야 할지 어떻게 알 수 있을까? 쉽다. 3가지 질문을 사용해 주식 보유의 근거가 되는 펀더멘털의 변동을 발견하면 된다. 예를 들어, 상당한 기간 동안 평평한 수익률 곡선이 유지된 후에, 그 기울기가 갑자기 급격히 기울면 성장주는 줄이고 가치주는 늘리는 결정을 할 수도 있다.

만약 수요 탄력적 회사(기술주, 임의 소비재)의 주식들이 수요 비탄력적 회사(헬스케어, 소비 필수재)보다 수익이 좋아지게 되면 각각의 비중을 변경할 수 있는데, 이때 몇몇 주식의 매도가 필수적이다. 또는 어떤 섹터에 영향을 주는 경제학적·정치학적·투자심리적 사실을 간파했을 수도 있다. 예를 들어, 의회가 회계 준칙을 강화하는 법안을 제정하려고 하는데, 이로 인해 금융업계가 좋지 않은 영향을 받을 것이란 사실을 여러분과 몇몇 사람들만 간파했을 때, 또는 고배당주가 상당기간 시장을 아웃퍼폼한 후 모든 사람들이 유틸리티 주식에 광분해 있기 때문에 여러분은 어떻게든 유틸리티의 비중을 줄이고 무배당주로 옮겨 갈 때라는 것을 알게 된 경우 등이다. 알다시피, 주식을 매도하는 것은 그 주식의 수익이 나빠서가 아니다. 세 번째 질문을 사용한 결과, 그 주식들이 더 이상 여러분의 포트폴리오에 맞지 않기 때문이다. 여러분에게 필요한 주식은 자산과 하부자산 배분 결정을 잘 대표하는 것이어야 한다.

출격 준비!

주가가 많이 오르고 난 후에는 어떻게 해야 할까? 주식을 매도하고 '이익 확정'을 해야 할까? 이익 확정은 투자자가 할 수 있는 가장 멍청한 짓 중 하나다. 어떻게 '확정' 짓는다는 말인가? 상승한 주식에서 얻은 수익은 금고실 어딘가에 보관되는 것이 아니다. 그 돈은 재투자될 것이고(그렇게 안 하는가?), '확정' 지은 '수익'으로 매수한 주식이 꼭 오르리란 보장은 없다. 그 다음에 매수한 주식은 하락하며 '확정' 했다고 생각했던 수익을 없애버릴 수도 있는데, 이는 첫 번째 투자에 대해서는 세금을 지불하고 두 번째 투자에서는 돈을 잃은 셈이다. '수익 확정' 같은 건 없다. 그런 말은 과신과 확증편향 오류에 빠진 광기 어린 동굴인들이 골프 친구들에게 말할 때나 쓰는 단어다. '수익 확정'을 하기 위해 주식을 매도해서는 안 된다. 어떤 섹터의 비중을 줄일 필요가 있을 때나 해당 주식이 더 이상 카테고리 내에서 우월한 위치를 점하지 못해 포트폴리오에 기대한 만큼 효과를 주지 못한다고 생각할 때 매도해야 한다.

이렇게 해야 하는 이유는 단지 주식이 많이 올랐다고 해서, 앞으로 계속 오르지 못한다는 것을 의미하는 것은 아니기 때문이다. 이런 일은 항상 일어난다. 주식이 연속 상관관계에 있지 않다는 것을 명심하라. 주가가 기존 추세를 유지할지, 아니면 반대로 가게 될지 확률은 50 대 50이다. 처음 종목을 보유하게 만든 펀더멘털이 유효하다면 주식을 계속 보유하라. 아주 간단하다.

상원위원, 강아지 죽이기, 그리고 또 다른 이익감소 요인들

주식이 폭락했다면 어떻게 할까? 못난이 주식을 팔아버리고, 손실을 받아들이며, 과세이익을 상쇄하며 나름대로의 길을 찾아야 할까? 그래야 할 수도 있고, 그러지 말아야 할 수도 있다. 아마 후자가 더 맞을 것 같다.

가장 먼저 생각해볼 것은 왜 그 주식이 폭락했는가이다. 시장 전체가 조정을 보였고, 단지 그 하락폭만큼 빠진 것인가? 만약 그렇다면 도망가서는 안 된다. 중요한 것은 절대수익이 아닌 상대수익률이다(일반적으로). 하락 이유가 해당 카테고리가 하락했기 때문인가? 섹터가 조정을 받았거나 인기가 식었는가? 아니면 그 주식이 카운터 전략의 일부분이었기 때문에? 역시 손절매할 이유가 없다. (전체 포트폴리오의 퍼포먼스가 아니라 한 주식 또는 한 섹터의 퍼포먼스에 초점을 맞추게 되는 것은 정리선호 현상이다. 즉, 세 번째 질문을 사용해 싸워야 할 인지적 오류인 것이다.) 주가 하락의 원인이 끔찍한 뉴스 때문인가? CEO가 회계장부를 조작하고 주주총회에서 으리으리한 파티를 열었다거나, 불가리아에 강아지 학살 공장을 보유하고 있다는 그런 뉴스 말이다.

중요한 문제는 이런 나쁜 뉴스들이 쏟아져 나올 즈음에는 시장이 이미 그 뉴스에 반응한 상태이며, 폭락을 피할 기회를 이미 놓쳤을 가능성이 높다는 것이다. 이제, 절대적인 최저가에 주식을 매도하고 다른 기회를 노릴 수도 있지만, 이는 결국 비싸게 사서 싸게 파는 결과다. 또 재투자하게 되는 주식이 반드시 오르리란 법도 없다. 그 주식도 하락할 수 있으며, 그러면 큰 잘못을 두 번이나 저지르는 셈이다. 기존 추세가 유지될지, 아니면 바뀔지는 항상 50 대 50의 가능성이 있는 것이다.

주식을 살 때와 마찬가지로 하락한 주식을 점검하라. 과장된 뉴스는 이미 가격에 반영되어 있다. 고로 무시하라. 집중할 것은 다른 사람이 모르는 무언가를 알아내는 것이다. 그렇게 '나쁜 뉴스'들이 회사가 극복할 수 있는 것들인가? 어쩌면 그 강아지 도살 공장은 아주 조그만 것으로 회사 경영진 모르게 설립된 것일 수도 있다. 또 도살자들은 해고되고 강아지들이 구출될 수도 있다.

또한 나쁜 뉴스가 정확하고 믿을 만한지 세심하게 고찰해보라. 단지 미친 소리일 수도 있다. 솔직히 말하면, 기자들도 자신들이 무슨 얘기를 하는지 잘 모르는 경우가 많다. 이들이 작성한 기사는 과장되거나 잘못된 경우가 많다. 기자들 중 대부분은 해당 산업에 대해 그리 해박하지 않다. 정기적으로 발생하는 일도 대단한 일로 과장하거나 오해하기 쉽다. 또는 회사의 핵심경영에 실제적인 영향을 주지 않는 사소한 규칙 위반이 엄청난 압박을 주는 것으로 오인할 수도 있다. 종업원들의 단순한 불만을 추가 확인 없이 그대로 전하는 경우도 있다. 항상 일어나는 일들이다! 나도 그런 경우를 많이 당했다. 기자들이 실수를 저지르는 일은 흔하다.

공격 받는 회사가 언론의 집단 히스테리에도 불구하고 실제로는 견고하다면, 주가는 아마도 반등할 것이고 상대적으로 높은 가격에서 매도할 기회가 주어질 것이다. 더욱이 갑작스럽게 하락한 주식에 대한 투자심리는 아주 낮기 때문에, 어떤 것이 되었건 좋은 뉴스가 나오면(그렇다. 그들이 강아지를 죽이긴 했지만, 인도적인 방법을 사용했다) 주가 상승을 이끌 것이다.

여러분이 냉철한 두뇌의 소유자로, 단지 다른 사람들이 팔았다는 이유로 주식을 팔지 않았고, 주가가 급락한 진짜 합리적인 이유를 볼 수 있다면 어떨까? 나쁜 뉴스가 정말 뭔가 있는 것이거나, 심지어 심각한 경영위기 또는 핵심사업에 문제가 있는 것이라면? 그럴 때는 상대적으로 낮은 가격일지라도 팔아야 할 때다. 몇 마디 욕을 해주고, 때때로 그런 정보를 사전에 알 수 없게 되는 일이 어쩔 수 없이 생긴다는 사실을 알면 된다. 바로 이런 이유 때문에 분산투자가 필요하며, 어떤 주식에 대한 비중도 그만큼 잃었을 때 문제가 없을 만큼만 두어야 한다.

이런 일 때문에 심각하게 의기소침해진다면, 이런 식으로 생각해보라. 제대로 관리하고 있는 포트폴리오를 보유 중이라면, 어떤 종목이건 그 비중이 몇 퍼센트에 지나지 않을 것이다. 당장 내일 나쁜 뉴스로 인해 한 종목이 반

토막이 나도 포트폴리오 전체로는 단지 1% 정도 손실만 입을 뿐이다. 항상 상대적으로 측정 규모를 생각한다면, 정리선호 현상과 싸워나가며 전체적인 포트폴리오에 초점을 맞출 수 있을 것이다. 단지 1%를 잃었을 뿐이다. 잘했다. 실제로 어떤 주식이 빠른 속도로 가치를 완전히 잃게 되는 일은 드물다. 10%나 20% 정도의 주가 하락을 경험할 수 있지만, 전체적인 충격은 작다. 한 종목이 폭락하더라도 제대로 배분된 포트폴리오에 미치는 영향은 제한적이다. 그런 충격은 떨쳐버리고, 후회는 쌓을 것이며, 다음에는 어떻게 할지 교훈을 얻고 나아가라. 뭔가 펀더멘털에 변화가 일어나지 않았다면, 계속 그 종목을 보유하고 그런 변화가 일어나지는 않는지 항상 주시하라.

명심할 것은 높은 수익을 올릴 종목들만 모으는 게 아니란 것이다. 여러분은 종목 수집가가 아니다. 종목 수집가들은 정리선호나 과도한 확신으로 인해 불완전해지고, 전체 포트폴리오가 어떻게 되는지는 제쳐두고 잘나가고 있는 두 종목에만 집중할 것이다. 여러분의 목표는 절대로 친구들에게 자랑할 차세대 대박 종목을 찾아내는 것이 아니다. 그보다는 벤치마크를 이길 가능성을 최대한 높이는 것이다. 따라서 벤치마크와 유사한 움직임을 보이는 주식을 포트폴리오의 구성요소로 편입해야 한다. 모든 훈련은 여기에 초점이 맞춰져야 한다.

그렇게 하면, 여러분을 지속적으로 단련시켜 줄 전략을 가지게 될 것이다. 그 전략이란 3가지 질문을 끊임없이 적용해볼 수 있는 것들이다. 석기시대 두뇌가 TGH 때문에 자꾸 동굴로 여러분을 인도할 때, 시장과 유사한 수익을 올리는 것 또는 매일 홈런을 치거나 CD 또는 MMF 등을 통해 수익을 올리는 것 모두 상당한 성과라고 할 수 있다. 하지만 더 큰 야망을 가지길 바란다. 나는 여러분이 전략을 갖고 잘 훈련되어 있길 바란다. 또한 자본시장의 기법이란 과학을 더 발전시키고, 그런 기법들의 학습곡선을 단축시키는 사람이 되길 바란다. 3가지 질문을 완전히 습득하고 항상 사용하라. 그 질문들을 TGH를 향해 휘둘러라. 아주 강하게!

| 결론

작별할 시간

나는 여러분이 감탄할 만한 몇몇 작은 기법을 공개하지 않았다. 그것들은 과학적 방법을 시장에 적용시킨 몇 가지 사례다. 내가 여러분에게 공개한 기법들은 언젠가는 효과가 없게 될 것이다. 차이는 있겠지만, 결국 언젠가 모두 사라진다. 하지만 질문은 영원히 이어질 것이다.

THE ONLY THREE QUESTIONS THAT COUNT

책을 끝내며, 여러분에게 작별 인사를 할 때가 되었다. 여러분이 각자의 길로 가기 전에, 잠시 내 개인적인 얘기와 왜 이 책을 쓰게 되었는지 얘기하고 싶다. 보통은 책의 서두에 많이 나오는 내용이다. 지금의 나를 만든 책임은 미국 산림청에 있다고 할 수 있다. 나는 어려서부터 숲에 빠져 지냈다. 나의 부모님은 뒷담장이 숲으로 이어진 교외에 살았다. 꼬맹이 시절, 난 담장을 넘어 살아 있는 오크 숲으로 들어가곤 했다. 지금은 없어진 부모님의 집에서 히치하이크를 해서 20분 거리에 있는 킹스마운틴의 2,000피트 높이의 삼나무 숲에 갈 수 있었다. 이런 곳에서 30년 이상을 살았다. 꼬맹이 때는 항상 숲에서 산림 관리자처럼 살았다. 그리고 나무를 너무나 좋아했기 때문에 농림학교에 진학했다.

여름방학 아르바이트로 미국 산림청의 설문조사원으로 일한 경험은 어떤 환경에서라도 절대 정부 밑에서는 일하지 않겠다는 결심을 하게 만들었다. 오늘날 산림 관리자는 어떤 형태로든 정부를 위해서, 또는 정부와 함께 일을 한다. 그 여름에 난 정부의 고용과 관련된 모든 것이 비밀스럽게 감춰지고 있다는 사실을 알게 되었고, 그 후 정부와 연관되는 것은 어떤 것이든 싫어하게 되었다. 또한 같은 이유로 절대 정치가가 되지 않을 것이라 생각했다. 정부와 너무 많은 일을 함께해야 하기 때문이다. 그것이 내 삶을 구원했는지는 알 수 없지만 난 어떻게든 나은 인생을 살고 싶었다. 그래서 장래에 대한 큰 고민 없이 전공을 경제학으로 바꾸었다. 그전에 성적이 좋았기 때문이었다.

숲은 아직도 나를 설레게 한다. 특히 삼나무 숲은 더 그렇다. 나는 전 세계를 통틀어 유일하게 단 한 종류의 나무, 그것도 내가 사랑하는 삼나무를 연구하는 강좌에 기부하고 있다는 것을 매우 자랑스럽게 여긴다. 나는 삼나무 숲과 관련해 굉장히 전문적인 취미를 가지고 있는데, 그중에는 30곳이 넘는 1920년 증기시대 이전의 삼나무 공방을 발굴하고 그 공예품을 수집하고 목록으로 만드는 일도 있다. 나는 또한 개인 소유로는 세계에서 가장 방대하다고 생각하는 3,000권 이상의 숲 역사 관련 장서를 보유 중이다. 하지만 절대 내가 정부를 위해 일하게 할 순 없을 것이다. 진지한 취미는 괜찮지만, 경력을 쌓기 위해 하는 일과 진짜 재미로 하는 일을 확실히 구분하는 것은 중요한 일이다.

자본시장은 재미있다. 하지만 이것은 일이기도 하다. 나는 3가지 질문이 여러분에게 이익을 가져다주길 바란다. 아울러 이 책이 즐겁고 유용하게 느껴졌으면 하는 바람이다. 처음 〈포브스〉 칼럼을 시작했을 때, 당시 편집자이자 미 경영 저널리스트 협회장이었던 짐 마이클은 그 칼럼이 3가지 요소를 가져야 한다고 가르쳐주었다. 그것은 재미있고, 유용하며, 돈이 되는 정보가 되어야 한다는 것이었다. 이 3가지는 인생에 있어서도 아주 훌륭한 목표다. 하지만 시장은 재미있는 만큼 고된 작업을 필요로 한다. 이 책에 나오는 많은 양의 데이터와 분석이 그런 것이다. 3가지 질문은 여러분이 알 필요가 있는 것들을 잘 알 수 있게 해주는 도구다. 하지만 노력이 수반되어야 한다. 그걸 대신해주는 책은 어디에도 없다.

정부 고용에 반대하는 사람이 자유자본주의의 숭배자가 되었다. 학교를 마칠 때 즈음에 나는 자본주의 시장에 굉장히 빠져 있었다. 그래서 학교를 마친 후 아버지 회사에서 일했다. 나는 내가 훌륭한 직원이 아니라는 사실을 포함해 아버지에게 배울 수 있는 모든 것들을 배웠고 그 후로 나만의 길을 헤쳐나가게 되었다. 당시 나는 스스로의 힘으로 성공하기에는 아직 부족하다는 것을 알기엔 너무 어렸다. 35년간 TGH에 많이 당하면서도 여전히 나는 이 시장에 남아 있다. 왜 그렇게 오랜 기간 TGH의 채찍질에도 불구하고 계속 남아 있을까? 왜 은퇴해서 남은 인생을 삼나무 숲과 내 고양이, 내 아내와 함께 보낼 수 있었을 때도 계속 현장에 남아 현실의 우울한 걱정거리를 다루기로 결정했을까? 왜 〈포브스〉 칼럼을 통해 오랫동안 공개적인 예측을 해서 누구든 내가 틀렸다는 것을 증명하기 쉽게 하거나 공격할 수 있도록 하고 있을까? 나는 15년 전 아주 많은 재산을 가지고 은퇴해서 아무 일도 하지 않고 지낼 수도 있었다. 왜 이런 일을 하고 있을까?

몇 가지 이유가 있다. 첫째로, 나는 TGH와의 싸움이 주는 스릴을 사랑한다. 어떤 이는 에베레스트산을 오르고, 또 어떤 이는 헤엄쳐서 영국 운하를 횡단한다. 나는 운동선수는 아니다. 내가 산소통을 매고 아콩카과봉 정상에 서 있는 모습은 볼 수 없을 것이다. 그래서 나는 TGH를 택했다. 이보다 더 스릴 있는 게 어디 있을까?

변형주의

두 번째로, TGH는 새로운 것을 발견하고 실천하게 해주는 영원한 기회를 제공한다는 점이다. 나의 인생 전체를 살펴볼 때 현재 시점에서 삶의 가장 중요한 부분은 새로운 것을 할 수 있는 능력이다. 5장과 9장에서 나는 할아버지에 대해 길게 얘기했다. 1958년 돌아가실 때까지 할아버지는 자동차, 라디오, 영화, 항생물질, 비행기 등 놀라운 진보를 목격해왔다. 할아버지는 거실에 앉아 대통령이 하는 연설을 나무박스로 된 라디오를 통해 실시간으로 들을 수 있었다. 할아버지가 다섯 살이었던 1880년에, 만약 할아버지가 자신의 할아버지에게 1958년에 보게 될 것을 묘사할 수 있었다면, 내 고조부인 아이작 피셔는 내 할아버지를 바보라고 생각했을 것이다. 또한 아들인 필립 아이작 피셔에게 "필립, 도대체 내 손자가 저런 미친 생각을 하도록 무슨 짓을 한 게냐?"라고 말했을 것이다. 하지만 고조할아버지는 틀렸다. 내 할아버지 세대는 기본생활에 있어 그 전 세대 또는 앞으로 올 세대에 비해서도 상대적으로 큰 변화를 겪었다. 그들은 변화의 폭발점에 처해 있었다. 이때는 일반적으로 미국 사람들이 과소평가하고 있는 시기로, 사실상 미국의 산업혁명이라고 부를 만한 시기다. 역사상 가장 강력한 정신적 힘이 충만한 해방기였다. 바로 자본주의 정신이다! 할아버지 세대 이전에는 모든 세대들이 자신의 선조들과 거의 동일한 인생을 살았다. 물론 그들은 거주지를 옮기거나 전쟁을 하거나 다른 커리어를 갖고 변화했을 수도 있다. 하지만 할아버지의 탄생 이전에는 인생의 기본적인 것들이 수많은 시간 동안 아주 아주 천천히 변화되어 왔다.

1907년에 태어난 아버지는 할아버지 세대보다 절대적으로는 더 많은 변화를 목격했지만, 상대적으로는 더 적었다. 아버지는 돌아가시기 전까지 제트엔진, 집적회로, 바이오 공학의 태동을 목격했다. 내 세대에도 엄청나게 많은 절대적 변화를 목격했고 앞으로도 그럴 것이다. 하지만 상대적으로 내 할아버지가 목격했던 것만큼은 아니다. 나에겐 30~35세 사이의 세 명의 아들이 있는데, 이들은 변화를 일상적인 것으로 생각한다. 그렇다. 지금은 그런 시대다. 하지만 여전히 새롭다. 매일 아침 보통 사람으로 깨어나 조그만 부분에서라도 세상의 변화에 동참하는 것은 새롭다. 마치 나의 할아버지가 존스 홉킨스 의대에서 그랬듯이, 나의 아버지가 주식투자에서 그랬듯이 말이다. 한 세기 전에 이런 일은 아이작 뉴턴같이 특별한 사람에게만 일어나던 일이었다. 보통 사람들은 그런 일을 할 수 없었다. 하지만 오늘날에는 아니다. 우리는 특별한 시대에 살고 있다. 매일 아침 일어나 원하기만 하면, 그전에는 없었지만 우리 이후의 세대에서는 당연시하게 될, 어떤 새로운 것을 개발하는 일에 참여할 수 있기 때문이다.

나는 이런 프로세스를 '변형(transformation)'이라고 부른다. 이제 보통 사람들도 자신들이 개발한 것 때문에 각자의 분야를 변화시킬 수 있다. 이런 일이 흔하게 되기 전에는 뉴턴 같은 사람이 변형가(transformationist)였다. 산업혁명은 변형가들을 우리 세계에 풀어놓았다. 이 사람들은 상상력에 제한이 없었으며, 다른 사람이 간파해내지 못한 것들을 간파해냈다.

이런 일은 주로 과학자와 자본가들에게서 발생한다. 줄리어스 로즌월드가 시어스 로벅(Sears Roebuck and Co.)을 창업해 지난 100년간 사람들이 소매업에 대해 생각해오던 것을 바꿨을 때 그는 변형가였다. 카네기도 그랬고, 포드도 그랬다. 아담 스미스는《국부론》을 썼을 때 그랬다. 하지만 대부분의 저자들은 그렇지 못했다. 그들은 그저 점진주의자(incrementalist)였다. 아인슈타인도 당연히 그런 사람 중 하나였으며, 유명하든 유명하지 않든 과학 분야에는 이런 사람이 아주 많다. 더 최근을 보면, 인텔의 창업자인 밥 노이스와 고든 무어는 그들의 작은 세계를 변형시키기 위해 과학적 배경과 사업을 결합시켰다. 빌 게이츠도 그렇다. 그는 조그만 사업체와 대형 사업체 간의 대결장을 동등하게 만드는 방식으로 세상을 바꿔놓았다. 찰스 스왑 또한 마찬가지다. 이런 사람들은 끝이 없다. 하지만 여러분은 변형가가 되기 위해 거대해질 필요는 없다. 단지 여러분은 세상의 작은 부분을 영원히 변화시켜 다른 사람들이 여러분의 새로운 과학과 지식과 기술과 비전을 통해 세상을 항상 다르게 보게 하면 된다.

우리의 인생, 우리가 살아가는 방식은 모든 변형가들에 의해 근본적으로 변화되고 있다. 때로는 보지 못하기 때문에 알지 못하기도 한다. 내가 '삼나무 숲 생태학 케네스 피셔 강좌'에 재산을 기부한 것은 내가 삼나무 숲을 사랑해서이기도 하지만, 원래 창시자인 스티브 실렛이 삼나무에 대한 우리의 생각을 아주 빠르게 바꿔놓고 있는 변형가였기 때문이기도 하다. 그는 아무도 답해본 적이 없는 질문에 대해 어떻게 답할지 마음속에 한계를 정해놓지 않았다. 그는 우리가 삼나무나 큰 나무에 대해 일반적으로 생각하고 있는 것들을 변형시키고 있다. 지원할 수 있는 변형가를 발견하지 못했다면, 나는 기증하지 않았을 것이다.

자본시장에서는, 아무도 전에 이해하지 못했던 자본시장 기법을 배우고 구축하기 위해 여러분이 할 수 있는 일에 제한이 없다. 여러분도 자본시장의 변형가가 될 수 있다. 200년 전에는 그럴 수 없었다. 하지만 오늘날에는 가능하다. 오늘날 여러분은 매일 아침 깨어나 일을 하며 지금 우리가 알고 있는 것에 도전하는 질문을 던질 수 있다. 그런 질문은 우리가 곧 알게 될 것을 열어주는 역할을 할지 모른다. 3가지 질문은 바로 그런 목적을 위해 특별히 만들어진 것이다. 따라서 이 책을 읽은 여러분들은 스스로 변형가가 될 수 있을 것이다.

내가 PSR을 고안했을 때, 나는 그걸 위해 노력하고 있었다. 스몰캡 가치주(이런 말이 존재하기도 전에)에 대한 초기연구를 수행하고 기관투자자들에게 이 주식들이 분산과 공분산 측면에서 전통적인 마코위츠파의 평균분산 최적화 개념과 잘 맞아떨어지는지 보여주었을 때, 나는 그걸 위해 노력하고 있었던 것이다. 나는 뉴튼도, 밥 노이스도 아니다. 어떤 기준으로 봐도 위대한 천재는 아니다. 하지만 난 질문을 할 수는 있다. 따라서 여러분도 할 수 있다. 그리고 여러분은 내가 절대 간파해내지 못한 것들을 간파할 수 있는 위대한 천재가 될 수 있고, 그러면 위대한 변형가가 될 것이다.

나는 지금까지 계속해오고 있는 것을 앞으로도 할 것이다. 현재 인류의 진화에서 우리가 할 수 있는 가장 신나고 재미있는 것은 지금까지 아무도 개발하지 못한 것을 개발하고 과거의 미신들을 제거하는 것이기 때문이다. 물론 실수도 저지르겠지만, 진보도 할 것이다. 여러분은 나만큼, 아니 나보다 더 잘할 수 있다. 여러분이 젊다면, 내가 할 수 있는 것보다 더 오래 이런 시도를 할 수 있다. 커다란 차이를 만들어낼 수도 있다. 하지만 여러분 대부분은 그렇지 못할 거란 것을 안다. 스스로 원하지 않기 때문이다. 하지만 여러분 중 젊은 몇몇이 이런 생각을 받아들이고, 기꺼이 질문을 해나가고, 금융과 시장의 이론을 변형시키기 위한 시도를 지속한다면, 미래에는 커다란 영향을 미치게 될 것이다.

내가 뭔가를 끊임없이 밀고 나가는 가장 중요한 이유는 매일 아침 일어나 내 작은 세계에 새로운 질문을 던질 수 있기 때문이며, 아마 2008년에도 나는 질문을 계속 사용할 것이고 정말 신선하고 과거의 믿음을 산산조각 내는 두 번째 질문을 간파해낼 것이다. 어쩌면 여러분도 그렇게 될 것이다.

그렇다. 자산운용은 아주 중요한 서비스이며, 많은 사람이 그렇게 하지 못하는 세계에서 이 일을 잘 해내는 것은 극히 중대한 일이다. 하지만 100년 전 홉킨스 의대 졸업생들처럼 생명을 구하겠다는 환상은 가지고 있지 않다. 나는 테레사 수녀의 자본가 버전이 아니다. 그렇다. 내 회사의 많은 고객들이 자신들의 안위를 위해 회사의 서비스에 의존하고 있으며, 이는 나에게 명예롭게 부여된 아주 중요한 과업이다. 하지만 지금 내 회사는 나 없이도 그런 일을 해낼 수 있다. 내가 은퇴해도 지금과 같이 운영할 수 있을 것이다. 그런 일을 할 수 있는 능력을 회사에 구축해놓았기 때문이다. 인생의 무대에서 매일 일어나 이런 일을 하는 것은 새로운 것에 대한, 색다른 것에 대한, 도전하는 것에 대한 재미를 위해서다.

그리고 지금까지 나는 괜찮았다. 그동안 자산운용업계에서 오랜 기간 쌓아온 성과는 나를 장기간에 걸쳐 시장을 이긴 소수의 머니매니저 그룹에 들 수 있게 해주었다. 일반 고액 자산가가 내 회사와 함께 1995년 중반에 투자를 시작했다면, 2006년 중반에는 모든 수수료를 포함해 자산평가액이 원금의 231%로 불어났을 것이다. 그저 글로벌 시장 수익을 그대로 추종했어도 꽤 괜찮은 131%의 수익을 올렸을 것이다. 이는 연환산으로 3.6% 차이다(다시 말하지만 모든 수수료 포함). 만약 여러분이 S&P500 인덱스에 투자했다면, 우리 회사보다는 매년 1.7% 낮은 수익을 올렸을 것이다(역시 모든 수수료 포함).

이런 성적은 오랫동안 많은 실수를 저지르면서 얻은 결과로, 나는 이에 만족한다.

또한 공식적으로 10년간의 성적을 비교해볼 수 있는 자료가 있는데, 바로 매월 〈포브스〉에 기고하는 추천 종목이다. (22년간 〈포브스〉에 기고를 해왔지만, 공식적으로 성과를 계산하기 시작한 건 10년 전부터다.)

그 기간 동안 이 칼럼에 소개된 종목들은 S&P500을 연환산 5% 비트했는데, 이는 너무 큰 수치다. 이 성적은 가상의 거래 수수료를 포함하고 있지만, 호가 차이나 운용 수수료 등을 포함하고 있지는 않다. 그렇다고 해도, 모든 사람이 내 회사의 고객이 될 수 있을 정도로 유동자산을 보유하고 있지는 않지만, 누구든지 〈포브스〉를 사 보거나 온라인에서 공짜로 볼 수는 있었다(얼마나 자본주의적인가?). 〈포브스〉 칼럼이 실제 내 회사 고객들의 수익을 앞지른 적도 있고, 그 반대 경우도 있었다. 이런 사실이 의미하는 바는 아무것도 없다. 나는 대부분 내 고객들의 포트폴리오에 편입시킨 종목보다 훨씬 적은 수의 종목을 〈포브스〉에 추천해왔다. 따라서 상대적으로 작고, 리스크 관리를 하지 않는 가상의 포트폴리오에서 어느 정도의 성과 차이는 정상적인 것이다. 나는 그동안의 내 역사를 자랑스러워한다. 그것들은 내가 해온 일들을 정당화시키며, 내가 하는 말들에 믿음을 더해줄지도 모른다. 하지만 투자에서 과거의 일은 그저 서막일 뿐이다. 지금까지 해오고 있는 것을 지속하려면, 과거에 얻은 명예에 만족해서는 안 된다.

이는 내가 지금 이 일을 하고 있는 세 번째 이유다! 나는 자본주의를 사랑한다. 내가 보기엔, 자본주의는 인류가 달성한 가장 완벽하고 성스러운 것이다. 자본주의 하에서는 모든 사람에게 기회가 주어진다. 가난한 사람은 부자가 된다. 최고의 부자들은 대부분 태어나면서부터 부자는 아니었다. 〈포브스〉 400대 부자에 오른 사람들은 시간이 지남에 따라 대부분 탈락했다. 빌 게이츠는 중상위층 집안에서 태어났지만, 세계 최고의 부자가 되었고 역사상 가장 많은 기부를 했다. 이 세계의 위대한 개혁자들과 변형가들은 모두 자본주의 사회에서 나왔으며, 200년 전에는 아무도 나오지 못했다. 그 당시 엘리트주의 지성인들은 내가 태어나기 한참 전부터 자본주의에 대해 그릇되게 비판하고 있었지만, 이들은 그 비전에 있어 5장에 나오는 거트루드 스타인보다 나을 바 없다.

주식시장은 완전히 자본주의적이다. 여러분이 사는 주식은 여러분이 흑인인지 백인인지, 남자인지 여자인지, 늙은지 젊은지, 미국인인지 영국인인지 알지 못한다. 주가는 수요와 공급 외에는 아무것에도 영향을 받지 않는다. 또한 글로벌하며, 효율적이고, 변동성이 심하고, 항상 놀라게 하며, 가공되지 않고 아름답다. 많은 측면에서 TGH와 나는 아주 긴밀한 사랑과 증오의 관계를 가지고 있다.

이 책을 통해 나는 여러분에게 메시지를 전달하고 있다. 바로 자본주의는 좋은 것이며, 주식시장은 예측할 수는 없지만 이길 수는 있다는 것이다. 그러면, 당장 무엇부터 시작해야 할까? 나는 여러분이 다른 사람보다 어떤 지식에 대한 학습곡선을 빨리 끌어내기를 바라며, 또한 자본시장의 과학에서 앞서 나가길 원한다. 내가 반복해서 말했듯이, 다른 사람이 모르는 것을 알지 못한다면 장기적으로 시장을 이길 수 없다. 나는 여러분이 감탄할 만한 몇몇 작은 기법을 공개하지 않았다. 그것들은 과학적 방법을 시장에 적용시킨 몇 가지 사례다. 내가 여러분에게 공개한 기법들은 언젠가는 효과가 없게 될 것이다. 차이는 있겠지만, 결국 언젠가 모두 사라진다. 하지만 질문은 영원히 이어질 것이다. 여러분이나 내가 앞으로 시장을 이길 수 있게 해주는 유일한 것은 혁신이다. 사람들에게 투자도구를 제공하는 수많은 책들이 있지만, 내가 아는 바로는 그렇다. 내 첫 번째 책이 PSR이라는 혁명을 제시한 것처럼 말이다. 난 이 책 이전에 어떻게 자기 자신을 혁신할 것인지 보여주는 책을 단 한 권도 보지 못했다.

어쩌면 이 모든 것이 틀렸거나 어떤 부분들이 틀렸다고 생각할지도 모르겠다. 괜찮다. 여러분이 내가 틀렸다고 생각하는 것은 괜찮다. 하지만 그냥 생각으로만 틀렸다고 하지는 않았으면 좋겠다. 내가 바라는 것은 여러분이 증명해내는 것이다. 내가 보여준 것을 믿지 못하겠다면, 최소한 내가 틀렸다고 증명할 수 있는 방법을 제시하라. R-squared를, 인지적 오류를 제시하고 내가 간파하지 못한 것을 간파해 제시하라. 그런 다음 나에게 편지를 써라. 하지만 잘못되었다는 것을 정말 증명할 수 있어야 한다. 그리고 편지를 쓸 땐 예의를 갖추길 바란다. 과학은 무례한 것이 아니다. 그냥 나보고 바보라고 쓴다면, 나는 관심도 없을 것이다. 내가 알 바 아니다. 진심으로 나는 이 책의 모든 내용에 대해 여러분이 의구심을 갖길 바란다. 여러분은 자주 들르는 웹사이트에서 많은 정보를 찾을 수 있다. 데이터를 찾아 분석하고, 시작 시점을 달리해서 장기간에 걸친 분석을 실시해보라. 그저 우연히 찾아낸 결과가 아닌지 확인해보기 위해선 해외시장에도 적용해보아야 한다. 나에게 데이터와 통계치를 제시하고, 그 다음 내가 틀렸다고 말하라.

내가 바라지 않는 것은, 단지 내가 틀렸다고 말하면서 증명은 하지 못하는 것이다. 그런 일은 여러분에게도 좋을 것이 없다. 그저 시간 낭비일 뿐이다. 내가 틀렸다고 생각한다면, 그리고 통계적 데이터로 제시할 수 있다면 여러분은 아무도 다치게 하지 않은 것이다. 사실 방금 여러분은 스스로를 도운 셈이다. 현실 세계를 바로 정확히 알아냈기 때문이다. 그리고 그런 결론을 성공적으로 내리게 되었다면, 여러분은 반드시 모든 사람이 알고, 믿고 있는 것이 항상 옳은 것은 아니라는 사실을 믿어야 한다. 어쩌면 TGH와 싸우는 새로운 방법을 발견하게 될지도 모른다. 그렇게 되면, 나는 여러분에게 경의를 표할 것이다. 하지만 내가 틀렸다는 것을 증명한다면, 여전히 여러분은 다른 방법론이 유효하다는 것을 증명한 셈이 된다. 그때가 되면 나는 다른 방법으로, 다시 올바른 베팅을 하게 될 것이다. 아름답지 않은가?

주 NOTES

머리말

1. Matthew Miller and Peter Newcomb, "The Forbes 400", *Forbes*(2005년 9월 22일), pp. 89-320.
2. Standard & Poor's Research Insight.
3. Thompson Financial Datastream.
4. 주석 3을 보라.

제1장

5. Investment Company Institute and The Securities Industry Association(www.ici.org), "Equity Ownership in America" (2005년), p. 7.
6. John Y. Campbell and Robert J. Shiller, "Valuation Ratios and the Long-Run Stock Market Outlook", *Journal of Portfolio Management*(1998년 겨울), pp. 11-26.
7. kenneth L. Fisher and Meir Statman, "Cognitive Biases in Market Forecasts", *Journal of Portfolio Management*(2000년 가을), pp. 72-81.
8. Alfred Cowles III and Associates, *Common Stock Indexes*, 2nd ed(Bloomington, IN: Principia Press, 1939년).
9. 주석 6을 보라.
10. 주석 6을 보라.
11. 주석 6을 보라.
12. 2000년 연구 당시 마이어와 내가 1872년부터 1999년까지 원래 데이터를 봤을 때, R-squared 값이 0.26이라는 사실을 발견했다. 역시 통계적으로 무작위적이다.
13. 이와 관련된 데이터와 통계치가 궁금하면, 마이어 슈태트만과 내가 2006년 *Journal of Investing* 여름호에 기고한 논문을 보면 된다. 이 논문에 영국, 독일, 일본 사례가 나와 있다.
14. Daniel Kahneman and Amos Tversky, "Prospect Theory: An Analysis of Decesion Under Risk", *Econometrica*, vol. 47, no. 2(1979년 3월), pp. 263-292.
15. Richard H. Thaler, Amos Tversky, Daniel Kahneman, and Alan Schwarts, "The Effect of Myopia and Loss Aversion on Risk Taking: An Experimental Test", *Quarterly Journal of Economics*(1997년 5월), pp. 647-66.
16. Daniel Kahneman, Paul Slovic, and Amos Tversky, *Judgement Under Uncertainty:*

Heuristics and Biases(New York: Cambridge University Press, 1982년). pp. 480-481.
17　Bloomberg, Bloomberg Fair Market Composite 10년 만기 BBB등급 기업채권 인덱스, 2006년 6월.
18　Global Financial Data, S&P500 총수익, 2002년 10월 9일~2006년 6월 30일.
19　주석 18을 보라, 1982년부터 1989년까지 S&P500 총수익, 각각 22%, 23%, 6%, 32%, 19%, 5%, 17%, 32%.
20　미 행정관리예산국, "Overview of the President's 2007 Budget", http://www.whitehouse.gov/omb/pdf/overview-07.pdf(2006년 6월 30일 접속).
21　미 상무부, 경제분석국, "National Economics Accounts", http://www.bea.gov/bea/dn/nipaweb/TableView.asp?SelectedTable=5&FirstYear=2005&LastYear=2006&Freq=Qtr (2006년 7월 28일 접속).
22　미 연방의회, 의회재정국, "The Budget and Economic Outlool: Fiscal Years 2007 to 2016", http://www.cbo.gov/showdoc.cfm?index=7027&sequence=0(2006년 5월 4일 접속).
23　주석 18을 보라, S&P500 총수익.
24　Thomson Financial Datastream, MSCI World 2003년 순수익.

제2장

25　Kenneth L. Fisher, "Advanced Fad Avoidance", *Forbes*(1995년 3월 13일), p. 180.
26　Global Financial Data, S&P500 총수익.
27　주석 26을 보라, U.S. Fed Funds Official Target Rate and S&P500 Composite Total Return Index(2001년 1월~2003년 6월).
28　미 상무부, 국가경제연구소, "The NBER's Recession Dating Procedure", http://www.nber.org/cycles/recessions.html(2003년 10월 21일 접속).
29　주석 26을 보라.
30　주석 28을 보라, "Table C-51: Survey of Current Business", http://www.nber.org/cycles.htm(1994년 10월 접속).
31　미 상무부, 경제분석국, "Current-Dollar and 'Real' GDP", http://bea.gov/bea/dn/gdplev.xls(2006년 8월 30일 접속).
32　Thomson Financial Datastream, MSCI World Index net return in calendar year 2003.
33　Ibbotson Analyst, "S&P/Barra 500 Growth Total Return Index and S&P/Barra 500 Value Total Return Index."
34　Thomson One Analytics, S&P500 Composite 12-Month Forward P/E Ratio.
35　Global Financial Data, S&P returns.
36　주석 35를 보라.
37　Federal Election Commission, "Appendix A: 1988~2000 Presidential General Election Percentage of Popular Vote Received by State", http://www.fec.gov/pubrec/fe2000/appa.htm(2001년 12월 접속).
38　주석 37을 보라.

39 "Guide to U.S. Elections", *Congressional Quarterly*(1975년), p. 271.
40 주석 39를 보라.
41 주석 39를 보라.
42 주석 26을 보라, S&P500 총수익.
43 Wikipedia, "United States House Elections, 2002", http://en.wikipedia.org/wiki/United_States_House_elections,_2002(2006년 6월 29일 접속).
44 주석 26을 보라, S&P500 총수익.

제3장

45 Investment Company Institute, Archive of Trends releases, Net New Cash Flow in Stock Mutual Funds http://www.ici.org/stats/mf/arctrends/index.html#TopOfPage(2006년 6월 29일 접속).
46 주석 45를 보라.
47 Thomson Financial Datastream, MSCI World Index price return.
48 주석 47을 보라, MSCI World Index net return.
49 주석 47을 보라, 1998년 7월 17일~1998년 8월 31일까지 S&P500 수익률.
50 주석 47을 보라, S&P500 수익률.
51 주석 47을 보라, 1998년 연간 S&P500 수익률.
52 Richard H. Thaler, Amos Tversky, Daniel Kahneman, and Alan Schwarts, "The Effect of Myopia and Loss Aversion on Risk Taking: An Experimental Test", *Quarterly Journal of Economics*(1997년 5월), pp. 647-661.
53 Gina K. Logue, "Discovery Could Change Continent's History", *Middle Tennessee Record*, V14.20(2006년 4년 24일), pp. 8, 7.
54 Library of Congress, Bills/Resolutions, Pension Security Act of 2002, A.H.R. 3762.14, http://thomas.loc.gov/cgi-bin/query/z?c107:H.R.3762.
55 주석 47을 보라, General Electric 총수익.
56 주석 47을 보라.
57 주석 47을 보라, 2005년 MSCI World Index 순수익률.
58 주석 47을 보라, Altria 수익률, 1999년 12월 31일~2005년 12월 31.
59 Global Financial Datastream, S&P500 총수익률.
60 Standard & Poor's Research Insight, 1997년 S&P500 구성종목 수익.
61 주석 60을 보라.
62 주석 47을 보라, Nasdaq 100 Index로 측정한 기술.
63 주석 47을 보라, MSCI World Index 순수익.
64 주석 47을 보라, Nasdaq 100 Index.
65 주석 47을 보라, MSCI World Index 순수익률.
66 Brad M. Barber and Terrance Odean, "Boys Will Be Boys: Gender, Overconfidence, and Common Stock Investment", *Quarterly Journal of Economics*, vol. 116, no.1(2001년 2월),

pp. 261-292.
67 Jonathan Weiseman, "Projected Iraq War Costs Soar", *Washington Post*(2006년 4월 27일), p. A16, http://www.washingtonpost.com/wp-dyn/content/article/2006/04/26/AR2006042601601.html.

제4장

68 Global Financial Data, S&P500 Index 연간 총수익률(1926~2005년).
69 National Oceanic and Atmospheric Administration, National Hurricane Center, "Retired Hurricane Names 1954~2005", http://www.nhc.noaa.gov/retirednames.shtml(2006년 5월 11일 접속).
70 James O'Shaughnessy, *What Works on Wall Street: A Guide to the Best-Performing Investments Strategies of All Time*(New York: McGraw-Hill, 1977년).
71 Jack Hough, "Price/Sales Ratio", *Wall Street Journal*(2006년 4월 13일), p. D3.
72 Kenneth L. Fisher and Meir Statman, "Investor Sentiment and Stock Returns", *Financial Analysts Journal*(2000년 3월, 4월), pp. 16-23.
73 Darrell Huff, *How to Lie With Statistics*(New York: W.W. Norton & Company, 1954/1993년).
74 주석 68을 보라, S&P500 총수익률.
75 Kenneth L. Fisher, "Forecasting Made Easy", *Research*(2002년 9월), pp. 50-54.
76 주석 72를 보라.
77 Kenneth L. Fisher, "1980 Revisited", *Forbes*(2000년 3월 6일), p. 186.
78 Kenneth L. Fisher, "Never Say Dow", *Forbes*(1999년 11월 15일), p. 310.
79 As of June 14, 2006 NYSE, http://www.nyse.com/marketinfo/indexes/nya_characteristics.shtml.
80 Thomson Financial Datastream, Dow Jones(2006년 6월 30일), 3M은 NYSE 구성표상 80위에 랭크.
81 주석 80을 보라, 2006년 6월 30일.
82 Standard & Poor's Research Insight(2006년 6월 30일).
83 주석 82를 보라.
84 주석 80을 보라, Nasdaq 100 Index.
85 주석 80을 보라, Shanghai SE B Share Return.
86 Bloomberg, IFC Global Total Zimbabwe Index, in U.S.$
87 주석 68을 보라, China GDP.
88 주석 82를 보라, Germany GDP.
89 주석 80을 보라, DAX Index.
90 주석 80을 보라, Japan GDP.
91 주석 80을 보라, TOPIX Index.

제5장

91 Romesh Ratnesar, "Gulf Wars Ⅰ and Ⅱ", *Time*(2003년 3월 23일), http://time.com/time/covers/1101030331/wgw1.html, 이 수치는 미국과 사우디아라비아, 쿠웨이트, 프랑스, 시리아 그리고 이집트로부터 배치된 병사들을 포함한 것이다.

93 주석 91을 보라, 이 수치는 미국과 영국, 오스트리아, 폴란드로부터 배치된 병사들을 포함한 것이다.

94 미 에너지국, 에너지정보국(EIA), "crude Oil and Total Petrolatum Imports: Top 15 Countries"(2006년 2월), http://www.eia.doe.gov/pub/oil_gas/petroleum/data_publications/company_level_imports/current/import.html(2006년 5월 15일 접속).

95 미 에너지국, 에너지정보국, "World Proved Crude Oil Reserves, January 1, 1980-January 1, 2006 Estimates"(2006년 1월 18일), http://www.eia.doe.gov/pub/inter-national/iealf/crudeoilreserves.xls(2006년 5월 15일 접속).

96 Joe Barton, "Barton Releases Discussion Draft of Refinery Bill", 미 하원, 에너지 및 상업 위원회, http://energycommerce.house.gov/108/News/09262005_1661.html(2006년 6월 20일 접속).

97 American Petroleum Institute, "Gasoline Taxes: July 2006", http://api-ec.api.org/filelibrary/2006-gasoline-diesel-taxes-summary.pdf(2006년 8월 15일 접속).

98 Society of Petroleum Engineers, "How Much Oil and Natural Gas is Left? http://www.spe.org/spe/jsp/basic/0"1104_1008218_1109511,00.html(2006년 5월 15일 접속).

99 Bureau of Labor Statistics, 월간 최대 실업률, 1970년 1월~1979년 12월, http://data.bls.gov/PDQ/servlet/SurveyOutputServlet.

100 미 에너지국, "Strategic Petroleum Reserve Inventory", http://www.fossil.energy.gov/programs/reserves(2006년 5월 15일 접속).

101 John Shages, Department of Energy, Office of Fossil Energy, "Releasing Crude Oil from the Strategic Petroleum Reserve", http://www.fossil.energy.gov/programs/reserves(2006년 5월 16일 접속).

102 주석 101을 보라.

103 Anton Dammer, Department of Energy, Office of Fossil Energy, "Oil Shale Activities", http://www.fossil.energy.gov/programs/reserves/npr/NPR_Oil_shale_Program.html(2006년 5월 16일 접속).

104 Saudi Aramco, "Quick Facts about Saudi Aramco", http://www.saudiaramco.com/bvsm/JSP/content/channelDetail.jsp?Bv_SessionID=@@@@1282495389.1147806175@@@@&BV_EngineID=cccjaddhkiehdelcefeceefdfnkdfhn.o&datetime=05 percent2F16 percent2F06+22 percent3A03 percent3A25&SA.channelID=-1073750311(2006년 5월 16일 접속).

105 National Energy Board of Canada, "Canada's Oil Sands: Opportunities and Challenges to 2015"(2006년 6월 업데이트 됨), http://www.neb-one.gc.ca/energy/EnergyReports/EMAOilSandsOpportunitiesChallenges2015_2004/EMAOiSandOpportunities2015Canada20

04_e.pdf(2006년 6월 29일).

106 미 에너지정보국, "International Energy Annual 2003"(2006년 6월 29일), http://www/eia/doe.gov/emeu/international/energyconsumption.html(2006년 7월 25일).

107 미 경제분석국, "Table 1: Percent Changes in Real Value Added by Industry Group"(2006년 4월 27일), http://www.bea.gov/bea/newsrelarchive/2006/gdpind05.xls(2006년 8월 14일 접속).

108 미 경제분석국, "Table 1.5.5: Gross Domestic Product, Expanded Detail"(2006년 7월 28일), http://www.bea.gov/bea/dn/nipaweb/SelectTable.asp?Selected=Y(2006년 8월 22일 접속).

109 미 경제분석국, "Current and 'Real' Gross Domestic Product", http://www.bea.gov/bea/dn/home/gdp.htm(2006년 8월 14일).

110 Alexandra Twin, "Skidding on Oil", CNN Money(2005년 3월 16일), http://money.cnn.com/2005/03/16/markets/markets_newyork(2006년 5월 17일 접속).

111 Jennifer Lee, "Stocks Fall as Oil Rises", *Forbes*(2005년 7월 6일), http://www.forbes.com/markets/2005/07/06/video-webcast-oil-cx_jl_0706video3.html(2006년 5월 17일 접속).

112 Tom Van Riper, "Oil falls as Saudis up output, stocks rise", *Daily News*(2004년 5월 22일), http://www.nydailynews.com/business/story/195674p-169057c.html(2006년 5월 17일 접속).

113 Annalisa Burgos, "Stocks Rise as Oil Falls", *Forbes.com*(2005년 8월 17일), http://www.forbes.com/markets/2005/08/17/us-stocks-closer-cx_ab_0817vide03.html(2006년 5월 17일).

114 미 에너지정보국, "Crude Oil Price Summary", http://www.eia.doe.gov/emeu/mer/petro.html(2006년 8월 14일).

115 Associated Press, "Site for Nuclear Plant Narrowed"(2005년 12월 2일), http://www.cbsnews.com/stories/2005/09/22/tech/main879414.shtml(2006년 8월 14일 접속).

제6장

116 U.S. Treasury Department Bureau of the Public Debt, "The Debt to the Penny", http://www.publicdebt.treas.gov/opd/opdpenny.htm(2006년 6월 30일 접속).

117 Freddie Mac, "Weekly Primary Mortgage Market Survey", http://www.freddiemac.com/dlink/html/PMMS/display/PMMSOutputYr.jsp?year=2006#(2006년 6월 29일 접속).

118 미 경제분석국, "Current-Dollar and 'Real' Gross Domestic Product", 명목 달러 GDP 2006년 6월 30일 기준, http://www.bea.gov/bea/dn/gdplev.xls(2006년 8월 2일 접속).

119 Standard & Poor's Research Insight.

120 주석 119를 보라.

121 주석 119를 보라.

122 Bloomberg, Fair Market 10-year BBB-rated corporate bond composite(2006년 6월 30일 기준).

123 Global Financial Data, 1965~1981년, 연환산 S&P500 총수익률의 평균.

124 Keneth L. Fisher, *The Wall Street Waltz*(Woodside, CA: Business Classics, 1987년).

125 미 경제분석국, "Personal Saving Rate", 2006년 2분기. http://www.bea.gov/briefrm
/saving.htm(2006년 8월 2일 접속).
126 미 경제분석국, "Table 2.4.5: Personal Consumption Expenditures by Type of Product",
http://www.bea.gov/bea/dn/nipaweb/TableView.asp?SelectedTable
=69&FirstYear=2004&LastYear=2005&Freq=Year(2006년 8월 2일 접속).
127 주석 126을 보라.
128 Microsoft's의 위임장에 따르면, 빌 게이츠의 2005년 기본 연봉은 60만 달러였다.
129 미 경제분석국, "Exhibit 1: U.S. International Trade in Goods and Services",
http://www.bea.gov/bea/di1.htm(2006년 8월 10일 접속).
130 미 센서스국, "FT900:U.S. International Trade in Goods and Services", http://www.
census.gov/foreign-trade/www/index.html(2006년 8월 30일).
131 미 경제분석국, "Current-Dollar and 'Real' Gross Domestic Product", nominal current dollar
GDP(2006년 6월 30일), http://www.bea.gov/bea/dn/gdplev.xls (2006년 8월 2일 접속).
132 Global Financial Data, S&P500 total returns.
133 National Statistics, "UK Trade", 2006년 6월 30일, http://www.statistics.gov.uk/
cci/nugget.asp?id=199(2006년 8월 2일 접속).
134 Global Financial Data, FTSE All-Share total returns.
135 Hugh Rockloff, "The 'Wizard of Oz' as a Monetary Allegory", *Journal of Political Economy*, vol. 98(1990년 8월), pp. 739-760.

제7장

136 Thomson Financial Datastream, 2000년 3월 10일 Nasdaq Composite Index는 최고점을 기록했다.
137 주석 136을 보라, MSCI World Index는 2002년 10월 9일 저점을 기록했다.
138 Kenneth L. Fisher, "That Wall of Worry", *Forbes*(2005년 5월 9일), p. 142.
139 Bloomberg, 2005년 6월 30일 MBNA 하루 수익률.
140 주석 139를 보라, 2005년 5월 9일에서 2005년 6월 30일까지 MBNA 기간 수익률.
141 Kenneth L. Fisher, "Surprise: America Owes Too Little", *Forbes*(2005년 4월 18일), p. 244.
142 주석 136을 보라, 2005년 8월 22일 CP Ships 수익률.
143 주석 136을 보라, 2005년 4월 18일~2005년 8월 22일까지 CP Ships 수익률.
144 Ibbotson Analyst, Fama-French Small Value Total Return Index로 측정한 스몰캡 가치주.
145 Warren Buffet and Carol J. Loomis, "America's Growing Trade Deficit Is Selling the Nation out from under Us. Here's a Way to Fix the Problem-And We Need to Do it Now", *Fortune*(2003년 11월 10일), pp. 106-116.
146 Global Financial Data.
147 Global Financial Data, U.S. Federal Reserve 거래비중 dollar index(2006년 6월 30일).
148 미 경제분석국, "Currrent-Dollar and 'Real' Gross Domestic Product", 2006년 6월 30일 명목 경상달러 GDP, http://www.bea.gov/bea/dn/gdplev.xls(2006년 8월 2일 접속), Global

Financial Data, GDP 대비 미국 경상수지 적자와 미국 거래 가중 달러의 상관계수(1981년 1사분기~2006년 1사분기까지)는 0.05였다.
149 Chris Crotty, "iSuppli Teardown Reveal Apple's Surprising Choices for iPod Nano", *iSuppli*(2005년 9월 22일), http://www.isuppli.com/marketwatch/default.asp?id=316.

제8장

150 Ibbotson Analyst, 1926~2005년 S&P500. 연환산 수익률 10.4%, 시장 평균 수익률 12%라는 얘기를 들었을지도 모른다. 두 수치 모두 맞다. 하지만 12%는 연간 산술 평균이다. 연환산 수익률로 보는 것이 좀더 정확하다. 이 이유에 대해선 5장을 참고하라. 또한 날짜와 인덱스를 달리함으로써 5~15%까지 연 수익률을 모두 정당화시킬 수 있음에도 주목하라.
151 Global Financial Data, S&P500 총수익률.
152 Thomson Financial Datastream, S&P500 총수익률.
153 Global Financial Data, 2005년 S&P500 총수익률.
154 Global Financial Data, MSCI World Index 순수익률(2006년 1월 1일~2006년 1월 13일).
155 Michael J. Mandel, "The New Economy: It Works in America. Will It Go Global?", *Business Week*(2000년 1월 31일), http://www.businessweek.com/2000/00_05/b3666001.htm.
156 Standard & Poor's Research Insight, S&P500 인덱스 구성종목 중 시가총액 30위 주식.
157 Standard & Poor's, "S&P500 index Description", http://www2.standardandpoors.com/servlet/Satellite?pagename=sp/Page/IndicesIndexPg&1=EN&b=4&f=1&s=6&ig=48&i=56&r=1&so=o&fd=&xcd=500&dt=30-JUN-2006(2006년 7월 14일 접속).
158 Global Financial Data, Nasdaq Composite Index 수익률 및 S&P500 총수익률.
159 1930년 약세장에 주가는 86% 하락, 34개월 동안 지속됨. 2000년 약세장에는 49% 하락했지만 31개월 유지됨.
160 1998년 7월 17일 장 종료 기준, 연초 이후 수익률은 22% 상승. 이후 8월 31일까지 S&P500은 19% 조정을 보임.
161 The S&P500 총수익률은 1926년부터 2005년까지 80년간 57%가 플러스 수익률을 보임.
162 Global Financial Data.
163 주석 152를 보라, S&P500 Composite Price Index Performance.
164 Global Financial Data, S&P500 총수익률.
165 미 경제분석국, "Table1: Real Gross Domestic Product and Related Measures", http://www.bea.gov/bea/newsrelarchive/2006/gdp106.xls(2006년 8월 2일 접속).
166 Global Financial Data, S&P500 총수익률.
167 주석 152를 보라, MSCI World 순수익률.
168 미 센서스국, "State&County QuickFacts: Louisiana", http://quickfacts.census.gov/qfd/states/22000.html(2006년 6월 8일 접속).
169 International Monetary Fund, http://www.imf.org(2006년 8월 3일 접속).
170 Ned Davis Research, Inc., 다우존스 산업평균 수익률.

제9장

171 Michael S. Rozeff, "Lump-Sum Investing versus Dollar-Averaging", *Journal of Portfolio Management*(1994년 겨울), pp. 45-50.
172 Richard H. Thaler, Amos Tversky, Daniel Kahneman, and Alan Schwartz, "The Effect of Myopia and Loss Aversion on Risk Taking: An Experimental Test", *Quarterly Journal of Economics*(1997년 5월), pp. 647-661.
173 Kenneth L. Fisher and Meir Statman, "The Mean Variance Optimization Puzzle: Security Portfolios and Food Portfolios", *Financial Analysts Journal*(1997년 7월, 8월), pp. 41-50.
174 Matthew Miller and Peter Newcomb, "The Forbes 400", *Forbes*(12월 22일, 2005), pp. 89-320.
175 Harold Seneker, Jonathan Greenberg, and John Dorfman, "The Forbes 400", *Forbes* (1982년 12월 13일), pp. 100-186.
176 Ibbotson Analyst, S&P500 총수익률 및 미국 정부 장기채권수익률(1926~2005년).
177 주석 175를 보라.
178 주석 175를 보라.
179 Morgan Stanley Capital International(2006년 6월 30일).
180 Thomson Financial Datastream, 기술주는 Nasdaq 100으로 측정, 헬스케어는 S&P500 Pharmaceuticals Index로 측정(현재는 제공되고 있지 않은 지수임). 표준편차는 각각의 지수, 50/50 포트폴리오를 가정하며 기술섹터와 헬스케어 섹터지수 조합으로 계산되었으며, 각 해에 재조정된 것임.
181 Standard & Poor's Research Insight, S&P500지수의 달러가중평균치(2006년 6월 30일 기준).
182 주석 180을 보라, S&P500 Composite 지수엔 시가총액 1,000억 달러가 넘는 종목이 20개 있다. 인덱스 내에서 이 종목들의 비중은 0.9~3.1%까지다.
183 Kenneth L. Fisher, "Give It Time", *Forbes*(2005년 1월 31일), p. 142.
184 주석 180을 보라, 캘린더 이어 기준 2005년 총수익.
185 주석 180을 보라, 2005년 S&P500 Industrials 섹터 총수익.
186 주석 180을 보라, 2005년 S&P500 Composite Index 총수익률 및 MSCI World Index 순수익.
187 주석 180을 보라, 2005년 총수익.

**3개의 질문으로
주식시장을 이기다**

초판 21쇄 발행 | 2024년 7월 30일

지은이 | 켄 피셔, 제니퍼 추, 라라 호프만스
옮긴이 | 우승택, 김진호

발행인 | 홍은정

주　　소 | 경기도 파주시 심학산로 12, 4층 401호
전　　화 | 031-839-6800
팩　　스 | 031-839-6828

발행처 | (주)한올엠앤씨
등　　록 | 2011년 5월 14일
이메일 | booksonwed@gmail.com

* 책읽는수요일, 라이프맵, 비즈니스맵, 생각연구소, 지식갤러리, 스타일북스는
　㈜한올엠앤씨의 브랜드입니다.